ACT. EXP. 3 Identification de l'acétate de linalyle 51
COURS 52
EXERCICES 56
DOCUMENT **Vanille naturelle, vanille de synthèse** 60

CONSTITUTION DE LA MATIÈRE

CHAPITRE 5
Le modèle de l'atome 61
ACT. DOC. L'histoire du modèle de l'atome 62
COURS 64
EXERCICES 68

CHAPITRE 6
Les éléments chimiques 71
ACT. DOC. 1 Les isotopes 72
ACT. DOC. 2 Les ions monoatomiques 72
ACT. EXP. 3 Transformations chimiques impliquant le cuivre 73
COURS 75
EXERCICES 80
DOCUMENT **Les éléments chimiques dans l'Univers** 84

CHAPITRE 7 **Règles du duet et de l'octet** 85
ACT. DOC. 1 Les gaz nobles 86
ACT. DOC. 2 Des ions étonnants 87
ACT. EXP. 3 Étude de l'élément sodium 87
COURS 89
EXERCICES 94

CHAPITRE 8
Les molécules 97
ACT. DOC. 1 Des molécules diatomiques simples 98
ACT. DOC. 2 Une molécule triatomique 99
ACT. DOC. 3 Liaisons covalentes 100
ACT. DOC. 4 La géométrie des molécules 101
COURS 102
EXERCICES 108

CHAPITRE 9 **La classification périodique des éléments chimiques** 111
ACT. EXP. 1 Les éléments lithium, sodium et potassium 112
ACT. EXP. 2 Les éléments chlore, brome et iode 113
ACT. DOC. 3 La naissance du tableau périodique 114
COURS 116
EXERCICES 120

TRANSFORMATIONS DE LA MATIÈRE

CHAPITRE 10 **La mole : unité de quantité de matière** 123
ACT. EXP. 1 Nécessité d'un changement d'échelle 124
ACT. DOC. 2 Du microscopique au macroscopique 124
ACT. DOC. 3 La masse molaire 125
ACT. EXP. 4 Prélèvements d'une quantité de matière 126
COURS 127
EXERCICES 131

CHAPITRE 11
Les solutions 135
ACT. DOC. 1 Un médicament en solution 136
ACT. EXP. 2 Préparation d'une solution de saccharose 137
ACT. EXP. 3 Dilution d'une solution 138
ACT. EXP. 4 Réalisation d'une échelle de teinte 139
COURS 140
EXERCICES 143

CHAPITRE 12
La réaction chimique 147
ACT. EXP. 1 Combustion du carbone dans le dioxygène 148
ACT. EXP. 2 Un mélange de métal cuivre et d'une solution de nitrate d'argent 149
ACT. EXP. 3 Solutions de sulfate de cuivre et d'hydroxyde de sodium 150
COURS 151
EXERCICES 155

CHAPITRE 13
Bilan de matière 159
ACT. EXP. 1 Réaction entre les ions cuivre et hydroxyde 160
ACT. EXP. 2 Réaction entre un hydrogénocarbonate et l'acide éthanoïque - Étude qualitative 161
ACT. EXP. 3 Réaction entre un hydrogénocarbonate et l'acide éthanoïque Étude quantitative 162
COURS 164
EXERCICES 169

THÈMES

Le sucre 172
L'aspirine 174
Les colorants 176

PHYSIQUE

Glossaire de physique 180

EXPLORATION DE L'ESPACE

CHAPITRE 14
L'échelle des longueurs 181
ACT. DOC. Plus petit ou plus grand que l'homme ? 182
COURS 184
EXERCICES 187
DOCUMENT **Le tour du monde en ballon** 188

CHAPITRE 15 **Les longueurs à l'échelle humaine** 189
ACT. EXP. 1 Mesure de la taille d'objets distants 190
ACT. EXP. 2 La méthode de la parallaxe 191
ACT. EXP. 3 La technique du sonar 192
COURS 193
EXERCICES 196

CHAPITRE 16 **Les longueurs à l'échelle astronomique** 199
ACT. DOC. 1 La sphéricité de la Terre 200
ACT. DOC. 2 La méthode d'Ératosthène 201
ACT. EXP. 3 La mesure du rayon de la Terre 202
ACT. DOC. 4 La méthode d'Aristarque (310-230 av. J.-C.) 202
COURS 204
EXERCICES 208

CHAPITRE 17
Les petites longueurs 211

ACT. EXP. 1 Mesure de l'épaisseur d'un cheveu par diffraction de la lumière ... 212
ACT. EXP. 2 Mesure de l'épaisseur d'un cheveu avec un microscope 213
ACT. DOC. 3 L'expérience historique de Benjamin Franklin 214
ACT. EXP. 4 L'expérience de Franklin au laboratoire 214
COURS 216
EXERCICES 217

CHAPITRE 18 Un système dispersif : le prisme 219

ACT. EXP. 1 La dispersion de la lumière blanche 220
ACT. EXP. 2 Le montage avec un prisme 220
ACT. DOC. 3 La longueur d'onde d'une radiation monochromatique 221
ACT. EXP. 4 La réfraction des rayons lumineux 222
ACT. DOC. 5 La loi de la réfraction ... 223
COURS 224
EXERCICES 228
DOCUMENT **L'expérience historique de Newton** 232

CHAPITRE 19
Les spectres d'émission et d'absorption 233

ACT. EXP. 1 Spectre d'émission des corps chauds 234
ACT. DOC. 2 La couleur d'un corps fortement chauffé 235
ACT. EXP. 3 Spectre d'émission d'un gaz excité 236
ACT. DOC. 4 Les spectres d'absorption 236
COURS 238
EXERCICES 241

CHAPITRE 20 Application à l'astrophysique 243

ACT. DOC. 1 Les spectres stellaires 244
ACT. DOC. 2 Les classes spectrales ... 246
COURS 247
EXERCICES 250
DOCUMENT **Les débuts de l'astrophysique** 252

L'UNIVERS EN MOUVEMENTS ET LE TEMPS

CHAPITRE 21 La relativité du mouvement 253

ACT. DOC. 1 La relativité du mouvement 254
ACT. EXP. 2 Le mouvement de la pointe d'un stylo par rapport à deux feuilles 255
ACT. EXP. 3 Lâcher d'une balle 256
ACT. EXP. 4 La rétrogradation de Mars 257
COURS 258
EXERCICES 262

CHAPITRE 22 Forces et principe d'inertie 265

ACT. DOC. 1 Les effets d'une force sur la trajectoire d'un corps ... 266
ACT. DOC. 2 L'action de la Terre et d'un support 267
ACT. EXP. 3 L'influence de la masse d'un solide sur son mouvement..... 268
COURS 269
EXERCICES 272

CHAPITRE 23 La gravitation universelle 275

ACT. DOC. 1 Influence de la vitesse initiale sur la chute d'un corps 276
ACT. EXP. 2 Influence de la masse sur la chute d'un corps au voisinage de la Terre 277
ACT. DOC. 3 Le mouvement de la Lune 278
ACT. DOC. 4 Mouvements de satellites et d'objets célestes 279
COURS 280
EXERCICES 286
DOCUMENT **Collisions de corps célestes** 290

CHAPITRE 24 Le temps 291

ACT. EXP. 1 Les mouvements de la Terre 292
ACT. EXP. 2 Le pendule 293
ACT. EXP. 3 Utilisation d'un oscilloscope 294
COURS 295
EXERCICES 300
DOCUMENT **L'établissement de notre calendrier** 304

L'AIR QUI NOUS ENTOURE

CHAPITRE 25
La pression d'un gaz 305

ACT. EXP. 1 Mouvement brownien et chaos moléculaire 306
ACT. EXP. 2 Du chaos moléculaire à la force pressante 307
ACT. EXP. 3 Caractéristiques de la force pressante 307
ACT. EXP. 4 Mesure de la pression d'un gaz 308
COURS 310
EXERCICES 314
DOCUMENT **Les phénomènes atmosphériques** 316

CHAPITRE 26 Équation d'état des gaz parfaits 317

ACT. EXP. 1 La température 318
ACT. EXP. 2 Pression, volume et température d'une quantité donnée de gaz 319
ACT. DOC. 3 Loi d'Avogadro-Ampère 320
COURS 321
EXERCICES 324

CHAPITRE 27 État thermique et température 327

ACT. EXP. 1 L'équilibre thermique ... 328
ACT. EXP. 2 L'échelle Celsius de température 329
ACT. EXP. 3 Un thermomètre particulier 330
COURS 331
EXERCICES 335
DOCUMENT **Celsius et Fahrenheit** 338

THÈMES

Un capteur de température 339
Phénomènes optiques dans l'atmosphère............. 342
Le système solaire 344

Sites Internet 346
Fiches techniques 348
Réponses aux exercices 363
Index 367

PROGRAMME OFFICIEL DE SECONDE - ENSEIGNEMENT FONDAMENTAL

Les activités expérimentales sont indiquées en italique. Les activités pouvant mettre en jeu les technologies de l'information et de la communication (TIC) sont repérées par un astérisque. Les connaissances et savoir-faire exigibles relatifs aux activités expérimentales sont indiqués en italique.

CHIMIE

I "Chimique ou naturel ?"

(4 TP, 8 heures en classe entière)

1. La chimie du monde : mise en évidence de l'ubiquité des espèces chimiques

EXEMPLES D'ACTIVITÉS

"Les 5 sens du chimiste en éveil" : Quelles sont les "substances" chimiques présentes dans un "produit" de la nature (fruit...) ou dans un "produit" manufacturé (papier...) ? Quelles sont les substances naturelles dans le "produit" étudié et d'où viennent les autres ? Inventaire et classement des "substances" (naturelles ou de synthèse) en partant de notre environnement quotidien, ou de domaines d'importance économique. Analyse de documents sur l'industrie chimique.

CONTENUS

1.1. Inventaire et classement de quelques espèces chimiques

1.2. Espèces chimiques naturelles et espèces chimiques synthétiques

CONNAISSANCES ET SAVOIR-FAIRE EXIGIBLES

Savoir que certaines espèces chimiques proviennent de la nature et d'autres de la chimie de synthèse.

2. Le monde de la chimie : approches expérimentale et historique de l'extraction, de la séparation et de l'identification d'espèces chimiques

EXEMPLES D'ACTIVITÉS

Activité documentaire (textes, iconographie, transparents, vidéo...) concernant les techniques d'extraction, par exemple enfleurage, entraînement à la vapeur, distillation, extraction par solvant. *Approche expérimentale qualitative du partage d'une espèce chimique entre l'eau et un solvant organique. À partir d'un "produit" de la nature : réaliser une décoction ; présenter (ou réaliser) une hydrodistillation ; réaliser une extraction par solvant ; réaliser une décantation ; présenter (ou réaliser) une filtration sous vide.* Élaboration d'un protocole d'extraction à partir d'informations sur les propriétés physiques des espèces chimiques recherchées. *Approche expérimentale de la chromatographie sur couche mince (papier ou plaque) à l'aide de mélanges colorés (encres, colorants alimentaires, extraits de végétaux...) puis application à l'identification des espèces précédemment extraites ; utiliser des techniques de révélation des espèces incolores (UV, révélateur chimique). Présenter (ou réaliser) une chromatographie sur colonne.*

CONTENUS

2.1. Techniques d'extraction d'espèces chimiques organiques

a) Approche historique

b) Principe de l'extraction par solvant

c) Extraction d'espèces chimiques à partir d'un "produit" de la nature : extraction par solvant ou par entraînement à la vapeur

2.2. Séparation et identification d'espèces chimiques

Caractérisation ou identification par comparaison d'une espèce chimique extraite.

a) Chromatographie

Principe de la chromatographie : phase fixe, phase mobile, révélation, interprétation, application à la séparation des espèces d'un mélange et à l'analyse.

b) Caractéristiques physiques

T_f, T_{eb}, densité, indice de réfraction, "couleur", solubilités.

CONNAISSANCES ET SAVOIR-FAIRE EXIGIBLES

Interpréter les informations de l'étiquette d'un flacon (risques, sécurité, paramètres physiques) comme une carte d'identité de son contenu. *S'informer sur les risques et les consignes de sécurité à respecter lors des manipulations, en particulier des solvants organiques. Reconnaître et nommer la verrerie de laboratoire employée. Utiliser : une ampoule à décanter, un dispositif de filtration, un appareil de chauffage dans les conditions de sécurité. Mettre en œuvre une technique d'extraction.* À l'aide d'un tableau de données (températures de changement d'état, solubilités, masses volumiques), à pression atmosphérique et pour une température connue : prévoir l'état physique d'une espèce chimique ; choisir un solvant approprié pour faire une extraction ; prévoir le liquide surnageant dans un système constitué de deux liquides non miscibles. *Réaliser une chromatographie sur couche mince.*

3. Le monde de la chimie : la synthèse des espèces chimiques au laboratoire et dans l'industrie

EXEMPLES D'ACTIVITÉS

Synthèse (ou hémisynthèse) d'une ou plusieurs espèces chimiques, mettant en jeu des techniques simples telles que chauffage à reflux, filtration, séparation. Synthétiser une espèce existant dans la nature et, si possible, susceptible d'être extraite. Vérifier, à l'aide des acquis expérimentaux antérieurs, qu'une espèce chimique de synthèse est identique à la même espèce chimique contenue dans un extrait naturel.

CONTENUS

3.1 Nécessité de la chimie de synthèse

Quelques exemples de synthèse dans la chimie lourde et dans la chimie fine (à haute valeur ajoutée) à partir des matières premières de la nature et en fonction des besoins des consommateurs.

3.2. Synthèse d'une espèce chimique

3.3. Caractérisation d'une espèce chimique synthétique et comparaison avec un extrait naturel comportant la même espèce chimique que l'espèce synthétisée

CONNAISSANCES ET SAVOIR-FAIRE EXIGIBLES

Suivre un protocole de synthèse en respectant les consignes (sécurité, protection de l'environnement). Proposer une méthode expérimentale pour comparer deux espèces chimiques. Interpréter, discuter et présenter les résultats d'une analyse comparative.

II Constitution de la matière

(4 TP, 8 heures en classe entière)

1. Des modèles simples de description de l'atome

EXEMPLES D'ACTIVITÉS

Qu'est-ce qui se conserve au cours d'une transformation ? *Approche expérimentale de la conservation (par exemple du cuivre, du carbone ou du soufre, sous forme atomique ou ionique) au cours d'une succession de transformations chimiques. Cycle naturel du carbone, de l'azote...* Le nombre d'éléments chimiques contenus dans l'univers est-il illimité ? Activité documentaire sur les éléments chimiques : abondance relative, dans l'Univers, dans le Soleil, dans la Terre, dans un homme, un végétal.

CONTENUS

1.1. Un modèle de l'atome

Noyau (protons et neutrons), électrons : Nombre de charge et numéro atomique Z. Nombre de nucléons A. Charge électrique élémentaire, charges des constituants de l'atome. Électroneutralité de l'atome. Masse : masses des constituants de l'atome ; masse approchée d'un atome et de son noyau, considérée comme la somme des masses de ses constituants. Dimension : ordre de grandeur du rapport des dimensions respectives de l'atome et de son noyau.

1. 2. L'élément chimique

Définitions des isotopes. Définitions des ions monoatomiques. Caractérisation de l'élément par son numéro atomique et son symbole. Conservation de l'élément au cours des transformations chimiques.

1. 3. Un modèle du cortège électronique

Répartition des électrons en différentes couches, appelées K, L, M. Répartition des électrons pour les éléments de Z compris entre 1 et 18.

CONNAISSANCES ET SAVOIR-FAIRE EXIGIBLES

Connaître la constitution d'un atome. Connaître et utiliser le symbole $^A_Z X$. Savoir que l'atome est électriquement neutre. Savoir que la masse de l'atome est essentiellement concentrée dans son noyau. Évaluer la masse d'un atome, en faisant la somme de celles de ses protons et de ses neutrons. Connaître le symbole de quelques éléments. Savoir que le numéro atomique caractérise l'élément. Interpréter une suite de transformations chimiques en termes de conservation d'un élément. Distinguer les électrons associés aux couches internes de ceux de de la couche externe. Dénombrer les électrons de la couche externe.

2. De l'atome aux édifices chimiques

EXEMPLES D'ACTIVITÉS

Écriture des formules développées, semi-développées et brutes. *Utilisation des modèles moléculaires ou des logiciels* de visualisation moléculaire, pour illustrer la structure atomique des petites molécules. Représentation de Cram des molécules modélisées.* Illustration de la notion d'isomérie sur des exemples simples. *Utilisation de logiciels* pour visualiser quelques molécules vues en première partie et dans le programme de SVT.*

CONTENUS

2.1. Les règles du "duet" et de l'octet

a) Énoncé des règles de stabilité des atomes de gaz nobles (ou "rares"), inertie chimique

b) Application aux ions monoatomiques stables

c) Application aux molécules à l'aide du modèle de Lewis de la liaison covalente

Représentation de Lewis de quelques molécules. Dénombrement des doublets d'électrons liants et non liants. Notion d'isomérie.

2.2. La géométrie de quelques molécules simples

Disposition relative des doublets d'électrons en fonction de leur nombre. Application à des molécules ne présentant que des liaisons simples. Représentation de Cram.

CONNAISSANCES ET SAVOIR-FAIRE EXIGIBLES

Connaître les règles du "duet" et de l'octet et savoir les appliquer pour rendre compte des charges des ions monoatomiques existants dans la nature. Donner la représentation de Lewis de quelques molécules simples : H_2, Cl_2, HCl, CH_4, NH_3, H_2O, C_2H_6, O_2, N_2, C_2H_4, CO_2. Représenter des formules développées et semi-développées compatibles avec les règles du "duet" et de l'octet de quelques molécules simples, telles que C_4H_{10}, C_2H_6O, C_2H_7N. Rendre compte de la géométrie des molécules : CH_4, NH_3, H_2O, en se basant sur la répulsion électronique des doublets liants et non liants.

3. La classification périodique des éléments

EXEMPLES D'ACTIVITÉS

Comment Mendeleïev a t-il procédé pour établir sa classification ? Activité documentaire et utilisation de multimédias* sur la classification périodique : histoire de la découverte de quelques éléments, étude de la démarche de Mendeleïev à partir de la réactivité chimique. Comment évoluent les rayons atomiques dans le tableau ? À l'aide de balles et de ballons utilisés dans différents sports, comparer les volumes relatifs des atomes.

CONTENUS

3.1. Classification périodique des éléments

La démarche de Mendeleïev pour établir sa classification ; son génie, ses erreurs. Les critères actuels de la classification : Z et les électrons de la couche externe.

3.2. Utilisation de la classification périodique

Familles chimiques. Formules des molécules usuelles et charges des ions monoatomiques ; généralisation à des éléments de Z plus élevés.

CONNAISSANCES ET SAVOIR-FAIRE EXIGIBLES

En utilisant la classification périodique, retrouver la charge des ions monoatomiques et le nombre de liaisons que peuvent établir les éléments de chacune des familles de la colonne du carbone, de l'azote, de l'oxygène et du fluor. Localiser, dans la classification périodique, les familles des alcalins, des halogènes et des gaz nobles (ou "rares").

III Transformations de la matière

(4 TP, 8 heures en classe entière)

1. Outils de description d'un système

EXEMPLES D'ACTIVITÉS

Comment peut-on mesurer une quantité de matière ? *Prélèvement d'une même quantité de matière (en mol) pour différentes espèces chimiques. Opérations expérimentales de dissolution d'espèces moléculaires (sucres, diiode – en raison de sa couleur – alcool...) et opérations de dilution de solutions. Opérations expérimentales de dilution de solutions courantes (colorants, sulfate de cuivre...). Mise en œuvre ou élaboration d'un protocole de dissolution ou de dilution. Réalisation d'échelles de teintes et applications (par exemple avec le diiode).*

CONTENUS

1.1. De l'échelle microscopique à l'échelle macroscopique : la mole

Unité de la quantité de matière : la mole. Constante d'Avogadro, N_A. Masse molaire "atomique" : M ($g \cdot mol^{-1}$). Masse molaire moléculaire. Volume molaire V_m ($L \cdot mol^{-1}$) à T et P.

1.2. Concentration molaire des espèces moléculaires en solution

Notions de solvant, soluté, solution et solution aqueuse. Dissolution d'une espèce moléculaire. Concentration molaire d'une espèce dissoute en solution non saturée. Dilution d'une solution.

CONNAISSANCES ET SAVOIR-FAIRE EXIGIBLES

Calculer une masse molaire à partir des masses molaires atomiques. Déterminer une quantité de matière (exprimée en mol) connaissant la masse d'un solide ou le volume d'un liquide ou d'un gaz. *Prélever une quantité de matière d'une espèce chimique donnée en utilisant une balance, une éprouvette graduée, ou une burette graduée.* Savoir qu'une solution peut contenir des molécules ou des ions. *Réaliser la dissolution d'une espèce moléculaire. Réaliser la dilution d'une solution. Utiliser une balance et la verrerie de base qui permet de préparer une solution de concentration donnée (pipette graduée ou jaugée, poire à pipeter, burette, fiole jaugée).* Connaître l'expression de la concentration molaire d'une espèce moléculaire dissoute et savoir l'utiliser.

2. Transformation chimique d'un système

EXEMPLES D'ACTIVITÉS

Comment décrire le système chimique et son évolution ? *À l'aide d'expériences simples à analyser et sur la base des hypothèses formulées par les élèves, caractérisation des espèces chimiques présentes dans l'état initial (avant transformation du système) et des espèces chimiques formées : lame de cuivre dans solution de nitrate d'argent ; poudre de fer dans solution de sulfate de cuivre ; combustions du carbone, d'alcanes ou d'alcools dans l'air ou l'oxygène ; réaction du sodium et du dichlore ; réactions de synthèse vues dans la première partie ; précipitation de l'hydroxyde de cuivre... Mise en évidence expérimentale de l'influence des quantités de matière des réactifs sur l'avancement maximal et vérification expérimentale de la validité d'un modèle proposé de réaction chimique pour décrire l'évolution d'un système chimique subissant une transformation : acide éthanoïque sur l'hydrogénocarbonate de sodium.*

CONTENUS

2.1. Modélisation de la transformation : réaction chimique

Exemples de transformations chimiques. État initial et état final d'un système. Réaction chimique. Écriture symbolique de la réaction chimique : équation. Réactifs et produits. Ajustement des nombres stœchiométriques.

2.2. Bilan de matière

Initiation à l'avancement. Expression des quantités de matière (en mol) des réactifs et des produits au cours de la transformation. Réactif limitant et avancement maximal. Bilan matière. Cette progression dans les contenus est accompagnée par la construction d'un tableau descriptif de l'évolution du système au cours la transformation.

CONNAISSANCES ET SAVOIR-FAIRE EXIGIBLES

Décrire un système. Écrire l'équation de la réaction chimique avec les nombres stœchiométriques corrects.

PHYSIQUE

I Exploration de l'espace

(5 TP, 10 heures en classe entière)

1. De l'atome aux galaxies

EXEMPLES D'ACTIVITÉS

Comment déterminer l'ordre de grandeur de la taille d'une molécule ? *Expérience de Franklin.* Comment déterminer l'ordre de grandeur de l'épaisseur d'un cheveu ? *Utilisation de la diffraction pour construire une courbe d'étalonnage et utilisation de cette courbe. Utilisation d'un microscope ou d'une loupe.* Comment évaluer la distance et les dimensions d'un immeuble ? *Méthode de la parallaxe. Technique de la visée. Utilisation du diamètre apparent.* Comment déterminer la profondeur d'un fond marin ? *Technique du sonar.* Comment mesurer le rayon de la Terre ? *Méthode d'Eratosthène*.* Comment mesurer la distance de la Terre à la Lune ? *Technique de l'écho laser.* Étude de documents textuels ou multimédias* donnant des informations sur les représentations du système solaire et sur les échelles de distances.

CONTENUS

1.1. Présentation de l'Univers

L'atome, la Terre, le système solaire, la Galaxie, les autres galaxies.

1.2. Échelle des longueurs

Échelle des distances dans l'Univers de l'atome aux galaxies. Unités de longueur. Taille comparée des différents systèmes.

1.3. L'année de lumière

Propagation rectiligne de la lumière. Vitesse de la lumière dans le vide et dans l'air. Définition et intérêt de l'année de lumière.

CONNAISSANCES ET SAVOIR-FAIRE EXIGIBLES

Utiliser à bon escient les noms des objets remplissant l'espace, aussi bien au niveau microscopique (noyau, atome, molécule, cellule, etc.) qu'au niveau cosmique (Terre, Lune, planète, étoile, galaxie). Savoir classer ces objets en fonction de leur taille. Savoir positionner ces objets les uns par rapport aux autres sur une échelle de distances. Savoir que le remplissage de l'espace par la matière est essentiellement lacunaire, aussi bien au niveau de l'atome qu'à l'échelle cosmique. Connaître la valeur de la vitesse de la lumière dans le vide (ou dans l'air) et savoir qu'il s'agit d'une vitesse limite. Convertir en année de lumière une distance exprimée en mètres et réciproquement. Expliquer que "voir loin, c'est voir dans le passé". Utiliser les puissances de 10 dans l'évaluation des ordres de grandeur, dans les calculs, et dans l'expression des données et des résultats. Repérer un angle. *Mesurer une petite et une grande distance : mettre en œuvre une technique de mesure utilisée en TP ; garder un nombre de chiffres significatifs en adéquation avec la précision de la mesure ; exprimer le résultat avec une unité adapté.* Compétence en cours d'acquisition : être capable d'effectuer une recherche documentaire et critique sur un cédérom ou sur internet.

2. Messages de la lumière

EXEMPLES D'ACTIVITÉS

Comment un prisme permet-il d'obtenir un spectre ? *Décomposition de la lumière blanche par un prisme. Étude expérimentale des lois de la réfraction en lumière monochromatique, puis en lumière blanche. Comment le spectre d'une étoile nous ren-*

seigne-t-il sur sa température ? Réalisation du spectre continu d'une lampe à incandescence (avec prisme ou réseau) : observation de la variation de la couleur et du spectre de la lampe en fonction de sa température. Comment déterminer la nature de la matière qui entoure une étoile ? *Réalisation de spectres de raies et de bandes émission et absorption. Étude expérimentale des couleurs de flamme.*

CONTENUS

2.1. Un système dispersif, le prisme

Caractérisation d'une radiation. Lois de Descartes sur la réfraction pour une radiation (l'un des milieux étant l'air). Dispersion de la lumière blanche par un prisme. Variation de l'indice d'un milieu transparent selon la radiation qui le traverse ; interprétation qualitative de la dispersion de la lumière par un prisme.

2.2. Les spectres d'émission et d'absorption

2.2.1. Spectres d'émission

Spectres continus d'origine thermique. Spectres de raies.

2.2.2. Spectres d'absorption

Bandes d'absorption de solutions colorées. Raies d'absorption caractéristiques d'un atome ou d'un ion.

2.3. Application à l'astrophysique

CONNAISSANCES ET SAVOIR-FAIRE EXIGIBLES

Savoir que la longueur d'onde, qui s'exprime en mètres et sous-multiples, caractérise dans l'air et dans le vide une radiation monochromatique. Connaître et appliquer les lois de Descartes sur la réfraction. *Utiliser un prisme pour décomposer la lumière blanche. Étudier expérimentalement la loi de Descartes sur la réfraction : utiliser un dispositif permettant d'étudier les lois de la réfraction ; repérer un angle entre un rayon lumineux et une référence ; mesurer un angle.* Savoir qu'un corps chaud émet un rayonnement continu qui s'enrichit vers le violet quand la température de ce corps augmente. Savoir distinguer un spectre d'émission et un spectre d'absorption. Savoir repérer, par sa longueur d'onde dans un spectre d'émission ou d'absorption, une radiation caractéristique d'une entité chimique. Savoir qu'un atome ou un ion ne peut absorber que les radiations qu'il est capable d'émettre. *Utiliser un système dispersif pour visualiser des spectres d'émission et comparer ces spectres à celui de la lumière blanche. Utiliser un système dispersif pour visualiser des spectres d'absorption et comparer ces spectres à celui de la lumière blanche.* Savoir que l'étude des spectres permet de connaître la composition de l'enveloppe externe des étoiles.

II L'Univers en mouvements et le temps

(4 TP, 8 heures en classe entière)

1. Mouvements et forces

EXEMPLES D'ACTIVITÉS

La trajectoire d'un corps qui tombe est-elle la même pour tous les observateurs ? *Analyse d'un mouvement par rapport à différents corps de référence* (étude à partir d'images vidéo, chronophotographie). Expériences montrant l'influence d'une force sur le mouvement d'un corps (action d'un aimant sur une bille qui roule, modification de la trajectoire d'une balle lorsqu'on la touche, forces entre corps électrisés...).* Peut-il y avoir mouvement sans force dans un référentiel terrestre ? Étude d'exemples de la vie courante provenant de films ou de bandes dessinées illustrant le principe d'énertie. Pourquoi la Lune "ne tombe-t-elle pas" sur la Terre ? *Influence de la vitesse initiale sur la chute d'un corps* (simulation, étude à partir d'images vidéo...). Observation du mouvement circulaire uniforme d'un corps soumis à une force centrale.*

CONTENUS

1.1. Relativité du mouvement

1.2. Principe d'inertie

1.2.a. Effets d'une force sur le mouvement d'un corps. Rôle de la masse du corps

1.2.b. Enoncé du principe d'inertie pour un observateur terrestre : "tout corps persévère dans son état de repos ou de mouvement rectiligne uniforme si les forces qui s'exercent sur lui se compensent"

1.3. La gravitation universelle

1.3.a. L'interaction gravitationnelle entre deux corps

1.3.b. La pesanteur résulte de l'attraction terrestre

Comparaison du poids d'un même corps sur la Terre et sur la Lune.

1.3.c. Trajectoire d'un projectile

Interprétation du mouvement de la Lune (ou d'un satellite) par extrapolation du mouvement d'un projectile.

CONNAISSANCES ET SAVOIR-FAIRE EXIGIBLES

Décrire le mouvement d'un point dans deux référentiels différents. Savoir qu'une force s'exerçant sur un corps modifie la valeur de sa vitesse et/ou la direction de son mouvement et que cette modification dépend de la masse du corps. Énoncer le principe d'inertie. Savoir qu'il est équivalent de dire : "un corps est soumis à des forces qui se compensent" et "un corps n'est soumis à aucune force". Utiliser le principe d'inertie pour interpréter en termes de force la chute des corps sur Terre. Calculer la force d'attraction gravitationnelle qui s'exerce entre deux corps à répartition sphérique de masse, et représenter cette force. Cas du poids en différents points de la surface de la Terre. Prévoir qualitativement comment est modifié le mouvement d'un projectile lorsqu'on modifie la direction du lancement ou la valeur de la vitesse initiale.

2. Le temps

EXEMPLES D'ACTIVITÉS

Sur quel principe repose la construction d'un calendrier ? Comment peut-on mesurer une durée ? *Construction et étude d'un pendule simple*. Utilisation d'un oscilloscope ou d'un ordinateur interfacé pour la mesure d'une durée*. Étude d'une clepsydre. Production et/ou étude d'un signal d'horloge.* Comment une horloge fonctionne-t-elle ? *Étude du signal quartz d'un réveil*. Étude d'une horloge avec dispositif à échappement.* Étude de documents textuels et multimédias sur l'histoire de la mesure du temps : cadran solaire, gnomon, clepsydre, sablier...

CONTENUS

Utilisation d'un phénomène périodique.

2.1 Phénomènes astronomiques : l'alternance des jours et des nuits, des phases de la lune, des saisons permettent de régler le rythme de la vie (jour, heure, mois, année)

2.2 Dispositifs construits par l'Homme

CONNAISSANCES ET SAVOIR-FAIRE EXIGIBLES

Passer des années aux mois, aux jours, aux heures, aux secondes et réciproquement. Connaître les définitions de la période et de la fréquence d'un phénomène périodique. Savoir calculer la fréquence d'un phénomène à partir de sa période et réciproquement, et exprimer ces calculs avec les unités convenables. Nommer et reconnaître quelques dispositifs mécaniques ou électriques permettant la mesure d'une durée : cadran solaire, clepsydre, horloge à balancier... *Mesurer une durée - mettre en œuvre une technique de mesure utilisée en TP ; garder un nombre de chiffres significatifs en adéquation avec la précision de la mesure ; exprimer le résultat avec une unité adaptée.*

III L'air qui nous entoure

(3 TP, 5 heures en classe entière)

EXEMPLES D'ACTIVITÉS

Comment expliquer que deux gaz finissent toujours par se mélanger ? *Observation du mouvement brownien.* De quels paramètres la pression d'un gaz dépend-elle ? *Mise en œuvre de situations expérimentales simples permettant l'identification et la mesure des grandeurs macroscopiques décrivant l'état d'un gaz : mise en évidence de l'influence des paramètres V, n, T, sur la pression d'un gaz*.* Quels phénomènes peuvent fournir des renseignements objectifs sur l'état thermique d'un corps ? *Mise en œuvre de situations expérimentales permettant de montrer des phénomènes physiques dépendant de l'état thermique d'un corps.* Utilisation de logiciels de simulation montrant l'agitation moléculaire*. *Étude quantitative du comportement d'une quantité donnée de gaz à température constante* : loi de Mariotte.* Comment interpréter les observations suivantes : *pourquoi un ballon de foot devient-il plus dur quand on le gonfle ? Pourquoi la soupape d'une cocotte-minute se met-elle à tourner ? Que se passe-t-il dans l'expérience du jet d'eau ?...*

CONTENUS

1. Du macroscopique au microscopique

1.1 Description d'un gaz à l'échelle microscopique

1. 2. Nécessité de décrire l'état gazeux par des grandeurs physiques macroscopiques

1.2.1. Notion de pression

Force pressante exercée sur une surface, perpendiculairement à cette surface. Définition de la pression exercée sur une paroi par la relation $P = F/S$. Instrument de mesure de la pression : le manomètre. Unités de pression. Mise en évidence et origine de la pression dans un gaz ; interprétation microscopique.

1.2.2. Notion d'état thermique

De nombreux phénomènes physiques peuvent renseigner sur l'état thermique d'un corps comme : la dilatation des liquides, la dilatation des gaz, la variation de la résistance électrique, l'émission de rayonnement (cf. Messages de la lumière)... La mesure d'une température implique l'équilibre thermique de deux corps en contact.

2. Lien entre agitation thermique et température : équation d'état des gaz parfaits

L'agitation des molécules constituant un gaz à faible pression caractérise son état thermique et peut être utilisée pour définir sa température. Tous les gaz permettent de définir la même échelle de température, dite échelle Kelvin. L'absence d'agitation thermique correspond au zéro absolu. Unité de température absolue : le Kelvin. La température θ en degré Celsius est déduite de la température absolue T.

CONNAISSANCES ET SAVOIR-FAIRE EXIGIBLES

Savoir que la matière est constituée de molécules en mouvement. Savoir que l'état d'un gaz peut être décrit par des grandeurs macroscopiques comme : sa température ; son volume ; la quantité de matière du gaz ; sa pression. Utiliser la relation $P = F/S$. Connaître l'unité légale de pression. Savoir interpréter la force pressante sur une paroi par un modèle microscopique de la matière. Donner quelques exemples de propriétés physiques qui dépendent de l'état thermique d'un corps. *Savoir mesurer une pression et une température : utiliser un manomètre adapté à la mesure* ; utiliser un thermomètre adapté à la mesure* ; garder un nombre de chiffres significatifs en adéquation avec la précision de la mesure ; exprimer le résultat avec une unité correcte.* Savoir que, à une pression donnée et dans un état thermique donné, un nombre donné de molécules occupe un volume indépendant de la nature du gaz. Savoir que l'équation d'état $PV = nRT$ définit le modèle de comportement du gaz "parfait". Savoir utiliser la relation : θ (°C) = T(K) – 273,15 et T(K) = θ (°C) + 273,15. Savoir que dans les conditions habituelles de température et de pression l'air de la salle de classe peut être assimilé à un gaz parfait. Savoir utiliser la relation $PV = nRT$.

Présentation du manuel

Les activités

Des activités expérimentales à réaliser en cours ou en TP

Des questions pour exploiter documents et expériences

Des renvois aux fiches techniques situées en fin d'ouvrage

Des protocoles expérimentaux à élaborer

Des activités documentaires

Le cours

Des renvois aux activités pour illustrer le cours

La réponse à certaines questions des activités

Les notions également étudiées en SVT sont indiquées

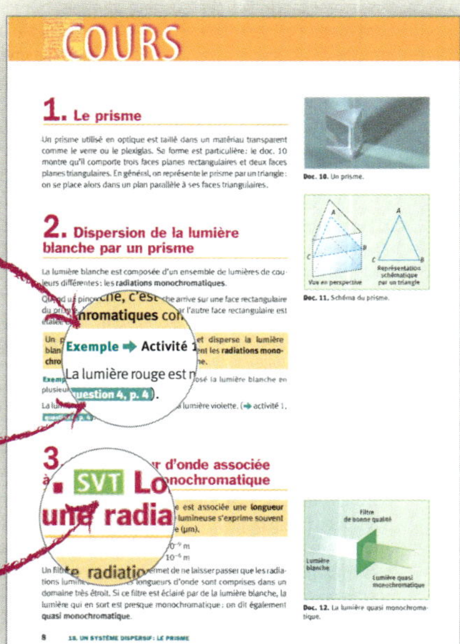

Un résumé de cours

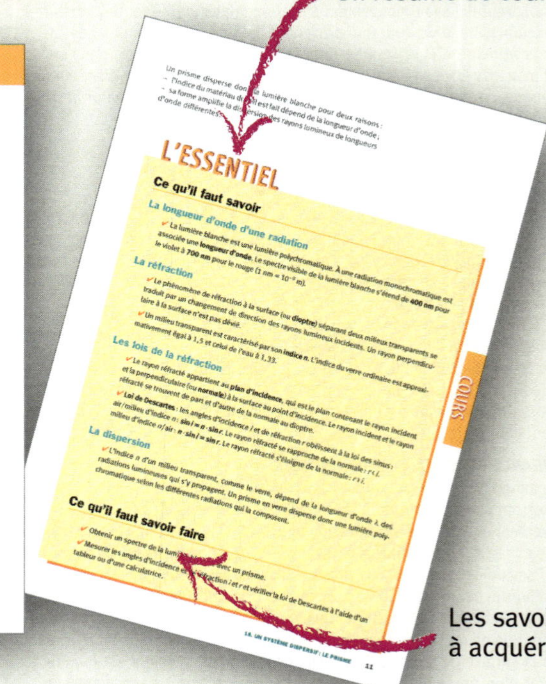

Les savoir-faire à acquérir

Les astérisques* renvoient aux glossaires situés en début de partie.

Les exercices

Des exercices simples classés par thèmes

Des exercices de synthèse gradués en difficulté

L'exercice résolu

Des conseils pour la résolution

La solution détaillée

Un numéro sur fond blanc : la solution est donnée en fin de manuel

Des tests pour vérifier ses connaissances

Des expériences à réaliser à la maison

En fin de chapitre

Les documents

Pour approfondir les notions étudiées en cours

En fin de partie

Les thèmes

Des points de départ pour des recherches documentaires

Des manipulations à réaliser

D'autres pistes de recherche

Des sources pour se documenter (livres, CD-Rom, sites Internet, etc.)

En fin d'ouvrage

Les fiches techniques

Les savoir-faire pour manipuler et utiliser l'ordinateur

Les pigments sont des exemples de substances qui peuvent être extraites de la nature ou fabriquées de façon artificielle.

CHIMIQUE OU NATUREL ?

Chapitres 1 à 4

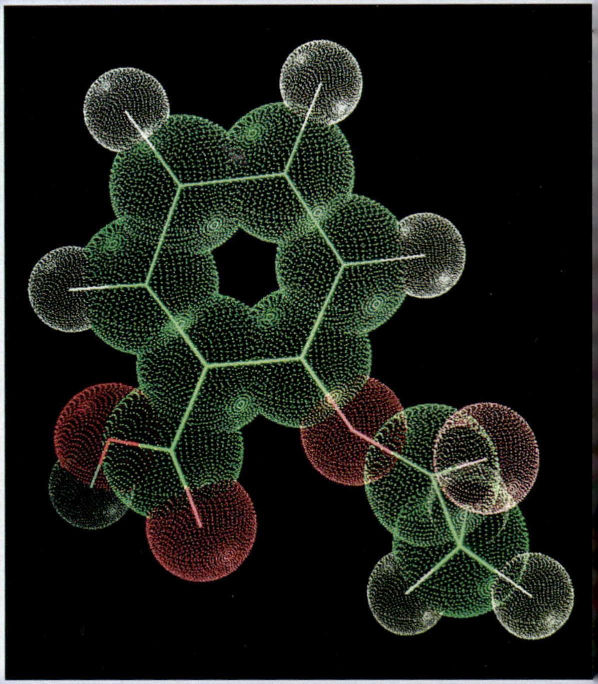

Une visualisation sur ordinateur de la molécule de l'aspirine. La structure microscopique de la matière peut être décrite à l'aide de modèles simples.

CONSTITUTION DE LA MATIÈRE

Chapitres 5 à 9

Les chimistes disposent d'outils qui leur permettent de décrire de façon quantitative des échantillons de matière et les transformations chimiques qu'ils subissent.

TRANSFORMATIONS DE LA MATIÈRE

Chapitres 10 à 13

CHIMIE

Glossaire de chimie

QUELQUES RAPPELS DU COLLÈGE

Dans les chapitres qui suivent, les termes accompagnés d'un astérisque ont été appris au collège. Leur définition est rappelée ci-dessous.

Condenser

Faire passer une substance chimique de l'état gazeux à l'état liquide par refroidissement ou compression.

Corps pur

Le *corps pur* se définit par opposition au mélange. Les divers constituants d'un mélange peuvent être séparés par des méthodes physiques : filtration, distillation*... Quand une substance ne peut pas être séparée en d'autres substances par une méthode physique, alors c'est un corps pur.

Distillat

Liquide recueilli à la sortie du réfrigérant lors d'une distillation*.

Distillation

Technique qui consiste à amener à l'ébullition un mélange liquide, puis à condenser* les vapeurs qui se dégagent. Cette opération est employée pour séparer les constituants de certains mélanges selon leur température d'ébullition*.

Filtrat

Liquide qui traverse le filtre lors de la filtration d'un mélange.

Masse volumique

La *masse volumique* ρ d'un corps est égale au rapport de la masse m d'un échantillon de ce corps par le volume V qu'il occupe.

Miscible – Miscibilité

Deux substances chimiques sont dites *miscibles* si elles peuvent former un mélange homogène. C'est le cas de l'eau et de l'alcool par exemple. Si on mélange deux liquides non miscibles (l'eau et l'huile, par exemple), on obtient un mélange hétérogène qui se sépare en deux parties distinctes.

Modèle

Un phénomène physique ou chimique est généralement très complexe. Les scientifiques cherchent alors à en construire une représentation (un *modèle*) qui, tout en étant la plus simple possible, permette d'expliquer le phénomène et de le prévoir. Un phénomène peut être modélisé par une formule mathématique, par une écriture ou un mode de raisonnement logique particuliers.

Une transformation chimique, par exemple, peut être représentée par une équation chimique. L'écriture d'une équation chimique se fait selon certaines règles bien précises. Les règles d'écriture d'une équation chimique constituent une partie du *modèle* de la transformation chimique.

Solubilité

La *solubilité* d'une substance chimique dans un solvant est la quantité maximale de cette substance que l'on peut dissoudre dans le solvant. Pour une même substance chimique, la solubilité est plus ou moins grande selon le solvant. Au-delà de cette quantité maximale, la solution est dite saturée.

Soluble

On dit qu'une substance chimique est *soluble* dans un solvant lorsqu'elle peut se dissoudre dans le solvant.

Solution

Liquide obtenu par dissolution d'une substance chimique dans un solvant.

Température d'ébullition

Température à laquelle un liquide passe à l'état gazeux. Elle dépend fortement de la pression. La *température d'ébullition* d'un corps est également la température à laquelle il passe de l'état gazeux à l'état liquide.

Température de fusion

Température à laquelle un solide passe à l'état liquide. Elle dépend très peu de la pression. La *température de fusion* d'un corps est également la température à laquelle ce corps passe de l'état liquide à l'état solide.

Volatil

Un liquide est dit volatil lorsqu'il s'évapore ou bout facilement. L'éther éthylique vendu en pharmacie, par exemple, est un liquide très volatil. Cette propriété caractérise souvent des corps inflammables ou toxiques, qui demandent donc à être manipulés avec précaution, à l'abri de toute flamme (et parfois sous une hotte).

Peut-on reconnaître des substances chimiques dans les composés de la vie de tous les jours ? D'où proviennent ces substances ?

1

SUBSTANCES NATURELLES ET DE SYNTHÈSE

OBJECTIFS

› Savoir que certaines substances proviennent de la nature et d'autres de la chimie de synthèse.

Les composés qui nous entourent sont constitués de différentes **substances chimiques**. Les odeurs et les couleurs, par exemple, sont dues à des arômes et des colorants. Ces substances peuvent être **naturelles** ou elles peuvent être **de synthèse**, c'est-à-dire fabriquées par l'industrie chimique.

Activité expérimentale 1

Produits naturels et substances chimiques

Les fruits comme l'orange, la mangue, la pomme sont des produits de la nature. Pour faire un inventaire des substances présentes dans ou sur ces fruits, nous pouvons avoir recours à nos sens : le goût, l'odorat, le toucher, la vue, ou à des tests.

Doc. 1. Des produits de la nature.

Matériel

– Pomme, orange, mangue.
– Papier pH, sulfate de cuivre anhydre, eau iodée, liqueur de Fehling.
– Couteau, papier calque, tubes à essais.

Sécurité

On ne goûte, sent ou touche un produit que si l'on est sûr qu'il n'est pas toxique.

Manipulation 1

OBJECTIF : utiliser ses sens pour identifier des substances dans un produit.

• Observer la mangue, l'orange et la pomme ; noter leur couleur ; sentir leur odeur.
Gratter leur peau. On peut constater l'existence d'une couche brillante sur la surface.
Examiner les fruits coupés : du jus s'échappe de l'orange, de la mangue et suinte sur la pomme.
Les goûter. Le goût est sucré pour les trois fruits et un peu acide pour l'orange.

• À chaque caractéristique citée et à chaque constituant du fruit, on peut associer une ou des substances présentes dans le fruit.
• Recopier le tableau ci-dessous et le compléter en indiquant les substances qui, d'après vous, peuvent être associées aux caractéristiques et constituants de la colonne de gauche.

	Substances
Couleur	
Odeur	Arômes
Couche brillante	
Jus	
Goût sucré	
Goût acide	

Questions

1. Par quel test, vu au collège, pouvez-vous mettre en évidence l'eau contenue dans ces fruits ?
2. Proposez un protocole expérimental permettant de mettre en évidence le caractère acide du jus d'orange.
3. En utilisant les connaissances acquises en SVT, comment pouvez-vous vérifier la présence de glucose dans ces fruits ?

Manipulation 2

OBJECTIF : rechercher les substances qui ne peuvent être déterminées par les sens.

• Toutes les substances ne peuvent pas être détectées par les sens. Pour vérifier leur présence, le chimiste doit avoir recours à des tests.
• Rechercher les substances que vous connaissez et qui pourraient être également présentes dans les fruits. Ne pas oublier d'utiliser les connaissances de SVT.
• Frotter un papier calque sur la chair des fruits et sur leur peau ; noter vos observations.

Questions

4. Si on laisse tomber une goutte d'huile sur un papier calque, qu'observe-t-on ? Que pouvez-vous en conclure pour les fruits testés ?

5. En utilisant les connaissances acquises en SVT, comment pouvez-vous déterminer si ces fruits contiennent ou non de l'amidon ?

Bilan de l'activité

OBJECTIF : dresser un glossaire de substances naturelles.

Dresser la liste de toutes les substances naturelles recensées dans cette activité. Utiliser un vocabulaire soigné : « graisse » sera remplacé par « lipide » par exemple. Cette liste constituera un « glossaire des substances naturelles » et pourra être complétée ultérieurement.

Utiliser ce glossaire pour construire un tableau à double entrée : fruit et substances.

Questions

6. Comparez les substances présentes dans les trois produits étudiés. Que remarquez-vous ?

7. Donnez une définition de l'expression : substance « naturelle ».

8. La couche brillante présente sur les fruits est-elle une substance naturelle ?

9. D'où proviennent les substances qui ne sont pas naturelles ? Comment les qualifie-t-on ?

Activité documentaire 2

Des substances dans les produits manufacturés

Un jean ou une boisson aux fruits sont des produits manufacturés, c'est-à-dire fabriqués industriellement. Nous allons déterminer quel est le type de substances que l'on peut trouver dans ces produits.

Doc. 2. Des produits manufacturés.

Après avoir observé la photo ci-dessus, répertorier les différentes substances que l'on peut rencontrer dans les produits présentés, en recopiant le tableau suivant et en le complétant. Rajouter le nombre de lignes nécessaires. Dans la deuxième colonne, reporter les substances recensées. Dans les deux dernières, indiquer si ces substances sont naturelles ou de synthèse.

Produit	Substance	Naturelle ?	De synthèse ?
Jean	Coton	Oui	Non
	Colorant bleu		
Boisson aux fruits	Matière plastique		
	Jus de fruits	Oui	Non
	Acidifiant		

Questions

1. Que signifie substance « de synthèse » ?

2. Peut-on trancher pour toutes les substances entre l'état « naturel » et « de synthèse » ? Quelle conclusion en tirez-vous ?

3. Recherchez dans des produits d'usage courant de nouvelles substances chimiques. À côté de chaque substance, indiquez si on peut la trouver à l'état naturel, de synthèse ou les deux.

COURS

1. Les espèces chimiques

Les composés issus de la nature ou de l'industrie sont constitués de diverses **substances chimiques.** Un jus de fruits par exemple est constitué, entre autres, d'eau, de sucres et d'acides. Sa couleur est due à des colorants, son odeur à des arômes.

Lorsque ces substances sont des corps* purs, on parle d'**espèces chimiques.** Les mêmes espèces chimiques peuvent apparaître dans des composés ou objets différents (➡ activité 1 question 6, p. 15).

Exemple ➡ Activité 1 : le glucose est une espèce chimique. C'est un sucre présent dans les fruits mûrs comme l'orange (doc. 3) et la pomme. On le trouve aussi dans le miel, dans les boissons sucrées ou encore dans les bonbons.

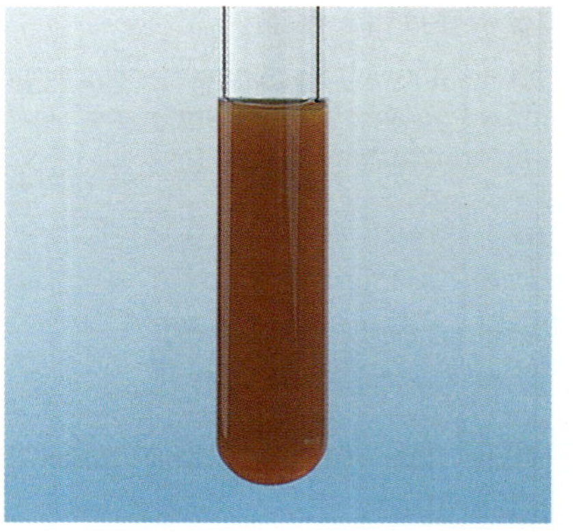

Doc. 3. Le test de la liqueur de Fehling montre que le jus d'orange contient du glucose (➡ activité 1 question 3, p. 14).

2. Espèces chimiques naturelles et de synthèse

Les **espèces chimiques naturelles** se rencontrent dans les produits de la nature (végétaux, animaux, minéraux). Les **espèces chimiques de synthèse** (ou « synthétiques ») sont issues de la chimie industrielle. Elles sont fabriquées par l'homme.

Les chimistes ont inventé des espèces chimiques qui n'existent pas dans la nature, par exemple les polymères qui constituent les matières plastiques ou les édulcorants de synthèse (comme l'aspartame), qui sont des sucres artificiels.

Ils savent aussi reproduire certaines espèces chimiques naturelles. Certaines espèces peuvent donc être naturelles ou de synthèse (➡ activité 2 question 2, p. 15).

Exemple ➡ Activité 2 : l'indigo, un colorant bleu utilisé pour teindre les jeans, est aujourd'hui fabriqué artificiellement. Jusqu'au XIXe siècle, ce colorant était tiré de plantes à indigo, les indigotiers.

L'ESSENTIEL

Ce qu'il faut savoir

✔ Les objets et composés qui nous entourent sont constitués de diverses **espèces chimiques.** On peut diviser celles-ci en deux groupes : les espèces chimiques **naturelles** et les espèces chimiques **de synthèse.**

EXERCICES

VÉRIFIEZ VOS CONNAISSANCES

Questions

1 Définir une substance « naturelle ».

2 Définir une substance « de synthèse ».

QCM

3 Les espèces chimiques de synthèse sont des copies d'espèces naturelles.

a. Oui.

b. Non, pas toujours.

EXERCICES D'APPLICATION

Espèces naturelles et de synthèse

4 Voici une série de substances chimiques : graisse, colorant, arôme, sucre, engrais, pesticide, fibre textile, acide, base.

1. Trouver différents composés ou objets contenant ces substances. Pour chacune d'elles, on peut donner plusieurs exemples. On indiquera pour chaque composé si la substance y est présente à l'état naturel ou à l'état synthétique.

2. Parmi les substances indiquées, y en a-t-il qui n'existent pas à l'état naturel ?

3. Citer un type de substance qui n'existe pas à l'état naturel.

5 Voici une collection d'objets ou composés : une chaussure en cuir ; une paire de tennis ; un timbre-poste ; un savon ; des « sucrettes » ; de la peinture gouache ; un détergent (Monsieur Propre par exemple) ; des bonbons Fraises Haribo ; du vin ; des cachets d'aspirine.

1. Traduire en termes de substances chimiques ces différents objets. Faire une recherche si nécessaire. Présenter les résultats dans un tableau à double entrée : objets et substances chimiques.

2. Souligner en rouge les substances qui peuvent exister à l'état soit naturel, soit synthétique.

6 Faire une petite recherche documentaire : le colorant des peintures d'automobiles est-il de synthèse ou naturel ?

EXERCICES DE SYNTHÈSE

7 ★ L'étiquette d'une boisson

L'étiquette d'une boisson aux fruits présente les indications suivantes.

SODA AUX EXTRAITS NATURELS DE CITRON, LÉGÈREMENT PÉTILLANT. INGRÉDIENTS: EAU GAZÉIFIÉE, SUCRES: (SACCHAROSE, SIROP DE GLUCOSE), JUS DE CITRON, ACIDIFIANT: ACIDE CITRIQUE, EXTRAITS NATURELS DE CITRON, AROMES NATURELS, CONSERVATEUR: BENZOATE DE SODIUM, STABILISANT: GOMME ARABIQUE.

1. Dresser une liste des substances naturelles contenues dans cette boisson.

2. Dresser une liste des substances de synthèse contenues dans cette boisson.

3. Cette boisson présente-t-elle un caractère acide ? Justifier la réponse à l'aide de l'étiquette.

4. Proposer un protocole expérimental pour vérifier cette affirmation. Faire une liste du matériel nécessaire.

8 ★ Un produit d'entretien

Au cours d'une séance de TP, un élève réalise des tests avec un nettoyant ménager. Les résultats sont les suivants : le test de l'eau est positif ; le pH du produit est égal à 9 ; une odeur de lavande se dégage du flacon.

1. Décrire le test de l'eau.

2. Quelles sont les espèces chimiques susceptibles d'être contenues dans le flacon ? On justifiera chaque affirmation.

3. Quelles sont celles que l'on peut qualifier de naturelles, de synthétiques ?

9 ★ Les emballages

1. Identifier les différentes sortes d'emballages qu'on peut trouver dans la vie quotidienne. Pour chacun d'eux, nommer les substances ou espèces chimiques qui les constituent. Utiliser si nécessaire les différentes abréviations ou les logos inscrits sur les emballages.

2. Indiquer si ces substances ou espèces sont naturelles ou de synthèse.

10 ★★ Les engrais

1. Citer un engrais ne contenant que des espèces chimiques naturelles.

2. Quel est son inconvénient ?

3. Quel peut être l'avantage des engrais de synthèse ?

Quelques histoires de substances chimiques

La chimie de synthèse a pris son essor au XIXᵉ siècle. Les espèces chimiques de synthèse font aujourd'hui partie intégrante de notre quotidien.

Le caoutchouc

Le caoutchouc, ou latex, est à l'origine issu de la sève d'un arbre amazonien, l'hévéa. Quand on fait une incision dans le tronc de cet arbre, un liquide blanchâtre s'écoule, qui durcit à l'air. Le caoutchouc obtenu s'altère très rapidement. En 1839, l'Américain Charles Goodyear (1800-1860) découvre un moyen de durcir le caoutchouc, tout en conservant son élasticité. Le premier « élastomère » (polymère élastique) était né. Le succès de cette nouvelle substance fut immédiat. Pendant la Première Guerre mondiale, des chimistes allemands mettent au point un caoutchouc de synthèse. Aujourd'hui, la production de caoutchouc naturel représente 40 % de la production totale de caoutchouc.

QUESTIONS

1. Donner des exemples d'objets constitués de caoutchouc.

2. Quelle est, à votre avis, l'industrie qui consomme le plus de caoutchouc ?

3. Citer des espèces chimiques colorantes de synthèse existant également à l'état naturel.

4. Citer des noms d'espèces chimiques sucrantes naturelles.

5. Citer des noms d'espèces chimiques sucrantes de synthèse. Quel est leur intérêt ?

Doc. 1. La récolte du latex d'hévéa en Indonésie.

Les colorants

Jusqu'au XIXᵉ siècle, les produits colorants étaient recherchés dans la nature. Les colorants rouges, par exemple, étaient issus de la garance, une plante, ou de la cochenille, un insecte. Le fondateur de l'industrie des colorants de synthèse est William Henry Perkin (1838-1907), un chimiste anglais. En 1856, il obtient un colorant mauve, la mauvéine, qu'il prépare à partir d'une espèce chimique dérivée du charbon. D'autres colorants synthétiques apparaissent peu à peu. En 1868, l'alizarine, l'espèce chimique colorante de la garance est reproduite par synthèse, puis en 1890, c'est le tour de l'indigo. Ces espèces chimiques synthétiques remplacent rapidement sur le marché les espèces naturelles. Aujourd'hui, les recherches des chimistes s'orientent vers l'obtention de colorants plus résistants au lavage et à la lumière.

Doc. 2. De l'indigotier, on peut tirer un colorant bleu, l'indigo.

Les sucres

Le goût sucré a toujours exercé un attrait fort. La substance qu'on appelle communément « sucre » est constituée de saccharose, une espèce chimique. Sa consommation peut être à l'origine de problèmes de poids ou de diabète. Pour y remédier, on a recours à des espèces chimiques sucrantes (des édulcorants) de synthèse. Le premier édulcorant de synthèse fut la saccharine, découverte en 1879. Depuis, d'autres ont vu le jour, tel l'aspartame par exemple. Le pouvoir sucrant de l'aspartame vaut 160 fois celui du saccharose, c'est-à-dire qu'il faut en utiliser 160 fois moins pour obtenir le même goût sucré.

Préparation de thé au Maroc. Lorsqu'on fait tremper des feuilles de thé dans de l'eau chaude, cette eau devient brune et aromatisée. Que s'est-il passé ?

2

L'EXTRACTION D'ESPÈCES CHIMIQUES

OBJECTIFS

- Connaître le principe d'une extraction par solvant ou par entraînement à la vapeur.
- Savoir utiliser un tableau de données pour choisir un solvant ou définir un protocole expérimental.
- Savoir s'informer sur les dangers des solvants et les consignes de sécurité.

La couleur et le goût du thé sont dus à des colorants et à des arômes naturels contenus dans les feuilles. Ces substances passent des feuilles vers l'eau car elles sont **solubles** dans l'eau. Un chimiste dira qu'on **extrait** les colorants et les arômes du thé par un **solvant.** Ici, le solvant est l'eau.

Activité documentaire 1

Quelques techniques de la parfumerie

Jusque vers le XIXe siècle, les substances servant à l'élaboration des parfums étaient extraites uniquement de produits naturels, animaux ou végétaux. Actuellement, si la parfumerie a recours à de nombreuses substances de synthèse, issues de l'industrie chimique, elle n'a pas renoncé à tirer parti des matériaux végétaux. Les procédés d'extraction ont évolué au cours du temps.

Document 1

L'enfleurage

La technique d'enfleurage est employée pour des fleurs très fragiles, comme le jasmin par exemple. On étale une couche de graisse (mélange de porc et de bœuf) sur un châssis de verre et on y dépose les fleurs.

Peu à peu, la graisse aspire leur arôme. Chaque jour, on renouvelle les fleurs jusqu'à ce que la graisse ne soit plus capable d'aspirer l'arôme : on dit qu'elle est saturée. La graisse est alors lavée à l'alcool éthylique (ou éthanol) dans une batteuse et le parfum passe de la graisse à l'alcool. Celui-ci est ensuite évaporé sous vide. Il reste alors un résidu très parfumé, l'**« absolue »**, qui servira à la fabrication de parfums.

Doc. 1. Des châssis d'enfleurage et en arrière-plan des batteuses.

Ce procédé est très ancien. Il revient très cher, c'est pourquoi il n'est pratiquement plus utilisé aujourd'hui.

Questions

1. À l'aide de l'introduction au chapitre de la page 19, traduisez en langage scientifique :
– « la graisse aspire leur arôme » ;
– « le parfum passe de la graisse à l'alcool ».
Quel rôle la graisse et l'alcool jouent-ils ?

2. Pensez-vous qu'on puisse évaporer facilement de la graisse ? Expliquez alors pourquoi on lave la graisse parfumée à l'alcool.

Document 2

L'extraction par solvant volatil

Le procédé d'extraction par **solvant volatil*** s'est développé grâce à l'industrie pétrolière qui fournit ce type

Doc. 2. Une cuve d'extraction par solvant volatil.

de solvants ; on emploie le cyclohexane, le pentane, l'acétone, l'éther de pétrole...

Les fleurs sont chargées dans des paniers et plongées dans de grandes cuves qu'on remplit de solvant (doc. 2). Les paniers sont mis en rotation pendant plusieurs heures. Certaines substances contenues dans les fleurs passent dans le solvant. Celui-ci est ensuite évaporé.

Il reste alors un résidu solide appelé **« concrète »**. Les concrètes sont constituées d'un mélange de substances odorantes et de substances inodores. Une deuxième extraction par de l'alcool éthylique (ou éthanol) à partir de la concrète permet, après évaporation de l'alcool, d'obtenir l'**« absolue »**, une substance très parfumée.

Les solvants utilisés dans ce procédé sont volatils et inflammables, ce qui rend cette méthode d'extraction dangereuse (risques d'incendie). Elle nécessite des mesures de sécurité rigoureuses.

Questions

3. Donnez les noms des solvants cités dans ce document.

4. La concrète est constituée de produits odorants et de produits inodores. Quels sont ceux qui sont le plus soluble* dans l'alcool éthylique ?

5. Expliquez pourquoi on effectue une deuxième extraction par l'alcool.

ACTIVITÉS

Activité expérimentale 2

L'extraction des arômes des zestes d'orange

L'odeur de l'orange est due à un mélange d'arômes contenus dans le zeste. Le principal de ces arômes est le limonène. Dans un premier temps, nous allons extraire le limonène des zestes d'orange par un solvant, puis, dans le prochain chapitre, nous le comparerons au limonène vendu dans le commerce.

Matériel

– Oranges, cyclohexane.
– Bécher, couteau, mortier et pilon, agitateur, dispositif de filtration büchner.

Sécurité

Lire les fiches **1** et **2**.

Manipulation

Prélever les zestes de deux oranges sans prendre la peau blanche. Les écraser énergiquement dans un mortier avec un pilon, après les avoir découpés en petits morceaux. Placer le tout dans un bécher. Ajouter alors 30 mL de cyclohexane et laisser macérer (tremper) environ une demi-heure en agitant de temps en temps avec un agitateur.

Filtrer le mélange sur büchner (➡ fiche **6**). Conserver le filtrat* pour une manipulation ultérieure (chapitre 3).

Doc. 3. La macération des zestes dans le cyclohexane.

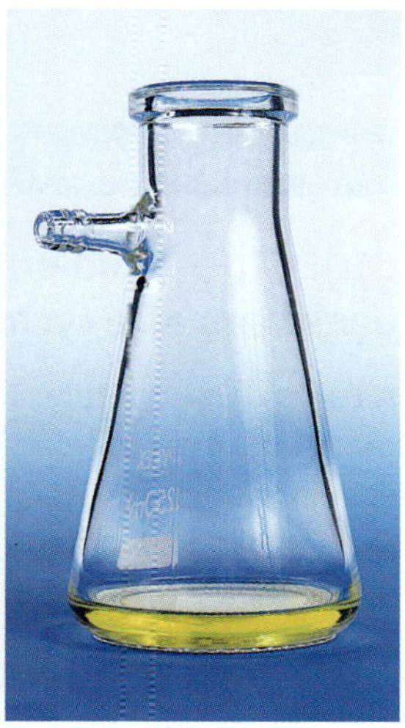

Doc. 4. Le filtrat obtenu.

Questions

1. Décrivez ce que vous observez pendant l'expérience.

2. Interprétez les observations que vous avez faites.

3. Expliquez en quelques phrases comment on extrait une espèce chimique d'un produit de la nature.

Activité expérimentale 3

L'extraction du diiode en solution aqueuse

Doc. 5. Des cristaux de diiode.

Lorsqu'on dispose d'une solution, il peut être utile d'évaporer le solvant pour récupérer la substance dissoute seule. Dans cette activité, nous partons d'une solution de diiode dans l'eau. Ce solvant ne nous convient pas car il est difficile d'évaporer complètement de l'eau. Nous allons alors choisir un deuxième solvant plus volatil*, le cyclohexane, et extraire le diiode en solution dans l'eau par le cyclohexane. Nous allons donc faire passer le diiode de l'eau vers le cyclohexane.*

Matériel

– Cristaux de diiode, solution de diiode dans l'eau, cyclohexane, eau distillée.
– Spatule, tubes à essais avec bouchons adaptés, ampoule à décanter, béchers.

Sécurité

Lire les fiches 1 et 2.

Manipulation 1

OBJECTIF : étudier la solubilité* du diiode dans l'eau et le cyclohexane.

À l'aide d'une spatule, placer dans un tube à essais quelques cristaux de diiode. Ajouter 3 mL d'eau distillée. Dans un autre tube à essais, placer la même quantité de diiode et ajouter 3 mL de cyclohexane, un solvant incolore. Boucher les tubes à essais et agiter.

Doc. 6. Après agitation, le tube à essais contenant l'eau (à gauche) et celui contenant le cyclohexane (à droite). ▶

Questions

1. Au bout de quelques instants, que peut-on constater en comparant le contenu des deux tubes à essais ?

2. Dans quel solvant la solubilité* du diiode est-elle la plus grande ?

3. Si vous aviez à extraire le diiode d'un mélange, quel solvant choisiriez-vous entre l'eau et le cyclohexane ?

Manipulation 2

OBJECTIF : étudier un mélange d'eau et de cyclohexane.

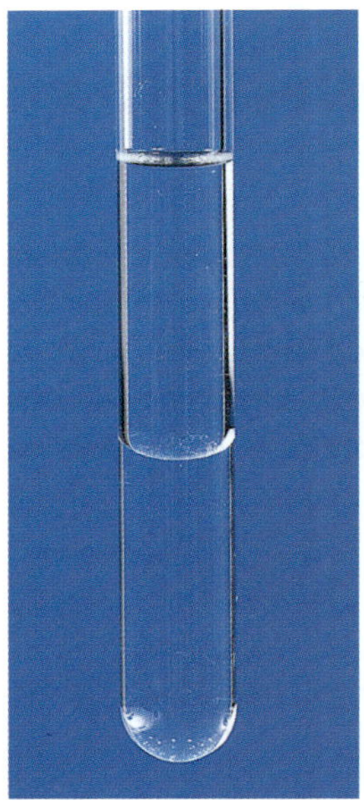

◀ **Doc. 7.** Le mélange d'eau et de cyclohexane après agitation et repos.

- Verser 2 mL d'eau et 2 mL de cyclohexane dans un tube à essais. Le boucher et agiter. Laisser reposer.
- On observe alors dans le tube deux parties distinctes, appelées **phases** (doc. 7). Les deux solvants, eau et cyclohexane, ne sont **pas miscibles***. Une propriété importante des liquides, la **densité,** peut nous permettre

F

CYCLOHEXANE

C_6H_{12}
M = 84,16 g/mol
P. E. : 80,7 °C
Densité (20/4) : 0,78
P.F. : 6 °C

R : 11   S : 2-9-16-33

Doc. 8. Les informations de l'étiquette d'un flacon de cyclohexane.

de savoir à quel solvant correspond chaque phase : lorsqu'on mélange deux liquides non miscibles, c'est celui qui a la plus faible densité qui surnage.

Questions

4. Des informations concernant le cyclohexane sont données sur le doc. 8. Quelle est la densité de ce solvant ?

5. La densité de l'eau est 1. Déterminez quel est le liquide surnageant dans le tube à essais.

Manipulation 3

OBJECTIF : réaliser l'extraction du diiode en solution dans l'eau.

Verser dans une ampoule à décanter 20 mL d'une solution de diiode dans l'eau, puis 20 mL de cyclohexane. Agiter le contenu de l'ampoule puis laisser reposer. Cette étape de repos s'appelle la **décantation.**

ATTENTION ! Avant de manipuler l'ampoule à décanter, lire attentivement la fiche 4.

Questions

6. Faites un schéma de l'ampoule et de son contenu avant l'agitation, puis après décantation. Annotez-le, en indiquant les couleurs observées et les solvants correspondant aux différentes phases.

7. Expliquez les modifications de couleur qui ont eu lieu.

8. Faites une phrase de conclusion utilisant un vocabulaire scientifique, en expliquant ce que vous avez réalisé dans cette manipulation. La phrase devra contenir le verbe « extraire ».

Doc. 9. Les deux phases avant agitation (à gauche) et après décantation (à droite).

Activité expérimentale 4

L'extraction des arômes de la lavande

*En parfumerie, l'hydrodistillation permet d'obtenir des liquides parfumés à partir de végétaux (fleurs, graines, fruits...). Ce sont les **huiles essentielles.** Nous allons décrire le principe de cette technique.*

Matériel

– Fleurs de lavande, eau distillée, cyclohexane, pierre ponce, chlorure de sodium, carbonate de calcium anhydre.

– Plaque chauffante, bécher, chauffe-ballon, ballon monocol, colonne à distiller ou tube coudé, réfrigérant, éprouvette graduée, ampoule à décanter, erlenmeyers, tige en verre.

Sécurité

Lire les fiches 1 et 2.

Manipulation 1

OBJECTIF : réaliser une décoction de fleurs de lavande.

- Écraser quelques fleurs de lavande avec les doigts et les sentir. Elles sentent la « lavande ».

Peser 10 g de fleurs de lavande et les introduire dans un bécher rempli d'eau distillée.

Placer le bécher sur une plaque chauffante et amener le mélange à l'ébullition : on a alors réalisé une **décoction** de fleurs de lavande.

• L'odeur de lavande dégagée par le mélange est plus importante lorsque l'eau bout, que lorsque l'eau est froide. Sous l'effet de la chaleur, les cellules de la lavande contenant les substances parfumées éclatent. Ces substances sont volatiles* et sont entraînées par la vapeur d'eau. Il s'agit de les récupérer.

Questions

1. Que voulez-vous récupérer : les vapeurs ou l'eau contenue dans le récipient ?

2. À partir de ce que vous avez appris au collège, proposez un montage pour canaliser les vapeurs puis les condenser*, afin d'obtenir l'huile essentielle.

Manipulation 2

OBJECTIF : réaliser l'hydrodistillation de l'huile essentielle de lavande.

• Le montage présenté sur le doc. 10 permet de réaliser une décoction de fleurs de lavande, de canaliser les vapeurs puis de les condenser* grâce au réfrigérant (ou condenseur), afin de récupérer l'huile essentielle. Le distillat* est recueilli dans une éprouvette graduée.

• Placer dans le ballon 10 g de fleurs de lavande, deux grains de pierre ponce et 100 mL d'eau distillée. Une fois le montage de distillation* réalisé, mettre en route la circulation d'eau dans le réfrigérant et porter le mélange à l'ébullition (➔ fiche 5). Arrêter le chauffage après l'obtention d'environ 60 mL de distillat.

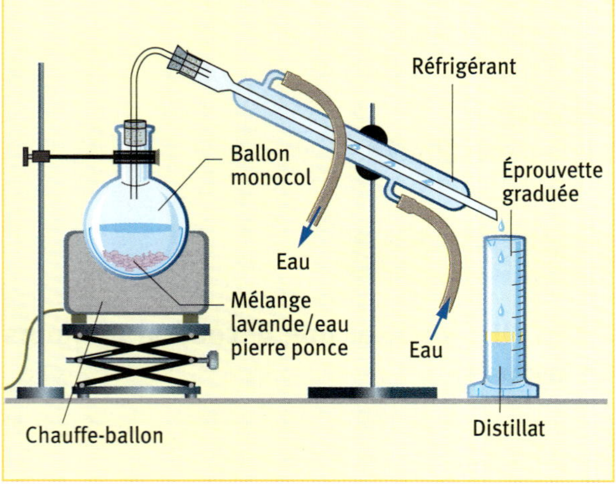

Doc. 10. Le montage pour l'hydrodistillation.

Questions

3. Décrivez les phénomènes qui se déroulent au cours de l'expérience.

4. Observez le distillat : est-il odorant ? Est-il limpide ? Comment se présente-t-il ?

5. Faites un schéma de l'éprouvette et de son contenu en indiquant la nature de chacun des liquides.

Proposer un protocole expérimental

OBJECTIF : extraire l'huile essentielle du distillat.

• Le distillat obtenu ne permet pas la récupération de l'huile essentielle par simple décantation. Nous allons donc employer un solvant pour l'extraire du mélange.

• Ajouter 3 g de sel (chlorure de sodium) au distillat. Agiter avec une tige en verre pour bien dissoudre le sel dans l'eau. Cette opération porte le nom de **relargage**.

• Pour extraire l'huile de lavande, nous allons utiliser le cyclohexane. Le tableau suivant fournit des données de densités et de solubilités utiles pour réaliser cette extraction.

	Eau	Eau salée	Cyclohexane	Huile essentielle de lavande
Densité	1	1,1	0,78	0,89
Solubilité dans l'eau			nulle	faible
Solubilité dans l'eau salée			nulle	très faible
Solubilité dans le cyclohexane	nulle	nulle		importante

• Après l'extraction, la solution d'huile essentielle dans le cyclohexane peut contenir un peu d'eau. On la séchera avec du carbonate de calcium anhydre (c'est-à-dire déshydraté). Elle sera ensuite conservée pour un TP ultérieur (chapitre 4).

Questions

6. À partir des données du tableau, justifiez l'addition du chlorure de sodium dans l'eau et l'emploi du cyclohexane comme solvant extracteur.

7. Proposez un protocole expérimental permettant de réaliser l'extraction de l'huile de lavande et de recueillir la solution d'huile de lavande dans le cyclohexane.

1. Définition de l'extraction

Une extraction consiste à tirer (« extraire ») une ou des espèces chimiques d'un milieu solide ou liquide.

Les espèces chimiques obtenues après extraction constituent l'**extrait.** Dans le cas d'un extrait de produit naturel, on parle souvent d'« **essence** ».

Les techniques de l'extraction ont de nombreuses applications. Elles sont très utilisées en chimie industrielle ou encore en parfumerie (➜ activité 1). On l'emploie également pour la dépollution des sols ou pour éliminer la caféine du café par exemple.

2. Extraction par solvant

2.1. Principe

L'**extraction par solvant** consiste à faire passer, par solubilisation, la substance à extraire dans un solvant.

Le solvant peut être de l'eau. En général, c'est plutôt un **solvant organique,** issu de la chimie du pétrole : le pentane, le cyclohexane, le toluène, le dichlorométhane, l'éther de pétrole...

Exemple ➜ Doc. 11 : lorsqu'on prépare du thé, les arômes et les colorants des feuilles de thé sont extraits par l'eau qui joue le rôle du solvant.

Doc. 11. La préparation du thé est une extraction par solvant.

2.2. Choix du solvant

Dans une extraction par solvant, le **solvant extracteur** est choisi de telle sorte que les espèces chimiques à extraire y soient le plus soluble possible.

Après extraction, on peut éventuellement procéder à l'évaporation du solvant pour récupérer l'extrait seul. Dans ce cas, le solvant doit être **volatil,** c'est-à-dire que sa **température d'ébullition*** doit être basse. La température d'ébullition d'un solvant est généralement indiquée sur l'étiquette du flacon (elle peut être notée de diverses manières : Eb, E, P.E., P. éb...).

Enfin, les solvants organiques sont souvent inflammables et nocifs pour l'homme, comme pour la faune et la flore (➜ fiche 2). Des critères de sécurité interviennent donc également dans leur choix.

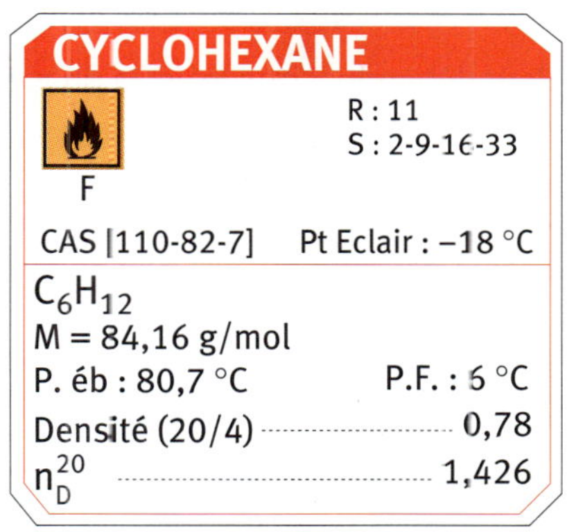

Doc. 12. Le cyclohexane a pour température d'ébullition 80,7 °C. Le pictogramme indique que ce solvant est inflammable.

2.3. Extraction à partir d'un produit naturel

Une espèce chimique peut être extraite d'un produit naturel (fleur, graine...). On parle alors d'**extraction directe**. Celui-ci est mis à **macérer** (tremper) dans un solvant. Au bout d'un certain temps, on sépare le solvant et le produit solide, par filtration par exemple (➡ fiche 6).

Exemple ➡ Activité 1 : dans la technique de l'enfleurage, les arômes des fleurs sont extraits par la graisse puis par l'éthanol. La graisse et l'éthanol jouent le rôle de solvant question 1, p. 20.

Doc. 13. Le limonène, une espèce chimique présente dans les zestes d'orange, peut être extrait par le cyclohexane (➡ activité 2 question 2, p. 21).

2.4. Extraction d'une espèce chimique depuis un liquide – Exemple de l'eau

Principe

Une espèce chimique peut être en solution* dans l'eau ou mélangée à de l'eau. Elle est alors difficilement récupérable, car l'eau ne s'évapore pas facilement. On utilise un solvant organique pour l'extraire. L'espèce chimique va passer de l'eau dans le solvant. On parle d'**extraction liquide-liquide.**

Pour que l'extraction d'une espèce chimique dans l'eau soit efficace, il faut que cette espèce soit plus soluble dans le **solvant extracteur** que dans l'eau. Le solvant extracteur doit également ne **pas être miscible** avec l'eau, c'est-à-dire qu'il doit pouvoir en être séparé.

Exemple ➡ Activité 3 : pour l'extraction du diiode dans l'eau, on choisit le cyclohexane. Le diiode est plus soluble dans le cyclohexane que dans l'eau question 2, p. 22. L'eau et le cyclohexane ne sont pas miscibles (doc. 7, p. 22).

Réalisation

Pour réaliser une extraction liquide-liquide au laboratoire, on utilise une **ampoule à décanter** (➡ fiche 4). Après agitation puis **décantation,** deux **phases** apparaissent qui peuvent être séparées. L'une des phases est constituée du solvant extracteur contenant l'extrait, c'est la **phase organique.** L'autre est la **phase aqueuse.**

Pour déterminer quelle est la phase surnageante, on compare les **densités** des deux phases.

Dans un mélange de deux liquides non miscibles, le liquide surnageant est celui qui a la plus faible densité.

Exemple ➡ Activité 3 : la densité du cyclohexane est de 0,78. Il surnage donc sur l'eau questions 4 et 5, p. 23.

La valeur de la densité d'un solvant est indiquée sur l'étiquette du flacon (elle est souvent notée d). C'est une grandeur sans unité. Elle est égale à la masse volumique* du solvant divisée par la masse volumique de l'eau. La masse volumique de l'eau est de 1 $g \cdot cm^{-3}$ et sa densité est égale à 1.

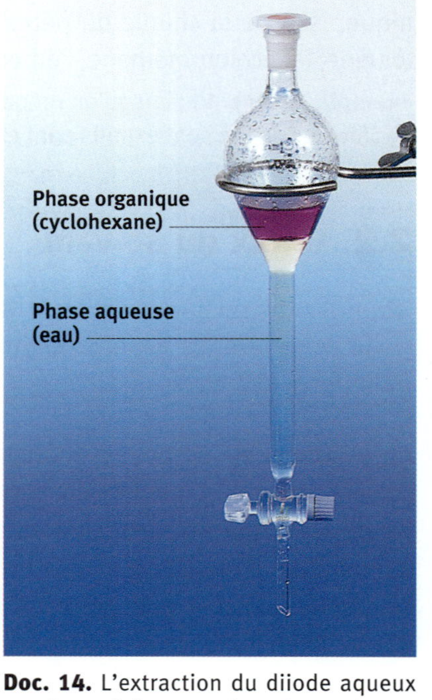

Doc. 14. L'extraction du diiode aqueux par le cyclohexane. Les deux phases après décantation (➡ activité 3 question 6, p. 23).

Remarque : le terme extraction liquide-liquide désigne tous les cas où l'on fait passer une espèce chimique d'un liquide vers un autre. Le cas de l'eau est le plus courant. Mais il y en a d'autres. L'extraction liquide-liquide est employée, par exemple, pour extraire certains constituants du pétrole dans les procédés de raffinage.

3. L'hydrodistillation

3.1. Principe

Lorsqu'on chauffe des plantes ou des fruits, on provoque l'éclatement des cellules renfermant les substances odorantes. Ces substances odorantes sont assez volatiles* et peuvent être entraînées par de la vapeur d'eau.

Une **hydrodistillation** est la distillation* d'un mélange d'eau et d'un produit naturel. Elle consiste à porter à ébullition le mélange, puis à condenser les vapeurs qui se dégagent, c'est-à-dire à les ramener à l'état liquide, afin de récupérer les arômes.

Une des deux phases de l'extrait liquide obtenu est très parfumée. On l'appelle **huile essentielle**. L'hydrodistillation est une technique très ancienne. Elle était déjà connue dans l'Antiquité.

Exemple ➜ Activité 4 : l'hydrodistillation de l'huile essentielle des fleurs de lavande.

3.2. Réalisation

Au laboratoire, l'hydrodistillation s'effectue avec le montage présenté sur le doc. 15 (➜ fiche 5). Le mélange d'eau et de produit naturel est chauffé. La vapeur qui se dégage est condensée dans le **réfrigérant**.

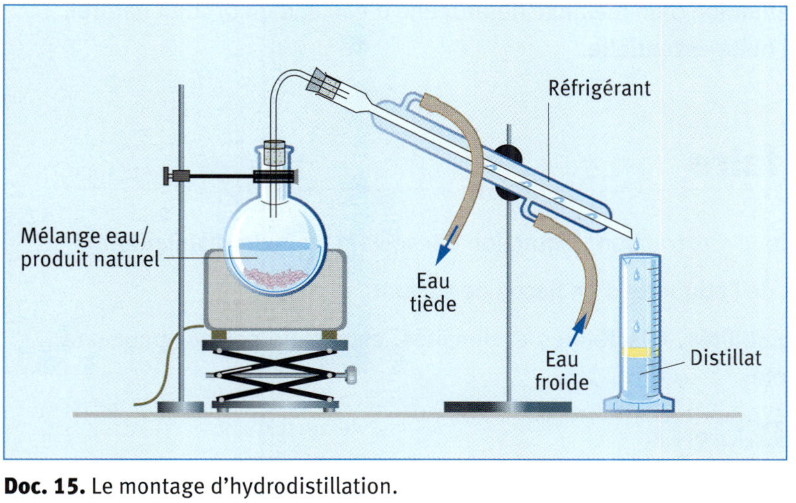

Doc. 15. Le montage d'hydrodistillation.

COURS

Le liquide obtenu, appelé **distillat**, contient deux **phases** :
– une phase organique : c'est l'**huile essentielle** ;
– une phase aqueuse : l'eau.

Pour récupérer l'huile essentielle, on a recours à une extraction liquide-liquide (§ 2.4.).

Exemple ➡ Activité 4 : pour récupérer l'huile essentielle de lavande, on dissout du sel dans la phase aqueuse et on extrait par le cyclohexane. L'huile est en effet beaucoup plus soluble dans le cyclohexane que dans l'eau salée question 6, p. 24.

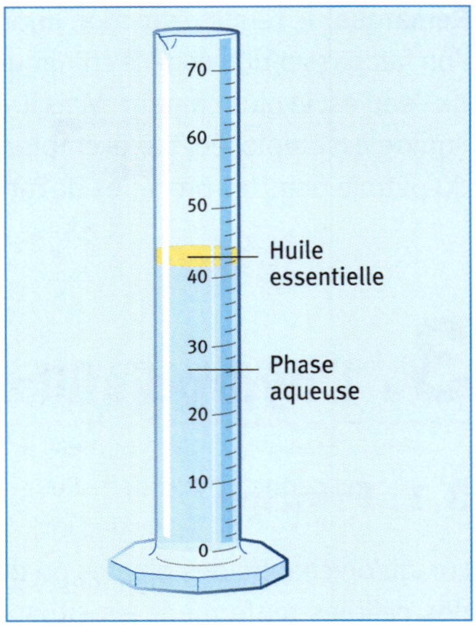

Doc. 16. Les deux phases du distillat obtenu dans l'hydrodistillation de l'huile essentielle de lavande (➡ activité 4 question 5, p. 24). ▶

L'ESSENTIEL

Ce qu'il faut savoir

Extraction par solvant

✔ Une **extraction par solvant** consiste à extraire une espèce chimique d'un milieu solide ou liquide par solubilisation dans un solvant. Le solvant est choisi tel que l'espèce à extraire y soit le plus **soluble** possible.

✔ Lorsque l'espèce chimique est extraite d'un liquide (mélange ou solution*), celui-ci et le **solvant extracteur** doivent être **non miscibles.** Au cours de l'extraction, on obtient deux **phases**. La phase supérieure correspond au liquide dont la **densité** est la plus faible.

Hydrodistillation

✔ L'**hydrodistillation** est la distillation d'un mélange hétérogène d'eau et d'un produit naturel, pour obtenir un **extrait** appelé **huile essentielle.**

Ce qu'il faut savoir faire

✔ Mettre en œuvre une technique d'extraction : extraction par solvant ou hydrodistillation.

✔ Interpréter les informations de l'étiquette d'un flacon de solvant.

✔ À partir de données de solubilités, miscibilités et densités, choisir un solvant pour une extraction et définir un protocole.

À revoir : les fiches 1, 2, 3, 4, 5 et 6.

EXERCICE RÉSOLU

Proposer un protocole expérimental

Le clou de girofle renferme un arôme appelé eugénol. On peut l'extraire par hydrodistillation. À la fin de la manipulation, les phases organiques et aqueuses restent intimement mélangées. On recherche donc un solvant qui permettra d'extraire l'eugénol du mélange.
La table ci-contre donne des informations concernant l'eugénol.

Température d'ébullition	253 °C
Masse volumique	1,1 $g \cdot cm^{-3}$
Solubilité dans l'eau	insoluble
Solubilité dans l'éthanol	très soluble
Solubilité dans le dichlorométhane	très soluble
Solubilité dans le chloroforme	soluble

1. a. Quelles sont les données utiles pour choisir un solvant ?
b. Quel(s) solvant(s) doit-on choisir ?
c. Sachant que l'éthanol et l'eau sont miscibles et que le dichlorométhane et l'eau sont non miscibles, quel solvant va-t-on choisir ?

2. La masse volumique du dichlorométhane est de 1,3 $g \cdot cm^{-3}$.
a. Quelle est la densité de ce solvant ?
b. Rédiger le protocole expérimental de l'extraction de l'eugénol.

CONSEILS

1.a. *Procéder simplement par élimination. Il s'agit ici d'une extraction liquide-liquide. Les deux conditions à réaliser sont :*
– l'espèce à extraire, l'eugénol, doit être plus soluble dans le solvant extracteur que dans l'eau ;
– le solvant choisi et l'eau ne doivent pas être miscibles.

La température d'ébullition de l'eugénol et sa masse volumique ne sont donc pas utiles.

b. *L'eugénol n'est pas soluble dans l'eau. Les trois solvants éthanol, dichlorométhane et chloroforme pourraient donc convenir. On choisit le ou les solvants dans lesquels la solubilité est la plus grande.*

2.a. *Attention aux unités ! Pour pouvoir diviser la masse volumique du solvant par la masse volumique de l'eau, il faut qu'elles soient toutes deux exprimées dans la même unité ; ici, le $g \cdot cm^{-3}$.*

Si la masse volumique a une unité (le $g \cdot cm^{-3}$ par exemple), la densité n'en a pas.

b. *Dans une extraction liquide-liquide, comparer les densités des deux solvants en jeu (ici l'eau et le dichlorométhane) permet de déterminer quelle est la phase inférieure. La densité de l'espèce extraite (l'eugénol) n'intervient pas dans le raisonnement.*

SOLUTION

1.a. Les données utiles sont les solubilités de l'eugénol dans l'eau et les différents solvants : éthanol, dichlorométhane, chloroforme.

b. L'eugénol doit être plus soluble dans le solvant choisi que dans l'eau. Il est insoluble dans l'eau. On choisit donc le solvant dans lequel il est le plus soluble, c'est-à-dire l'éthanol ou le dichlorométhane.

c. Le solvant extracteur et l'eau ne doivent pas être miscibles. On choisit donc le dichlorométhane.

2.a. La densité d'un solvant est sa masse volumique divisée par la masse volumique de l'eau. La masse volumique de l'eau est de 1 $g \cdot cm^{-3}$.

La densité du dichlorométhane est donc égale à 1,3/1 soit 1,3.

b. Verser dans une ampoule à décanter le distillat et le dichlorométhane. Agiter puis laisser décanter. Le dichlorométhane est plus dense que l'eau, il constitue donc la phase inférieure. Recueillir cette phase organique.

VÉRIFIEZ VOS CONNAISSANCES

Questions

1 Quel est le principe d'une extraction par solvant ?

2 Qu'est-ce qu'une extraction liquide-liquide ?

3 Qu'est-ce qu'une décantation ?

4 Que veut dire « non miscible » ?

5 Dessiner un montage d'hydrodistillation.

QCM

6 Lors d'une extraction liquide-liquide, le composé à extraire est :

a. plus soluble dans le solvant extracteur que dans le solvant de départ ;

b. plus soluble dans le solvant de départ que dans le solvant extracteur.

7 Lors d'une hydrodistillation :

a. on obtient un liquide unique ;

b. on obtient deux liquides non miscibles.

8 Dans le cas de deux liquides non miscibles, le liquide surnageant est :

a. celui dont la densité est inférieure à 1 ;

b. celui qui a la densité la plus faible.

EXERCICES D'APPLICATION

Le choix d'un solvant

9 **1.** Rappeler le principe d'une extraction par solvant.
2. Pour chacune des espèces chimiques du tableau suivant, choisir un solvant d'extraction. Il peut y avoir une, plusieurs, ou pas de réponses.

Espèce chimique	Solubilité dans l'eau	Solubilité dans l'alcool	Solubilité dans l'acétone
Acide benzoïque	peu soluble	très soluble	soluble
Benzaldéhyde	peu soluble	soluble en toutes proportions	très soluble
Camphre	insoluble	très soluble	soluble
Limonène	insoluble	soluble en toutes proportions	inconnue

10 En utilisant le tableau suivant, choisir le meilleur solvant, quand cela est possible, pour extraire chacune des espèces chimiques de la première colonne.

Espèce chimique	Solubilité dans l'eau	Solubilité dans l'alcool	Solubilité dans l'acétone
Aspirine	insoluble	très soluble	inconnue
Paracétamol	soluble	très soluble	inconnue
Caféine	peu soluble	peu soluble	peu soluble
Acide citrique	très soluble	très soluble	inconnue
Eugénol	insoluble	soluble en toutes proportions	inconnue

11 Le benzoate de méthyle existe dans diverses huiles essentielles, comme dans celle de l'œillet et dans celle de l'ylang-ylang, une plante originaire d'Indonésie. C'est un liquide parfumé, utilisé en pharmacie. On désire extraire cette espèce chimique par extraction directe.
Dans une banque de données, on trouve pour le benzoate de méthyle les caractéristiques suivantes :

Température de fusion	– 12,3 °C
Température d'ébullition	199,6 °C
Densité	1,08
Solubilité dans l'eau	insoluble
Solubilité dans l'éthanol	soluble
Solubilité dans l'éthoxyéthane	très soluble
Solubilité dans le méthanol	soluble

1. Sachant que l'on veut extraire par solvant le benzoate de méthyle d'un mélange, quelles sont les données qui ne sont pas utiles ?
2. Quel solvant doit-on choisir ?

12 Dans un verre contenant de l'eau, on ajoute un comprimé d'aspirine du Rhône et on agite. On observe, après un temps de repos, un dépôt blanc au fond du verre.
1. Comment interpréter ce phénomène ?
2. Justifier ce résultat en utilisant le tableau de données de l'exercice 10.

La densité d'un solvant

13 L'eau et l'hexane sont deux solvants non miscibles. L'hexane est moins dense que l'eau.
1. Que peut-on dire de la valeur de la densité de l'hexane par rapport à celle de l'eau ?
2. Dessiner une éprouvette graduée remplie d'hexane et d'eau, en indiquant la nature des deux phases.

14 L'acétate d'éthyle est un solvant organique de masse volumique 0,9 g · cm^{-3}.
1. Quelle est sa densité ?

2. Dessiner une éprouvette graduée remplie d'acétate d'éthyle et d'eau, en indiquant la nature des deux phases.

15 L'hydrodistillation des zestes de citron produit une huile essentielle de densité 0,84.
1. Quelle est la densité de l'eau ?
2. Prévoir la position de chaque phase en fin de l'hydrodistillation.

16 L'eugénol est un arôme contenu dans les clous de girofle. On peut l'obtenir par hydrodistillation.
1. Dresser une liste du matériel nécessaire pour réaliser cette extraction.
2. Sachant que l'eugénol est plus dense que l'eau, rédiger un protocole expérimental.
3. Dessiner le montage d'hydrodistillation.

Les informations concernant un solvant

17 Dans un catalogue, on trouve les indications ci-dessous concernant le toluène.

Toluène pur
F Xn
R : 11-20
S : 16-25-29-33
Pt Eclair : +4 °C
C_7H_8
M = 92,14 g/mol
P. éb : 111 °C P.F. : –95 °C
n_D^{20} 1,4967
Densité (20/4) 0,87

1. Repérer la température d'ébullition et la densité.
2. Expliquer le sens des indications de sécurité.
3. Quelles précautions un chimiste doit-il prendre lorsqu'il manipule du toluène ?

18 L'éther diéthylique et le dichlorométhane sont deux solvants qui donnent en général de bons résultats dans les extractions d'espèces chimiques. Dans un catalogue, on trouve les indications suivantes :

Dichlorométhane pur
(stabilisé avec 0,1 % d'éthanol)
Xn
R : 40
S : 23-24/25-36/37
CAS [75-09-2]
CH_2Cl_2
M = 84,93 g/mol
P. éb : 40 °C P.F. : –95 °C
Densité (20/4) .... 1,322 à 1,328
Distillation .... 39 à 40,5 °C

Ether diéthylique pur
(stabilisé avec 0,0007 % environ de di-tert-butyl-2,6-méthyl-4 phénol)
F+
R : 12-19
S : 9-16-29-33
CAS [60-29-7] Pt Eclair : –40 °C
$C_4H_{10}O$
M = 74,12 g/mol
P. éb : 34 °C P.F. : –116 °C
Densité (20/4) 0,71
H_2O .... 0,2 % max.

Pour des questions de sécurité, on évite d'utiliser l'éther diéthylique et le dichlorométhane est souvent préféré. Expliquer pourquoi.

19 **1.** Qu'est-ce qu'un solvant volatil ?
2. En comparant les indications concernant le dichlorométhane, l'éther diéthylique (exercice 18) et le toluène (exercice 17), déterminer le solvant le plus volatil.

EXERCICES DE SYNTHÈSE

20 ★ Extraction de la caféine du Coca-cola

La caféine est un des constituants du Coca-cola, dans lequel elle est en solution. En TP, l'extraction de la caféine est effectuée par du dichlorométhane, dans lequel elle est soluble en milieu basique.
Le pH mesuré d'une solution de Coca-cola vaut 3. On utilise un protocole, dont le début est : « *Prélever 100 mL de Coca-cola dans un erlenmeyer. Ajouter goutte à goutte une solution de carbonate de sodium, en surveillant le pH. Arrêter l'addition lorsque le pH atteint la valeur 9. Verser le prélèvement dans un bécher de 250 mL, ajouter alors 100 mL de dichlorométhane et agiter sous hotte aspirante sur agitateur magnétique.* »
1. Quel est le rôle de la solution de carbonate de sodium ?
2. Que se passe-t-il quand on agite le mélange de Coca-cola et le dichlorométhane ?
3. L'étiquette d'une bouteille de dichlorométhane est montrée dans l'exercice 18. Pourquoi travaille-t-on sous hotte aspirante ?

21 ★★ Élimination des impuretés

L'extraction directe est une technique simple mais l'essence obtenue peut contenir des impuretés, c'est-à-dire des espèces chimiques indésirables.
Après extraction directe de l'essence de cumin, en TP de chimie, le solvant est évaporé. Le professeur propose le protocole suivant aux élèves, afin de purifier l'essence obtenue : « *Verser le produit obtenu dans une ampoule à décanter. Ajouter 10 mL d'éthanol. Agiter. Laisser décanter. L'éthanol étant plus dense que l'essence du cumin, le récupérer dans un erlenmeyer.* »
1. Faire un schéma annoté de l'ampoule à décanter remplie. Bien identifier les deux phases.
2. Quel est le rôle joué par l'éthanol ?
3. Quelle est la phase qui intéresse le chimiste ?
4. Un chimiste dira qu'il a lavé l'extrait de cumin à l'alcool. Expliquer pourquoi.

22 ★★ Extraction du benzaldéhyde du sirop d'orgeat

L'essence d'amande amère a une odeur caractéristique que l'on retrouve dans le kirsch, dans le sirop d'orgeat ou dans les pâtisseries. Cette odeur est celle du benzaldéhyde. On recherche un solvant pour réaliser l'extraction du benzaldéhyde du sirop d'orgeat. Pour cela, on réalise trois expériences :

Expérience 1 : Dans un tube à essais contenant 1 mL d'éther diéthylique, on introduit quelques gouttes de benzaldéhyde pur et on agite. Le mélange obtenu est homogène.

Expérience 2 : Dans un tube à essais contenant 1 mL d'eau, on introduit quelques gouttes de benzaldéhyde pur et on agite. Le mélange obtenu présente deux phases.

Expérience 3 : Dans un tube à essais contenant 1 mL d'éther diéthylique, on introduit 5 mL de sirop d'orgeat et on agite. Le mélange obtenu présente deux phases.

1.a. Quelle est la conclusion de l'expérience 1 ?
b. Quelle est la conclusion de l'expérience 2 ?
c. Quelle est la conclusion de l'expérience 3 ?
2. Quel solvant choisiront les élèves pour extraire le benzaldéhyde du sirop d'orgeat ?

23 ★★★ Extraction directe de substances naturelles

Dans un livre de chimie, on trouve au chapitre « Extraction de substances naturelles d'un solide » les données suivantes :

	Constituant majoritaire de l'essence	Possibilité d'extraction directe	Solvant
Anis	anéthale	oui	dichlorométhane
Cannelle	cinnamaldéhyde	non	
Orange	limonène	oui	pentane
Cumin	cuminaldéhyde	oui	dichlorométhane

1. Que signifie « extraire directement » ?
2. On dispose du matériel suivant : mortier, pilon, bécher, entonnoir et filtre papier ou filtre büchner.
Proposer un protocole expérimental permettant d'extraire l'anéthale des fleurs d'anis.
3. Proposer une hypothèse pour justifier l'impossibilité d'extraire directement le cinnamaldéhyde.

24 ★★★ La parfumerie au XVIIIe siècle

Le texte qui suit est extrait du roman de Patrick Süskind, *Le Parfum* (éditions Fayard, 1986).

« Il sortait son gros alambic, une chaudière de cuivre rouge coiffée d'un chapiteau – un alambic « tête-de-maure » – [...] tandis que Grenouille coupait en petits morceaux le matériau à distiller, Baldini faisait fiévreusement [...] du feu dans le foyer en maçonnerie, sur lequel il plaçait la chaudière de cuivre, bien garnie d'eau dans son fond. Il y jetait les plantes [...] coupées en morceaux, enfonçait la tête-de-maure sur son support et y branchait deux petits tuyaux pour l'arrivée et la sortie de l'eau. [...]
Peu à peu, la chaudière parvenait à l'ébullition. Et au bout d'un moment, d'abord en hésitant et goutte à goutte, puis en un mince filet, le produit de la distillation s'écoulait de la tête-de-maure par un troisième tuyau et aboutissait dans un vase florentin que Baldini avait mis en place [...] peu à peu, [...] cette soupe se séparait en deux liquides distincts : en bas se ramassait l'eau des fleurs ou des plantes, et au-dessus flottait une épaisse couche d'huile. Si, par le bec inférieur de ce récipient florentin, on évacuait précautionneusement l'eau des fleurs, qui n'avait qu'un faible parfum, il restait alors l'huile pure, l'essence, le principe vigoureux et odorant de la plante. »

1. De nos jours, on dirait que Baldini réalise une hydrodistillation. Quels sont les éléments du texte qui justifient cette affirmation ?
2. Voici le montage utilisé par Baldini :

a. Recopier schématiquement le montage et le légender avec les mots suivants : chaudière, tête-de-maure, alambic tête-de-maure, vase florentin, eau des fleurs, essence.
b. Quelle est la partie du montage de Baldini permettant la condensation ? On justifiera avec soin.
c. Pourquoi l'eau est-elle évacuée par le bas du vase florentin ?
3. Dessiner le montage qu'utiliserait Baldini de nos jours et l'annoter.

MINI-TP

25 ★ Infusion et décoction

Prendre un citron et le peler.
Réaliser une infusion : faire bouillir 20 cL d'eau et les verser dans une tasse. Ajouter une cuillère de zestes de citron. Laisser infuser quelques minutes.
Réaliser une décoction : verser dans une casserole 20 cL d'eau, ajouter une cuillère de zestes de citron et faire bouillir le mélange pendant quelques minutes.
1. Comparer les odeurs dégagées par l'infusion et par la décoction. Quelle est celle qui dégage l'odeur de citron la plus forte ?
2. En déduire le moyen le plus efficace pour extraire les arômes du zeste de citron par la vapeur d'eau.
3. Dessiner le montage expérimental qui permettrait de récupérer ces arômes.

Les bonbons sont des mélanges de différentes espèces chimiques comme le glucose, des arômes, des acidifiants, des colorants... Peut-on séparer et identifier les différents constituants d'un tel mélange ?

3

SÉPARATION ET CARACTÉRISATION D'ESPÈCES CHIMIQUES

OBJECTIFS

- Connaître le principe de la chromatographie.
- Connaître quelques méthodes d'identification et de caractérisation d'une espèce chimique.

Le chimiste dispose de diverses techniques pour **séparer** les espèces chimiques constituant un composé. Lorsqu'il a **isolé** une espèce chimique, il doit l'**identifier.** Pour cela, il la **caractérise,** c'est-à-dire qu'il recherche ses **caractéristiques physiques.** Celles-ci constituent la « carte d'identité » de l'espèce.

Activité expérimentale 1

Chromatographie de l'essence d'orange

*Dans le chapitre 2, nous avons extrait l'essence des zestes d'orange par le cyclohexane. Cette essence contient un mélange d'arômes dont le principal est le **limonène.***
*Pour séparer les constituants et effectuer une comparaison avec le limonène du commerce, nous allons réaliser une **chromatographie sur couche mince (CCM).***

Matériel

– Essence de zestes d'orange en solution dans le cyclohexane, chloroforme, cyclohexane, cristaux de diiode, sable.
– Bécher, boîte de Pétri, bocal fermé (pot de confiture), capillaires ou piques à apéritif, petits tubes, plaques CCM de 9 cm de hauteur sur 4,5 cm de largeur, gants.

Sécurité

Lire les fiches 1 et 2.

Manipulation 1

OBJECTIF : réaliser une chromatographie.

- Dans un bécher de 250 mL, verser 3 mL de chloroforme et 1 mL de cyclohexane. Couvrir le bécher avec une boîte de Pétri. Le mélange de solvants utilisé est appelé **éluant.**

Dans un petit tube, verser 0,5 mL de la solution d'essence d'orange. Dans un autre petit tube, diluer une goutte de limonène pur du commerce dans 2 mL de cyclohexane.

Sur une plaque de chromatographie sur couche mince (CCM), tracer, sans appuyer, un trait de crayon dans le sens de la largeur à 1,5 cm du bord inférieur. Ce trait s'appelle **la ligne de dépôt.** À 1,5 cm des bords, dessiner également deux croix, sous lesquelles vous écrirez L (pour limonène) et E (pour essence).

- Avec un tube capillaire (tube très fin) ou une pique à apéritif, prélever un peu de la solution d'essence et la déposer sur la croix E. Répéter le dépôt 3 ou 4 fois. Le **dépôt** doit s'effectuer par petites touches brèves, de façon à obtenir une tache de diamètre égal environ à 3 mm.

Avec un autre tube capillaire ou une pique à apéritif, prélever un peu de la solution de limonène et la déposer sur la croix L en ne répétant le dépôt qu'une fois.

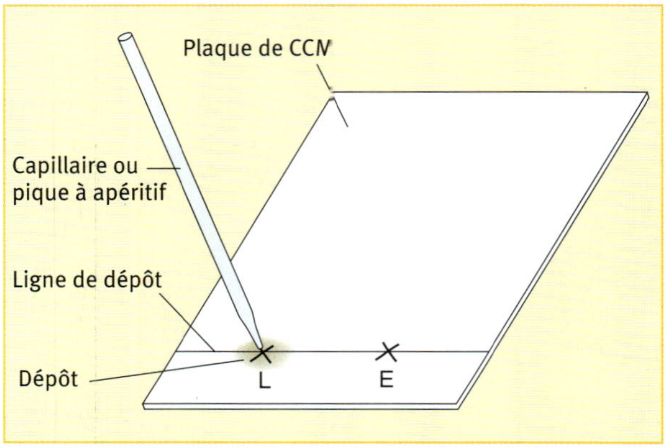

Doc. 1. Le dépôt des solutions sur la plaque CCM.

Placer la plaque dans le bécher et couvrir avec la boîte de Pétri.

ATTENTION ! La ligne de dépôt ne doit pas tremper dans l'éluant.

Attendre dix à quinze minutes. C'est l'étape d'**élution.**

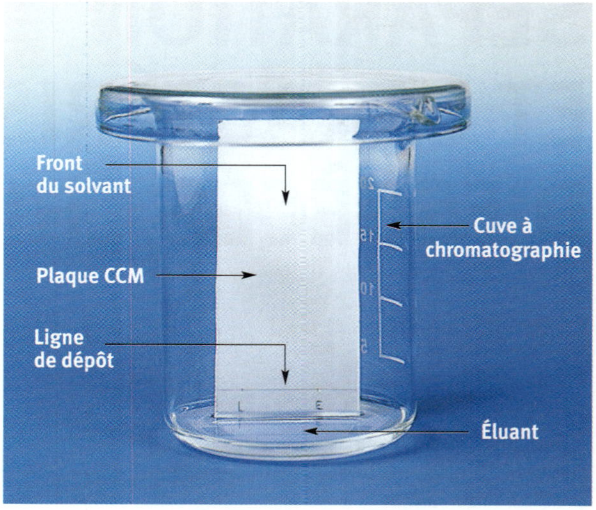

Doc. 2. L'élution dans la cuve à chromatographie.

Questions

1. Qu'observez-vous lors de l'élution ?

2. On dit que la plaque et l'éluant sont deux **« phases »** distinctes. Quelle est la phase liquide ? la phase solide ? Quelle est la phase mobile ? la phase fixe ?

Manipulation 2

OBJECTIF : révéler le chromatogramme.

- Au cours de l'élution, l'éluant monte sur la plaque en imprégnant la silice. On dit qu'il **migre.**
- Sortir la plaque lorsque l'éluant arrive à 1 cm du bord supérieur. Noter très rapidement d'un trait de crayon la position du **front de solvant** (hauteur atteinte par l'éluant). Laisser sécher.
- Observer : on ne voit rien. Pour pouvoir voir les espèces déposées sur la plaque, il est nécessaire d'effectuer un traitement de la plaque appelé **révélation.**
- Mettre des gants et sous la hotte, placer la plaque dans un bocal qu'on aura préalablement préparé, contenant un peu de sable et quelques cristaux de diiode. Bien fermer le bocal et agiter l'ensemble.
- Des taches brunes apparaissent progressivement sur la plaque. La plaque révélée constitue le **chromatogramme** (doc. 3).

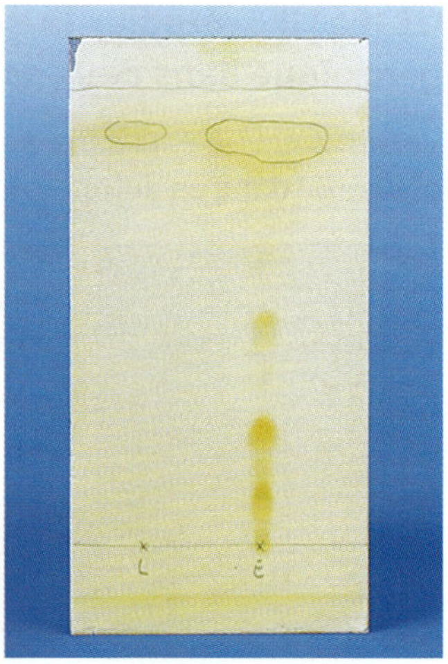

Doc. 3. Le chromatogramme révélé.

- Sortir le chromatogramme du bocal en le prenant par les côtés et cercler rapidement avec un crayon les taches brunes. La couleur jaune de la plaque disparaît très rapidement.

Questions

3. Que se passe-t-il lors de l'élution lorsque l'éluant entre en contact avec les dépôts sur la plaque ? (Il y a deux réponses à donner.)

4. Qu'arrive-t-il à l'essence d'orange lors de sa migration sur la plaque ?

5. L'affirmation : *« L'essence des zestes d'orange est un mélange d'arômes »* est-elle justifiée ?

6. Que signifie le fait que le limonène et l'essence d'orange présentent une tache au même niveau ?

7. Donnez une définition du mot « chromatographie », en utilisant les termes suivants : mélange, séparation, technique, constituants.

Manipulation 3

OBJECTIF : mesurer un « rapport frontal ».

- L'un des arômes de l'essence d'orange a été identifié par comparaison : c'est le limonène.

Cette espèce chimique peut être **caractérisée** par un nombre que l'on appelle **rapport frontal** (noté R_f). Le R_f d'une espèce est le quotient de la distance h qu'elle a parcourue à la fin de l'élution par la distance H parcourue par l'éluant pendant le même temps (doc. 4).

$$R_f = \frac{h}{H} \quad \Big| \; h \text{ et } H \text{ en cm ; } R_f \text{ sans unité.}$$

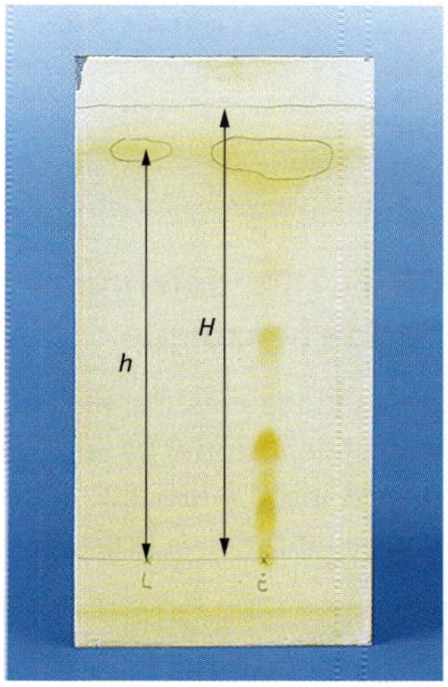

Doc. 4. Les mesures de h et H sur le chromatogramme. ▶

- Sur le chromatogramme obtenu précédemment, mesurer H et h pour le limonène.

Calculer le rapport frontal du limonène.

Questions

8. Quel rapport frontal avez-vous trouvé pour le limonène ?

9. Dans une table de données, on trouve les résultats suivants en ce qui concerne le limonène :

Solvant	cyclohexane	chloroforme/cyclohexane $\left(\frac{3}{4}\Big/\frac{1}{4}\text{ en volume}\right)$
R_f	0,6	0,9

L'affirmation suivante : *« Le rapport frontal du limonène est de 0,9 »* est-elle suffisante ? Que faut-il préciser ?

ACTIVITÉS

Activité expérimentale 2

Caractéristiques physiques de l'acide benzoïque

L'acide benzoïque est un conservateur très utilisé dans l'industrie alimentaire.
*Nous allons en étudier quelques **caractéristiques physiques**.*

Doc. 5. Des cristaux d'acide benzoïque. ▶

Matériel

– Acide benzoïque, éthanol, eau.
– Bain d'huile, agitateur chauffant, thermomètre, capillaire, loupe, tubes à essais, agitateur en verre.

Manipulation 1

OBJECTIF : déterminer le point de fusion de l'acide benzoïque.

Nous allons mesurer la température de fusion (ou le « point de fusion ») de l'acide benzoïque, c'est-à-dire la température à laquelle il devient liquide. Pour cela, nous allons utiliser le dispositif suivant.

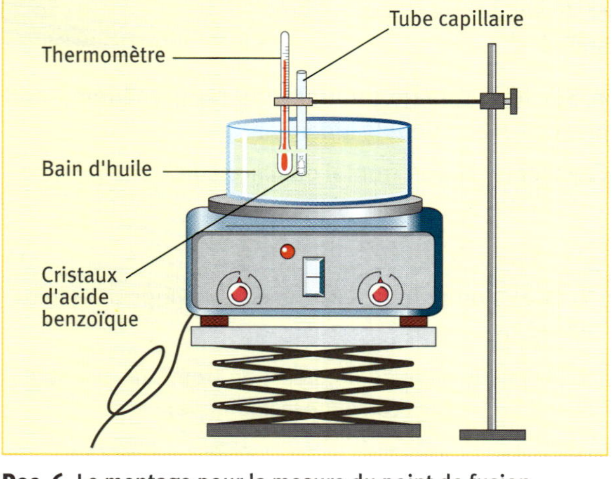

Doc. 6. Le montage pour la mesure du point de fusion.

Un tube capillaire (tube très fin) dont les deux extrémités sont obturées contient un peu d'acide benzoïque. Il plonge dans un bain d'huile dont on fait varier lentement la température. Un thermomètre plongé dans l'huile est disposé très près du tube. Il indique une température proche de celle de l'acide.

Questions

1. Quel est l'état physique de l'acide benzoïque à la température ambiante (doc. 5) ? C'est une de ses caractéristiques physiques.
2. Vous disposez d'une loupe. Comment allez-vous procéder pour déterminer la température de fusion de l'acide benzoïque ?
3. Pourquoi faut-il chauffer l'huile lentement ?
4. Rédigez un compte rendu concis.

Manipulation 2

OBJECTIF : étudier la solubilité* de l'acide benzoïque dans deux solvants.

Verser 7 cm^3 d'eau dans un tube à essais et 7 cm^3 d'éthanol dans un autre.

Dans chacun des tubes, ajouter 0,3 g d'acide benzoïque.

Agiter avec une baguette en verre et observer.

◀ **Doc. 7.** Les deux tubes à essais après agitation. À gauche, l'acide benzoïque dans l'éthanol, à droite, dans l'eau.

Questions

5. Que constatez-vous ?
6. Rédigez en une phrase un compte rendu des observations, en utilisant le mot « soluble* ».
7. Rédigez en une phrase un bilan de l'activité en récapitulant les caractéristiques physiques de l'acide benzoïque que vous avez déterminées.

1. SVT La chromatographie

1.1. Définition

Le mot **chromatographie** vient du grec *khrôma*: la couleur. À l'origine, c'était une technique de séparation de substances colorées, mais elle est aujourd'hui utilisée pour tous types de mélanges.

La **chromatographie** est une méthode physique de **séparation** et d'**identification** des constituants d'un mélange.

Il existe différentes techniques de chromatographie. On se limitera à l'étude de la **chromatographie sur papier** ou **sur couche mince (CCM).**

Exemple ➡ Activité 1 : la chromatographie sur couche mince nous a permis de séparer les constituants de l'essence des zestes d'orange et d'en identifier un : le limonène.

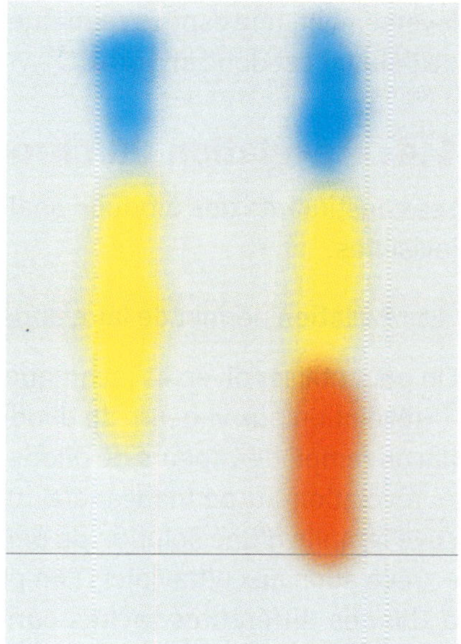

Doc. 8. La séparation par chromatographie des colorants contenus dans une encre verte (à gauche) et une encre marron (à droite).

1.2. Principe

Pour réaliser une chromatographie sur papier ou sur couche mince, on utilise :
– un solvant ou un mélange de solvants appelé **éluant** ou **phase mobile ;**
– un support solide fixe, appelé **phase fixe.**

La phase fixe est une bande de papier, ou, pour la CCM, une plaque d'aluminium recouverte d'une fine couche de silice.

L'éluant est placé au fond d'une **cuve à chromatographie.** On dilue le mélange à analyser, puis on dépose sur la phase fixe une goutte de la solution*. La phase fixe est mise à tremper dans l'éluant. Au cours de l'**élution,** l'éluant monte à la surface de la plaque (➡ activité 1 question 1, p. 35). On dit qu'il **migre.** Il entraîne avec lui les différents constituants du mélange.

Le résultat d'une chromatographie est un **chromatogramme.** Sur celui-ci, on observe des taches à des hauteurs différentes par rapport à la ligne de dépôt. Ce sont les différents constituants du mélange. Ils sont **séparés** (➡ activité 1 question 4, p. 35).

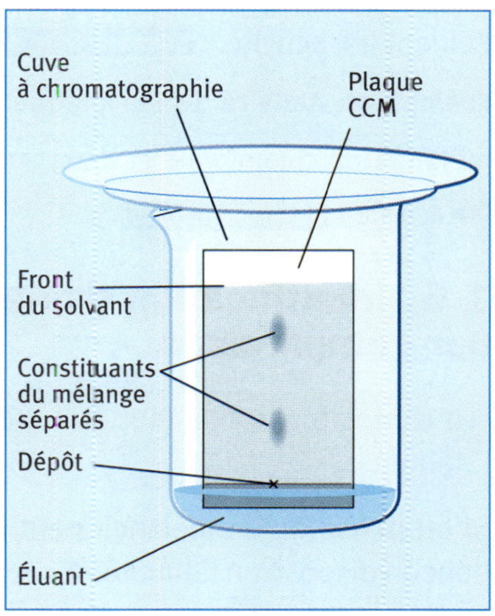

Doc. 9. Une chromatographie sur couche mince en cours d'élution.

1.3. Interprétation

Lors de l'élution, **l'éluant** s'élève par **capillarité** à la surface de la phase fixe. C'est un phénomène analogue à celui qui fait monter la sève dans les plantes. Lorsque l'éluant arrive à la ligne de dépôt, il dissout le mélange déposé et l'entraîne (➡ activité 1 question 3, p. 35).

Les différentes espèces chimiques constituant le mélange migrent à des vitesses différentes.

Plus une espèce chimique est soluble dans l'éluant, plus elle est entraînée rapidement, donc plus elle migrera haut.

Inversement, une espèce chimique peu soluble migrera peu. Le choix de l'éluant est donc important.

1.4. Révélation du chromatogramme

Les constituants des produits analysés donnent souvent des taches invisibles.

La **révélation** permet de faire apparaître les différentes taches.

On peut utiliser diverses techniques :
– révélation aux vapeurs de diiode : on place la phase fixe dans un flacon rempli de vapeurs de diiode ;
– révélation au permanganate : on plonge la phase fixe dans une cuve remplie d'une solution de permanganate de potassium ;
– révélation aux ultraviolets : on place la phase fixe sous une lampe à UV. Les différentes taches correspondant aux constituants du mélange apparaissent. En l'absence de rayonnement, on ne voit rien.

Exemple ➨ Activité 1 : le chromatogramme a été révélé aux vapeurs de diiode.

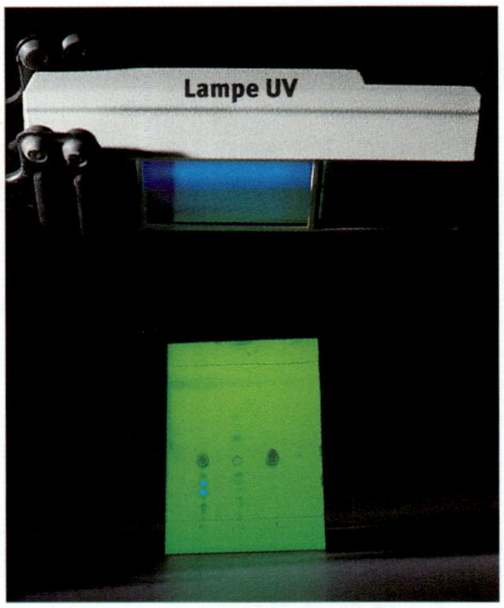

Doc. 10. La révélation d'un chromatogramme aux ultraviolets.

1.5. Rapport frontal

On appelle **rapport frontal R_f** d'une espèce chimique le quotient de la distance h parcourue par l'espèce par la distance H parcourue par l'éluant pendant le même temps.

$$R_f = \frac{h}{H} \quad \left| \begin{array}{l} h \text{ et } H \text{ en cm ;} \\ R_f \text{ sans unité.} \end{array} \right.$$

Pour chaque espèce chimique, le R_f dépend de la phase fixe et de l'éluant (➨ activité 1 question 9, p. 35).

Exemple ➨ Activité 1 : sur plaque CCM, le R_f du limonène pour un mélange de chloroforme et de cyclohexane $\left(\frac{3}{4}\middle|\frac{1}{4}\text{ en volume}\right)$ est de 0,9 (➨ activité 1 question 8, p. 35).

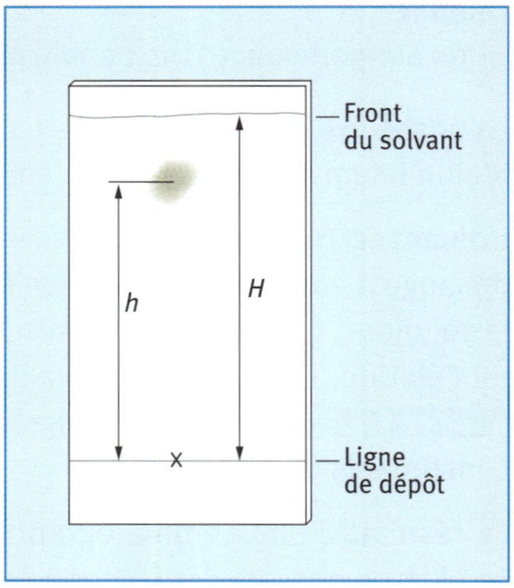

Doc. 11. La mesure du rapport frontal d'une espèce chimique.

1.6. Identification d'une espèce chimique par comparaison

La chromatographie peut être utilisée pour **identifier** une espèce chimique.

Si on pense qu'un mélange peut contenir une espèce chimique A, dont on dispose au laboratoire, on peut réaliser un chromatogramme en déposant sur la ligne de base une goutte du mélange et une goutte d'une solution de l'espèce A. Si, après révélation éventuelle, une des taches du chromatogramme du mélange est à la même hauteur que celle de A, on peut conclure que A est un constituant du mélange.

On peut aussi comparer le R_f d'une espèce inconnue aux R_f fournis par une table de données pour la même technique de chromatographie et le même éluant.

Exemple ➡ Activité 1 : en réalisant une chromatographie de l'essence d'orange et du limonène, on a montré que l'essence contient du limonène question 6, p. 35.

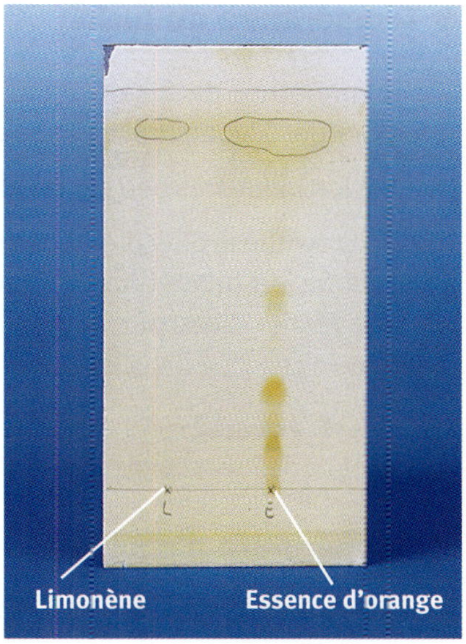

Doc. 12. Un des constituants de l'essence d'orange présente une tache au même niveau que le limonène (➡ activité 1).

2. Caractéristiques physiques d'espèces chimiques

2.1. Définition

Le chimiste sait mettre en œuvre toute une batterie de techniques pour **isoler** une espèce chimique, comme par exemple l'extraction par un solvant (➡ chapitre 2). Il lui reste alors à s'assurer de son identité. La chromatographie est une technique d'**identification** mais elle n'est pas la seule.

Toute espèce chimique possède des propriétés physiques dont les valeurs lui sont propres. Ce sont ses **caractéristiques physiques.** Les caractéristiques physiques constituent la carte d'identité de l'espèce chimique. Elles permettent de l'identifier et de la nommer.

Pour identifier une espèce chimique, le chimiste la **caractérise,** c'est-à-dire qu'il recherche ses caractéristiques physiques et les compare aux données fournies par des tables.

Le rapport frontal (§ 1.5.) est une caractéristique physique. D'autres caractéristiques, couramment employées, sont décrites dans les paragraphes qui suivent.

2.2. SVT Températures de changement d'état

La matière existe sous trois **états physiques** : solide, liquide, gazeux. L'état physique d'une espèce chimique à une température donnée constitue une de ses caractéristiques physiques.

Exemple ➡ Activité 2 : à température ambiante, l'acide benzoïque est un solide question 1, p. 36.

Le changement d'état d'un corps pur est la transformation physique correspondant au passage d'un état physique à un autre état physique. Ces changements d'état ont lieu à une température qui dépend de la pression et qui est caractéristique de l'espèce chimique.

COURS

Température de fusion

La **température de fusion** d'une espèce chimique solide est la température à laquelle elle passe de l'état solide à l'état liquide.

La pression influe très peu sur la valeur de la température de fusion.

Lors de la synthèse d'un produit solide connu, la détermination de son point de fusion permet non seulement d'identifier le produit, mais aussi de vérifier s'il est pur. La température de fusion mesurée doit être identique à celle lue dans les tables de données.

Exemple ➡ **Activité 2 :** on a mesuré le point de fusion de l'acide benzoïque. Les tables de données donnent une valeur de 122 °C.

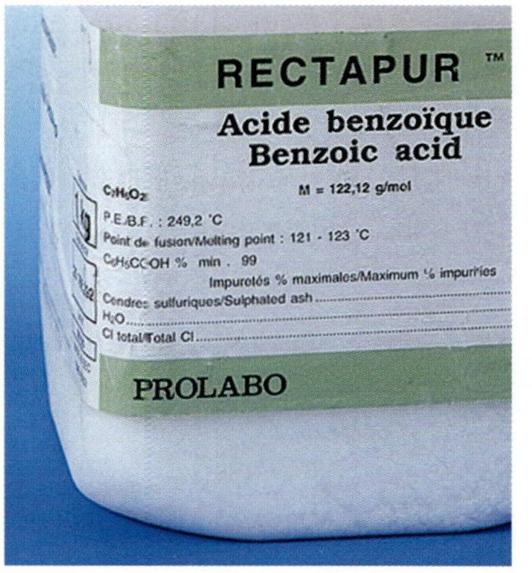

Doc. 13. La température de fusion (ou point de fusion) est généralement indiquée sur l'étiquette des produits commerciaux.

Température d'ébullition

La **température d'ébullition** d'une espèce chimique liquide est la température à laquelle elle passe de l'état liquide à l'état de vapeur.

Cette température dépend de la pression.

Sur les étiquettes de produit chimique, la température d'ébullition est notée Eb, E, P.E... Elle est généralement mesurée à la pression atmosphérique.

2.3. SVT Densité par rapport à un corps de référence

Définition

La **densité *d*** d'un corps par rapport à un corps de référence est égale au quotient de la masse *m* d'un volume *V* du corps par la masse *m'* d'un corps de référence de même volume *V*.

$$d = \frac{m}{m'}$$

La densité est aussi égale au quotient de la masse volumique* ρ du corps par la masse volumique du corps de référence ρ'.

$$d = \frac{\rho}{\rho'}$$

C'est un nombre sans unité.

UNITÉ
La masse volumique* est généralement exprimée en $kg \cdot m^{-3}$ ou en $g \cdot cm^{-3}$.

Remarque : Les deux volumes *V* ou les masses volumiques ρ et ρ' doivent être mesurés dans les mêmes conditions de température et de pression.

Corps de référence

Pour les solides et les liquides, le corps de référence est généralement l'eau.

La densité de l'eau est donc égale à 1.

S'il est non miscible à l'eau, la densité d'un corps liquide ou solide par rapport à l'eau caractérise son aptitude à flotter ou non sur l'eau.

Huile essentielle de lavande	0,86
Cyclohexane	0,78
Acétone	0,79
Acide acétique	1,05
Acide formique	1,22

Doc. 14. Densité par rapport à l'eau de quelques espèces chimiques liquides.

Tout corps moins dense que l'eau a une densité inférieure à 1 et flotte sur l'eau. Tout corps plus dense que l'eau a une densité supérieure à 1 et coule dans l'eau.

Pour les gaz, le corps de référence est l'air.

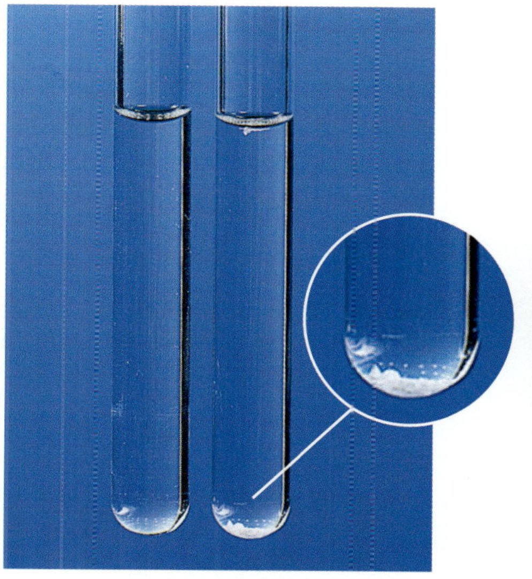

Doc. 15. L'acide benzoïque est plus soluble dans l'éthanol (à gauche) que dans l'eau (à droite) (➡ activité 2 question 6, p. 36).

2.4. Solubilité dans un solvant

On appelle **solubilité** d'une espèce chimique la quantité maximale de cette espèce que l'on peut dissoudre dans un litre de **solvant.** La solubilité dépend de la température.

La solubilité s'exprime en $\mathbf{g \cdot L^{-1}}$.

L'espèce que l'on dissout s'appelle le **soluté.** Lorsque la solution* n'accepte plus de dissoudre de soluté, on dit qu'elle est **saturée.** Plus la solubilité est grande, plus on peut dissoudre de soluté dans le solvant.

2.5. Indice de réfraction par rapport à l'air

Définition

L'**indice de réfraction *n*** caractérise l'aptitude d'une substance **transparente** à dévier le trajet de la lumière.

Cette caractéristique est introduite dans le cours de physique (chap. 18).

L'indice de réfraction d'un milieu transparent n'a pas d'unité. Il est toujours supérieur à 1 et généralement inférieur à 3.

Pour mesurer l'indice de réfraction d'un milieu, on utilise la **formule de Descartes : $\sin i = n \sin r$.** Cette formule s'applique pour un dioptre air/milieu. i est l'angle d'incidence et r l'angle de réfraction (doc. 17). On mesure les valeurs de r pour plusieurs valeurs de i. Puis on trace $\sin i$ en fonction de $\sin r$. Le coefficient directeur de la droite obtenue est égal à n.

Air	1
Eau	1,33
Acide éthanoïque	1,37
Essence de banane	1,40
Essence de lavande	1,46

Doc. 16. Indice de réfraction de quelques espèces chimiques liquides.

COURS

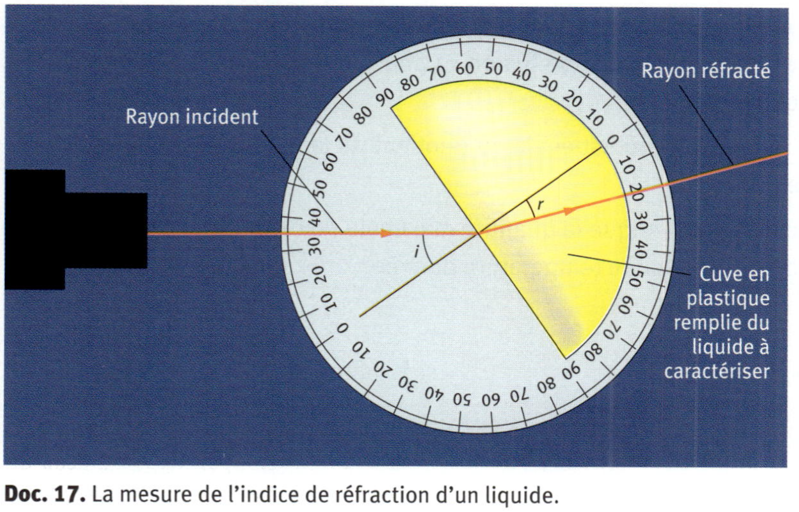

Doc. 17. La mesure de l'indice de réfraction d'un liquide.

2.6. Couleur

Les couleurs sont trompeuses : en solution, elles dépendent de la concentration et des composés différents peuvent avoir des couleurs proches. L'identification d'une espèce chimique par la seule couleur n'est possible que s'il n'y a pas d'ambiguïté et demande une certaine pratique.

Doc. 18. De gauche à droite, une solution de permanganate de potassium, de sulfate de cuivre, de nitrate de cuivre. La couleur ne permet pas de différencier ces solutions de sulfate et de nitrate de cuivre. ▶

L'ESSENTIEL

Ce qu'il faut savoir

La chromatographie

✔ La **chromatographie** est une méthode de **séparation** et d'**identification** d'espèces chimiques.

✔ Le mélange est déposé sur une **phase fixe.** Lors de l'**élution,** la **phase mobile,** l'**éluant,** entraîne les différents constituants du mélange. Ceux-ci se séparent. Plus une espèce chimique est soluble dans l'éluant, plus elle **migre** haut.

✔ Voir les différentes espèces chimiques après élution peut nécessiter une **révélation.**

✔ On appelle **rapport frontal** R_f d'une espèce chimique le quotient de la distance parcourue par l'espèce par la distance parcourue par l'éluant. Le rapport frontal dépend de l'éluant.

✔ On peut identifier une espèce chimique par **comparaison** avec une espèce chimique de référence.

Les caractéristiques physiques d'une espèce chimique

✔ Les **caractéristiques physiques** d'une espèce chimique constituent sa carte d'identité. Elles permettent de l'identifier.

✔ Les caractéristiques employées pour les **solides** et les **liquides** sont généralement la **densité** par rapport à l'eau, la **solubilité** dans un solvant donné, l'**indice de réfraction,** la **couleur.** Pour un solide, on étudie également la **température de fusion** et pour un liquide, la **température d'ébullition** à une pression donnée.

✔ La densité d'un corps par rapport à l'eau est égale au quotient de la masse volumique du corps par la masse volumique de l'eau.

✔ On appelle solubilité d'une espèce chimique la quantité maximale de cette espèce que l'on peut dissoudre dans un litre de solvant, à une température donnée.

Ce qu'il faut savoir faire

✔ Savoir réaliser une chromatographie sur couche mince.

EXERCICE RÉSOLU

Interpréter un chromatogramme

La limonade est une boisson citronnée gazeuse et sucrée contenant du glucose et du saccharose. À l'heure actuelle, il existe de la limonade «*light*», où les sucres sont remplacés par un édulcorant de synthèse comme l'aspartame. Un édulcorant est une espèce chimique sucrée qui remplace les sucres naturels pour les diabétiques et les personnes suivant un régime alimentaire.
Pour vérifier qu'une limonade «*light*» ne renferme pas de sucre, on réalise une chromatographie. Le chromatogramme obtenu est représenté ci-contre. Les lettres correspondent aux dépôts suivants: A, le glucose – B, le saccharose – C, l'aspartame – D, la limonade.

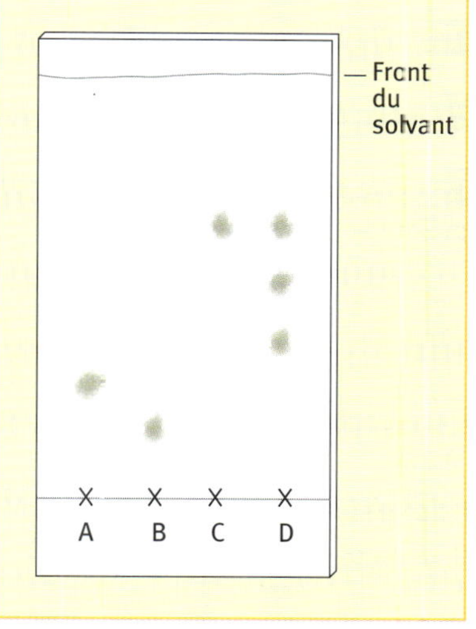

1. Quel est le nombre de constituants de cette limonade?

2. Les identifier dans la mesure du possible.

3. Selon quel principe fait-on l'identification?

4. Déterminer le R_f du glucose.

CONSEILS

1. *On compte le nombre de taches. À chaque tache correspond un constituant du mélange.*

2. et **3.** *On procède par comparaison. D'après le cours, deux substances chimiques ayant le même R_f sont identiques. On identifie donc les taches qui sont à la même hauteur. On voit que l'aspartame est un des constituants de la limonade.*

4. *Repérer la ligne de dépôt et le front du solvant. Mesurer H, la distance entre les deux. Mesurer h, la distance entre le centre de la tache du glucose et la ligne de dépôt.*

$$R_f = \frac{h}{H}.$$

La chromatographie sur couche mince est une méthode d'identification peu précise. Il est donc inutile de donner R_f avec plus d'un chiffre significatif.

SOLUTION

1. On peut compter trois taches distinctes. La limonade *light* est composée de trois espèces chimiques distinctes.

2. La limonade *light* contient de l'aspartame et deux arômes de citron probablement.

3. Les taches qui sont à la même hauteur sont produites par les mêmes espèces chimiques.

4. $H = 4{,}5$ cm;
$h = 1{,}2$ cm;

$$R_f = \frac{1{,}2}{4{,}5}$$

$R_f = 0{,}3.$

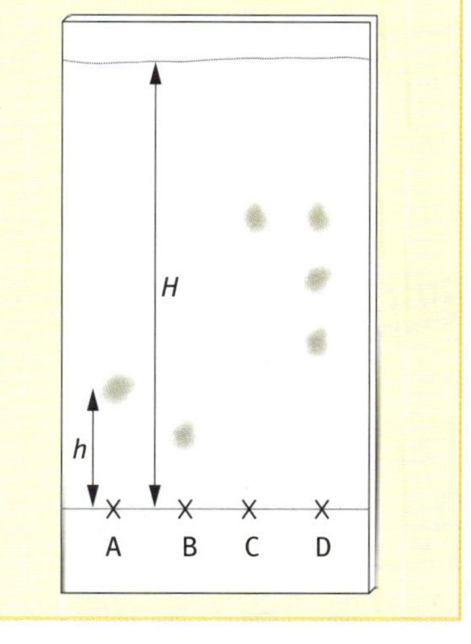

EXERCICES

VÉRIFIEZ VOS CONNAISSANCES

Questions

1 Citer une méthode de séparation des constituants d'un mélange. (Plusieurs réponses sont possibles.)

2 Quelles sont les trois étapes d'une chromatographie ?

3 Quelle est la définition du rapport frontal ?

4 Quelle est la définition de la solubilité ?

5 Quelle est la définition de la densité d'un solide ou d'un liquide par rapport à l'eau ?

QCM

6 Le cyclohexane a une densité par rapport à l'eau de 0,78.

a. Il flotte sur l'eau.

b. Il ne flotte pas sur l'eau.

7 Plus la solubilité d'une espèce chimique dans un solvant est grande,

a. plus la quantité dissoute dans 1 litre est importante ;

b. moins la quantité dissoute dans 1 litre est importante.

8 Lors d'une chromatographie, les espèces chimiques à séparer migrent sur le support, grâce à :

a. la phase fixe ;

b. l'éluant.

9 On ne peut parler d'indice de réfraction d'un milieu :

a. opaque ;

b. transparent.

EXERCICES D'APPLICATION

Les caractéristiques physiques

10 Le « principe actif » de l'aspirine (c'est-à-dire l'espèce chimique qui agit réellement contre le mal) est l'acide acétylsalicylique. À 25 °C, la solubilité de cet acide dans l'eau est de 2,5 g · L^{-1}.

Calculer la quantité d'eau minimale nécessaire pour dissoudre un cachet d'aspirine contenant 250 mg de principe actif.

11 L'heptane est un solvant. Pour déterminer sa densité, on verse 50 mL d'heptane dans une éprouvette graduée, que l'on pèse sur une balance de précision ; la masse mesurée est de 94,35 g. L'éprouvette graduée est pesée vide. On note alors une masse de 60,35 g.

1. Dessiner une éprouvette graduée.

2. Calculer la masse d'heptane contenue dans l'éprouvette graduée.

3. Calculer la densité de l'heptane.

Donnée : ρ (eau) = 1,000 g · cm^{-3}.

12 On donne les densités de quelques espèces chimiques dans le tableau ci-dessous :

Espèce chimique	Densité
Acétone	0,79
Acide nitrique	1,41
Cyclohexane	0,78
Éthanol	0,81

Déterminer la masse de 30 mL de chacune d'elles. On donne la masse volumique de l'eau :

1,000 g · cm^{-3}.

13 L'acide benzoïque est un conservateur alimentaire. À 20 °C, ses caractéristiques physiques sont les suivantes :

Point de fusion	122 °C
Solubilité dans l'eau	2,4 g · L^{-1}
Solubilité dans l'éther	23 g · L^{-1}
Solubilité dans l'éthanol	43 g · L^{-1}
Couleur	blanc

1. Quel est l'état physique de l'acide benzoïque à la température ambiante ?

2. Expliquer ce que signifie : « *La solubilité de l'acide benzoïque dans l'eau est de 2,4 g · L^{-1}.* »

3. Que se passe-t-il si on verse 3,2 g d'acide benzoïque dans 200 mL d'eau ?

4. Comment qualifie-t-on alors la solution ? Faire un schéma.

5. Lors d'une extraction par solvant de l'acide benzoïque, quel solvant utilisera-t-on ?

14 Le clou de girofle est particulièrement riche en huile essentielle (14 à 19 %). Le constituant principal de cette huile est l'eugénol. Sa densité est supérieure à celle de l'eau. Le tableau suivant donne quelques caractéristiques de l'eugénol.

Point de fusion	103 °C
Point d'ébullition	252-253 °C
Solubilité dans l'eau	très faible
Solubilité dans l'éther	très grande

1. À la température ambiante, quel est l'état physique de l'eugénol ? Est-ce cohérent avec ce que vous connaissez du clou de girofle ?
2. On réalise une hydrodistillation du clou de girofle. Sous quel état physique se trouve l'huile essentielle lorsque le mélange est porté à une température de 100 °C ? puis de 120 °C ?
3. Que signifie : *« La solubilité de l'eugénol dans l'éther est très grande »* ?

La chromatographie

15 L'eau de toilette Y de Yves Saint-Laurent est une eau « très aromatisée ». Après analyse chromatographique, on obtient le chromatogramme n° 1 pour un éluant et une plaque donnée.

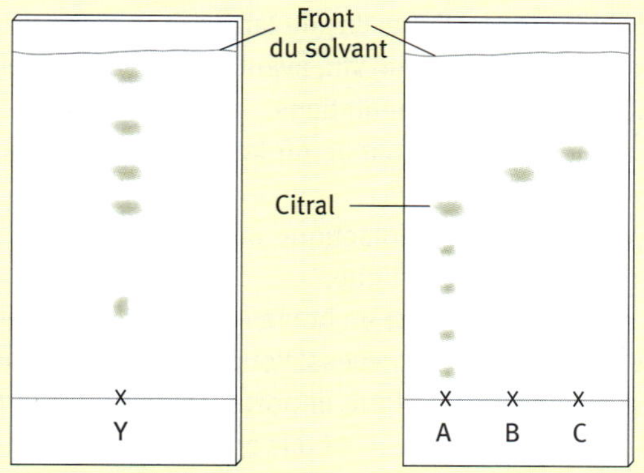

Chromatogramme n°1

Chromatogramme n°2
A = Essence de citron
B = Linalol
C = Géraniol

1. Combien de constituants ont été séparés ?
2. Quelle conclusion peut-on en tirer sur la composition de cette eau de toilette ?
3. Dans le même temps, on réalise une chromatographie avec quelques essences du commerce. On obtient le chromatogramme n° 2. Les deux chromatographies ont été faites dans les mêmes conditions.
a. En quoi cette dernière précision a-t-elle son importance ?
b. Citer deux constituants essentiels de l'eau de toilette Y de Yves Saint-Laurent.
c. Justifier la réponse de deux manières.

16 Dans la marque Florida blue, l'encre bleue est la seule encre effaçable. Elle ne contient qu'un seul colorant : l'indigo. L'encre violette de la même marque est fabriquée en mélangeant cette encre bleue avec un colorant rose.
Pour vérifier cette information, on réalise une chromatographie sur papier. L'éluant choisi dissout mieux l'indigo que le colorant rose.

1. Dessiner l'allure du chromatogramme obtenu.
2. Peut-on effacer l'encre violette ? Que se passe-t-il si on essaie ?

17 On désire identifier les constituants d'un additif alimentaire utilisé comme arôme dans les pâtisseries.
On procède à une chromatographie sur couche mince avec un éluant approprié. Sur la ligne de dépôt, on dépose :
– une goutte de citral : C ;
– une goutte de menthol : M ;
– une goutte de limonène : L ;
– une goutte de vanilline : V ;
– une goutte du produit à étudier : P.
1. Comment doit-on placer la ligne de dépôt par rapport à la surface de l'éluant ?
2. Après élution, le révélateur utilisé est une solution de permanganate de potassium. Il apparaît des taches caractéristiques des constituants séparés. Le chromatogramme obtenu est représenté ci-contre.

a. Combien y a-t-il de constituants dans le produit testé ?
b. Quel sont ceux que l'on peut identifier ?
3. Après avoir défini le rapport frontal R_f, déterminer le rapport frontal du limonène.

EXERCICES DE SYNTHÈSE

18 ★ Une étiquette de produit chimique

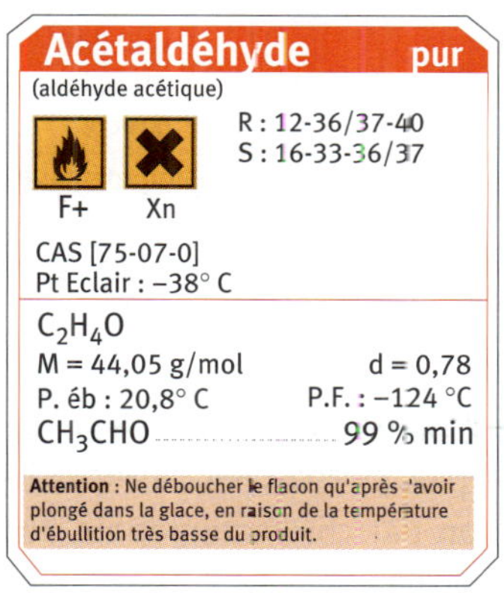

Voici l'étiquette d'un produit commercialisé.
En exploitant vos connaissances, donner tous les renseignements possibles sur ce produit, à partir des informations lues sur son étiquette.

19 ★ À propos du citron

L'huile essentielle de citron est constituée essentiellement de citral, qui donne au citron sa bonne odeur, et de limonène, que l'on élimine assez souvent lors de la synthèse de parfums à cause de son effluve peu agréable.

Après extraction de l'huile essentielle de citron, on réalise une chromatographie sur couche mince ou CCM de cette huile (ci-contre).

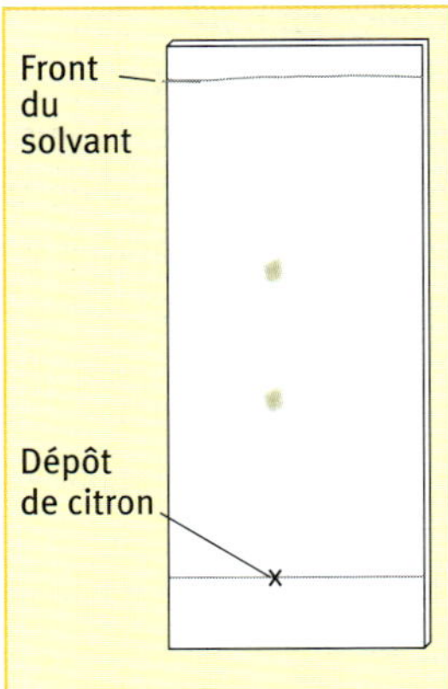

1. Expliquer le principe de la chromatographie sur couche mince ou CCM. (On précisera le rôle joué par l'éluant, la phase fixe.)

2. Définir le R_f. De quoi dépend-il ?

3. Analyser le chromatogramme obtenu.

4. Quels sont vraisemblablement les produits visibles sur le chromatogramme ? Comment pourrait-on les identifier ? (Justifier la réponse.)

5. Sachant que le R_f du citral vaut 0,6 avec l'éluant utilisé, quelle tache représente le citral ?

20 ★ Élaboration d'un protocole

L'essence de lavande est un mélange liquide complexe de plusieurs constituants, dont les deux principaux sont le linalol et l'acétate de linalyle.

Sur un produit domestique destiné au lavage des sols et des carrelages, on peut lire sur l'étiquette : *« Parfumé à la lavande »*.

1. Proposer une méthode de vérification de cette affirmation.

2. Proposer un protocole, après avoir fait une liste exacte du matériel dont vous aurez besoin classé en deux rubriques : *Matériel* et *Produits chimiques*.

21 ★★ Exploitation d'un tableau de données

Dans un livre de chimie, on peut lire dans le chapitre : « Des substances naturelles au produit chimique », les indications suivantes :

	Constituant majoritaire de l'essence	Chromatographie	Possibilité d'extraction directe
Anis	anéthale	dichlorométhane révél. : diiode.	dichlorométhane
Cumin	cuminaldéhyde	dichlorométhane révél. : diiode (lent).	pentane

1. Traduire les informations données dans le tableau par des phrases courtes et les plus précises possibles, en ce qui concerne la séparation par chromatographie des constituants de l'anis et du cumin.

2. Proposer un protocole d'extraction du constituant majoritaire de l'anis, ainsi qu'une méthode de séparation de ses constituants. Avant d'établir le protocole, on dressera la liste du matériel et celle des produits.

22 ★★★ Reconstitution d'un chromatogramme

On réalise sur une plaque CCM de 40 mm sur 90 mm le chromatogramme de trois solutions : une du colorant E 122, une autre du colorant E 124 et la dernière d'un sirop de fraise à base de ces deux colorants.

Avec un éluant donné, on détermine les rapports frontaux des deux colorants : R_f (E 124) = 0,57 ; R_f (E 122) = 0,70.

Dessiner le chromatogramme obtenu en grandeur nature.

23 ★★★ Mise en bouteille d'un vin

Parmi les nombreuses substances présentes dans une bouteille de vin fin, on peut trouver plusieurs espèces chimiques organiques comme l'acide éthanoïque, l'acide malique, l'acide lactique, l'acide tartrique.

Lors de l'élaboration d'un vin, avant sa mise en bouteille, se succèdent deux fermentations :

– la fermentation alcoolique où le sucre est transformé en alcool ;

– la fermentation malolactique où l'acide malique est transformé en acide lactique.

Pour mettre un vin rouge en bouteille, il faut que les deux fermentations soient achevées. Pour un vin blanc, seule la fermentation malolactique importe. Un vin dont la fermentation malolactique n'est pas achevée présente dans le verre, à la dégustation, un certain pétillement, voire des bulles.

Avant de procéder à une mise en bouteille, il est nécessaire d'estimer le degré d'avancement de la fermentation malolactique. Pour cela, on réalise un suivi chromatographique. Le chromatogramme obtenu est le suivant :

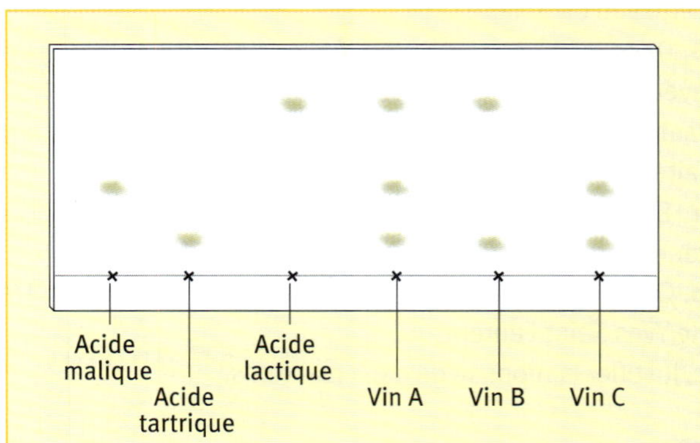

1. Rappeler le principe d'une chromatographie.

2. Faire la liste du matériel nécessaire pour faire une chromatographie.

3. Indiquer les différentes étapes de réalisation du chromatogramme.

4. Évaluer l'avancement de la fermentation malolactique des trois échantillons de vin analysés.

EXERCICES

Une unité de production de l'industrie chimique. Quels types d'espèces chimiques sont produites par la chimie de synthèse ?

4

LA SYNTHÈSE D'ESPÈCES CHIMIQUES

OBJECTIFS

- Suivre un protocole de synthèse.
- Comparer deux espèces chimiques.
- Savoir que l'on peut synthétiser une espèce chimique identique à une espèce naturelle.
- Connaître l'importance de la chimie de synthèse.

L'**industrie chimique synthétise** de nombreuses espèces chimiques : certaines sont des copies de celles qu'on trouve dans la nature, d'autres ont été inventées. La **synthèse** d'une espèce chimique se réalise selon un **protocole expérimental** bien précis.

Activité documentaire 1

Vitamines et chimie

Les vitamines sont des espèces chimiques naturelles indispensables à la vie, que l'organisme doit trouver dans son alimentation car il ne sait pas les fabriquer. Même si les quantités nécessaires sont très faibles, les carences en vitamines (insuffisance dans l'alimentation) sont à l'origine de troubles graves.

Document 1

La découverte de la vitamine C

Pendant des siècles, de nombreux marins au long cours ont souffert du scorbut, une maladie due à une carence en vitamine C. Cette vitamine est présente dans les oranges, les citrons, les fruits et les légumes frais. Le scorbut se caractérise par une grande fatigue, une chute des dents, de la fièvre, des hémorragies ; la maladie peut être mortelle.

En 1747, James Lind, un médecin écossais servant dans la marine anglaise, s'intéresse au problème. À bord du *Salisbury*, il répartit une équipe de marins malades du scorbut en plusieurs groupes. À chaque groupe, il prescrit une préparation différente : du cidre ; un élixir au vitriol ; du vinaigre ; de l'eau de mer ; une mixture à base d'ail et de graines de moutarde ; deux oranges et un citron. Six jours plus tard, il constate que le régime comprenant les agrumes (oranges et citrons) conduit à une amélioration de l'état de santé. Lind ne sait pas expliquer pourquoi. Cependant, dans les marines anglaises et françaises, on commence à recommander aux équipages la consommation d'aliments frais, malgré le scepticisme des médecins de l'époque. Personne à l'époque ne connaît l'existence des vitamines.

Questions

1. Comment James Lind remédie-t-il au scorbut des matelots ?
2. De quelle espèce chimique est-il question ici ?
3. Où la trouve-t-on ?

Document 2

Le rôle de la chimie

Dans les années 1930, l'existence des vitamines, longtemps controversée, est acceptée par les médecins, grâce à des études de nutrition effectuées sur des animaux. En 1931, Paul Karrer, un chimiste suisse, met en évidence la structure de la molécule de la vitamine A par la méthode de la chromatographie. Cette vitamine joue un rôle majeur dans la vue et la croissance. Elle est synthétisée pour la première fois en 1937 par le chimiste autrichien Richard Kuhn. À partir des années soixante, les structures de toutes les vitamines sont clairement identifiées.

Aujourd'hui, les médecins prescrivent des vitamines aux personnes présentant un risque de déficit (femmes enceintes, jeunes enfants, vieillards), mais aussi en traitement contre certaines maladies. Les industriels ont mis au point la synthèse de molécules identiques aux molécules naturelles. Les vitamines de synthèse sont présentées sous forme de sachets ou de comprimés, ce qui facilite le contrôle de la quantité ingérée.

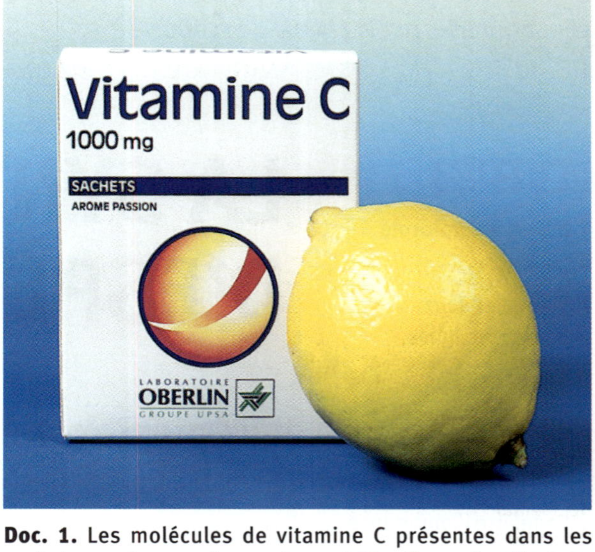

Doc. 1. Les molécules de vitamine C présentes dans les sachets vendus en pharmacie sont identiques à celles que l'on trouve dans les citrons.

Questions

4. Doit-on parler du ou des rôles joués par la chimie ? Pourquoi ?

5. Quels sont les avantages des vitamines de synthèse par rapport aux vitamines trouvées dans les produits naturels ?

6. Y a-t-il une différence entre les vitamines de synthèse et les vitamines naturelles ?

7. À partir d'autres exemples d'espèces chimiques de synthèse, montrez que la chimie de synthèse est une nécessité pour l'homme.

Activité expérimentale 2

Synthèse d'un arôme de lavande

*L'**acétate de linalyle** est un liquide incolore à l'odeur de lavande. C'est un arôme qui entre dans la composition de l'huile essentielle de lavande. Il peut être synthétisé au laboratoire par action du **linalol** sur l'**anhydride acétique**.*

Matériel

– Linalol, anhydride acétique, pierre ponce, eau, solution aqueuse d'hydrogénocarbonate de sodium, sulfate de magnésium anhydre.

– Ballon monocol, réfrigérant, chauffe-ballon, entonnoir, ampoule à décanter, béchers, coton de verre.

Sécurité

Lire les fiches 1 et 2.

Manipulation 1

OBJECTIF : réaliser la synthèse de l'acétate de linalyle.

- Le **linalol** et l'**anhydride acétique** sont deux espèces chimiques issues de l'industrie chimique. Ils constituent les **matières premières** de la synthèse.

Lorsque l'on fait réagir de l'anhydride acétique avec du linalol, on obtient de l'acétate de linalyle et de l'acide acétique.

On peut écrire symboliquement cette transformation :

linalol + anhydride acétique
→ acétate de linalyle + acide acétique.

Linalol — pur 97 % minimum

$C_{10}H_{18}O$ — MM = 154 g/mol

CAS [78-70-6] — S : 24

n_D 1,462

Anhydride acétique pur

C

R : 10-34
S : 26-45

CAS [108-24-7] — Pt Eclair : +54 °C

$C_4H_6O_3$

M = 102,09 g/mol

P. éb : 140 °C — P.F. : –73,1 °C

$CH_3COOCOCH_3$ .... 96 %

Doc. 2. Les informations des étiquettes des flacons de linalol et d'anhydride acétique.

- Le tableau ci-dessous présente quelques caractéristiques physiques des espèces chimiques mises en jeu dans la synthèse et dans l'extraction qui suit (manipulation 2).

	Linalol	Anhydride acétique	Acétate de linalyle	Acide acétique	Ion acétate
Densité	0,87	1,08	0,89	1,05	
Température d'ébullition (°C) à la pression atmosphérique	199	140	220	118	
Solubilité dans l'eau	assez faible	soluble	très faible	soluble	très soluble

• La synthèse de l'acétate de linalyle est réalisée avec le montage du doc. 3, qui porte le nom de **chauffage à reflux**. Les matières premières sont placées dans le ballon monocol et chauffées. Le ballon est surmonté d'un réfrigérant, qui condense* les vapeurs s'échappant du ballon. Il évite les pertes par évaporation que l'on rencontrerait dans un chauffage simple à l'air libre.

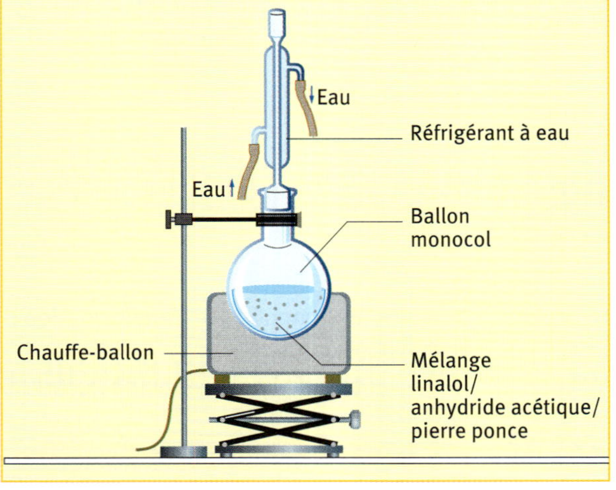

Doc.3. Le montage pour la synthèse de l'acétate de linalyle.

• Sous la hotte, introduire dans le ballon 10 mL d'anhydride acétique. Ajouter 5 mL de linalol et quelques grains de pierre ponce.

Réaliser le montage de chauffage à reflux (➔ fiche 5) et porter le mélange à ébullition douce. Après 20 à 25 minutes, arrêter le chauffage et retirer le chauffe-ballon.

Questions

1. Le linalol et l'anhydride acétique sont appelés les **réactifs** de la synthèse. Définissez le mot « réactif ».

2. En utilisant un terme analogue à celui de la question précédente, comment peut-on nommer l'acétate de linalyle et l'acide acétique obtenus ?

3. Donnez une définition du mot « synthèse » en utilisant les mots : « réactifs », « produits », « transformation chimique ».

4. Quel est le rôle de la pierre ponce ?

5. Pourquoi le réfrigérant doit-il rester ouvert à son extrémité ?

6. On appelle « conditions expérimentales » la manière dont on réalise la synthèse : par exemple, le mode de chauffage, les quantités de réactifs... Quelles sont les conditions expérimentales mises en jeu dans cette synthèse ?

7. Que contient le ballon après la réaction chimique ? Quel est l'aspect physique du contenu, sa couleur, son odeur ?

Manipulation 2

OBJECTIF : extraire l'acétate de linalyle.

• Ajouter par le sommet du réfrigérant 25 mL d'eau (par petites quantités). L'ajout d'eau permet l'élimination de l'anhydride acétique restant. Celui-ci se transforme en acide acétique.

Laisser refroidir à l'air libre le contenu du ballon puis, à l'aide d'un entonnoir, transvaser son contenu dans une ampoule à décanter en faisant attention de ne pas verser les grains de pierre ponce.

• La phase organique est constituée d'acétate de linalyle et d'acide acétique. Il faut maintenant **laver** l'acétate de linalyle pour le purifier et éliminer l'acide acétique formé.

• Agiter le mélange (➔ fiche 4), puis laisser décanter. Éliminer la phase aqueuse. (Utiliser le tableau de données de la manipulation 1 pour déterminer sa position.)

• Il reste dans la phase organique un peu de l'acide acétique formé. Pour l'éliminer, on utilise de l'hydrogénocarbonate de sodium, qui, en réagissant avec l'acide acétique, conduit à la formation d'ions acétate et de dioxyde de carbone.

• Verser dans l'ampoule à décanter 20 mL d'une solution aqueuse d'hydrogénocarbonate de sodium. Attendre quelques minutes que le dégagement gazeux se ralentisse, puis boucher l'ampoule à décanter et agiter, en n'oubliant pas de dégazer régulièrement. Laisser décanter.

Éliminer la phase aqueuse et verser la phase organique dans un bécher propre et sec.

La phase organique peut encore contenir quelques traces d'eau, que l'on élimine en ajoutant un peu de sulfate de magnésium anhydre. Filtrer ensuite sur coton de verre.

• Conserver le liquide obtenu en vue d'une chromatographie ultérieure.

Questions

8. À partir des données du tableau de la manipulation 1, précisez quelle est l'espèce chimique qui se dissout dans l'eau lors du premier lavage. Justifiez.

9. À partir des données du tableau, expliquez le principe du deuxième lavage par une solution d'hydrogénocarbonate de sodium.

Activité expérimentale 3

Identification de l'acétate de linalyle

Nous allons vérifier que l'arôme à odeur de lavande synthétisé lors de l'activité précédente est bien de l'acétate de linalyle.

Matériel

– Plaques CCM, cuve à chromatographie, capillaires ou piques à apéritif.

– Produit de la synthèse de l'activité 2, huile essentielle de lavande extraite par hydrodistillation au chapitre 2, dichlorométhane, solution de permanganate de potassium.

Sécurité

Lire les fiches 1 et 2.

Doc. 4. L'acétate de linalyle synthétisé. ▶

Proposer un protocole expérimental

OBJECTIF : caractériser le produit formé.

Dans un catalogue de produits chimiques, on trouve pour l'acétate de linalyle les données suivantes :

Aspect physique	Liquide à température ambiante
Odeur	Lavande
Couleur	Incolore
Densité	0,89
Indice de réfraction	1,5
Température d'ébullition	220 °C
R_f (dichlorométhane)	0,7

Questions

1. Quelles sont les caractéristiques physiques du produit de la synthèse que vous pouvez déjà rassembler ?

2. Comparez vos résultats avec ceux du tableau. Sont-ils concordants ?

3. Peut-on affirmer, à partir des seuls résultats précédents, que le produit fabriqué est de l'acétate de linalyle ?

4. Proposez un protocole expérimental pour mesurer l'indice de réfraction du produit de la synthèse.

Manipulation

OBJECTIF : comparer l'huile essentielle de lavande et le produit de la synthèse.

- Nous allons comparer par chromatographie sur couche mince le produit de synthèse que nous avons préparé dans l'activité 2 à l'huile essentielle de lavande extraite par hydrodistillation au chapitre 2.

Dans certains livres de chimie, on peut lire que les deux constituants principaux de l'huile essentielle de lavande sont l'acétate de linalyle et le linalol. Nous allons le vérifier par la même occasion.

- On effectuera sur la plaque CCM trois dépôts : un dépôt d'huile essentielle (H), un dépôt de linalol (L) et un troisième dépôt du produit de la synthèse (S). L'éluant choisi est le dichlorométhane. La révélation se fait dans une solution de permanganate de potassium.

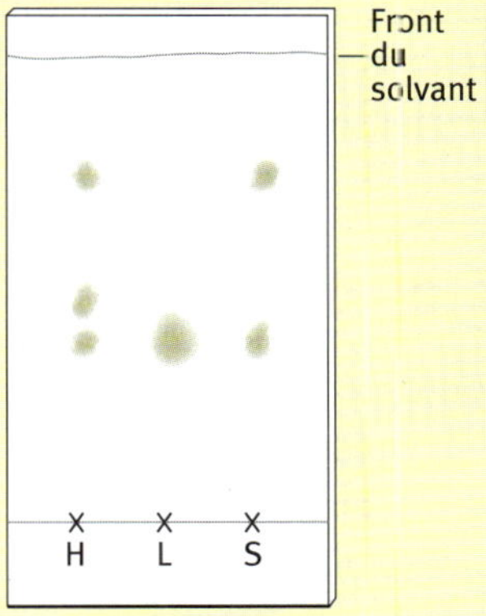

Doc. 5. Le chromatogramme révélé. ▶

Questions

5. Expliquez comment vous allez réaliser cette chromatographie.

6. Que révèle le chromatogramme quant à la composition du produit de synthèse ? Identifiez les taches.

7. Comparez l'huile essentielle et le produit de synthèse.

8. Le chromatogramme confirme-t-il la composition de l'huile essentielle de lavande donnée par les livres ?

9. Vérifiez que le rapport frontal de l'acétate de linalyle correspond bien à celui donné par le tableau précédent.

10. Formulez une hypothèse justifiant la présence de l'autre espèce chimique dans le produit de synthèse.

1. La chimie de synthèse

1.1. Les produits de synthèse dans notre quotidien

La **chimie de synthèse** a permis et permet encore des progrès importants dans les domaines de la **santé** et de l'**alimentation**. Elle contribue à l'amélioration du **confort** dans la vie de tous les jours.

Les antibiotiques, par exemple, utilisés pour le traitement des maladies d'origine bactérienne, ont permis de lutter contre des maladies redoutables comme la typhoïde, la peste ou la tuberculose. Les pesticides (produits contre les parasites), les herbicides, les engrais ont permis, dans les pays développés, d'accroître la production agricole et de résoudre les problèmes chroniques de famine.

La chimie de synthèse produit également des substances utiles à notre bien-être : des textiles artificiels, des colorants, des arômes, des cosmétiques, des matières plastiques, des isolants, des colles, des lessives, des matériaux pour les hautes technologies...

Doc. 6. Ce skieur en soufflerie porte une combinaison Gore-Tex. Le Gore-Tex est un textile imperméable et « respirant » créé par la chimie de synthèse.

1.2. Nécessité de la chimie de synthèse

Toutes les espèces chimiques nécessaires à l'homme ne peuvent pas être puisées uniquement dans la nature, parce que les quantités nécessaires sont devenues énormes et que la nature ne peut pas être surexploitée. Souvent, la synthèse chimique coûte également moins cher que l'extraction du produit naturel. C'est le cas par exemple de l'indigo, le colorant utilisé pour teindre les jeans, dont la culture a été abandonnée au début du XXe siècle en Europe.

La chimie de synthèse produit aussi des espèces chimiques originales, qu'on ne trouve pas dans la nature.

La chimie de synthèse permet de créer des **substances adaptées aux besoins de l'homme ou de l'environnement,** plus « performantes » que celles trouvées dans la nature.

Le savon classique, par exemple, est obtenu par traitement à la soude de graisses naturelles telles que le suif. Ses « pouvoirs lavants » sont limités en eaux « dures », c'est-à-dire riches en ions calcium notamment. Les chimistes ont dû concevoir une alternative de synthèse. Mais l'abus de détergents mal conçus et mal utilisés a provoqué des désastres écologiques. Les chimistes ont su réagir et proposer des détergents efficaces et moins nocifs pour l'environnement.

Doc. 7. Les détergents actuels ont un bon pouvoir lavant et respectent l'environnement.

1.3. La chimie industrielle

Dans la chimie industrielle de synthèse, on distingue trois secteurs : la **chimie lourde,** la **chimie fine** et la **chimie des « spécialités ».**

La chimie lourde

La chimie lourde est la chimie des **grands volumes de production** (on parle en millions de tonnes), de **coûts faibles** et de **prix de vente peu élevés** : quelques francs ou moins par kilogramme.

Le polyéthylène, par exemple, est issu de la chimie lourde. Il est utilisé pour fabriquer des récipients en matière plastique (bouteilles de lait, Tupperware...), des sacs, des emballages... Le polyéthylène est synthétisé à partir d'un composé dont la formule est toute simple : l'éthylène (C_2H_4), qui lui-même est obtenu à partir du pétrole.

Doc. 8. Quelques objets en polyéthylène.

La chimie fine

La chimie fine est la chimie des produits élaborés, dits **à haute valeur ajoutée** : les molécules produites sont complexes, la mise au point de leur synthèse est très longue et demande de lourds investissements financiers. Les coûts de production et les prix de vente sont très élevés par rapport au prix des matières premières. Par contre, les volumes de production sont beaucoup plus faibles que ceux de la chimie lourde.

Le grand domaine de la chimie fine est celui de la **pharmacie.** L'activité des médicaments est très forte, ce qui signifie que la quantité prescrite est très faible : par exemple, 2 mg par comprimé pour un médicament qui coûte 4 250 000 F le kilogramme, soit 648 000 euros.

COURS

La chimie des spécialités

La chimie des spécialités est celle des produits intermédiaires, aussi bien en volume de production qu'en prix. Il s'agit des arômes, des médicaments courants, des lessives... Les prix vont de quelques dizaines à quelques centaines de francs par kilogramme.

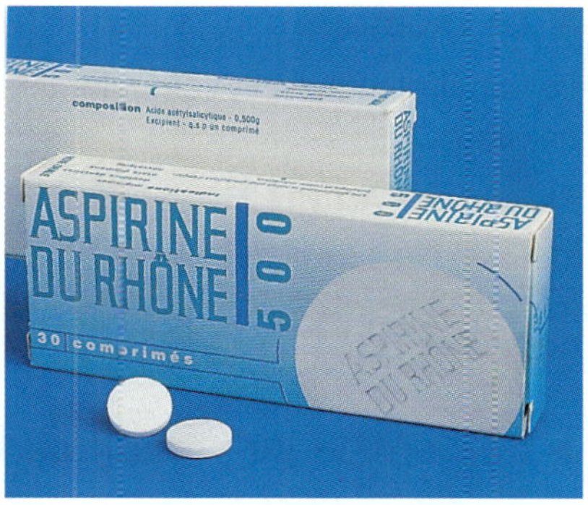

Doc. 9. L'aspirine est un produit de la chimie des spécialités.

2. Synthèse d'une espèce chimique

2.1. Définitions

La **synthèse** d'une espèce chimique est une **transformation chimique** au cours de laquelle des **réactifs** mis en jeu permettent, dans des conditions bien particulières, l'obtention d'un **produit** qui est l'espèce chimique recherchée, ou de plusieurs produits, parmi lesquels se trouve cette espèce chimique.

Pour les réactifs, on parle également de matières premières. Les réactifs sont généralement issus de l'industrie chimique, qui les fabrique à partir d'un produit naturel comme le pétrole.

Exemple ➡ Activité 2 : les réactifs sont le linalol et l'anhydride acétique. L'espèce chimique recherchée est l'acétate de linalyle.

2.2. Réalisation de la synthèse

Les conditions expérimentales

Les **conditions expérimentales** sont les conditions dans lesquelles une synthèse doit être réalisée. Leur respect est capital pour la réussite de la synthèse.

Ce sont par exemple :
– la **température** : certaines synthèses nécessitent un apport de chaleur, d'autres ne peuvent être effectuées qu'à froid ;
– les **proportions relatives des réactifs** utilisés.

Exemple ➡ Activité 2 : la synthèse de l'acétate de linalyle nécessite de chauffer et les proportions des réactifs sont de 1 volume de linalol pour 2 volumes d'anhydride acétique question 6, p. 50.

Le montage

Le matériel utilisé est généralement imposé par les conditions expérimentales.

Exemple ➡ Activité 2 : le mode opératoire nécessite un **chauffage à reflux.** Les réactifs sont placés dans un ballon, surmonté d'un réfrigérant qui condense les vapeurs qui s'échappent du mélange, afin d'éviter les pertes de produits.

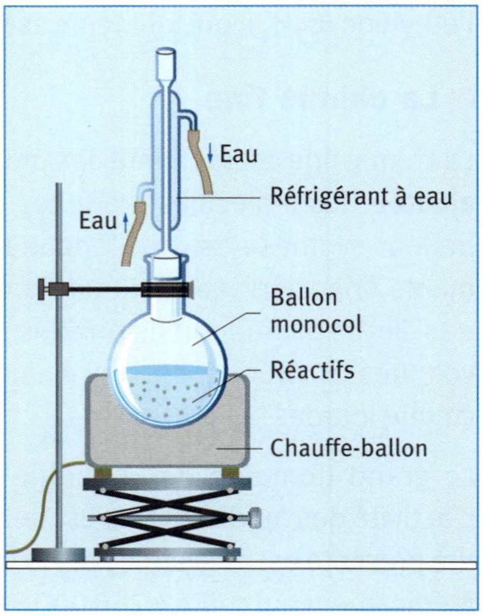

Doc. 10. Le montage de chauffage à reflux.

L'obtention du produit de la synthèse

Le produit recherché obtenu en fin de synthèse se trouve dans le ballon avec d'autres espèces chimiques. Il est donc nécessaire de réaliser une extraction. Pour cela, on a recours à différentes techniques : lavages (➡ activité 2), extraction par solvant, hydrodistillation (➡ chapitre 2), distillation*...

2.3. Identification d'une espèce chimique

Lorsque le chimiste a fabriqué, puis isolé une espèce chimique, il doit vérifier son identité. Pour cela, il peut la **caractériser** et comparer les données théoriques trouvées dans une banque de données avec les caractéristiques obtenues expérimentalement : la couleur, l'état physique, la température d'ébullition, la température de fusion, l'indice de réfraction, le rapport frontal pour un éluant donné...

Il peut également la comparer par chromatographie avec une espèce chimique dont il dispose au laboratoire (➡ activité 3).

3. Espèces chimiques naturelles et de synthèse

On peut synthétiser des espèces chimiques identiques aux espèces chimiques présentes dans la nature.

Il n'y a alors aucune différence entre l'espèce de synthèse et l'espèce naturelle. Leurs cartes d'identité sont les mêmes ; elles ont les mêmes caractéristiques physiques : même température d'ébullition, de fusion, même indice de réfraction, etc.

Exemple ➡ **Activité 3 :** l'acétate de linalyle fabriqué à l'activité 2 a le même rapport frontal que celui présent dans l'huile essentielle de lavande. Ces deux espèces chimiques sont identiques.

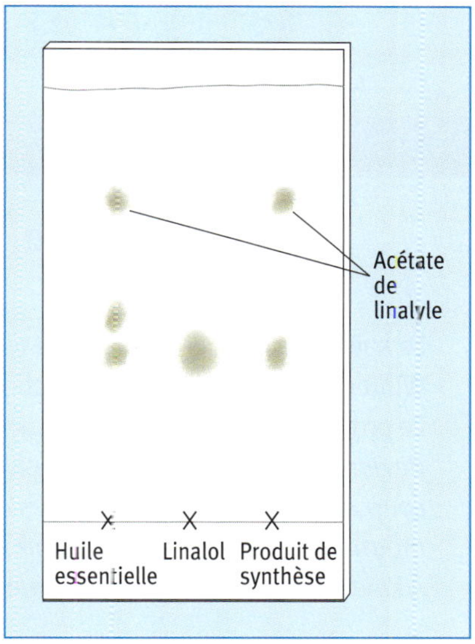

Doc. 11. Le chromatogramme obtenu à l'activité 3. ▶

L'ESSENTIEL

Ce qu'il faut savoir

Nécessité de la chimie de synthèse

✔ La **chimie de synthèse** est devenue de nos jours une nécessité. Elle joue un rôle important dans les domaines de la santé et de l'alimentation et contribue à l'amélioration du confort de l'homme dans la vie de tous les jours.

Synthèse d'une espèce chimique au laboratoire

✔ La **synthèse** d'une espèce chimique est une **transformation chimique** au cours de laquelle des **réactifs** mis en jeu conduisent à un ou des **produits** dont l'espèce chimique recherchée. Lors de la synthèse, certaines **conditions expérimentales** doivent être respectées : la température, les proportions des réactifs...

Espèces chimiques naturelles et de synthèse

✔ On peut fabriquer une espèce chimique identique à une espèce chimique naturelle.

Ce qu'il faut savoir faire

✔ Suivre un protocole de synthèse en respectant les consignes de sécurité.

✔ Proposer une méthode pour comparer deux espèces chimiques.

✔ Savoir interpréter et présenter les résultats d'une comparaison.

À revoir : les fiches 1, 2, 3, 4 et 5.

COURS

EXERCICES

EXERCICE RÉSOLU

Comprendre un protocole de synthèse

Le salicylate de méthyle est une espèce chimique utilisée en parfumerie. Son nom commercial est l'essence de Wintergreen. Il est obtenu par action de l'acide salicylique sur le méthanol.
Le protocole de synthèse est le suivant : *« Pour la préparation du mélange réactionnel, placez, sous la hotte, muni de gants et de lunettes, 14 g d'acide salicylique puis un large excès de méthanol dans un erlenmeyer. Avec beaucoup de précautions, versez alors quelques gouttes d'acide sulfurique concentré. Après avoir ajouté un barreau magnétique, adaptez sur l'erlenmeyer un réfrigérant vertical que l'on alimentera par un courant d'eau froide. À l'aide d'un agitateur magnétique chauffant, portez le mélange réactionnel à l'ébullition durant vingt minutes. »*

1. Quelles sont les consignes de sécurité à respecter pour réaliser cette synthèse et pourquoi ?

2. Quel est le rôle du chauffage à reflux ?

3. Quel est le sens du parcours de l'eau dans le réfrigérant vertical ?

4. Pourquoi utilise-t-on un agitateur ?

5. Écrire symboliquement la transformation chimique mise en jeu, sachant qu'au cours de cette synthèse, avec l'essence de Wintergreen, il se forme aussi de l'eau. On ne tiendra pas compte de l'acide sulfurique concentré qui n'intervient pas dans le bilan de la synthèse.

6. Faire un bilan des conditions expérimentales.

CONSEILS

1. *Beaucoup de produits organiques sont nocifs par contact avec la peau, d'où le port de gants obligatoire. Le port de lunettes est exigé pour toute manipulation en chimie. Quant au travail sous hotte, il intervient pour des produits nocifs par inhalation, ce qui doit être le cas ici.*

2. et **3.** *Ce sont des détails de la pratique expérimentale que vous devez connaître.*

4. *Lorsque l'on chauffe à reflux, il faut que l'ébullition soit identique – homogène – en tout point du mélange. Il faut donc agiter, ce que l'on fait avec un barreau magnétique qui est mis en mouvement par l'agitateur magnétique chauffant.*

5. *Repérer les matières premières ou réactifs et les produits formés indiqués dans l'énoncé.*
Placer les réactifs et les produits de part et d'autre de la flèche.

6. *Les conditions expérimentales traduisent la façon dont on a travaillé. A-t-on chauffé ? Comment ? Pendant combien de temps ? Quelles quantités de réactifs a-t-on utilisées ? Un produit annexe a-t-il été ajouté ?*

SOLUTION

1. Les consignes de sécurité imposent un travail sous hotte lors du mélange de l'acide salicylique et du méthanol, ainsi que le port de gants et de lunettes. Il faut éviter l'inhalation des produits et le contact avec les yeux et la peau.

2. Le chauffage à reflux consiste à condenser les vapeurs d'un mélange porté à ébullition afin d'éviter les pertes.

3. L'eau est ascendante dans la colonne sinon le tube intérieur ne baignerait pas totalement dans l'eau.

4. L'agitateur sert à homogénéiser le mélange lors de l'ébullition.

5. Acide salicylique + méthanol
→ essence de Wintergreen + eau.

6. Les conditions expérimentales observées sont de trois types :
- chauffage à reflux durant 20 minutes ;
- proportions des matières premières : 14 g d'acide salicylique et un excès de méthanol ;
- présence d'acide sulfurique.

VÉRIFIEZ VOS CONNAISSANCES

Questions

1 Définir le mot « synthèse ».

2 Donner deux exemples permettant de justifier l'affirmation : *« La chimie de synthèse est une nécessité. »*

3 Que représentent les conditions expérimentales ?

4 En quoi consiste un chauffage à reflux ?

QCM

5 Une synthèse fait intervenir une transformation :
a. physique de la matière ;
b. chimique de la matière.

6 Un chauffage à reflux sert à :
a. séparer les constituants d'un mélange ;
b. condenser les vapeurs d'un mélange porté à l'ébullition pour éviter les pertes de matière.

7 Des espèces naturelle et synthétique :
a. peuvent avoir la même carte d'identité ;
b. ne peuvent pas avoir la même carte d'identité.

EXERCICES D'APPLICATION

Connaître le matériel de laboratoire

8 Voici les schémas des montages de chauffage à reflux ⓐ et d'hydrodistillation ⓑ.
En les observant, donner la différence fondamentale qui permet de les distinguer.

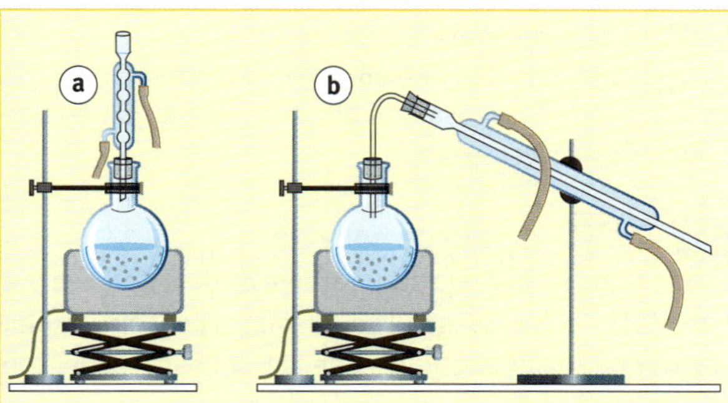

9 Parmi les montages ci-dessous, quel est celui qui convient pour réaliser un chauffage à reflux ? ▼

10 Le montage utilisé pour chauffer à reflux est représenté ci-contre. ▶
Recopier et légender le schéma.

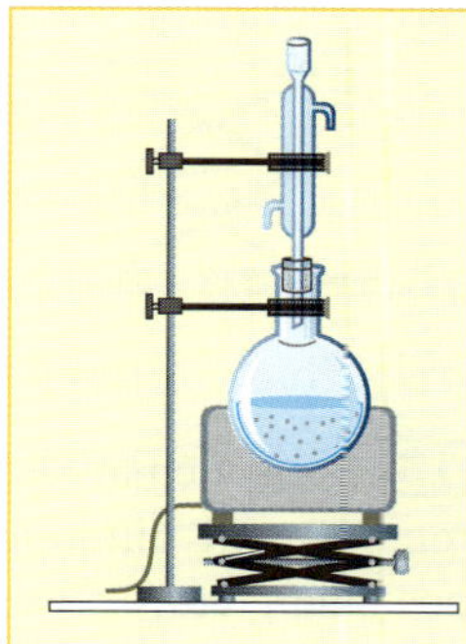

11 Parmi ces quatre montages de chauffage à reflux, trois présentent une erreur. Indiquer quel est le bon montage. On justifiera. ▼

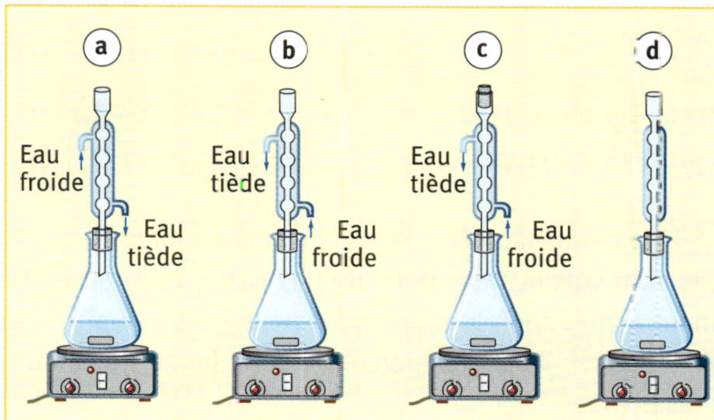

12 On dispose au laboratoire du matériel suivant :

1. Donner un nom à chaque ustensile.
2. De quel matériel a-t-on besoin pour faire une filtration simple ? Une filtration poussée ?

3. De quel matériel a-t-on besoin pour réaliser une hydrodistillation ?
4. De quel matériel a-t-on besoin pour réaliser un chauffage à reflux ?

Comprendre et compléter un protocole

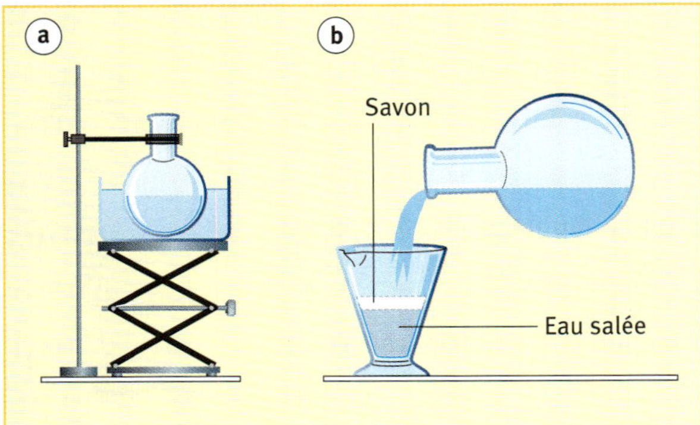

13 Les schémas ⓐ, ⓑ, ⓒ représentent différentes étapes d'un protocole expérimental pour la synthèse d'un savon.
1. Donner un nom à chacune des trois opérations réalisées. On justifiera les réponses.
2. Ranger les schémas dans l'ordre chronologique.

14 Le paracétamol est un médicament dont les propriétés sont voisines de celles de l'aspirine. Plus généralement connu sous le nom commercial de Doliprane® ou Efferalgan®, il est commercialisé sous forme de comprimés blancs.
Le paracétamol est préparé par action du para-aminophénol sur l'anhydride acétique. Le para-aminophénol est une espèce chimique solide. L'anhydride acétique est liquide.

para-Aminophénol
Xn — R : 20-21-22 ; S : 28
C_6H_7NO
M = 109,13 g/mol

Anhydride acétique pur
C — R : 10-34 ; S : 26-45
CAS [108-24-7] Pt Eclair : +54 °C
$C_4H_6O_3$
M = 102,09 g/mol
P. éb : 140 °C P.F. : −73,1 °C
$CH_3COOCOCH_3$ .... 96 %

1. Écrire symboliquement la transformation chimique qui a lieu lors de cette synthèse, sachant qu'avec le paracétamol, il se forme de l'acide acétique.
2. Nommer les réactifs, les produits.
3. D'après les étiquettes ci-dessus, quelles sont les consignes de sécurité devant être impérativement respectées ?

15 La phénolphtaléine est un colorant de synthèse très ancien. Ce colorant prend une teinte rouge violacé en milieu basique. Lorsque l'on fait réagir du phénol avec de l'anhydride phtalique, on obtient de la phénolphtaléine. Cette synthèse nécessite la présence de quelques gouttes d'acide sulfurique concentré.
Dans le protocole opératoire, on peut lire : « *Chauffer doucement dans un tube à essais 2 ou 3 cristaux de phénol et 3 à 5 plaquettes d'anhydride phtalique en présence d'acide sulfurique, jusqu'à ce que le mélange devienne rouge foncé. Laisser refroidir puis ajouter quelques mL d'eau. On obtient une solution de phénolphtaléine incolore.* »
1. Citer les réactifs.
2. Quelles sont les conditions expérimentales mises en jeu ?
3. Lorsque l'on est en milieu basique, le pH est supérieur à une certaine valeur. Laquelle ?
4. Proposer un test simple permettant de vérifier que le produit fabriqué est de la phénolphtaléine.
5. Faire un schéma du test.

EXERCICES DE SYNTHÈSE

16 ★ Synthèse d'un savon

Au laboratoire, on peut préparer du savon en traitant une huile alimentaire par de la soude (ou solution d'hydroxyde de sodium).
Le protocole proposé est le suivant :
« *Dans un ballon, introduire avec précaution 40 cm³ de soude concentrée, 22 cm³ d'huile de tournesol, ainsi que quelques grains de pierre ponce. Chauffer à reflux durant 15 à 20 minutes. Lorsque la synthèse est terminée, extraire le savon du mélange. Pour cela, après l'avoir laissé refroidir à température ambiante, puis dans un bain d'eau froide, le verser dans une solution d'eau salée. Le savon devient alors solide et surnage sur la solution. On réalise une filtration simple pour le récupérer.* »
1. Faire un schéma annoté du montage utilisé pour la synthèse.
2. Peut-on formuler une hypothèse concernant la nécessité de chauffer ?
3. Indiquer les parties du protocole correspondant à la synthèse, puis à l'extraction.
4. Expliquer physiquement la partie extraction.
5. Dessiner un dispositif de filtration simple. On fera les annotations nécessaires.

17 ★ L'éthanoate de benzyle

L'éthanoate de benzyle est un arôme à odeur de poire présent dans l'huile essentielle de jasmin. Il peut être produit à partir de l'acide acétique et de l'alcool benzylique. Lors de la synthèse, il se forme également de l'eau.

Sur les flacons contenant les produits chimiques, on peut lire les indications suivantes. Pour l'alcool benzylique : *« Nocif par inhalation et par ingestion. En cas de contact avec les yeux, laver abondamment et immédiatement. »*
Pour l'acide acétique : *« Corrosif. En cas de contact avec les yeux, laver abondamment et immédiatement. »*
Pour réaliser la synthèse, on chauffe à reflux pendant 20 minutes 10 mL d'acide acétique, 18 mL d'alcool benzylique, des traces d'acide sulfurique et quelques grains de pierre ponce.

1. Quelles sont les consignes de sécurité à respecter pour réaliser la synthèse ?
2. Faire un schéma du chauffage à reflux. Indiquer le sens du parcours de l'eau dans la colonne réfrigérante. Quel est le rôle de ce montage ?
3. Pourquoi ajoute-t-on de la pierre ponce ?
4. Écrire symboliquement la transformation chimique ayant lieu lors de cette synthèse, sachant que l'acide sulfurique n'apparaît pas dans l'écriture.
5. Faire un bilan des conditions expérimentales.

18 ★★ Un aromatisant à goût de banane

L'acétate d'isoamyle est une espèce chimique au goût de banane. Il est très utilisé dans l'industrie alimentaire pour parfumer les sirops et les yaourts. Cette espèce résulte d'une transformation chimique entre l'acide acétique et l'alcool isoamylique. On constate aussi lors de la synthèse la formation d'eau. Après avoir chauffé à reflux durant 60 minutes, on extrait le composé par distillation.
On donne pour l'acétate d'isoamyle : solubilité/eau : très faible ; température d'ébullition : 143 °C.

1. Écrire la réaction chimique traduisant la transformation décrite.
2. Faire une liste du matériel nécessaire pour le chauffage à reflux ; on donnera en une ligne le rôle joué par chacun des appareils.
3. Quel autre type d'extraction aurait-on pu réaliser ?
4. Dans ce cas, quels sont les renseignements dont on a besoin ?
5. Faire une liste du matériel nécessaire pour réaliser ce type d'extraction.

19 ★★ Synthèse du paracétamol

Le paracétamol (connu sous le nom commercial de Doliprane® ou Efferalgan®) est obtenu par action du para-aminophénol solide sur l'anhydride acétique. Pour la synthèse, on doit dissoudre le para-aminophénol dans de l'eau acidifiée. Le protocole est le suivant :

« On introduit dans un erlenmeyer 6 g de para-aminophénol, 50 mL d'eau et 4 mL d'acide acétique pur. Le mélange est placé sous agitation dans un bain-marie à 80 °C, jusqu'à disparition du solide. Il est ensuite refroidi en plongeant l'erlenmeyer dans un bain d'eau froide. On ajoute délicatement millilitre par millilitre l'anhydride acétique. On refroidit et on observe la cristallisation du paracétamol. On filtre alors sur büchner et on sèche les cristaux. »

Une mesure du point de fusion des cristaux obtenus indique 161 °C. En théorie, le point de fusion du paracétamol est de 168 °C.

1. Que réalise le manipulateur lorsqu'il met sous agitation le para-aminophénol, l'eau et l'acide acétique ?
2. Citer les conditions expérimentales requises pour la synthèse.
3. À partir de quelle phrase du protocole la synthèse proprement dite démarre-t-elle ?
4. Quel est l'avantage de la filtration sur büchner ?
5. Comment interpréter le fait que le point de fusion ne soit pas exactement égal à 168 °C ?

20 ★★★ L'usage industriel des corps gras

Les corps gras sont utilisés industriellement depuis plus d'un siècle pour fabriquer du savon. La synthèse porte le nom de saponification. Jusqu'aux environs des années 1945, elle s'effectuait en plusieurs étapes dans de grands récipients appelés chaudrons. Dans ces chaudrons, on portait à ébullition un mélange de corps gras et de lessive de soude pendant un temps relativement long. Lorsque la saponification était terminée, on devait extraire le savon du mélange. Pour cela, on ajoutait de l'eau très salée, afin d'effectuer un « relargage ». On allait même jusqu'à effectuer un certain nombre de redissolutions et de relargages dans un but de purification. Enfin, on mettait le savon à refroidir dans des moules pour le conditionner sous forme de petits pains ou de savonnettes.

En vous aidant du texte, répondre aux questions suivantes :
1. Quel est le nom donné à la synthèse décrite ?
2. Quel est le produit fabriqué ?
3. Quels sont les réactifs mis en jeu ?
4. Indiquer quelques conditions expérimentales de la synthèse.
5. Après avoir réalisé la synthèse, quelles sont les opérations mises en jeu pour obtenir le savon ? Dessiner trois schémas pour les illustrer.
6. En quoi peut consister l'opération de relargage ? Peut-on dire qu'il s'agit de l'inverse d'une dissolution ? Pourquoi ?
7. Que laisse supposer la phrase : *« On allait même jusqu'à effectuer un certain nombre de redissolutions et de relargages dans un but de purification »* ?

Vanille naturelle, vanille de synthèse

Laurence Lesage-Messen, chercheur à l'Institut national de la recherche agronomique (INRA), nous donne quelques précisions sur les différentes sortes d'arômes de vanille naturels et de synthèse.

Doc. 1. Des gousses de vanillier. ▶

« Il n'y a aucune différence du point de vue de la composition chimique entre la vanille naturelle et la vanille de synthèse. Seul change le procédé pour obtenir ce produit, dont le nom exact est d'ailleurs vanilline. Dans le cas de la vanilline naturelle, la matière première est constituée des gousses du vanillier, une orchidée tropicale originaire d'Amérique centrale. Ce sont d'ailleurs ces gousses que l'on appelle les vanilles. »

Extraction et synthèse de la vanille

« Grâce à une méthode de percolation* au cours de laquelle on fait couler un alcool, l'éthanol, sur les gousses parvenues à maturité, on obtient un extrait de vanille naturelle. Il s'agit généralement d'un liquide constitué à 95 % de vanilline, mais aussi de centaines d'autres molécules lui conférant ses caractéristiques gustatives. Dans le cas de la vanilline de synthèse, on fabrique, grâce à des procédés chimiques, une molécule strictement identique à celle extraite du vanillier. La méthode la plus répandue consiste à mettre en présence deux produits, le gaïacol, produit dérivé du phénol, et de l'acide glyoxylique. On obtient alors de la vanilline pure sous forme de poudre. Les différences de saveur entre l'extrait de vanille et la vanilline synthétique s'expliquent en fait par les nombreuses autres molécules d'origine naturelle présentes dans l'extrait de vanillier qui ne figurent pas dans la composition du produit de synthèse. »

Un troisième type

« Actuellement, on estime que 12000 tonnes de vanilline sont produites chaque année, essentiellement destinées à l'industrie agro-alimentaire, parmi lesquelles seules 40 tonnes sont d'origine végétale. Or, il existe une demande croissante des consommateurs pour les arômes naturels, que la culture actuelle du vanillier ne peut satisfaire. C'est pourquoi notre laboratoire a élaboré un procédé biotechnologique qui consiste à mettre en présence des champignons filamenteux avec certains coproduits agricoles comme la pulpe de betterave, un résidu de l'industrie du sucre. Cette dernière contient de l'acide férulique, que l'action successive de deux champignons filamenteux, *Aspergillus niger* et *Pycnoporus cinnabarinus*, peut transformer justement en vanille. Il s'agit donc d'une deuxième catégorie de vanilline naturelle, dite biotechnologique, qui sera commercialisée dans un avenir proche. »

Extrait du magazine des sciences *Eurêka*, Bayard Presse, n° 49, novembre 1999.

Doc. 2. La vanilline de synthèse est utilisée notamment pour la pâtisserie. ▶

QUESTIONS

1. Quel est le nom exact de l'arôme de vanille ?
2. Que se passe-t-il lors de la percolation à travers les gousses de vanille ?
3. Quels sont les réactifs utilisés pour la synthèse de la vanille ?
4. Vanille de synthèse et vanille naturelle n'ont pas la même saveur. Pourquoi ?

* Percolation : extraction d'un des constituants d'un composé par circulation d'un solvant à travers celui-ci.

Même si on ne peut « voir » les atomes, les techniques actuelles de microscopie électronique permettent d'en restituer une image (ici une image d'atomes de graphite). Quelle est la structure des atomes ?

5

OBJECTIFS

- Connaître la constitution d'un atome.
- Connaître et utiliser sa représentation symbolique.
- Connaître les valeurs de la charge et de la masse de ses constituants.
- Savoir évaluer sa masse.

LE MODÈLE DE L'ATOME

La matière est constituée de « grains de matière » extrêmement petits : les **atomes.** Malgré sa petitesse, l'atome est un système très complexe, que les scientifiques n'ont pas fini d'étudier. Pour décrire sa **constitution** et sa **structure**, on peut cependant utiliser un **modèle*** simple.

Activité documentaire

L'histoire du modèle de l'atome

Il aura fallu près de vingt-cinq siècles et l'intervention de nombreux savants, avant que le modèle de l'atome ne devienne satisfaisant. Nous allons suivre son évolution au cours des siècles.*

Document 1

De l'atome de Démocrite aux atomes de Dalton

Les philosophes grecs anciens (Empédocle d'Agrigente, ve siècle av. J.-C., notamment) considéraient que la « nature des choses » s'expliquait par un savant mélange de quatre éléments : le feu, l'air, l'eau et la terre.

Au quatrième siècle avant notre ère, le philosophe Démocrite (v. 460-v. 370) pense que la matière est formée de grains de matière indivisibles : les atomes. En grec, le mot *atomos* signifie : « que l'on ne peut pas diviser ». Pour lui, les atomes sont éternels. Ils sont tous pleins, mais ils ne sont pas tous semblables : ils sont ronds ou crochus, lisses ou rugueux ; ils s'assemblent pour former les objets qui nous entourent. Démocrite n'a aucune preuve expérimentale de ce qu'il avance. Sa démarche intellectuelle, purement philosophique, relève de la spéculation.

Le philosophe grec Aristote (384-322 av. J.-C.) rejette cette théorie et reprend l'idée des quatre éléments. C'est sur cette fausse conception que vont reposer les travaux des alchimistes pendant plus de vingt siècles.

La théorie de l'atome de Démocrite sera reprise comme hypothèse de travail par le Britannique John Dalton (1766-1844). En 1805, celui-ci suppose l'existence des atomes et postule qu'il en existe plusieurs types, alors que, pas plus que Démocrite, il n'a de preuve expérimentale.

En 1808, il propose la première liste des symboles représentant les différents atomes.

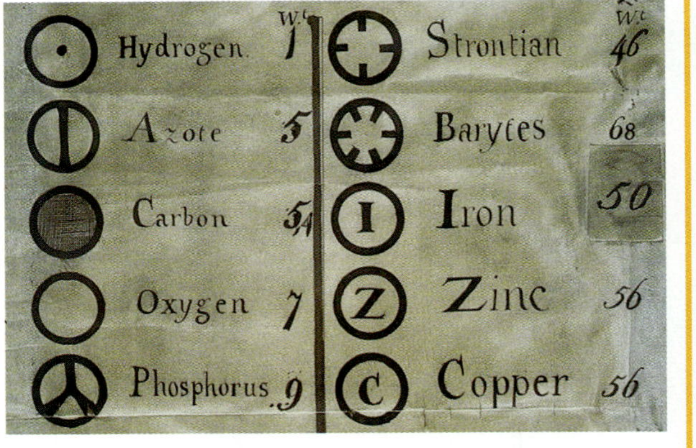

Doc. 1. Quelques symboles chimiques de Dalton. Les noms sont en anglais.

Questions

1. Le philosophe grec Démocrite parlait d'atomes « crochus ». Expliquez pourquoi.

2. Quelle est la signification de cette expression dans le langage courant ?

3. Pourquoi la théorie des atomes est-elle restée aussi longtemps en sommeil ?

4. Existe-t-il une différence fondamentale entre les théories de Démocrite et de Dalton sur l'atome ?

Document 2

À la découverte d'une particule mystérieuse

Dans la deuxième moitié du XIXe siècle, l'hypothèse de Dalton est acceptée par la communauté scientifique, car c'est elle qui rend le mieux compte des propriétés de la matière.

En 1895, le Britannique William Crookes (1832-1919) réalise une expérience qui va se révéler importante pour élargir les connaissances sur l'atome. Il utilise un tube en verre – qui porte aujourd'hui son nom – dans lequel l'air est raréfié (la pression est faible). Dans ce tube sont placées deux électrodes, entre lesquelles il applique une tension d'environ 10 000 volts.

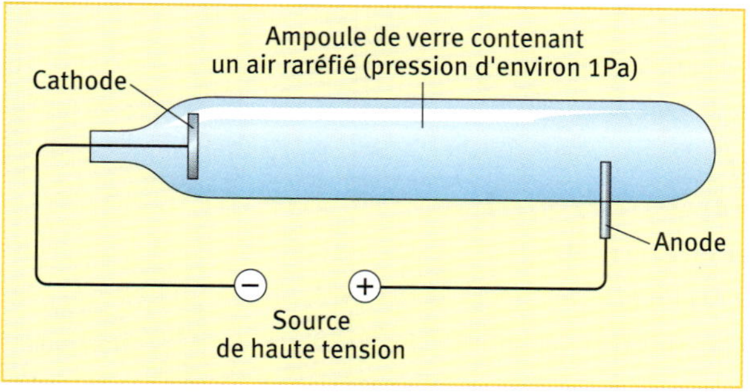

Doc. 2. Le principe du tube de Crookes.

Pour une pression suffisamment faible, il observe un rayonnement issu de la cathode et provoquant une luminescence sur les parois en verre du tube. Il donne à ce rayonnement le nom de « rayons cathodiques ». Crookes montre que ces rayons sont électriquement chargés, car ils sont déviés par le champ magnétique créé par un aimant.

En 1897, le Britannique Joseph John Thomson (1856-1940) prouve expérimentalement que les « rayons cathodiques » sont des courants de particules (objets de dimensions extrêmement petites) portant une charge négative. Dans le tube de Crookes, ces particules sont arrachées à la cathode.

J. J. Thomson propose alors un modèle* dans lequel il compare l'atome à une sorte de gâteau aux raisins : l'atome est une boule sphérique, fourrée de particules de charge négative (doc. 3). Dans un matériau solide comme l'or ou le fer, ces sphères sont empilées de façon à occuper un volume minimal.

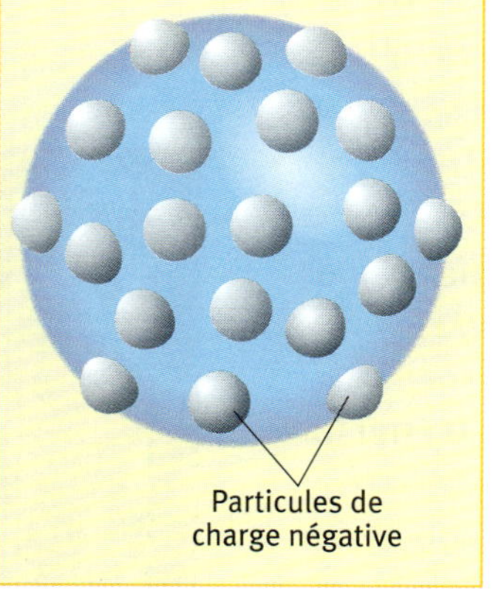

Doc. 3. Le modèle de l'atome de Thomson. ▶

Questions

5. Quel est le nom de la particule mise en évidence par J. J. Thomson ?

6. Si l'on considère que, dans le tube de Crookes, ces particules sont extraites des atomes et que l'atome est électriquement neutre, que pouvez-vous en déduire pour les autres constituants de l'atome ?

7. Quelle est la différence fondamentale entre le modèle de l'atome de Thomson et la vision de l'atome qu'avait Démocrite ?

Document 3

Le modèle de l'atome de Rutherford

En 1909, la structure de l'atome reste encore du domaine des hypothèses. Le physicien britannique Ernest Rutherford (1871-1937) réalise une expérience décisive : il bombarde une feuille d'or très fine avec des particules α émises par un corps radioactif. Les particules α sont des atomes d'hélium ayant perdu deux électrons. Elles sont beaucoup plus petites que les atomes d'or. Rutherford considère que la feuille d'or est constituée d'environ 1 000 couches parallèles d'atomes.

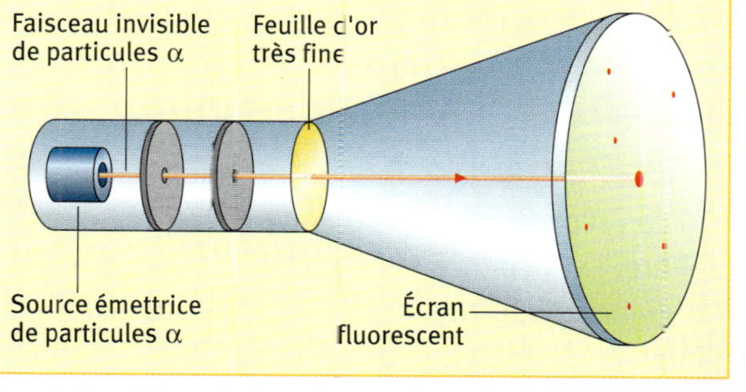

Doc. 4. Le schéma de l'expérience de Rutherford.

Il observe que seule une infime minorité de particules α semble rebondir sur la feuille d'or : une sur 100 000. La grande majorité des particules α ne sont pas déviées par la traversée de la feuille.

En 1910, Rutherford propose un modèle planétaire de l'atome. Il compare l'atome au système solaire : l'atome est constitué d'un noyau, autour duquel gravitent les électrons. Le noyau est 10^4 à 10^5 fois plus petit que l'atome. L'atome, c'est-à-dire l'édifice constitué par le noyau et les électrons, est donc constitué de beaucoup de vide. Il est par ailleurs électriquement neutre.

Depuis l'expérience de Rutherford, les scientifiques ont pu préciser la structure du noyau et le modèle de l'atome s'est perfectionné, permettant de prédire de mieux en mieux le comportement de la matière.

Questions

8. Dans un jeu de billard, à quelle condition une boule change-t-elle de direction ?

9. Si les atomes d'or étaient des sphères pleines et jointives, comme le proposait Thomson, est-il probable que la grande majorité des particules α traversent la feuille d'or sans être déviées ?

10. Qu'a pu en déduire Rutherford sur la répartition de la matière dans l'atome ?

ACTIVITÉS

1. Les atomes

1.1. Structure d'un atome

L'atome est constitué d'un **noyau** sphérique central, autour duquel des **électrons** sont en mouvement.

Ce modèle* de l'atome a été proposé par Ernest Rutherford en 1910 (➡ activité). Il permet de décrire l'atome de façon simple.

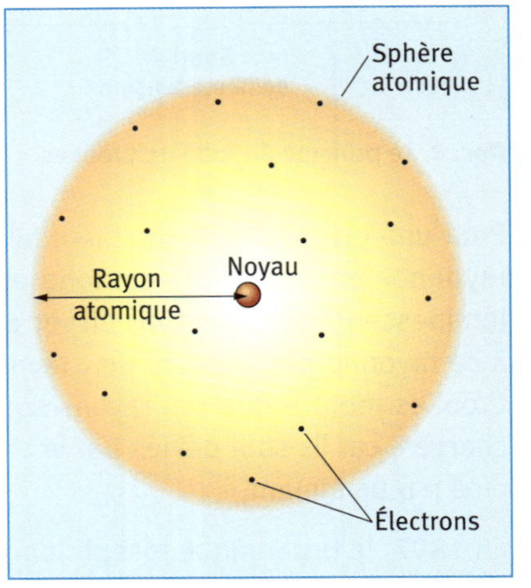

Doc. 5. Une représentation de l'atome. (Les proportions ne sont pas respectées.)

1.2. Dimensions de l'atome

Dans le modèle de Rutherford, comme dans le modèle de Thomson qui l'a précédé (➡ activité), on peut représenter l'atome comme une sphère. Le rayon de la sphère s'appelle le **rayon atomique.** L'ordre de grandeur du rayon atomique est de **10^{-10} m.** Pour ce type de dimension très petite, on utilise un sous-multiple du mètre : le picomètre (symbole pm) ; 1 pm = 10^{-12} m. Le rayon atomique est de l'ordre de **100 pm.**

Exemples ➡ Le plus petit rayon atomique est celui de l'atome d'hydrogène, soit approximativement 50 pm. Le plus grand est celui de l'atome de césium, soit approximativement 270 pm.

1.3. Dimensions du noyau

Le noyau a un rayon de l'ordre de 10^{-15} m.

Le rayon du noyau est environ **100 000 fois plus petit** que celui de l'atome.

Les autres constituants de l'atome, les électrons, sont en nombre limité, et beaucoup plus petits que le noyau.

L'atome est donc essentiellement constitué de vide.

Pour mieux se rendre compte des ordres de grandeur relatifs du rayon du noyau et du rayon atomique, on peut imaginer un noyau qui aurait la taille d'une balle de tennis, dont le rayon est à peu près égal à 3 cm. Le rayon atomique serait alors égal à 3 km.

➡ **Activité :** dans l'expérience de Rutherford, pour que les particules α soient déviées, il faut qu'elles trouvent un noyau d'or sur leur trajectoire. Or la plupart ne sont pas déviées. Rutherford en a donc déduit que l'atome est essentiellement constitué de vide. Cette découverte venait démentir le modèle de la sphère pleine de Thomson questions 9 et 10, p. 63

Doc. 6. Si l'on pressait les uns contre les autres les noyaux des atomes de toute l'humanité, ils occuperaient un volume inférieur à celui d'un dé à coudre.

2. Constituants de l'atome

2.1. Constituants du noyau

Le noyau est constitué de particules nommées **nucléons.** Il existe deux sortes de nucléons : les **protons** et les **neutrons.**

Les protons (notés **p**) et les neutrons (notés **n**) ont sensiblement la même masse, mais une charge électrique différente.

Masse des nucléons

La masse du proton est égale à $1{,}673 \cdot 10^{-27}$ kg (on la note m_p). Celle du neutron est égale à $1{,}675 \cdot 10^{-27}$ kg (notée m_n).

Charge des nucléons

L'unité de charge est le coulomb (symbole : C).

Le neutron est électriquement neutre ; sa charge est égale à 0 C.
Le proton est chargé positivement ; sa charge est égale à $\mathbf{1{,}6 \cdot 10^{-19}}$ **C**, avec 2 chiffres significatifs.

La charge électrique du proton peut s'exprimer en fonction d'une « charge élémentaire ».

La **charge élémentaire e** est la plus petite charge électrique que puisse porter une particule. Sa valeur est $\mathbf{e = 1{,}6 \cdot 10^{-19}}$ **C.**

Toute charge électrique peut être mise sous la forme d'un multiple positif ou négatif de la charge élémentaire. La charge électrique du proton est égale à **+ e.**

VOCABULAIRE
Le mot **nucléon** vient du latin ***nucleus***, qui signifie noyau. On retrouve la même racine dans **nucléaire**.

2.2. Les électrons

L'électron possède une charge négative égale à **– e,** soit égale à $\mathbf{-1{,}6 \cdot 10^{-19}}$ **C.**

L'électron est généralement noté e^-. Sa masse est environ 2 000 fois plus faible que celle des protons et des neutrons. Elle est égale à $9{,}109 \cdot 10^{-31}$ kg (et notée m_{e^-}).

➡ **Activité :** l'existence des électrons a été mise en évidence en 1897 par J. J. Thomson question 5, p. 63.

ATTENTION
Ne pas confondre la notation de l'électron e^- avec e, la charge élémentaire.

3. Composition de l'atome

Les différents atomes se distinguent par le nombre de particules (protons, neutrons, électrons) qui les composent. Un atome de fer, par exemple, ne possède pas le même nombre de protons, de neutrons et d'électrons qu'un atome d'or.

COURS

3.1. Représentation symbolique

Le **numéro atomique** est le nombre de protons contenus dans le noyau. Il est noté ***Z.*** On l'appelle aussi **nombre de charge.**
Le **nombre de nucléons** (protons et neutrons) est noté ***A.***

Le nombre de neutrons d'un atome est égal à $A - Z$.

Exemple ➡ Un atome de sodium a pour numéro atomique $Z = 11$ et son nombre de nucléons est $A = 23$. On en déduit que le noyau est constitué de 11 protons et de : $A - Z = 23 - 11 = 12$ neutrons.

Pour **représenter l'atome de façon symbolique,** on utilise son symbole chimique, qu'on note X pour le cas général. En haut à gauche du symbole, on fait figurer le nombre de nucléons A et en bas à gauche le numéro atomique Z : ${}^{A}_{Z}\mathrm{X}$.

Exemples ➡ La représentation symbolique de l'atome d'hydrogène est : ${}^{1}_{1}\mathrm{H}$.
Celle d'un atome de sodium est : ${}^{23}_{11}\mathrm{Na}$.

H	Hydrogène
C	Carbone
O	Oxygène
Fe	Fer
Cu	Cuivre
Zn	Zinc
Cl	Chlore
Na	Sodium
Au	Or

Doc. 7. Quelques symboles chimiques.

3.2. Nombre d'électrons

On appelle « atome isolé » un atome qui n'a ni gagné ni perdu d'électrons et qui n'est pas engagé dans une molécule.

L'atome isolé est **électriquement neutre :** la somme des charges électriques des particules qui le composent est nulle.

La charge d'un noyau comportant Z protons est $+Z \cdot \mathrm{e}$ (c'est pourquoi on appelle Z nombre de charge). Pour que l'atome soit neutre électriquement, la charge totale des électrons doit être égale à $-Z \cdot \mathrm{e}$. La charge d'un électron étant $-\mathrm{e}$, l'atome possède donc Z électrons.

L'atome étant neutre, il contient autant d'électrons que de protons. Il contient donc Z électrons.

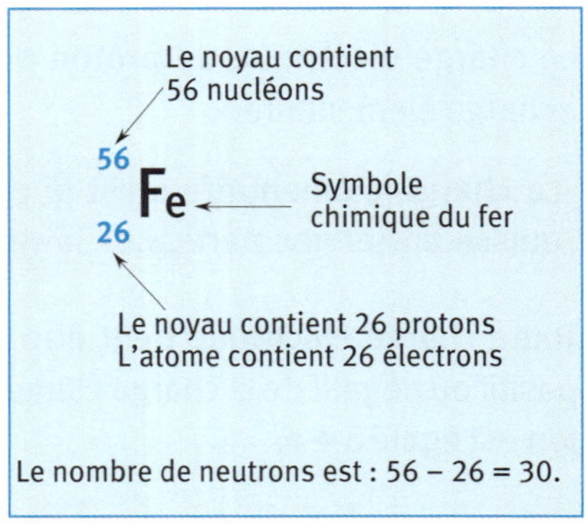

Doc. 8. La composition de cet atome de fer est : 26 protons, 30 neutrons, 26 électrons.

3.3. Masse d'un atome

La **masse approchée d'un atome** est égale à la somme des masses des particules qui le composent : c'est-à-dire Z protons, $A - Z$ neutrons et Z électrons.

Exemple ➡ Un atome de fer est composé de 26 protons, 30 neutrons et 26 électrons. La masse de l'atome de fer est donc égale à :

$$m_{\mathrm{Fe}} = 26\, m_{\mathrm{p}} + 30\, m_{\mathrm{n}} + 26\, m_{\mathrm{e^-}} = 9{,}377 \cdot 10^{-26}\ \mathrm{kg}.$$

Dans l'exemple ci-dessus, si l'on calcule la masse du noyau de fer seul, on trouve : $m_{\mathrm{noyau}} = 26\, m_{\mathrm{p}} + 30\, m_{\mathrm{n}} = 9{,}375 \cdot 10^{-26}\ \mathrm{kg}$.
La masse de l'atome est environ égale à celle du noyau. On peut donc donner une valeur approchée de la masse de l'atome en négligeant la masse des électrons devant celle du noyau.

On écrit alors : $m_{\mathrm{atome}} \approx m_{\mathrm{noyau}}$.

La masse de l'atome est concentrée dans son noyau.

Remarque : si on se contente de trois chiffres significatifs pour exprimer les masses du proton et du neutron, alors on peut les considérer comme égales : $m_p = 1{,}67 \cdot 10^{-27}$ kg et $m_n = 1{,}67 \cdot 10^{-27}$ kg. On peut alors simplifier le calcul de la masse de l'atome en écrivant : $m_{atome} \approx m_{noyau} \approx A \cdot m_p$. Le choix de cette approximation dépend de la précision demandée.

L'ESSENTIEL

Ce qu'il faut savoir

Constitution de l'atome

✔ Les atomes sont constitués d'un **noyau** central, autour duquel des **électrons** sont en mouvement.

✔ Le noyau est constitué de **nucléons :** les **protons** et les **neutrons.**

✔ Le rayon de l'atome est de l'ordre de **100 pm** ; celui du noyau est environ **100 000 fois plus petit.** L'atome est essentiellement constitué de vide.

Masses et charges de l'atome et de ses constituants

✔ Les protons ont une charge + e. **e** est la **charge élémentaire,** égale à $1{,}6 \cdot 10^{-19}$ C. Les neutrons sont électriquement neutres. Protons et neutrons ont pratiquement la même masse.

✔ Les électrons ont une charge – e ; leur masse est négligeable devant celle des nucléons.

✔ L'atome est **électriquement neutre.**

✔ La **masse approchée** de l'atome est égale à la somme des masses des particules qui le composent. Elle est concentrée dans le noyau.

Représentation symbolique

✔ Pour représenter symboliquement un atome X, on utilise le symbole ${}^{A}_{Z}X$. ***A*** est le **nombre de nucléons.** ***Z*** est le **nombre de charge** ou **numéro atomique :** c'est le nombre de protons.

Ce qu'il faut savoir faire

✔ Évaluer la masse d'un atome à partir de la masse de ses constituants.

COURS

EXERCICES

EXERCICE RÉSOLU

Trouver et exploiter la composition d'un atome

Un atome de zinc possède 30 protons et 65 nucléons.

1. Donner sa représentation symbolique.

2. Donner la composition de cet atome.

3. Calculer sa masse approchée.

4. Calculer le nombre d'atomes de zinc contenus dans un échantillon de masse 1,00 g.

Données :
- masse du proton : $m_p = 1{,}673 \cdot 10^{-27}$ kg ;
- masse du neutron : $m_n = 1{,}675 \cdot 10^{-27}$ kg.

CONSEILS

1. *Rechercher le symbole chimique X.*
Le nombre de protons est Z ;
Le nombre de nucléons est A.
Utiliser la notation $^{A}_{Z}X$.

2. *L'atome est électriquement neutre, donc le nombre d'électrons est égal au nombre de protons. Il possède $A - Z$ neutrons.*

3. *La masse approchée d'un atome est égale à la masse totale des nucléons.*
Ici, le résultat sera donné avec trois chiffres significatifs, car, si les masses sont données avec 4 chiffres significatifs, les masses des électrons influent sur les 3e décimales.

4. *Rechercher une formule littérale, où tous les chiffres sont remplacés par des lettres, permettant de faire le calcul.*
Bien définir toutes les notations.
S'il y a N atomes de zinc de masse m_{Zn} dans un échantillon, la masse m de cet échantillon sera égale à :

$$m = N \cdot m_{Zn}.$$

Inversement, le nombre N d'atomes de zinc dans un échantillon de masse m est égal à :

$$N = \frac{m}{m_{Zn}}.$$

Dans l'application numérique, faire bien attention aux unités. Toutes les masses doivent être exprimées en kg.
Le résultat est donné avec le même nombre de chiffres significatifs que les données, ici trois.

SOLUTION

1. Le symbole chimique du zinc est Zn.
Le numéro atomique est : $Z = 30$.
Le nombre de nucléons est : $A = 65$.
On représente donc cet atome par $^{65}_{30}Zn$.

2. La composition de l'atome de zinc est :
30 protons ;
30 électrons ;
65 – 30 = 35 neutrons.

3. Cet atome de zinc a une masse approchée égale à :

$$m_{Zn} \approx 30\, m_p + 35\, m_n.$$

Application numérique :
$m_{Zn} \approx 30 \times 1{,}673 \cdot 10^{-27} + 35 \times 1{,}675 \cdot 10^{-27}$
$m_{Zn} \approx 1{,}09 \cdot 10^{-25}$ kg.

4. Appelons :
– N le nombre d'atomes de zinc contenus dans l'échantillon ;
– m la masse de l'échantillon (soit $m = 1{,}00$ g) ;
– m_{Zn} la masse d'un atome de zinc (valeur trouvée en **3.**).

On a : $$N = \frac{m}{m_{Zn}}.$$

Application numérique :

$$N = \frac{1{,}00 \cdot 10^{-3}}{1{,}09 \cdot 10^{-25}}$$

soit $N = 9{,}17 \cdot 10^{21}$ atomes.
(Cela fait environ 10 000 milliards de milliards d'atomes.)

VÉRIFIEZ VOS CONNAISSANCES

Questions

1 Quels renseignements donne le numéro atomique Z ?

2 Quel renseignement donne le nombre A ?

3 Comment représente-t-on symboliquement un atome ?

4 Comment calcule-t-on la masse approchée d'un atome ?

QCM

5 Quelle est la particule, résidant dans l'atome, qui ne possède aucune charge électrique ?

a. Le neutron.

b. Le proton.

c. L'électron.

6 La charge d'un électron est :

a. $1{,}6 \cdot 10^{-19}$ C ;

b. $-1{,}6 \cdot 10^{19}$ C ;

c. $-1{,}6 \cdot 10^{-19}$ C.

7 Le rayon atomique est de l'ordre de :

a. $1 \cdot 10^{-10}$ mm ;

b. $1 \cdot 10^{-10}$ cm ;

c. $1 \cdot 10^{-10}$ m.

8 Deux des particules de l'atome ont sensiblement la même masse :

a. le neutron et le proton ;

b. le proton et l'électron ;

c. l'électron et le neutron.

9 Un atome caractérisé par $Z = 29$ et $A = 63$ possède :

a. 29 protons, 63 neutrons, 29 électrons ;

b. 29 protons, 34 neutrons et 63 électrons ;

c. 29 protons, 34 neutrons et 29 électrons.

EXERCICES D'APPLICATION

Composition des atomes

10 Donner le nom et déterminer la composition des atomes suivants :

$^{1}_{1}H$ $^{12}_{6}C$ $^{23}_{11}Na$ $^{16}_{8}O$.

11 Donner le nom et déterminer la composition des atomes suivants :

$^{108}_{47}Ag$ $^{197}_{79}Au$ $^{63}_{29}Cu$ $^{56}_{26}Fe$.

Représentation symbolique

12 **1.** Quelle est la représentation symbolique d'un atome de chlore ayant 17 protons et 35 nucléons ?
2. Combien cet atome possède-t-il de neutrons ?

13 **1.** Quelle est la représentation symbolique d'un atome de sodium ayant 11 protons et 23 nucléons ?
2. Combien cet atome possède-t-il de neutrons ?

14 Un atome de fer possède 26 électrons et 56 nucléons.
1. Calculer la charge totale des électrons.
2. En déduire, en justifiant, la charge du noyau et le nombre de protons.
3. Quel est le numéro atomique Z de cet atome ?
4. Quel est son nombre de nucléons A ?
5. Donner sa représentation symbolique.
Donnée : $e = 1{,}6 \cdot 10^{-19}$ C.

Ordres de grandeur

15 Si le noyau d'un atome était une tête d'épingle de rayon 0,5 mm, quel serait le rayon de l'atome ?

16 Si l'atome était une sphère de rayon $r = 10$ m, quel serait le rayon du noyau ?

17 **1.** En considérant que la masse d'un électron est égale à la masse d'un proton divisée par 2000, calculer le nombre d'électrons présents dans 1 g d'électrons et donner le résultat en notation scientifique.
2. Comparer ce nombre au nombre total d'étoiles dans l'Univers (environ 10^{21}).
Donnée : $m_p = 1{,}67 \cdot 10^{-27}$ kg.

Masse d'un atome

18 Calculer la masse approchée d'un atome de carbone (C : $Z = 6$, $A = 12$).
Données : $m_p = 1{,}673 \cdot 10^{-27}$ kg ; $m_n = 1{,}675 \cdot 10^{-27}$ kg.

EXERCICES

19 Calculer la masse approchée d'un atome d'or ($Au: Z = 79, A = 197$).
Données : $m_p = 1,673 \cdot 10^{-27}$ kg ; $m_n = 1,675 \cdot 10^{-27}$ kg.

20 Calculer la masse approchée d'un atome de chlore ($Cl: Z = 17, A = 35$), en considérant que protons et neutrons ont la même masse.
Donnée : $m_n \approx m_p = 1,67 \cdot 10^{-27}$ kg.

21 Calculer la masse approchée d'un atome d'argon ($Ar: Z = 18, A = 40$), en considérant que les protons et les neutrons ont la même masse.
Donnée : $m_n \approx m_p = 1,67 \cdot 10^{-27}$ kg.

EXERCICES DE SYNTHÈSE

22 ★ L'atome d'étain

Un atome d'étain, de symbole Sn, possède 120 nucléons. La charge de son noyau est $q = 8,0 \cdot 10^{-18}$ C.

1. Quel est son numéro atomique Z ?
2. Quel est son nombre de neutrons ?
3. Combien d'électrons possède cet atome ?
4. Calculer la masse approchée de l'atome d'étain.
5. Calculer le nombre d'atomes présents dans un échantillon d'étain de masse $m = 20$ g.

Données : $m_n \approx m_p$; $m_p = 1,67 \cdot 10^{-27}$ kg ; $e = 1,6 \cdot 10^{-19}$ C.

23 ★ Tournure de cuivre

Une tournure de cuivre a une masse de 5 mg.

1. Calculer la masse approchée d'un atome de cuivre ($Cu: Z = 29, A = 63$).
2. Évaluer le nombre d'atomes contenus dans cet échantillon.

Données : $m_n \approx m_p$; $m_p = 1,67 \cdot 10^{-27}$ kg.

24 ★★ Les atomes de brome et de titane

1. Donner la composition des atomes de titane $^{48}_{22}Ti$ et de brome $^{80}_{35}Br$.
2. Calculer la charge de leurs noyaux.
3. Calculer la masse approchée de ces deux atomes.
4. On donne les rayons atomiques de ces atomes : $r_{Ti} = 136$ pm et $r_{Br} = 114$ pm.
Le tableau ci-dessous regroupe les valeurs des rayons de différents ballons ou balles de sport.

Sport	Tennis	Hand-ball	Volley	Football	Basket
Rayon	3,25 cm	8,75 cm	10,5 cm	11 cm	12 cm

a. Calculer le rapport des rayons des atomes r_{Ti} / r_{Br}.
b. On considère que l'atome de titane est représenté par un ballon de volley. En calculant le rapport des rayons des différents ballons, déterminer par lequel d'entre eux le brome serait représenté.
5. Calculer le volume des deux atomes.
6. Calculer le rapport des volumes et le rapport des masses des deux atomes, puis compléter les phrases suivantes :
L'atome de ... est ... fois plus gros que l'atome de ...
L'atome de ... est ... fois plus lourd que l'atome de ...

Données : $m_n \approx m_p$; $m_p = 1,67 \cdot 10^{-27}$ kg ; $e = 1,6 \cdot 10^{-19}$ C.
Volume d'une sphère : $V = \frac{4}{3}\pi r^3$.

25 ★★★ Volume d'un atome et masse volumique

1. Calculer le volume d'un atome d'hydrogène, sachant que son rayon est $r = 52,9$ pm. Exprimer ce volume en pm^3 et en m^3 avec trois chiffres significatifs.
2. Calculer la masse d'un atome d'hydrogène, sachant que son noyau ne comporte qu'un proton.
3. Calculer la masse volumique de l'atome d'hydrogène en $kg \cdot m^{-3}$.
4. On considère que le rayon du noyau est 100 000 fois plus petit que le rayon de l'atome. Quelle est la valeur du rayon d'un noyau d'hydrogène ?
5. Calculer le volume du noyau d'hydrogène, puis sa masse volumique.

Données : le volume d'une sphère se calcule en utilisant la formule : $V = \frac{4}{3}\pi r^3$; $m_p = 1,67 \cdot 10^{-27}$ kg.

26 ★★★ Les atomes de bismuth et de phosphore

1. Quels sont les numéro atomique Z et nombre de nucléons A de l'atome de bismuth, de symbole Bi, possédant 209 nucléons et un noyau de charge $q = 1,33 \cdot 10^{-17}$ C ? Donner sa représentation symbolique.
2. Calculer la masse approchée de l'atome de bismuth.
3. Quel sont les numéro atomique Z et nombre de nucléons A de l'atome de phosphore, de symbole P, possédant 31 nucléons et un noyau de charge $q = 2,4 \cdot 10^{-18}$ C ? Donner sa représentation symbolique.
4. Calculer la masse approchée de l'atome de phosphore.
5. On donne les rayons atomiques du bismuth et du phosphore : $r_{Bi} = 146$ pm ; $r_P = 106$ pm, et le diamètre de différents ballons ou balles de sport.

Sport	Tennis	Hand-ball	Volley	Football	Basket
Rayon	3,25 cm	8,75 cm	10,5 cm	11 cm	12 cm

Si l'atome de bismuth était un ballon de basket, que serait l'atome de phosphore ?

Données : $m_n \approx m_p$; $m_p = 1,67 \cdot 10^{-27}$ kg ; $e = 1,6 \cdot 10^{-19}$ C.
Volume d'une sphère : $V = \frac{4}{3}\pi r^3$.

EXERCICES

L'azurite contient du cuivre sous forme d'ions Cu^{2+}. Mais qu'y a-t-il de commun entre ce cristal et le métal de couleur rouge également appelé cuivre ?

6

LES ÉLÉMENTS CHIMIQUES

OBJECTIFS

- Connaître la définition d'un isotope, d'un ion monoatomique.
- Caractériser l'élément par son numéro atomique.
- Savoir qu'un élément se conserve au cours des transformations chimiques.

Le cuivre se retrouve dans différents composés chimiques, d'aspects très divers. Au niveau microscopique, on regroupe sous le nom général de « cuivre » différentes **entités chimiques :** atomes et ions. Le point commun entre toutes ces formes chimiques s'appelle **élément** cuivre. On connaît aujourd'hui plus de 110 éléments chimiques.

ACTIVITÉS

Activité documentaire 1

Les isotopes

Vous avez déjà entendu parler du carbone 14, utilisé pour dater des objets anciens. Le carbone 14 est un des ***isotopes*** *du carbone. Nous allons préciser cette notion d'isotope, en prenant pour exemple le lithium.*

Document

À la découverte des isotopes

Le document ci-contre représente deux atomes isolés de lithium, les électrons étant représentés immobiles (bien qu'ils ne le soient pas en réalité).

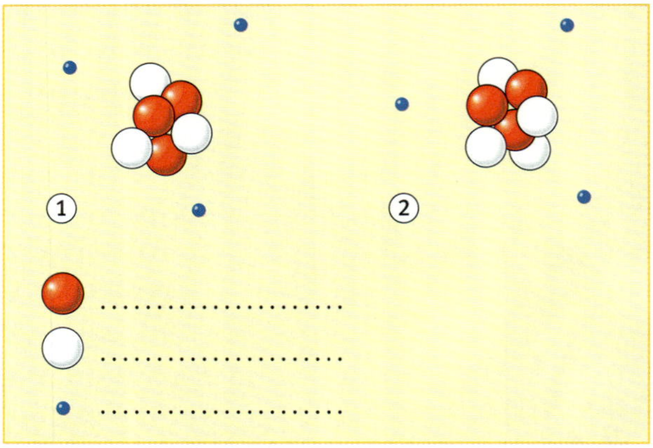

Doc. 1. Deux atomes de lithium.

Questions

1. Complétez la légende du doc. 1 en retrouvant l'identité de chaque particule.

2. Déterminez le numéro atomique de chacun des deux atomes.

3. Comptez leur nombre de neutrons.

4. Déterminez leur nombre de nucléons.

5. Ces deux atomes sont-ils identiques ? En quoi diffèrent-ils ? Donnez leur représentation symbolique.

6. Sachant que ces deux atomes sont isotopes, donnez une définition de l'isotopie.

Activité documentaire 2

Les ions monoatomiques

Dans la matière, on trouve souvent des entités chimiques portant des charges électriques : on les appelle des ***ions****.*

Document

L'oxyde de cuivre

Doc. 2. L'oxyde de cuivre.

L'oxyde de cuivre II CuO est un solide noir qui contient des ions cuivre II Cu^{2+} et des ions oxyde O^{2-}. Le numéro atomique du cuivre est $Z = 29$. Celui de l'oxygène est : $Z = 8$.

Dans la nature, l'atome de cuivre possède deux isotopes : ${}^{63}_{29}Cu$ et ${}^{65}_{29}Cu$.

Questions

1. Que signifie le « 2 + » en exposant dans Cu^{2+} ?

2. Combien d'électrons possède l'atome de cuivre ? l'ion Cu^{2+} ?

3. En tenant compte des deux isotopes du cuivre, indiquez deux compositions possibles pour l'ion Cu^{2+} : donnez les nombres de protons, de neutrons et d'électrons.

4. Combien d'électrons possède l'atome d'oxygène ? l'ion oxyde ?

5. Donnez la définition d'un ion monoatomique.

Activité expérimentale 3

Transformations chimiques impliquant le cuivre

Nous allons, à partir d'un échantillon de cuivre métallique, effectuer une succession de transformations chimiques.

Matériel

– tournure de cuivre, solution d'acide nitrique, solution de soude, mélange d'oxyde de cuivre et de carbone, eau de chaux.

– tubes à essais, pipettes, entonnoir, filtre, tube à dégagement, bec Bunsen, pince en bois, spatule, coupelle.

Sécurité

Lire la fiche 1.

Manipulation 1

OBJECTIF : étudier la réaction entre le métal cuivre et l'acide nitrique.

Sous la hotte, placer une tournure de cuivre dans un tube à essais. Ajouter suffisamment d'une solution aqueuse concentrée d'acide nitrique pour que la tournure soit complètement immergée.

ATTENTION ! L'acide nitrique est très corrosif.

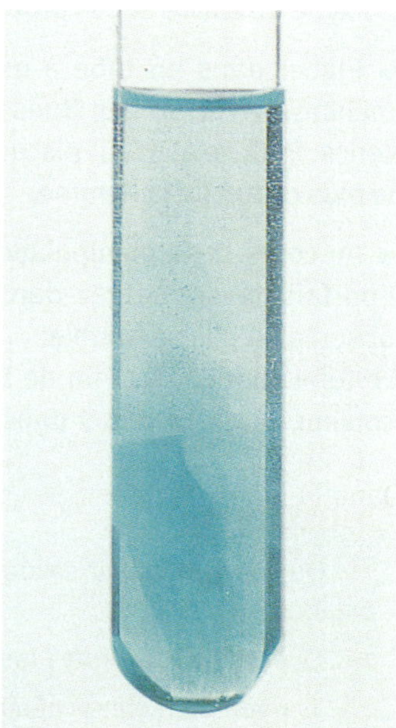

Doc. 3. L'attaque du cuivre par l'acide nitrique. ▶

Questions

1. Décrivez le métal cuivre.

2. Notez toutes les observations expérimentales que vous pouvez faire lors de cette expérience (couleurs, apparition et disparition d'espèces chimiques...).

Manipulation 2

OBJECTIF : faire précipiter les ions cuivre obtenus dans la manipulation 1.

Prélever avec une pipette environ 2 mL de la solution bleue obtenue dans la manipulation 1. Les verser dans un tube à essais et ajouter 2 à 3 mL d'une solution concentrée de soude (solution d'hydroxyde de sodium). Cette dernière solution contient les ions Na^+ et OH^-.

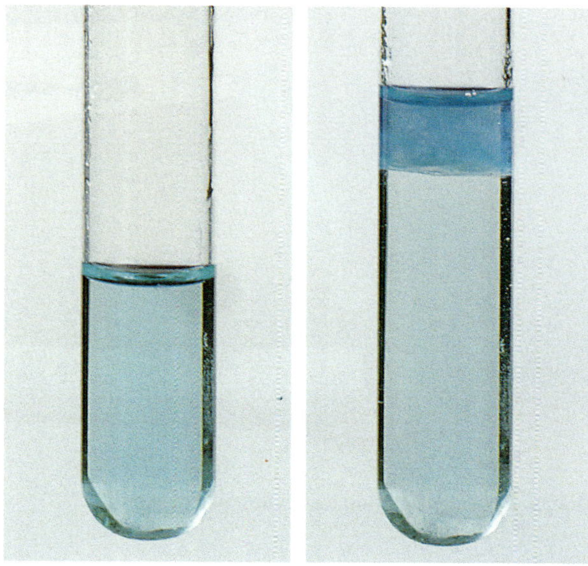

Doc. 4. La solution avant et après l'ajout de soude.

Questions

3. Qu'observe-t-on lorsqu'on verse la soude ?

4. Ce test permet de mettre en évidence un ion, contenu dans la solution dans laquelle on a rajouté la soude. Lequel ?

5. Écrivez de manière schématique la transformation subie par le cuivre dans la manipulation 1. On la notera de la manière suivante :
forme du cuivre avant la réaction → forme du cuivre en fin de réaction.

6. Le produit formé dans la manipulation 2 est l'hydroxyde de cuivre $Cu(OH)_2$. Écrivez de manière schématique la transformation subie par le cuivre.

Manipulation 3

OBJECTIF : déshydrater l'hydroxyde de cuivre par chauffage.

- Filtrer le précipité d'hydroxyde de cuivre $Cu(OH)_2$ obtenu dans la manipulation 2, à l'aide d'un entonnoir et d'un filtre. C'est le réactif de la manipulation 3.
- Avec une spatule, récupérer le précipité présent sur le filtre et le placer dans un tube à essais. Chauffer fortement à l'aide d'un bec Bunsen.
- On obtient de l'oxyde de cuivre CuO, un produit de déshydratation de l'hydroxyde de cuivre.

Doc. 5. La déshydratation de l'hydroxyde de cuivre.

Questions

7. Quelles observations expérimentales pouvez-vous faire lors du chauffage ?

8. Que signifie le terme « déshydratation » ?

9. En comparant les formules du réactif et du produit, justifiez le nom de « déshydratation » attribué à la réaction étudiée dans cette manipulation.

Manipulation 4

OBJECTIF : étudier la réaction entre le carbone et l'oxyde de cuivre.

- Dans cette manipulation, nous allons faire réagir de l'oxyde de cuivre CuO avec du carbone C. Pour réussir l'expérience, ces deux espèces chimiques doivent être utilisées dans des proportions bien précises. Nous n'allons donc pas utiliser l'oxyde de cuivre obtenu dans la manipulation précédente, mais un mélange d'oxyde de cuivre et de carbone préparé à l'avance.

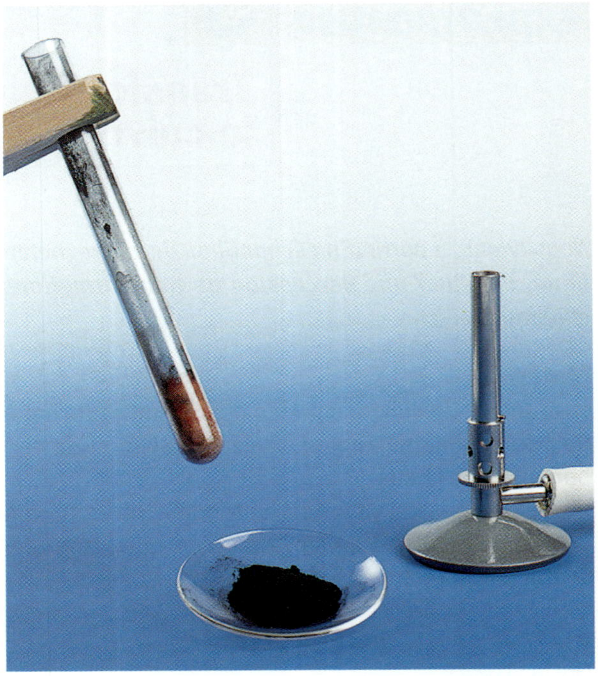

Doc. 6. L'oxyde de cuivre (dans la coupelle) et le produit de la transformation (dans le tube à essais).

- Placer dans un tube à essais une spatule de ce mélange. Avec un bec Bunsen, le porter à incandescence. Pour cela, il faut placer le tube à essais au point le plus chaud de la flamme.
- Au cours de la manipulation, il se forme un gaz. Si l'on fait passer ce gaz dans de l'eau de chaux, on observe qu'elle se trouble.
Le tube contient à la fin de l'expérience un solide de couleur rouge. Le verser dans une coupelle.

Questions

10. Quel est le produit solide obtenu dans cette manipulation ?

11. Quel est le gaz formé ? Justifiez.

12. Écrivez de façon schématique la transformation subie par le cuivre dans la manipulation 4, sachant que l'oxyde de cuivre CuO est constitué d'ions Cu^{2+} et O^{2-}.

13. Écrivez de façon schématique la transformation subie par le carbone.

14. Faites un bilan de l'activité : au cours des différentes transformations chimiques étudiées, quel est l'élément qui s'est conservé ?

1. Les isotopes

1.1. Définition

Des atomes ayant **même numéro atomique *Z*,** mais des **nombres de nucléons *A* différents** sont des **isotopes.** Des isotopes ont le même nombre de protons et le même nombre d'électrons, mais des nombres de neutrons différents.

Des atomes isotopes ont les **mêmes propriétés chimiques.** Ils sont désignés par le même nom et par le même symbole. Seule change l'indication du nombre de nucléons.

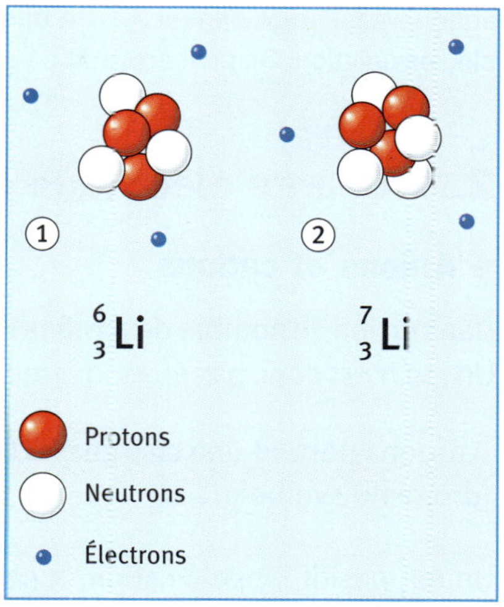

Doc. 7. Ces deux isotopes du lithium diffèrent par leur nombre de neutrons (➡ activité 1 question 5, p. 72).

1.2. Abondances relatives des isotopes

De nombreux atomes possèdent plusieurs isotopes naturels. Chaque isotope est présent dans des proportions connues, dépendant de l'atome considéré.

Le tableau ci-dessous présente l'abondance relative de quelques isotopes à l'état naturel. On peut voir par exemple que l'azote possède deux isotopes : $^{14}_{7}N$ et $^{15}_{7}N$, et que sur 1 000 atomes d'azote, on trouvera 996 atomes de $^{14}_{7}N$ et 4 de $^{15}_{7}N$ en moyenne.

	A = 12	*A* = 13	*A* = 14	*A* = 15	*A* = 16	*A* = 17	*A* = 18
Carbone (C) *Z* = 6	98,9 %	1,1 %	traces				
Azote (N) *Z* = 7			99,6 %	0,4 %			
Oxygène (O) *Z* = 8					99,8 %	0,05 %	0,15 %

Doc. 8. Les abondances relatives de quelques isotopes.

2. Les ions monoatomiques

2.1. Définition

Un ion **monoatomique** est formé par un atome qui a perdu ou gagné un ou plusieurs électrons.

Exemple ➡ Activité 2 : l'ion Cu^{2+} est formé par un atome de cuivre qui a perdu 2 électrons question 1, p. 72. L'atome de cuivre possède 29 électrons et l'ion Cu^{2+} en possède 27 question 2, p. 72.

Lorsqu'on passe de l'atome à l'ion, le noyau n'est pas modifié. Le numéro atomique Z reste donc le même et on conserve le même symbole chimique. Cependant, au niveau de la matière, il y a changement d'aspect.

Exemple ➔ **Activité 3:** le cuivre Cu est un métal de couleur rouge. Après attaque par l'acide nitrique, Cu se transforme en l'ion cuivre II Cu^{2+}, qui est bleu en solution. On peut écrire: $Cu \rightarrow Cu^{2+}$ questions 4 et 5, p. 73.

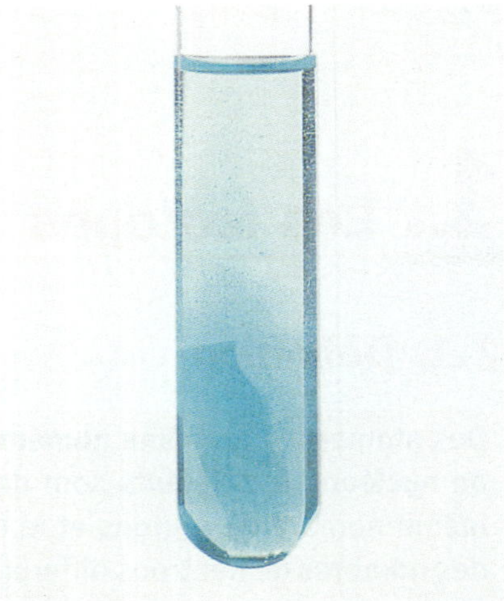

Doc. 9. L'attaque du métal cuivre par l'acide nitrique.

2.2. Charge électrique d'un ion

Anions et cations

Dans un ion, le nombre de protons est différent du nombre d'électrons. Un ion n'est donc pas électriquement neutre.

Les ions portent une **charge électrique,** que l'on indique en haut à droite du symbole.

Un ion positif, appelé **cation,** a perdu des électrons. Un ion négatif, appelé **anion,** a gagné des électrons.

Remarque: les métaux forment parfois plusieurs types d'ions monoatomiques. Ces ions sont toujours positifs. Par exemple, le fer Fe peut former les ions fer II (Fe^{2+}) et fer III (Fe^{3+}) (➔ doc. 11).

Doc. 11. De gauche à droite : le métal fer, une solution contenant des ions fer II et une solution contenant des ions fer III.

Le tableau ci-dessous présente quelques ions à connaître.

Anions	Cations
Fluorure F^-	Sodium Na^+
Chlorure Cl^-	Cuivre II Cu^{2+}
Bromure Br^-	Fer II Fe^{2+}
Oxyde O^{2-}	Fer III Fe^{3+}
Sulfure S^{2-}	Zinc II Zn^{2+}
	Argent I Ag^+
	Aluminium III Al^{3+}

Doc. 10. Quelques ions à connaître.

Calcul de la charge électrique

La charge électrique d'un ion est égale à la somme des charges des particules qui le composent.

Un atome de numéro atomique Z, qui perd 1 électron, par exemple, porte une charge égale à: $Z \cdot e - (Z - 1)\,e = +\,e$. On schématise cette charge par un « + » en exposant.

Un atome qui perd 2 électrons porte une charge + 2 e, schématisée par « 2+ » en exposant.

Un atome qui gagne 1 électron porte 1 charge « – e », schématisée par « – » en exposant.

Exemple ➡ **Activité 2 :** l'atome d'oxygène possède 8 protons et 8 électrons. L'ion oxyde est un atome qui a gagné 2 électrons. Il possède donc 8 protons et 10 électrons question 4, p. 72. La charge électrique de cet ion est égale à :

$$q = 8 \cdot (+\text{e}) + 10 \cdot (-\text{e}) = (8 - 10)\,\text{e} = -2\,\text{e}.$$

L'ion oxyde porte deux charges élémentaires négatives. On le note O^{2-}. C'est un anion.

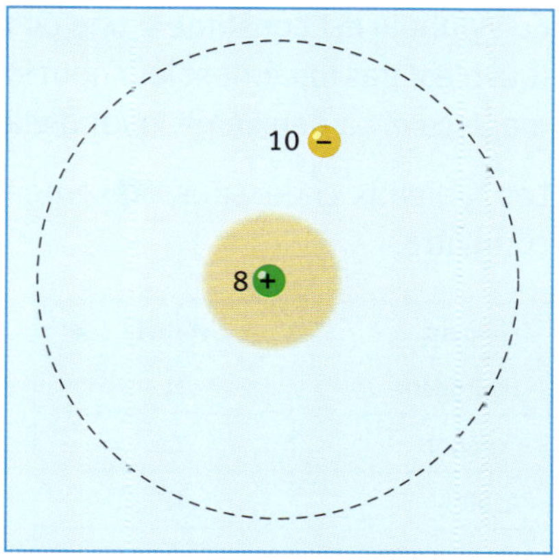

Doc. 12. L'ion oxyde possède plus de charges électriques négatives que de charges électriques positives.

2.3. Les composés ioniques

Les **composés ioniques** sont des corps constitués d'ions positifs et négatifs. Ils sont électriquement neutres. Il sont donc composés d'autant de charges positives que de charges négatives.

Exemple ➡ **Activité 2 :** l'oxyde de cuivre II CuO est formé d'ions Cu^{2+} et d'ions O^{2-}. Il y a donc autant de charges positives (2) que de charges négatives (2).

L'ion cuivre I Cu^{+} existe également, et forme avec l'ion oxyde O^{2-} l'oxyde de cuivre I Cu_2O. Là aussi, il y a autant de charges positives (2×1) que négatives (2) car il y a 2 ions Cu^{+} pour 1 ion O^{2-}.

3. L'élément chimique

3.1. Définition

On donne le nom d'**élément chimique** à l'ensemble des **entités chimiques** (les atomes, leurs différents isotopes et les différents ions qu'ils forment) ayant le même numéro atomique Z.

Un élément chimique est caractérisé par son numéro atomique.

Exemple ➡ **Activité 3 :** nous avons trouvé l'élément cuivre sous plusieurs formes chimiques : le métal cuivre Cu, l'ion cuivre II Cu^{2+} en solution, l'ion cuivre II Cu^{2+} dans l'hydroxyde de cuivre $Cu(OH)_2$ et dans l'oxyde de cuivre II CuO.

Dans chacune de ces formes chimiques, les deux isotopes du cuivre, ${}^{63}_{29}Cu$ et ${}^{65}_{29}Cu$, sont présents dans les mêmes proportions. Le nombre d'électrons de l'élément cuivre et son nombre de neutrons varient, mais son nombre de protons Z reste le même : $Z = 29$, caractéristique de l'élément cuivre.

Doc. 13. Différentes formes chimiques du cuivre.

3.2. Symbole d'un élément chimique

Les symboles chimiques déjà utilisés pour les atomes (➡ chapitre 5) sont ceux des éléments chimiques.

Les éléments chimiques sont représentés par leur **symbole chimique.**

COURS

Ce symbole est constitué d'une ou deux lettres provenant de leur nom (qui n'est pas forcément leur nom français usuel). La première lettre est majuscule. La deuxième, quand elle existe, est minuscule.

Les tableaux ci-dessous présentent quelques éléments chimiques à connaître.

Élément	Symbole
Hydrogène	H
Carbone	C
Azote	N
Oxygène	O
Fluor	F
Sodium	Na
Magnésium	Mg
Aluminium	Al

Élément	Symbole
Soufre	S
Chlore	Cl
Potassium	K
Fer	Fe
Cuivre	Cu
Zinc	Zn
Brome	Br
Argent	Ag

Doc. 14. Quelques éléments chimiques à connaître.

3.3. Corps simples et corps composés

Un **corps simple** ne contient qu'un élément chimique. Un **corps composé** contient plusieurs éléments différents. La lecture de la formule chimique permet de connaître quels sont les éléments présents.

Exemples : Co est l'élément cobalt (corps pur* simple).

CO est le monoxyde de carbone. Il contient deux éléments : C (carbone) et O (oxygène). CO est un corps pur composé.

Par contre, la formule chimique ne permet pas de savoir sous quelle forme les éléments sont présents : atome isolé, atome engagé dans une molécule (➡ ch. 8) ou ion. Elle ne met pas non plus en évidence l'isotopie.

Exemples : NaCl, le chlorure de sodium (sel de table) est un composé ionique. L'élément sodium y est sous forme d'ions Na^+ et l'élément chlore sous forme d'ions Cl^-. On peut éventuellement le noter Na^+, Cl^-.

Par contre, dans le monoxyde de carbone CO, les éléments C et O ne sont ni sous forme d'ion, ni sous forme d'atome isolé. CO est une molécule.

Doc. 15. La malachite, de formule $CuCO_3$, est un corps composé contenant l'élément cuivre.

3.4. Conservation des éléments au cours des transformations chimiques

Au cours des transformations chimiques, les éléments chimiques se conservent. Aucun élément n'apparaît ni ne disparaît.

L'inventaire des éléments présents avant la transformation chimique est le même qu'après la réaction. Mais, au cours de la transformation, les éléments peuvent passer d'une forme à une autre et s'associer différemment, ce qui peut provoquer des changements d'aspects.

Exemple ➡ Activité 3 : au cours des différentes transformations chimiques, l'élément cuivre est conservé question 14, p. 74. On peut schématiser la série de transformations de la manière suivante :

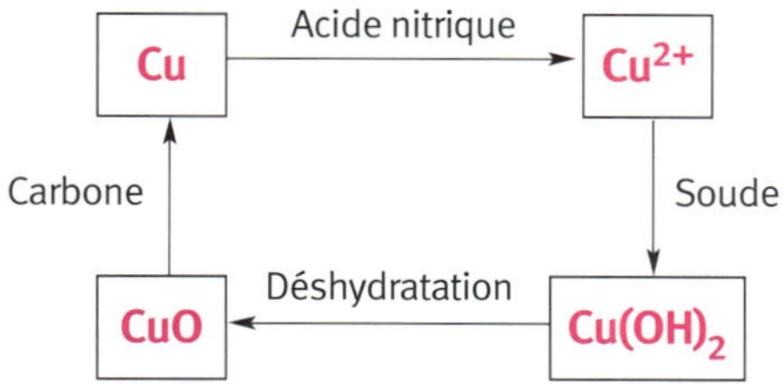

On peut vérifier qu'il y a également conservation des autres éléments. La déshydratation, par exemple, est l'élimination d'eau question 8, p. 74. Dans CuO, l'élément hydrogène n'est plus associé au cuivre. Il se trouve dans l'eau (H_2O) qui s'évapore.

Au cours de la dernière transformation, l'élément oxygène présent dans CuO se combine avec le carbone C pour former des molécules de dioxyde de carbone CO_2 question 11, p. 74.

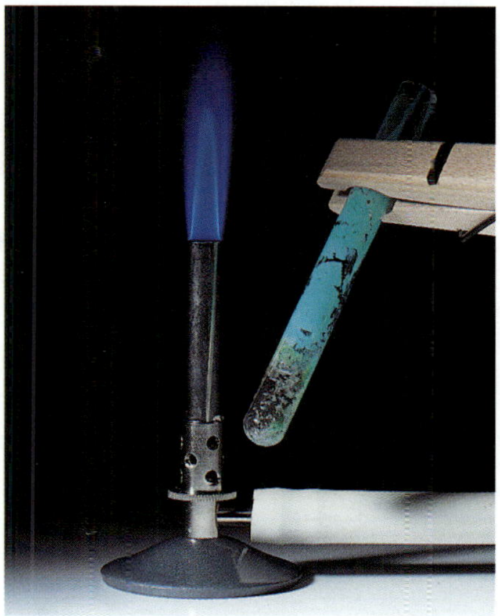

Doc. 16. La transformation de $Cu(OH)_2$ en CuO s'accompagne d'un changement de couleur et de l'évaporation de molécules d'eau.

L'ESSENTIEL

Ce qu'il faut savoir

Les éléments chimiques

✔ Un **élément chimique** est l'ensemble des **entités chimiques** possédant le même nombre de protons dans leur noyau. Un élément est caractérisé par son **numéro atomique *Z*** et par son **symbole :** une lettre majuscule suivie éventuellement d'une lettre minuscule.

✔ Au cours d'une transformation chimique, il y a **conservation des éléments chimiques.**

Isotopes et ions monoatomiques

✔ Des atomes ou des ions d'un même élément (donc de même numéro atomique *Z*), mais ayant des nombres de nucléons *A* différents, sont des **isotopes.**

✔ Un **ion monoatomique** est formé par un atome qui a perdu ou gagné un ou plusieurs électrons. La charge électrique d'un ion est égale à la somme des charges des particules qui le composent. L'ion Cu^{2+}, par exemple, porte une charge + 2 e. Il est formé par un atome de cuivre qui a perdu 2 électrons.

Ce qu'il faut savoir faire

✔ Associer à quelques éléments leur symbole chimique.

✔ Donner la formule chimique d'un composé ionique.

EXERCICE RÉSOLU

Déterminer la composition de corps composés

De nombreuses molécules donnent un goût sucré aux aliments que nous consommons. Parmi elles, on trouve des espèces naturelles, comme le saccharose $C_{12}H_{22}O_{11}$ (sucre de table) ou le glucose $C_6H_{12}O_6$.
Le tableau ci-dessous indique les abondances relatives des trois éléments hydrogène, carbone et oxygène.

	$A=1$	$A=2$	$A=3$	$A=12$	$A=13$	$A=14$	$A=16$	$A=17$	$A=18$
$Z=1$ (H)	99,95 %	0,05 %	traces						
$Z=6$ (C)				98,9 %	1,1 %	traces			
$Z=8$ (O)							99,8 %	0,05 %	0,15 %

1. Quels sont les éléments chimiques présents dans le saccharose et le glucose ? Donner leur nom et leur symbole. Que peut-on constater ?

2. Quels sont les éléments chimiques du saccharose qui possèdent des isotopes ? Peut-on dire que toutes les molécules de saccharose sont identiques ?

3. Calculer le pourcentage en nombre d'atomes de chaque élément présent dans le saccharose.

CONSEILS

1. *Identifier les symboles chimiques présents.*

2. *Le tableau indique que l'hydrogène possède trois isotopes : ^1_1H, ^2_1H, ^3_1H, le carbone, trois : $^{12}_6C$, $^{13}_6C$, $^{14}_6C$ et l'oxygène, trois également : $^{16}_8O$, $^{17}_8O$, $^{18}_8O$.*
Pour chaque élément présent dans le saccharose, il y a donc trois isotopes possibles.

3. *Faire le total n_t du nombre d'atomes présents.*
Compter le nombre n_X d'atomes de chaque élément X présent.

Calculer le rapport $\frac{n_X}{n_t}$ et multiplier par 100.
C'est le pourcentage en nombre d'atomes de l'élément X.
Donner les résultats avec trois chiffres significatifs.

Vérifier que la somme des pourcentages de tous les éléments présents est bien égale à 100 %.

SOLUTION

1. Les éléments chimiques présents dans le saccharose et le glucose sont : le carbone C, l'hydrogène H, l'oxygène O.
On constate que les deux molécules sont constituées des mêmes éléments chimiques.

2. À la lecture du tableau, on voit que l'hydrogène, l'oxygène et le carbone possèdent trois isotopes.
Toutes les molécules de saccharose contiennent les mêmes éléments chimiques mais ne sont pas rigoureusement identiques, car il peut y avoir différentes combinaisons entre les isotopes.

3. La formule du saccharose est $C_{12}H_{22}O_{11}$. Cette formule signifie qu'une molécule de saccharose contient :
- $n_C = 12$ atomes de carbone ;
- $n_H = 22$ atomes d'hydrogène ;
- $n_O = 11$ atomes d'oxygène.

Le nombre total d'atomes est :
$$n_t = n_C + n_H + n_O = 45.$$
Le pourcentage d'atomes de carbone est égal à :
$$\frac{n_C}{n_t} \times 100 = 26{,}7\ \%.$$
Le pourcentage d'atomes d'hydrogène est égal à :
$$\frac{n_H}{n_t} \times 100 = 48{,}9\ \%.$$
Le pourcentage d'atomes d'oxygène est égal à :
$$\frac{n_O}{n_t} \times 100 = 24{,}4\ \%.$$
On vérifie que : $26{,}7 + 48{,}9 + 24{,}4 = 100$.

VÉRIFIEZ VOS CONNAISSANCES

Questions

1 Par quoi est caractérisé un élément chimique ?

2 Comment représente-t-on un élément chimique ?

3 Que signifie : *« Les éléments chimiques se conservent au cours d'une transformation chimique »* ?

4 Définir le mot « isotope ».

5 Qu'est-ce qu'un corps simple ?

6 Qu'est-ce qu'un corps composé ?

7 Qu'est-ce qu'un ion ?

8 Quelle est la formule des ions : fluorure, oxyde, sodium, cuivre II, fer III ?

9 Quel est le nom des ions : Fe^{2+}, Ag^{+}, Cl^{-} ?

QCM

(Plusieurs réponses sont possibles.)

10 Les atomes représentés par : ${}^{12}_{6}?$, ${}^{13}_{6}?$, ${}^{14}_{6}?$:

a. sont des isotopes ;
b. appartiennent au même élément chimique ;
c. ont le même numéro atomique ;
d. ont le même nombre de protons ;
e. ont le même nombre de neutrons ;
f. ont le même nombre de nucléons.

11 Les atomes représentés par : ${}^{13}_{6}?$, ${}^{13}_{7}?$:

a. sont des isotopes ;
b. appartiennent au même élément chimique ;
c. ont le même numéro atomique ;
d. ont le même nombre de protons ;
e. ont le même nombre de neutrons ;
f. ont le même nombre de nucléons.

12 L'ion étain II a perdu deux électrons.

a. Sa charge est -2 e ; on le note Sn^{2-}.
b. Sa charge est nulle ; on le note Sn.
c. Sa charge est $+2$ e ; on le note Sn^{2+}.

EXERCICES D'APPLICATION

Élément chimique

13 Parmi les symboles chimiques suivants, indiquer ceux qui sont incorrects et, pour ceux qui sont corrects, donner le nom des éléments correspondants.
CO ; fE ; Na ; N ; O ; mg ; AU.

14 Donner le symbole chimique des éléments suivants : fer, cuivre, zinc, argent, magnésium, carbone, chlore, azote, oxygène, soufre, sodium, potassium, brome.

15 Donner le nom des éléments chimiques suivants : H ; Cu ; O ; Mg ; C ; K ; Li ; Al ; Zn ; N.

16 Parmi la liste suivante, regrouper les entités chimiques appartenant au même élément chimique.
${}^{124}_{52}?$ ${}^{124}_{50}?$ ${}^{123}_{52}?$ ${}^{124}_{54}?$ ${}^{129}_{54}?$ ${}^{115}_{50}?$

Corps simples et composés

17 Indiquer le symbole et le nom des éléments chimiques présents dans les corps composés suivants : Na_2SO_4 ; HNO_3 ; KBr ; Fe_2Cl_3 ; Al_2O_3 ; $CaCO_3$.

18 Indiquer la nature des corps suivants : corps pur simple, corps pur composé ou mélange.
Cu, lait, vin, SO_2, S, laiton, $CaCO_3$, O_2, HCl, CO, Co, acier, eau, bronze.

19 Indiquer la nature des corps suivants : corps pur simple, corps pur composé ou mélange.
Soude, sulfate de cuivre, sulfure d'hydrogène, dioxygène, malachite, oxyde de cuivre, silicium, chlorure de sodium.

Corps ioniques

20 Au cours d'une transformation chimique, un atome d'aluminium perd trois électrons. L'atome d'aluminium est caractérisé par $Z = 13$ et $A = 27$.
1. Donner la composition de l'atome d'aluminium.
2. Donner la composition de l'ion formé.
3. Calculer la charge de cet ion en l'exprimant en fonction de e, la charge élémentaire. En déduire la notation chimique de cet ion.

21 Au cours d'une transformation chimique, un atome d'azote gagne trois électrons. Cet atome est caractérisé par $Z = 7$ et $A = 14$.

1. Donner la composition de l'atome d'azote.
2. Donner la composition de l'ion formé.
3. Calculer la charge de cet ion en l'exprimant en fonction de e, la charge élémentaire. En déduire la notation chimique de cet ion.

22 Donner la formule chimique des composés ioniques suivants, en faisant apparaître les ions présents et leur nombre :
1. chlorure de sodium ;
2. sulfure de cuivre II ;
3. oxyde de fer II.

23 Donner la formule chimique des composés ioniques suivants en faisant apparaître les ions présents et leur nombre :
1. chlorure de fer III ;
2. sulfure de fer II ;
3. oxyde de fer III ;
4. chlorure de magnésium II.

24 Donner le nom et la formule des corps ioniques constitués des ions suivants :
1. Fe^{2+} et Cl^- ;
2. K^+ et Cl^- ;
3. Mg^{2+} et O^{2-} ;
4. Fe^{2+} et S^{2-}.

25 Donner le nom et la formule des corps ioniques constitués des ions suivants :
1. Ag^+ et Cl^- ;
2. K^+ et I^- ;
3. Ag^+ et S^{2-} ;
4. Cu^{2+} et O^{2-} ;
5. Cu^+ et O^{2-}.

Isotopes

26 Le soufre possède 4 isotopes. Le tableau suivant indique les abondances relatives de chacun d'eux.

Isotope	Abondance relative
${}^{32}_{16}S$	95 %
${}^{33}_{16}S$	0,8 %
${}^{34}_{16}S$	4,2 %
${}^{36}_{16}S$	traces

1. Donner la composition atomique de ces isotopes.
2. Le soufre forme un ion en gagnant 2 électrons. Quel est le nom de cet ion ?
3. Donner toutes les compositions possibles pour cet ion.

27 Le zinc possède 5 isotopes. Le tableau suivant indique les abondances relatives de chacun d'eux.

Isotope	Abondance relative
${}^{64}_{30}Zn$	48,6 %
${}^{66}_{30}Zn$	27,9 %
${}^{67}_{30}Zn$	4,1 %
${}^{68}_{30}Zn$	18,8 %
${}^{70}_{30}Zn$	0,6 %

1. Quel est l'isotope le plus abondant ?
2. Sur 1 000 atomes de zinc, combien trouve-t-on d'atomes de chaque isotope en moyenne ?
3. Donner la composition atomique de chaque isotope.
4. Quelles sont les compositions possibles pour l'ion zinc II ?

Conservation des éléments chimiques

28 Les premiers flashs photographiques utilisaient une réaction de combustion entre le magnésium Mg et le dioxygène O_2 de l'air. Cette réaction s'accompagne d'une lumière blanche très intense. Il se forme un composé ionique formé d'ions magnésium II et d'ions oxyde.
1. Quels sont les éléments chimiques présents avant la réaction ?
2. D'après la loi de conservation des éléments, quels sont les éléments chimiques qui doivent être présents après la réaction ?
3. Quelles sont les formules des ions formés ?
4. Quelle est la formule du composé formé ? Quel est son nom ?

29 Le chlorure de sodium peut être synthétisé en réalisant à haute température la réaction du dichlore Cl_2 sur le sodium métallique Na.
1. Donner la formule du chlorure de sodium en faisant apparaître les ions qui le constituent.
2. Schématiser la transformation subie par le sodium dans cette réaction.
3. Schématiser la transformation subie par le chlore.
4. La loi de conservation des éléments s'applique-t-elle ici ?

30 Pour maintenir la température vitale de 37 °C, le corps humain réalise, grâce à la respiration, une réaction de combustion.
1. Quel est l'élément chimique, que nous respirons, nécessaire à cette combustion ?
2. Quelles sont les deux espèces chimiques que nous rejetons en permanence ?
3. Quels sont donc les deux autres éléments chimiques nécessaires ?
4. Où le corps les trouve-t-il ?

EXERCICES DE SYNTHÈSE

31 ★ Isotopes du fer

Le fer possède 4 isotopes. Le tableau suivant indique les abondances relatives de chacun d'eux.

Isotope	Abondance relative
$^{54}_{26}Fe$	5,8 %
$^{56}_{26}Fe$	91,8 %
$^{57}_{26}Fe$	2,1 %
$^{58}_{26}Fe$	0,3 %

1. Quel est l'isotope le plus abondant ?
2. Sur 1 000 atomes de fer, combien trouve-t-on d'atomes de chaque isotope en moyenne ?
3. Calculer la masse approchée de 1 000 atomes de fer.
4. Le fer peut former des ions Fe^{2+} et Fe^{3+}. Quel sont leurs noms ?
5. Quelles sont les compositions possibles pour ces deux ions ?
Donnée : $m_n \approx m_p = 1{,}67 \cdot 10^{-27}$ kg.

32 ★ Isotopes du magnésium

L'élément magnésium ($Z = 12$) possède trois isotopes. Le tableau suivant indique les abondances relatives de chacun d'eux.

Isotope	Abondance relative
$^{24}_{12}Mg$	79 %
$^{25}_{12}Mg$	10 %
$^{26}_{12}Mg$	11 %

1. Quel est l'isotope le plus abondant ?
2. Donner la composition atomique des trois isotopes.
3. Indiquer trois compositions possibles pour l'ion magnésium II.
4. Calculer la masse approchée de 100 atomes de magnésium.
Donnée : $m_n \approx m_p = 1{,}67 \cdot 10^{-27}$ kg.

33 ★ Un conservateur

L'acide benzoïque est utilisé comme conservateur dans les produits alimentaires. Sa formule chimique est : $C_7H_6O_2$.
1. Indiquer les noms des éléments chimiques présents dans l'acide benzoïque.
2. Indiquer le nombre d'atomes de chaque élément présent.
3. Calculer le pourcentage en nombre d'atomes de chaque élément présent.

34 ★ L'acide phosphorique

L'acide phosphorique présent dans certaines boissons gazeuses a pour formule H_3PO_4.
1. Indiquer les noms des éléments chimiques présents dans l'acide phosphorique.
2. Indiquer le nombre d'atomes de chaque élément présent.
3. Calculer le pourcentage en nombre d'atomes de chaque élément présent.

35 ★★ Le limonène

Le limonène est un arôme présent dans le citron ; sa formule chimique est $C_{10}H_{16}$.
1. Qu'est-ce qu'un arôme ?
2. Quelle est l'origine du nom limonène ?
3. Quels sont les noms des éléments chimiques présents dans ce composé ?
4. Calculer les pourcentages en nombre d'atomes de chaque élément présent.
5. Représenter ces pourcentages sous forme d'un histogramme (➡ fiche 8).

36 ★★ L'aspirine et le paracétamol

L'aspirine, de formule $C_9H_8O_4$, et le paracétamol, de formule $C_8H_9O_2N$, sont des médicaments bien connus pour leurs propriétés antalgiques et antipyrétiques.
1. Rechercher dans un dictionnaire la signification de « antalgique » et « antipyrétique ».
2. Donner les noms des différents éléments chimiques présents dans l'aspirine et le paracétamol.
3. Comparer, à l'aide de diagrammes circulaires, les compositions de ces deux molécules (➡ fiche 8).

37 ★★★ Aluminothermie

Une réaction chimique entre l'oxyde de fer Fe_2O_3 et l'aluminium est utilisée pour souder les rails de chemin de fer. Les deux composés réduits en poudre sont intimement mélangés et la réaction est déclenchée en portant un point du mélange à incandescence. On obtient du fer liquide, qui se solidifie en refroidissant, et de l'alumine, se dégageant sous forme de fumées blanches.
1. L'oxyde de fer est un composé ionique. Quels sont les ions qui le composent ? Quels sont leurs noms ?
2. L'alumine est de l'oxyde d'aluminium III. Quelle est sa formule ?
3. Quelle est la différence entre un gaz et une fumée ?

EXERCICES

Les éléments chimiques dans l'Univers

Les deux éléments les plus simples, l'hydrogène et l'hélium, ont été formés lors du big bang, il y a 15 milliards d'années. Les éléments plus « lourds » naissent dans les étoiles.

Doc. 1. Dans cet accélérateur de particules, on peut créer des éléments très lourds et artificiels.

Nous connaissons à l'heure actuelle plus de 110 éléments chimiques différents. La plupart d'entre eux sont stables et existent à l'état naturel. Les éléments de numéro atomique supérieur à 92 ont été préparés de façon artificielle, dans des laboratoires de physique nucléaire.
L'Univers est essentiellement composé d'hydrogène ($Z = 1$) et d'hélium ($Z = 2$). Ces deux éléments représentent respectivement 75 % et 24 % de sa masse.

QUESTIONS

1. Quels sont les éléments les plus abondants dans l'Univers et le Soleil ?
2. Quelle est l'origine des éléments lourds dans l'Univers ?
3. Rechercher la signification de l'adjectif « nucléaire ». Pourquoi les réactions qui ont lieu dans le Soleil sont-elles qualifiées de nucléaires ?
4. Pourquoi l'hydrogène n'existe-t-il pas sur Terre autrement que dans des corps composés ?

Les réactions au sein du Soleil

Le système solaire s'est constitué à partir d'un « nuage interstellaire », constitué de gaz et de poussières provenant d'étoiles mortes. La composition du Soleil reflète la composition chimique du nuage qui a conduit à sa formation il y a 4,6 milliards d'années. On y trouve majoritairement de l'hydrogène, mais aussi de l'hélium et, à l'état de traces, des éléments plus lourds (de numéros atomiques plus élevés). La température très élevée qui règne au cœur d'étoiles comme le Soleil déclenche des transformations qui ne respectent pas la loi de conservation des éléments. Ce sont des réactions « nucléaires ». Elles transforment peu à peu l'hydrogène et l'hélium, qui jouent le rôle de combustible, en des éléments de plus en plus lourds : C, O, Mg, Si...

Les éléments terrestres

La Terre est plutôt constituée d'éléments lourds. La gravité de la Terre n'a pas été suffisante pour retenir, à l'époque de sa formation, son enveloppe de dihydrogène, qui s'est alors évaporée sous l'effet des radiations solaires. On y trouve majoritairement du fer ($Z = 26$), de l'oxygène ($Z = 8$) – présent dans l'atmosphère sous forme de dioxygène (O_2), dans l'hydrosphère sous forme d'eau (H_2O) et dans de nombreuses roches – du silicium ($Z = 14$), constituant de nombreux minéraux, et enfin du magnésium ($Z = 12$). Depuis sa formation, la composition de la surface de la Terre a évolué sous l'effet des rayonnements solaires et cosmiques. Les éléments, se combinant entre eux, ont formé des molécules de plus en plus complexes, ce qui a permis l'émergence des êtres vivants.

Doc. 2. Cette supernova, apparue en 1987, est due à l'explosion d'une étoile. Les éléments lourds produits par l'étoile sont éjectés et produiront de nouveaux nuages interstellaires.

Les premiers ballons dirigeables étaient gonflés avec du dihydrogène. Ce gaz très léger est explosif. Il a été remplacé par de l'hélium, plus stable. Pourquoi l'hélium est-il plus stable que l'hydrogène ?

7

RÈGLES DU DUET ET DE L'OCTET

OBJECTIFS

- Connaître la répartition des électrons autour du noyau.
- Connaître les règles du duet et de l'octet.
- Appliquer ces règles aux ions monoatomiques.

L'hélium est l'un des rares éléments n'intervenant jamais dans des réactions chimiques. On dit qu'il est chimiquement **stable.** Dans la nature, les autres éléments se transforment et s'associent, de façon à augmenter leur **stabilité.** Les **règles du duet et de l'octet** expliquent dans la plupart des cas les transformations observées et la formation des ions.

ACTIVITÉS

Activité documentaire 1

Les gaz nobles

*Les **gaz nobles**, dont l'hélium fait partie, sont des éléments chimiques très stables. Le texte qui suit présente cette famille d'éléments de façon humoristique, sous la forme d'une lettre de l'«**Association des éléments chimiques**» adressée à «**Monsieur Hélium et à sa famille**».*

Document

Cher monsieur Hélium,

Nous vous invitons à venir participer, avec votre famille, à l'assemblée générale des éléments chimiques. Vous viendrez accompagné de vos frères Néon, Argon, Krypton et Xénon. Comme vous êtes tous mauvais conducteurs, une limousine viendra vous chercher.

À l'issue de la réunion, vous vous verrez remettre le grand Prix de la Stabilité. En effet, les états de service de votre famille constituent un cas unique parmi les éléments chimiques : vous êtes les seuls éléments à rester sous forme atomique et, sauf très rares exceptions, vous n'acceptez pas les liaisons ! Quel que soit votre entourage, vous n'intervenez jamais dans les réactions chimiques. On vous dit inertes et on vous envie votre stabilité. De nombreux éléments tentent même de vous imiter en adoptant ou en abandonnant des électrons.

Si vous êtes chimiquement inertes, vous intervenez par contre dans de nombreux domaines de la physique. Vous, monsieur Hélium, êtes très léger, comme Hydrogène, mais, contrairement à lui, vous n'êtes pas explosif ; on vous utilise pour gonfler les ballons dirigeables. Vous avez pris la place de monsieur Azote dans les bouteilles de plongée sous-marine pour former, avec Oxygène, un mélange plus sûr pour la respiration des plongeurs.

On vous a longtemps qualifié de rare, mais aujourd'hui, on sait que vous, Hélium, êtes, après Hydrogène, l'élément chimique le plus courant dans l'Univers. Vous êtes, en particulier, très abondant dans le Soleil. Vos frères sont très présents dans notre quotidien. On les trouve dans les tubes « néon ». Argon, Krypton et Xénon protègent le filament des lampes à incandescence. Néon et Argon jouent un rôle important dans la lumière laser, source de nombreuses applications industrielles et médicales.

Nous serons donc très honorés de vous accueillir et de vous remettre votre prix. Dans cette attente, veuillez agréer l'expression de nos meilleurs sentiments.

L'Association des éléments chimiques.

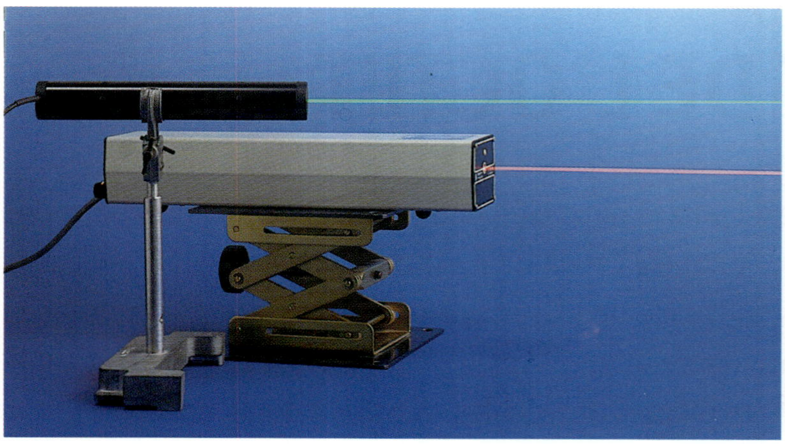

Doc. 1. Les gaz nobles sont utilisés dans les lasers.

Doc. 2. Une lampe à incandescence au krypton.

Questions

1. Citez les noms des différents gaz nobles. Recherchez les symboles de ces éléments.

2. Quelle est la propriété chimique remarquable des gaz nobles ?

3. Qu'est-ce qu'un mauvais conducteur en physique ?

4. Que signifie qu'un élément reste sous forme atomique ?

5. Recherchez des informations sur la catastrophe du dirigeable *Hindenburg* (doc. 3). Avec quel gaz ce dirigeable était-il gonflé ? Ce gaz a réagi avec un autre gaz, lequel ? Quelle espèce chimique s'est formée ?

6. Quel est le gaz utilisé aujourd'hui pour gonfler les dirigeables ? Pourquoi ?

Doc. 3. L'explosion du ballon dirigeable allemand *Hindenburg* à Lakehurst, aux États-Unis, en 1937.

Activité documentaire 2

Des ions étonnants

Vous savez que les ions monoatomiques sont formés par un atome ayant perdu ou gagné des électrons. Les ions se forment selon des règles précises, que vous allez découvrir.

Le tableau suivant rassemble les numéros atomiques Z de quelques éléments, ainsi que les formules des seuls ions monoatomiques connus pour ces éléments.

Questions

1. Complétez le tableau avec deux nouvelles lignes. Sur la première, indiquez le nombre d'électrons des atomes de chaque élément. Sur la deuxième, indiquez le nombre d'électrons des ions monoatomiques.

2. Comparez le nombre d'électrons des différents ions avec celui de l'hélium, du néon ou de l'argon. Quelle constatation pouvez-vous faire ?

Élément	He	Ne	Ar	Li	Be	Na	Mg	F	Cl	O
Z	2	10	18	3	4	11	12	9	17	8
Ion				Li^+	Be^{2+}	Na^+	Mg^{2+}	F^-	Cl^-	O^{2-}

Activité expérimentale 3

Étude de l'élément sodium

L'élément sodium peut être trouvé sous forme atomique, dans le métal de formule Na, *ou sous forme ionique,* Na^+, *dans des composés ioniques ou en solution. L'étude des propriétés chimiques du sodium va nous permettre de déterminer quelle est sa forme la plus stable.*

Matériel

– Sodium, chlorure de sodium, eau, fil de platine.
– Cristallisoir, bec Bunsen, couteau à sodium, pince en métal.

Sécurité

Les manipulations sont réalisées par le professeur.

Manipulation 1

OBJECTIF : caractériser l'ion sodium.

- L'ion sodium Na^+ peut être trouvé dans la nature, par exemple dans le sel de cuisine (chlorure de sodium) ou encore dans les eaux minérales (doc. 4).

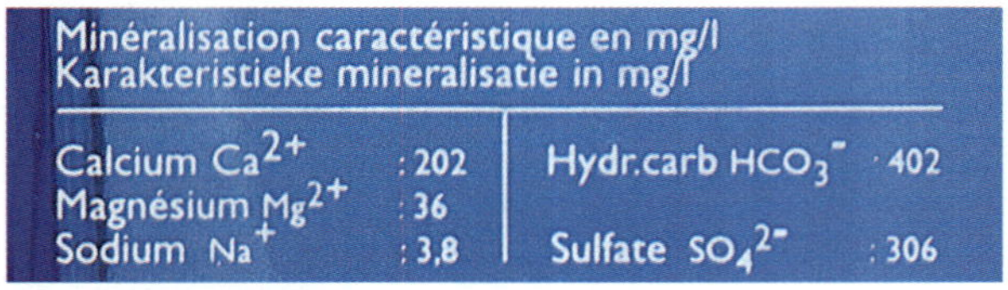

Doc. 4. L'étiquette de cette eau minérale indique la présence de l'ion sodium.

- La présence de l'ion sodium dans un milieu solide ou liquide peut être mise en évidence par un test utilisant une flamme.
- Placer un morceau de chlorure de sodium dans une flamme. Observer.
- Tremper un fil de platine dans de l'eau salée, puis placer le fil dans la flamme. Observer.

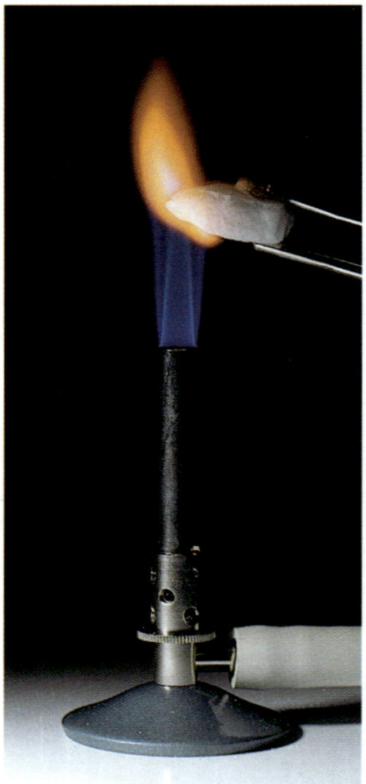

Doc. 5. Le test de caractérisation de l'ion Na^+. ▶

Question

1. Quelle est la couleur de la flamme en présence des ions Na^+ ?

Manipulation 2

OBJECTIF : étudier la réactivité du métal sodium.

- Le sodium métallique, Na, est un solide gris, très mou. On peut facilement le couper au couteau. Il s'oxyde rapidement à l'air pour former de l'oxyde Na_2O, formé des ions Na^+ et O^{2-}. Pour protéger le sodium métallique de l'air, on le conserve dans de l'huile de paraffine.

Doc. 6. Des barres de sodium dans l'huile.

- Jeter un petit morceau de sodium dans un cristallisoir rempli d'eau. Observer.
- Le sodium réagit vivement avec l'eau. Il disparaît en tournoyant. L'effervescence observée et la présence d'une flamme témoignent de la production d'un gaz et d'une importante élévation de température.

Doc. 7. La réaction du sodium avec l'eau.

- Tremper un fil de platine dans la solution obtenue et le placer dans une flamme. Observer.
La flamme devient orangée.

Questions

2. Quelle entité chimique, identifiée par le test à la flamme, se forme lors de la réaction entre le sodium et l'eau ?

3. Le sodium sous forme atomique, Na, est-il stable ? Donnez deux arguments pour justifier votre réponse. Quelle entité chimique de l'élément sodium est plus stable ?

4. Le métal sodium peut-il exister dans la nature ? Pourquoi ?

5. Le numéro atomique du sodium est 11. Quel est le nombre d'électrons de l'ion sodium ?

1. Répartition des électrons

1.1. Les couches électroniques

Au cours du XXe siècle, les scientifiques ont élaboré un modèle de l'atome beaucoup plus riche que le modèle de Rutherford, permettant d'interpréter la formation des ions et des molécules.

Dans ce modèle, on affirme que les électrons de l'atome sont répartis en différentes **couches électroniques.** Ces couches sont désignées par des lettres : couche K, couche L, couche M, couche N, etc.

La couche K correspond aux électrons les plus proches du noyau, la couche L à des électrons plus lointains, la couche M à des électrons encore plus lointains, etc.

Doc. 8. C'est le physicien danois Niels Bohr (1885-1962) qui a montré que les électrons se situent sur différentes couches électroniques.

1.2. Nombre d'électrons par couche

Sept couches électroniques suffisent pour répartir tous les électrons de l'atome de l'élément de plus grand numéro atomique, mais les éléments qui seront étudiés ici ne nécessitent que trois couches : les couches K, L et M.

Chaque couche ne peut contenir qu'un nombre défini d'électrons.

Couche	K	L	M
Nombre maximal d'électrons de la couche	2	8	18

Une couche est dite **saturée** ou remplie si elle contient son nombre maximal d'électrons. Elle peut aussi en contenir moins ou pas du tout.

Exemple : si la couche L contient 8 électrons, elle est saturée. Si elle contient 5 électrons, elle n'est pas saturée car il reste trois places disponibles.

1.3. Règles de remplissage des couches électroniques

Donner la **structure électronique** d'un atome, c'est indiquer le nombre d'électrons sur chaque couche. Pour représenter cette structure, on place la lettre correspondant à chaque couche entre parenthèses et on indique le nombre d'électrons présents sur la couche en exposant. Les niveaux vides ne sont pas indiqués.

Exemple : la structure électronique de l'atome de néon est $(K)^2 (L)^8$.

Pour connaître la répartition des électrons dans les différentes couches électroniques, on applique des règles de remplissage. Les règles qui suivent ne sont valables que si le nombre d'électrons ne dépasse pas 18.

Les électrons sont d'abord répartis sur la première couche, c'est-à-dire la couche K. Une fois qu'elle est saturée, on passe à la couche L, et ainsi de suite. On procède ainsi jusqu'à ce que tous les électrons soient répartis.

Doc. 9. Dans un théâtre, les différentes « couches » (orchestre, premier balcon, deuxième balcon...) ne peuvent contenir qu'un certain nombre de spectateurs. Il en est de même pour les couches électroniques.

Exemple : le numéro atomique de l'atome de sodium Na est $Z = 11$. Son noyau possède donc 11 protons. L'atome étant électriquement neutre, il possède 11 électrons, que nous devons placer sur les couches électroniques.

Les deux premiers électrons sont placés dans la couche K. Elle est alors saturée. Il en reste 9 à placer. On place ensuite 8 électrons dans la couche L, qui est saturée également. Il reste 1 électron, que l'on place sur la couche M.

La structure électronique de l'atome de sodium est donc : $(K)^2 (L)^8 (M)^1$.

1.4. Couche externe et couches internes

La **couche externe** est la dernière couche remplie.

Les autres couches sont appelées couches internes.

Exemple : pour l'atome de sodium, la couche M (contenant 1 électron) est la couche externe. Les couches K et L sont les couches internes.

La couche externe contient les électrons les plus éloignés, donc les moins liés au noyau. Elle joue un rôle fondamental en chimie. Pour prévoir les transformations mettant en jeu un élément, il est essentiel de connaître le nombre d'électrons sur la couche externe de l'atome.

1.5. Structure électronique des ions monoatomiques

Le nombre d'électrons d'un ion monoatomique n'est pas égal au numéro atomique. Cependant, pour déterminer la structure électronique d'un ion monoatomique, on procède comme pour les atomes (neutres). Les électrons de l'ion sont répartis sur les différentes couches en respectant les mêmes règles.

Exemple ➡ Activité 3 : le numéro atomique du sodium est $Z = 11$. L'ion sodium Na^+ est un atome qui a perdu un électron. Son nombre d'électrons est donc égal à 10 question 5, p. 88. La structure électronique de l'ion Na^+ est : $(K)^2 (L)^8$.

2. Règles de stabilité des éléments

2.1. Les gaz nobles

Les **gaz nobles** sont une catégorie particulière d'éléments. On dit qu'ils sont chimiquement **inertes** ou chimiquement **stables,** car ils ne participent que rarement à des réactions chimiques (➡ activité 1 question 7, p. 87). Ils restent sous forme atomique et on ne les rencontre ni sous forme d'ion, ni dans des molécules (sauf très rares exceptions).

Les **gaz nobles** sont les éléments chimiques les plus **stables.**

Les éléments de la famille des gaz nobles sont regroupés dans le doc. 10 (➡ activité 1 question 1, p. 87).

Hélium (He)	$Z = 2$
Néon (Ne)	$Z = 10$
Argon (Ar)	$Z = 18$
Krypton (Kr)	$Z = 36$
Xénon (Xe)	$Z = 54$

Doc. 10. Les différents gaz nobles.

2.2. Structure électronique des gaz nobles

La structure électronique des gaz nobles est donnée dans le tableau ci-dessous. Nous nous limiterons à la structure des trois premiers, dont le numéro atomique ne dépasse pas 18.

Gaz noble	Symbole	Numéro atomique	Nombre d'électrons	Structure électronique
Hélium	He	$Z = 2$	2 électrons	$(K)^2$
Néon	Ne	$Z = 10$	10 électrons	$(K)^2 (L)^8$
Argon	Ar	$Z = 18$	18 électrons	$(K)^2 (L)^8 (M)^8$

L'hélium possède 2 électrons sur sa couche externe.
Le néon et l'argon possèdent chacun huit électrons sur leur couche externe.

2.3. Stabilité des autres éléments

À l'exception des gaz nobles, les éléments n'existent pas naturellement sous forme d'atomes isolés, car sous cette forme ils ne sont pas stables. Ils cherchent à adopter la structure électronique d'un gaz noble.

Pour augmenter leur stabilité, les éléments adoptent la même structure électronique que le gaz noble de numéro atomique le plus proche.

Si les éléments choisissent la structure électronique du gaz noble le plus proche, c'est parce qu'il est plus facile de « gagner » ou de « perdre » un petit nombre d'électrons qu'un grand nombre.

Exemple ➡ **Activité 3 :** le sodium sous forme atomique Na n'est pas stable. On ne le trouve pas dans la nature. Dès qu'il se trouve en présence d'eau liquide, de vapeur d'eau ou de dioxygène, il réagit pour former l'ion Na^+ questions 3 et 4, p. 88.

COURS

Le sodium ($Z = 11$) est placé entre le néon ($Z = 10$) et l'argon ($Z = 18$). Il est plus facile pour lui de perdre un électron que d'en gagner 7. Il adopte donc la structure électronique du néon en perdant un électron, pour former l'ion Na^+, une entité chimique de l'élément sodium plus stable question 3, p. 88.

Doc. 11. Le sodium doit être conservé dans l'huile, à l'abri de l'air et de l'humidité.

2.4. Règles du « duet » et de l'octet

Les éléments de numéro atomique proche de celui de l'hélium adoptent sa structure électronique : $(K)^2$. Ils ont alors deux électrons sur leur couche externe. C'est la **règle du « duet »**.

Les autres éléments de numéros atomiques inférieurs à 18 adoptent la structure électronique du néon ou de l'argon. Ils portent donc 8 électrons (un octet) sur leur couche externe. C'est la **règle de l'octet.**

Remarque : en adoptant la structure électronique d'un gaz noble, l'élément chimique ne devient pas gazeux. Il ne devient pas non plus un autre élément. Son noyau reste intact. Seul le nombre d'électrons sur la couche externe est modifié.

Pour obéir à la règle de l'octet, les éléments ont deux possibilités :
– soit leurs atomes perdent ou gagnent des électrons et les éléments sont alors sous la forme d'ions monoatomiques ;
– soit leurs atomes s'associent à d'autres atomes pour former des molécules ou des ions polyatomiques (➡ chapitre 8).

Le choix de l'une ou de l'autre de ces solutions est tributaire du milieu dans lequel se trouve l'atome et de l'élément chimique.

Exemples : l'existence de l'élément Na sous forme d'ion sodium Na^+ nécessite la présence d'une espèce trouvant un intérêt à capter l'électron perdu par Na. C'est le cas du chlore Cl, qui a 7 électrons sur sa couche externe et qui, en captant cet électron, devient l'ion Cl^- et obéit également à la règle de l'octet. On trouve ainsi l'explication de l'existence du chlorure de sodium (ou sel de cuisine).

L'élément carbone, de structure électronique $(K)^2$ $(L)^4$ pourrait former l'ion C^{4+}, pour obéir à la règle du duet, ou C^{4-}, pour obéir à la règle de l'octet. Il est bien rare de rencontrer le carbone sous forme ionique car il est très difficile de gagner ou de perdre 4 électrons. On le trouve donc principalement dans des molécules.

Doc. 12. Un cristal de chlorure de sodium.

2.5. Les ions monoatomiques

L'application des règles de l'octet et du duet pour les éléments chimiques dont le numéro atomique est compris entre 3 et 20 permet de prévoir avec certitude la charge des ions monoatomiques qui peuvent se former.

Ces éléments ne forment qu'un type d'ion. L'ion Na^-, par exemple, n'est pas stable, car la structure électronique de cet ion (s'il existait !), $(K)^2(L)^8(M)^2$, ne serait pas celle d'un gaz noble.

Exemple ➡ **Activité 2 :** Les éléments Li et Be adoptent la structure électronique de l'hélium. Ils suivent la règle du duet en formant les ions Li^+ et Be^{2+}.

Les éléments Na, Mg, F, Cl et O suivent la règle de l'octet en adoptant la structure électronique du néon ou de l'argon. Ils forment donc les ions Na^+, Mg^{2+}, F^-, Cl^- et O^{2-} question 2, p. 87.

L'ESSENTIEL

Ce qu'il faut savoir

Structure électronique

✔ Les électrons se répartissent autour du noyau en différentes **couches électroniques** K, L, M, etc. On peut placer au maximum 2 électrons sur la couche K et 8 sur la couche L. Une couche est dite **saturée** si elle contient son nombre maximal d'électrons.

✔ Pour les éléments de numéro atomique inférieur à 18, on répartit les électrons sur les différentes couches en commençant par la couche K, jusqu'à ce qu'elle soit saturée, puis on remplit la couche L, etc.

✔ Donner la **structure électronique** d'un atome, c'est indiquer le nombre d'électrons sur chaque couche.
Exemple : la structure électronique de l'atome de sodium est $(K)^2 (L)^8 (M)^1$.

✔ La **couche externe** est la dernière couche remplie.

Stabilité des éléments – Règles du « duet » et de l'octet

✔ Les éléments les plus **stables** chimiquement sont les **gaz nobles.**

✔ Les autres éléments cherchent à acquérir la même structure électronique que le gaz noble de numéro atomique le plus proche.

✔ Les éléments de numéro atomique proche de celui de l'hélium cherchent à acquérir 2 électrons sur leur couche externe. C'est la **règle du « duet ».** Les autres éléments cherchent à acquérir 8 électrons sur leur couche externe. C'est la **règle de l'octet.**

Ce qu'il faut savoir faire

✔ Dénombrer les électrons sur la couche externe.

✔ Appliquer les règles du duet et de l'octet pour rendre compte des charges des ions monoatomiques existant dans la nature.

COURS

EXERCICES

EXERCICE RÉSOLU

Appliquer les règles du duet et de l'octet

L'étiquette d'un dentifrice contient les informations suivantes :
« La formule fluorée aide vos dents à se recharger en fluor et en calcium. Ainsi, elle garantit à vos dents une meilleure protection contre les caries, et préserve jour après jour leur capital calcium. Contient un dérivé fluoré : fluorure de sodium, 0,32%. »

1. Déterminer la structure électronique des atomes de sodium et de fluor.

2. Déterminer les ions stables qu'ils peuvent former.

3. En déduire la formule du fluorure de sodium.

4. Le texte fait référence au fluor et au calcium. S'agit-il des atomes, des ions ou des éléments fluor et calcium ?

5. Établir la carte d'identité de l'élément sodium.

Données : Na : $Z = 11$; F : $Z = 9$.

CONSEILS

1. *Déterminer, à partir du numéro atomique, le nombre d'électrons à répartir dans les couches électroniques. Appliquer ensuite la règle de remplissage des différentes couches.*

2. *Les ions monoatomiques se forment en obéissant à la règle du duet ou à celle de l'octet. En se basant sur le nombre d'électrons ou la structure électronique de l'atome, déterminer quel est le gaz noble le plus proche et appliquer la règle adéquate.*

3. *Un composé ionique est globalement neutre. Il y a donc autant de charges positives que de charges négatives.*

5. *Utiliser une encyclopédie et consulter les sites Internet sur les éléments (voir liste de sites page 346). Regrouper toutes les informations trouvées dans un tableau.*

SOLUTION

1. Le numéro atomique du sodium est $Z = 11$. Il possède donc 11 protons. L'atome étant électriquement neutre, il a 11 électrons. De même, l'atome de fluor possède 9 électrons.
La structure électronique de l'atome de sodium est : $(K)^2 (L)^8 (M)^1$.
Celle de l'atome de fluor est : $(K)^2 (L)^7$.

2. Les deux atomes ont une structure proche de celle du néon $(K)^2 (L)^8$. On applique donc la règle de l'octet. L'atome de sodium doit perdre un électron et devient l'ion Na^+. Le fluor doit gagner un électron et devient l'ion fluorure F^-.

3. Pour que le fluorure de sodium soit globalement neutre, il faut qu'il y ait autant d'ions fluorure que d'ions sodium. Sa formule est donc NaF.

4. Il s'agit des éléments fluor et calcium. C'est un terme général qui permet d'englober toutes les formes possibles.

5.

Nom de l'élément : sodium	**Numéro atomique :** $Z = 11$	**Symbole :** Na
Configuration électronique : $(K)^2(L)^8(M)^1$		**Ion stable :** Na^+
Isotopes : ${}^{23}_{11}Na$		**Caractérisation de Na^+ :** Une flamme devient jaune-orange en présence d'ions sodium
Découvert par : Sir Humphry Davy		
Date et lieu de découverte : 1807 en Angleterre		

VÉRIFIEZ VOS CONNAISSANCES

Questions

1 Comment sont placés les électrons d'un atome ?

2 Quelles sont les règles de remplissage des couches électroniques ?

3 Qu'est-ce qu'une structure électronique ?

4 Quels sont les éléments chimiques les plus stables ?

5 Énoncer les règles du duet et de l'octet.

6 Qu'est-ce qu'un ion monoatomique ?

7 Que signifie qu'une entité chimique est stable ?

QCM

8 Les gaz nobles sont les éléments chimiques :

a. les moins stables ;

b. les plus stables ;

c. les plus instables.

9 Les électrons placés dans les couches électroniques :

a. forment un empilement d'électrons ;

b. sont classés en « catégories », en fonction de l'attraction qu'ils subissent.

10 Dans les couches K, L et M, on peut :

a. placer un nombre infini d'électrons ;

b. placer le même nombre d'électrons dans chacune des couches ;

c. placer un nombre maximal d'électrons.

11 Le numéro atomique du sodium est $Z = 11$. La structure électronique de l'ion Na^+ est donc :

a. $(K)^1 (L)^{10}$;

b. $(K)^2 (L)^8 (M)^1$;

c. $(K)^2 (L)^8$.

EXERCICES D'APPLICATION

Structure électronique

12 Donner la composition des atomes représentés ci-dessous, ainsi que leur structure électronique.

$^{4}_{2}He$ $^{9}_{4}Be$ $^{14}_{7}N$ $^{24}_{12}Mg$.

13 Donner la composition des atomes représentés ci-dessous, ainsi que leur structure électronique.

$^{27}_{13}Al$ $^{31}_{15}P$ $^{35}_{17}Cl$ $^{40}_{18}Ar$.

14 Donner la notation et la structure électronique des ions fluorure, oxyde et sulfure.

Données : F : $Z = 9$; O : $Z = 8$; S : $Z = 16$.

15 Un atome d'oxygène est caractérisé par $Z = 8$ et $A = 16$. L'ion oxyde est formé par un atome d'oxygène qui a gagné 2 électrons.

1. Déterminer le nombre total d'électrons que possède cet ion.

2. Donner sa structure électronique.

3. Indiquer le nombre d'électrons présents dans sa couche externe.

16 Un atome de soufre est caractérisé par $Z = 16$ et $A = 32$. L'ion sulfure est formé par un atome de soufre qui a gagné 2 électrons.

1. Déterminer le nombre total d'électrons que possède cet ion.

2. Donner sa structure électronique.

3. Indiquer le nombre d'électrons présents dans sa couche externe.

17 Un atome d'aluminium est caractérisé par $Z = 13$ et $A = 27$. L'ion aluminium est un atome d'aluminium qui a perdu 3 électrons.

1. Déterminer le nombre total d'électrons que possède cet ion.

2. Donner sa structure électronique.

3. Indiquer le nombre d'électrons présents dans sa couche externe.

18 Un atome de magnésium est caractérisé par $Z = 12$ et $A = 24$. L'ion magnésium est formé par un atome de magnésium qui a perdu 2 électrons.

1. Déterminer le nombre total d'électrons que possède cet ion.

2. Donner sa structure électronique.

3. Indiquer le nombre d'électrons présents dans sa couche externe.

Stabilité

19 **1.** Que se passe-t-il lorsqu'on met le dihydrogène en présence d'une flamme ?
2. Quelle est la particularité de l'hélium ?
3. Pourquoi a-t-on remplacé le dihydrogène par de l'hélium dans les ballons dirigeables ?
4. Un atome d'hélium peut-il former un ion ? Justifier la réponse.

20 Le café lyophilisé doit être conservé à l'abri de l'air. Lors du conditionnement du café, on remplit donc les bocaux d'un gaz qui n'est pas de l'air et les bocaux sont fermés par une couche de papier ou d'aluminium.

Si vous aviez le choix entre un gaz formé d'atomes d'oxygène, de fluor ou d'hélium, lequel choisiriez-vous ?

Règles du duet et de l'octet

21 Parmi les entités chimiques suivantes, déterminer celles qui sont stables : F^+ ; F^{2+} : F^- ; F^{2-} ; Al^{3-} ; Al^+ ; Al^{2+} ; Al^{3+}.
Données : F : $Z = 9$; Al : $Z = 13$.

22 Quels sont les ions monoatomiques stables formés par les éléments suivants :
a. le lithium ($Z = 3$) ;
b. le chlore ($Z = 17$) ?

23 Quels sont les ions monoatomiques stables formés par les éléments suivants :
a. le fluor ($Z = 9$) ;
b. l'aluminium ($Z = 13$) ?

24 Quels sont les ions monoatomiques stables formés par les éléments suivants :
a. le magnésium ($Z = 12$) ;
b. le soufre ($Z = 16$) ?

Cartes d'identité

25 En vous inspirant de l'exemple donné dans l'exercice résolu (p. 94), établir la carte d'identité du chlore en plaçant dans un tableau les renseignements suivants : numéro atomique, symbole chimique, isotopes, structure électronique, ion monoatomique stable et son test de caractérisation, étymologie du nom, date, lieu et auteur de sa découverte.

26 En vous inspirant de l'exemple donné dans l'exercice résolu (p. 94), établir la carte d'identité de l'oxygène en plaçant dans un tableau les renseignements suivants : numéro atomique, symbole chimique, isotopes, structure électronique, ion monoatomique stable, date, lieu et auteur de sa découverte.

27 En vous inspirant de l'exemple donné dans l'exercice résolu (p. 94), établir la carte d'identité du néon en plaçant dans un tableau les renseignements suivants : numéro atomique, symbole chimique, isotopes, structure électronique, ion monoatomique stable, date, lieu et auteur de sa découverte.

EXERCICES DE SYNTHÈSE

28 ★ Traitement du coton

Le chlorure de magnésium est utilisé pour traiter les fibres de coton. C'est un composé ionique.
1. Quels sont les deux éléments chimiques présents dans ce produit industriel ?
2. Donner leur structure électronique.
3. En appliquant la règle de l'octet, indiquer quels sont les ions stables qu'ils peuvent former.
4. En déduire la formule de ce composé.
Données : Cl : $Z = 17$; Mg : $Z = 12$.

29 ★ Pierres précieuses

Le saphir et le rubis sont essentiellement constitués d'oxyde d'aluminium, appelé aussi alumine. La couleur bleue ou rouge n'est déterminée que par la présence d'impuretés.
1. Quels sont les éléments chimiques présents dans ces pierres précieuses ?
2. Indiquer leur structure électronique.
3. En appliquant la règle de l'octet, indiquer quels sont les ions stables qu'ils peuvent former.
4. En déduire la formule de l'alumine.
Données : Al : $Z = 13$; O : $Z = 8$.

30 ★ Un catalyseur

Certaines réactions chimiques sont lentes. On peut les accélérer en ajoutant des catalyseurs. Le chlorure d'aluminium en est un.
1. Quels sont les éléments chimiques présents dans ce catalyseur ?
2. Indiquer leur structure électronique.
3. En appliquant la règle de l'octet, indiquer quels sont les ions stables qu'ils peuvent former.
4. En déduire la formule du chlorure d'aluminium.
Données : Al : $Z = 13$; Cl : $Z = 17$.

L'atome d'oxygène n'existe pas isolé à l'état naturel. On le trouve dans des molécules comme l'eau, le dioxygène, les molécules constituant les êtres vivants, etc. Pourquoi et selon quels critères ces molécules se forment-elles ?

8

OBJECTIFS

- Appliquer les règles du duet et de l'octet aux molécules.
- Connaître la notion d'isomérie.
- Comprendre la géométrie des molécules.

LES MOLÉCULES

Pour obéir à la règle du duet ou de l'octet, les éléments forment des ions ou s'associent pour constituer des **molécules.** Il existe des modèles* permettant de **représenter** les molécules, de prévoir leur **constitution** et leur **géométrie.**

Activité documentaire 1

Des molécules diatomiques simples

Nous allons étudier quelques molécules diatomiques simples, afin de comprendre pourquoi les atomes s'associent pour former des molécules.

Document 1

La molécule de dihydrogène

Comme son nom l'indique (*di* = deux), la molécule de dihydrogène est constituée de deux atomes d'hydrogène H ($Z = 1$) associés.

Le dihydrogène est un gaz incolore et inodore plus léger que l'air.

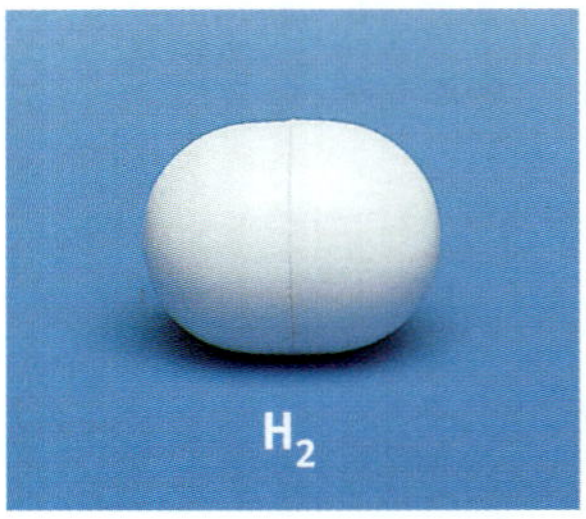

Doc. 1. Le modèle moléculaire du dihydrogène et sa formule. ▶

Questions

1. Quelle est la structure électronique de l'atome d'hydrogène isolé ?
2. Combien d'électrons possède-t-il sur sa couche externe ?
3. En supposant que chacun des atomes de la molécule s'approprie l'électron de son associé, combien d'électrons possède-t-il alors ?
4. Ce faisant, cet atome de la molécule obéit-il à une règle de stabilité déjà énoncée dans le chapitre précédent ? Laquelle ?

Document 2

La molécule de fluorure d'hydrogène

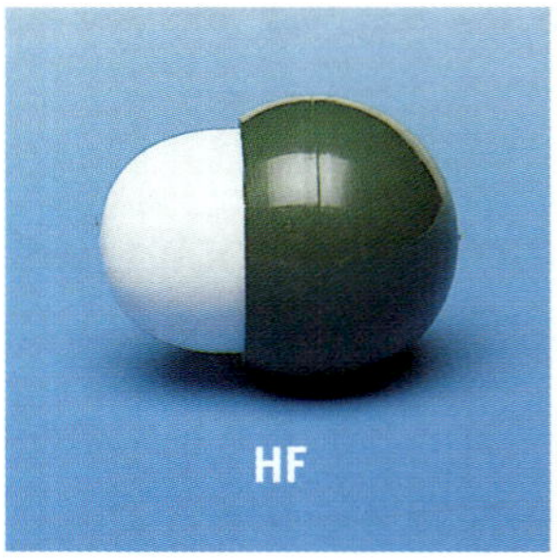

Doc. 2. Le modèle moléculaire du fluorure d'hydrogène et sa formule. ▶

La molécule de fluorure d'hydrogène est constituée d'un atome d'hydrogène ($Z = 1$), associé à un atome de fluor ($Z = 9$).

Le fluorure d'hydrogène est un gaz extrêmement corrosif. Il est utilisé en solution aqueuse pour graver et dépolir le verre.

Doc. 3. Ces pièces de verre décoratives ont été gravées par du fluorure d'hydrogène. ▶

Le tableau ci-dessous résume l'intérêt de chaque atome à s'associer dans la molécule. Chacun des atomes, ainsi que ses électrons, est représenté par une couleur différente.

Molécule	HF	
Atomes	Hydrogène H ($Z = 1$)	Fluor F ($Z = 9$)
Nombre d'électrons de la couche externe de l'atome isolé	1	7
Nombre d'électrons à chercher dans l'association	1	1
Nombre d'électrons à mettre dans l'association	1	1
Nombre total d'électrons disponibles pour l'atome	1 + 1	7 + 1

Questions

5. Quel est le nombre d'électrons sur les couches externes des atomes isolés d'hydrogène et de fluor ?
6. Combien d'électrons manque-t-il à l'hydrogène pour obéir à la règle du duet ?
7. Combien d'électrons manque-t-il au fluor pour obéir à la règle de l'octet ?
8. En utilisant les données du tableau et ce que vous avez appris dans le document 1 sur la formation des molécules, expliquez pourquoi l'hydrogène et le fluor s'associent dans la molécule de fluorure d'hydrogène.

Document 3

La molécule de chlorure d'hydrogène

La molécule de chlorure d'hydrogène est constituée d'un atome d'hydrogène ($Z = 1$) et d'un atome de chlore ($Z = 17$).

Doc. 4. Le modèle moléculaire du chlorure d'hydrogène et sa formule. ▶

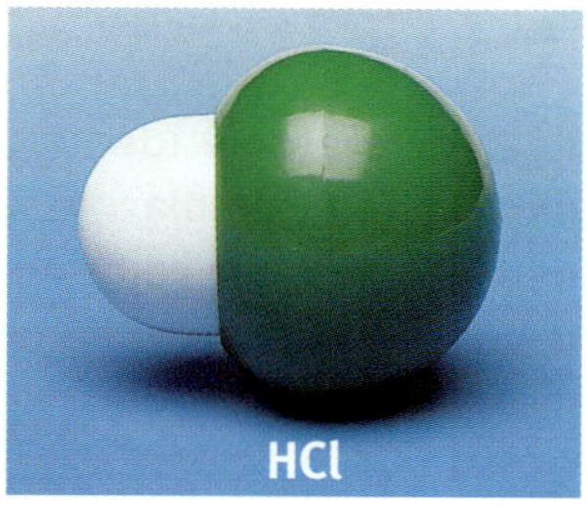

Le chlorure d'hydrogène est un gaz à l'odeur piquante, qui sert à la préparation de l'acide chlorhydrique.

Questions

9. Construisez pour la molécule de chlorure d'hydrogène un tableau identique à celui établi pour le fluorure d'hydrogène dans le document 2.

10. Quel point commun y a-t-il entre le fluor et le chlore ?

11. Quel point commun y a-t-il entre le fluorure d'hydrogène et le chlorure d'hydrogène ?

Activité documentaire 2

Une molécule triatomique

L'activité précédente a montré que les molécules H_2, HF et HCl pouvaient s'interpréter par la mise en commun d'un électron par chaque atome de la molécule, de manière à ce que la règle du duet ou celle de l'octet soit respectée. Nous allons poursuivre notre étude des molécules en envisageant maintenant une molécule triatomique : H_2O.

Doc. 5. Le modèle moléculaire de la molécule d'eau.

Document

La molécule d'eau

L'eau est constituée de molécules de formule chimique H_2O. La molécule d'eau est constituée d'un atome d'oxygène et de deux atomes d'hydrogène.

Le tableau ci-dessous montre la répartition des électrons mis en commun dans la molécule. Les trois atomes, ainsi que leurs électrons, sont représentés par des couleurs différentes.

Questions

1. Quel est l'atome qui apporte les électrons nécessaires aux atomes d'hydrogène ?

2. Combien d'électron(s) apporte un atome d'hydrogène à l'atome d'oxygène ?

3. La règle de stabilité est-elle vérifiée pour chaque atome ?

4. Pourquoi faut-il deux atomes d'hydrogène pour un atome d'oxygène ?

Molécule	H_2O		
Atomes	Hydrogène H ($Z = 1$)	Hydrogène H ($Z = 1$)	Oxygène O ($Z = 8$)
Nombre d'électrons de la couche externe de l'atome isolé	1	1	6
Nombre d'électrons à chercher dans l'association	1	1	1 + 1
Nombre d'électrons à mettre dans l'association	1	1	2
Nombre total d'électrons disponibles pour l'atome	1 + 1	1 + 1	6 + 1 + 1

ACTIVITÉS

Activité documentaire 3

Liaisons covalentes

*Grâce aux activités 1 et 2, vous avez compris les règles d'association des atomes pour former les molécules. Nous allons maintenant introduire la notion de **liaison covalente**.*

Document

L'azote et le dioxygène

L'air est constitué majoritairement de deux gaz : le diazote N_2 et le dioxygène O_2.

Le tableau ci-dessous résume l'intérêt de chaque atome d'oxygène ou d'azote à s'associer avec un deuxième atome identique dans les molécules de dioxygène et de diazote. Pour chaque molécule, les deux atomes, ainsi que leurs électrons, sont représentés par une couleur différente.

Questions

1. Dans la molécule de dioxygène, quel est le nombre d'électrons mis en commun par chaque atome ? Quel est le nombre total d'électrons dans l'association ?
2. Mêmes questions pour la molécule de diazote.
3. On appelle liaison covalente la mise en commun de deux électrons (un par atome). Combien de liaisons covalentes y a-t-il dans les molécules O_2 et N_2 ?

Molécule	O_2		N_2	
Atomes	Oxygène O ($Z = 8$)	Oxygène O ($Z = 8$)	Azote N ($Z = 7$)	Azote N ($Z = 7$)
Nombre d'électrons de la couche externe de l'atome isolé	6	6	5	5
Nombre d'électrons à chercher dans l'association	2	2	3	3
Nombre d'électrons à engager dans l'association	2	2	3	3
Nombre total d'électrons disponibles pour l'atome	6 + 2	6 + 2	5 + 3	5 + 3

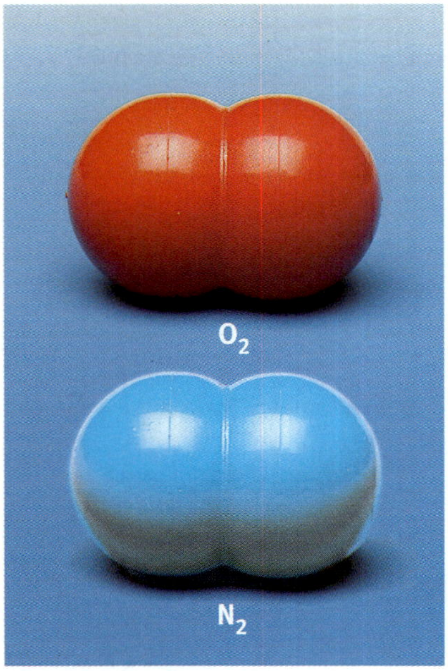

Doc. 6. Les modèles moléculaires du dioxygène et du diazote.

Doc. 7. Une bouteille de dioxygène comprimé.

Doc. 8. À très basse température, le diazote est liquide et peut être utilisé pour conserver des cellules animales par congélation.

Activité documentaire 4

La géométrie des molécules

S'il est important de comprendre comment et selon quels critères les molécules se forment, il est aussi intéressant de connaître comment les atomes se positionnent les uns par rapport aux autres dans l'espace. Pour cela, les ***modèles moléculaires*** *sont des outils utiles pour le chimiste.*

Document

Observation de modèles moléculaires

Les chimistes disposent de techniques d'analyse qui leur permettent de connaître la structure spatiale de molécules, c'est-à-dire la façon dont les atomes constituant la molécule se répartissent dans l'espace.

Pour se représenter les molécules, ils utilisent aussi des modèles moléculaires. Les atomes y sont matérialisés par des boules de couleur.

À chaque élément chimique courant correspond une couleur :
- blanc pour l'hydrogène ;
- noir pour le carbone ;
- rouge pour l'oxygène ;
- bleu pour l'azote ;
- vert pour le chlore.

Le doc. 9 ci-dessous présente quelques modèles moléculaires.

Questions

1. Retrouvez la formule des différentes molécules représentées sur le doc. 9.

2. Quand c'est possible, indiquez la forme géométrique de ces molécules. Vous pouvez choisir parmi les adjectifs suivants : linéaire (tous les atomes sont alignés), plane (tous les atomes sont dans le même plan), pyramidale (la molécule a la forme d'une pyramide).

ACTIVITÉS

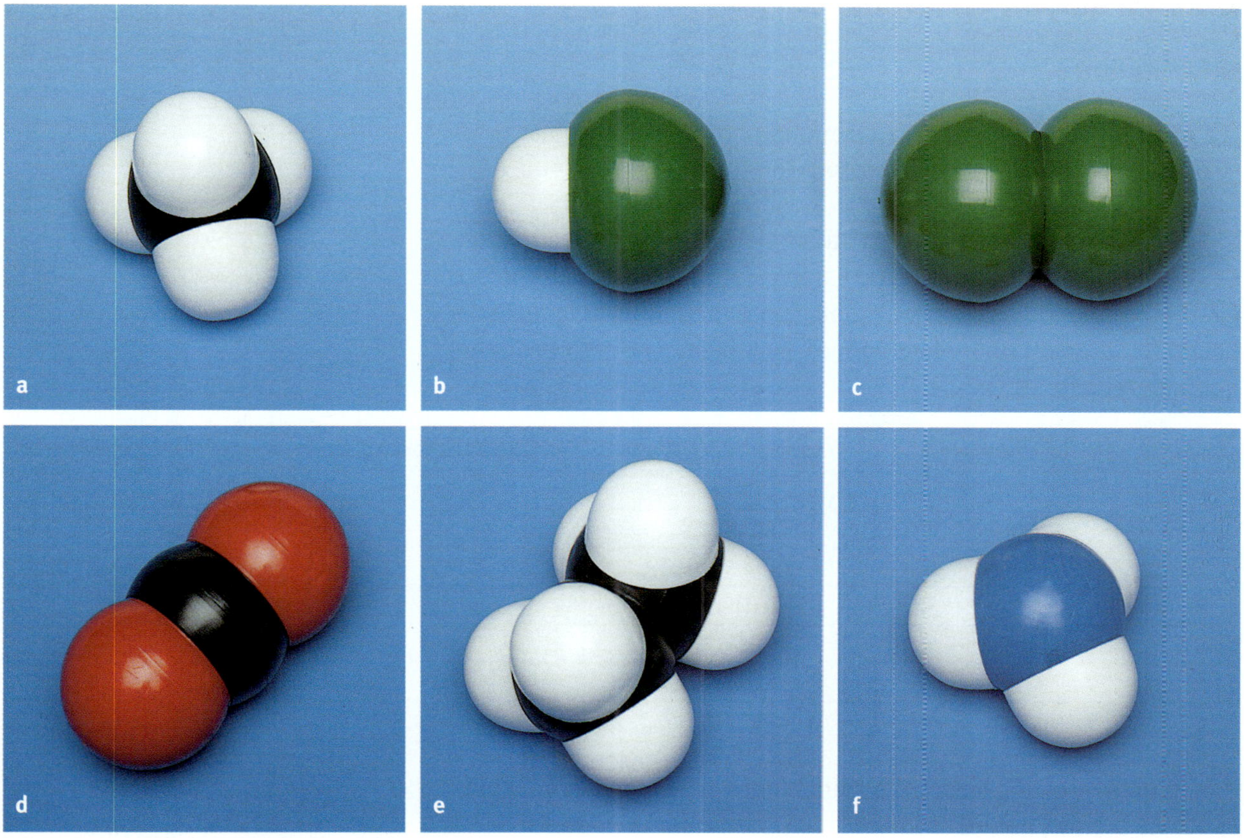

Doc. 9. Les modèles moléculaires de quelques molécules.

1. Modèle de Lewis de la liaison covalente

1.1. Les molécules

Une **molécule** est une association d'atomes électriquement neutre.

Dans une **molécule,** les atomes mettent en commun des électrons de leur couche externe. Chacun d'eux s'entoure ainsi des électrons requis pour respecter la règle de l'octet (ou du duet pour l'hydrogène).

Dans la molécule, les atomes sont **plus stables** que s'ils étaient isolés.

Exemple ➡ **Activité 1 :** dans la molécule de fluorure d'hydrogène, l'atome d'hydrogène se retrouve avec 2 électrons sur sa couche externe et l'atome de fluor avec 8. Les deux atomes satisfont ainsi aux règles du duet et de l'octet question 8, p. 98.

Doc. 10. Gilbert Lewis (1875-1946) a proposé en 1916 la théorie de la liaison covalente et la règle de l'octet.

1.2. La liaison covalente

Définition

La mise en commun de deux électrons par deux atomes est une **liaison covalente.** On dit que les deux atomes sont **liés.**

Chaque liaison formée permet à l'atome de gagner un électron sur sa couche externe. Le nombre de liaisons formées par un atome est égal au nombre d'électrons qu'il doit gagner pour obéir à la règle de l'octet (ou du duet pour l'hydrogène). Le tableau ci-dessous donne quelques exemples.

Atome	Structure électronique	Gaz noble le plus proche	Nombre d'électrons à gagner	Nombre de liaisons covalentes
H	$(K)^1$	He $(K)^2$	1	1
F	$(K)^2(L)^7$	Ne $(K)^2(L)^8$	1	1
Cl	$(K)^2(L)^8(M)^7$	Ar $(K)^2(L)^8(M)^8$	1	1
O	$(K)^2(L)^6$	Ne $(K)^2(L)^8$	2	2
S	$(K)^2(L)^8(M)^6$	Ar $(K)^2(L)^8(M)^8$	2	2
N	$(K)^2(L)^5$	Ne $(K)^2(L)^8$	3	3
C	$(K)^2(L)^4$	Ne $(K)^2(L)^8$	4	4

Pour représenter une liaison covalente entre deux atomes, on représente les atomes par leur symbole et on les lie par un tiret.

Exemple ➡ La molécule de dihydrogène est représentée par : H—H.

Liaisons covalentes multiples

Une **liaison covalente multiple** est constituée de deux ou trois liaisons covalentes entre deux atomes.

Lorsque deux atomes sont liés par deux liaisons covalentes, on parle de **liaison double.** Lorsqu'ils sont liés par trois liaisons covalentes, on parle de **liaison triple.**

Exemple ➡ Activité 3 : dans la molécule de dioxygène O_2, le nombre d'électrons mis en commun par chaque atome est 2. Il y a au total 4 électrons impliqués dans l'association question 1, p. 100. Il y a donc deux liaisons covalentes entre les atomes d'oxygène question 3, p. 100, soit une liaison double.
Dans la molécule de diazote N_2, il y a au total 6 électrons dans l'association, soit 3 liaisons covalentes ou une liaison triple questions 2 et 3, p. 100.

$O=O$

$N\equiv N$

Doc. 11. La représentation des liaisons multiples dans les molécules O_2 et N_2.

1.3. Formules

Chaque molécule peut être représentée par une **formule brute** qui traduit sa composition. Dans la **formule brute,** chaque élément chimique présent est représenté par son symbole. On indique en indice le nombre d'atomes de chaque élément dans la molécule. L'absence d'indice équivaut à 1.

L'enchaînement des atomes peut aussi être représenté par une **formule développée** ou **semi-développée.**

Dans une **formule développée,** toutes les liaisons covalentes apparaissent. Dans **une formule semi-développée,** les liaisons concernant les atomes d'hydrogène ne sont pas représentées.

Formule brute :

C_4H_{10}

Formule développée :

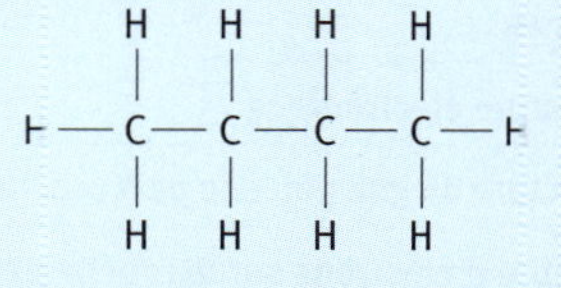

Formule semi-developpée :

$CH_3 — CH_2 — CH_2 — CH_3$

Doc. 12. Les formules du butane. Le butane est le gaz utilisé dans les bouteilles pour les cuisinières et les camping-gaz.

1.4. La représentation de Lewis d'une molécule

Un **doublet liant** est constitué de deux électrons mis en commun dans une liaison covalente. Un **doublet non liant** est formé de deux électrons de la couche externe d'un atome qui ne sont pas engagés dans une liaison covalente.

Les électrons d'un doublet non liant restent solidaires de l'atome.

Dans la **représentation de Lewis d'une molécule,** les noyaux et les couches internes des atomes sont représentés par les symboles des éléments chimiques correspondants. Les électrons des couches externes sont associés en doublets et placés autour des atomes, de façon à respecter les règles du duet et de l'octet.

Exemple ➡ Activité 2 : dans la molécule d'eau, l'oxygène engage deux électrons de sa couche externe dans des liaisons, un avec chaque atome d'hydrogène. Il lui reste 4 électrons, non engagés dans une liaison, sur sa couche externe. Il s'associent en deux doublets non liants.

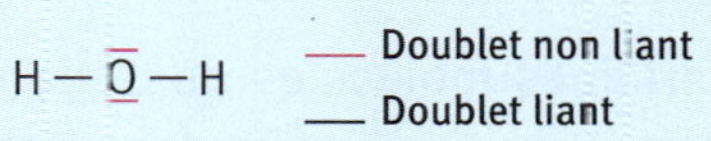

Doc. 13. La représentation de Lewis de la molécule d'eau.

COURS

Pour déterminer la représentation de Lewis d'une molécule, on peut regrouper les renseignements suivants dans un tableau :

– nom et formule brute de la molécule ;

– structure électronique de chaque atome ;

– nombre d'électrons n_e de la couche externe de chaque atome ;

– nombre de liaisons covalentes n_l formées par chaque atome pour obéir à la règle de l'octet ;

– nombre de doublets non liants n_{nl} portés par chaque atome.

Exemple ➡ Dans la molécule de chlorure d'hydrogène HCl, l'atome d'hydrogène et l'atome de chlore ont besoin chacun d'un électron pour obéir respectivement à la règle du duet et à celle de l'octet. Dans la molécule, il n'y a donc qu'une seule liaison covalente.
L'atome de chlore engage un électron dans la liaison covalente. Les 6 autres électrons de la couche externe forment trois doublets non liants.
L'atome d'hydrogène engage son unique électron dans la liaison ; il ne porte donc pas de doublet non liant.

Molécule	Nom : chlorure d'hydrogène Formule : HCl	
Atomes	H	Cl
Structure électronique	$(K)^1$	$(K)^2(L)^8(M)^7$
Structure du gaz noble le plus proche	$(K)^2$	$(K)^2(L)^8(M)^8$
Nombre d'électrons sur la couche externe n_e	1	7
Nombre de liaisons covalentes n_l	1	1
Nombre de doublets non liants n_{nl}	0	3

La représentation de Lewis de la molécule de chlorure d'hydrogène est donc :

$$H - \overline{\underline{Cl}}|$$

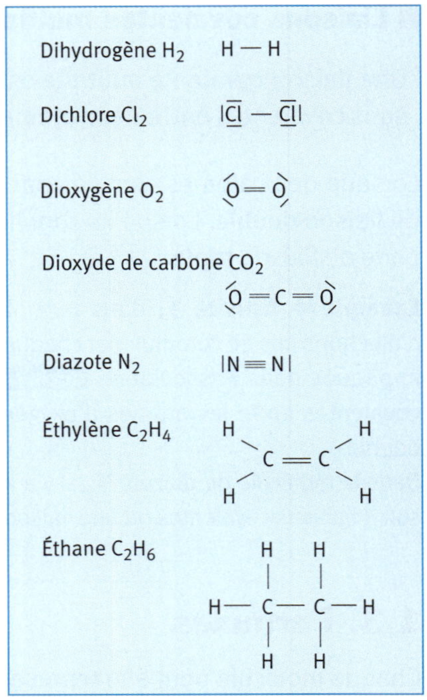

Doc. 14. La représentation de Lewis de quelques molécules.

2. Notion d'isomérie

Lorsqu'on écrit les formules développées ou semi-développées de la plupart des molécules, on s'aperçoit que, tout en respectant la règle du duet ou de l'octet pour les atomes, il existe plusieurs enchaînements possibles.

Deux molécules sont des **isomères de constitution** si elles ont une même formule brute, mais des enchaînements d'atomes différents.

Les isomères de constitution portent des noms différents. Ils ont des propriétés physiques et chimiques différentes.

Certaines molécules possèdent de nombreux isomères. Écrire la formule brute ne suffit donc pas. Dans la plupart des cas, la formule développée ou semi-développée est nécessaire pour identifier la molécule.

Exemple ➡ Dans le gaz naturel, on trouve en faible proportion deux isomères de constitution de formule brute C_4H_{10}.

$CH_3 — CH_2 — CH_2 — CH_3$

Butane

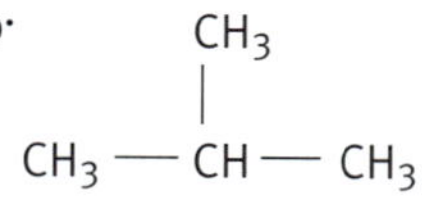

Méthylpropane

Ces deux isomères ont des températures d'ébullition* et de fusion* différentes.

Exemple ➡ Isomères de constitution de formule brute C_2H_6O :

$CH_3 — CH_2 — OH$

Éthanol (doc. 15)

$CH_3 — O — CH_3$

Diméthyloxyde

Exemple ➡ Isomères de constitution de formule C_4H_8 :

$CH_2 = CH — CH_2 — CH_3$

But-1-ène

$CH_3 — CH = CH — CH_3$

But-2-ène

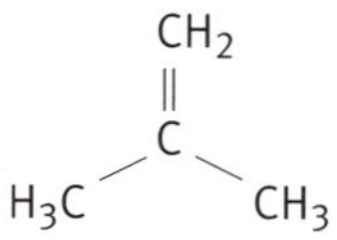

Méthylpropène

Doc. 15. L'éthanol est l'alcool des solutions désinfectantes, mais aussi des boissons. Le diméthyloxyde a des propriétés bien différentes.

3. La géométrie des molécules

3.1. Modèles moléculaires

La répartition dans l'espace des atomes d'une molécule peut être connue et matérialisée au moyen de modèles moléculaires. Les modèles moléculaires permettent de construire des images en trois dimensions des molécules, en respectant la position réelle des atomes dans l'espace.

On dispose de deux types de modèles moléculaires :

– les **modèles moléculaires éclatés,** dans lesquels les liaisons covalentes sont matérialisées par des tiges et les atomes par des boules colorées. Les proportions ne sont pas respectées : les distances entre les noyaux sont trop grandes par rapport aux rayons atomiques ;

– les **modèles moléculaires compacts,** qui sont une représentation plus conforme à la réalité. Les atomes sont matérialisés par des sphères, les liaisons covalentes n'apparaissent pas.

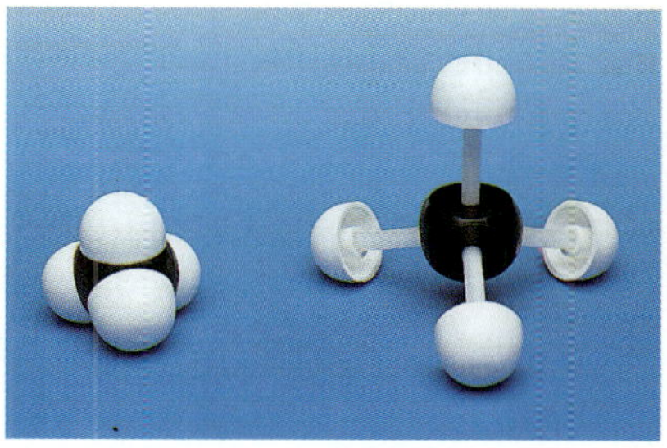

Doc. 16. Le modèle compact (à gauche) et le modèle éclaté (à droite) du méthane. Le méthane est le gaz naturel (ou gaz de ville).

3.2. Représentation de Cram

Pour rendre compte sur une feuille de la géométrie dans l'espace des molécules, les chimistes utilisent la **représentation de Cram** (doc. 17). La molécule est placée de façon à ce que le maximum d'atomes et de liaisons soient placés dans le même plan. Les doublets non liants ne sont pas représentés.

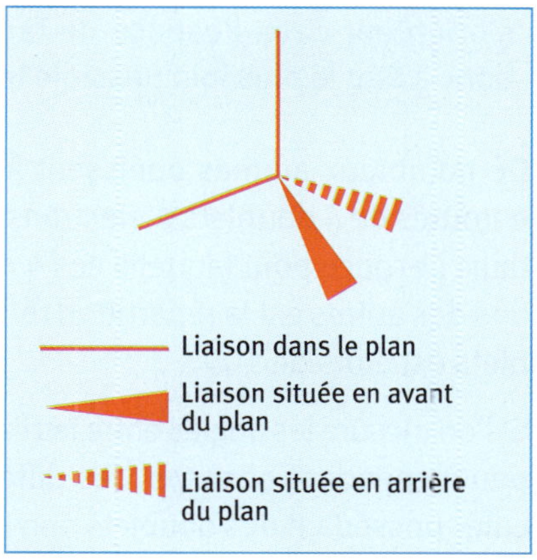

Doc. 17. La représentation de Cram des liaisons autour d'un atome central.

Le tableau ci-dessous présente la géométrie de quelques molécules simples grâce à la représentation de Cram.

Molécule	Représentation de Lewis	Représentation de Cram	Géométrie
CH_4 Méthane	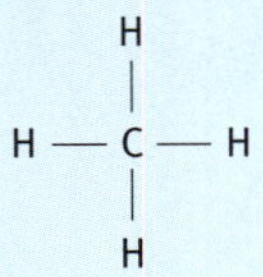	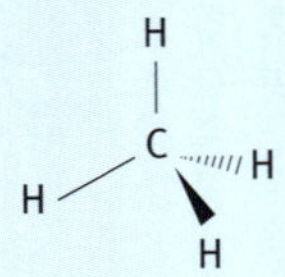	**Tétraédrique** L'atome de carbone est au centre d'un **tétraèdre.** Les atomes d'hydrogène sont aux sommets du tétraèdre.
NH_3 Ammoniac	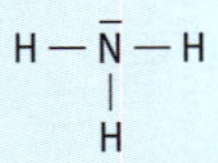	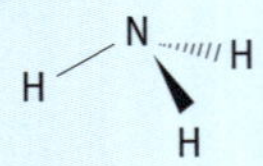	**Pyramidale** L'atome d'azote est au sommet d'une **pyramide.** Les atomes d'hydrogène sont aux sommets de la base.
H_2O Eau	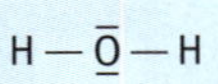	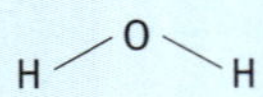	**Plane** Les trois atomes sont dans le même plan. La molécule a une forme coudée.

VOCABULAIRE

Le tétraèdre est un volume à 4 faces. On dit qu'une molécule est tétraédrique lorsqu'on trouve 1 atome au centre du tétraèdre et 4 atomes à ses sommets. On dit qu'une molécule est pyramidale lorsqu'il n'y a pas d'atome au centre.

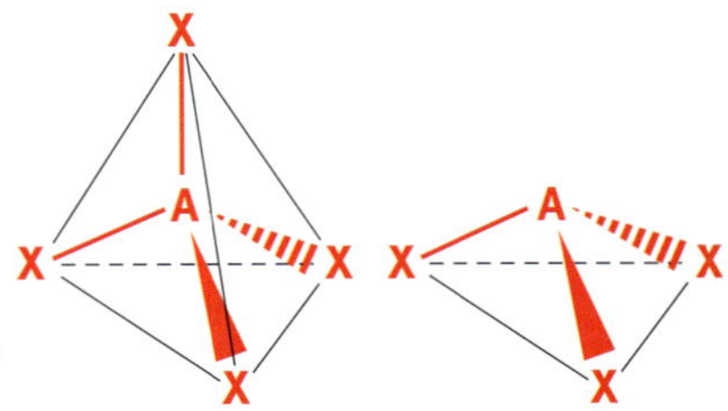

Doc. 18. Des molécules tétraédrique (à gauche) et pyramidale (à droite).

3.3. Le modèle de Gillespie

La représentation de Lewis ne donne pas d'indication sur la géométrie de la molécule. L'explication de cette géométrie est donnée par le **modèle de Gillespie.** Ce modèle est fondé sur les propriétés des charges électriques.

Des charges de signes contraires s'attirent. Des charges de même signe se repoussent. Les **forces d'attraction** ou de **répulsion** sont d'autant plus faibles que les charges s'éloignent.

Dans les molécules, les liaisons covalentes sont constituées d'électrons qui sont tous chargés négativement. Les doublets d'électrons, qu'ils soient liants ou non liants, exercent les uns sur les autres des forces de répulsion.

Dans le **modèle de Gillespie,** les doublets liants et non liants s'orientent dans l'espace de façon à minimiser les répulsions, donc à être le plus loin possible les uns des autres.

De nombreux atomes obéissent à la règle de l'octet; ils sont donc entourés de 4 doublets d'électrons dans les molécules. La répartition dans l'espace pour laquelle ces 4 doublets sont les plus éloignés les uns des autres est la répartition tétraédrique. L'angle entre deux doublets est alors de 109°.

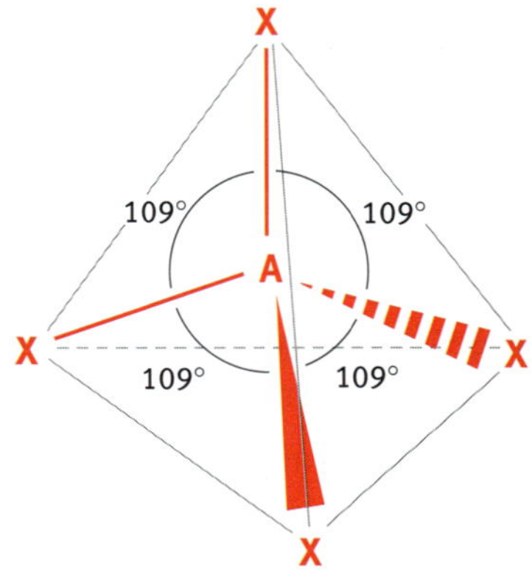

Doc. 19. Les angles entre les liaisons dans une molécule tétraédrique.

Si l'on mesure les angles entre les liaisons de différentes molécules, on peut cependant observer des différences sensibles. Dans les molécules possédant des doublets non liants, les angles entre les doublets liants diminuent légèrement (voir tableau ci-après). Les doublets non liants, en effet, sont légèrement plus répulsifs que les doublets liants.

Géométrie	Molécule	Angle	Doublets liants	Doublets non liants
tétraédrique	CH_4	$\widehat{HCH} = 109°$	4	0
pyramidale	NH_3	$\widehat{HNH} = 107°$	3	1
forme coudée	H_2O	$\widehat{HOH} = 105°$	2	2

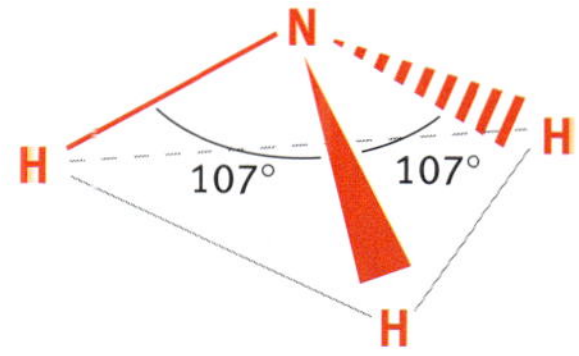

Doc. 20. Les angles entre les liaisons dans la molécule NH_3.

L'ESSENTIEL

Ce qu'il faut savoir

Comment et selon quels critères les molécules se forment

✔ Une **molécule** est un ensemble d'atomes liés par des liaisons covalentes. Pour former une **liaison covalente,** deux atomes mettent en commun deux électrons de leurs couches externes. Les deux électrons mis en commun forment un **doublet liant.**

✔ Le nombre de liaisons covalentes formées par un atome est égal au nombre d'électrons à acquérir pour obéir aux règles de stabilité du duet ou de l'octet. Les atomes d'une molécule sont plus stables que s'ils étaient isolés.

✔ Les électrons de la couche externe non engagés dans des liaisons covalentes forment des **doublets non liants.** Dans la **représentation de Lewis** de la molécule, on utilise la **fomule développée** et on représente les doublets liants et non liants par des tirets.
Exemple : représentation de Lewis de la molécule de chlorure d'hydrogène : $H - \overline{\underline{Cl}}|$

Les isomères

✔ Les **isomères** sont des molécules ayant une même formule brute, mais des enchaînements d'atomes différents. Des isomères ont des noms et des propriétés physiques et chimiques différents.

La géométrie des molécules

✔ La géométrie des molécules est due à la **répulsion entre les doublets d'électrons.** Les doublets se repoussent au maximum en se répartissant dans l'espace.

✔ La **représentation de Cram** d'une molécule permet de rendre compte de sa géométrie.
Exemple : représentation de Cram de la molécule de méthane (CH_4) :

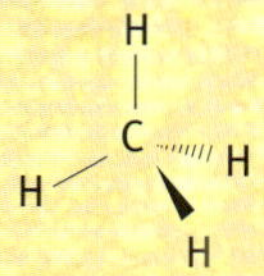

Ce qu'il faut savoir faire

✔ Déterminer la représentation de Lewis d'une molécule connaissant sa formule brute.

✔ Trouver les isomères correspondant à une formule brute et les représenter par leur formule développée ou semi-développée.

✔ Déterminer la géométrie de molécules simples et les représenter dans l'espace à l'aide de la représentation de Cram.

COURS

EXERCICES

EXERCICE RÉSOLU

Rechercher des isomères et les représenter

Le butanol est obtenu par fermentation des glucides. Sa formule brute est $C_4H_{10}O$.

1. Déterminer pour chaque atome le nombre de liaisons qu'il peut former et le nombre de doublets non liants qu'il porte.

2. Écrire les formules de Lewis développées des isomères de constitution.

3. Écrire les formules semi-développées.

Données : carbone : $Z = 6$; hydrogène : $Z = 1$; oxygène : $Z = 8$.

CONSEILS

1. *Le nombre de liaisons n_l est égal au nombre d'électrons nécessaires pour appliquer la règle de l'octet. Le nombre de doublets non liants n_{nl} est égal à la moitié de la différence entre le nombre d'électrons externes n_e et le nombre de liaisons : $n_{nl} = (n_e - n_l)/2$.*

2. *Les atomes d'hydrogène ne peuvent former qu'une seule liaison. Ils sont donc nécessairement reliés à un atome de carbone ou à un atome d'oxygène. Il y a 4 liaisons autour de chaque atome de carbone et 2 autour des atomes d'oxygène.*

Relier les 4 atomes de carbone et placer l'atome d'oxygène et les atomes d'hydrogène. Pour trouver tous les isomères, déplacer l'oxygène sur et dans la chaîne formée par les atomes de carbone.

Relier 3 atomes de carbone et greffer le dernier carbone sur cette chaîne, puis faire de même que précédemment.

Attention aux molécules qui semblent isomères. Deux isomères ne sont pas superposables.

Par exemple, cette molécule n'est pas un isomère supplémentaire :

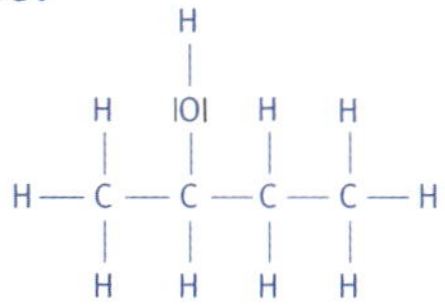

Elle est identique à l'isomère D. Il suffit de la faire pivoter de 180° pour s'en rendre compte.

SOLUTION

1.

Butanol	$C_4H_{10}O$		
Élément	C	O	H
Structure électronique	$(K)^2(L)^4$	$(K)^2(L)^6$	$(K)^1$
Nombre d'électrons externes	4	6	1
Nombre de liaisons	4	2	1
Nombre de doublets non liants	0	2	0

2. Les différents isomères sont :

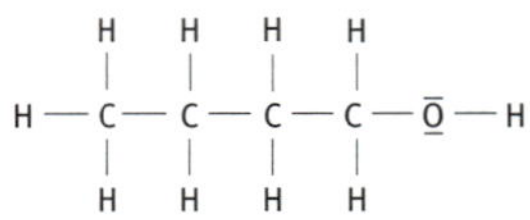

Isomère A

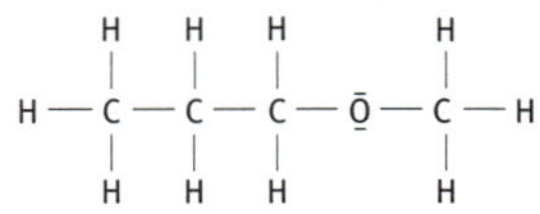

Isomère B

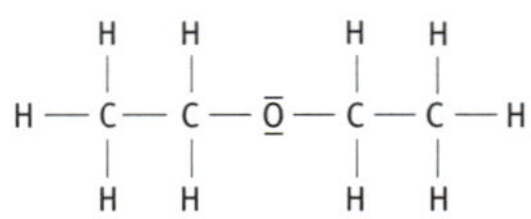

Isomère C

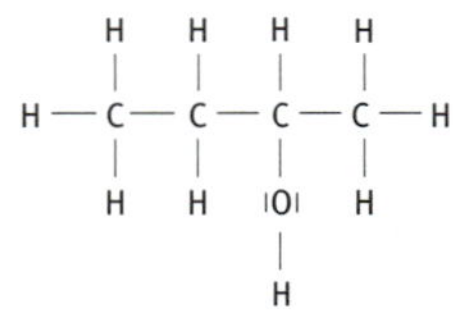

Isomère D

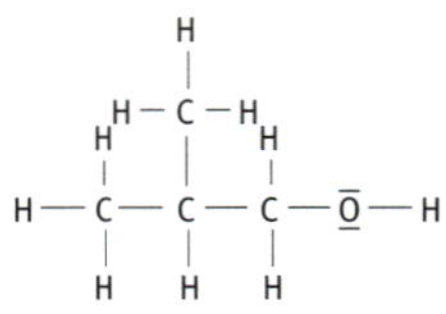

Isomère E

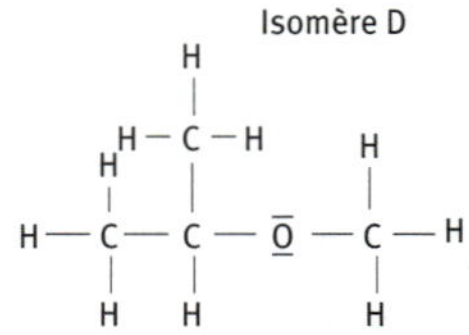

Isomère F

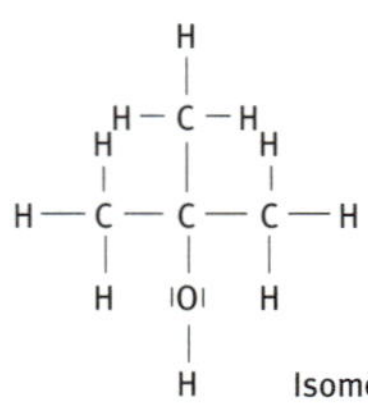

Isomère G

3. Les formules semi-développées des isomères C et D sont :

$CH_3 - CH_2 - O - CH_2 - CH_3$

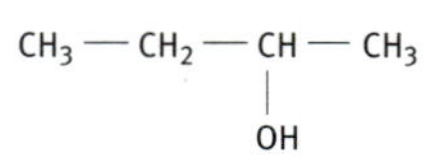

VÉRIFIEZ VOS CONNAISSANCES

Questions

1 Pourquoi les molécules se forment-elles ?

2 Qu'est-ce qu'une liaison covalente ?

3 Qu'est-ce qu'un doublet liant ?

4 Qu'est-ce qu'un doublet non liant ?

5 Quand dit-on que deux molécules sont isomères de constitution ?

6 Quelle est la différence entre une formule brute, une formule semi-développée et une formule développée ?

7 Quel est le phénomène physique qui détermine la géométrie des molécules ?

QCM

8 La liaison covalente est un doublet d'électrons provenant :

a. de la couche externe d'un atome ;

b. de la couche interne d'un atome ;

c. des couches externes de deux atomes ;

d. des couches internes de deux atomes.

9 Une liaison covalente lie :

a. deux atomes ;

b. plusieurs atomes ;

c. deux ions.

10 Les isomères ont :

a. une formule de Lewis identique ;

b. une formule brute identique ;

c. des propriétés physiques et chimiques identiques.

11 La géométrie des molécules :

a. est donnée par la représentation de Lewis ;

b. est donnée par la formule développée ;

c. est donnée par la représentation de Cram.

EXERCICES D'APPLICATION

Représentations de Lewis

12 L'eau oxygénée utilisée comme désinfectant est constituée de molécules de formule brute H_2O_2.

1. On souhaite déterminer la représentation de Lewis de la molécule d'eau oxygénée. Recopier et compléter le tableau suivant.

Molécule :	Formule brute :	
Élément		
Structure électronique		
Nombre d'électrons externes		
Nombre de liaisons		
Nombre de doublets non liants		

2. Donner la représentation de Lewis de la molécule d'eau oxygénée.

Données : H : $Z = 1$; O : $Z = 8$.

13 Le propène est une molécule de formule brute C_3H_6. En vous aidant d'un tableau identique à celui de l'exercice 12, déterminer la représentation de Lewis de cette molécule.

Données : carbone $Z = 6$; hydrogène $Z = 1$.

14 L'acétylène est un gaz utilisé dans les postes à souder. Sa formule brute est C_2H_2.

1. En vous aidant d'un tableau identique à celui de l'exercice 12, déterminer la représentation de Lewis de cette molécule.

2. Écrire sa formule semi-développée.

Données : carbone : $Z = 6$; hydrogène : $Z = 1$.

Théorie de Gillespie et représentation de Cram

15 Le tétrachlorométhane est un solvant. Sa molécule est composée d'un atome de carbone et d'atomes de chlore.

1. Donner la représentation de Lewis de cette molécule.

2. Indiquer quelle est sa forme géométrique.

3. Donner sa représentation de Cram.

Données : C : $Z = 6$; Cl : $Z = 17$.

16 Le sulfure d'hydrogène est un gaz d'odeur nauséabonde, de formule H_2S.

1. Donner la représentation de Lewis de cette molécule.

2. Donner sa représentation de Cram.

3. Indiquer sa forme géométrique.

Données : S : $Z = 16$; H : $Z = 1$.

17 Le silicium des microprocesseurs est synthétisé à l'aide de trichlorosilane $SiHCl_3$.
1. En vous aidant d'un tableau identique à celui de l'exercice 12, déterminer la représentation de Lewis de cette molécule.
2. Donner sa représentation de Cram.
3. Donner sa structure géométrique.
Données : Si : $Z = 14$; Cl : $Z = 17$; H : $Z = 1$.

18 Le trichlorure de phosphore PCl_3 est utilisé en chimie comme agent de chloration.
1. Donner la représentation de Lewis de cette molécule.
2. Déterminer sa structure géométrique.
3. Donner sa représentation de Cram.
Données : P : $Z = 15$; Cl : $Z = 17$.

Isomérie

19 Trouver les deux isomères correspondant à la formule brute C_2H_6O. Écrire les formules développées et semi-développées.
Données : C : $Z = 6$; O : $Z = 8$; H : $Z = 1$.

20 Trouver tous les isomères correspondant à la formule C_5H_{12}. Écrire les formules développées et semi-développées de ces isomères.
Données : C : $Z = 6$; H : $Z = 1$.

21 Trouver tous les isomères correspondant à la formule C_3H_6O. Écrire les formules développées et semi-développées de ces isomères.
Données : C : $Z = 6$; H : $Z = 1$.

22 L'éthanal est une espèce chimique d'odeur fruitée, de formule brute C_2H_4O. Dans sa molécule, on trouve une double liaison entre un des atomes de carbone et l'atome d'oxygène.
1. Donner la représentation de Lewis de cette molécule.
2. Trouver un isomère.
Données : C : $Z = 6$; O : $Z = 8$; H : $Z = 1$.

EXERCICES DE SYNTHÈSE

23 ★ Isomères du butanal

Donner les molécules isomères correspondant à la formule brute C_4H_8O.
Données : C : $Z = 6$; O : $Z = 8$; H : $Z = 1$.

24 ★ L'éthanol

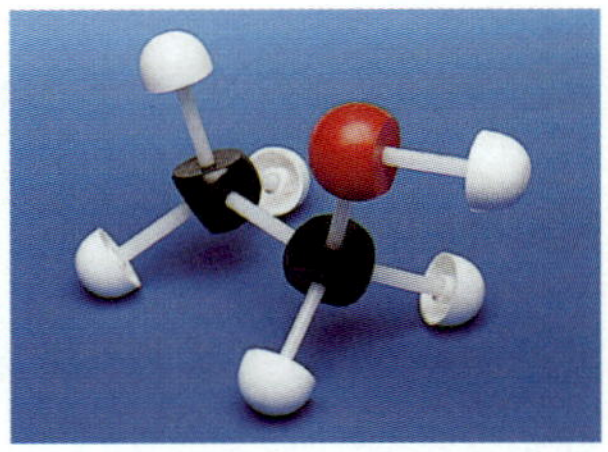

Les boissons alcoolisées contiennent de l'éthanol.
1. D'après le modèle éclaté de cette molécule (photo ci-contre), déterminer sa formule brute.
2. Donner sa représentation de Lewis.
3. Écrire sa formule semi-développée.

25 ★ Le tétraéthylplomb

Le tétraéthylplomb est une espèce chimique qui était ajoutée à l'essence pour améliorer le rendement des moteurs.

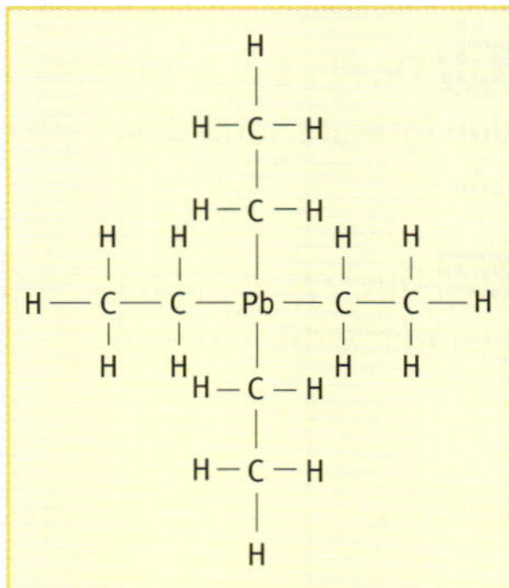

1. Pourquoi a-t-on supprimé cet additif dans l'essence ?
2. À l'aide de la formule développée ci-contre, écrire les formules brute et semi-développée.
3. Dans cette molécule, les règles du duet et de l'octet sont-elles vérifiées ?
(Le plomb a quatre électrons sur sa couche externe.)

26 ★★ Le solvant du correcteur blanc

Les pigments blancs d'un correcteur blanc sont dissous dans un solvant : le dichloroéthane. La formule brute du dichloroéthane est $C_2H_4Cl_2$.
1. Déterminer le nombre de liaisons formées par chaque type d'atome présent dans le dichloroéthane, ainsi que son nombre de doublets non liants.
2. Donner la représentation de Lewis des isomères possibles.
3. Dessiner la représentation de Cram de ces isomères.
Données : C : $Z = 6$; Cl : $Z = 17$; H : $Z = 1$.

27 ★★★ Le phosgène

Le phosgène est un gaz toxique, constitué de molécules de formule $COCl_2$.
1. Donner la représentation de Lewis de la molécule de phosgène.
2. Le phosgène est plan : les noyaux des atomes C, O et Cl sont dans un même plan. Cette disposition dans l'espace pouvait-elle être prévue par la méthode de Gillespie ? (Dans la méthode de Gillespie, une liaison double est considérée comme une liaison simple.)
3. L'effet répulsif d'une liaison augmente avec le nombre d'électrons présents dans la liaison (simple ou double). Déterminer, dans la molécule de phosgène, les angles qui sont égaux, inférieurs ou supérieurs à 120°.
Données : C : $Z = 6$; Cl : $Z = 17$; O : $Z = 8$.

Il existe plus de 90 éléments chimiques dans l'Univers, auxquels s'ajoutent des éléments créés de façon artificielle. Comment les chimistes classent-ils ces éléments et selon quels critères ?

9

LA CLASSIFICATION PÉRIODIQUE DES ÉLÉMENTS CHIMIQUES

OBJECTIFS

- Connaître les critères de la classification et l'histoire de son élaboration.
- Connaître la notion de famille chimique.
- Savoir utiliser la classification pour retrouver la charge des ions monoatomiques et le nombre de liaisons que peuvent former les éléments.

La première **classification des éléments chimiques** a été proposée par Dmitri Mendeleïev en 1869. Elle a été perfectionnée au cours du temps. Sa version actuelle est un outil très utile pour les chimistes. Elle leur permet de prévoir le comportement chimique des différents éléments existants.

Activité expérimentale 1

Les éléments lithium, sodium et potassium

Dans la nature, on trouve les éléments lithium, sodium et potassium sous forme d'ions Li^+, Na^+ *et* K^+. *Il est également possible de les préparer au laboratoire sous forme de corps purs* simples. Ce sont alors des métaux, de formules* Li, Na *et* K. *Ces métaux doivent être protégés de l'air et de l'humidité dans de l'huile de paraffine. Nous allons étudier la réaction de chacun d'eux avec l'eau.*

Matériel

– Fragments de lithium, de sodium et de potassium, phénolphtaléine, eau.
– Cristallisoir, tubes à essais avec bouchons adaptés, pince métallique, pince en bois, allumettes.

Sécurité

Les fragments de métal doivent avoir la taille d'un demi-grain de café. Ils ne doivent pas être en contact avec la peau.
Quand la réaction a lieu à la surface de l'eau, des projections sont à craindre. Veiller à bien maintenir le métal sous l'eau.

Manipulation

OBJECTIF : étudier la réaction entre l'eau et les métaux lithium, sodium et potassium.

- Pour chacun des métaux lithium, sodium et potassium, appliquer le mode opératoire suivant.

- Remplir d'eau un cristallisoir et ajouter 10 gouttes environ de phénolphtaléine.

La phénolphtaléine est rose en présence d'ions hydroxyde, incolore en leur absence. C'est donc un indicateur de présence des ions hydroxyde OH^-.

- Placer un tube à essais rempli d'eau verticalement et à l'envers dans le cristallisoir. Introduire à l'aide d'une pince métallique un fragment de métal à l'intérieur du tube, de façon à recueillir le gaz qui se forme dans la réaction entre le métal et l'eau.

Doc. 1. Le schéma de l'expérience. Il se produit une réaction chimique entre l'eau et le métal.

- Dans chaque cas, la réaction produit un gaz incolore, l'eau devient rose et le métal finit par disparaître.

- Pour compléter l'étude, il faut identifier le gaz recueilli. Pour cela, boucher le tube à essais, puis le retourner et le sortir du cristallisoir. Présenter une allumette à l'entrée du tube. Dans chaque cas, on entend une détonation.

Questions

1. Quel peut être ce gaz qui détone en présence d'une flamme ?
2. Pourquoi la solution devient-elle rose ?
3. D'après les règles du duet ou de l'octet, sous quelle forme les éléments lithium Li ($Z = 3$) et sodium Na ($Z = 11$) sont-ils les plus stables ?
4. En déduire ce que sont devenus les atomes de lithium, de sodium et, par analogie, de potassium au cours des trois expériences.
5. Peut-on dire que les réactions de ces trois métaux avec l'eau présentent des points communs ? Lesquels ?
6. Pourquoi ne trouve-t-on pas les trois éléments lithium, sodium et potassium sous forme atomique dans la nature ?

Activité expérimentale 2

Les éléments chlore, brome et iode

Dans la nature, les trois éléments chlore, brome et iode sont présents dans des corps composés, sous la forme d'ions Cl^-, Br^- et I^-. À l'état de corps purs simples, ils peuvent exister dans les molécules de dichlore Cl_2, de dibrome Br_2 et de diiode I_2. Sous cette forme moléculaire, ils sont irritants et toxiques, alors que sous forme d'ions ils sont anodins.*

Doc. 2. Le dichlore est un gaz verdâtre (à gauche). Le dibrome est un liquide rouge, qui se vaporise très facilement. Au milieu : un flacon contenant des vapeurs de dibrome et une ampoule de dibrome liquide. Le diiode (à droite) est un solide gris violacé qui produit des vapeurs violettes.

Matériel

– Aluminium finement divisé, diiode, dibrome, dichlore, eau distillée.
– Spatule, tube à essais, mortier, brique réfractaire, ballon avec réfrigérant à air, pipette, bec Bunsen.

Sécurité

Les gaz Cl_2, Br_2 et I_2 sont extrêmement nocifs. Les expériences suivantes sont effectuées sous une hotte aspirante par le professeur.

Manipulation 1

OBJECTIF : étudier la réaction du dichlore avec l'aluminium.

- Placer de l'aluminium en poudre dans un ballon contenant du dichlore et surmonté d'un réfrigérant à air. Chauffer. Une vive réaction se produit.
- À la fin de la réaction, on observe dans le ballon un solide jaune : du chlorure d'aluminium $AlCl_3$.

Manipulation 2

OBJECTIF : étudier la réaction du dibrome avec l'aluminium.

- Verser quelques gouttes de dibrome dans un tube à essais contenant de la poudre d'aluminium.

L'ajout d'une goutte d'eau provoque l'incandescence du mélange.

- En fin de réaction, on observe dans le tube à essais un solide blanc de bromure d'aluminium $AlBr_3$.

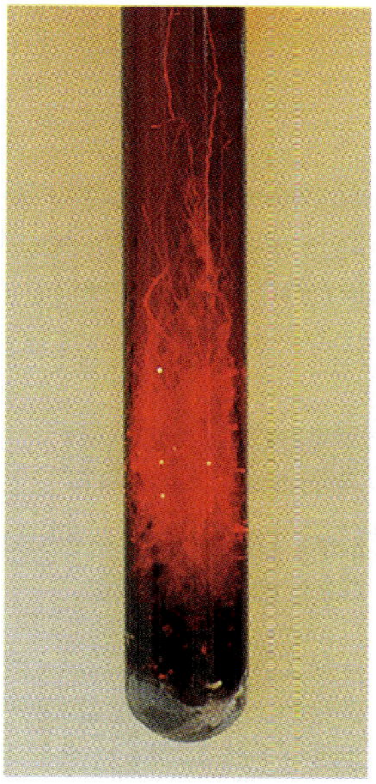

Doc. 3. La réaction de l'aluminium avec le dibrome. ▶

Manipulation 3

OBJECTIF : étudier la réaction du diiode avec l'aluminium.

- Broyer un mélange de poudre d'aluminium et de diiode dans un mortier.

Placer ce mélange sur une brique réfractaire, puis ajouter une goutte d'eau.

- La goutte d'eau provoque l'incandescence du mélange. Sous l'effet de la chaleur, le diiode se vaporise ; on observe des fumées violettes.

À la fin de la réaction, on observe un solide gris d'iodure d'aluminium AlI_3.

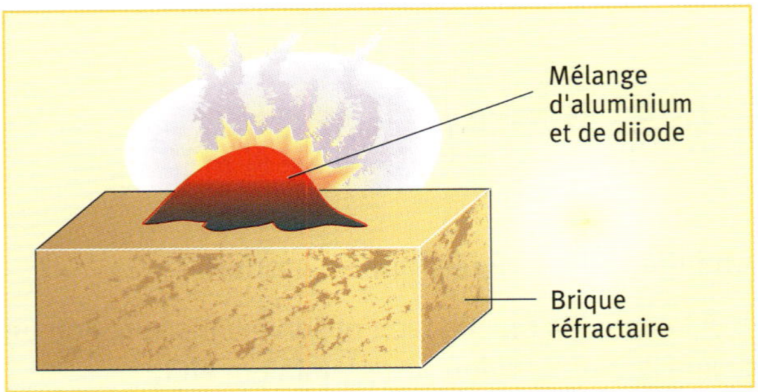

Doc. 4. La réaction entre le diiode et l'aluminium.

Questions

1. Quel est le point commun entre les ions chlorure, bromure et iodure ?

2. Quel est le point commun entre les molécules de dichlore, de dibrome et de diiode ?

3. Quelle est l'analogie entre les produits formés dans les manipulations 1, 2 et 3 ?

4. Que peut-on dire du comportement des trois éléments Cl, Br et I ? Justifiez votre réponse.

Activité documentaire 3

La naissance du tableau périodique

Au cours des XVIIe et XVIIIe siècles, les chimistes découvrent de nombreux éléments. Avec ces découvertes apparaît le besoin d'élaborer un système de classement.

Document 1

Les premiers essais de classification des éléments

Dans l'Antiquité, on connaissait déjà quelques éléments comme le cuivre, l'or, le fer, l'argent ou le soufre. Avant 1700, douze éléments étaient connus. En 1850, ce nombre avait quintuplé. Rappelons qu'à cette époque, la structure de l'atome n'avait pas encore été établie. Pour caractériser les éléments chimiques, on utilisait la masse atomique. Pour les chimistes du XIXe siècle, la masse atomique d'un élément est donnée en prenant pour référence la masse atomique de l'hydrogène. Ainsi, la masse atomique 16 de l'oxygène signifie que l'oxygène est 16 fois plus lourd que l'hydrogène.

En étudiant les propriétés des éléments, les chimistes découvrent que certains d'entre eux possèdent des propriétés chimiques voisines. C'est ainsi que naît la théorie des triades. Une triade est un groupe de trois éléments ayant des propriétés similaires. Parmi elles, on peut noter la triade lithium/sodium/potassium, étudiée en 1818 par le chimiste anglais H. Davy, et la triade chlore/brome/iode, que l'on doit à l'Allemand J. W. Döbereiner en 1817. Vers 1850, une vingtaine de triades sont identifiées. Plusieurs tentatives de classification suivent, mais aucune n'est satisfaisante.

Questions

1. Comment caractérisait-on les éléments chimiques au XIXe siècle ?

2. Le carbone a une masse atomique égale à 12. Qu'est-ce que cela signifie ?

3. Donnez la définition d'une triade.

4. Donnez les exemples de triades citées dans le texte.

Document 2

Le premier tableau de Mendeleïev

C'est au premier congrès international de chimie de Karlsruhe en 1860 que le jeune chimiste russe Dmitri Mendeleïev (1834-1907) assiste à la présentation d'idées nouvelles sur la périodicité des propriétés chimiques des éléments. Intéressé, il se met au travail et propose en 1869 une première classification.

En classant les éléments par masses atomiques croissantes, Mendeleïev se rend compte que les éléments ayant des propriétés similaires se retrouvent à intervalles réguliers. Il en conclut à l'existence d'une périodicité de propriété parmi les éléments chimiques. Les 63 éléments figurant dans son tableau (doc. 5) sont classés par masses atomiques croissantes et les familles d'éléments ayant des propriétés voisines sont regroupées. Le doc. 7 en présente un extrait.

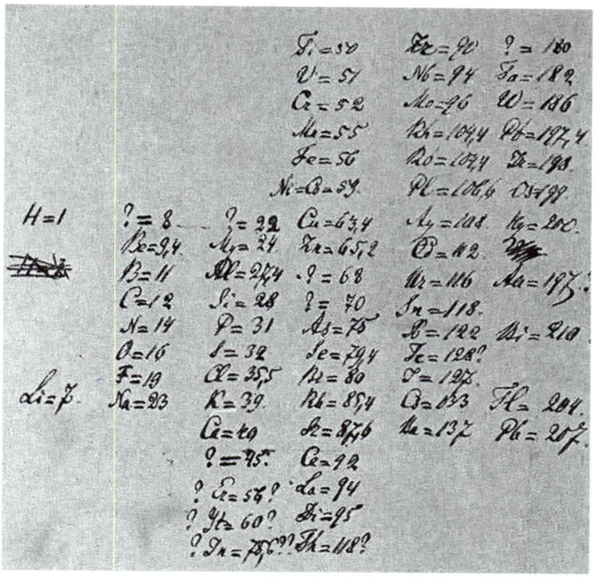

Doc. 5. La classification écrite de la main de Mendeleïev.

Pour respecter la périodicité, Mendeleïev est parfois amené à inverser l'ordre croissant et à laisser des cases vides. Il prévoit ainsi la découverte de nouveaux éléments, dont il estime les masses atomiques et prédit les propriétés. La découverte ultérieure des éléments scandium, gallium, germanium, technétium, rhénium et polonium lui donnera raison.

Malgré le génie de Mendeleïev, la méconnaissance de la structure de l'atome, de l'isotopie et les nombreux éléments chimiques manquants font obstacle à une classification définitive. Il y a dans son tableau quelques erreurs. Par exemple, on sait aujourd'hui que le béryllium Be et le magnésium Mg ont des propriétés analogues au calcium Ca et au strontium Sr. Certaines découvertes, comme celles du lanthane La et des gaz nobles, posent problème à Mendeleïev, car il ne sait où les placer. Néanmoins, sa classification permettra à la chimie de faire d'énormes progrès. Mendeleïev restera dans l'histoire l'homme qui a créé le tableau périodique.

Questions

5. Combien d'éléments chimiques étaient connus à l'époque de Mendeleïev ?

6. Comment varie la masse atomique dans une colonne de l'extrait de tableau (doc. 7) ?

7. Comment sont placés les éléments appartenant à une triade ?

8. Placez sur une ligne les éléments des 3 premières colonnes, en gardant une place pour les éléments encore inconnus et dont l'existence est supposée : H ; Li ; ? ; Be ; B... Comptez le nombre d'éléments chimiques placés entre les éléments de la triade (Li, Na, K). Que constatez-vous ? Que signifie « périodique » ?

9. En vous servant de l'extrait du tableau, indiquez quels sont les éléments qui ont des propriétés voisines de celles de l'oxygène. Quels sont les éléments ayant des propriétés voisines de celles du carbone ?

10. Comment Mendeleïv aurait-il dû placer les éléments béryllium Be, magnésium Mg, calcium Ca et strontium Sr ?

Doc. 6. Dmitri Mendeleïev dans son laboratoire de l'université de Saint-Pétersbourg (Russie).

ACTIVITÉS

H (1)	? (8)	? (22)	Cu (63,4)	Ag (108)	Hg (200)
	Be (9,4)	Mg (24)	Zn (65,4)	Cd (112)	
	B (11)	Al (27,4)	? (68)	Ur (116)	Au (197 ?)
	C (12)	Si (28)	? (70)	Sn (118)	
	N (14)	P (31)	As (75)	Sb (122)	Bi (210 ?)
	O (16)	S (32)	Se (79,4)	Te (128 ?)	
	F (19)	Cl (35,5)	Br (80)	I (127)	
Li (7)	Na (23)	K (39)	Rb (85,4)	Cs (133)	Tl (204)
		Ca (40)	Sr (87,6)	Ba (137)	Pb (207)

Doc. 7. Extrait du tableau de Mendeleïev. Les chiffres indiqués entre parenthèses sont les masses atomiques.

COURS

1. La classification périodique des éléments

Le tableau établi par Mendeleïev (➡ activité 3) a servi de base à la construction de la **classification périodique** actuelle (voir en fin de livre). Le modèle de la structure électronique de l'atome, développé au début du XXe siècle, permet d'en donner une interprétation.

1.1. Construction de la classification

On connaît aujourd'hui avec certitude 112 éléments. Les 112 éléments chimiques sont rangés en lignes par numéros atomiques *Z* croissants. La classification comporte 7 lignes, également appelées **périodes,** et 18 colonnes (numérotées de I à XVIII). On distingue deux catégories d'éléments : les **métaux** et les **non-métaux.**

Le tableau ci-dessous indique la structure électronique des dix-huit premiers éléments.

VOCABULAIRE

Les **métaux** sont des corps simples possédant l'éclat métallique. Ils sont conducteurs de la chaleur et de l'électricité. À l'exception du mercure, tous les métaux sont solides à température ambiante.

	Colonne I	Colonne II	Colonne XIII	Colonne XIV	Colonne XV	Colonne XVI	Colonne XVII	Colonne XVIII
Ligne 1	$_1H$ $(K)^1$							$_2He$ $(K)^2$
Ligne 2	$_3Li$ $(K)^2(L)^1$	$_4Be$ $(K)^2(L)^2$	$_5B$ $(K)^2(L)^3$	$_6C$ $(K)^2(L)^4$	$_7N$ $(K)^2(L)^5$	$_8O$ $(K)^2(L)^6$	$_9F$ $(K)^2(L)7$	$_{10}Ne$ $(K)^2(L)^8$
Ligne 3	$_{11}Na$ $(K)^2(L)^8(M)^1$	$_{12}Mg$ $(K)^2(L)^8(M)^2$	$_{13}Al$ $(K)^2(L)^8(M)^3$	$_{14}Si$ $(K)^2(L)^8(M)^4$	$_{15}P$ $(K)^2(L)^8(M)^5$	$_{16}S$ $(K)^2(L)^8(M)^6$	$_{17}Cl$ $(K)^2(L)^8(M)^7$	$_{18}Ar$ $(K)^2(L)^8(M)^8$

La première ligne correspond au remplissage de la couche K, la deuxième au remplissage de la couche L, la troisième ligne, à celui de la couche M. À l'exception de la dernière colonne, les éléments placés sur une même colonne ont le même nombre d'électrons sur leur couche externe.

Les 112 éléments chimiques sont rangés en lignes, par numéros atomiques croissants, de façon à ce que les éléments chimiques d'une colonne possèdent le même nombre d'électrons sur leur couche externe.

1.2. Notion de famille

Les éléments ayant des propriétés chimiques voisines forment une **famille.**

Exemple ➡ Activité 1 : le lithium Li, le sodium Na et le potassium K réagissent tous trois avec l'eau pour former respectivement les ions Li^+, Na^+ et K^+, du dihydrogène H_2 et des ions hydroxyde OH^- questions 1, 2, 4 et 5, p. 112. Ces éléments forment une famille.

Dans la classification périodique actuelle, les éléments chimiques d'une même famille sont placés dans la même colonne.

Étant donné que les éléments d'une même colonne ont le même nombre d'électrons sur leur couche externe, on peut en déduire que le comportement chimique des éléments est directement lié au nombre d'électrons de la couche externe.

1.3. Notion de périodicité

La classification est qualifiée de **périodique,** car les éléments ayant des propriétés similaires sont situés à des intervalles réguliers (c'est pourquoi on les retrouve dans une colonne).

➡ **Activité 3 :** Dmitri Mendeleïev avait choisi de placer en colonnes les éléments classés par masses atomiques croissantes, de façon à ce que les éléments chimiques appartenant à une triade se trouvent sur la même ligne questions 6 et 7, p. 115. On retrouve donc périodiquement dans son tableau des éléments de même réactivité chimique. Entre chaque membre de la triade (Li, Na, K), par exemple, il y a 7 éléments :
H ; Li ; {? ; Be ; B ; C ; N ; O ; F} ; Na ; {? ; Mg ; Al ; Si ; P ; S ; Cl} ; K ; Ca...
« Périodique » signifie : « qui revient régulièrement » question 8, p. 115

COURS

2. Les familles d'éléments

Le plus souvent, les familles d'éléments portent le nom du premier élément de la colonne. Les éléments de la XIVe colonne, par exemple, appartiennent à la famille du carbone. Nous allons étudier plus particulièrement les éléments des colonnes I, XVII et XVIII.

2.1. La famille des alcalins

À l'exception de l'hydrogène, les éléments de la première colonne appartiennent à la famille des alcalins.

Les atomes de cette famille ont tous 1 électron sur leur couche externe et forment facilement en le perdant des ions de charge + e.

Les trois premiers alcalins sont le **lithium (Li),** le **sodium (Na)** et le **potassium (K).** Dans la nature, on les rencontre sous forme d'ions lithium (Li^+), sodium (Na^+) ou potassium (K^+), comme dans l'eau de mer ou les eaux minérales. Ces ions sont responsables du goût salé.

À l'état de corps purs* simples, ce sont des métaux mous, de formules Li, Na et K. Ils réagissent avec le dioxygène de l'air et très vivement avec l'eau. Les métaux alcalins ne se trouvent pas dans la nature, car l'eau et le dioxygène sont omniprésents sur terre (➡ activité 1 question 6 , p. 112).

Doc. 8. Les piles alcalines cont ennent des ions alcalins.

2.2. La famille des halogènes

Les éléments de la XVIIe colonne appartiennent à la famille des halogènes.

Les halogènes les plus courants sont le **fluor (F)**, le **chlore (Cl)**, le **brome (Br)**, l'**iode (I)**.

Les atomes de cette famille ont tous 7 électrons sur leur couche externe. Ils forment facilement des ions de charge – e en gagnant un électron.

Dans la nature, on ne les rencontre donc pas sous forme d'atomes isolés, mais sous forme d'ions monoatomiques : les ions fluorure (F^-), chlorure (Cl^-), bromure (Br^-) et iodure (I^-).

Les halogènes peuvent également exister sous forme de molécules diatomiques : le difluor F_2 (gazeux à température et pression ambiantes), le dichlore Cl_2 (gazeux), le dibrome Br_2 (liquide) et le diiode I_2 (solide). Ces espèces chimiques sont fortement colorées et très toxiques.

Doc. 9. Les pellicules photographiques sont des films en matière plastique recouverts d'une fine couche sensible à la lumière. Cette couche contient des ions bromure et des ions argent.

2.3. La famille des gaz nobles

Les éléments de la dernière colonne (XVIII) appartiennent à la famille des gaz nobles.

Ce sont l'**hélium (He)**, le **néon (Ne)**, l'**argon (Ar)**, le **krypton (Kr)** et le **xénon (Xe)**.

Leurs atomes ont 2 ou 8 électrons sur leur couche externe. Ce sont les éléments chimiques les plus stables. Ils sont inertes chimiquement. Ils ne forment pas d'ions ni de molécules, sauf rares exceptions.

Les gaz nobles sont des éléments gazeux qui sont peu présents dans l'atmosphère terrestre. L'hélium est par contre l'élément le plus abondant dans l'Univers après l'hydrogène.

Doc. 10. L'hélium et l'argon sont parfois utilisés en soudure pour créer une atmosphère inerte autour des parties métalliques chauffées, de façon à éviter des réactions avec le dioxygène de l'air.

3. Utilisation de la classification périodique

3.1. Ion monoatomique et famille

Dans la formation d'ions monoatomiques, l'application de la règle de l'octet est liée au nombre d'électrons présents sur la couche externe de l'atome. Le nombre d'électrons à perdre ou à gagner est donc le même pour tous les éléments d'une même famille. C'est pourquoi les éléments d'une même famille forment des ions monoatomiques de même charge (tableau ci-après).

Famille	Alcalins	Famille du béryllium	Famille du bore	Famille de l'azote	Famille de l'oxygène	Halogènes
Charge des ions	+ e	+ 2 e	+ 3 e	– 3 e	– 2 e	– e

Un élément chimique forme un ion monoatomique de même charge que le premier élément de sa famille.

3.2. Nombre de liaisons covalentes et famille

Le nombre de liaisons covalentes formées par un atome dans une molécule est égal au nombre d'électrons à gagner pour obéir à la règle de l'octet. Les atomes des éléments d'une même famille possèdent le même nombre d'électrons sur leur couche externe. Ils forment donc le même nombre de liaisons (doc. 11).

Un élément chimique forme le même nombre de liaisons covalentes que le premier élément de sa famille.

Famille	Nombre de liaisons formées
Carbone	4
Azote	3
Oxygène	2
Halogène	1

Doc. 11. Le nombre de liaisons formées par les éléments de différentes familles.

Exemple : le plomb Pb appartient à la famille du carbone. Il peut former 4 liaisons covalentes.

Les formules des molécules formées par des éléments de la même famille présentent des analogies.

Exemples : dans la famille de l'oxygène, l'oxygène et le soufre forment les molécules H_2O et H_2S. Les halogènes forment les molécules HF, HCl, HBr et HI.

COURS

L'ESSENTIEL

Ce qu'il faut savoir

✔ Dans la **classification périodique,** les éléments chimiques sont classés en lignes par numéros atomiques croissants. Les éléments dont les atomes ont le même nombre d'électrons sur leur couche externe sont placés dans la même colonne.

✔ Les éléments d'une même colonne forment une **famille.** La première colonne est la famille des **alcalins.** La colonne XVII est la famille des **halogènes.** La colonne XVIII est la famille des **gaz nobles.**

✔ Les atomes des éléments d'une même famille ont le même nombre d'électrons sur leur couche externe.

✔ Les éléments d'une même famille forment des ions de même charge et le même nombre de liaisons covalentes.

Ce qu'il faut savoir faire

✔ Utiliser la classification périodique pour en déduire la charge des ions monoatomiques et le nombre de liaisons possibles pour un élément.

EXERCICE RÉSOLU

Le sel de cuisine

Le sel (ou chlorure de sodium) que nous mangeons vient de l'eau de mer ou de mines de sel, mais le chimiste peut aussi le synthétiser. Pour cela, il chauffe un morceau de sodium métallique dans un courant de dichlore (le dichlore est un gaz dans les conditions ambiantes).

1. L'élément chlore appartient à la famille des halogènes. Pour obéir à la règle de l'octet, l'élément chlore peut exister sous forme d'un ion ou sous forme d'une molécule. Lesquels ?

2. Sous quelle forme l'élément chlore est-il présent dans le dichlore (atome isolé, ion, molécule) ? Justifier la réponse.

3. L'élément sodium appartient à la famille des alcalins. Il est présent sous forme atomique dans le sodium métallique. Est-il stable sous cette forme ?

4. Que doit former le sodium pour obéir à la règle de l'octet ?

5. En déduire la formule du chlorure de sodium.

6. Quel composé peut-on envisager en remplaçant le sodium par le potassium ?

CONSEILS

1. *L'indication de la famille permet de déterminer combien d'électrons l'atome de chlore possède sur sa couche externe.*
Il y a deux méthodes pour gagner des électrons :
– capter des électrons et devenir un ion ;
– former une molécule et partager des électrons avec d'autres atomes grâce à des liaisons covalentes.

2. *Se servir de la formule. Le préfixe* di *signifie « deux ». Dichlore signifie donc « deux atomes de chlore ».*

3. *Rechercher si la structure électronique de l'atome est celle d'un gaz noble. Si ce n'est pas le cas, l'élément n'est pas stable sous forme atomique.*

5. *Le sodium s'est transformé dans la réaction en une forme plus stable : l'ion sodium. Le chlorure de sodium est donc un composé ionique. Le chlore y est sous forme d'ion Cl^-. Dans un composé ionique, la somme des charges est nulle. Il y a donc un ion chlorure pour un ion sodium.*
On remarque que dans ce composé, les deux éléments présents sont sous une forme stable. C'est pourquoi on trouve du sel dans la nature.

6. *Vérifier que le sodium et le potassium appartiennent à la même famille. Des éléments de la même famille forment des composés similaires.*

SOLUTION

1. L'élément chlore fait partie de la famille des halogènes, qui ont 7 électrons sur leur couche externe. Il doit donc gagner 1 électron pour obéir à la règle de l'octet. Pour cela, il peut capter un électron et devenir l'ion Cl^-. Il peut aussi se lier à un autre atome de chlore par une liaison covalente et former une molécule : Cl_2.

2. Dans le dichlore, il y a deux atomes de chlore. Sa formule est Cl_2. Le dichlore est donc une molécule (d'après la question 1).

3. Le sodium est un alcalin. L'atome de sodium a donc 1 électron sur sa couche externe. Il n'est pas stable, car il n'a pas la même structure électronique qu'un gaz noble.

4. Pour satisfaire à la règle de l'octet, le sodium doit perdre 1 électron. Il forme alors l'ion Na^+.

5. Au cours de cette réaction de synthèse, le sodium forme l'ion Na^+ et le chlore forme l'ion Cl^-. Le sel est donc composé des ions Na^+ et Cl^- ; sa formule est NaCl.

6. Le potassium est aussi un alcalin. On peut donc en déduire qu'il se formerait le composé KCl.

VÉRIFIEZ VOS CONNAISSANCES

Questions

1 Comment sont disposés les éléments chimiques dans la classification périodique ?

2 Que forment les éléments d'une colonne de la classification ?

3 Quels sont les points communs entre tous les éléments d'une famille ?

4 Comment appelle-t-on les éléments de la colonne I ? de la colonne XVII ? de la colonne XVIII ?

QCM

5 Le césium Cs appartient à la première colonne du tableau périodique.

a. C'est un gaz noble.

b. C'est un halogène.

c. C'est un alcalin.

6 Le xénon appartient à la XVIIIe colonne du tableau périodique.

a. C'est un gaz noble.

b. C'est un halogène.

c. C'est un alcalin.

7 Les gaz nobles :

a. ne forment pas d'ions monoatomiques ;

b. peuvent perdre un électron ;

c. peuvent gagner un électron.

EXERCICES D'APPLICATION

Familles

8 Le numéro atomique du rubidium est $Z = 37$.
1. Quel est le symbole chimique du rubidium ?
2. À quelle famille appartient-il ?
3. Citer les éléments chimiques ayant des propriétés chimiques similaires et donner leurs symboles.
4. Combien les atomes de ces éléments ont-ils d'électrons sur leur couche externe ?

9 Le numéro atomique du baryum est $Z = 56$.
1. Quel est le symbole chimique du baryum ?
2. Citer les éléments chimiques ayant des propriétés chimiques similaires et donner leurs symboles.
3. Combien les atomes de ces éléments ont-ils d'électrons sur leur couche externe ?

10 Je suis un élément chimique dont l'atome possède 1 électron sur la couche externe. Je réagis vivement avec l'eau en libérant du dihydrogène. On me trouve dans le sel de table sous forme d'ion.
1. Qui suis-je ?
2. Quelle est ma famille ?

11 Je suis un élément chimique dont l'atome possède 7 électrons sur la couche externe. On peut me trouver dans le dentifrice sous forme d'ion.
1. Qui suis-je ?
2. Quelle est ma famille ?

12 Je suis un élément chimique dont l'atome possède 2 électrons sur la couche externe. On me trouve dans les ballons dirigeables.
1. Qui suis-je ?
2. Quelle est ma famille ?
3. Pourquoi est-elle remarquable ?

13 Certains constructeurs automobiles utilisent des phares contenant du xénon. La lumière des phares est alors d'une couleur bleu-vert caractéristique. Les phares au xénon produisent un meilleur éclairage pour l'utilisateur de la voiture et sont beaucoup moins aveuglants que les phares à iode. Seul inconvénient, leur prix !
1. Citer deux éléments chimiques que l'on peut trouver dans les phares de voitures.
2. Quelles sont leurs familles respectives ?

Ions monoatomiques

14 On trouve des ions calcium dans de nombreux aliments, parmi lesquels on peut citer le lait. Le symbole du calcium est Ca.
1. Dans quelle colonne du tableau peut-on trouver le calcium ?
2. Quel est le nombre d'électrons sur sa couche externe ?
3. Quel ion monoatomique peut-il former ?

15 Il existe plusieurs composés ioniques constitués d'un alcalin et d'un ion halogène. Le plus connu est le chlorure de sodium NaCl (sel de cuisine).
1. Quels ions monoatomiques forment les trois premiers éléments alcalins ?
2. Quels ions monoatomiques forment les trois premiers éléments halogènes ?

EXERCICES

3. Quels composés ioniques peut-on envisager en associant un ion alcalin et un ion halogène ?

16 Le sélénium Se est un élément chimique présent dans les amandes. Il peut former des ions Se^{2-}.
Citer deux autres éléments appartenant à sa famille.

17 Il existe plusieurs composés ioniques constitués d'un ion de la famille du béryllium Be et d'un ion oxyde.
1. Quelle est la formule de l'ion oxyde ?
2. Citer trois éléments de la famille du béryllium.
3. Quels ions monoatomiques peuvent-ils former ?
4. Donner la formule des composés que l'on peut former avec ces trois ions et l'ion oxyde.
5. Peut-on envisager l'existence de composés analogues en remplaçant l'élément oxygène par l'élément soufre ? Justifier la réponse.

Liaisons covalentes

18 **1.** Combien le brome peut-il former de liaisons covalentes ?
2. Combien l'hydrogène peut-il former de liaisons covalentes ?
3. Donner la représentation de Lewis et la formule brute de la molécule constituée des éléments brome et hydrogène.

19 **1.** Indiquer le nombre de liaisons covalentes possibles pour le soufre.
2. Indiquer le nombre de liaisons covalentes possibles pour l'hydrogène.
3. En déduire la formule de la molécule constituée par ces deux éléments.
4. Quels composés similaires peut-on envisager en remplaçant le soufre par l'oxygène ou par le tellure (symbole Te) ? Justifier la réponse.

20 **1.** Indiquer le nombre de liaisons covalentes possibles pour le carbone.
2. En déduire le nombre de liaisons covalentes possibles pour le silicium.
3. Quelles molécules peuvent former ces deux éléments avec l'hydrogène ?

EXERCICES DE SYNTHÈSE

21 ★ Oxyde de potassium

Le potassium métallique brûle dans le dioxygène. Il se forme un composé ionique blanc : de l'oxyde de potassium.
1. Quelle est la formule du dioxygène ?
2. Le dioxygène est-il un ion ou une molécule ? Justifier.
3. Quel est l'ion monoatomique formé par l'oxygène ?
4. Quel est l'ion monoatomique formé par le potassium ?
5. Quelle est la formule de l'oxyde de potassium ?
6. Quel composé peut-on envisager en remplaçant le potassium par le césium ?

22 ★ Le tétraméthylplomb

La quantité de plomb trouvée dans des carottes glaciaires a été divisée par 10 depuis que les États-Unis ont abandonné l'essence au plomb. Celle-ci contenait du tétraméthylplomb, de formule PbC_4H_{12}. Le plomb est toxique pour l'homme.
Le plomb Pb appartient à la famille du carbone. Dans la molécule de tétraméthylplomb, l'atome de plomb n'est lié qu'à des atomes de carbone.
Donner la représentation de Lewis de cette molécule.

23 ★★ Ionique ou moléculaire

La Chine et l'Indonésie sont les premiers producteurs d'étain. Le minerai à partir duquel le corps pur simple étain est fabriqué s'appelle la cassitérite, de formule SnO_2.
1. Quel est l'ion monoatomique formé par l'oxygène ?
2. En déduire la charge de l'ion formé par l'étain. Indiquer son nom et sa notation.
3. À quelle famille l'étain appartient-il ?
4. L'ion trouvé est-il compatible avec sa position dans le tableau périodique ?
5. Peut-on envisager une structure moléculaire pour la cassitérite ? Si oui, donner sa formule de Lewis.

24 ★★★ Le germanium

Le germanium appartient à la famille du carbone. Avant sa découverte, Mendeleïev avait prévu que le germanium formerait des composés avec différents éléments.
1. Selon Mendeleïev, le germanium devait réagir avec l'oxygène pour donner un composé ayant un point de fusion élevé. Quelle est la formule de ce composé ?
2. Mendeleïev avait prévu également une combinaison avec le soufre. Le soufre appartient à la famille de l'oxygène. Quelle est la formule du composé ?
3. Le germanium peut aussi se combiner avec le chlore pour former un composé volatil (de température d'ébullition inférieure à 100 °C). De quel composé s'agit-il ?
4. Le germanium métallique peut être obtenu par réaction du sodium métallique sur un corps de formule K_2GeF_6. En supposant que ce composé est ionique et que le potassium et le fluor forment les ions monoatomiques prévus par la règle de l'octet, quelle est la charge de l'ion formé par le germanium ?
5. Ce résultat est-il conforme à l'application de la règle de l'octet ?

Différentes formes du sucre. Comment compter le nombre de molécules de saccharose contenues dans chacun de ces échantillons ?

10

LA MOLE : UNITÉ DE QUANTITÉ DE MATIÈRE

OBJECTIFS

- Définir la quantité de matière et son unité.
- Connaître la définition de la masse molaire.
- Connaître la définition du volume molaire d'un gaz.

Parce qu'il est très difficile de compter et de manier des objets microscopiques (les atomes, les molécules...), les chimistes ont inventé une unité commode, la **mole,** qui permet de quitter l'**échelle microscopique** et de travailler à l'**échelle macroscopique.**

Activité expérimentale 1

Nécessité d'un changement d'échelle

Par pesée et par un calcul, nous allons évaluer le nombre d'atomes contenus dans un petit objet : un clou en fer. Ce calcul mettra en évidence la nécessité d'introduire une nouvelle échelle, plus commode, pour indiquer des quantités de matière en chimie.

Matériel

– Clou en fer, balance, calculatrice.

Manipulation

OBJECTIF : déterminer le nombre d'atomes contenus dans un clou en fer.

- Peser un clou en fer avec la meilleure précision possible.
- On cherche à évaluer approximativement le nombre d'atomes de fer contenus dans ce clou. On considérera que le clou ne contient que des atomes de fer dont le nombre de masse A est égal à 56 (à l'état naturel, le fer renferme en réalité plusieurs isotopes ; on ne prend en compte que le plus abondant).

On rappelle que la masse d'un nucléon (proton, neutron) est égale à $1{,}67 \cdot 10^{-27}$ kg. La masse d'un électron étant 1 836 fois plus petite, on la négligera devant la masse d'un nucléon (➡ chapitre 5).

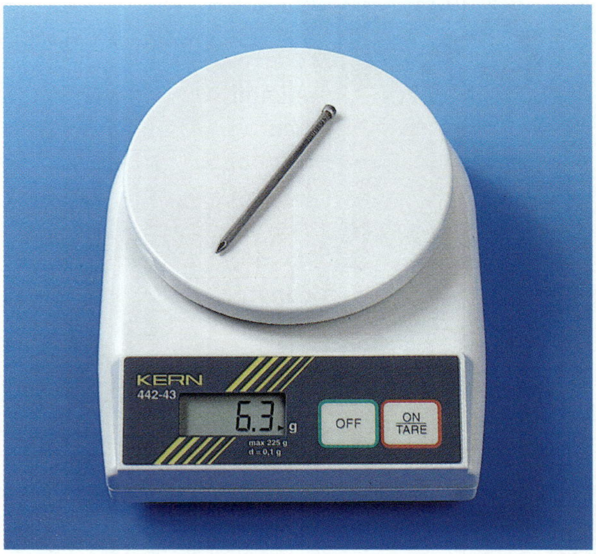

Doc. 1. La pesée du clou en fer.

Questions

1. Évaluez la masse d'un atome de fer.
2. Évaluez le nombre d'atomes de fer contenus dans le clou. Ce nombre vous semble-t-il commode à manier et à déterminer expérimentalement ?
3. Si l'on pouvait compter les atomes, à raison d'un par seconde, combien de temps faudrait-il pour les compter tous ? Exprimez ce temps en années.

Activité documentaire 2

Du microscopique au macroscopique

Dans l'activité 1, nous avons montré que la quantité d'atomes présente dans un objet est un nombre extrêmement grand. Nous allons introduire une nouvelle unité, permettant de manier plus facilement ce type de grand nombre.

Document

Dans la vie courante, il est d'usage, lorsqu'on utilise un grand nombre d'objets, de les regrouper par « paquets ». Par exemple, pour simplifier, on regroupe les œufs en douzaines. De même, afin d'exprimer les grands nombres d'entités chimiques (atomes, ions, molécules...) et pour rendre plus commode le calcul du nombre d'entités chimiques présentes dans un échantillon, les chimistes ont inventé une unité : la **mole.**

La mole fait partie des unités de base du système international. C'est l'unité de **quantité de matière** et son symbole est « mol ». La quantité de matière est notée n et elle s'exprime toujours en mol (on écrira par exemple : $n = 1{,}7$ mol).

Une mole représente, par définition, une quantité de matière composée d'autant d'entités qu'il y a d'atomes dans 12,0 g de carbone $^{12}_{6}C$. La valeur de cette quantité de matière est impressionnante : $6{,}02 \cdot 10^{23}$. Elle a été déterminée expérimentalement de diverses façons au début du XXe siècle. On lui a donné le nom de **constante d'Avogadro,** en hommage aux travaux du chercheur italien Amedeo Avogadro (1776-1856), qui fut l'un des premiers à admettre l'existence des atomes et à faire la distinction entre atomes et molécules ; c'est d'ailleurs à lui qu'on doit le mot « molécule ».

Une mole d'entités chimiques contient donc $6{,}02 \cdot 10^{23}$ entités chimiques. La constante d'Avogadro est notée N_A. $N_A = 6{,}02 \cdot 10^{23}$ mol^{-1}, ce qui signifie $6{,}02 \cdot 10^{23}$ « choses » par mole.

Questions

1. Évaluez approximativement la masse d'un atome de carbone $^{12}_{6}C$. On rappelle que la masse d'un nucléon (proton, neutron) est égale à $1{,}67 \cdot 10^{-27}$ kg et que la masse d'un électron est négligeable devant celle d'un nucléon.

2. Vérifiez alors l'ordre de grandeur de la constante d'Avogadro en utilisant la définition donnée dans le texte.

3. Calculez la quantité de matière contenue dans le clou pesé dans l'activité 1. Ce nombre vous semble-t-il plus commode à manier que le nombre d'atomes de fer calculé ?

4. Exprimez d'une façon générale la relation entre la quantité de matière n, le nombre de particules qu'elle représente N et le nombre d'Avogadro N_A.

ACTIVITÉS

Activité documentaire 3

La masse molaire

Nous avons vu dans l'activité 2, que pour dénombrer un grand nombre d'entités chimiques, on utilise l'unité de quantité de matière : la mole. Nous allons découvrir maintenant d'autres grandeurs dont le chimiste se sert pour déterminer des quantités de matière.

Document 1

Masse molaire atomique

La **masse molaire atomique** d'un élément est la masse d'une mole d'atomes de cet élément. On la note M et on l'exprime en g · mol^{-1}.

La plupart des éléments possèdent plusieurs isotopes. La masse molaire atomique indiquée dans une case du tableau périodique (voir en fin de livre) correspond à celle de l'élément naturel, qui est un mélange de plusieurs isotopes. Elle est arrondie au dixième de g · mol^{-1}.

À l'état naturel, l'or est constitué à 100 % de l'isotope 197 $^{197}_{79}Au$. Le chlore est, quant à lui, formé de 75,77 % en masse de $^{35}_{17}Cl$ et de 24,23 % de $^{37}_{17}Cl$.

Questions

1. Si un œuf pèse 60 g, quelle est la masse d'une douzaine d'œufs identiques ?

2. Si un atome d'or pèse $3{,}271 \cdot 10^{-22}$ g, quelle est la masse molaire atomique de l'or ?

3. Si un ensemble d'œufs est constitué en masse de 80 % d'œufs de 60 g et de 20 % d'œufs de 70 g, quelle est la masse moyenne d'une douzaine d'œufs ?

4. Quelle est la masse molaire atomique du chlore, sachant que la masse d'un atome de $^{35}_{17}Cl$ est égale à $5{,}807 \cdot 10^{-23}$ g et que la masse d'un atome de $^{37}_{17}Cl$ est égale à $6{,}138 \cdot 10^{-23}$ g ? Comparez la valeur obtenue à celle donnée dans le tableau périodique.

Document 2

Masses molaires moléculaire et ionique

La masse d'une mole de molécules identiques ou **masse molaire moléculaire** s'obtient en additionnant les masses molaires atomiques des atomes qui composent la molécule considérée. On appelle **masse molaire ionique** d'un ion la masse d'une mole de cet ion.

Questions

5. En utilisant les valeurs de masses molaires atomiques du tableau périodique, vérifiez que la masse molaire moléculaire de l'eau (H_2O) est égale à $18{,}0 \text{ g} \cdot \text{mol}^{-1}$.

6. Quelle est la différence entre la composition d'un atome et celle de l'ion monoatomique correspondant ?

7. Peut-on légitimement considérer que la masse molaire d'un ion monoatomique est égale à la masse molaire de l'atome correspondant ?

Activité expérimentale 4

Prélèvements d'une quantité de matière

Pour réaliser des expériences quantitatives, le chimiste doit savoir prélever une quantité de matière précise d'une espèce chimique donnée. Grâce aux connaissances acquises dans les activités précédentes, vous allez pouvoir réaliser cette opération.

Matériel

– Eau, éthanol, acétone, poudre de fer, tournure de cuivre, sel fin de cuisine, sucre en poudre.
– Balance, coupelles, éprouvettes graduées de 10 mL, burette graduée.

Manipulation

- Rechercher les formules des corps purs suivants : acétone, cuivre, eau, éthanol, fer, sel de cuisine, sucre.

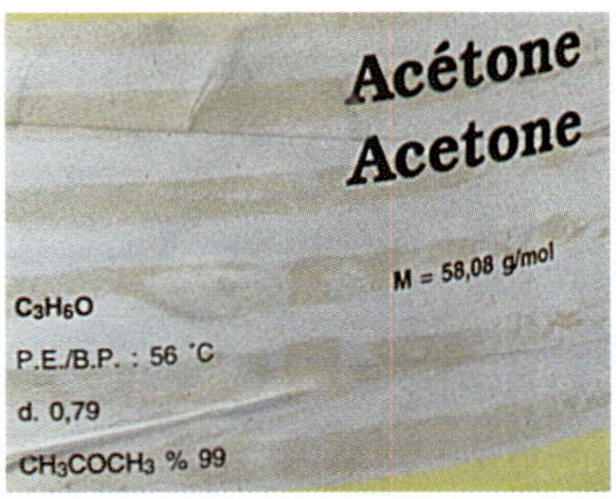

Doc. 2. Les étiquettes de bidons d'acétone et d'éthanol.

En utilisant les valeurs de masses molaires atomiques du tableau périodique ou les étiquettes des produits, donner les masses molaires M de chacune de ces espèces chimiques.
Calculer la masse correspondant à une quantité de matière égale à 0,10 mol de chacune de ces espèces.
Pour les espèces qui se trouvent à l'état liquide, calculer la valeur de la masse volumique. En déduire la valeur du volume à prélever pour en obtenir 0,10 mol.

- Prélever 0,10 mol de chacune des espèces proposées en utilisant le matériel le plus adapté à ce prélèvement (➔ fiche 7).

Doc. 3. 0,10 mol de chacune des espèces chimiques prélevées.

Question

1. Comparez les différents échantillons prélevés. Une même quantité de matière correspond-elle à la même masse et au même volume pour toutes les espèces chimiques ?

1. La mole

1.1. SVT Définition

Pour exprimer d'énormes quantités d'entités chimiques (atomes, molécules, électrons...), les chimistes ont inventé une grandeur : la **quantité de matière,** fondée sur la définition de la **mole.**

La **mole** est l'unité de **quantité de matière.** Par définition, une mole contient autant d'entités qu'il y a d'atomes dans 12,0 g d'atomes de carbone 12 $^{12}_{6}C$.

La quantité de matière est notée *n*. Le symbole de son unité est mol.

UNITÉS
Sous-multiples de la mole :
– la millimole (mmol) :
1 mmol = $1 \cdot 10^{-3}$ mol ;
– la micromole (µmol) :
1 µmol = $1 \cdot 10^{-6}$ mol.

1.2. Constante d'Avogadro

La constante indiquant le nombre d'entités par mole est une constante fondamentale, qui a été nommée **constante d'Avogadro.** Cette constante est notée N_A et son unité est le mol^{-1}.

La **constante d'Avogadro N_A** est égale à $6{,}02 \cdot 10^{23}$ mol^{-1}.

Cette valeur signifie qu'il y a $6{,}02 \cdot 10^{23}$ atomes de carbone dans 12,0 g de carbone 12 et $6{,}02 \cdot 10^{23}$ entités dans une mole d'entités. Le nombre $6{,}02 \cdot 10^{23}$ est vertigineusement grand : une mole de grains de sable de 0,5 mm de diamètre recouvrirait la France d'une couche de plus d'une centaine de mètres d'épaisseur.

Doc. 4. Le chimiste italien Amedeo Avogadro (1776-1856). C'est en hommage à ses travaux qu'on a donné son nom à une constante fondamentale.

1.3. Quantité de matière d'un échantillon

L'intérêt de la constante d'Avogadro est de pouvoir passer d'entités de dimensions microscopiques, dont on peut difficilement mesurer la masse et le volume, à une quantité énorme de ces entités, dont la masse et le volume peuvent être évalués plus facilement.

Il y a proportionnalité entre le nombre *N* d'entités présentes dans un échantillon et sa quantité de matière *n*.

La quantité de matière *n* d'un échantillon contenant *N* entités chimiques est :

$$n = \frac{N}{N_A}$$

n en mol
N sans unité
N_A en mol^{-1}

Nombre d'entités chimiques	N_A	N
Quantité de matière en mol	1	n

(: N_A)

Doc. 5. Le tableau de proportionnalité entre *n* et *N*.

Exemple ➡ la quantité de matière que représente $20 \cdot 10^{22}$ électrons est : $n = 20 \cdot 10^{22} / 6{,}02 \cdot 10^{23} = 0{,}33$ mol.

2. Masse d'une mole d'entités

2.1. SVT Masse molaire atomique

La **masse molaire atomique** d'un élément est la masse d'une mole d'atomes de cet élément. On la note M ; elle s'exprime en $g \cdot mol^{-1}$.

Par définition, 1 mole de carbone 12 pèse 12 g. La masse molaire atomique du carbone 12 est donc égale à 12 $g \cdot mol^{-1}$. Un atome de carbone 12 renferme 12 nucléons, qui constituent l'essentiel de sa masse. On peut donc affirmer qu'une mole de nucléons a une masse approximativement égale à 1 g. Connaissant le nombre de nucléons A d'un atome, on peut donc aisément en déduire sa masse molaire.

Exemple ➡ Activité 3 : $M(^{197}_{79}Au) = 197\ g \cdot mol^{-1}$ question 2, p. 125.

En réalité, un échantillon d'atomes à l'état naturel est presque toujours un mélange d'isotopes, qui, par définition, ont des masses différentes. La plupart des classifications périodiques des éléments indiquent les valeurs des masses molaires atomiques moyennes, qui tiennent compte de l'abondance naturelle des différents isotopes.

La masse molaire atomique d'un élément est la masse d'une mole d'atomes de cet élément à l'état naturel.

Exemple ➡ Activité 3 : dans un échantillon d'atomes de chlore, on trouve 75,77 % de chlore 35 et 24,23 % de chlore 37. La masse molaire atomique du chlore se calcule ainsi question 4, p. 125 :

$$M(Cl) = 35 \times (75{,}77/100) + 37 \times (24{,}23/100) = 35{,}5\ g \cdot mol^{-1}.$$

Remarque : étant donné que la masse des électrons est négligeable devant celle des nucléons, on considère que la masse d'une mole d'ions monoatomiques **(masse molaire ionique)** est égale à la masse molaire atomique de l'atome correspondant (➡ activité 3 question 7, p. 126).

2.2. Masse molaire moléculaire

La **masse molaire moléculaire *M*** d'une molécule est la masse d'une mole de cette molécule. Elle s'obtient en effectuant la somme des masses molaires atomiques de chacun des atomes qui composent la molécule considérée. Elle s'exprime en $g \cdot mol^{-1}$.

Exemple ➡ Activité 3 : $M(H_2O) = 2 \times M(H) + 1 \times M(O) = 2 \times 1{,}0 + 1 \times 16{,}0 = 18{,}0\ g \cdot mol^{-1}$ question 5, p. 126.

Remarque : dans le cas des ions polyatomiques, on calcule la **masse molaire ionique** en effectuant la somme des masses molaires atomiques de chaque atome et on néglige la masse des électrons manquants ou supplémentaires.

2.3. Quantité de matière et masse

La connaissance de la masse molaire d'une espèce chimique permet de déterminer directement la quantité de matière d'un échantillon par une simple pesée.

La quantité de matière d'un échantillon de masse m d'entités chimiques de masse molaire M vaut :

$$n = \frac{m}{M} \quad \begin{array}{|l} n \text{ en mol} \\ m \text{ en g} \\ M \text{ en g} \cdot \text{mol}^{-1} \end{array}$$

Exemple ➡ la quantité de matière contenue dans 1 kg d'eau est : $n = 1\,000/18{,}0 = 55{,}6$ mol.

Pour des raisons pratiques, il est parfois plus aisé de mesurer un volume (en particulier pour des composés liquides). On calcule alors la masse correspondante grâce à la masse volumique du composé et la formule précédente permet de calculer la quantité de matière.

Quantité de matière en mol	1	n
Masse	M	m

($\times M$)

Doc. 6. Le tableau de proportionnalité entre n et m. On en déduit que $m = n \cdot M$.

3. Volume molaire des gaz

3.1. Loi d'Avogadro-Ampère

Pour les solides et les liquides, une même quantité de matière d'espèces chimiques différentes ne présente ni le même volume, ni la même masse (➡ activité 4 question 1, p. 126).

Le cas des gaz est particulier. En 1811, Avogadro propose une hypothèse selon laquelle le nombre d'entités chimiques présentes dans un gaz, quel qu'il soit, est proportionnel au volume occupé par le gaz. Le physicien français Ampère reprend cette idée en 1814. Cette hypothèse est vérifiée pour de faibles pressions et est connue aujourd'hui sous le nom de **loi d'Avogadro-Ampère** (➡ chapitre 26).

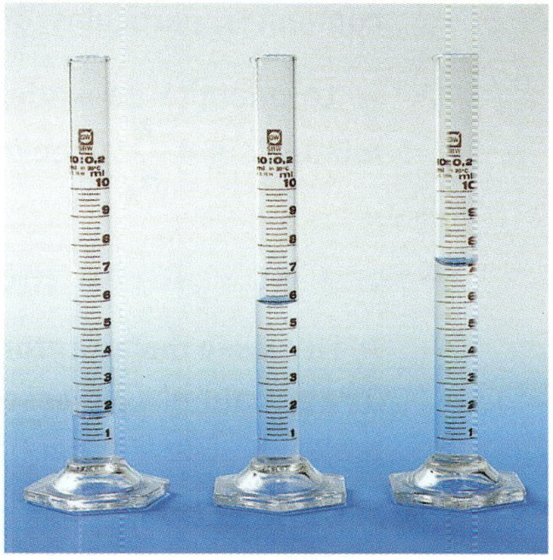

Doc. 7. De gauche à droite : 0,1 mol d'eau, d'éthanol et d'acétone (➡ activité 4).

À température et pression données, le volume occupé par une mole de gaz est indépendant de la nature du gaz. Ce volume est appelé **volume molaire.** On le note V_m ; il s'exprime en $L \cdot mol^{-1}$.

La valeur du volume molaire des gaz à 20 °C et 1 013 hPa (température et pression ambiantes moyennes de l'atmosphère dans laquelle nous vivons) est : $V_m = 24{,}0\ L \cdot mol^{-1}$.

Température (°C)	Volume molaire ($L \cdot mol^{-1}$)
0	22,4
20	24,0
100	30,6
500	63,4
1 000	104,0

Doc. 8. Volume molaire des gaz pour différentes températures, sous une pression de 1 013 hPa. Le volume occupé par 1 mol de gaz est quasiment multiplié par 5 quand sa température passe de 0 °C à 1 000 °C.

3.2. Quantité de matière et volume d'un gaz

La connaissance du volume molaire d'un gaz permet de déterminer directement la quantité de matière d'un échantillon de ce gaz en mesurant son volume.

COURS

La quantité de matière d'un échantillon de gaz de volume *V* vaut :

$$n = \frac{V}{V_m} \quad \begin{array}{|l} n \text{ en mol} \\ V \text{ en L} \\ V_m \text{ en L} \cdot \text{mol}^{-1} \end{array}$$

Quantité de matière en mol	1	n
Volume	V_m	V

($\times V_m$)

Doc. 9. Le tableau de proportionnalité entre n et V. On en déduit que $V = n \cdot V_m$.

Exemple ➡ la quantité de matière contenue dans 1 L de vapeur d'eau à 500 °C, sous 1 013 hPa, vaut : $n = 1/63{,}4 = 1{,}58 \cdot 10^{-2}$ mol.

Remarque : on peut aussi déterminer la quantité de matière d'un gaz à partir de sa masse (➡ § 2.3.), mais il est généralement plus facile de mesurer son volume.

L'ESSENTIEL

Ce qu'il faut savoir

La mole

✔ La **mole** est l'unité de **quantité de matière** (symbole : mol). Une mole d'entités chimiques contient N_A particules, où $\mathbf{N_A}$ est la **constante d'Avogadro,** qui vaut $\mathbf{6{,}02 \cdot 10^{23}\ mol^{-1}}$.

✔ La quantité de matière n et le nombre d'entités N dans un échantillon sont reliés par la relation : $n = \frac{N}{N_A}$ (n en mol, N_A en mol^{-1}, N sans unité).

Masse et volume molaires

✔ La **masse molaire atomique** d'un élément est la masse d'une mole d'atomes de cet élément à l'état naturel. La **masse molaire moléculaire** d'une molécule est la masse d'une mole de cette molécule. Elle s'obtient en faisant la somme des masses molaires atomiques de chacun des atomes qui la composent. Une masse molaire est notée M, elle s'exprime en $\mathbf{g \cdot mol^{-1}}$.

✔ La quantité de matière d'un échantillon est reliée à sa masse par la relation :

$$n = \frac{m}{M} \ (n \text{ en mol, } m \text{ en g, } M \text{ en g} \cdot \text{mol}^{-1}).$$

✔ Le **volume molaire** d'un gaz dépend de la température et de la pression, mais généralement pas de la nature du gaz. À 20 °C et 1 013 hPa, sa valeur est : $V_m = 24{,}0\ \text{L} \cdot \text{mol}^{-1}$. La quantité de matière d'un gaz est reliée à son volume par la relation :

$$n = \frac{V}{V_m} \ (n \text{ en mol, } V \text{ en L, } V_m \text{ en L} \cdot \text{mol}^{-1}).$$

Ce qu'il faut savoir faire

✔ Calculer une masse molaire moléculaire à partir des masses molaires atomiques.

✔ Déterminer une quantité de matière, connaissant la masse d'un solide ou le volume d'un liquide ou d'un gaz.

EXERCICES

EXERCICE RÉSOLU

Calculer des quantités de matière

Calculer les quantités de matière correspondant aux masses et aux volumes suivants :

1. une masse égale à 10,0 g de fer (Fe) ;

2. une masse égale à 1,00 kg de silice (SiO_2) ;

3. un volume égal à 20,0 mL de tétrachlorométhane liquide (CCl_4) ;

4. un volume égal à 3,0 L de dichlore gazeux (Cl_2) à 0 °C et 1 013 hPa.

Les masses molaires atomiques seront lues dans le tableau périodique des éléments (en fin de livre).

Données :
– la masse volumique du tétrachlorométhane, $\rho(CCl_4)$, est égale à 1,6 g · cm^{-3} ;
– le volume molaire V_m d'un gaz à 0 °C et 1 013 hPa est égal à 22,4 L · mol^{-1}.

CONSEILS	SOLUTION
1. *Chercher dans le tableau périodique la valeur de la masse molaire atomique et utiliser la formule* $n = \frac{m}{M}$.	**1.** $M(Fe) = 55{,}8$ g · mol^{-1}. $n(Fe) = \frac{m(Fe)}{M(Fe)} = \frac{10{,}0}{55{,}8} = 0{,}18$ mol.
2. *Calculer la masse molaire moléculaire, puis utiliser la formule* $n = \frac{m}{M}$. *Attention aux unités.*	**2.** $M(SiO_2) = M(Si) + 2 \times M(O) = 28{,}1 + 2 \times 16{,}0 = 60{,}1$ g · mol^{-1}. $m(SiO_2) = 1{,}00$ kg $= 1\,000$ g. Donc $n(SiO_2) = \frac{m(SiO_2)}{M(SiO_2)} = \frac{1\,000}{60{,}1} = 16{,}6$ mol.
3. *Calculer la masse molaire moléculaire et chercher, à partir de la masse volumique ρ, à quelle masse correspond le volume donné, de manière à pouvoir utiliser la formule* $n = \frac{m}{M}$. *Attention aux unités.*	**3.** $M(CCl_4) = M(C) + 4 \times M(Cl) = 12{,}0 + 4 \times 35{,}5 = 154$ g · mol^{-1}. $V(CCl_4) = 20{,}0$ mL $= 20{,}0$ cm^3. $m(CCl_4) = \rho(CCl_4) \times V(CCl_4) = 1{,}6 \times 20{,}0 = 32$ g. Donc $n(CCl_4) = \frac{m(CCl_4)}{M(CCl_4)} = \frac{32}{154} = 2{,}1 \cdot 10^{-1}$ mol.
4. *Dans le cas des gaz, on utilise la formule* $n = \frac{V}{V_m}$.	**4.** $n(Cl_2) = \frac{V(Cl_2)}{V_m} = \frac{3}{22{,}4} = 0{,}13$ mol.

EXERCICES

VÉRIFIEZ VOS CONNAISSANCES

Questions

1 Quelle est la valeur de la constante d'Avogadro ? Quelle est son unité ?

2 Quelle est la relation entre la quantité de matière n d'un échantillon et le nombre d'entités chimiques N qu'il contient ?

3 Qu'est-ce qu'une masse molaire atomique ? Quelle est son unité ?

4 Comment calcule-t-on une masse molaire moléculaire ?

5 Quelle est la relation entre la masse m d'un échantillon, sa masse molaire M et sa quantité de matière n ?

6 Qu'est-ce que le volume molaire d'un gaz ? Quelle est son unité ?

7 Énoncer la loi d'Avogadro-Ampère.

8 Quelle est la relation entre le volume V d'un gaz, son volume molaire V_m et sa quantité de matière n ?

QCM

(Plusieurs réponses sont possibles.)

9 Le volume molaire d'un gaz dépend :
a. de sa température ;
b. de la nature du gaz ;
c. de sa pression.

10 La constante d'Avogadro :
a. est un nombre sans unité ;
b. représente le nombre d'entités dans une mole ;
c. représente une mole d'azote.

11 La masse molaire atomique :
a. est la masse d'un atome ;
b. est la masse d'une mole d'un même isotope ;
c. est la masse d'une mole d'un mélange naturel d'isotopes d'un élément.

EXERCICES D'APPLICATION

Quantité de matière et nombre d'entités chimiques

12 **1.** Quelle quantité de matière correspond à $24{,}08 \cdot 10^{23}$ entités ?
2. Quelle quantité de matière correspond à la moitié de ce nombre ?

13 **1.** Quel est le nombre d'atomes contenus dans $5 \cdot 10^{-3}$ mol d'atomes ?
2. Quel est le nombre d'atomes contenus dans $1 \cdot 10^{-2}$ mol d'atomes ?

Quantité de matière et masse

14 **1.** À l'aide des données du tableau périodique des éléments, recopier et compléter le tableau suivant :

Atome	Symbole	Masse molaire atomique (en $g \cdot mol^{-1}$)
Fer		
	Cu	
Uranium		
	W	
Potassium		
	He	
Thorium		

2. Calculer la masse d'un atome pour chacun des éléments proposés.

15 **1.** À l'aide des données du tableau périodique des éléments, recopier et compléter le tableau suivant :

Composé moléculaire ou ionique	Symbole	Masse molaire moléculaire (en $g \cdot mol^{-1}$)
Dihydrogène		
	I_2	
Dioxyde de carbone		
Tétrafluorure d'uranium	UF_4	
Sulfate de cuivre		
Saccharose	$C_{12}H_{22}O_{11}$	
Phosphate de calcium	$Ca_3(PO_4)_2$	
Paracétamol	$C_8H_9O_2N$	

2. Calculer la masse que représente une quantité de matière de $2{,}3 \cdot 10^{-4}$ mol des composés précédents.

16 À l'aide des données du tableau périodique des éléments, recopier et compléter le tableau suivant :

Ion	Symbole	Masse molaire ionique (en g · mol^{-1})
Chlorure		
	Al^{3+}	
Sodium		
	NO_3^-	
Sulfate		
	NH_4^+	

Quantité de matière et volume

17 Calculer la quantité de matière contenue dans 10 m^3 de dioxygène, à 20 °C et 1 013 hPa.
Donnée : volume molaire des gaz à 20°C et 1 013 hPa : $V_m = 24,0$ L · mol^{-1}.

18 Calculer le volume occupé par 0,33 mol de dihydrogène à 0 °C et 1 013 hPa.
Donnée : volume molaire des gaz à 0°C et 1 013 hPa : $V_m = 22,4$ L · mol^{-1}.

EXERCICES DE SYNTHÈSE

19 ★ Composés solides

Recopier et compléter le tableau suivant (les valeurs des masses molaires atomiques seront lues dans le tableau périodique).

Espèces chimiques	Masse molaire (g · mol^{-1})	Masse (g)	Quantité de matière (mol)
Fer (Fe)		7,0	
			0,20
Soufre (S)		3,0	
			0,20
Craie ($CaCO_3$)		12,0	
			0,20
Sel (NaCl)		20,0	
			0,20

20 ★ L'air que nous respirons

L'air que nous respirons contient environ 1/5 de dioxygène (O_2) et 4/5 de diazote (N_2) en volume.

1. Quel volume de chacun de ces deux gaz est enfermé dans une salle de 90 m^3 ?

2. À quelle quantité de matière cela correspond-il pour chacun d'eux ?

3. Quelles masses de dioxygène et de diazote la salle contient-elle ?

Donnée : volume molaire des gaz à 20 °C et 1 013 hPa : $V_m = 24,0$ L · mol^{-1}.

21 ★ Métaux précieux

On considère des échantillons d'argent (Ag), d'or (Au) et de platine (Pt), ayant tous la même masse $m = 10,0$ mg.

1. Quelles sont les masses molaires atomiques de chacun des métaux précieux cités ?

2. Calculer les quantités de matière correspondantes.

3. On veut réaliser les alliages (Au-Pt) et (Ag-Au). Pour cela, on prend 1 mol de chaque métal. Quelle est la masse de chaque échantillon prélevé ?

22 ★ Recyclage du verre

Une usine est spécialisée dans le recyclage des bouteilles de verre. Sur 5 000 bouteilles récupérées dans les conteneurs, il y en a 20 % qui ne sont pas recyclables. Le verre contient 60 % de silice (SiO_2) et d'autres constituants. Une bouteille pèse environ 400 g.

1. Quelle masse de SiO_2 récupère-t-on avec ces 5 000 bouteilles ?

2. Quelle est la quantité de matière correspondante ?

23 ★ Sylvain est-il malade ?

Le cholestérol a pour formule $C_{27}H_{46}O$. Sylvain lit les résultats de son analyse sanguine et constate qu'il a un taux de cholestérol égal à 10,5 mmol · L^{-1}.
Sachant que le taux de cholestérol ne doit pas dépasser 2,20 g · L^{-1}, Sylvain est-il malade ?

24 ★ Eau minérale

L'étiquette d'une eau minérale donne les indications suivantes :

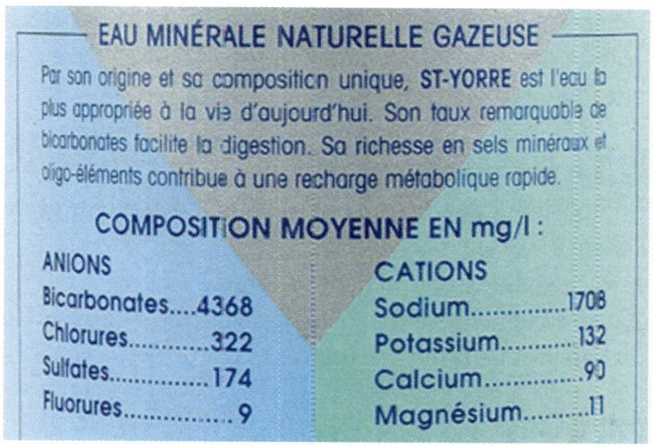

Recopier et compléter le tableau suivant :

Nom et formule des ions	Masse molaire (g · mol^{-1})	Concentration (g · L^{-1})	Concentration (mol · L^{-1})
Bicarbonates (HCO_3^-)			
Chlorures (Cl^-)			
Sulfates (SO_4^{2-})			
Fluorures (F^-)			
Sodium (Na^+)			
Potassium (K^+)			
Calcium (Ca^{2+})			
Magnésium (Mg^{2+})			

25 ★★ Volume d'une mole de fer

1. Chercher la valeur de la masse molaire atomique du fer.
2. La masse volumique du fer est égale à 7 860 kg · m^{-3}. Calculer le volume occupé par une mole de fer.
3. Calculer la quantité de matière contenue dans 1,0 m^3 de fer.

26 ★★ L'heptane

L'heptane, de formule C_7H_{16}, est un liquide à 0 °C et 1 013 hPa et sa masse volumique est égale à 0,69 g · L^{-1}.
1. Quelle est la masse de 3,0 L d'heptane ?
2. Quel volume faudra-t-il mesurer pour avoir une quantité de matière de 0,50 mol ?

27 ★★ Les pluies acides

Certains gaz rejetés dans l'atmosphère sont à l'origine des pluies acides. Par exemple, le trioxyde de soufre (SO_3) réagit avec les gouttelettes d'eau de pluie. Il se forme alors de l'acide sulfurique (H_2SO_4).
1. Calculer la masse molaire moléculaire du trioxyde de soufre.
2. On détecte dans l'air d'une ville une concentration de 0,50 μmol de trioxyde de soufre par m^3 d'air. Exprimer ce résultat en μg · L^{-1}.
3. La norme fixée par l'Union européenne indique que la concentration en trioxyde de soufre ne doit pas dépasser 250 μg par m^3 d'air. Doit-on considérer l'air analysé à la question 2 comme pollué ?

28 ★★ Une bague en or

On considère une bague en or jaune (alliage d'or et de cuivre) à 18 carats.
1. Rechercher ce que signifie 18 carats.
2. Cette bague pèse 40 g. Quelles sont les quantités de matière des deux métaux utilisés ?

29 ★★ Les isotopes du nickel

Sur un document scientifique, on peut lire les données suivantes :

^A_ZNi	Pourcentage isotopique (%)	Masse molaire (g · mol^{-1})
$A = 58$; $Z = 28$	68,3	57,935
$A = 60$; $Z = 28$	26,1	59,930
$A = 61$; $Z = 28$	1,10	60,931
$A = 62$; $Z = 28$	3,59	61,928
$A = 64$; $Z = 28$	0,910	63,928

1. Que signifient les lettres *A* et *Z* ?
2. Définir le mot « isotope ».
3. Calculer la masse molaire atomique de l'élément Ni à partir de sa composition isotopique.
4. Comparer cette valeur à celle qui est indiquée dans la classification périodique.

30 ★★★ Composés liquides

1. Exprimer le volume molaire V_m d'une espèce chimique en fonction de sa masse molaire *M* et de sa masse volumique ρ.
2. a. Calculer les masses molaires moléculaires *M* des espèces chimiques liquides données dans le tableau suivant (les valeurs des masses molaires atomiques seront lues dans le tableau périodique).
b. Recopier le tableau et le compléter.

Espèces chimiques	Volume molaire V_m (L · mol^{-1})	Volume *V* (mL)	Quantité de matière *n* (mol)
Eau (H_2O)		54,0	
			0,20
Éthanol (C_2H_6O)		12,0	
			0,20
Cyclohexane (C_6H_{12})		7,0	
			0,20

Données : masse volumique de l'eau : 1,0 g · cm^{-3} ; de l'éthanol : 0,79 g · cm^{-3} ; du cyclohexane : 0,78 g · cm^{-3}.

31 ★★★ Le gaz de ville ou méthane

1. Calculer la masse molaire moléculaire du méthane, ou gaz de ville, de formule CH_4.
2. Calculer le volume occupé par 13,4 mol de méthane à 0 °C et 1 013 hPa.
3. Calculer la masse correspondante.
4. En déduire la densité du méthane par rapport à l'air, sachant que la masse volumique de l'air, à 0°C et 1 013 hPa, vaut 1,29 g · L^{-1}.
Donnée : volume molaire des gaz à 0°C et 1 013 hPa : $V_m = 22{,}4$ L · mol^{-1}.

MINI-TP

32 ★ Échantillons de corps purs

Rechercher différents corps purs dont vous pouvez disposer à la maison.
1. Chercher la formule chimique de chacun d'eux et calculer leur masse molaire à l'aide du tableau périodique des éléments.
2. Par pesée, prélever un échantillon de chacun des corps purs choisis, de façon à ce que chaque échantillon ait la même masse.
3. Calculer les quantités de matière correspondantes. Les comparer entre elles.

Les médicaments se présentent souvent sous la forme de solutions contenant un principe actif. Pour l'efficacité du médicament, la concentration en principe actif est importante. Qu'est-ce que la concentration ?

11

LES SOLUTIONS

OBJECTIFS

- Connaître la notion de concentration molaire.
- Connaître l'expression de la concentration molaire et savoir l'utiliser.
- Savoir préparer une solution de concentration molaire donnée.

Vous avez appris au collège que la **concentration massique** est la masse d'un corps dissous dans un litre de solution. On peut également définir une **concentration molaire.** En chimie, il est indispensable de savoir préparer des solutions de concentrations déterminées.

Activité documentaire 1

Un médicament en solution

*Dans cette activité, nous allons réviser la notion de **concentration massique** sur un exemple concret.*

Document

Une boîte de médicaments contient deux flacons : un flacon A contenant un liquide incolore et un flacon B contenant une poudre blanche. Le mélange des contenus des deux flacons permet d'obtenir une solution qui peut être utilisée en pulvérisations.

Sur la notice intérieure, on peut lire les informations reproduites ci-dessous sur le doc. 1. Les quantités de poudre et de solvant y sont indiquées pour 100 mL de solution, mais les quantités fournies par les flacons A et B dans une boîte ne permettent de préparer que 10 mL de solution.

Questions

1. Donnez la définition d'une solution.
2. Quel est le flacon contenant le solvant ?
3. Comment appelle-t-on la poudre que l'on dissout pour faire une solution ?
4. Comment obtient-on la solution désirée ? Pourquoi l'agitation est-elle nécessaire ?
5. À partir des indications de la notice pour 100 mL de solution, calculez, en $g \cdot L^{-1}$, le rapport de la masse de poudre au volume de la solution ou concentration massique de la solution pour pulvérisation.
6. Calculez la masse de poudre effectivement présente dans le flacon B.

COMPOSITION
Poudre : .... 0,246 g
Poudre et solvant pour 100 mL de solution.

FORME PHARMACEUTIQUE ET PRÉSENTATION
Poudre et solvant pour solution pour pulvérisation nasale.
Flacon de 10 mL.

COMMENT UTILISER CE MÉDICAMENT

1. **Ôter** le bouchon du flacon A.

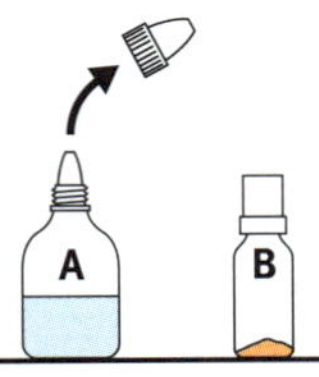

2. **Visser à fond** le flacon B dans le flacon A.

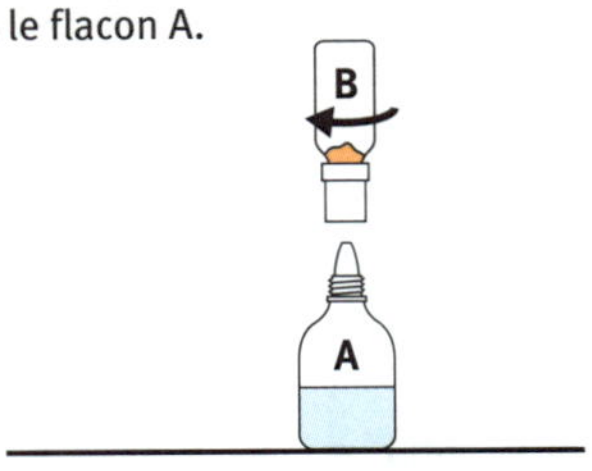

3. **Retourner l'ensemble.**
Appuyer plusieurs fois sur le flacon A **pour faire passer tout le liquide dans le flacon B.**

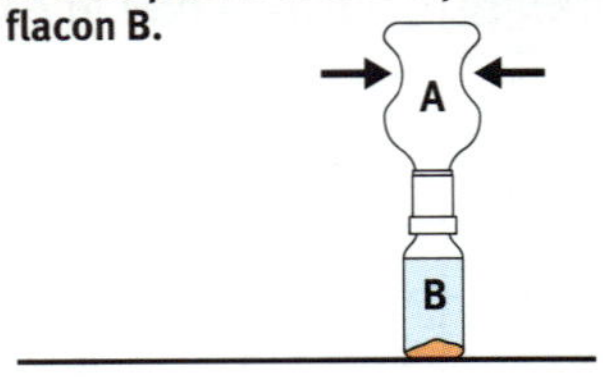

4. **Agiter** une dizaine de fois.
Placer de nouveau le flacon A en bas.

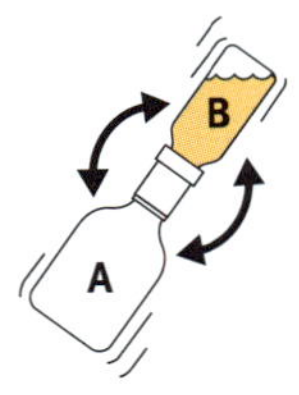

5. **Appuyer plusieurs fois sur le flacon A** pour faire redescendre tout le liquide.

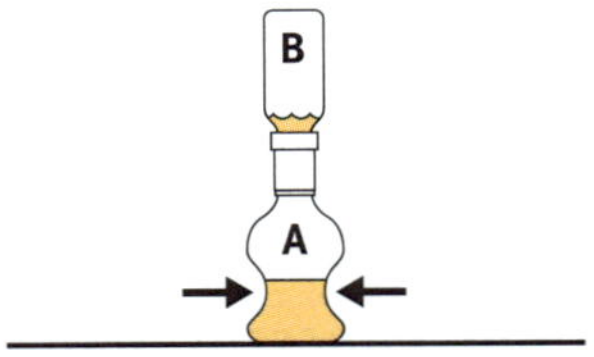

6. **Dévisser :**
Le flacon B devenu inutile peut être jeté.
Le flacon A est prêt à l'emploi.
Reboucher le flacon A après usage.

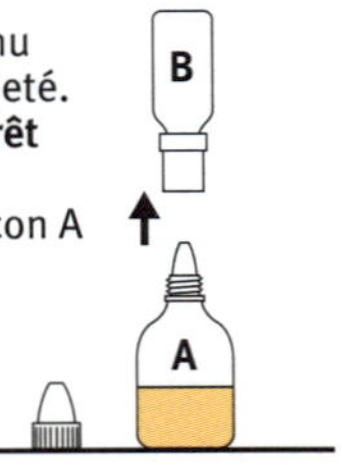

Doc. 1. Un extrait de la notice du médicament.

Activité expérimentale 2

Préparation d'une solution de saccharose

Dans cette activité, nous allons apprendre à préparer une solution de concentration déterminée et découvrir la notion de concentration molaire.

Matériel

– Saccharose en poudre, eau distillée.
– Balance, sabot ou coupelle, spatule, fiole jaugée de 100 mL munie d'un bouchon, éprouvette graduée de 100 mL, entonnoir, pipette pasteur.

Manipulation

- Nous voulons préparer une solution de saccharose dans l'eau, de concentration massique 200 g · L^{-1}. Le saccharose est le sucre alimentaire. Sa formule brute est $C_{12}H_{22}O_{11}$.
- Placer un sabot ou une coupelle sur la balance, puis tarer celle-ci. Prélever le saccharose à l'aide d'une spatule et en peser 20,0 g.

Doc. 2. La pesée du saccharose.

- Prélever environ 100 mL d'eau distillée dans une éprouvette graduée. À l'aide d'un entonnoir, verser lentement le saccharose dans une fiole jaugée, puis verser environ 20 mL d'eau en prenant soin de bien entraîner le saccharose restant sur l'entonnoir.
- Boucher la fiole jaugée et agiter. Le saccharose se dissout dans l'eau.
- À l'aide de l'entonnoir, verser à nouveau de l'eau dans la fiole jaugée de façon à ce que le niveau arrive un peu en dessous du trait de jauge. Boucher et agiter.
- Compléter ensuite jusqu'au trait de jauge à l'aide de la pipette. Boucher et agiter. La solution est prête.

ATTENTION ! La surface du liquide a la forme d'un ménisque (➡ fiche 7). Le bas de ce ménisque doit coïncider avec le trait de jauge.

Doc. 3. La position du ménisque par rapport au trait de jauge. ▶

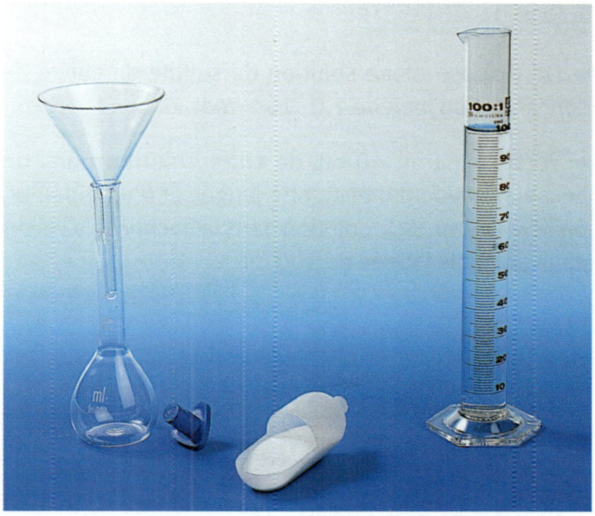

Doc. 4. Le matériel pour la préparation d'une solution de saccharose.

Questions

1. Observez la forme de la fiole jaugée. Pourquoi ne faut-il pas introduire d'un seul coup le volume d'eau nécessaire ?

2. Vérifiez que la quantité de saccharose dissoute dans les 100 mL de solution permet d'obtenir la concentration massique désirée.

3. On appelle concentration molaire la quantité de matière dissoute dans un litre de solution. Elle s'exprime en mol · L^{-1}. Calculez la concentration molaire de la solution préparée dans cette activité.

4. On a malencontreusement versé trop d'eau dans la fiole, le bas du ménisque étant plus haut que le trait de jauge. Peut-on prélever de la solution pour compenser l'erreur ? Pourquoi ?

ACTIVITÉS

Activité expérimentale 3

Dilution d'une solution

Pour préparer une solution de concentration déterminée, il est possible de diluer une solution de concentration plus importante.

Matériel

– Solution de sulfate de cuivre de concentration molaire $1{,}0 \cdot 10^{-2}$ mol · L^{-1}, eau distillée.
– Fiole jaugée de 100 mL munie d'un bouchon, pipette jaugée de 10 mL, pipeteur, pipette pasteur, béchers, entonnoir.

Manipulation

- On dispose d'une solution de sulfate de cuivre de concentration molaire $1{,}0 \cdot 10^{-2}$ mol · L^{-1}.

- Verser environ 40 mL de cette solution dans un bécher. À l'aide d'une pipette jaugée et d'un pipeteur, prélever 10 mL de la solution dans le bécher et la verser dans une fiole jaugée de 100 mL.

- Verser dans un deuxième bécher environ 100 mL d'eau distillée.

- À l'aide d'un entonnoir, verser environ 40 mL de cette eau dans la fiole jaugée. Boucher et agiter.

Verser à nouveau de l'eau dans la fiole jaugée, de façon à ce que le niveau arrive un peu en dessous du trait de jauge. Boucher et agiter.

Compléter jusqu'au trait de jauge à l'aide d'une pipette pasteur (➜ fiche 7). Boucher et agiter. La solution est prête.

Questions

1. Quelle est la quantité de matière de sulfate de cuivre dans les 10 mL de la solution initiale ?

2. Quel est le volume de la solution obtenue ?

3. Quelle est la concentration molaire (nombre de moles par litre de solution), en mol · L^{-1}, de cette dernière solution de sulfate de cuivre ?

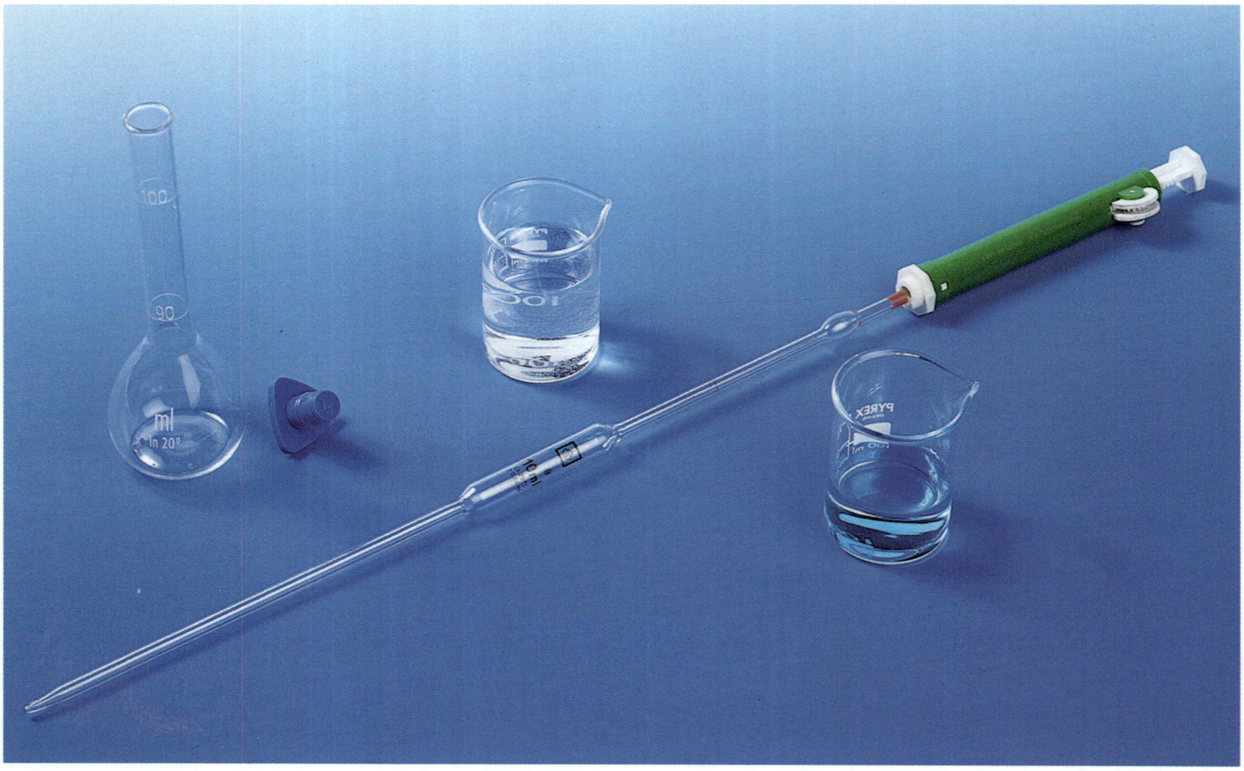

Doc. 5. Le matériel pour la dilution d'une solution de sulfate de cuivre.

Activité expérimentale 4

Réalisation d'une échelle de teinte

*En préparant des solutions de différentes concentrations, nous allons obtenir une **« échelle de teinte »**, utile pour évaluer une concentration inconnue.*

Matériel

– Tubes à essais, porte-tubes, pipettes graduées, pipeteur.

– Solution de diiode dans l'eau, eau distillée.

Manipulation 1

OBJECTIF : préparer des solutions de concentrations différentes.

À partir d'une solution A de diiode dans l'eau, de concentration $1 \cdot 10^{-2}$ mol $\cdot$ L^{-1}, nous allons préparer une série de solutions de différentes concentrations.

Le mode de préparation de chaque solution est résumé dans le tableau suivant :

Numéro de la solution	1	2	3	4	5	6
Volume de la solution A versé (mL)	1	2	3	4	5	6
Volume final après addition d'eau (mL)	10	10	10	10	10	10

Les différents volumes de solution A et d'eau sont prélevés à l'aide de pipettes graduées et d'un pipeteur (→ fiche 7).

Les solutions sont placées dans des tubes à essais sur un porte-tube par ordre de numéros croissants (doc. 6).

Questions

1. Une fois les différentes solutions préparées, qu'observez-vous ?

2. Recopiez le tableau et complétez-le avec une ligne dans laquelle vous porterez les concentrations molaires des solutions.

3. Comment varie la teinte des solutions avec leur concentration ?

Manipulation 2

OBJECTIF : évaluer une concentration.

On dispose d'une solution de diiode dans l'eau de concentration inconnue (doc. 7). L'échelle de teinte obtenue à la manipulation précédente va nous permettre d'en donner un ordre de grandeur.

Questions

4. Donnez un encadrement de la valeur de la concentration de la solution inconnue.

5. Concluez sur cette activité. Quel renseignement peut-on tirer de la couleur d'une solution colorée ? Ce renseignement est-il précis ?

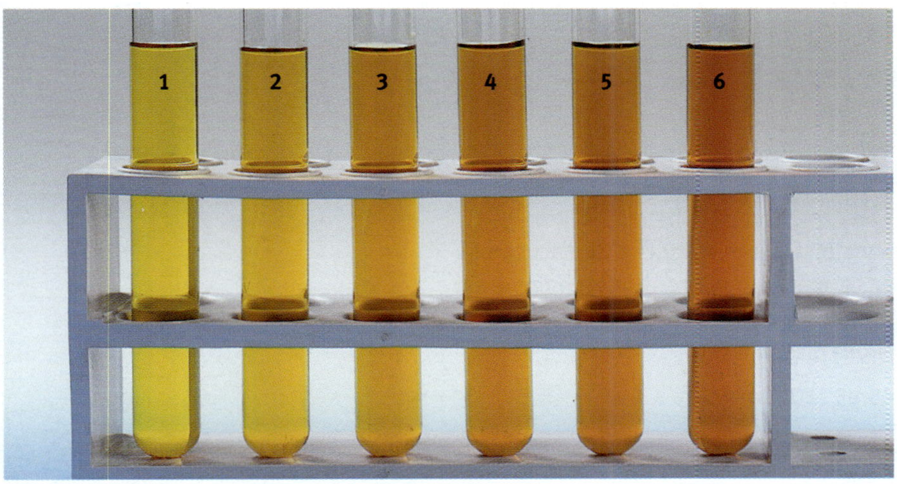

Doc. 6. Les différentes solutions de diiode obtenues.

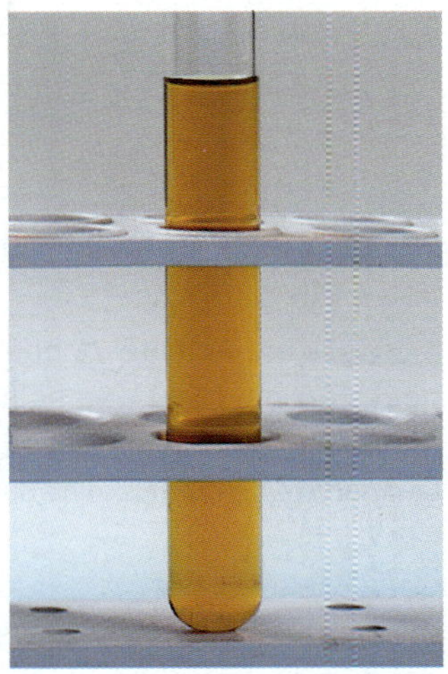

Doc. 7. La solution de concentration inconnue.

1. SVT Les solutions

Une solution est obtenue par dissolution d'une espèce chimique dans un solvant. L'espèce chimique dissoute s'appelle soluté.

Le soluté peut être un solide, un liquide ou un gaz. Il est en petite quantité par rapport au solvant.

Le soluté peut être constitué d'ions ou de molécules. Une solution peut donc contenir des ions ou des molécules.

Le solvant est un liquide dans lequel on dissout le soluté. Lorsque le solvant est de l'eau, on parle de **solution aqueuse.**

Exemple ➡ **Activité 2 :** la solution préparée est une solution aqueuse contenant des molécules de saccharose.

Exemple ➡ **Activité 3 :** la solution préparée est une solution aqueuse contenant des ions : les ions sulfate et les ions cuivre II.

Doc. 8. La dissolution d'un morceau de sucre dans l'eau. Les molécules de saccharose se dispersent dans le liquide.

2. SVT Concentration molaire d'une solution

2.1. Définition

On appelle **concentration molaire *C*** d'une solution le rapport de la quantité de matière *n* de soluté dans la solution par le volume *V* de la solution. On l'exprime en $mol \cdot L^{-1}$.

$$C = \frac{n}{V} \quad \begin{array}{|l} C \text{ en } mol \cdot L^{-1} \\ n \text{ en } mol \\ V \text{ en } L \end{array}$$

La concentration molaire d'une espèce chimique moléculaire X est notée [X].

Exemple ➡ **Activité 2 :** nous avons dissous $m = 20{,}0$ g de saccharose pour 100 mL (0,1 L) de solution. La masse molaire du saccharose est $M = 342 \text{ g} \cdot mol^{-1}$.

La quantité de matière *n* de saccharose dissoute est :

$$n = \frac{m}{M} = 5{,}85 \cdot 10^{-2} \text{ mol.}$$

La concentration molaire en saccharose de la solution est donc :

$$C = \frac{n}{V} = \frac{5{,}85 \cdot 10^{-2}}{0{,}1} = 5{,}85 \cdot 10^{-1} \text{ mol} \cdot L^{-1}.$$

On écrit : $[C_{12}H_{22}O_{11}] = 5{,}85 \cdot 10^{-1} \text{ mol} \cdot L^{-1}$ question 3, p. 137.

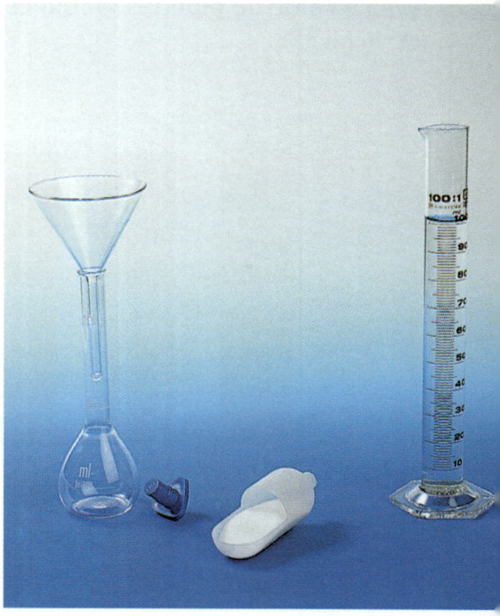

Doc. 9. Le matériel pour la préparation de 100 mL d'une solution aqueuse de saccharose (➡ activité 2).

Remarque : dans la vie courante, on donne souvent la concentration massique d'un constituant. La concentration massique est égale au rapport de la masse du soluté par le volume de la solution. Elle s'exprime en $g \cdot L^{-1}$.

2.2. Dilution d'une solution

Conservation de la quantité de matière

On dispose d'un volume V d'une solution A, de concentration molaire en soluté C. Nous allons diluer cette solution en y ajoutant du solvant. La solution A est appelée solution mère. La solution B obtenue après dilution est appelée solution fille. Sa concentration est C' et son volume V'.

Lors de la dilution, le volume augmente, mais la quantité de matière de soluté n est toujours la même. D'après la relation $C = \frac{n}{V}$ (➡ § 2.1.), on peut donc déduire que la concentration diminue.

On peut également écrire la relation : $n = C \cdot V = C' \cdot V'$.

Dans une opération de dilution, la quantité de matière ne change pas. Si l'on appelle C et V la concentration molaire et le volume de la solution mère et C' et V' la concentration molaire et le volume de la solution fille, on peut écrire la relation :

$$C \cdot V = C' \cdot V'.$$

Obtention d'une solution de concentration donnée

Pour obtenir une solution de concentration donnée, on peut dissoudre une quantité donnée d'une espèce chimique dans un volume donné de solvant. Une deuxième possibilité est de diluer une solution de concentration connue. Cette opération n'est possible que si la concentration de la solution mère C est supérieure à la concentration désirée C'.

On prélève un volume V de la solution A. On ajoute alors du solvant, de façon à obtenir un volume V' de solution. On peut écrire la relation $C \cdot V = C' \cdot V'$. Connaissant les concentration et volume C et V et la valeur de la concentration désirée C', on en déduit la valeur de V' :

$$V' = \frac{C \cdot V}{C'}.$$

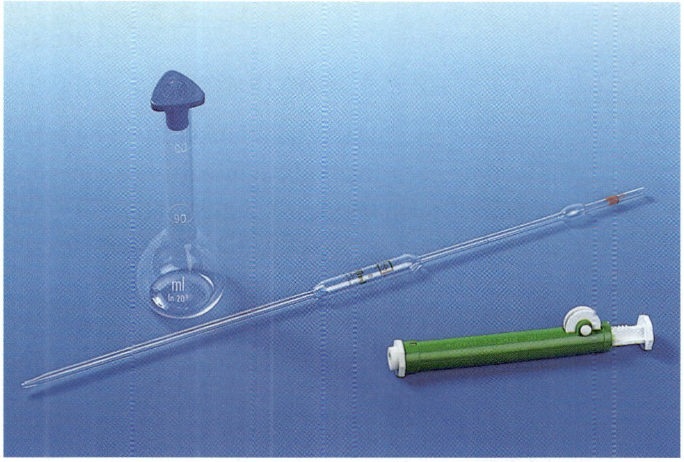

Doc. 10. Le matériel pour la dilution au dixième d'une solution de sulfate de cuivre : une fiole jaugée de 100 mL, une pipette jaugée de 10 mL et un pipeteur.

Pour obtenir le volume V', il suffit d'ajouter à la solution A un volume v de solvant tel que : $V + v = V'$, soit $v = V' - V$.

Exemple ➡ Activité 3 : on dispose initialement d'un volume $V = 10$ mL d'une solution de sulfate de cuivre, de concentration $1{,}0 \cdot 10^{-2}$ $mol \cdot L^{-1}$. La solution fille obtenue a une concentration C' dix fois plus petite, égale à $1{,}0 \cdot 10^{-3}$ $mol \cdot L^{-1}$ question 3, p. 138.

COURS

Il s'agit donc d'obtenir un volume final V' tel que :

$$V' = \frac{C \cdot V}{C'} = \frac{1{,}0 \cdot 10^{-2} \times 10 \cdot 10^{-3}}{1{,}0 \cdot 10^{-3}} = 0{,}1 \text{ L} = 100 \text{ mL}.$$

Pour cela, il faut ajouter à la solution initiale un volume de solvant v égal à $V' - V$, soit $v = 100 - 10 = 90$ mL.

2.3. Échelle de teinte

Lorsqu'une espèce chimique est colorée en solution, la teinte obtenue est d'autant plus foncée que la concentration est importante (➡ activité 4 question 3, p. 139). Cette propriété peut être utilisée pour évaluer grossièrement la concentration d'une solution question 5, p. 139.

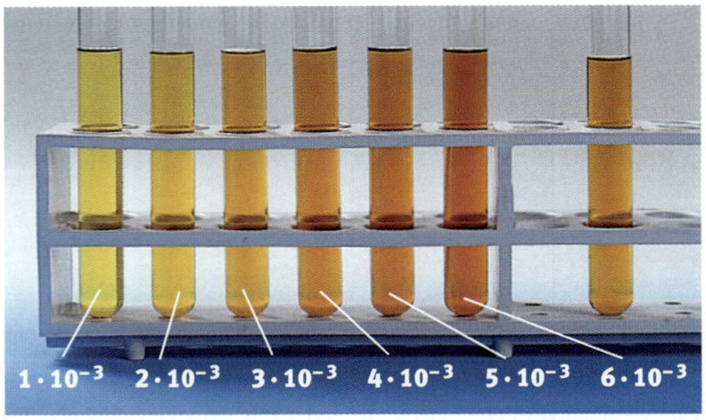

Doc. 11. L'échelle de teinte obtenue à l'activité 4. Les concentrations sont exprimées en $\text{mol} \cdot \text{L}^{-1}$. La concentration dans le tube de droite est comprise entre $3 \cdot 10^{-3}$ et $4 \cdot 10^{-3}$ $\text{mol} \cdot \text{L}^{-1}$ questions 2 et 4, p. 139.

L'ESSENTIEL

Ce qu'il faut savoir

Concentration molaire

✔ Une **solution** est formée par dissolution d'un **soluté** dans un **solvant.** Dans une **solution aqueuse,** le solvant est de l'eau.

✔ Une solution peut contenir des ions ou des molécules.

✔ La **concentration molaire** C d'une espèce en solution est égale au rapport de la quantité de matière n de cette espèce dans la solution au volume V de la solution. On l'exprime en $\text{mol} \cdot \text{L}^{-1}$.

$$C = \frac{n}{V} \quad \left| \begin{array}{l} C \text{ en mol} \cdot \text{L}^{-1} \\ n \text{ en mol} \\ V \text{ en L} \end{array} \right.$$

Dilution d'une solution

✔ Lorsqu'on dilue une solution par ajout de solvant, la quantité de matière ne change pas, mais le volume de la solution augmente et sa concentration diminue. Si l'on appelle C et V la concentration et le volume de la solution initiale et C' et V' la concentration et le volume de la solution finale, on peut écrire la relation : $\mathbf{C \cdot V = C' \cdot V'}$.

Ce qu'il faut savoir faire

✔ Utiliser l'expression $C = \frac{n}{V}$.

✔ Utiliser une balance et la verrerie adaptée pour réaliser par dissolution une solution de concentration donnée.

✔ Réaliser la dilution d'une solution.

À revoir : la fiche 7.

EXERCICE RÉSOLU

Utiliser la relation $C = n/V$

1. On dispose d'une solution A de saccharose, de volume $V_A = 50$ mL et contenant $n_A = 0{,}5$ mol de saccharose.

a. Calculer la concentration molaire C_A de cette solution.

b. On ajoute à cette solution 250 mL d'eau et on agite. Calculer la concentration molaire C_B en saccharose de la solution B obtenue.

c. On prélève 25 mL de la solution B. Quelle est la quantité de matière n_C de saccharose dans ce prélèvement ?

2. On dispose d'une solution mère de diiode, de concentration molaire $C_1 = 5{,}0 \cdot 10^{-1}$ mol · L^{-1}. On souhaite obtenir une solution fille de concentration $C_2 = 1{,}0 \cdot 10^{-2}$ mol · L^{-1} et de volume $V_2 = 250$ mL. Comment procéder ?

CONSEILS

1. a. *La relation utilisée doit être homogène, donc faire attention aux unités. La quantité de matière est exprimée en mol, le volume en L.*
Utiliser les puissances de dix et donner le résultat en écriture scientifique.

b. *La quantité de matière de saccharose n'a pas changé mais le volume a varié.*

c. *La concentration molaire dans les 25 mL de prélèvement est la même que dans la solution B.*

2. *Il s'agit d'une opération de dilution. La relation $C \cdot V = C' \cdot V'$ (ici $C_1 \cdot V_1 = C_2 \cdot V_2$) peut donc être utilisée. Pour respecter l'homogénéité de la relation, les volumes V_1 et V_2 doivent être exprimés dans la même unité. On peut conserver l'unité mL, sans avoir besoin de convertir en L.*

SOLUTION

1. a. La relation donnant la concentration molaire de la solution est : $C_A = \dfrac{n_A}{V_A}$.

Application numérique :
$n_A = 0{,}5$ mol ; $V_A = 50 \cdot 10^{-3}$ L.

$C_A = \dfrac{0{,}5}{50 \cdot 10^{-3}} = 10$ mol · L^{-1}.

b. Le volume de la solution est maintenant égal à $V_B = 300$ mL. La quantité de matière de saccharose contenue est toujours égale à 0,5 mol. La nouvelle concentration est donc : $C_B = \dfrac{n_A}{V_B}$.

Application numérique :

$C_B = \dfrac{0{,}5}{300 \cdot 10^{-3}} = 1{,}7$ mol · L^{-1}.

c. La concentration molaire en saccharose est égale à C_B. La quantité de matière de saccharose dans le prélèvement, de volume $V_C = 25$ mL, est $n_C = C_B \cdot V_C$.

Application numérique :
$n_C = 1{,}7 \times 25 \cdot 10^{-3} = 4{,}3 \cdot 10^{-2}$ mol.

2. On peut écrire la relation $C_1 \cdot V_1 = C_2 \cdot V_2$.
Le volume V_1 de solution mère à prélever est donc $V_1 = \dfrac{C_2 V_2}{C_1}$.

Application numérique :

$V_1 = \dfrac{1{,}0 \cdot 10^{-2} \times 250}{5{,}0 \cdot 10^{-1}} = 5{,}0$ mL.

EXERCICES

VÉRIFIEZ VOS CONNAISSANCES

Questions

1 Définir l'expression « solution aqueuse ».

2 Quel est le soluté dans une solution aqueuse de sulfate de cuivre ?

3 Peut-on réaliser une solution aqueuse avec un solvant autre que l'eau ?

4 Représenter une pipette jaugée et une pipette graduée.

5 Définir la concentration molaire d'une solution.

6 Quelle est la grandeur qui se conserve lors d'une dilution ?

7 Quelle relation peut-on écrire entre les volumes et les concentrations lors d'une dilution ?

QCM

8 On veut mesurer exactement 20 mL d'eau. Pour cela, on utilise :

a. une éprouvette graduée de 20 mL ;

b. une pipette jaugée de 20 mL.

9 Une solution de saccharose de 100 mL contient $1{,}0 \cdot 10^{-2}$ mol de soluté. Sa concentration molaire est :

a. $1{,}0 \cdot 10^{-1}$ mol · L^{-1} ;

b. $1{,}0 \cdot 10^{-3}$ mol · L^{-1} ;

c. 1,0 mol · L^{-1}.

10 La concentration d'une solution de 100 mL est 0,5 mol · L^{-1}. La quantité de matière du soluté est :

a. 0,5 mol ;

b. 0,05 mol ;

c. 5 mol.

11 L'unité de concentration molaire d'une solution est le :

a. mol · L^{-1} ;

b. L · mol^{-1}.

EXERCICES D'APPLICATION

Concentrations molaires

12 Calculer les concentrations molaires des solutions suivantes :

a. une solution de 50 mL contenant 0,05 mol de diiode ;

b. une solution de 500 mL contenant 3 mol d'hydroxyde de sodium.

13 On réalise une solution aqueuse avec 30 g de chlorure de sodium dans un litre d'eau. Le volume de la solution finale est égal à 1 L.

1. Donner la masse molaire moléculaire du chlorure de sodium.

2. Quelle est la concentration molaire de la solution ?

3. Quelle est sa concentration massique ?

Données : masses molaires atomiques : Na : 23 g · mol^{-1} ; Cl : 35,5 g · mol^{-1}.

14 On veut préparer un sirop très léger de fructose ($C_6H_{12}O_6$), qui est un sucre. Pour cela, on pèse 250 g de sucre, que l'on dissout dans 2 L d'eau.

1. Donner le protocole pour réaliser cette dissolution.

2. Quelle est la concentration molaire de ce sirop ?

Données : Masses molaires atomiques : C : 12 g · mol^{-1} ; O : 16 g · mol^{-1} ; H : 1 g · mol^{-1}.

Dilutions

15 On dispose d'une solution aqueuse de saccharose, de concentration molaire 1 mol · L^{-1}. On désire obtenir une solution de concentration 0,1 mol · L^{-1}. La verrerie disponible consiste en une fiole jaugée de 250 mL et une pipette jaugée de 25 mL.
Rédiger le protocole expérimental en précisant les valeurs des volumes mis en jeu.

16 On dispose d'une solution aqueuse de saccharose de concentration molaire 1 mol · L^{-1}. On désire obtenir une solution de concentration molaire 0,01 mol · L^{-1}. La verrerie disponible consiste en une fiole jaugée de 100 mL et une pipette jaugée de 1 mL.
Rédiger le protocole expérimental, en précisant les valeurs des volumes mis en jeu.

17 On souhaite diviser par 3 la concentration molaire d'une solution aqueuse de chlorure de sodium. On dispose de 150 mL de cette solution.
Quel volume d'eau faudra-t-il ajouter ?

18 L'eau de Javel est une solution aqueuse d'hypochlorite et de chlorure de sodium. On ajoute 0,9 L d'eau à 100 mL d'eau de Javel de concentration molaire *C*.
Quelle est la concentration molaire de la solution obtenue ?

19 Un célèbre apéritif se prépare en ajoutant, dans un verre, « 5 volumes d'eau » à « un volume d'apéritif ». L'apéritif est une solution aqueuse concentrée contenant de l'alcool et des arômes.
Lorsqu'on dilue l'apéritif par l'eau, que devient la quantité d'alcool dans le verre ? Que devient sa concentration molaire ?

EXERCICES DE SYNTHÈSE

20 ★ Déboucheur liquide

La photo ci-dessous représente un extrait d'une étiquette de déboucheur liquide pour les appareils sanitaires.

1. Que signifie le pictogramme ?
2. Quelles précautions faut-il prendre pour manipuler ce produit ménager ?
3. Cette solution commerciale contient environ 6 $mol \cdot L^{-1}$ d'hydroxyde de sodium, NaOH. Quelle est la masse d'hydroxyde de sodium dissoute dans un litre de déboucheur ?
Données : masses molaires atomiques :
Na : 23 $g \cdot mol^{-1}$; O : 16 $g \cdot mol^{-1}$; H : 1 $g \cdot mol^{-1}$.

21 ★ Ampoules pour inhalation

Un médicament utilisé pour soigner les rhumes est présenté sous forme d'ampoules non buvables de 5 mL. Chaque ampoule contient 250 mg d'eucalyptol, de formule $C_{10}H_{18}O$.
1. Quelle est la concentration molaire en eucalyptol de chaque ampoule ?
2. La densité de l'eucalyptol par rapport à l'eau est $d = 0,924$. Quelle est la valeur de sa masse volumique ?
Données : masses molaires atomiques :
C : 12 $g \cdot mol^{-1}$; O : 16 $g \cdot mol^{-1}$; H : 1 $g \cdot mol^{-1}$.

22 ★ Boisson acidulée au citron

Afin de donner une saveur acidulée, on ajoute à certaines boissons de l'acide citrique, de formule $C_6H_8O_7$ et désigné par le code E330.
1. Calculer la masse molaire moléculaire de l'acide citrique.
2. Dans quels fruits frais trouve-t-on cet acide ?
3. Une boisson contient 30 $g \cdot L^{-1}$ d'acide citrique. À quelle concentration molaire cela correspond-il ?
4. Cette boisson existe dans des conditionnements différents : canettes, bouteilles... Quelle est la quantité de matière d'acide citrique dans une canette de 33 cL ? Dans une bouteille de 75 cL ?
Données : masses molaires atomiques :
C : 12 $g \cdot mol^{-1}$; O : 16 $g \cdot mol^{-1}$; H : 1 $g \cdot mol^{-1}$.

23 ★ Sirop de grenadine

La grenadine est une solution aqueuse contenant du sucre de canne, des extraits naturels de fruits, de l'acide citrique et des colorants comme l'azorubine E122 et le rouge cochenille E124.
1. Comment peut-on séparer les colorants de cette grenadine ?
2. Donner le protocole pour réaliser cette opération.
3. Déterminer la masse molaire de chacun des colorants.
4. Un litre de sirop de grenadine contient 45 mg de E122. En déduire la concentration molaire de ce colorant dans le sirop.
Données : E122 = $C_{20}H_{12}O_7N_2S_2Na_2$;
E124 = $C_{20}H_{11}O_{10}N_2S_3Na_3$.
Masses molaires atomiques :
H : 1 $g \cdot mol^{-1}$; Na : 23 $g \cdot mol^{-1}$; C : 12 $g \cdot mol^{-1}$;
N : 14 $g \cdot mol^{-1}$; O : 16 $g \cdot mol^{-1}$; S : 32 $g \cdot mol^{-1}$.

24 ★ Une limonade

Une limonade est une boisson gazeuse contenant du dioxyde de carbone, du sucre, des arômes naturels d'orange ou de citron et un acidifiant.
Le glucose ($C_6H_{12}O_6$) et le dioxyde de carbone sont solubles dans l'eau ; à 20 degrés Celsius, on peut dissoudre dans un litre d'eau jusqu'à 700 g de glucose et 0,038 mol de dioxyde de carbone.
1. Quelles sont les solubilités respectives, en $mol \cdot L^{-1}$, du glucose et du dioxyde de carbone ?
2. On veut fabriquer 75 cL de limonade à partir de 75 cL d'une solution de dioxyde de carbone. Quelle masse de glucose faut-il ajouter pour obtenir une concentration molaire de glucose de 0,3 $mol \cdot L^{-1}$?
Données : masses molaires atomiques :
C : 12 $g \cdot mol^{-1}$; O : 16 $g \cdot mol^{-1}$; H : 1 $g \cdot mol^{-1}$.

25 ★ Dilution d'une solution d'acide chlorhydrique

1. Une solution aqueuse commerciale d'acide chlorhydrique a une concentration molaire approximativement égale à 12 $mol \cdot L^{-1}$. On souhaite diluer cette solution.
a. Quelles précautions doit-on prendre ?
b. Doit-on verser l'eau dans l'acide ou inversement ?

2. On prélève 2 mL de cette solution commerciale, que l'on verse dans une fiole jaugée. Le niveau est complété à 100 mL par de l'eau. Quelle est la nouvelle concentration ?

26 ★ Solution de sulfate de cuivre

En travaux pratiques, on désire préparer 200 mL d'une solution A de sulfate de cuivre $CuSO_4$, de concentration molaire 0,5 mol · L^{-1}.

1. Quelle masse de cristaux doit-on peser ?

2. On dilue cette solution A au dixième. Quelle est la concentration molaire de la nouvelle solution (B) ?

3. Faire une liste du matériel nécessaire à la réalisation de la solution B et donner le protocole opératoire.

Données : masses molaires atomiques :
Cu : 63,5 g · mol^{-1} ; S : 32,1 g · mol^{-1} ; O : 16,0 g · mol^{-1}.

27 ★★ Huile essentielle de lavande

Pour obtenir de l'huile essentielle de lavande, on utilise la technique de l'hydrodistillation.

1. Rappeler succinctement le principe de cette technique.

2. L'huile essentielle de lavande contient une dizaine de constituants, dont le linalol ($C_{10}H_{18}O$). Dans une expérience, on obtient 200 mL d'huile essentielle à 1 % de linalol en volume.

a. Quel est le volume de linalol récupéré ?

b. La densité du linalol est de 0,87. Quelle est la masse du linalol obtenu ?

c. En déduire sa quantité de matière.

d. Calculer la concentration molaire de linalol dans les 200 mL d'essence de lavande.

Données : masses molaires atomiques :
C : 12 g · mol^{-1} ; O : 16 g · mol^{-1} ; H : 1 g · mol^{-1}.

28 ★★ Sulfate de cuivre hydraté

Le sulfate de cuivre anhydre a pour formule $CuSO_4$.

1. Que signifie le mot « anhydre » ?

2. On prépare un volume de 500 mL d'une solution de $CuSO_4$, de concentration molaire 0,20 mol · L^{-1}.

a. Quelle masse de soluté faut-il peser ?

b. Donner le protocole expérimental pour réaliser cette solution.

3. On s'aperçoit que le sulfate de cuivre pesé est en fait du sulfate de cuivre pentahydraté, c'est-à-dire contenant 5 moles d'eau pour une mole de $CuSO_4$. Quelle est la concentration molaire de la solution préparée ?

4. a. On veut diluer cette solution avec une fiole jaugée de 100 mL. Quel volume de solution faut-il prélever pour obtenir une concentration molaire finale égale à 0,013 mol · L^{-1} ?

b. Donner le protocole expérimental pour réaliser cette dilution.

Données : masses molaires atomiques :
Cu : 63,5 g · mol^{-1} ; O : 16 g · mol^{-1} ; S : 32 g · mol^{-1} ;
H : 1 g · mol^{-1}.

29 ★★ Dilutions successives

On dispose d'un volume $V = 50$ mL d'une solution aqueuse de glucose, de concentration molaire $C = 0{,}5$ mol · L^{-1}. On ajoute à cette solution 450 mL d'eau. On prélève alors un volume $V' = 100$ mL de la solution obtenue, auquel on ajoute 900 mL d'eau.
Quelle est la concentration molaire de la solution finale ?

30 ★★ Concentration par évaporation de solvant

Une solution aqueuse d'une espèce chimique non volatile A a une concentration molaire C. On laisse bouillir cette solution, de manière à ce que son volume soit divisé par 3. On admet que A ne s'est pas évaporée. Quelle est la nouvelle concentration molaire de la solution ?

31 ★★ Dilution d'un colorant

Le lycée Alfred-de-Musset achète pour ses travaux pratiques 2 litres de colorant bleu sous forme de solution aqueuse. La concentration molaire c_1 de ces solutions est : $c_1 = 6$ mol · L^{-1}. Elle est beaucoup trop forte pour les expériences à réaliser. On pense donc diluer la solution commerciale pour obtenir une nouvelle concentration molaire c_2, telle que $c_2 = c_1/40$.

1. Quelle est la valeur de la nouvelle concentration ?

2. Parmi les propositions suivantes, indiquer la méthode qui va conduire à la meilleure précision.

Proposition 1 : préparer 200 mL de la solution diluée en prélevant 5 mL de solution commerciale. Matériel utilisé : 1 fiole jaugée de 200 mL ; 1 pipette jaugée de 5 mL.

Proposition 2 : préparer 100 mL de la solution diluée en prélevant 2,5 mL de solution commerciale. Matériel utilisé : 1 bécher gradué de 200 mL ; 1 pipette graduée de 10 mL.

MINI-TP

32 ★ Dilution de vinaigre

On souhaite prendre 10 cL de vinaigre et le diluer 10 fois.

1. Comment allez-vous procéder dans votre cuisine ?

2. Si vous étiez dans une salle de TP, quelle verrerie utiliseriez-vous ?

3. Calculer le volume exact de liquide à prélever pour réaliser une solution diluée de volume égal à 500 mL (On pose $C_{\text{mère}} = 10\,C_{\text{fille}}$).

Le gonflage d'un airbag lors d'un choc est dû à une transformation chimique au cours de laquelle apparaît un gaz. Comment décrire une transformation chimique ?

12

LA RÉACTION CHIMIQUE

OBJECTIFS

- Savoir décrire un système chimique et son évolution.
- Modéliser une transformation chimique par une réaction chimique.
- Savoir écrire une équation chimique.

Lors d'une **transformation chimique,** un ensemble d'espèces chimiques, qui forme ce que l'on appelle un **système chimique,** passe d'un **état initial** à un **état final** de composition différente. Pour mieux comprendre et décrire les transformations chimiques, on peut avoir recours à un modèle* : la **réaction chimique.**

Activité expérimentale 1

Combustion du carbone dans le dioxygène

Nous cherchons à étudier en détail la combustion d'un morceau de carbone dans le dioxygène. Pour savoir si une transformation chimique a lieu, nous allons décrire expérimentalement l'état du système avant et après la combustion.

Matériel

– Morceau de carbone, dioxygène, eau de chaux.
– Flacon avec bouchon, fil de fer fixé à un bouchon en liège, bec Bunsen.

Manipulation 1

OBJECTIF : **observer la combustion.**

- On dispose d'un morceau de carbone chauffé au rouge et d'un flacon rempli de dioxygène.
- Introduire rapidement le morceau de carbone dans le flacon et maintenir celui-ci ensuite hermétiquement clos.

Doc. 1. La combustion du carbone dans le dioxygène.

Questions

1. Qu'observez-vous au cours de l'expérience ?

2. Qu'est-ce qui permet d'affirmer que la combustion est terminée ?

Manipulation 2

OBJECTIF : **compléter et interpréter les observations.**

Après l'arrêt de la combustion, ouvrir le flacon et y introduire rapidement un peu d'eau de chaux. Refermer et agiter.

Doc. 2. Le résultat du test à l'eau de chaux. ▶

Questions

3. Quelle espèce chimique est mise en évidence par le test à l'eau de chaux ?

4. Reste-t-il du carbone solide ? Quelle peut être alors la cause de l'arrêt de l'évolution du système ?

5. L'état initial du système, avant la combustion, peut être décrit de la manière suivante :
– carbone solide ;
– dioxygène gazeux ;
– température du carbone chauffé T et pression ambiante P.
Décrivez l'état final du système, en vous inspirant de la manière dont on a décrit son état initial.

6. Pouvez-vous affirmer qu'il y a eu transformation chimique du système ? Pourquoi ?

Activité expérimentale 2

Un mélange de métal cuivre et d'une solution de nitrate d'argent

Pour savoir si une transformation chimique peut avoir lieu entre du métal cuivre et une solution de nitrate d'argent, nous allons décrire l'état du système chimique avant et après avoir réalisé le mélange.

Matériel

– Cuivre en poudre, solutions aqueuses de nitrate d'argent et d'hydroxyde de sodium.

– Bandelettes test des ions nitrate, tube à essais avec bouchon, spatule, bécher.

Manipulation 1

OBJECTIF : décrire l'état initial du système.

On dispose initialement de poudre de cuivre et d'une solution aqueuse de nitrate d'argent, le tout à la température et à la pression ambiantes (T, P). Plonger une bandelette test des ions nitrate dans la solution. Sa couleur renseigne sur la concentration en ions nitrate.

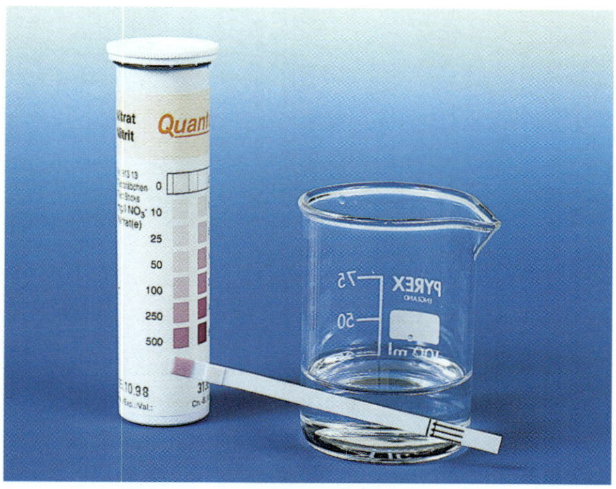

Doc. 3. Mesure de la concentration des ions nitrate à l'état initial (gamme de couleur de gauche). L'unité est le $mg \cdot L^{-1}$.

Questions

1. En vous inspirant du modèle donné dans l'activité 1 (question 5), décrivez l'état initial du système.

2. Observez la couleur de la bandelette test et notez la valeur de la concentration initiale en ions nitrate.

3. Quel est l'aspect de la solution de nitrate d'argent ?

Manipulation 2

OBJECTIF : réaliser le mélange et interpréter les observations.

- Introduire la solution de nitrate d'argent dans un tube à essais, et ajouter une pointe de spatule de poudre de cuivre. Boucher le tube à essais et agiter vigoureusement. Noter vos observations au cours de la manipulation.

- Lorsqu'il n'y a plus d'évolution, plonger une seconde bandelette test des ions nitrate dans la solution finale.

Doc. 4. État final et mesure de la concentration en ions nitrate.

Questions

4. Notez la valeur de la concentration finale en ions nitrate. Les ions nitrate ont-ils été consommés lors de l'évolution du système ?

5. Proposez un test pour identifier l'espèce chimique apparue en solution.

6. En vous appuyant sur le principe de la conservation des éléments chimiques, proposez une hypothèse sur la nature de l'espèce solide qui a été formée.

7. Décrivez l'état final du système, en notant en particulier la nature et l'état physique des espèces en présence.

8. Y a-t-il eu transformation chimique ?

Activité expérimentale 3

Solutions de sulfate de cuivre et d'hydroxyde de sodium

En décrivant l'état du système chimique avant et après le mélange d'une solution de sulfate de cuivre et d'une solution d'hydroxyde de sodium, nous allons déterminer si une transformation chimique a eu lieu.

Matériel

– Solutions aqueuses de sulfate de cuivre et d'hydroxyde de sodium, sulfate de sodium solide, eau.
– Bécher, spatule, tube à essais avec bouchon.

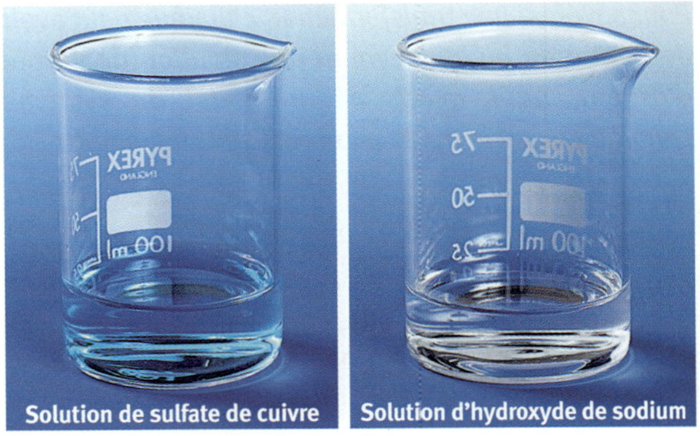

Doc. 6. Les solutions à l'état initial.

Manipulation 1

OBJECTIF : étudier la compatibilité des ions sulfate et des ions sodium.

Dans un tube à essais, introduire un morceau de sulfate de sodium dans de l'eau. Agiter.

Noter vos observations.

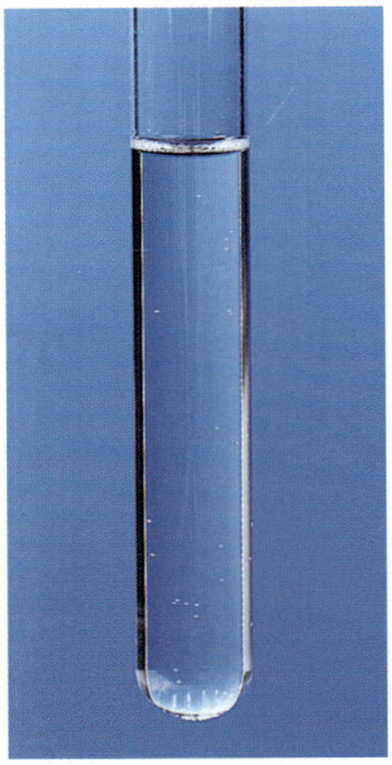

Doc. 5. Le contenu du tube à essais après agitation. ▶

Question

1. Les ions sulfate et les ions sodium peuvent-ils coexister en solution aqueuse ?

Manipulation 2

OBJECTIF : réaliser le mélange et interpréter.

- On dispose d'une solution aqueuse de sulfate de cuivre et d'une solution aqueuse d'hydroxyde de sodium (soude). Le tout se trouve à la température et à la pression ambiantes (notées *T* et *P*).

- Dans un bécher, ajouter la solution d'hydroxyde de sodium à la solution de sulfate de cuivre.

Doc. 7. Le système après le mélange.

Questions

2. En vous inspirant du modèle donné dans l'activité 1 (question 5), décrivez l'état initial du système.

3. Quel est l'état physique de l'espèce chimique qui s'est formée au cours du mélange ?

4. D'après la manipulation 1, pouvez-vous dire si les ions sulfate et sodium sont intervenus lors de l'évolution du système étudié ?

5. En analysant les possibilités de réaction entre deux des ions présents, décrivez l'état final du système.

6. En vous appuyant sur le principe de la conservation des éléments, proposez une formule pour l'espèce solide qui a été formée.

7. Y a-t-il eu transformation chimique ? Pourquoi ?

1. La transformation chimique

1.1. Description de l'état d'un système chimique

Un **système chimique** est un ensemble d'espèces chimiques.

On décrit l'**état d'un système chimique** en précisant :
- la nature et la quantité de matière des espèces présentes ;
- l'état physique : solide (s), liquide (l), gazeux (g) des espèces présentes. Si une espèce est présente en solution, on l'appellera soluté et, en solution aqueuse, on notera : (aq) ;
- la température du système T ;
- la pression du système P.

Remarque : dans ce chapitre, on ne tiendra pas compte des quantités de matière des espèces, qui seront l'objet du chapitre suivant.

Doc. 8. L'état de ce système (➡ activité 2, état initial) est : cuivre (s) ; nitrate d'argent (aq), température T et pression P question 1, p. 149.

1.2. Évolution de l'état d'un système chimique

État initial

Considérons un système chimique dont l'état est connu, les différentes espèces susceptibles de réagir n'ayant aucun contact entre elles. On appelle cet état : **état initial** du système (noté **E.I.**).

Évolution du système

Lorsqu'on met en contact les espèces présentes à l'état initial, on peut alors observer des modifications dans la composition du système, alors qu'il n'y a plus aucune intervention extérieure. On dit que le système **évolue chimiquement.**

Lors d'une évolution chimique, des espèces chimiques sont consommées et d'autres espèces sont formées. Au niveau macroscopique, cette évolution peut s'accompagner d'un changement d'aspect, de couleur, d'odeur, de température...

Exemple ➡ Activité 1 : quand on met en présence le carbone chauffé au rouge et le dioxygène, on observe une modification de l'aspect du carbone : il devient très lumineux question 1, p. 148.

Doc. 9. Dans l'aluminothermie, l'évolution chimique d'un système contenant de l'aluminium et un oxyde de fer produit du fer liquide qui permet la soudure des rails.

État final

Lorsqu'il n'y a plus aucune évolution du système, on dit que le système se trouve dans l'**état final** (noté **E.F.**).

On peut décrire le système à l'état final de la même manière qu'on l'a décrit à l'état initial.

Exemple ➡ Activité 2 : on peut décrire l'état final du système chimique étudié question 7, p. 149 :

– d'après la loi de conservation des éléments, le solide gris formé est de l'argent : Ag (s) question 6, p. 149 ;

– l'espèce apparue en solution est l'ion cuivre Cu^{2+} (aq) ;

– la température du système est *T*, sa pression est *P*.

Les concentrations initiale et finale en ions nitrate sont identiques (250 mg · L^{-1}), ce qui montre que ces ions n'ont pas été consommés questions 2 et 4, p. 149. Ils sont donc toujours présents. On ne sait pas s'il reste des ions argent et du cuivre.

Doc. 10. L'état final du système étudié dans l'activité 2.

1.3. Transformation chimique

Lorsqu'il y a eu évolution chimique du système, on appelle **transformation chimique** le passage de l'état initial à l'état final.

On peut schématiser une transformation chimique de la manière suivante :

E.I. (*T*, *P*)	Transformation chimique	E.F. (*T*, *P*)
Espèces présentes	→	Espèces formées Espèces restantes (éventuellement)

Exemple ➡ Activité 2 : la transformation étudiée peut être schématisée de la manière suivante :

E.I. (*T*, *P*)	Transformation chimique	E.F. (*T*, *P*)
Cu (s) NO_3^- (aq) Ag^+ (aq)	→	Cu^{2+} (aq) Ag (s) NO_3^- (aq) Ag^+ (aq) ? Cu (s) ?

1.4. Réactifs et produits

Au cours de toute transformation chimique, il y a :

– consommation d'une ou plusieurs espèces chimiques présentes dans l'état initial ;

– formation d'une ou plusieurs nouvelles espèces chimiques.

Une espèce présente dans l'état initial et qui sera consommée durant l'évolution du système est appelée **réactif.**
Une espèce formée au cours de la transformation est appelée **produit.**

Un réactif peut ne pas être totalement consommé lors de la transformation. Il en reste alors à l'état final.

Exemple ➡ Activité 2 : les réactifs sont : Cu (s) et Ag^+ (aq). Les produits sont Cu^{2+} (aq) et Ag (s). Il peut rester des ions Ag^+ et du cuivre Cu dans l'état final.

Doc. 11. Le test à l'eau de chaux montre que l'un des produits de la transformation étudiée à l'activité 1 est du dioxyde de carbone (g) question 3, p. 148.

2. La réaction chimique

2.1. Modélisation de la transformation

Pour étudier et prévoir une transformation chimique, on utilise un modèle* : la **réaction chimique**, qui décrit tout ce qui se passe au cours de la transformation.

Pour comprendre ce modèle, on peut utiliser une image : l'activité d'une « sandwicherie ». Un observateur extérieur pourrait constater qu'à partir d'une certaine quantité de tranches de pain et de jambon livrées le matin (les réactifs), il apparaît au cours de la journée une certaine quantité de sandwichs dans la vitrine (le produit).

La transformation chimique peut être comparée à ce que voit cet observateur extérieur. La réaction chimique, elle, décrit ce qui se passe à l'intérieur de la cuisine : la fabrication de sandwichs à partir d'une recette.

Il existe des modèles de réaction chimique plus ou moins complexes.

Dans le **modèle** le plus simple de la **réaction chimique**, on indique la **nature des réactifs et des produits**, ainsi que les **proportions** dans lesquelles les réactifs sont consommés et les produits sont formés.

COURS

2.2. Équation chimique

Pour indiquer dans quelles proportions les réactifs sont consommés et les produits sont formés, on écrit symboliquement la réaction chimique à l'aide d'une **équation chimique.**

Cette équation ne traduit que ce qui se passe à l'échelle macroscopique. Elle correspond au modèle le plus simple de la réaction chimique, qui ne rentre pas dans les détails de ce qui se passe au niveau microscopique.

Par convention, on utilise dans l'équation une flèche orientée de gauche à droite qui précise le sens de l'évolution et on place les réactifs à gauche et les produits à droite :

$$\text{réactifs} \longrightarrow \text{produits.}$$

Dans la recette du sandwich (➡ § 2.1.), les « lois » de la cuisine déterminent dans quelles proportions les ingrédients sont utilisés et les sandwichs sont fabriqués (doc. 12). En chimie, il y a également des lois régissant les proportions dans lesquelles se font les réactions.

Au cours d'une transformation chimique, il y a **conservation des éléments chimiques** et **conservation de la charge électrique.**

On associe alors un nombre à chaque espèce de manière à satisfaire les **lois de conservation.**

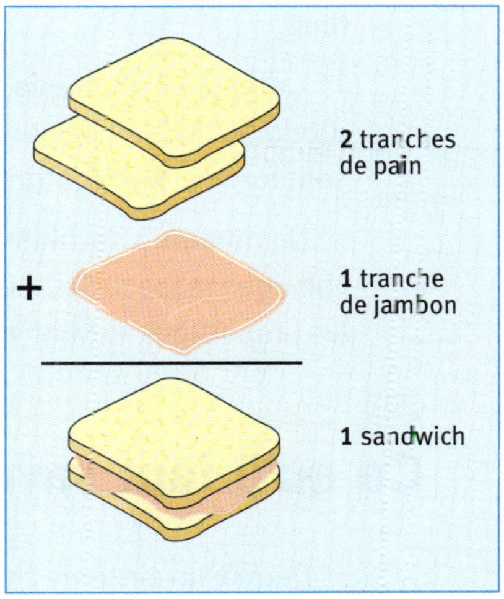

Doc. 12. On peut écrire symboliquement la recette du sandwich en indiquant les ingrédients et les proportions.

Les nombres utilisés dans une équation chimique pour indiquer les proportions suivant lesquelles les réactifs sont consommés et les produits sont formés sont appelés : nombres stœchiométriques.

Pour simplifier, il est d'usage de ne pas écrire le chiffre 1 et d'écrire les réactions avec des nombres stœchiométriques entiers aussi petits que possible.

Exemple ➡ Activité 2 : Les réactifs sont : Cu (s) et Ag^+ (aq) ; les produits : Cu^{2+} (aq) et Ag (s).
La loi de la conservation de la charge impose les proportions suivantes : si 2 moles d'ions Ag^+ sont consommées, alors il se forme 1 mole d'ions Cu^{2+}. Pour que la conservation de l'élément argent soit également satisfaite, il y aura donc formation de 2 moles d'argent solide.
L'équation s'écrit :

$$Cu\ (s) + 2\ Ag^+\ (aq) \rightarrow Cu^{2+}\ (aq) + 2\ Ag\ (s).$$

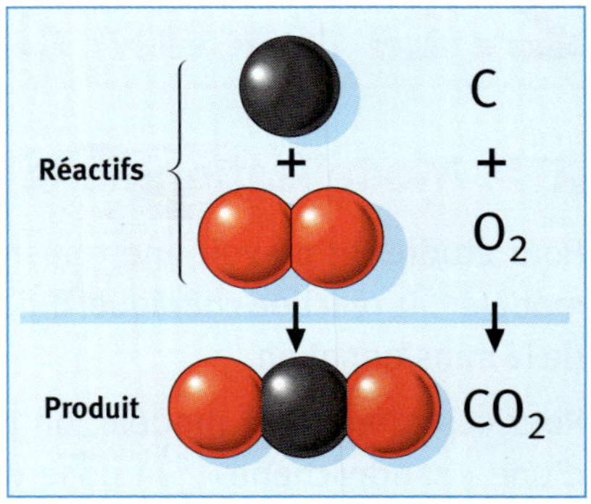

Doc. 13. Dans la réaction de combustion du carbone C (➡ activité 1), il y a conservation des éléments et de la charge électrique (égale à 0 de part et d'autre).

L'ESSENTIEL

Ce qu'il faut savoir

Système chimique

✔ Un **système chimique** est composé d'espèces chimiques qui peuvent éventuellement réagir entre elles.

✔ L'**état** d'un système chimique est décrit par sa température *T*, sa pression *P*, la nature des espèces présentes, leur état physique (solide, liquide, gaz ou soluté) et leur quantité de matière.

Réaction chimique

✔ Une **transformation** chimique est le passage d'un système chimique d'un état initial à un état final.

✔ La **réaction chimique** modélise la transformation. Elle indique la nature des réactifs et des produits, mais également dans quelles proportions les réactifs sont consommés et les produits sont formés. Son écriture symbolique est l'**équation chimique.**

✔ Un **nombre stœchiométrique** est associé à chaque espèce, de manière à ce que l'équation chimique respecte les lois de conservation des éléments et des charges. Ces nombres indiquent les proportions suivant lesquelles les réactifs sont consommés et les produits sont formés.

Ce qu'il faut savoir faire

✔ Décrire un système chimique.

✔ Écrire une équation chimique avec les nombres stœchiométriques corrects.

EXERCICES

EXERCICE RÉSOLU

Modéliser une transformation chimique

À température et pression ambiantes (*T*, *P*), on dispose de poudre d'aluminium et d'une solution, incolore, contenant des ions fer II, de formule Fe^{2+}(aq). Ces ions ont été identifiés par la formation d'un précipité vert d'hydroxyde de fer II, de formule $Fe(OH)_2$, lors de l'ajout d'une solution contenant des ions hydroxyde.

On place la poudre d'aluminium dans la solution d'ions fer II. On observe alors la formation d'un nouveau solide gris. Lorsqu'il n'y a plus d'évolution observable du système, on filtre la solution obtenue, séparant ainsi le solide du filtrat. On s'aperçoit que le solide formé peut être attiré par un aimant.

On ajoute au filtrat une solution contenant des ions hydroxyde. On observe alors la formation d'un précipité blanc d'hydroxyde d'aluminium, de formule $Al(OH)_3$, mais pas de précipité vert visible.

1. Schématiser la transformation entre l'aluminium et les ions fer II, en décrivant les états initial et final du système.

2. Identifier les réactifs et les produits de la réaction.

3. Écrire l'équation chimique correspondante avec les nombres stœchiométriques corrects.

CONSEILS

1. *L'état initial est donné dans l'énoncé.*
Ce sont les observations et les tests expérimentaux qui renseignent sur la nature des espèces présentes dans l'état final. On n'oublie pas de tenir compte de la conservation des éléments pour proposer une formule (pour Fe *ici, par exemple).*
Attention à ne pas confondre la transformation chimique étudiée avec les tests effectués pour identifier les espèces présentes (ici les tests des ions fer II et aluminium).

2. *Les réactifs sont des espèces présentes à l'état initial et qui sont consommées. Les produits sont des espèces qui sont formées. Certains réactifs peuvent subsister à l'état final. Ici, c'est peut-être le cas pour* Al (s).

3. *Les nombres stœchiométriques sont corrects lorsque les lois de conservation des éléments et des charges sont vérifiées.*
On commence par écrire l'équation sans nombre stœchiométrique : $Al(s) + Fe^{2+}(aq) \rightarrow Al^{3+}(aq) + Fe(s)$.
Il faut d'abord respecter la conservation de la charge. Pour cela, on doit écrire :

$$Al(s) + 3\,Fe^{2+}(aq) \rightarrow 2\,Al^{3+}(aq) + Fe(s).$$

Cette fois, il y a conservation de la charge, mais il n'y a plus conservation des éléments chimiques. Pour cela, il suffit d'égaliser les nombres d'éléments fer et aluminium à droite et à gauche.

SOLUTION

1. À l'état final :
– le nouveau solide attiré par un aimant est certainement du fer : Fe (s), car l'élément fer était déjà présent à l'état initial sous forme d'ions Fe^{2+} ;
– les tests montrent que l'ion aluminium Al^{3+} (aq) est présent mais qu'il ne reste plus d'ions Fe^{2+} (aq) ;
– on ne sait pas s'il reste de l'aluminium solide ;
– la température et la pression sont les mêmes qu'à l'état initial.
La transformation se schématise ainsi :

E.I. (*T*, *P*)
Al (s)
Fe^{2+} (aq)

→ Transformation chimique →

E.F. (*T*, *P*)
Fe (s)
Al^{3+} (aq)
Al (s) ?

2. Les réactifs sont : Al (s) et Fe^{2+} (aq).
Les produits sont : Fe (s) et Al^{3+} (aq).

3. $2\,Al(s) + 3\,Fe^{2+}(aq) \rightarrow 2\,Al^{3+}(aq) + 3\,Fe(s)$.

EXERCICES

VÉRIFIEZ VOS CONNAISSANCES

Questions

1 Quels sont les états physiques dans lesquels on peut rencontrer une espèce chimique ?

2 La transformation de l'eau en glace est-elle une transformation chimique ?

3 Comment appelle-t-on une espèce chimique qui est formée au cours d'une transformation chimique ?

4 À quelles lois de conservation satisfait une réaction chimique ?

5 Comment appelle-t-on les coefficients utilisés dans l'équation chimique ?

QCM

6 Les espèces chimiques consommées lors d'une transformation chimique sont appelées :

a. des molécules ;

b. des réactifs ;

c. des produits.

7 Une transformation chimique s'accompagne toujours :

a. de l'apparition d'un nouvel élément chimique ;

b. de l'apparition d'une nouvelle espèce chimique ;

c. de l'apparition d'une nouvelle molécule.

8 Lorsqu'on écrit une équation chimique, on ajuste les nombres stœchiométriques de telle sorte que :

a. la charge globale des réactifs soit nulle ;

b. la charge globale des réactifs soit positive ;

c. la charge globale des réactifs soit égale à la charge globale des produits.

9 La somme des nombres stœchiométriques des réactifs :

a. n'a rien à voir avec...

b. est égale à...

c. est supérieure à...

... la somme des nombres stœchiométriques des produits d'une transformation chimique.

EXERCICES D'APPLICATION

Transformations chimiques

10 Un premier clou en fer est placé à l'air libre. Un second clou identique est placé dans les mêmes conditions, mais dans une atmosphère privée de dioxygène. Quelques années plus tard, le premier clou s'est totalement transformé en rouille, le second n'a subi aucune transformation.

1. Schématiser la transformation subie par le premier clou en décrivant les états initial et final du système.

2. Identifier les réactifs et les produits.

11 On met en contact du diazote et du dihydrogène gazeux, à la température de 500 °C et à la pression de 22 bars. Il se produit une transformation chimique. La température et la pression sont toutes deux maintenues constantes au cours de cette transformation. Lorsqu'elle s'achève, on identifie du diazote et de l'ammoniac gazeux.

1. Schématiser la transformation en décrivant les états initial et final du système.

2. Identifier les réactifs et les produits.

Équations chimiques

12 **1.** Quelle loi doit-on utiliser pour ajuster les nombres stœchiométriques des équations chimiques suivantes ?

a. $C_3H_8 + ...\ O_2 \rightarrow ...\ CO_2 + ...\ H_2O$.

b. $...\ NO + O_2 \rightarrow ...\ NO_2$.

c. $...\ Al + ...\ H_2O \rightarrow ...\ H_2 + Al_2O_3$.

d. $...\ NaOH \rightarrow ...\ Na + O_2 + H_2$.

e. $SiCl_4 + ...\ H_2 \rightarrow Si + ...\ HCl$.

f. $...\ Fe(OH)_2 + O_2 + 2\ H_2O \rightarrow ...\ Fe(OH)_3$.

2. Écrire les nombres stœchiométriques corrects. (L'absence de pointillés devant le symbole d'une espèce chimique signifie que le nombre stœchiométrique est égal à 1.)

13 **1.** Quelles lois doit-on utiliser pour ajuster les nombres stœchiométriques des équations chimiques suivantes ?

a. $...\ Al + ...\ H^+ \rightarrow ...\ Al^{3+} + ...\ H_2$.

b. $Zn(OH)_2 + ...\ H^+ \rightarrow Zn^{2+} + ...\ H_2O$.

c. $Fe^{2+} + ...\ OH^- \rightarrow Fe(OH)_2$.

d. $...\ Al + ...\ Hg^{2+} \rightarrow ...\ Al^{3+} + ...\ Hg$.

e. $Fe^{2+} + ...\ CN^- \rightarrow Fe(CN)_6^{4-}$.

2. Écrire les nombres stœchiométriques corrects. (L'absence de pointillés devant le symbole d'une espèce chimique signifie que le nombre stœchiométrique est égal à 1.)

14 Écrire les équations chimiques suivantes avec les nombres stœchiométriques corrects :

a. $Al + H_2O \rightarrow Al_2O_3 + H_2$.
b. $CuO + H^+ \rightarrow Cu^{2+} + H_2O$.
c. $Al_2O_3 + C \rightarrow CO + Al_4C_3$.
d. $C_3H_8 + Cl_2 \rightarrow C + HCl$.
e. $As_4O_6 + OH^- \rightarrow AsO_2^- + H_2O$.
f. $AsO_2^- + I_2 + H_2O \rightarrow I^- + AsO_4^{3-} + H^+$.

15 Retrouver, parmi les espèces chimiques suivantes, celles qui manquent dans les équations chimiques proposées : C ; CO_2 ; H_2O ; H_2 ; Ca ; Ca^{2+}, puis écrire ces équations chimiques avec les nombres stœchiométriques corrects :

a. $FeO + CO \rightarrow Fe + ...$
b. $Cu + H^+ \rightarrow Cu^+ + ...$
c. $F_2 + ... \rightarrow Ca^{2+} + F^-$
d. $Al_2O_3 + Cl_2 + ... \rightarrow AlCl_3 + CO$
e. $H_2SO_4 + Cu + H^+ \rightarrow Cu^{2+} + SO_2 + ...$
f. $CaCO_3 + CO_2 + H_2O \rightarrow HCO_3^- + ...$

16 L'équation chimique associée à la combustion de l'éthanol est la suivante :

$$\text{Éthanol} + 3\,O_2 \rightarrow 2\,CO_2 + 3\,H_2O.$$

En déduire la formule de l'éthanol.

17 L'équation chimique associée à la formation du précipité d'iodure de plomb est la suivante :

$$Pb^{2+} + I^- \rightarrow \text{iodure de plomb}.$$

1. Sachant qu'un précipité est toujours électriquement neutre, écrire la formule de l'iodure de plomb.
2. Écrire l'équation chimique avec les nombres stœchiométriques corrects.

EXERCICES DE SYNTHÈSE

18 ★ Formation du chlorure d'hydrogène

Lorsqu'on fait brûler du dihydrogène (H_2) dans du dichlore (Cl_2), on obtient du chlorure d'hydrogène (HCl). Écrire l'équation chimique correspondante, avec les nombres stœchiométriques corrects.

19 ★ Combustion du gaz de ville

Le gaz de ville utilisé dans les cuisinières à gaz est le méthane, de formule CH_4. La flamme obtenue au niveau des brûleurs résulte de sa combustion dans le dioxygène de l'air. Cette combustion s'accompagne de la formation de dioxyde de carbone et de vapeur d'eau.

1. Proposer des tests pour mettre en évidence les produits de la combustion.
2. Écrire l'équation chimique associée avec les nombres stœchiométriques corrects.

20 ★★ Réaction entre le sodium et l'eau

Un morceau de métal sodium Na(s), placé dans de l'eau, réagit vivement pour produire de la soude de formule Na^+ (aq) + OH^- (aq). On observe un dégagement gazeux.

1. Trouver la formule du gaz produit en utilisant la loi de conservation de l'élément chimique.
2. Écrire l'équation chimique avec les nombres stœchiométriques corrects.
3. Proposer un test expérimental permettant de caractériser le gaz formé.

21 ★★ Le fer et l'acide

À température et pression ambiantes (T, P), on place un morceau de fer dans une solution contenant des ions H^+ (aq). (L'utilisation de papier pH nous indique que la solution est acide.)

Il se produit une effervescence. Une flamme placée au contact du gaz formé provoque une petite explosion.

Après l'arrêt de l'effervescence, il reste encore du fer solide. On réalise alors les tests suivants sur la solution :

– un morceau de papier pH indique qu'il n'y a plus d'acide ;
– l'ajout d'une solution contenant des ions hydroxyde provoque la formation d'un précipité vert d'hydroxyde de fer, de formule $Fe(OH)_2$.

1. Écrire l'équation chimique relative au test d'identification réalisé. Ajuster les nombres stœchiométriques.
2. Écrire symboliquement la transformation étudiée en décrivant les états initial et final du système.
3. Identifier les réactifs et les produits de la réaction.
4. Écrire l'équation chimique correspondante avec les nombres stœchiométriques corrects.
5. Pourquoi ne conserve-t-on jamais un acide dans un récipient en fer ?

22 ★★★ Fer et solution de sulfate de cuivre

On dispose de limaille de fer et d'une solution contenant des ions sulfate et des ions cuivre II, à température et pression ambiantes. Le système à l'état initial est présenté ci-contre. ▶

1. a. Quelles sont les formules des ions sulfate et des ions cuivre II ?
b. Lequel de ces deux ions est responsable de la couleur bleue de la solution ?
c. Proposer un test de mise en évidence des ions cuivre.
d. Décrire l'état initial du système.

◀ **2.** On introduit une pointe de spatule de limaille de fer dans la solution et on agite. Au bout de quelques minutes, on observe le système illustré sur la photo ci-contre.
a. L'aspect de la solution a-t-il évolué ? Que peut-on en conclure ?
b. Qu'observe-t-on à la surface du solide ? Que peut-on supposer quant à la nature de l'espèce solide formée ?

3. On filtre la solution et on introduit un peu de filtrat dans un tube à essais. On ajoute alors une solution contenant des ions hydroxyde. Un précipité apparaît. (Photo ci-contre. ▶)

a. Écrire l'équation chimique relative au test réalisé avec les ions hydroxyde. Ajuster les nombres stœchiométriques.
b. Décrire l'état final du système étudié dans les questions **1.** et **2.**.
c. Quels sont les réactifs et les produits de la réaction étudiée ?
d. Écrire l'équation chimique relative à cette réaction, avec les nombres stœchiométriques corrects.

23 ★★★ L'aluminium et l'acide

À température et pression ambiantes (*T*, *P*), on place un morceau d'aluminium dans une solution contenant des ions H^+(aq). (Un test au papier pH nous indique que la solution est acide.) Il se produit une effervescence. Une flamme au contact du gaz formé provoque une petite explosion.
Après l'arrêt de l'effervescence, il n'y a plus d'aluminium solide. On réalise alors les tests suivants sur la solution :
– un test au papier pH indique qu'il reste de l'acide dans la solution ;
– l'ajout d'une solution contenant des ions hydroxyde provoque la formation d'un précipité blanc d'hydroxyde d'aluminium, de formule $Al(OH)_3$.
1. Écrire symboliquement la transformation étudiée en décrivant les états initial et final du système.
2. Identifier les réactifs et les produits de la réaction.
3. Écrire l'équation chimique correspondante avec les nombres stœchiométriques corrects.
4. Écrire l'équation chimique relative au test d'identification réalisé. Ajuster les nombres stœchiométriques.
5. Les boissons au cola vendues dans le commerce sont des solutions acides. Pourquoi les boites en aluminium contenant ces boissons sont-elles recouvertes d'un vernis en matière plastique ?

MINI-TP

24 ★★★ La levure chimique

1. Introduire une cuillerée de levure chimique dans un grand verre. Verser alors un peu d'eau chaude. Observer et décrire la transformation chimique observée.

2. Hervé This, dans son ouvrage intitulé *Les Secrets de la casserole* (Éditions Belin, 1993), nous parle des poudres levantes, ou « levures chimiques » :
« Ce sont des composés qui dégagent du dioxyde de carbone quand ils se trouvent dans de l'eau chauffée [...]. Souvent ces poudres levantes sont un mélange de bicarbonate de sodium, d'un acide (ou souvent de deux acides, tels l'acide tartrique et le sulfate acide de sodium et d'aluminium) et d'amidon, [...] qui sépare les particules d'acide et de bicarbonate, et empêche les composants actifs de réagir prématurément.
Les poudres levantes agissent deux fois : une fois à température ordinaire, en raison de l'action de l'acide tartrique sur le bicarbonate, qui dégage du dioxyde de carbone et produit de petites bulles dans la pâte ; puis une seconde fois, en raison de l'action du sel d'aluminium à haute température, ce qui augmente la taille des bulles et allège la pâte. »
a. L'action en deux temps des levures chimiques est fondée sur le même type de réaction : dans les deux cas, un acide et le bicarbonate réagissent ensemble. Pour quelle raison, selon vous, les deux réactions ne se font-elles pas en même temps ?
b. Pourquoi n'y a-t-il pas de réaction dans les sachets de levure chimique ?
c. Que signifie l'expression *« composants actifs »* ? Quels sont ces composants ?
d. Quel est le produit de la réaction utile dans la fabrication de la pâte ? Dans quel état physique se trouve-t-il ?
e. Sachant que l'ion bicarbonate a pour formule HCO_3^-, y a-t-il, d'après vous, d'autres produits formés au cours de la transformation chimique ?

Lors de la fabrication du pain, les levures consomment des espèces chimiques présentes dans la farine et dégagent du dioxyde de carbone gazeux, ce qui provoque la « levée » de la pâte. La proportion de levure utilisée a-t-elle une importance ?

13

BILAN DE MATIÈRE

OBJECTIFS

- Étudier l'influence des quantités de matière des réactifs sur la composition de l'état final.
- Savoir utiliser l'avancement comme un outil de description de l'évolution d'un système.
- Savoir faire un bilan de matière.

Le chimiste qui réalise une transformation chimique doit connaître les quantités de réactifs à utiliser pour obtenir une quantité voulue de produit. Il souhaite également savoir s'il restera des réactifs à l'état final. Pour prévoir la composition exacte de l'état final d'un système chimique, on utilise un outil : l'**avancement chimique.**

Activité expérimentale 1

Réaction entre les ions cuivre et hydroxyde

Nous allons compléter l'étude de la réaction entre les ions cuivre et les ions hydroxyde vue au chapitre précédent, en étudiant l'influence des quantités de réactifs sur la composition du système à l'état final.

Matériel

– Solution de sulfate de cuivre de concentration 0,1 mol · L^{-1} en ions cuivre, solution d'hydroxyde de sodium de concentration 2,0 mol · L^{-1} en ions hydroxyde.
– Éprouvette graduée de 50 mL, burette graduée de 25 mL, béchers, entonnoir, papier filtre, agitateur en verre, tubes à essais.

Sécurité

Lire la fiche 1.

Manipulation 1

OBJECTIF : réaliser différents mélanges mettant en jeu des quantités de matière différentes.

Remplir pour la classe une burette graduée d'une solution d'hydroxyde de sodium dont la concentration en ions hydroxyde est 2,0 mol · L^{-1}. Huit groupes d'élèves recueillent, chacun dans un premier bécher, un volume différent *V* de cette solution (➡ fiche 7). Les valeurs de *V* sont regroupées dans le tableau suivant :

	Groupes							
	1	2	3	4	5	6	7	8
***V* en mL**	2,0	3,0	4,0	5,0	6,0	7,0	8,0	9,0

À l'aide d'une éprouvette graduée, chaque groupe prélève un volume de 50 mL d'une solution de sulfate de cuivre de concentration molaire en ions cuivre 0,1 mol · L^{-1} et le verse dans un second bécher.

Chaque groupe verse la solution d'hydroxyde de sodium qu'il a prélevée dans le bécher contenant la solution de sulfate de cuivre, agite avec une baguette en verre, puis laisse reposer le précipité.

Doc. 1. Les différents systèmes à l'état final.

Questions

1. Quelle est la couleur des solutions à l'état initial ?
2. Identifiez les réactifs et calculez leur quantité de matière dans chacun des huit cas envisagés.
3. Observez et comparez les huit systèmes dans leur état final.

Manipulation 2

OBJECTIF : analyser la composition des systèmes à l'état final.

- Filtrer le contenu de chaque bécher à l'aide d'un entonnoir et d'un papier filtre. Introduire quelques millilitres de chaque filtrat dans deux tubes à essais.
- La présence d'ions cuivre et hydroxyde dans les filtrats est identifiée à l'aide des tests suivants : dans le premier tube, verser quelques gouttes de solution d'hydroxyde de sodium. Dans le second tube, verser quelques gouttes de solution de sulfate de cuivre.
- Pour chaque groupe, conclure sur la présence ou l'absence des réactifs à l'état final. Recopier le tableau ci-après et récapituler les résultats en le complétant.

Groupe		1	2	3	4	5	6	7	8
V en mL		2,0	3,0	4,0	5,0	6,0	7,0	8,0	9,0
État initial	$n(OH^-)_{initial}$ en mol								
	$n(Cu^{2+})_{initial}$ en mol								
État final	Reste-t-il des ions Cu^{2+} ?								
	Reste-t-il des ions OH^- ?								

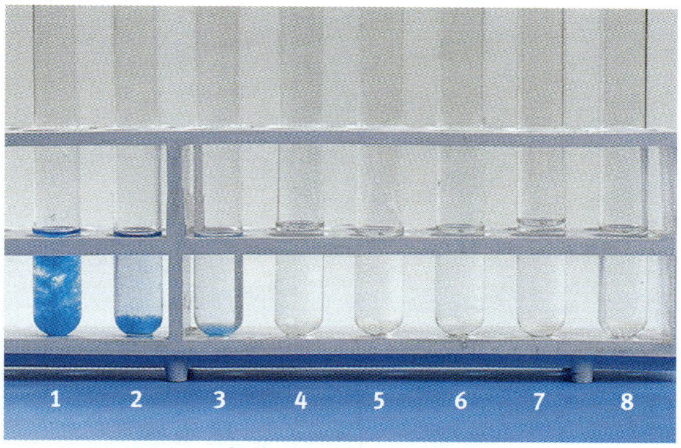

Doc. 2. Le résultat des tests avec l'hydroxyde de sodium.

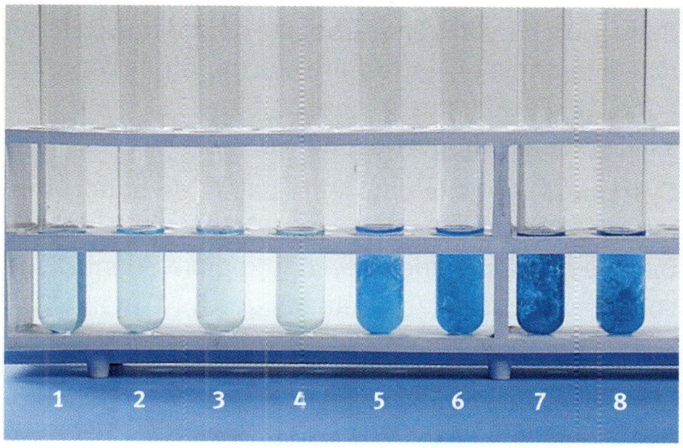

Doc. 3. Le résultat des tests avec le sulfate de cuivre.

Questions

4. Écrivez l'équation chimique modélisant la transformation étudiée dans la manipulation 1, avec les nombres stœchiométriques corrects.

5. Dans quel groupe les deux réactifs ont-ils été entièrement consommés ?

6. À quelles quantités de matière initiales cela correspond-il ? Les valeurs obtenues sont-elles cohérentes avec les nombres stœchiométriques de l'équation chimique ?

7. Interprétez les résultats des autres groupes.

Activité expérimentale 2

Réaction entre un hydrogénocarbonate et l'acide éthanoïque – Étude qualitative

À partir de deux états initiaux différents, nous allons étudier la composition finale des systèmes résultant de la transformation chimique entre l'hydrogénocarbonate de sodium et l'acide éthanoïque.

Matériel

– Hydrogénocarbonate de sodium, solution aqueuse d'acide éthanoïque de concentration 1,0 $mol \cdot L^{-1}$, bleu de bromothymol.

– Balance, spatule, ballons de baudruche, erlenmeyers de 250 mL, éprouvette graduée de 100 mL.

Sécurité

Lire la fiche **1**.

Manipulation

• L'hydrogénocarbonate de sodium est un solide. Sa formule est $NaHCO_3$. L'acide éthanoïque (ou acétique) est le constituant essentiel du vinaigre, ce qui est confirmé par son odeur. Sa formule est CH_3CO_2H, que l'on notera AH pour simplifier (A pour CH_3CO_2).

Lorsque l'on met ces deux espèces en contact, il se produit une transformation chimique, modélisée par l'équation chimique suivante :

$$NaHCO_3\,(s) + AH\,(aq) \rightarrow CO_2\,(g) + NaA\,(aq) + H_2O\,(l).$$

La levure chimique, utilisée dans la préparation de certaines pâtisseries, met en jeu ce type de transformation. Le dioxyde de carbone produit provoque la levée de la pâte.

- Prendre deux ballons de baudruche et deux erlenmeyers à goulot étroit identiques. Puis préparer les deux systèmes chimiques suivants.

Système 1 : dans un des ballons de baudruche, introduire 5,0 g d'hydrogénocarbonate de sodium. Dans un des erlenmeyers, introduire 20 mL d'une solution aqueuse d'acide éthanoïque à 1,0 $mol \cdot L^{-1}$, mesurés à l'aide d'une éprouvette graduée.

Système 2 : dans le deuxième ballon de baudruche, introduire 5,0 g d'hydrogénocarbonate de sodium. Dans le deuxième erlenmeyer, introduire 80 mL d'une solution aqueuse d'acide éthanoïque à 1,0 $mol \cdot L^{-1}$.

- La présence d'un acide dans une solution peut être vérifiée à l'aide d'un indicateur coloré : le bleu de bromothymol. En l'absence d'acide, ce colorant est bleu. En présence d'un acide, il devient jaune.

- Verser quelques gouttes de bleu de bromothymol dans chacun des deux erlenmeyers. Sa couleur nous indiquera s'il reste de l'acide acétique dans le milieu à la fin de la transformation.

- Adapter les ballons aux goulots des erlenmeyers de façon hermétique. Faire tomber la totalité de la poudre des ballons dans les erlenmeyers. Agiter.

- Observer la transformation chimique jusqu'à l'arrêt de l'effervescence.

Doc. 4. Les deux systèmes à l'état final.

Questions

1. Comparez la taille des ballons 1 et 2. Concluez.
2. Comparez la couleur de l'indicateur coloré dans les solutions 1 et 2. Concluez.
3. Observez s'il reste du solide dans les erlenmeyers 1 et 2. Concluez.
4. Schématisez la transformation chimique responsable de l'évolution des systèmes 1 et 2 (faites l'inventaire des espèces chimiques présentes dans les états initiaux et finaux).
5. Quelle est l'influence des quantités initiales de réactifs sur la composition du système à l'état final (quantités de produits formés et quantités de réactifs restants) ?

Activité expérimentale 3

Réaction entre un hydrogénocarbonate et l'acide éthanoïque – Étude quantitative

La réaction entre l'hydrogénocarbonate de sodium et l'acide éthanoïque (noté AH) produit du dioxyde de carbone. Cette transformation peut être modélisée par l'équation suivante :

$NaHCO_3 (s) + AH (aq) \rightarrow CO_2 (g) + NaA (aq) + H_2O (l)$.

Dans l'activité 2, nous avons étudié cette transformation de façon qualitative. Ici, nous allons, grâce à des mesures de pression, étudier la quantité de dioxyde de carbone formé en fonction des quantités relatives des réactifs.

Matériel

– Hydrogénocarbonate de sodium, solution aqueuse d'acide éthanoïque de concentration 1,0 $mol \cdot L^{-1}$, eau distillée, bleu de bromothymol.
– Balance, spatule, erlenmeyers, ballons de 1 L, burettes graduées de 25 mL, agitateur magnétique, réglet, papier absorbant, capteur de pression.

Sécurité

Lire la fiche 1.

Manipulation 1

OBJECTIF : préparer et décrire l'état initial.

- Huit groupes d'élèves introduisent chacun dans un ballon de 1 L un barreau magnétique, puis un volume différent V_A d'une solution aqueuse d'acide éthanoïque de concentration molaire égale à 1,0 mol · L^{-1}, à l'aide d'une burette graduée (➜ fiche 7). Les valeurs de V_A sont : 4,0 mL ; 6,0 mL ; 8,0 mL ; 10,0 mL ; 12,0 mL ; 14,0 mL ; 16,0 mL et 18,0 mL.
- Mis à part la quantité d'acide introduit, dont on veut mesurer l'influence sur l'état final, tous les systèmes doivent être identiques. Le volume est donc ensuite complété à 20 mL par de l'eau distillée, de façon à ce que le volume d'air présent au départ soit identique dans chaque ballon. Ajouter quelques gouttes d'un indicateur coloré, le bleu de bromothymol, qui est bleu en l'absence d'acide et jaune en présence d'acide.

Placer le ballon sur un agitateur magnétique et le maintenir par une pince. Le boucher par un bouchon percé, dans lequel on introduit le tuyau d'un capteur de pression, qui mesurera la pression régnant à l'intérieur du ballon.

- Recopier le tableau ci-dessous, qui sera complété au fur et à mesure de la manipulation.

Questions

1. Déterminez précisément le volume V que peut contenir le ballon muni du bouchon, ainsi que le tuyau relié au capteur de pression. On pourra évaluer le volume du tuyau en mesurant sa longueur et son diamètre intérieur à l'aide d'un réglet. Le volume total de gaz à l'intérieur du volume V est alors : $V_{tot} = V - 20$ mL.

2. Mesurez la pression initiale dans le ballon convenablement fermé par le bouchon. Notez cette valeur $P_{initiale}$ (en bar).

3. Pour chaque groupe, calculez les quantités de matière initiales des réactifs.

Manipulation 2

OBJECTIF : étudier la transformation.

Peser 1,0 g d'hydrogénocarbonate de sodium et le déposer sur un papier absorbant. Replier le papier sur le solide et l'introduire dans le ballon. Refermer immédiatement le ballon par le bouchon muni du capteur de pression. Mettre l'agitateur en marche.

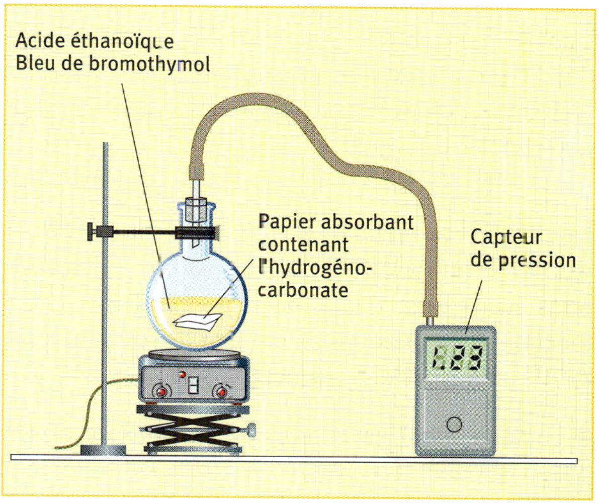

Doc. 5. Le dispositif expérimental.

Questions

4. La variation de pression due à la formation de gaz au cours de la transformation sera notée :

$$\Delta P = P_{finale} - P_{initiale}.$$

Montrez, en utilisant la loi des gaz parfaits (➜ chapitre 26), que la quantité de matière de gaz formé s'exprime par la relation : $n(\text{gaz formé}) = \Delta P \cdot V_{tot} / (R \cdot T)$.

5. Relevez les différentes valeurs de P_{finale} pour les différents états initiaux envisagés. En déduire les quantités de matière de gaz formées.

6. Tracez la courbe représentant la quantité de matière de CO_2 formée en fonction de la quantité de matière de AH introduite. Interprétez cette courbe.

	Groupe	1	2	3	4	5	6	7	8
	V_A en mL	4,0	6,0	8,0	10,0	12,0	14,0	16,0	18,0
État initial	$P_{initiale}$ en bar								
	n(AH) en mmol								
	$n(NaHCO_3)_i$ en mmol								
État final	ΔP en bar								
	$n(CO_2)$ en mmol								
	Reste-t-il de l'acide ?								

ACTIVITÉS

1. Le système en cours de transformation

1.1. Étude quantitative d'une transformation

Dans la transformation chimique étudiée à l'activité 3, les réactifs sont l'hydrogénocarbonate de sodium ($NaHCO_3$) et l'acide éthanoïque (CH_3CO_2H, noté AH). La transformation peut être modélisée par l'équation chimique suivante :

$$NaHCO_3\ (s) + AH\ (aq) \rightarrow CO_2\ (g) + NaA\ (aq) + H_2O\ (l).$$

La quantité de matière de $NaHCO_3$ à l'état initial, notée $n(NaHCO_3)_i$, est de 12 mmol question 3, p. 163. Grâce à des mesures de pression, nous avons mesuré la quantité de matière de CO_2 formée $n(CO_2)_f$ en fonction de la quantité de matière de AH introduite $n(AH)_i$ et tracé la courbe correspondante (doc. 6).

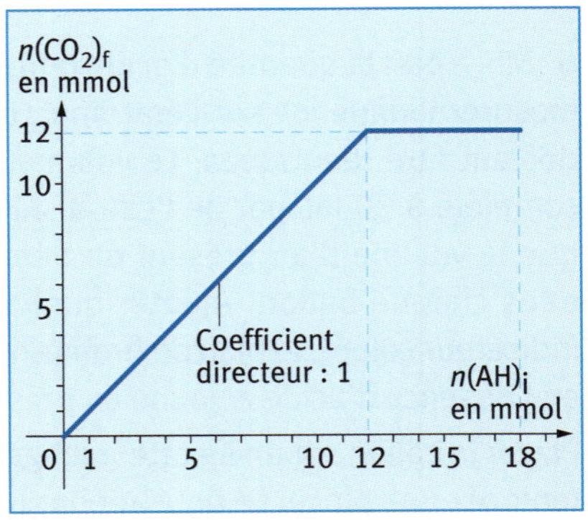

Doc. 6. La courbe représentant $n(CO_2)_f$ en fonction de $n(AH)_i$ (➡ activité 3 question 6, p. 163).

■ Lorsque $n(AH)_i$ est inférieure à 12 mmol, on observe que $n(CO_2)_f$ est proportionnelle à $n(AH)_i$ et le coefficient directeur de la portion de droite est égal à 1. Donc, la quantité de matière de CO_2 formée est égale à la quantité de matière de AH introduite, soit $n(CO_2)_f = n(AH)_i$.
La couleur de l'indicateur coloré indique qu'il n'y a plus d'acide AH à l'état final. La quantité de matière de CO_2 formée est donc égale à la quantité de matière de AH consommée.

■ Lorsque $n(AH)_i$ est supérieure à 12 mmol, on observe que $n(CO_2)_f$ est constante, quelle que soit la valeur de $n(AH)_i$. Soit $n(CO_2)_f = 12$ mmol $= n(NaHCO_3)_i$. La couleur de l'indicateur coloré indique qu'il reste de l'acide à l'état final.

1.2. Notion d'avancement

Au cours des activités expérimentales, nous avons observé que la composition de l'état initial avait une influence sur la composition de l'état final, mais nous n'avons pas toujours été en mesure de déterminer complètement la composition de l'état final.

Pour déterminer les quantités de matière des différentes espèces chimiques présentes au cours de la transformation, jusqu'à l'état final, on utilise un outil : l'**avancement.**

L'avancement est un nombre, qu'on note $\boldsymbol{x}$ et qui s'exprime en mole.

Au cours de la transformation chimique de l'activité 3, nous avons pu écrire, pour $n(AH)_i \leqslant 12$ mmol, que la quantité de matière de CO_2 formée est égale à la quantité de matière de AH consommée. Si l'on appelle x, la quantité de matière d'acide AH consommée et $n(AH)$ la quantité de matière de l'acide au cours de la transformation, on peut alors écrire les relations : $n(AH) = n(AH)_i - x$ et $n(CO_2)_f = x$.

En utilisant la conservation de l'élément carbone au cours de la transformation, on peut également écrire pour la quantité de matière $n(NaHCO_3)$ au cours de la transformation :

$$n(NaHCO_3) = n(NaHCO_3)_i - n(CO_2)_f$$

soit : $$n(NaHCO_3) = n(NaHCO_3)_i - x.$$

En résumé, la consommation de x mol de AH s'accompagne de la consommation de x mol de $NaHCO_3$ et de la production de x mol de CO_2.

Ces proportions sont **compatibles avec les nombres stœchiométriques** utilisés pour écrire l'équation, ce qui permet de vérifier la validité du modèle de réaction chimique proposé.

1.3. Mise en place d'un tableau descriptif

Les quantités de matière des réactifs et des produits au cours de la transformation peuvent s'exprimer en fonction de l'avancement.

À l'état initial, l'avancement est nul. Au cours de la transformation chimique, il augmente, de sorte que les quantités de matière des réactifs diminuent et les quantités de matière des produits augmentent.

On peut résumer l'ensemble de ces informations sous la forme d'un tableau récapitulatif. Pour la réaction étudiée à l'activité 3, par exemple, ce tableau est le suivant :

Équation chimique		$NaHCO_3$ (s) +	AH (aq) →	CO_2 (g) +	NaA (aq) +	H_2O (l)
État du système	**Avancement**	**Quantités de matière correspondantes**				
État initial	0	$n(NaHCO_3)_i$	$n(AH)_i$	0	0	$n(H_2O)_i$
En cours de transformation	x	$n(NaHCO_3)_i - x$	$n(AH)_i - x$	x	x	$n(H_2O)_i + x$

Dans l'activité 1, nous avons étudié la réaction entre les ions cuivre et les ions hydroxyde. La transformation peut être modélisée par l'équation chimique suivante question 4, p. 161 :

$$Cu^{2+}\,(aq) + 2\,OH^-\,(aq) \rightarrow Cu(OH)_2\,(s).$$

Dans ce cas, les nombres stœchiométriques de l'équation chimique indiquent que la consommation de x mol de Cu^{2+} s'accompagne de la consommation de $2x$ mol de OH^- et de la production de x mol de $Cu(OH)_2$. On obtient le tableau suivant :

Équation chimique		Cu^{2+} (aq) +	$2\,OH^-$ (aq) →	$Cu(OH)_2$ (s)
État du système	**Avancement**	**Quantités de matière correspondantes**		
État initial	0	$n(Cu^{2+})_i$	$n(OH^-)_i$	0
En cours de transformation	x	$n(Cu^{2+})_i - x$	$n(OH^-)_i - 2x$	x

COURS

1.4. Cas général

On considère l'équation chimique suivante :

$$a\,A + b\,B \rightarrow c\,C + d\,D,$$

où les espèces chimiques sont représentées par les lettres A, B, C et D, affectées respectivement des nombres stœchiométriques a, b, c et d.

Les quantités initiales de réactifs sont $n(A)_i$ et $n(B)_i$ et les quantités initiales de produits seront notées $n(C)_i$ et $n(D)_i$. Ces deux dernières valeurs sont généralement nulles, sauf si certains produits de la transformation sont déjà présents à l'état initial du système.

L'avancement de la réaction est noté x. On peut alors dresser le tableau suivant, résumant les quantités de matière présentes au cours de la transformation.

Équation chimique		$a\,A$ +	$b\,B$ →	$c\,C$ +	$d\,D$
État du système	**Avancement**	**Quantités de matière**			
État initial	0	$n(A)_i$	$n(B)_i$	$n(C)_i$	$n(D)_i$
En cours de transformation	x	$n(A)_i - a \cdot x$	$n(B)_i - b \cdot x$	$n(C)_i + c \cdot x$	$n(D)_i + d \cdot x$

2. État final d'un système chimique

2.1. Présence des réactifs à l'état final

Au cours de la transformation chimique, les quantités de matière des réactifs diminuent jusqu'à ce qu'au moins l'une d'entre elles s'annule. L'état final est alors atteint.

Mélange stœchiométrique

Lorsque tous les réactifs ont été consommés à la fin de la transformation, on dit que le mélange des réactifs à l'état initial est un **mélange stœchiométrique,** ou que les réactifs étaient en **proportions stœchiométriques.**

Exemple → **Activité 1 :** les tests réalisés à l'état final pour le groupe n° 4 montrent que tous les réactifs ont été consommés question 5, p. 161. Les quantités de réactifs introduites étaient alors :

$$n(Cu^{2+})_i = 5{,}0 \cdot 10^{-3}\,\text{mol} \quad \text{et} \quad n(OH^-)_i = 10 \cdot 10^{-3}\,\text{mol}.$$

Ces quantités correspondent aux proportions stœchiométriques de la réaction question 6, p. 161 : $n(Cu^{2+})_i = \dfrac{n(OH^-)_i}{2}$.

Ce mélange est un mélange stœchiométrique.

Réactif limitant

Lorsque le mélange n'est pas stœchiométrique, le ou les réactifs restant à l'état final sont appelés réactifs **en excès.**

Le réactif qui vient à manquer, empêchant la transformation de se poursuivre, est appelé **réactif limitant.**

Selon les proportions utilisées à l'état initial, c'est l'un ou l'autre des réactifs qui est le réactif limitant.

Exemple ➡ Activité 2 : à l'état final, le système 1 contient encore du solide, ce qui signifie qu'il reste de l'hydrogénocarbonate de sodium $NaHCO_3$ question 3, p. 162. La couleur de l'indicateur coloré est bleue ; il n'y a donc plus d'acide acétique AH dans le milieu question 2, p. 162. Ici, le réactif limitant est AH et le réactif en excès est $NaHCO_3$.
Dans le système 2, à l'état final, il ne reste plus de solide et la couleur de l'indicateur coloré est jaune. $NaHCO_3$ a donc été entièrement consommé, contrairement à AH questions 2 et 3, p. 162. Le réactif limitant est $NaHCO_3$ et le réactif en excès est AH.

Doc. 7. Les deux systèmes de l'activité 2 à l'état final.

2.2. Avancement maximal

À la fin de la transformation chimique, l'avancement atteint une valeur qui correspond à l'**avancement maximal, x_{max},** que peut atteindre le système. L'état final est caractérisé par cet avancement maximal.

■ Dans le cas d'un mélange stœchiométrique, l'avancement maximal peut se calculer en exprimant le fait que l'un ou l'autre des réactifs a disparu.

Exemple ➡ Activité 1 : les quantités de réactifs utilisées par le groupe n°4 correspondent à un mélange stœchiométrique. L'avancement maximal peut être calculé en écrivant qu'à l'état final, les ions cuivre ont disparu :

$$5{,}0 \cdot 10^{-3} - x_{max} = 0, \text{ soit } \quad x_{max} = 5{,}0 \cdot 10^{-3} \text{ mol.}$$

x_{max} peut également être calculé en écrivant qu'à l'état final, la totalité des ions hydroxyde ont été consommés :

$$10 \cdot 10^{-3} - 2\,x_{max} = 0, \text{ soit } \quad x_{max} = 5{,}0 \cdot 10^{-3} \text{ mol.}$$

Dans les deux calculs, on retrouve bien la même valeur de l'avancement maximal, ce qui est caractéristique du mélange stœchiométrique.

■ Dans les autres cas, on écrit que la quantité de matière du réactif limitant à l'état final est égale à 0. Lorsqu'on ne sait pas quel est le réactif limitant, on envisage plusieurs cas et on choisit la plus petite valeur de l'avancement maximal calculée. Elle correspond à la disparition totale du réactif limitant et donc à la fin de la transformation.

Exemple ➡ Activité 1 : pour le groupe n° 2, par exemple :

$$(OH^-)_i = 6{,}0 \cdot 10^{-3} \text{ mol} \quad \text{et} \quad n(Cu^{2+})_i = 5{,}0 \cdot 10^{-3} \text{ mol.}$$

Deux cas sont à envisager :

– si c'est l'ion hydroxyde qui est le réactif limitant, on aura :

$$n(OH^-)_f = n(OH^-)_i - 2x_{max} = 0, \text{ soit } \quad x_{max} = 3{,}0 \cdot 10^{-3} \text{ mol.}$$

– si c'est l'ion cuivre qui est le réactif limitant, on aura :

$$n(Cu^{2+})_f = n(Cu^{2+})_i - x_{max} = 0, \text{ soit } \quad x_{max} = 5{,}0 \cdot 10^{-3} \text{ mol.}$$

Ici, $x_{max} = 3{,}0 \cdot 10^{-3}$ mol et le réactif limitant est l'ion hydroxyde.

Cu^{2+}	$+\ 2\,OH^-$	$\rightarrow Cu(OH)_2$
$n(Cu^{2+})_i - x$	$n(OH^-)_i - 2x$	x

Doc. 8. Les quantités de matière au cours de la transformation étudiée à l'activité 1.

2.3. Bilan de matière à l'état final

Connaissant l'avancement maximal d'une réaction et la composition de l'état initial, on peut faire un **bilan de matière,** c'est-à-dire déterminer précisément la composition de l'état final.

Exemple ➡ Activité 1 : pour le groupe n° 2, on peut construire le tableau :

Équation chimique		Cu^{2+} (aq) +	$2\ OH^-$ (aq) →	$Cu(OH)_2$ (s)
État du système	**Avancement**	**Moles d'ions cuivre**	**Moles d'ions hydroxyde**	**Moles d'hydroxyde de cuivre**
État initial	0	$5,0 \cdot 10^{-3}$	$6,0 \cdot 10^{-3}$	0
En cours de transformation	x	$5,0 \cdot 10^{-3} - x$	$6,0 \cdot 10^{-3} - 2x$	x
État final	$x_{max} = 3,0 \cdot 10^{-3}$ mol	$2,0 \cdot 10^{-3}$	0	$3,0 \cdot 10^{-3}$

Le bilan de matière à l'état final peut s'écrire :
- il a été produit : $3,0 \cdot 10^{-3}$ mol de précipité d'hydroxyde de cuivre ;
- il reste $2,0 \cdot 10^{-3}$ mol d'ions cuivre ;
- la totalité des ions hydroxyde a été consommée.

L'ESSENTIEL

Ce qu'il faut savoir

L'avancement

✔ L'**avancement** est un nombre, noté x et exprimé en mole, qui permet de décrire quantitativement un système chimique en cours de transformation.

✔ L'**avancement maximal,** noté x_{max}, correspond à la valeur maximale que peut atteindre l'avancement lors d'une transformation chimique.

État final d'un système

✔ Le **mélange stœchiométrique** est obtenu lorsque les réactifs sont introduits dans les proportions stœchiométriques de la réaction. Seuls les produits sont alors présents à l'état final.

✔ Lorsque le mélange n'est pas stœchiométrique, le **réactif limitant** est le réactif qui est totalement consommé lors de la transformation chimique.

✔ Un **bilan de matière** consiste à faire l'inventaire quantitatif des espèces composant un système à l'état final.

Ce qu'il faut savoir faire

✔ Connaissant l'état initial d'un système chimique et l'équation chimique de la réaction, construire un tableau récapitulatif et faire un bilan de matière.

EXERCICES

EXERCICE RÉSOLU

Effectuer un bilan de matière

Le germanium (Ge) est utilisé dans la fabrication des composants électroniques. On le prépare à partir du dioxyde de germanium (GeO_2), que l'on fait réagir avec du dihydrogène gazeux (H_2). On obtient du germanium et de l'eau.

1. Écrire l'équation chimique de la réaction avec les nombres stœchiométriques corrects.

2. On traite 1 000 kg de dioxyde de germanium avec suffisamment de dihydrogène pour que la totalité du dioxyde de germanium réagisse.
a. Calculer la masse molaire du dioxyde de germanium et déterminer la quantité de matière qui a réagi.
b. Déterminer l'avancement maximal de la réaction.
c. Effectuer un bilan de matière à l'état final.
d. Déterminer le volume minimal de dihydrogène $V(H_2)$ qu'il a fallu utiliser.
e. Calculer la masse de germanium $m(Ge)$ obtenue.

Données :
Volume molaire des gaz dans les conditions de l'expérience :
$V_m = 24{,}0\ L \cdot mol^{-1}$.
Masses molaires atomiques (en $g \cdot mol^{-1}$) :
Ge : 72,6 ; O : 16,0 ; H : 1,0.

CONSEILS

1. *Lire attentivement l'énoncé pour identifier les réactifs et les produits. Ensuite écrire l'équation chimique et utiliser les lois de conservation pour ajuster les nombres stœchiométriques.*

2.a. *Utiliser la relation :* $n = \frac{m}{M}$.
Faire attention à l'homogénéité des unités.

b. *D'après l'énoncé, GeO_2 est ici le réactif limitant.*

c. *Construire un tableau récapitulatif et calculer les quantités de matière de toutes les espèces présentes à l'état final. La quantité de dihydrogène à l'état initial n'étant pas connue, la désigner par une lettre.*

d. *Utiliser la relation :* $V = n \cdot V_m$. *n est la quantité de dihydrogène consommée, calculée à la question précédente.*

e. *Utiliser la relation :* $m = n \cdot M$.

SOLUTION

1. Les réactifs sont : GeO_2 et H_2. Les produits sont : Ge et H_2O.
En utilisant la loi de conservation de l'élément chimique, on obtient l'équation chimique suivante :

$$GeO_2 + 2\,H_2 \rightarrow Ge + 2\,H_2O.$$

2.a. $M(GeO_2) = M(Ge) + 2\,M(O) = 72{,}6 + 2 \times 16{,}0 = 104{,}6\ g \cdot mol^{-1}$.
Une tonne représente $1{,}0 \cdot 10^6$ g. La quantité de matière correspondante est :

$$n(GeO_2)_i = \frac{m(GeO_2)}{M(GeO_2)} = \frac{1{,}000 \cdot 10^6}{104{,}6} = 9\,560\ mol.$$

b. GeO_2 est le réactif limitant et le nombre stœchiométrique qui lui est affecté est égal à 1. On peut donc écrire : $x_{max} = n(GeO_2)_i = 9\,560$ mol.

c. On peut mettre en place un tableau récapitulatif :

Équation chimique		GeO_2 +	$2\,H_2$ →	Ge +	$2\,H_2O$
État du système	**Avancement**	**Quantités de matière (en mol)**			
État initial	0	9 560	$n(H_2)_i$	0	0
En cours de transformation	x	$9\,560 - x$	$n(H_2)_i - 2x$	x	$2x$
État final	$x_{max} = 9\,560$	0	$n(H_2)_i - 19\,120$	9 560	19 120

On voit que 19 120 mol de dihydrogène ont été consommées et que 9 560 mol de germanium et 19 120 mol d'eau ont été produites.

d. Soit $n(H_2)$ la quantité de dihydrogène consommée.
$V(H_2) = n(H_2) \cdot V_m = 19\,120 \times 24{,}0 = 459 \cdot 10^3$ L.

e. Soit $n(Ge)_f$ la quantité de matière de germanium obtenue.
$m(Ge) = n(Ge)_f \cdot M(Ge) = 9\,560 \times 72{,}6 = 694 \cdot 10^3$ g, soit 694 kg.

EXERCICES

VÉRIFIEZ VOS CONNAISSANCES

Questions

1 En quelle unité s'exprime l'avancement d'une réaction chimique ?

2 Qu'est-ce que l'avancement maximal ?

3 Qu'appelle-t-on réactif limitant ?

4 Qu'appelle-t-on réactif en excès ?

5 Qu'est-ce qu'un mélange stœchiométrique ?

6 Qu'est-ce qu'un bilan de matière ?

QCM

7 Lorsque l'avancement d'une réaction chimique est nul :

a. aucun produit n'a été formé ;

b. tous les réactifs sont consommés ;

c. la transformation est terminée.

8 Soit l'équation chimique suivante :

$$Cu^{2+} + 2\,OH^- \rightarrow Cu(OH)_2.$$

Pour qu'une mole d'ions hydroxyde réagisse entièrement, il faut :

a. au moins une mole d'ions cuivre ;

b. au moins deux moles d'ions cuivre ;

c. au moins une demi-mole d'ions cuivre.

EXERCICES D'APPLICATION

Bilans de matière

9 On considère l'équation chimique suivante :

$$Fe_2O_3 + 3\,C \rightarrow 3\,CO + 2\,Fe.$$

On réalise la transformation chimique correspondante, à partir des quantités de matière initiales suivantes : 0,5 mol d'oxyde de fer et 1,7 mol de carbone.

1. Construire le tableau récapitulatif de la transformation.

2. Déterminer l'avancement maximal de la réaction.

3. Quel est le réactif limitant ?

4. Faire le bilan de matière à l'état final.

10 Pour fabriquer de l'eau, on fait réagir 0,5 mol de dihydrogène et 0,4 mol de dioxygène.

1. Écrire l'équation chimique correspondante, avec les nombres stœchiométriques corrects.

2. Construire le tableau récapitulatif de la transformation.

3. Déterminer l'avancement maximal de la réaction.

4. Quel est le réactif limitant ?

5. Faire le bilan de matière à l'état final.

Mélanges stœchiométriques

11 Jacqueline et Dany veulent réaliser la réaction d'un acide sur du fer, dont l'équation chimique est la suivante :

$$2\,H^+ + Fe \rightarrow Fe^{2+} + H_2.$$

Ils veulent qu'à la fin de la transformation, il n'y ait plus ni fer ni acide. Dany affirme qu'il faut faire réagir les réactifs dans les proportions suivantes : $2\,n(H^+) = n(Fe)$. Jacqueline, elle, pense que les proportions doivent être les suivantes : $n(H^+) = 2\,n(Fe)$.

Qui a raison ? Justifier en construisant un tableau récapitulatif et en déterminant l'avancement maximal de la réaction.

12 On réalise la transformation modélisée par l'équation chimique suivante : $4\,Al + 3\,O_2 \rightarrow 2\,Al_2O_3$.

On veut obtenir une quantité de matière d'oxyde d'aluminium égale à 2,4 mol.

1. Construire le tableau récapitulatif de la transformation.

2. Quelle doit être la valeur de l'avancement maximal ?

3. Déterminer la composition molaire du mélange stœchiométrique.

Quantités de matière

13 On fait réagir du dihydrogène et du dichlore. On obtient du chlorure d'hydrogène, de formule HCl.

1. a. Écrire l'équation chimique correspondante avec les nombres stœchiométriques corrects.

b. Construire le tableau récapitulatif de la transformation.

2. On constate qu'une quantité de matière égale à 60,0 mmol de dihydrogène a été consommée.

a. Quel est l'avancement de la réaction ?

b. Quelle quantité de matière de dichlore a réagi avec la quantité de dihydrogène consommée?

c. Quelle quantité de matière de chlorure d'hydrogène a été formée ?

14 On fait réagir du fer et du dichlore. On obtient du chlorure de fer de formule $FeCl_3$.

1. a. Écrire l'équation chimique correspondante avec les nombres stœchiométriques corrects.

b. Construire le tableau récapitulatif de la transformation.

2. On constate qu'une quantité de matière égale à 90,0 mol de dichlore a été consommée.

a. Quel est l'avancement de la réaction ?

b. Quelle quantité de matière de fer a réagi avec la quantité de dichlore consommée ?

c. Quelle quantité de matière de chlorure de fer a été formée ?

Masses de produits formés

15 Lors du test d'identification des ions Fe^{2+}, il se produit une réaction entre les ions Fe^{2+} et les ions hydroxyde OH^-. Le précipité d'hydroxyde de fer formé a pour formule $Fe(OH)_2$.

1. a. Écrire l'équation chimique correspondante avec les nombres stœchiométriques corrects.

b. Construire le tableau récapitulatif de la transformation.

2. On réalise la transformation chimique à partir de $5{,}0 \cdot 10^{-2}$ mol d'ions Fe^{2+} et $8{,}0 \cdot 10^{-2}$ mol d'ions OH^-.

a. Déterminer l'avancement maximal et réaliser un bilan de matière à l'état final.

b. Calculer la masse molaire de l'hydroxyde de fer. En déduire la masse de précipité formé.

Données : masses molaires (en $g \cdot mol^{-1}$) : Fe : 55,8 ; O : 16,0 ; H : 1,0.

16 Lors de la combustion du fer (Fe) dans le dioxygène (O_2), il se forme de l'oxyde de fer de formule FeO.

1. a. Écrire l'équation chimique correspondante avec les nombres stœchiométriques corrects.

b. Construire le tableau récapitulatif de la transformation.

2. On réalise la transformation chimique à partir de 13,0 mol de fer et 10,0 mol de dioxygène.

a. Déterminer l'avancement maximal et réaliser un bilan de matière à l'état final.

b. Calculer la masse molaire de l'oxyde de fer. En déduire la masse d'oxyde de fer formé.

Données : masses molaires (en $g \cdot mol^{-1}$) : Fe : 55,8 ; O : 16,0.

EXERCICES DE SYNTHÈSE

17 ★ L'ancêtre du flash

Pour obtenir une lumière flash, les premiers photographes faisaient brûler un morceau de magnésium dans l'air. L'équation chimique de cette combustion s'écrit :

$$2\,Mg + O_2 \rightarrow 2\,MgO.$$

On réalise la combustion complète d'un morceau de 2,0 g de magnésium.

1. Calculer la quantité de matière de magnésium brûlée.

2. Déterminer l'avancement maximal et en déduire les quantités de matière de dioxygène consommée et d'oxyde de magnésium produite.

3. Calculer la masse d'oxyde de magnésium produite.

4. Calculer le volume de dioxygène consommé.

Données :

– volume molaire des gaz dans les conditions de l'expérience : $V_m = 24{,}0\ L \cdot mol^{-1}$;

– masses molaires (en $g \cdot mol^{-1}$) : Mg : 24,3 ; O : 16,0.

18 ★ Réaction entre aluminium et difluor

L'aluminium (Al) réagit avec le difluor (F_2) pour donner du fluorure d'aluminium (AlF_3).

1. Écrire l'équation chimique correspondante avec les nombres stœchiométriques corrects.

2. On réalise la réaction à partir de 1,0 g de poudre d'aluminium et de 1,5 g de difluor.

a. Calculer les quantités de matière des réactifs utilisées.

b. Déterminer l'avancement maximal et en déduire le bilan de matière à l'état final.

c. Calculer la masse de produit formée.

d. Calculer la masse du réactif restant.

Données : masses molaires (en $g \cdot mol^{-1}$) : Al : 27,0 ; F : 19,0.

19 ★★ Feux de Bengale

Un artificier veut préparer un feu de Bengale rouge. Il mélange 122,6 g de chlorate de potassium ($KClO_3$), 16,0 g de soufre (S) et 18,0 g de carbone (C).

L'équation chimique modélisant la transformation est la suivante :

$$2\,KClO_3(s) + S(s) + 3\,C(s) \rightarrow K_2S(s) + 3\,CO_2(g) + Cl_2(g).$$

1. Calculer les quantités de matière de chacun des réactifs.

2. Montrer que le mélange est stœchiométrique.

3. Calculer les quantités de matière des produits formées.

4. Calculer le volume total occupé par les gaz produits.

5. Pourquoi ne faut-il pas réaliser cette réaction dans un récipient hermétiquement clos ?

Données :

– volume molaire des gaz dans les conditions de l'expérience : $V_m = 24{,}0\ L \cdot mol^{-1}$;

– masses molaires (en $g \cdot mol^{-1}$) : K : 39,1 ; Cl : 35,5 ; O : 16,0 ; S : 32,1 ; C : 12,0.

20 ★★★ Les bosses des chameaux

Les chameaux emmagasinent de la tristéarine ($C_{57}H_{110}O_6$) dans leurs bosses. Cette graisse est à la fois une source d'énergie et une source d'eau, car, lorsqu'elle est utilisée, il se produit une réaction de combustion (la tristéarine réagit avec le dioxygène pour donner du dioxyde de carbone et de l'eau).

1. Écrire l'équation chimique correspondante avec les nombres stœchiométriques corrects.

2. Quel volume de dioxygène est nécessaire pour « brûler » 1,0 kg de tristéarine ?

3. Quelle est la masse d'eau accessible à partir de 1,0 kg de cette graisse ?

Données :

– volume molaire des gaz dans les conditions de l'expérience : $V_m = 24{,}0\ L \cdot mol^{-1}$;

– masses molaires (en $g \cdot mol^{-1}$) : O : 16,0 ; C : 12,0 ; H : 1,0.

EXERCICES

THÈME

Le sucre

L'histoire du sucre se confond avec celle de la nature, qui a mis à notre disposition des milliers de plantes et de fruits contenant des substances sucrées. Mais d'où vient le sucre ? Doit-on parler du « sucre » ou des « sucres » ? Qu'est-ce que le sucre ?

1 Le sucre : espèce naturelle ou de synthèse ?

Le sucre peut être extrait du miel des abeilles, du sirop d'érable ou d'autres plantes, telles que la betterave à sucre ou la canne à sucre. Cependant, depuis longtemps, on a cherché des substituts appelés édulcorants.

› D'où proviennent les espèces chimiques à goût sucré ? Pourquoi a-t-on cherché des substituts aux produits naturels ? Que regroupe l'appellation « édulcorant » ?

De la canne à sucre (a) et une boîte d'édulcorant (b).

2 Le degré Brix

L'addition de saccharose dans l'eau a pour conséquence de modifier la température d'ébullition de l'eau. Celle-ci passe au-dessus de 100 °C. De même, on peut constater une modification du point de congélation de l'eau après ajout de saccharose. Celle-ci passe en dessous de 0 °C.

Les chimistes ont inventé une nouvelle unité : le degré Brix. Le degré Brix correspond à la masse de saccharose contenue dans 100 g de solution. La mesure du point d'ébullition ou de congélation permet de déterminer la concentration en sucre d'une solution. Ces résultats sont rassemblés dans des tables auxquelles on se réfère ; certains appareils sont même gradués directement en degrés Brix.

› Comment contrôler en confiserie la teneur en saccharose d'une solution ? Chercher un appareillage adapté à ces mesures.

3 Extraction du sucre de la betterave

Extraction

- Peser environ 50 g de betterave à sucre.
- Découper la chair en fines lanières et la placer dans un bécher contenant 200 mL d'eau.
- Porter à ébullition douce pendant 15 minutes. Le jus sucré est alors extrait de la betterave.
- Filtrer le mélange obtenu et conserver le jus sucré.

Purification

Le jus obtenu contient des impuretés qu'il faut éliminer.

- Ajouter alors 10 mL de lait de chaux.
- Observer une précipitation des impuretés en surface.
- Filtrer de nouveau le jus sucré.

Cristallisation

À ce stade, le jus contient 13 % de sucre et 87 % d'eau environ.

- Faire évaporer l'eau tout doucement par chauffage pour cristalliser le sucre.

En suivant ce protocole, vous pourrez extraire le sucre de la betterave à sucre. Dans l'industrie sucrière, le sucre est extrait selon le même principe. La cristallisation est plus facile car l'élimination d'eau se fait sous pression réduite.

› Comment le sucre est-il extrait de la betterave ?

4 Les glucides

Les sucres appartiennent à la famille des glucides, qui sont des composés organiques contenant uniquement l'élément carbone C, l'élément hydrogène H et l'élément oxygène O. On les appelle « sucres » parce qu'un grand nombre d'entre eux possède en commun la même saveur sucrée et aussi parce qu'ils sont utilisés comme sources ou réserves d'énergie par les organismes vivants.

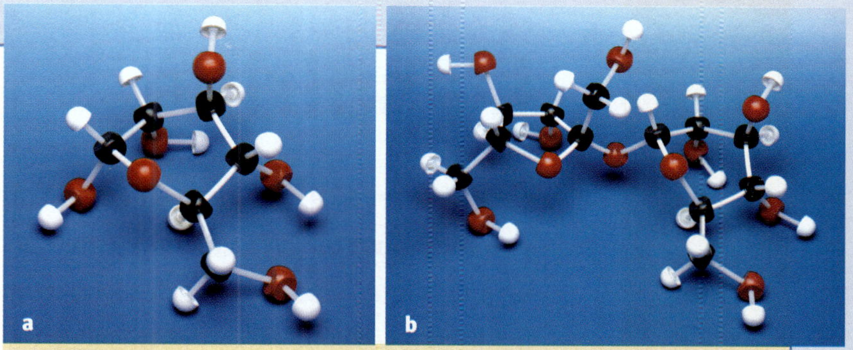

Modèles moléculaires de quelques glucides : en a, le α-glucose, $C_6H_{12}O_6$ et en b, le saccharose, $C_{12}H_{22}O_{11}$.

> **Doit-on parler du « sucre » ou des « sucres » ? Quels sont les différents types de glucides ?**

5 Chromatographie du jus d'orange

Extraction du jus d'orange

– Presser une orange et recueillir environ 25 mL de jus.
– Filtrer pour éliminer la pulpe.
– Diluer l'extrait dans 75 mL d'eau. La solution est prête et sera appelée J.

Chromatographie sur couche mince ou CCM

– Préparer trois solutions témoins à 2,5 g·L^{-1} : une solution de glucose dans l'eau (solution G) ; une solution de fructose dans l'eau (F) ; une solution de saccharose dans l'eau (S).
– Préparer la cuve à chromatographie en versant comme éluant : 5 volumes de butanol, 4 volumes d'acétone et 1 volume d'eau.
– Déposer à l'aide de capillaires les solutions J, G, F et S sur le chromatogramme.
– Sous la hotte, avec des gants, pulvériser le chromatogramme de réactif de Molish et laisser sécher.
– Placer le chromatogramme dans une étuve à 100 °C ou sur une plaque chauffante pendant quelques instants.
– Conclure sur les différents sucres contenus dans le jus d'orange.

En suivant ce protocole, vous pourrez déterminer les différents sucres présents dans le jus d'orange. Pour cela, il faut d'abord extraire le jus d'orange et ensuite réaliser sa chromatographie.

> **Quels sucres contient le jus d'orange ?**

THÈME

D'autres pistes

> **1.** S'il existe une sucrerie ou une raffinerie de sucre à proximité du lycée, se renseigner sur les différentes étapes industrielles.

> **2.** Retrouver, à l'aide des modèles moléculaires du glucose et du fructose, comment se forme le saccharose.

> **3.** Étudier la solubilité du saccharose dans différents solvants.

> **4.** Mesurer l'indice de réfraction n d'une solution d'eau sucrée et étudier l'évolution de n en fonction de la concentration de la solution.

> **5.** Quelle est la place du sucre dans notre alimentation ?

> **6.** Quel est le poids économique de l'industrie sucrière à l'échelon national ?

Où trouver des renseignements ?

Livre

M. Terrien, J. Fournier, *Chimie du petit déjeuner*, Cultures et techniques, 1998.

Site Internet

http://www.lesucre.com
Faire une recherche sur Internet en utilisant les mots-clés : sucre, édulcorant, saccharose, glucose (voir fiche 9).

CEDUS Centre d'étude et de documentation sur le sucre

30, rue de Lübeck - 75116 Paris
tél : 01 44 05 39 99.

THÈME

L'aspirine

Le 1er février 1899, un nouveau médicament aux performances encore à ce jour inégalées est créé : l'aspirine ou l'acide acétylsalicylique. L'aspirine est un antalgique (il soulage les douleurs comme les migraines), un antipyrétique (il fait baisser la fièvre), mais aussi un fluidifiant de la circulation sanguine.

1 L'aspirine : un des plus vieux médicaments

Vers l'an 400 avant J.-C., Hippocrate donnait à boire aux femmes enceintes une tisane de feuilles de saule pour lutter contre les douleurs de l'accouchement ; le breuvage était très amer. On sut plus tard qu'il contenait de l'acide salicylique. En 1899, F. Hoffmann met un terme à des années de recherche en réussissant la synthèse de l'aspirine, un dérivé de l'acide salicylique.

› Quelles sont les différentes étapes de l'histoire de la découverte de l'aspirine ?

Une feuille de saule (a) et une ancienne publicité (b).

2 L'hémisynthèse de l'aspirine au laboratoire

Réalisation de l'hémisynthèse

– Introduire, dans un erlenmeyer bien sec, 5 g d'acide salicylique, puis, sous hotte et avec des gants, 6 mL d'anhydride acétique.
– Ajouter quelques gouttes d'acide sulfurique avec un compte-gouttes.
– Monter un réfrigérant vertical à air et chauffer au bain-marie à 50 °C pendant 20 minutes.
– Quand l'opération de chauffage est terminée, retirer le réfrigérant et ajouter avec précaution 50 mL d'eau par petites fractions en agitant à chaque fois.
– Placer l'erlenmeyer dans un cristallisoir contenant de la glace et de l'eau, jusqu'à ce que l'on observe des cristaux d'aspirine.

Filtration et récupération des cristaux

– Filtrer les cristaux obtenus sur un dispositif büchner. Lors de l'aspiration, on lavera les cristaux à l'eau froide en interrompant l'aspiration quelques instants. La filtration terminée, essorer les cristaux dans du papier Joseph.
– Récupérer les cristaux dans un verre de montre.

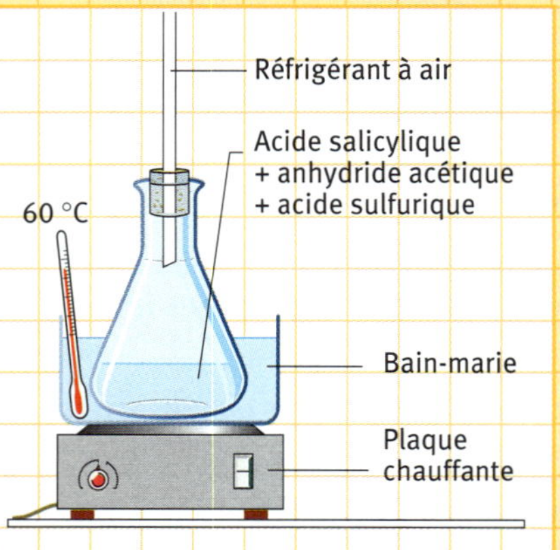

En suivant ce protocole, vous pourrez réaliser l'hémisynthèse (préparation d'un produit à partir de réactifs déjà élaborés) de l'aspirine. C'est la dernière étape de la synthèse industrielle de l'aspirine, qui se fait à partir du phénol.

› À l'aide d'un organigramme ne faisant intervenir que des réactifs et des produits, présenter les principales étapes de la synthèse industrielle de l'aspirine.

3 La chimie pharmaceutique au service de la santé

Grâce à l'hygiène, aux progrès de la médecine et à la mise au point de nouveaux médicaments, l'espérance de vie dans les pays industrialisés a augmenté. Les apothicaires utilisaient des principes actifs issus du monde végétal, animal ou minéral (mercure, arsenic...). Puis, les synthèses chimiques ont permis la production en masse de médicaments purs et aux effets secondaires moins importants. Un grand nombre de médicaments sont aujourd'hui élaborés à partir d'organismes vivants (levures, algues, champignons...).

› La synthèse chimique n'est pas la seule méthode d'élaboration des médicaments. Quelles sont les autres méthodes ?

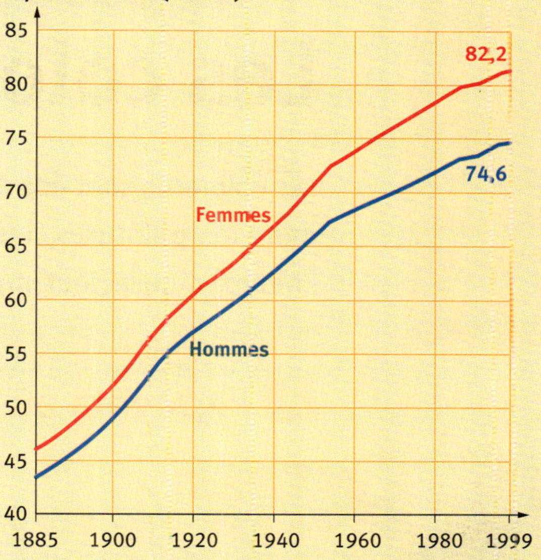

Évolution de l'espérance de vie en France.

4 L'absorption de l'aspirine par l'organisme

– Dans un mortier, broyer soigneusement deux comprimés d'aspirine.
– Répartir la poudre obtenue dans trois petits béchers contenant respectivement :
 bécher n° 1, 50 mL d'une solution acide ;
 bécher n° 2, 50 mL d'une solution basique ;
 bécher n° 3, 50 mL d'eau de Volvic (solution neutre).
– Observer.

En suivant ce protocole, vous pourrez déterminer la nature du milieu dans lequel l'aspirine se dissout le mieux.

› Dans quelle partie de l'appareil digestif, l'aspirine est-elle absorbée ? Comment est-elle distribuée aux cellules ? Quels sont les problèmes de tolérance ?

THÈME

D'autres pistes

› 1. Chercher la définition du mot médicament.

› 2. Dans la composition d'un médicament, trouve-t-on uniquement le principe actif ?

› 3. Chercher pour deux médicaments d'usage courant le nom et la formule du principe actif.

› 4. Rechercher quelques formulations de médicaments à base d'aspirine. Pourquoi existe-t-il différentes formulations ?

› 5. Donner deux exemples de médicaments antalgiques autres que l'aspirine.

› 6. Rechercher pourquoi le nom commercial de l'aspirine rappelle ses origines.

› 7. Chercher des informations (applications thérapeutiques, mode d'administration, effets secondaires, synthèse, etc.) sur une autre classe de médicaments : les antibiotiques par exemple.

Où trouver des renseignements ?

Les notices dans les boîtes d'aspirine.
On peut interroger son médecin et son pharmacien.

Sites Internet

http://www.SNIP.fr (Syndicat national de l'industrie pharmaceutique).
http://www.ping.be/~ping6998/aspirin.htm

SNIP

SNIP (Syndicat national de l'industrie pharmaceutique) - 38, rue de la Faisanderie - 75782 Paris CEDEX 16 - Tél : 01 45 03 88 88.

CD-Rom

L'Aspirine, distribué par le Palais de la Découverte.

Revues

« Le médicament, un comprimé de chimie », *La Revue du Palais de la Découverte*, n° spécial 46, décembre 1995.
« Le siècle de l'aspirine », *Science et vie*, n° 945, juin 1996.
« La superaspirine », *Science et vie*, n° 971, août 1998.

THÈME

Les colorants

Les colorants sont des espèces chimiques largement utilisées, que ce soit dans les peintures, les textiles, les bonbons ou les chewing-gums. À l'heure actuelle, leur importance économique et pratique est considérable.

1 Pigments ou colorants, quelle différence ?

À la préhistoire, les hommes ont utilisé des terres colorées et des ocres pour la décoration de leur corps ou des parois des cavernes. Par exemple, dans la grotte de Lascaux, on a découvert des peintures réalisées en 15 000 avant J.-C. avec des pigments jaunes, rouges, bruns, noirs et blancs. Mais pour teindre le textile, les hommes ont utilisé des colorants préparés à partir de plantes comme la garance.

› Quelle différence y a-t-il entre un pigment et un colorant ?

Peinture de la grotte de Lascaux.

2 L'histoire des colorants

L'utilisation de substances colorées remonte très loin dans le temps. En Inde par exemple, dès l'an 3000 avant J.-C., l'indigo était extrait des plantes. La gamme de colorants restera limitée à une quinzaine jusqu'au milieu du XIXe siècle. C'est le développement de la chimie organique qui élargira la palette des couleurs utilisables.

› Quelles sont les différentes étapes de l'histoire des colorants ?

En 1877, dans une indigoterie anglaise, des Indiens battent le liquide obtenu par la fermentation de feuilles d'indigotier.

3 Préparation du jaune soudan

On travaillera avec des gants et des lunettes.
– Préparer un mélange eau – glace.
– Dans un tube à essais, verser 2 mL d'acide chlorhydrique et une pointe de spatule de cristaux de nitrite de sodium, puis quelques gouttes d'aniline.
– Dans un second tube à essais, verser 2 mL de soude et une pointe de spatule de naphtol.
– Placer les tubes dans le mélange eau – glace.
– Verser le second tube dans le premier en agitant doucement : un précipité jaune apparaît.
Ce précipité est un colorant : le jaune soudan.

En suivant ce protocole, vous pourrez réaliser la synthèse d'un colorant jaune.

› Dans l'industrie, les matières premières utilisées pour la fabrication des colorants de synthèse sont des dérivés du pétrole, encore appelés hydrocarbures aromatiques. Citer deux ou trois de ces composés.

4 Les colorants et l'alimentation

Pendant longtemps, les colorants alimentaires étaient tirés essentiellement des végétaux (la carotte, la betterave...) ou des animaux (la cochenille, par exemple). Aujourd'hui, on utilise des colorants synthétiques comme la tartrazine.

> **Citer des colorants synthétiques. Quel sont leurs avantages et leurs inconvénients par rapport aux colorants naturels ?**

Les colorants sont très souvent présents dans notre alimentation.

***Saint Pierre et Simon le Mage devant Néron*. Fresque de F. Lippi (1457-1504), dans la chapelle Brancacci, Santa Maria del Carmine, Florence.**

5 La coloration en peinture

Pendant leur apprentissage, les peintres de la Renaissance apprenaient à identifier, à broyer, à mélanger les pigments de façon à obtenir la teinte recherchée. Les peintres utilisaient différentes techniques de peinture comme la peinture à l'huile, la peinture à la cire ou encore la peinture à l'œuf.

> **Après avoir choisi une technique de peinture, expliquer comment les peintres élaboraient leur peinture avant de l'utiliser.**

THÈME

D'autres pistes

> **1. En quoi consiste la peinture acrylique ?**

> **2. Quelle méthode peut-on utiliser pour teindre les textiles ?**

> **3. Pourquoi les grenouilles sont-elles vertes ?**

> **4. Y a-t-il une relation entre la couleur d'une molécule et sa structure ?**

> **5. Les colorants tiennent une grande place dans la photographie. Expliquer pourquoi.**

> **6. Rechercher dans différentes cultures le symbolisme des couleurs.**

> **7. Quel est le poids économique des colorants ?**

Où trouver des renseignements ?

Livres

M. Hanssen, *E comme additifs*, Flammarion, 1988.

M. Capon, V. Courilleau, C. Valette, *Chimie des odeurs et des couleurs*, Cultures et techniques, 1993.

F. Delamare, B. Guineau, *Les Matériaux de la couleur*, Découvertes Gallimard, 1999.

« La couleur », *Pour la Science*, Hors série n° 27, avril 2000.

CD-Rom

Le Secret des couleurs, Carré multimedia.

Libertés en couleurs, Point média conseil, académie de Créteil.

La comète Hale-Bopp, en orbite autour du Soleil, se trouvait à 200 millions de kilomètres environ de la Terre lorsqu'elle a été photographiée depuis l'observatoire de Mauna Kea, Hawaii, situé à 4200 m d'altitude.

EXPLORATION DE L'ESPACE

Chapitres 14 à 20

Le photographe, en ouvrant l'objectif de son appareil pendant 1/20 000e s, a réussi à saisir le mouvement de ce projectile coupant une carte à jouer en deux.

L'UNIVERS EN MOUVEMENTS ET LE TEMPS

Chapitres 21 à 24

Cette tornade provoque de graves dégats à cause des très basses pressions qui règnent en son centre.

L'AIR QUI NOUS ENTOURE

Chapitres 25 à 27

PHYSIQUE

Glossaire de physique

QUELQUES RAPPELS DU COLLÈGE

Dans les chapitres qui suivent, les termes accompagnés d'un astérisque ont été appris au collège. Leur définition est rappelée ci-dessous.

Action sur un objet
Son effet peut être soit de déformer l'objet, soit de modifier son mouvement. On distingue les *actions* de contact et les *actions* à distance, comme le poids*.

Chronophotographie
Décomposition du mouvement d'un objet à l'aide d'une série de photographies prises à intervalles de temps réguliers.

Dipôle
Portion d'un circuit électrique comportant deux bornes.

Ébullition
Cas particulier de vaporisation* où un corps passe de l'état liquide à l'état gazeux (ou vapeur) par formation de bulles au sein du liquide (voir aussi glossaire de chimie, p. 12).

Éclipse de Lune
La Lune paraît lumineuse car elle est éclairée par le Soleil. Quand la Terre s'interpose entre la Lune et le Soleil, l'ombre de la Terre sur la Lune provoque une *éclipse de Lune*. Quand la Lune est totalement dans l'ombre* de la Terre, l'éclipse est totale.

Éclipse de Soleil
Il y a *éclipse de Soleil* quand la Lune s'interpose entre le Soleil et la Terre. Une éclipse totale du Soleil est un phénomène peu fréquent, qui ne peut être observé que depuis une région limitée du globe terrestre.

Force
Modélisation de l'action d'un corps sur un autre. Une *force* modifie le mouvement d'un objet ou peut le déformer.

Fusion
Passage de l'état solide à l'état liquide.

Image
Quand un système imageur*, comme un projecteur de diapositives ou un rétroprojecteur, est convenablement réglé, on peut obtenir sur un écran l'*image* d'un objet lumineux.

Mouvement uniforme
Un mobile a un *mouvement uniforme*, lorsque la valeur de sa vitesse est constante au cours du temps.

Ombre
Partie de l'espace que tous les rayons lumineux* issus d'une source ne peuvent atteindre.

Photorécepteur
Composant électronique qui délivre une tension ou un courant électrique qui dépend de l'intensité de la lumière qu'il reçoit.

Poids
Action* à distance que la Terre exerce sur tout corps situé à son voisinage.

Rayon lumineux
Le *rayon lumineux* est un modèle* (p. 12). Il matérialise le trajet de la lumière émise par un point source. Dans l'air, les rayons lumineux sont des segments de droite : la lumière s'y propage en ligne droite. Il y a des exceptions, comme les rayons lumineux courbes à l'origine des mirages.

Rhéostat
Composant électrique à résistance variable qui, inséré dans un circuit, permet de faire varier l'intensité du courant qui le traverse.

Système solaire
Le *système solaire* est constitué d'une étoile, le Soleil, autour de laquelle gravitent neuf planètes. Par ordre croissant d'éloignement depuis le Soleil, on trouve Mercure, Vénus, la Terre, Mars, Jupiter, Saturne, Uranus, Neptune et Pluton.

Système imageur ou appareil imageur
Système physique constitué de lentilles et éventuellement de miroirs, permettant d'obtenir sur un écran l'image* d'un objet lumineux. Exemples : projecteur de diapositives, rétroprojecteur, appareil photographique (la pellicule photo constitue alors l'écran).

Trajectoire
Courbe décrite par un point d'un objet au cours de son mouvement.

Vaporisation
Passage de l'état liquide à l'état gazeux.

Vitesse moyenne
Si D est la distance parcourue un point pendant une durée T, la vitesse moyenne est le rapport D/T.

L'ordre de grandeur de la taille d'un objet est une information importante. Que peut bien représenter cette photo ?

14

L'ÉCHELLE DES LONGUEURS

OBJECTIFS

- Savoir classer des objets, des noyaux atomiques jusqu'aux galaxies, en fonction de leur taille.
- Savoir positionner ces objets sur une échelle de longueurs graduée en puissances de 10.
- Savoir donner un ordre de grandeur et l'utiliser pour comparer deux longueurs.

Des microscopes perfectionnés permettent d'explorer la matière jusqu'au niveau **atomique**. Grâce à des télescopes de plus en plus performants, nous observons des **galaxies** très éloignées. Comment pouvons-nous exprimer des distances et des tailles allant de l'**échelle microscopique** jusqu'à l'**échelle cosmique** ?

ACTIVITÉS

Activité documentaire

Plus petit ou plus grand que l'homme ?

Nous nous représentons facilement des objets dont la taille ou la distance qui les sépare s'échelonnent du millimètre jusqu'au kilomètre. En revanche, il est plus difficile de se repérer dans le domaine microscopique ou le domaine cosmique.

Document 1

Les longueurs observables

La page ci-contre représente neuf objets, de tailles très différentes.

Questions

1. Proposez une valeur de la taille des différents objets montrés sur les docs. 1 à 9.

2. Associez à chacune des longueurs de a. à l. une valeur parmi celles proposées et classez-les des plus grandes aux plus petites.

a. Taille du Grand Nuage de Magellan
b. Distance séparant notre galaxie du Grand Nuage de Magellan
c. Taille d'une fourmi
d. Diamètre d'un globule rouge
e. Distance entre les caps Nord et Sud de la Corse
f. Taille d'un virus
g. Taille d'un atome
h. Taille du noyau atomique
i. Rayon de la Terre
j. Distance de la Terre au Soleil
k. Hauteur de la Tour Eiffel
l. Diamètre d'un cheveu

100 nm ; 5 mm ; 180 km ; 320 m ; 10 µm ; 6 400 km ; $150 \cdot 10^{6}$ km ; 0,1 nm ; $2 \cdot 10^{19}$ m ; 10^{-15} m ; $1{,}5 \cdot 10^{21}$ m ; 40 µm.

Document 2

La représentation des longueurs

- Il est difficile de représenter sur une même échelle la taille d'un objet observé au microscope ou bien celle d'une galaxie photographiée à l'aide d'un télescope. Pour cela, il faut utiliser un outil mathématique adapté : les puissances de 10.
- Les distances ou les tailles ci-dessous sont données en unités adaptées.

Questions

3. Essayez de graduer un axe orienté et d'y faire figurer les quatre longueurs les plus petites.

4. Complétez la dernière ligne du tableau : vous exprimerez la longueur en mètres sous la forme $a \cdot 10^{n}$, où n est un entier et a un nombre décimal compris entre 1 et 10.

5. Graduez un axe orienté, de la plus petite à la plus grande valeur de n et placez alors les longueurs du tableau sur cet axe sans chercher précisément l'emplacement entre deux graduations.

Dimension	Taille d'un être humain adulte	Taille d'une coccinelle	Distance Terre-Lune	Hauteur du Mont-Blanc	Diamètre d'un lymphocyte	Distance Lille-Marseille
Valeur dans un multiple ou sous-multiple adapté	1,7 m	5 mm	380 000 km	4 807 m	12 µm	860 km
Valeur en m						

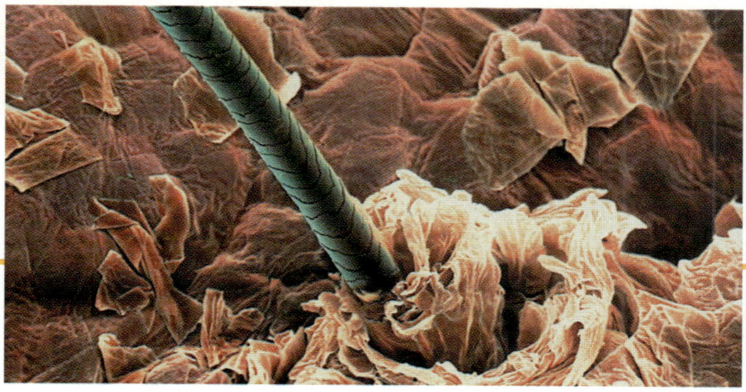

Doc. 1. Un poil humain au microscope électronique à balayage.

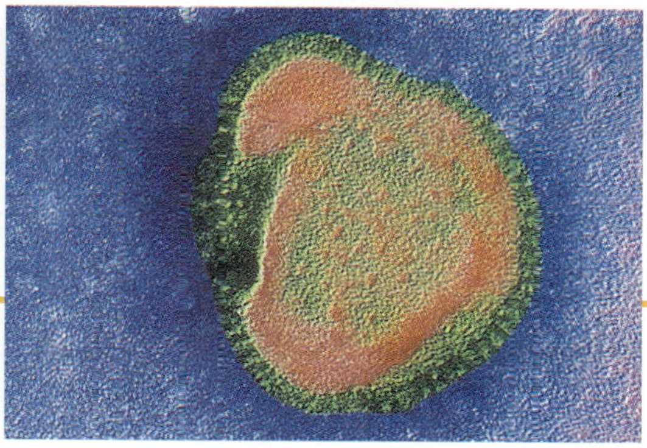

Doc. 2. Un virus de la grippe.

Doc. 3. Une photographie par satellite de la Corse.

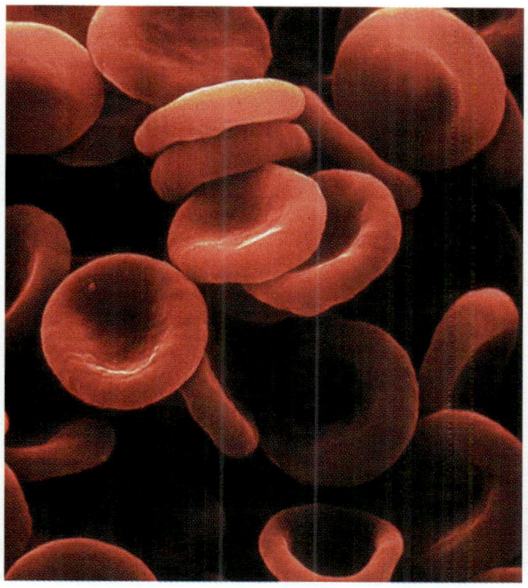

Doc. 4. Des globules rouges.

Doc. 5. La tour Eiffel.

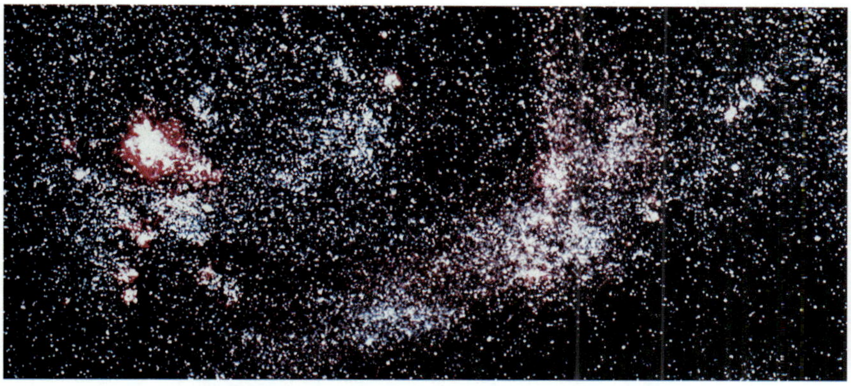

Doc. 6. Le Grand Nuage de Magellan, la galaxie la plus proche de la nôtre.

Doc. 7. La Terre vue de l'espace.

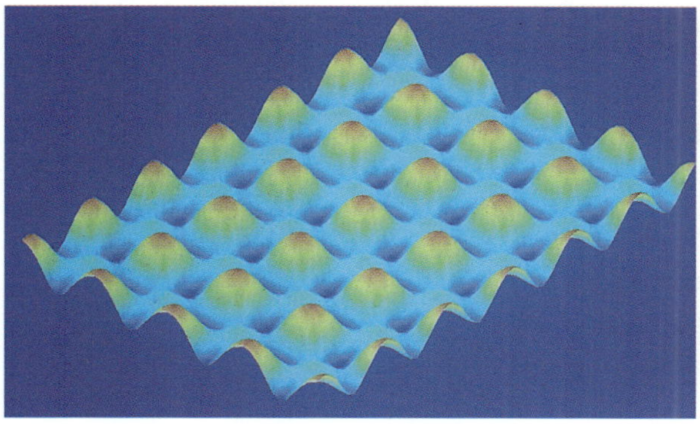

Doc. 8. L'image d'une surface de cristal de chlorure de sodium : chaque dôme représente la position d'un ion.

Doc. 9. Une fourmi rousse.

1. Les unités de longueurs

1.1. Multiples du mètre

Nom	Valeur	Symbole
téramètre	10^{12} m	Tm
gigamètre	10^{9} m	Gm
mégamètre	10^{6} m	Mm
kilomètre	10^{3} m	km

Parmi ces multiples du mètre, seul le kilomètre est en fait utilisé pour exprimer des longueurs grandes par rapport à l'échelle humaine. Pour les longueurs astronomiques, des unités plus adaptées sont employées.

1.2. Sous-multiples du mètre

Nom	Valeur	Symbole
millimètre	10^{-3} m	mm
micromètre	10^{-6} m	µm
nanomètre	10^{-9} m	nm
picomètre	10^{-12} m	pm
femtomètre	10^{-15} m	fm

Ces sous-multiples du mètres sont très utiles pour exprimer des longueurs petites par rapport à l'échelle humaine.

UNITÉ
Pour donner la taille des atomes, on utilise encore l'Angström, de symbole Å (1 Å = 10^{-10} m). On emploie également le terme « micron » au lieu de micromètre.

2. Les ordres de grandeur

Deux longueurs seront **du même ordre de grandeur** si le quotient de la plus grande par la plus petite est compris entre 1 et 10.

Pour calculer le rapport de deux longueurs, celles-ci doivent être exprimées **dans la même unité**: le mètre, un de ses multiples ou sous-multiples.

Les ordres de grandeur s'énoncent généralement à l'aide des **puissances de 10**: on les écrit sous la forme $a \cdot 10^n$, avec a compris entre 1 et 10 et n entier. Un ordre de grandeur peut être estimé par calcul à partir d'ordres de grandeur connus, ou par simple comparaison avec une longueur de référence.

Exemple ➜ **Activité:** l'ordre de grandeur de la distance Terre-Lune est de $3{,}8 \cdot 10^5$ km.

3. Intérêt de l'ordre de grandeur

Savoir évaluer rapidement ou connaître l'ordre de grandeur d'une longueur permet de la situer sur l'échelle des longueurs qui composent notre Univers, et de la comparer aux autres. On peut ainsi mémoriser facilement certaines tailles ou distances caractéristiques.

Exemple ➔ **Activité :** l'ordre de grandeur du diamètre atomique est 10^{-10} m.

Exemple ➔ Une voiture roule pendant une heure sur un itinéraire quelconque, en plaine. Il est difficile, sans compteur kilométrique, de connaître précisément la distance qu'elle a pu parcourir, mais l'ordre de grandeur de cette distance est certainement de 80 km.

Estimer l'ordre de grandeur d'une longueur permet également de vérifier rapidement un calcul.

Exemple ➔ On cherche à mesurer la distance entre Brest et Strasbourg, à l'aide d'une règle et d'une carte de France munie de son échelle. Si nous trouvons 8 km, le calcul effectué est certainement faux, car cela ne correspond pas à l'ordre de grandeur de cette distance (1 000 km environ).

Deux longueurs dont le quotient de la plus grande par la plus petite s'exprime par $a \cdot 10^n$, avec a compris entre 1 et 10 et n entier, sont **différentes de n ordres de grandeur.**

RAPPEL
$10^p \times 10^q = 10^{p+q}$ et $\frac{10^p}{10^q} = 10^{p-q}$.

Exemple ➔ Comparons le diamètre d'un globule rouge (7 µm) et celui d'un atome de carbone (0,14 nm). Exprimé en nm, le diamètre du globule rouge est égal à 7 000 nm. Le rapport entre les deux vaut donc $7\,000/0{,}14 = 5 \cdot 10^4$. Ces deux longueurs ont 4 ordres de grandeur de différence.

COURS

4. L'axe des puissances de 10

La taille d'un noyau atomique est de l'ordre du femtomètre, soit 10^{-15} m.

- La taille des atomes est de l'ordre de 0,1 nm, soit 10^{-10} m.
- L'ordre de grandeur de la taille d'une bactérie ou d'une cellule est de 10 µm, soit 10^{-5} m.
- Le diamètre d'un cheveu (p. 181) est de l'ordre de 40 µm, soit $4 \cdot 10^{-5}$ m.
- Le rayon de la Terre est de l'ordre de 6 400 km, soit $6{,}4 \cdot 10^6$ m.
- Le rayon du Soleil est de l'ordre de 700 000 km, soit $7 \cdot 10^8$ m.
- La distance Terre-Lune est de l'ordre de 380 000 km, soit $3{,}8 \cdot 10^8$ m.
- La distance Terre-Soleil est de l'ordre de 150 millions de km, soit $1{,}5 \cdot 10^{11}$ m.
- La distance du Soleil à l'étoile la plus proche du système solaire, Proxima du Centaure, est de $4 \cdot 10^{16}$ m environ.
- La taille de notre galaxie est de l'ordre de $5 \cdot 10^{20}$ m.
- La taille de l'Univers est de l'ordre de 10^{26} m.

Doc. 10. La Terre et la Lune vues de l'espace.

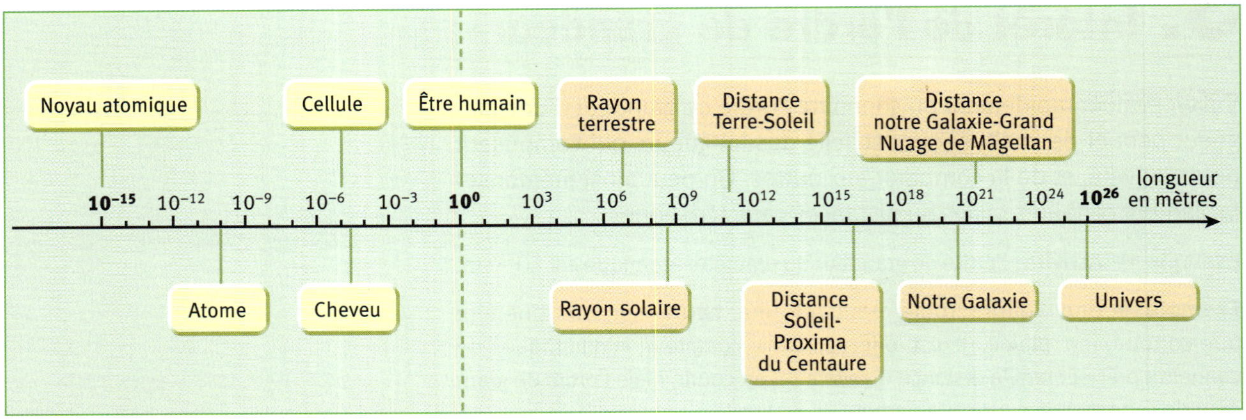

▲ **Doc. 11.** L'échelle des longueurs dans l'Univers.

Du noyau atomique aux galaxies, les longueurs s'échelonnent sur 41 ordres de grandeur, de 10^{-15} m à 10^{26} m.

L'axe des puissances de 10 permet de visualiser l'étendue de l'échelle des longueurs : il est gradué en entiers positifs ou négatifs. Un point d'abscisse n représente la longueur 10^n m.

Exemple ➡ Activité : pour représenter sur un même axe la taille d'un globule blanc (ou lymphocyte ; $1{,}2 \cdot 10^{-5}$ m) et la distance Terre-Lune ($3{,}8 \cdot 10^{8}$ m), il faut graduer l'axe selon les puissances de 10, de – 5 à 9 question 5, p. 182. Une puissance de 10 sera représentée par une graduation.

L'ESSENTIEL

Ce qu'il faut savoir

Ordres de grandeur

✔ Deux longueurs sont du même ordre de grandeur si le quotient de la plus grande par la plus petite est compris entre 1 et 10. Pour calculer ce rapport, il faut exprimer les deux longueurs en mètre ou avec le même multiple ou sous-multiple.

✔ L'axe des puissances de 10 permet de représenter ensemble plusieurs longueurs très différentes. Chaque graduation n, où n est un entier positif ou négatif, représente la longueur 10^n mètres.

✔ Pour comparer les ordres de grandeur de différentes longueurs, il faut exprimer celles-ci sous la forme $a \cdot 10^n$ mètres, où a est un nombre compris entre 1 et 10 et n un nombre entier positif ou négatif.

Étendue de l'échelle des longueurs dans l'Univers

✔ Il y a 41 ordres de grandeur de la taille du noyau atomique aux distances entre les galaxies les plus éloignées.

EXERCICES

VÉRIFIEZ VOS CONNAISSANCES

Questions

1 En prenant le mètre comme unité, classer sur l'axe des puissances de 10 : le rayon de l'orbite terrestre, celui de la Terre, du Soleil et la taille de notre galaxie. Même question pour : le rayon atomique, la taille d'une cellule, la taille d'un noyau atomique.

QCM

2 Le rayon de la planète Jupiter vaut 71 900 km et celui de Vénus 6 050 km.

a. Ils sont du même ordre de grandeur ;

b. celui de Jupiter est d'un ordre de grandeur supérieur ;

c. celui de Jupiter est de dix ordres de grandeur supérieur à celui de Vénus.

3 La taille des atomes et celle des noyaux atomiques :

a. sont du même ordre de grandeur ;

b. sont différentes de 5 ordres de grandeur.

EXERCICES D'APPLICATION

L'échelle du système solaire

4 En ne considérant que leurs distances respectives et leurs tailles, le Soleil passerait-il entre la Terre et la Lune ?

5 Le § 4 du cours donne les longueurs à connaître.

1. Si le Soleil était représenté par une orange de 10 cm de diamètre, quel serait le diamètre de l'objet représentant la Terre ?

2. Proposer un aliment qui aurait la même taille que la Terre réduite à cette échelle.

6 La distance Terre-Lune est de l'ordre de $3 \cdot 10^8$ m, la distance Terre-Soleil étant 500 fois plus grande.

1. Combien de rayons terrestres la distance Terre-Lune représente-t-elle ?

2. Même question pour la distance Terre-Soleil.

L'échelle microscopique

7 L'atome d'hydrogène se compose d'un noyau et d'un seul électron. Si l'on représentait le noyau de cet atome par une balle de tennis de 3 cm de rayon, à quelle distance se trouverait l'électron du noyau ?

8 La taille d'un virus est de l'ordre de 100 nm. La taille d'un globule rouge humain est de l'ordre de 7 µm.

1. Déterminer la différence d'ordre de grandeur entre ces deux longueurs.

2. La taille d'un virus lui permet-il de s'introduire dans une cellule ?

EXERCICES DE SYNTHÈSE

9 ★ **Les dimensions de la micro-informatique**

Un CD-Rom se présente comme un disque de 12 cm de diamètre. La taille d'un « point », codant l'information en 0 ou 1, est de 0,83 µm. La taille du plus petit élément (le transistor) gravé sur un microprocesseur est par ailleurs de l'ordre de 0,2 µm.

1. La taille du « point » sur un CD-Rom et celle d'un transistor sont-elles du même ordre de grandeur ?

2. Combien d'ordres de grandeur séparent la taille d'un transistor et celle d'une cellule humaine ?

10 ★ **Pixel et fibre optique**

La largeur d'un écran d'ordinateur de 17 pouces est de 32 cm environ. Il y a 1 024 points lumineux ou « pixels » sur toute cette largeur. Le diamètre d'une fibre optique utilisée pour guider la lumière en imagerie médicale ou en télécommunications est de l'ordre de 200 µm.

La taille d'un pixel et le diamètre d'une fibre optique sont-ils du même ordre de grandeur ?

11 ★★ **Consommation d'eau**

Donner un ordre de grandeur du volume maximal d'eau que vous utilisez chaque année pour vous laver les dents. On supposera 3 brossages quotidiens de 3 min, le débit du robinet étant de l'ordre de 3 L à la minute.

12 ★★ **L'épaisseur du papier**

1. Quel est l'ordre de grandeur de l'épaisseur d'une ramette de papier de format A4 et de 500 feuilles ?

2. Quel est l'ordre de grandeur de l'épaisseur d'une feuille ?

13 ★★★ **Billes d'acier dans une boîte**

Des billes d'acier pour roulement à billes de 3 mm de diamètre sont dans une boîte cubique de 10 cm de côté.

1. Donner l'ordre de grandeur du nombre de billes dans la boîte. Pour faire ce calcul, on supposera que les billes sont disposées comme des perles sur un collier.

2. Quel est l'ordre de grandeur de la masse totale des billes, un litre d'acier ayant une masse de l'ordre de 8 kg ?

Le tour du monde en ballon

Partis le 1er mars 1999 de Suisse, le Suisse Bertrand Piccard et le Britannique Brian Jones atterrissent le 21 mars 1999 en Égypte, après avoir réussi le tour du monde en ballon.

Le vol

« Les deux hommes établirent un record d'altitude (11 755 m) et de distance parcourue (40 813 km) pour ce type de ballon. Leur vitesse maximale était de l'ordre de 250 km/h dans les courants de jets streams. Un jet-stream est un vent violent circulant entre 7 000 m et 12 000 m d'altitude. Il balaie un couloir de 2 à 4 kilomètres de haut sur plusieurs centaines de kilomètres de large. Pour se repérer et rester en contact avec le sol, l'électronique du bord était très sophistiquée : radios, système GPS, etc. Ce système permet, grâce à un réseau de 24 satellites en orbite circulaire à 20 160 km d'altitude, de déterminer la position du ballon avec une remarquable précision. 200 L d'eau, quelques aliments frais les premiers jours puis déshydratés ensuite assurèrent la survie des deux pilotes, se relayant toutes les 6 heures aux commandes. »

Le ballon

« L'enveloppe du ballon était haute de 55 m. À l'intérieur se trouvaient deux poches d'hélium, d'un volume total de 18 500 m^3, chauffées par le Soleil la journée. Le ballon contenait également, comme une montgolfière classique, de l'air chauffé la nuit par des brûleurs au propane. La masse du ballon au décollage était de 8 400 kg.

La nacelle, fabriquée en Kevlar et en fibre de carbone, mesurait 5,4 m de long et 2,5 m de large. Son volume intérieur était de 13 m^3, ce qui limitait le confort des occupants ! Comme l'air se raréfie quand l'altitude est élevée, l'intérieur de la cabine était maintenu à la pression atmosphérique grâce à l'apport de gaz fourni par des bouteilles de diazote et de dioxygène. La cabine était équipée pour supporter des températures extérieures de près de – 60 °C. Comme le Kevlar, l'utilisation de la fibre de carbone permettait d'alléger la nacelle, tout en lui procurant une excellente solidité. Le Kevlar est une fibre synthétique. Un fil de Kevlar de 0,6 mm de diamètre peut soutenir le poids d'une masse de 200 kg. Il est pratiquement aussi solide que l'acier, tout en étant nettement plus léger. Les fibres de carbone sont très longues ; leur diamètre est de l'ordre de 5 à 10 µm. On les utilise tissées ou bien noyées dans un autre matériau. La chance, la préparation poussée des pilotes et les prouesses technologiques ont assuré le succès du vol. »

D'après site Internet http://www.breitling-orbiter.ch.

QUESTIONS

1. Relever dans le texte les différentes grandeurs physiques qui sont des longueurs. Représenter ces différentes longueurs, exprimées en mètres, sur un axe gradué en puissances de 10.
2. Comparer la distance parcourue par le ballon à la longueur de l'équateur terrestre. Le rayon de la Terre est de 6 400 km environ.
3. Quel est l'ordre de grandeur de la vitesse moyenne du ballon ?
4. Comparer le volume d'hélium de l'enveloppe au volume d'eau contenu dans une piscine olympique. Sont-ils du même ordre de grandeur ?

Le départ du ballon, au-dessus des Alpes suisses le 1er mars 1999.

Les géomètres mesurent les dimensions des terrains et des bâtiments grâce à des méthodes connues, pour certaines, depuis l'Antiquité. Sur quels principes sont fondées ces méthodes ?

15

OBJECTIFS

- Découvrir certaines méthodes de mesures de distances et de longueurs.
- Connaître la notion de diamètre apparent, la notion de parallaxe.
- Savoir évaluer la précision d'une mesure et choisir le nombre de chiffres significatifs pour exprimer le résultat.

LES LONGUEURS À L'ÉCHELLE HUMAINE

Les longueurs à l'échelle humaine se mesurent en évaluant à distance une autre **longueur**, un **angle** ou une **durée**. Le **nombre de chiffres** avec lequel est exprimé le résultat nous renseigne sur la **précision** de la méthode de **mesure** utilisée.

ACTIVITÉS

Activité expérimentale 1

Mesure de la taille d'objets distants

Le mathématicien grec Thalès (625 av. J.-C. - 546 av. J.-C.) aurait formulé son célèbre théorème en voulant mesurer la hauteur des pyramides de Gizeh. La méthode de la visée permet également de mesurer la hauteur d'un objet, connaissant la distance qui le sépare de l'observateur.

Proposer un protocole expérimental

OBJECTIF : utiliser le théorème de Thalès pour mesurer une hauteur.

Doc. 1. La méthode de Thalès pour déterminer la hauteur d'une pyramide.

Thalès utilisa un **gnomon**, c'est-à-dire un bâton droit de hauteur h, qu'il planta verticalement dans le sol. Éclairé par les rayons du Soleil supposés parallèles, le gnomon projetait une ombre de longueur d. Thalès mesura d ainsi que la longueur D de l'ombre d'une pyramide. Il en déduisit la hauteur H de cette dernière.

Questions

1. Dessinez la figure correspondant à la situation d'application du théorème de Thalès. Désignez les sommets des deux triangles par des lettres. En comparant cette figure au doc. 1, faites figurer les longueurs d, h, D et H du problème.

2. Calculez alors H en fonction de d, h et D.

3. Proposez un protocole expérimental pour mesurer, à l'aide d'une règle adaptée et d'un gnomon, la hauteur d'un poteau, d'un arbre ou d'un bâtiment dans la cour du lycée ou près de chez vous.

Manipulation

OBJECTIF : appliquer la méthode de la visée.

Pour mesurer la hauteur d'un bâtiment ou la longueur d'autres objets, tenir à bout de bras un double décimètre. Noter, en haut et en bas de la règle, les deux graduations qui coïncident avec les extrémités de l'objet.

Doc. 2. La méthode de la visée.

Questions

4. Comparez cette méthode à celle de Thalès, et montrez que la mesure de la hauteur d'un arbre (par exemple) est possible à condition de connaître la distance entre votre œil et la règle, et la distance entre votre œil et l'arbre.

5. Quel est l'avantage de la méthode de la visée par rapport à la méthode précédente ?

6. Pourquoi ne lit-on pas les mêmes graduations quand on rapproche la règle de l'œil ?

Activité expérimentale 2

La méthode de la parallaxe

La méthode de la parallaxe est très utilisée par les géomètres. Elle permet également de mesurer la distance de la Terre à des étoiles proches. Nous allons nous familiariser avec cette méthode en mesurant des distances à notre échelle.

Matériel

– Plaquette rectangulaire en bois, papier, ruban adhésif et épingles.

Manipulation 1

OBJECTIF : comprendre le principe de la méthode de la parallaxe.

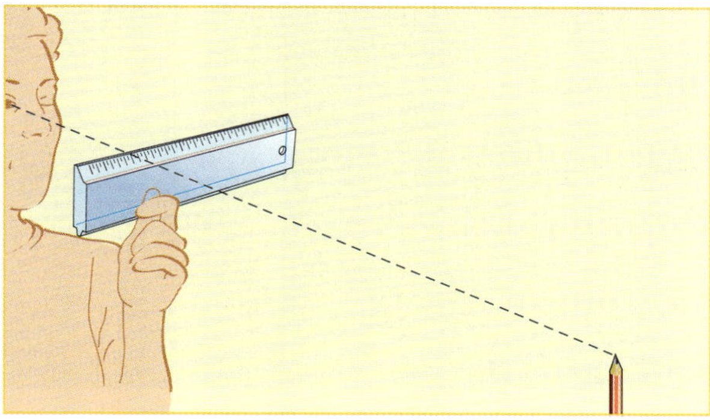

Doc. 3. La méthode de la parallaxe peut être mise en œuvre avec les deux yeux.

- Placer horizontalement une règle graduée transparente à trente centimètres des yeux. Observer un crayon placé à environ 1 m des yeux. Fermer un œil et faire correspondre la pointe du crayon avec la graduation zéro de la règle.
- Ouvrir l'autre œil en fermant le premier.

Questions

1. Avec l'autre œil, à quelle graduation correspond la pointe du crayon ?

2. Faites un dessin représentant dans un plan horizontal : les deux yeux, la pointe et la règle. Tracez les rayons lumineux allant de la pointe aux yeux : ils passent par les deux graduations de la règle qui ont été repérées.

3. Expliquez alors pourquoi la graduation visée change quand on regarde avec l'autre œil.

Manipulation 2

OBJECTIF : mesurer l'éloignement d'un objet.

- Coller une feuille de papier avec du ruban adhésif sur une plaquette rectangulaire. Tracer deux traits parallèles au plus grand côté. Soit d la distance entre les traits, qui doit être la plus grande possible.
- Planter une épingle (1) au milieu d'un des traits en A.
- Poser la plaquette sur une table comme sur le doc. 4 : on cherche à déterminer la distance D entre la table et un objet éclairé O. L'épingle (1) est alors à la verticale d'un point A_1 de la table. Viser l'objet. Planter une épingle (2) en B sur le second trait de la plaquette, pour que O, A_1 et B soient alignés.
- Déplacer la plaquette parallèlement au bord de la table d'une distance L connue. La première épingle est maintenant à la verticale d'un point A_2 de la table. Refaire la visée et planter une épingle (3) en C, de la même manière que (2).

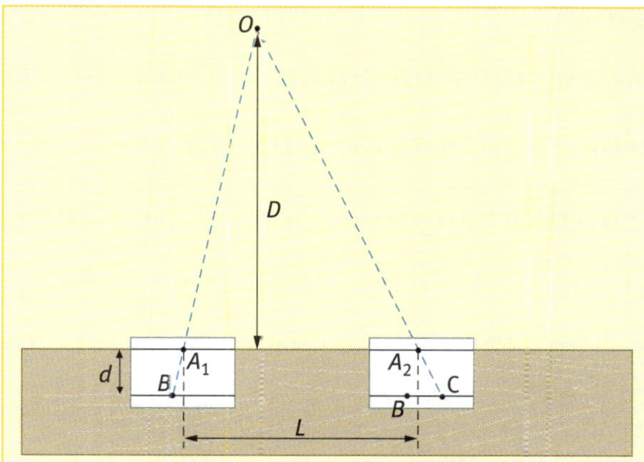

Doc. 4. Entre la première et la seconde visée, la plaquette est déplacée vers la droite d'une distance L.

Questions

4. Mesurez sur la plaquette la distance entre B et C. Écrivez la relation de Thalès en vous appuyant sur le doc. 4.

5. Déduisez-en la valeur de la distance D.

6. Faites deux mesures, avec une grande puis une petite valeur de L. Obtenez-vous le même résultat pour D ? Quelle est la mesure la plus précise ?

ACTIVITÉS

Activité expérimentale 3

La technique du sonar

Il est courant d'indiquer la durée d'un trajet, plutôt que la distance parcourue. Si la vitesse du déplacement est constante, les deux données sont équivalentes. La technique du sonar, identique à celle du radar, permet de calculer des distances à partir de la mesure d'une durée.

Matériel

– Émetteur et récepteur d'ondes ultrasonores.
– Générateur de salves, oscilloscope, obstacle réfléchissant les ondes ultrasonores (➡ fiche 12).

Manipulation

OBJECTIF : étudier le principe du sonar.

Le son se propage dans l'air à la vitesse de $340\ m \cdot s^{-1}$ et dans l'eau à la vitesse de $1500\ m \cdot s^{-1}$ environ. Le sonar comporte un **émetteur** qui envoie des signaux ultrasonores : les ultrasons sont des sons inaudibles par l'homme, mais un récepteur adapté permet de les capter.

Si le signal émis rencontre un obstacle (banc de poissons, sous-marin, etc.), une partie est réfléchie vers le sonar, qui détecte donc un **écho** du signal initial grâce au **récepteur**. Le temps qui s'écoule entre l'émission et la réception du signal permet de calculer la distance entre le sonar et l'obstacle.

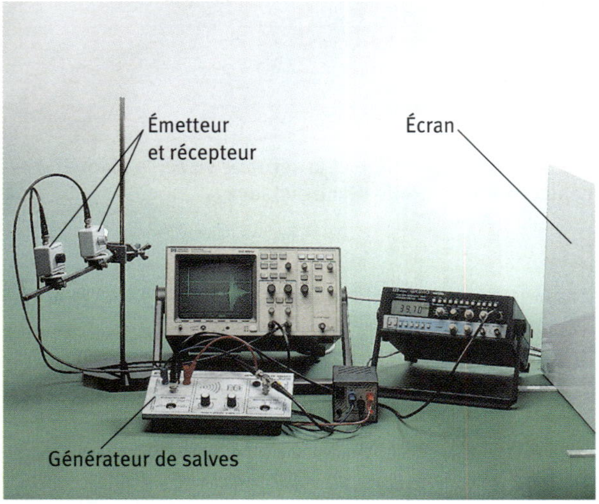

Doc. 5. Le montage illustrant le principe du sonar.

- Un émetteur à ultrasons est disposé à proximité immédiate d'un récepteur à ultrasons. À 20 cm face au groupe émetteur-récepteur, placer un écran métallique qui joue le rôle de réflecteur.

- Relier l'émetteur à un générateur de salves qui produit une courte sinusoïde, et faire une dérivation sur la voie A d'un oscilloscope pour contrôler le signal source. Brancher le récepteur sur la voie B de l'oscilloscope.

- Régler l'oscilloscope pour qu'il affiche les deux voies A et B, et la base de temps pour que l'écart entre les deux signaux soit le plus grand possible à l'écran.

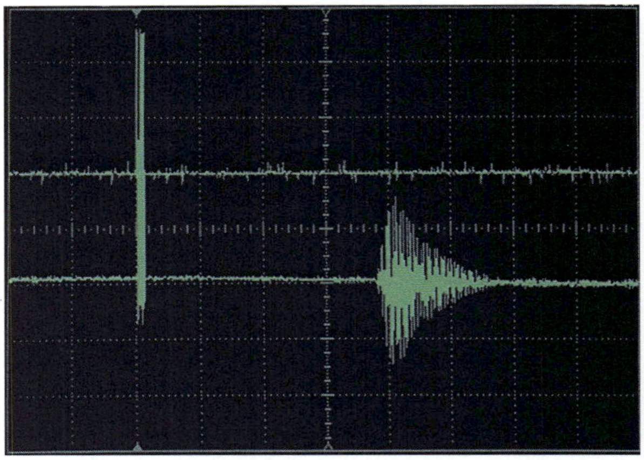

Doc. 6. Le signal reçu (à droite) est décalé en temps par rapport au signal émis.

Questions

1. Combien y a-t-il de divisions d'écart sur l'écran entre l'émission et la réception ? (Se baser sur le début du signal, car le signal est fortement déformé par l'émetteur et le récepteur.)

2. Notez la valeur de la base de temps de l'oscilloscope en ms/division, et déduisez-en l'écart de temps T entre les deux signaux. Faites plusieurs mesures en écartant l'écran jusqu'à 80 cm, par pas de 10 cm.

3. Tracez la courbe représentant T en fonction de la distance d entre l'émetteur et l'écran (➡ fiche 10). Pourquoi est-ce une droite ? À quoi correspond sa pente ?

4. Retrouvez la valeur de la distance d à partir de chaque temps T mesuré. Expliquez alors le principe de la mesure de distance avec la technique du sonar.

1. La mesure des longueurs

1.1. Mesures directes

La mesure des longueurs peut être réalisée au moyen de règles ou d'instruments de mesures dérivés de la règle (doc. 7). La longueur à mesurer est comparée à une unité choisie arbitrairement, le mètre qui est l'unité légale de longueur, ou à ses multiples et sous-multiples.

Ces instruments mesurent des longueurs d'ordre de grandeur compris entre 10^2 m et 10^{-4} m environ. Il faut utiliser des méthodes de mesure à distance pour les plus grandes longueurs.

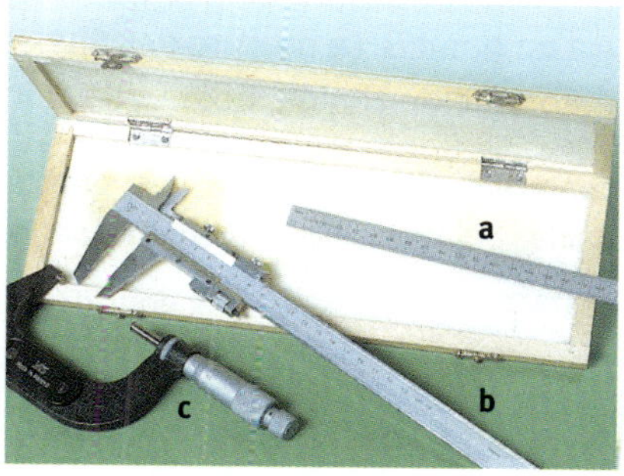

Doc. 7. Trois instruments de mesure de longueurs : une règle (a), un pied à coulisse (b) et un palmer (c).

1.2. Mesures de longueurs à distance

L'application du théorème de Thalès permet de mesurer facilement la hauteur de bâtiments, par la méthode de la visée ou par la mesure d'une ombre portée.

Exemple ➜ Activité 1 : l'œil est placé au point *A* dans la technique de visée. La visée des graduations *MN* d'une règle, tenue à une distance *AM*, permet de calculer la hauteur *BC* de l'objet considéré. Il faut cependant connaître la distance à l'objet *AB*.

Exemple ➜ Activité 1 : un bâton *MN* planté dans le sol, ou **gnomon**, porte sur le sol une ombre de longueur *AM*. La pyramide dont on veut mesurer la hauteur *BC* porte une ombre de longueur *AB* depuis la verticale *B* du sommet. En supposant que les rayons du Soleil éclairant les deux objets sont parallèles, le théorème de Thalès permet de calculer *BC*.

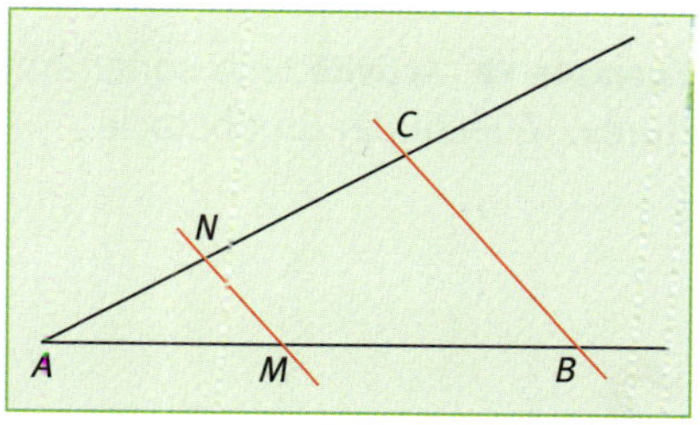

Doc. 8. Rappel du théorème de Thalès : si les droites (*BC*) et (*MN*) sont parallèles, alors $AM/AB = AN/AC = MN/BC$.

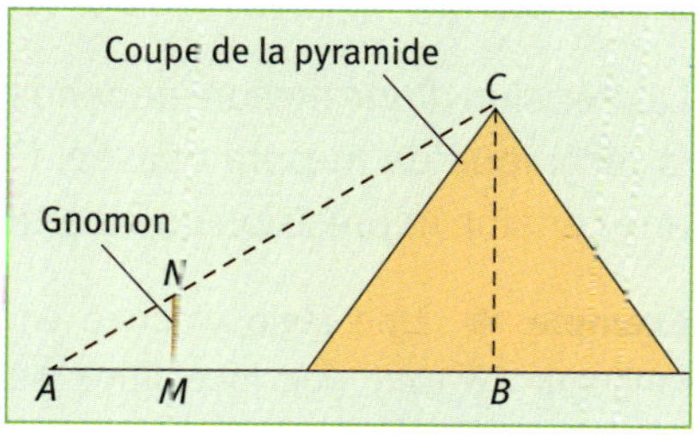

Doc. 9. La méthode de Thalès.

1.3. Mesures d'angles

Le diamètre apparent

La mesure d'un angle permet souvent de calculer une longueur, connaissant d'autres données. Le diamètre apparent d'un objet, proche ou lointain, est l'angle sous lequel on voit l'objet. Il peut être mesuré à l'aide d'un appareil mesurant les angles (un goniomètre), mais également avec un compas et un rapporteur. Cette mesure est utilisée en astronomie (➜ chapitre 16).

Exemple ➜ On cherche à déterminer la hauteur *AB* d'un immeuble situé à une distance *D* connue. La mesure du diamètre apparent *a* sous lequel est vu le bâtiment permet de résoudre le problème. Soit *C* la position de l'observateur. Le triangle *ABC* est rectangle en *A*, si l'on néglige la hauteur du point *C* par rapport au sol. La relation de trigonométrie $\tan a = AB/AC = AB/D$ permet de déduire la valeur de *AB*.

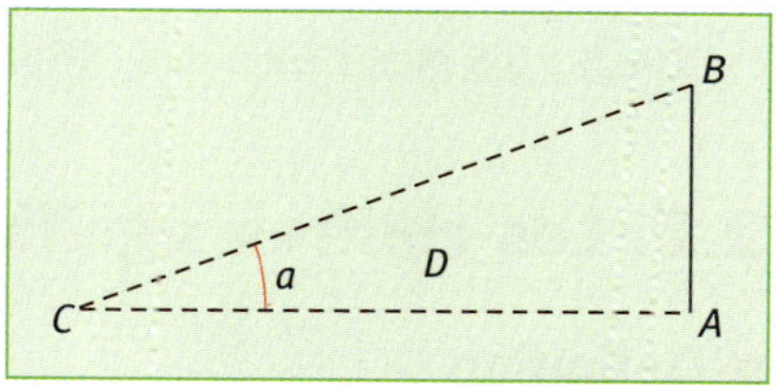

Doc. 10. Le diamètre apparent d'un objet.

ATTENTION
Le diamètre apparent n'est pas une longueur, mais un angle.

La méthode de la parallaxe

La méthode de la parallaxe est fondée sur une constatation simple : la direction de visée d'un point M change quand on se déplace d'un point A à un point B. La mesure des angles $\widehat{MAB}$ et $\widehat{ABM}$, ou l'application du théorème de Thalès, permet de calculer la distance entre M et AB.

Exemple ➜ Activité 2 : les directions de visée de M sont repérées par les points C et D. Le théorème de Thalès permet d'écrire :
$MA/MC = AB/CD = \frac{H}{h+H}$ et donc de calculer H question 4, p. 191.

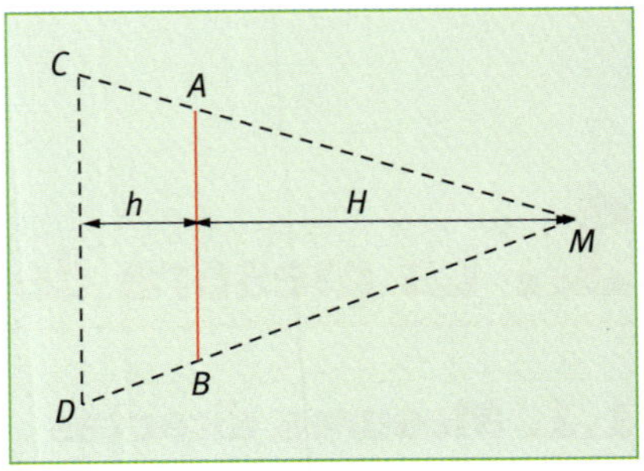

Doc. 11. Le principe de la parallaxe.

1.4. Mesures de durées

La mesure de durées permet de calculer des distances. La méthode consiste à mesurer le temps T que met un signal, sonore ou lumineux, pour faire l'aller et retour entre une source et un objet dont on cherche à connaître l'éloignement. Connaissant la vitesse V dans le milieu considéré, la distance x recherchée est : $x = 1/2\ V \cdot T$. C'est le principe des sonars, des radars ou de certains stadimètres, qui sont des appareils de mesures de distances utilisés par les géomètres.

Exemple ➜ Activité 3 : le sonar émet un signal ultrasonore de courte durée, réfléchi par un obstacle.

2. L'expression du résultat

2.1. La précision des mesures

La précision d'une mesure dépend de la précision de l'instrument et de la technique de mesure utilisée. Chaque longueur est mesurée avec une certaine imprécision ou **incertitude**, qu'il est important d'évaluer.

Exemple ➜ Une règle graduée en millimètres permet de mesurer une longueur AB avec une incertitude de l'ordre de 0,5 mm. En effet, quand on fait correspondre le point A avec le zéro de la règle, la graduation possède une certaine largeur. De plus, le point B ne correspondra souvent pas à une graduation de la règle. La longueur d'une feuille A4 s'écrira ainsi : $L = 296{,}5 \pm 0{,}5$ mm, c'est-à-dire 296 mm $< L <$ 297 mm.

2.2. Les chiffres significatifs

Définition

Les chiffres significatifs d'un nombre sont les chiffres écrits en partant de la gauche, à partir du premier chiffre différent de zéro.

Un nombre écrit en notation scientifique, sous la forme $a \cdot 10^n$, possède les mêmes chiffres significatifs que a.

Exemple ➔ La vitesse de la lumière dans le vide est c = 299 792,458 km · s^{-1}. Ce nombre est écrit avec 9 chiffres significatifs. Le nombre 0,056 90 comporte 4 chiffres significatifs.

Choix du nombre de chiffres significatifs

Les chiffres significatifs du résultat d'une mesure sont les chiffres réellement accessibles par la mesure. Leur nombre dépend donc de la précision de la mesure.

Exemple ➔ La mesure, effectuée avec une règle graduée en millimètres (précision 0,5 mm), de la longueur d'une feuille de papier est $L = 296{,}5 \pm 0{,}5$ mm. Ce résultat ne sera pas écrit avec plus de 4 chiffres significatifs, puisque le deuxième chiffre après la virgule ne peut être mesuré.

Pour écrire un nombre avec n chiffres significatifs, il suffit de considérer les n chiffres de ce nombre, en partant du **premier chiffre différent de zéro**, et d'arrondir au plus près. Si le chiffre de rang n est supérieur ou égal à 5, on arrondit le nombre au chiffre supérieur.

Exemple ➔ c s'écrit $2{,}997\,92 \cdot 10^8$ m · s^{-1} avec 6 chiffres significatifs, $2{,}998 \cdot 10^8$ m · s^{-1} avec 4 chiffres significatifs et 3,0 m · s^{-1} avec 2 chiffres significatifs.

Quand une grandeur physique est calculée à partir des valeurs d'autres grandeurs, elle sera écrite avec le plus petit nombre de chiffres significatifs présents parmi les valeurs utilisées.

Exemple ➔ L'aire S d'un rectangle est obtenue par la mesure de sa largeur $l = 3$ mm et de sa longueur $L = 2{,}12$ m. S s'écrira donc $6 \cdot 10^3$ mm^2, avec un seul chiffre significatif.

COURS

L'ESSENTIEL

Ce qu'il faut savoir

✔ La mesure des longueurs à l'échelle humaine se fait généralement à distance, en évaluant une autre longueur, un angle ou une durée. Beaucoup de méthodes font intervenir le théorème de Thalès. Le diamètre apparent d'un objet est l'angle sous lequel il est vu par l'observateur.

✔ La méthode de la parallaxe consiste à repérer les directions de visée d'un objet de deux points distants d'une longueur L connue.

Ce qu'il faut savoir faire

✔ Savoir mettre en œuvre un protocole expérimental d'une mesure de longueurs ou de distances avec une règle et un rapporteur. Connaître le principe du sonar et savoir utiliser la base de temps d'un oscilloscope cathodique pour mesurer une durée.

EXERCICE RÉSOLU

Hauteur d'un immeuble

Un observateur, situé à la distance D d'un immeuble, désire mesurer sa hauteur H. Il commence par mesurer la distance D qui le sépare du bâtiment, à l'aide d'un sonar à impulsions. La durée T d'aller et retour des impulsions est égale à 0,35 s. La vitesse de propagation des impulsions ultrasonores dans l'air est égale à $341\ \text{m}\cdot\text{s}^{-1}$.
Pour calculer H, l'observateur tient à bout de bras une règle graduée verticale. La distance entre son œil et la règle est égale à $d = 53$ cm. Il constate que le bas et le haut du bâtiment coïncident avec deux points de la règle distants de 19,5 cm.

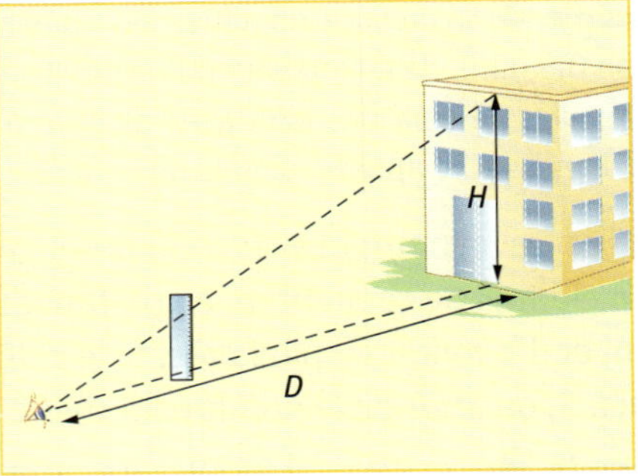

1. Calculer la valeur de D et justifier le nombre de chiffres significatifs que comporte votre réponse.

2. Calculer la hauteur H par la méthode proposée.

3. Pour vérifier son résultat, l'observateur mesure le diamètre apparent a sous lequel il voit l'immeuble. Quelle valeur de a doit-il s'attendre à trouver ?

CONSEILS

1. *Utiliser la formule $L = v \cdot T$, avec L distance parcourue par l'impulsion sonore, v vitesse du son et T durée de l'aller et retour. Remarquer que $L = 2D$.*

2. *Reconnaître la méthode de la visée.*

3. *Se référer à la définition du diamètre apparent. La hauteur de l'observateur est souvent négligée.*

SOLUTION

1. Le son se propage à vitesse constante dans un milieu homogène. La distance parcourue est proportionnelle au temps : $2D = v \cdot T = 341 \times 0{,}35 = 119$ m. Il faut conserver 2 chiffres significatifs pour le résultat, car la valeur de T mesurée n'en comporte que deux : le calcul donne $D = 59{,}675$ m, arrondi à $D = 60$ m.

2. On nomme les points importants de l'immeuble et de la règle. AB représente l'immeuble, et MN les deux graduations visées de la règle. O correspond à l'œil de l'observateur. Le théorème de Thalès permet d'écrire :

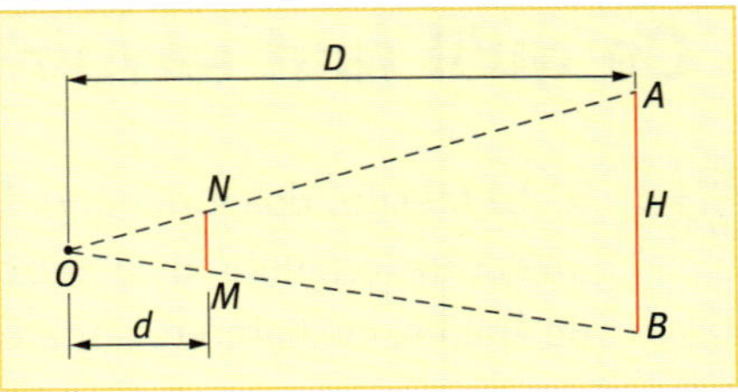

$$\frac{d}{D} = \frac{MN}{AB}$$

soit $AB = H = MN \times \dfrac{D}{d}$

$$= 0{,}195 \times \frac{60}{0{,}53} = 22{,}1.$$

Donc $H = 22$ m.

3. Le diamètre apparent est l'angle sous lequel on voit l'objet. En négligeant la hauteur de l'observateur, petite devant la distance D, on peut considérer que le triangle ABO est rectangle en B et donc déterminer a par sa tangente :

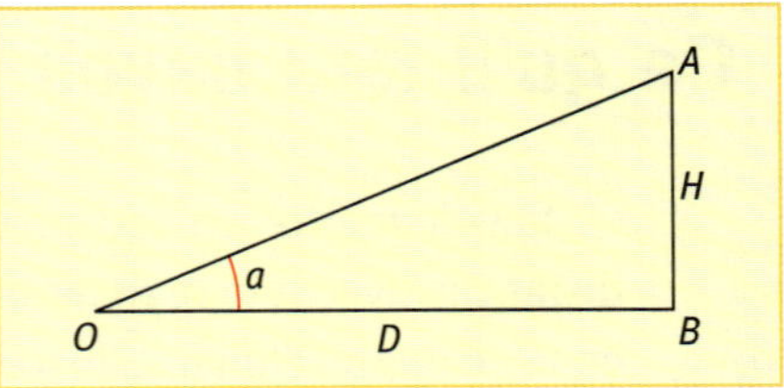

$\tan a = H/D = 22/60 = 0{,}368$.

Donc $a = 0{,}35$ rad soit $a = 20°$. Cette valeur est mesurable avec une bonne précision.

VÉRIFIEZ VOS CONNAISSANCES

Questions

1 Quelle est l'unité légale de longueur ?

2 Qu'est-ce que le diamètre apparent d'un objet ?

3 Expliquer ce qu'est la méthode de la parallaxe.

4 Qu'est-ce qui détermine le nombre de chiffres significatifs du résultat d'une mesure directe ?

5 La valeur X d'une grandeur est obtenue par calcul à partir de valeurs d'autres grandeurs. Comment choisir le nombre de chiffres significatifs de la valeur X ?

QCM

6 Le nombre 0,314 possède :

a. 3 chiffres significatifs ; b. 4 chiffres significatifs.

7 Le nombre 3,140 possède :

a. 3 chiffres significatifs ; b. 4 chiffres significatifs.

8 Avec une règle graduée en millimètres, la précision maximale est :

a. 1 mm ; b. 0,5 mm ; c. 0,1 mm.

9 Les deux côtés l et h d'un rectangle ont été mesurés : $l = 0,57$ m et $h = 0,32$ m. L'aire du rectangle est égale à :

a. 0,182 m^2 ; b. 0,18 m^2.

EXERCICES D'APPLICATION

Mesures et chiffres significatifs

10 Les dimensions d'une feuille de papier format A4 sont : 21,0 cm et 29,7 cm.

1. Donner ses dimensions en mètre.

2. Calculer sa surface en cm^2, m^2 et dm^2, avec le bon nombre de chiffres significatifs.

11 Les dimensions d'une feuille de papier format A3 sont : 42,0 cm et 29,7 cm. Un pouce (ou *inch*) est équivalent à 25,4 mm.

1. Donner les dimensions de la feuille en *inch*.

2. Calculer sa surface en *square inch* (*inch*^{2}).

Méthode de Thalès

12 On veut mesurer la hauteur d'un bâtiment de forme parallélépipédique, de largeur égale à 10 m. On dispose d'un gnomon vertical de 1 mètre de hauteur. On constate que l'ombre du gnomon a une longueur égale à 1,11 mètre, alors que celle du bâtiment, mesurée à partir de la façade, est égale à 11,7 mètres.
Calculer la hauteur de l'immeuble.

13 On a planté un gnomon de 1,5 m de hauteur au voisinage d'un arbre. On mesure la longueur l de l'ombre du gnomon, et la longueur L de celle de l'arbre. Quelle est la hauteur de l'arbre sachant que le rapport l/L est égal à 0,15 ?

Diamètre apparent

14 Une tour de 30 m de hauteur se situe à 1 km d'un observateur. Calculer son diamètre apparent en degrés et en radians.

15 Deux objets ont même diamètre apparent. On sait que le premier se trouve à une distance $D = 120$ m et mesure $L = 15$ m. Le second mesure $l = 11$ m. À quelle distance d se trouve-t-il ?

Mesures de durées

16 Un sous-marin oriente son sonar vers l'avant. Il reçoit un écho 0,2 seconde après l'émission du son. À quelle distance se trouve l'obstacle, sachant que le signal ultrasonore se propage dans l'eau à la vitesse de 1 500 m·s^{-1} ?

17 Le sonar embarqué sur un bateau est orienté vers le fond suivant la verticale.
Le sonar mesure une durée de 0,33 s entre l'émission d'un signal et la réception de l'écho. La vitesse du son dans l'eau est de 1 500 m·s^{-1}. En déduire la profondeur à cet endroit.

18 Le son se propage dans l'air à la vitesse $v_a = 340$ m·s^{-1}, et dans l'acier à la vitesse 5 000 m·s^{-1}. L'observateur se trouve à proximité des rails d'une voie de chemin de fer. Il désire savoir si le train s'approche.

1. Si le train est à 1 km, combien de temps met le bruit du train dans l'acier et dans l'air pour parvenir à l'observateur ?

2. Expliquer alors pourquoi certains personnages de Western collaient une oreille contre le rail pour détecter l'arrivée d'un train.

19 L'écho est un phénomène fréquent en montagne ou dans les gorges. On se propose de mesurer la vitesse du son, connaissant la distance D d'une paroi rocheuse qui fait écho. On claque dans les mains et on constate qu'il

faut compter 4 secondes pour entendre l'écho. La paroi rocheuse se trouve à 600 mètres de l'observateur.
Calculer la vitesse du son dans l'air.

20 Un coin de cube ou « œil de chat » est un réflecteur particulier qui a la propriété de réfléchir les rayons lumineux parallèlement à leur direction incidente. Ces dispositifs ont été déposés sur la Lune par les astronautes américains, au cours des missions *Apollo*, et par des sondes soviétiques. On envoie depuis un observatoire proche de Nice, en France, un faisceau lumineux vers la zone de la Lune où se trouvent les coins de cube. La lumière se propage à la vitesse de 300 000 $km \cdot s^{-1}$. La Lune est à 384 000 km de la Terre. Calculer l'ordre de grandeur du temps écoulé entre le départ du signal et son retour sur Terre.

EXERCICES DE SYNTHÈSE

21 ★ Orage

Le son se propage dans l'air à la vitesse de 340 $m \cdot s^{-1}$. La vitesse de la lumière dans l'air est égale à $3 \cdot 10^8$ $m \cdot s^{-1}$. Un orage éclate à 6,8 km d'un observateur.

1. Déterminer l'écart de temps entre la perception de l'éclair et celle du tonnerre.

2. Peut-on négliger le temps mis par l'éclair pour parvenir à l'observateur ?

22 ★ Méthode de la parallaxe

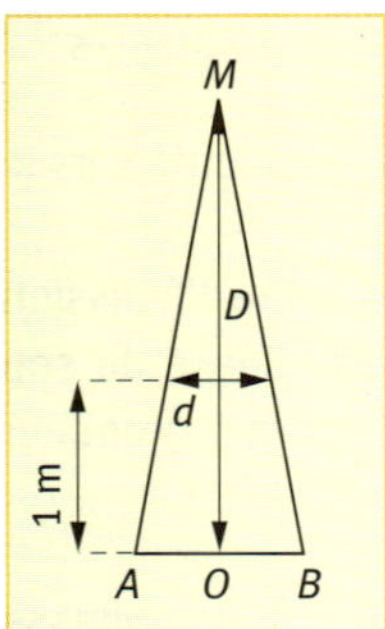

On désire utiliser la méthode de la parallaxe pour mesurer la distance à laquelle se trouve un point *M*. On installe deux dispositifs de visée aux points *A* et *B*, avec *AB* = 1 m. Soit *O* le milieu de *AB*. On installe, à 1 m de *AB* vers le point *M*, une règle graduée parallèle à *AB*. On vise le point *M* situé à une distance *D* de *O*, sur la verticale à *AB* passant par *O*. On constate que les directions de visée coïncident avec des graduations de la règle distantes de *d*.

1. Quelle est la relation entre *D* et *d* ?

2. Calculer *D* si *d* = 0,32 m.

23 ★ Profondeur d'un sous-marin

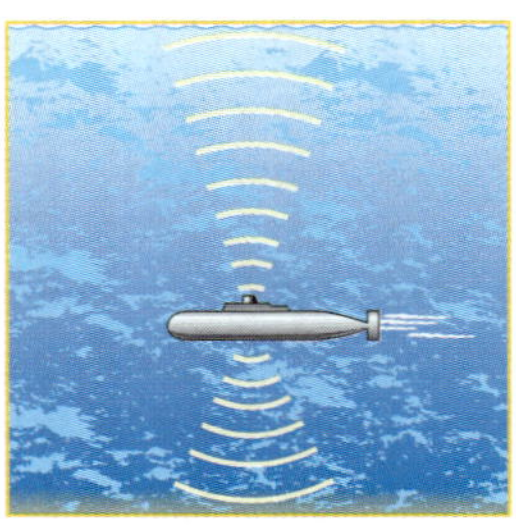

Un sous-marin en plongée émet à l'aide de son sonar un signal dirigé verticalement vers le fond. Il émet un second signal, dirigé verticalement vers la surface et qui s'y réfléchit.

Le signal orienté vers le bas met 120 ms pour revenir au sous-marin, et celui orienté vers le haut 200 ms.
Le signal du sonar se propage à la vitesse de 1 500 $m \cdot s^{-1}$.

1. À quelle profondeur se trouve le sous-marin ?

2. Quelle est la profondeur de l'eau en ce lieu ?

24 ★★ Homme-grenouille

La vitesse du son dans l'eau est égale à v_e = 1 500 $m \cdot s^{-1}$ et à v_a = 333,3 $m \cdot s^{-1}$ dans l'air. Un homme-grenouille est en plongée tout près de la surface quand il entend le bruit d'une explosion. Il sort alors la tête de l'eau et entend à nouveau le bruit de l'explosion 3 s plus tard. Calculer la distance du plongeur à l'endroit où l'explosion a eu lieu.

25 ★★★ Hauteur d'un poteau

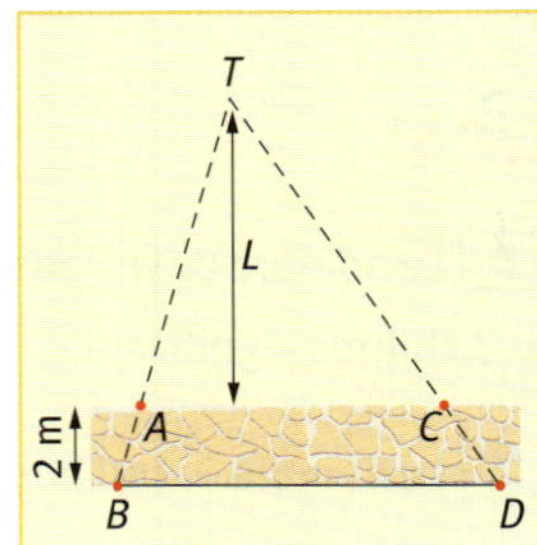

Un poteau inaccessible *T* se trouve à une distance *L* de la terrasse d'une maison. On dispose de quatre petits cônes pointus et identiques et d'un « mètre à ruban », gradué en centimètres. On trace un trait sur le sol, parallèle au bord de la terrasse. La distance *d* entre le trait et le bord de la terrasse est égale à 2,00 m. Les quatre cônes sont disposés comme sur le schéma.

1. Montrer que la mesure des longueurs *AC* et *BD* permet de déduire la valeur de *L*.

2. Si *AC* = 3,00 m et *BD* = 3,10 m, calculer *L*.

3. La hauteur du poteau est *h* = 6 m. Quel est son diamètre apparent pour un observateur placé au milieu de *AC* ?

MINI-TP

26 ★ Largeur d'un écran TV

On cherche à mesurer la largeur d'un écran de télévision à distance.
Installer une petite table à une certaine distance de l'appareil de télévision, un des côtés de la table étant parallèle à l'écran. Prendre une feuille de papier et des épingles.

1. Reproduire la méthode de la parallaxe, détaillée dans l'activité 2, pour mesurer la distance du bord de la table à l'écran.

2. Sans bouger de place, évaluer ensuite le diamètre apparent de l'écran au moyen d'un compas et d'un rapporteur.

3. Déduire de ces mesures la largeur de l'écran. Comparer avec les spécifications de l'appareil.

Cet astronome du Moyen Âge dirige vers le ciel un « quadrant », permettant de mesurer un diamètre apparent. Quelles sont les distances caractéristiques de notre Univers ?

16

LES LONGUEURS À L'ÉCHELLE ASTRONOMIQUE

OBJECTIFS

- Connaître le nom et les dimensions des objets de l'Univers.
- Savoir que l'Univers est essentiellement constitué de vide.

La Terre est une des **neuf planètes** en orbite autour du Soleil. Dans l'Antiquité, les Grecs ont calculé certaines longueurs caractéristiques du système solaire. Nous savons que l'**Univers** est bien plus étendu que ce que l'on pensait alors : sa taille est de l'ordre de $\mathbf{10^{26}}$ **m**.

Activité documentaire 1

La sphéricité de la Terre

*Voici un texte d'après Aristote (*Du Ciel*, II, 14, Éd. des Belles Lettres, 1965). Philosophe et savant grec vers 350 avant J.-C., sa pensée a longtemps influencé la science des pays chrétiens et musulmans.*

Doc. 1. Aristote enseignant. Manuscrit hébraïque médiéval.

Document

Les arguments d'Aristote

« Dans les éclipses de Lune, la ligne qui limite l'ombre est toujours une ligne incurvée. Puisque l'éclipse est due à l'interposition de la Terre entre la Lune et le Soleil, c'est la forme de la surface de la Terre, sphérique, qui produit cette ligne courbe. De plus, la manière dont les astres nous apparaissent ne prouve pas seulement que la Terre est ronde, mais aussi que son étendue est assez petite. En effectuant un déplacement minime vers le Sud ou vers le Nord, nous voyons se modifier le cercle d'horizon ; les astres au-dessus de nous changent considérablement, et ce ne sont pas les mêmes qui brillent dans le ciel quand on va vers le Nord et quand on va vers le Sud. Certains astres visibles en Égypte ou vers Chypre sont invisibles dans les régions septentrionales. Par ailleurs, les astres qui, dans les régions septentrionales, sont visibles à tout instant, connaissent un coucher dans les pays cités plus haut. Tout cela ne montre pas seulement que la Terre est ronde, mais encore qu'elle a la forme d'une sphère de modeste dimension ; autrement, on n'apercevrait pas si vite les effets d'un déplacement si court. »

Questions

1. Quelles sont les observations qui poussent Aristote à affirmer que la Terre est ronde ?

2. Quelle remarque amène Aristote à penser que la Terre est de petite dimension ?

3. Donnez vos propres arguments montrant que la Terre est sphérique.

Doc. 2. Les différents moments d'une éclipse de Lune*. La Lune reste faiblement éclairée (au centre) par les rayons solaires déviés par l'atmosphère terrestre, et n'apparaît pas complètement noire car l'exposition de la photo centrale est plus longue.

Activité documentaire 2

La méthode d'Ératosthène

Ératosthène était un contemporain d'Archimède. Il dirigea la Bibliothèque d'Alexandrie, en Égypte, vers 250 avant J.-C. Outre une carte du monde détaillée, utilisant pour la première fois les méridiens et les parallèles, on lui doit une valeur remarquablement précise du diamètre de la Terre, qu'il obtint grâce à une méthode ingénieuse.

Document

Le diamètre de la Terre

Ératosthène est persuadé, comme Aristote, que la Terre est sphérique ; il croit également que le Soleil en est très éloigné, et que ses rayons arrivent quasi parallèlement en tout point du globe terrestre. Syène (de nos jours Assouan), est une ville du sud de l'Égypte, proche du Tropique du Cancer.

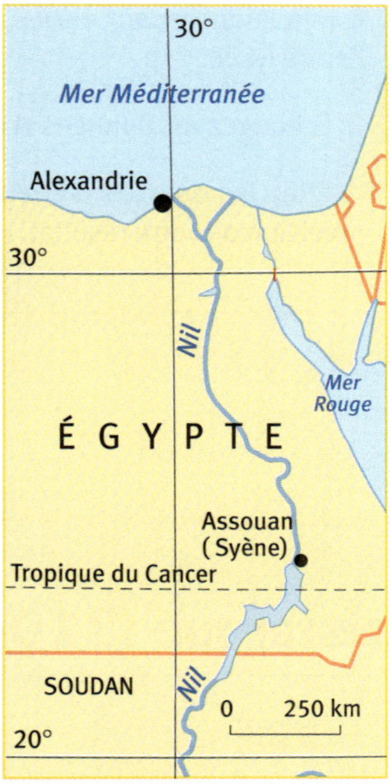

Doc. 3. L'Égypte.

Ératosthène a appris, vraisemblablement par des voyageurs, que dans cette ville le 21 juin, jour du solstice d'été, on peut voir à midi le Soleil se réfléchir sur l'eau au fond d'un puits profond et étroit. Si l'on plante un bâton vertical (un gnomon), midi est l'heure à laquelle son ombre a une longueur minimale, en tout point du globe terrestre. Ce 21 juin à Syène, un gnomon n'a pas d'ombre à midi.

Le même jour et à la même heure, Ératosthène constate qu'à Alexandrie, la longueur de l'ombre d'un gnomon n'est pas nulle. Il attribue cette différence à la rotondité de la Terre, dont il veut ainsi mesurer le rayon. Connaissant la longueur de l'ombre du gnomon à Alexandrie, il obtient alors l'angle que font les rayons de Soleil avec la verticale de ce lieu : un cinquantième de cercle, soit environ 7°. Ératosthène sait par ailleurs que les caravanes de chameaux mettent cinquante jours pour venir de Syène à Alexandrie. En estimant que ces chameaux parcourent environ 100 stades par jour, il calcule la distance entre les deux villes : environ 5 000 stades, soit 800 km. Il en déduit une valeur du rayon de la Terre : de l'ordre de 6 500 km. La valeur réelle est 6 400 km, ce qui représente une erreur de moins de 2 %.

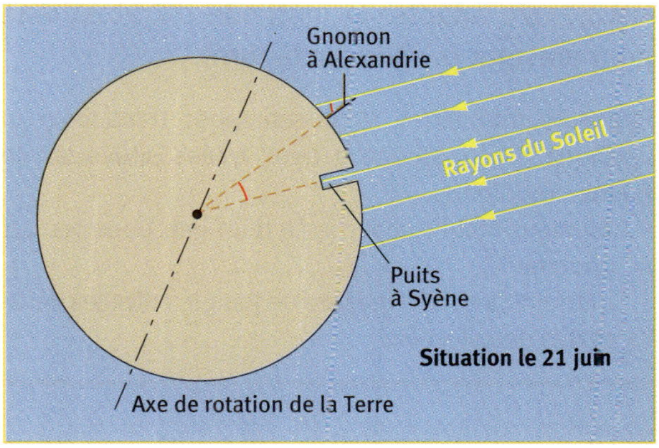

Doc. 4. La Terre le jour du solstice d'été. Les échelles ne sont pas respectées.

Questions

1. Quelle est la position particulière de Syène sur la Terre ?

2. Pourquoi Ératosthène doit-il faire la mesure à midi ? L'heure est-elle celle indiquée par votre montre ?

3. Comment définir la droite représentant la verticale en un point de la Terre ?

4. En partant de la valeur de l'angle obtenue par Ératosthène et en vous aidant du doc. 4, refaites le calcul de la circonférence de notre planète. Vous supposerez que les rayons solaires nous arrivent parallèles (utilisez l'égalité des angles alternes internes et la formule donnant le périmètre d'un cercle).

5. Pour que la mesure d'Ératosthène soit plus précise, il faudrait que Syène et Alexandrie se situent exactement sur une ligne particulière : laquelle ? Est-ce le cas ?

6. Trouvez d'autres causes d'erreurs possibles faussant la mesure d'Ératosthène.

ACTIVITÉS

Activité expérimentale 3

La mesure du rayon de la Terre

Si aucune ville en France ne se trouve sur le Tropique du Cancer, certaines sont sur le même méridien. Communiquez avec un autre lycée, le plus distant possible du vôtre, grâce au téléphone ou au courrier électronique, et évaluez à votre tour le rayon de la Terre.

Proposer un protocole expérimental

OBJECTIF : adapter la méthode d'Ératosthène pour mesurer le rayon de la Terre.

Plusieurs problèmes se posent pour transposer la méthode d'Ératosthène à deux lycées situés sur le même méridien.
– Comment établir la verticale d'un lieu pour planter un gnomon ?
– Comment faire une mesure de l'angle entre les verticales des deux lycées ?
– Avec quels instruments déterminer la longueur du gnomon et de son ombre ?
– Comment faire la mesure le même jour à la même heure ?
– Les conditions météorologiques de ce jour ont-elles de l'importance ?
– Pour connaître la position des deux lycées sur le globe terrestre, quelle donnée fondamentale devra-t-on se procurer ?

Questions

1. Rédigez un protocole expérimental détaillé, que vous communiquerez aux élèves d'une classe de seconde de l'autre lycée.

2. Échangez vos données et calculez le rayon de la Terre.

3. Citez les sources d'erreurs possibles et évaluez la précision de votre résultat.

Activité documentaire 4

La méthode d'Aristarque (310-230 av. J.-C.)

À partir d'observations simples pendant une éclipse de Lune, le grec Aristarque va réussir à calculer le diamètre de la Lune. Il déduira de ses mesures la valeur de la distance Terre-Lune.*

Document 1

La mesure du diamètre de la Lune

Les astronomes grecs interprétaient déjà les éclipses de Lune* : la Terre s'interpose entre le Soleil et la Lune, et c'est l'ombre* projetée par notre planète qu'on observe.

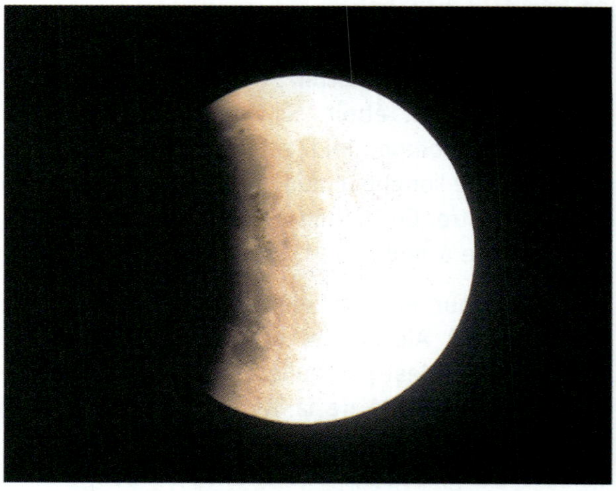

Doc. 5. Une éclipse de Lune.

Le Soleil ne nous paraît pas plus gros que la Lune : les diamètres apparents (voir chap. 15) de la Lune et du Soleil sont proches. En fait, le diamètre du Soleil est bien plus grand que celui de la Lune.

ATTENTION ! Ne pas confondre le diamètre du Soleil qui est le diamètre de sa sphère, et le diamètre apparent, qui est l'angle sous lequel il est vu.

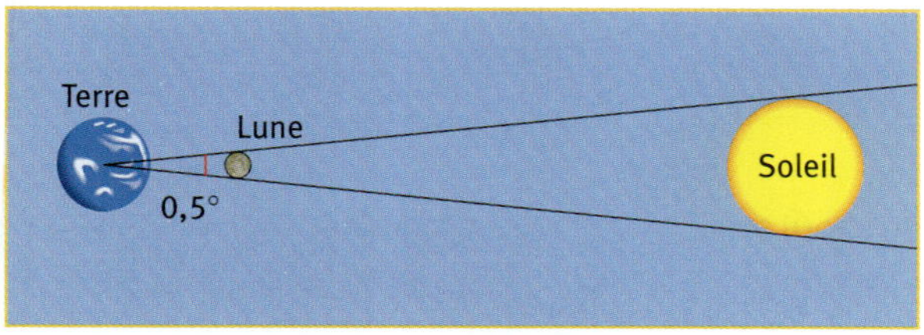

Doc. 6. Les diamètres apparents de la Lune et du Soleil sont quasiment identiques. Les proportions ne sont pas respectées.

De même, la distance Terre-Soleil est beaucoup plus grande que la distance Terre-Lune. Ainsi, bien que la Terre crée un cône d'ombre du côté non éclairé lors d'une éclipse de Lune*, il est possible de faire une approximation et d'admettre que ce cône est pratiquement cylindrique (doc. 7).

Entre l'instant où la Lune commence à pénétrer dans le cône d'ombre et l'instant où elle est entièrement sombre, il s'écoule une durée *t*. Aristarque mesure $t = 1$ heure. La Lune reste alors dans l'obscurité totale pendant une durée $T = 2$ heures. Entre l'instant où elle commence à sortir du cône d'ombre et l'instant où elle est entièrement éclairée, il s'écoule une durée $t' = t$.

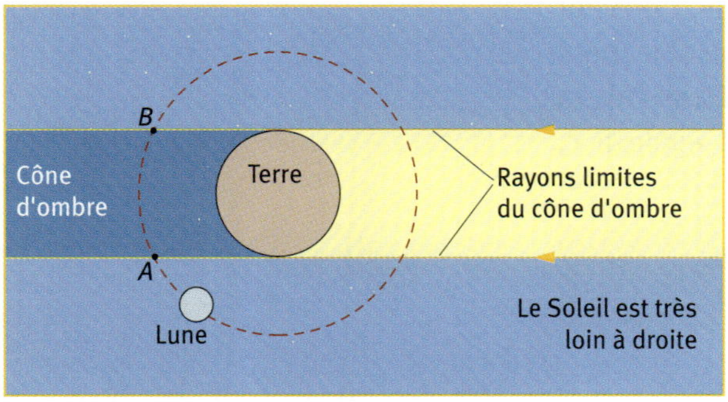

Doc. 7. Principe d'une éclipse totale de Lune.

Questions

1. Quand est-il possible d'observer une éclipse de Lune : le jour ou la nuit ?

2. Tracez un cercle de rayon égal à 6 unités par exemple (1 unité = 1 cm) : il représente le cône d'ombre observé en regardant vers la Terre et le Soleil. Placez les points *A* et *B* du doc. 7.

Dessinez la Lune quand elle s'approche du cône au point *A*. Dessinez-la ensuite au bout d'un temps *t*, d'un temps $t + T$ et d'un temps $t + T + t'$.

3. À partir des données du texte, donnez le temps mis par la Lune pour parcourir une distance égale à son diamètre.

4. Quel doit alors être le diamètre de la Lune (en unités), pour que les distances représentées sur votre schéma soient compatibles avec les temps mesurés par Aristarque ?

5. Calculez le diamètre de la Lune en prenant un diamètre de la Terre égal à 12 800 km.

6. En fait, le diamètre de la Lune est égal à 3 476 km. Quelle hypothèse d'Aristarque peut expliquer l'écart entre les deux valeurs ?

Document 2

La mesure de la distance Terre-Lune

Dans l'Antiquité, la mesure des diamètres apparents s'effectuait avec des instruments de visée rudimentaires. Les savants grecs avaient cependant obtenu une valeur assez précise du diamètre apparent de la Lune : 0,5°. Au cours du Moyen Âge, les astronomes arabes ont mis au point des appareils plus précis comme le quadrant (voir p. 199). Un fil à plomb servait à indiquer la verticale de référence, alors qu'un bras mobile permettait de viser précisément l'astre.

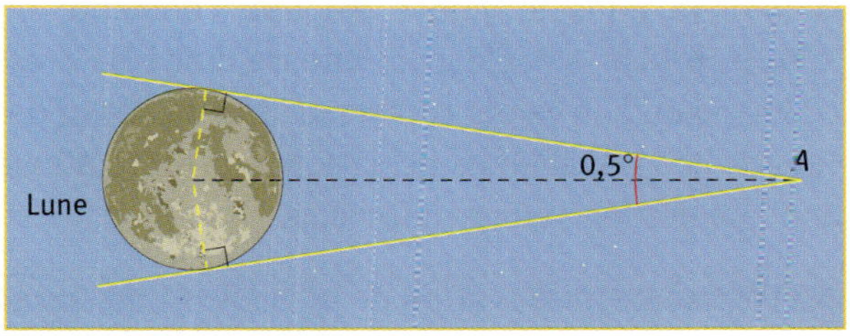

Doc. 8. Calcul de la distance Terre-Lune.

Questions

7. Connaissant la valeur du diamètre apparent de la Lune et son diamètre, calculez l'ordre de grandeur de la distance Terre-Lune, en vous appuyant sur le schéma du doc. 8. *A* est un point de la surface de la Terre.

8. Considérez la boule centrée sur la Terre et contenant notre planète et la Lune, et calculez le pourcentage occupé en volume par les deux objets célestes. L'espace extraterrestre est-il majoritairement constitué de matière ?

ACTIVITÉS

1. SVT Les unités adaptées à l'échelle de l'Univers

1.1. L'Unité Astronomique

Les distances entre le Soleil et les planètes du système solaire* sont très grandes : le kilomètre n'est pas une unité adaptée pour les exprimer.

On préfère utiliser, pour le système solaire, une unité spécifique : **l'Unité Astronomique (1 U.A.)**. L'Unité Astronomique est la distance moyenne Terre-Soleil, soit 149 597 870 km.

Avec trois chiffres significatifs :
1 U.A. = $150 \cdot 10^6$ km.

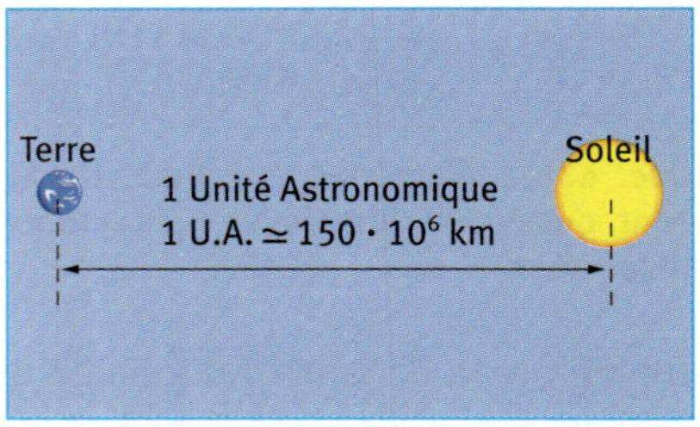

Doc. 9. La définition de l'Unité Astronomique.

1.2. L'année de lumière

Postulat

Vous avez appris au collège que la lumière se propage dans un milieu homogène selon une ligne droite orientée : c'est le modèle du rayon lumineux*.

Depuis les travaux d'Albert Einstein, on postule que la vitesse de la lumière dans le vide c est une constante physique qui vaut 299 792 458 $m \cdot s^{-1}$. C'est une **vitesse limite** : la vitesse d'un objet peut croître jusqu'à la valeur c, mais sans jamais la dépasser. Dans l'air, la vitesse de propagation de la lumière est pratiquement égale à c, quoique très légèrement inférieure.

La vitesse de propagation de la lumière dans le vide est :
$c = 3 \cdot 10^8$ $m \cdot s^{-1}$ avec un chiffre significatif.

Définition

L'année de lumière (A.L.) est la distance parcourue par la lumière pendant un an, à la vitesse $c = 3 \cdot 10^8$ $m \cdot s^{-1}$.

La lumière parcourt une distance égale à $3 \cdot 10^8$ m en une seconde. Un an représente 365 jours de 24 heures, où une heure correspond à 3 600 secondes.

On a donc : 1 A.L. = $365 \times 24 \times 3600 \times 3 \cdot 10^8$ m = $9{,}46 \cdot 10^{15}$ m

Avec deux chiffres significatifs : **1 A.L. = $9{,}5 \cdot 10^{15}$ m.**

2. SVT Description du système solaire

2.1. Le Soleil et les planètes

Le système solaire* est composé d'une étoile, le Soleil, de 9 planètes qui gravitent autour du Soleil et de corps plus petits (astéroïdes, comètes). Les planètes sont les satellites du Soleil. Certaines possèdent elles-mêmes des satellites, comme la Lune pour la Terre.

La planète la plus proche du Soleil est Mercure. Puis nous trouvons Vénus, la Terre et Mars. Ces quatre planètes possèdent une croûte solide en surface : ce sont les planètes « telluriques ». Viennent ensuite les planètes « géantes », Jupiter, Saturne, Uranus, Neptune, qui sont d'immenses boules de gaz, et Pluton, très petite.

Doc. 10. Le système solaire. Les distances des planètes au Soleil ne sont pas respectées. ▼

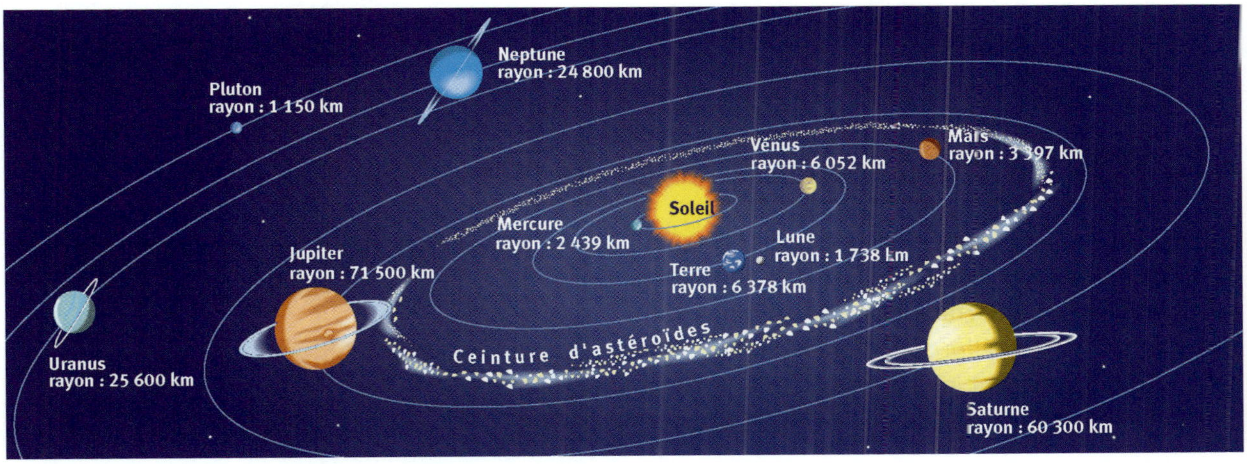

COURS

2.2. SVT Le mouvement des planètes

■ Le mouvement de révolution autour du Soleil

L'orbite est la trajectoire décrite par le centre de chaque planète autour du Soleil. C'est une ellipse, assez proche d'un cercle. L'orbite de la Terre est contenue dans un plan, nommé **plan de l'écliptique**.

La **période de révolution** est le temps mis par une planète pour faire un tour complet autour du Soleil.

La **période de révolution** est la durée d'une année sur une planète. L'année varie d'une planète à l'autre. Kepler a montré que plus une planète est éloignée du Soleil, plus sa période de révolution est grande.

■ Le mouvement de rotation autour de l'axe des pôles

Les planètes tournent autour du Soleil mais aussi sur elles-mêmes, autour d'un axe passant par leurs pôles.

La **période de rotation sidérale** est le temps d'une rotation complète autour de l'axe des pôles d'une planète. C'est la durée du jour sidéral.

2.3. Le vide spatial

Le diamètre de la Terre est d'environ 12 800 km et celui de la Lune de 3 500 km. La distance moyenne Terre-Lune est égale à 384 000 km. Elle varie autour de cette valeur puisque l'orbite n'est pas un cercle mais une ellipse. Le diamètre du Soleil est près de 110 fois celui de la Terre. Vu son éloignement, le Soleil nous apparaît cependant de la même taille que la Lune : leurs diamètres apparents sont identiques.

L'étude du doc. 11 montre que **le système solaire est essentiellement constitué de vide** : la distance moyenne Terre-Soleil (1 U.A.) est ainsi égale à plus de 11 000 fois le diamètre de la Terre.

Planète	Période de révolution	Distance au Soleil (U.A.)	Diamètre relatif
Mercure	88 j	0,39	0,37
Vénus	228 j	0,72	0,966
Terre	**365 j**	**1**	**1**
Mars	686 j	1,52	0,54
Jupiter	11 ans 315 j	5,2	11,14
Saturne	29 ans 167 j	9,56	9,4
Uranus	84 ans	19,22	4
Neptune	164 ans 280 j	30,11	4,3
Pluton	249 ans	39,6	0,25

Doc. 11. Tableau de données du système solaire. Les diamètres des planètes sont donnés relativement à ceux de la Terre.

3. SVT Le mouvement de la Terre

Comme les autres planètes du système solaire, la Terre est en rotation autour de l'axe des pôles, les pôles Nord et Sud géographiques. Ils sont très voisins des pôles magnétiques indiqués par la boussole. L'axe polaire est dirigé vers l'étoile Polaire (constellation de la petite Ourse).

L'axe de rotation de la Terre n'est pas perpendiculaire au plan de l'écliptique : il fait un angle de 23° 27' avec la perpendiculaire au plan de l'écliptique. **Le plan de l'équateur,** qui est le plan passant par le centre de la Terre perpendiculaire à l'axe des pôles, est donc incliné de 23° 27' par rapport au plan de l'écliptique.

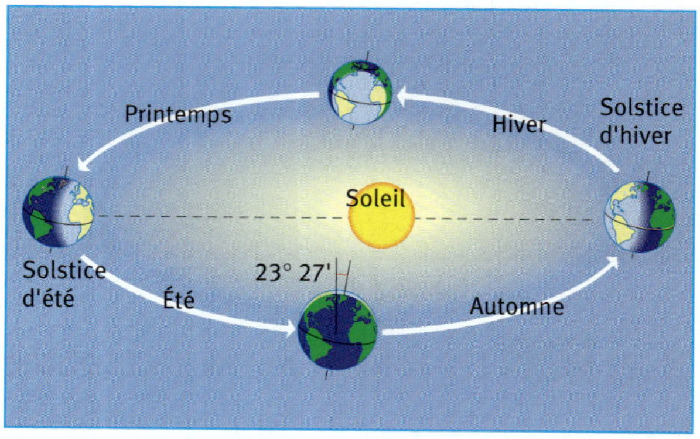

Doc. 12. Le mouvement de la Terre autour du Soleil, contenu dans le plan de l'écliptique.

4. Notre galaxie et l'Univers

Le Soleil fait partie d'un amas d'étoiles nommé **galaxie**. Notre galaxie est la **Voie Lactée** ; elle comporte plusieurs centaines de milliards d'étoiles, dont huit mille sont visibles à l'œil nu depuis la Terre. Le Soleil se trouve à 30 000 A.L. du centre de la Voie Lactée.

La Voie Lactée est une **galaxie spirale** : elle a la forme d'une spirale assez plate. L'ordre de grandeur de son diamètre est de 100 000 A.L. Par comparaison, l'étoile la plus proche du système solaire est Proxima du Centaure, à une distance de 4,3 A.L. de la Terre.

L'Univers contient un très grand nombre de galaxies, elles-mêmes regroupées en **amas**.

Doc. 13. La Voie Lactée reconstituée. La flèche indique la position du Soleil.

Les galaxies ont des formes variées. Le Grand Nuage de Magellan, visible à l'œil nu, est la galaxie la plus proche de la Terre : 154 000 A.L. La galaxie spirale la plus proche est celle d'Andromède, à $2{,}25 \cdot 10^6$ A.L. de la Terre. Les galaxies observées les plus lointaines sont à 12 milliards d'A.L., soit 10^{26} m : c'est la taille estimée de l'Univers.

VOCABULAIRE

Le terme galaxie provient du mot grec *galaktos*, lait.

5. Voir loin, c'est voir dans le passé

La lumière parcourt 1 A.L. en un an, soit $9{,}5 \cdot 10^{15}$ m. De ce fait, lorsque nous observons la galaxie d'Andromède située à $2{,}25 \cdot 10^6$ A.L., nous la voyons telle qu'elle était il y a $2{,}25 \cdot 10^6$ années, soit le temps qu'a mis la lumière émise par cette galaxie pour nous parvenir.

Exemple ➡ En 1054, les Chinois ont par exemple observé l'explosion d'une étoile, la nébuleuse du Crabe : vu son éloignement, l'étoile avait en fait explosé 4 000 ans avant son observation sur Terre.

Doc. 14. La galaxie d'Andromède.

COURS

L'ESSENTIEL

Ce qu'il faut savoir

L'Unité Astronomique et l'Année de Lumière

✔ **L'Unité Astronomique** (U.A.) est la distance moyenne Terre-Soleil. **1 U.A. = $150 \cdot 10^6$ km.**

✔ La lumière se propage à la vitesse $c = 300\,000$ km·s^{-1}. **L'Année de Lumière** (A.L.) est la distance parcourue par la lumière pendant un an. **1 A.L. = $9{,}5 \cdot 10^{15}$ m.**

Le système solaire et l'Univers

✔ La **période de révolution** est le temps mis par une planète pour faire un tour autour du Soleil. La **période de rotation sidérale** est le temps mis par une planète pour faire un tour sur elle-même.

✔ Le Soleil et les planètes sont très éloignés les uns des autres. Les distances entre ces astres sont beaucoup plus grandes que leurs diamètres.

✔ L'Univers est structuré en **galaxies**, elles-mêmes regroupées en amas. **L'espace extraterrestre est essentiellement constitué de vide.** La dimension de l'Univers est estimée à **10^{26} m.**

✔ Voir loin, c'est voir dans le passé.

Ce qu'il faut savoir faire

✔ Mettre en œuvre une technique de mesure de grande distance, comme la méthode d'Ératosthène.

EXERCICE RÉSOLU

L'erreur d'Anaxagore

Deux siècles avant Ératosthène, Anaxagore disposait des mêmes observations que lui :
– la distance entre Alexandrie et Syène est égale à 5 000 stades, soit 800 km environ ;
– un gnomon vertical planté à Syène n'a pas d'ombre à midi le jour du solstice d'été, alors que le même jour et à la même heure, les rayons du Soleil font un angle de 7° avec un gnomon vertical à Alexandrie.
Anaxagore postule alors que la Terre est plate et que le Soleil n'en est pas suffisamment éloigné pour que ses rayons soient parallèles quand ils atteignent notre planète.

1. Faire un schéma montrant Syène, Alexandrie et leurs gnomons. Représenter le Soleil par son centre et les rayons solaires comme s'ils en étaient issus pour simplifier. Faire figurer les données numériques de l'énoncé.

2. Si la hauteur du gnomon d'Alexandrie est égale à 1,5 m, quelle est la longueur L de son ombre ?

3. Calculer la valeur D de la distance Terre-Soleil dans l'hypothèse d'Anaxagore.

CONSEILS

1. *Dessiner une figure assez grande pour faciliter les calculs qui suivent. Désigner toujours les différents points par des lettres pour bien repérer les angles.*

2. *Identifier les différents triangles rectangles. On donne un angle et une hauteur : il faut chercher la formule de trigonométrie permettant de calculer la longueur L. Penser aux chiffres significatifs pour exprimer le résultat.*

3. *Repérer les angles égaux et penser à utiliser le résultat précédent : les questions ont souvent des liens entre elles.*

SOLUTION

1. Le dessin est fait le jour du solstice d'été, à midi.
AB représente le gnomon d'Alexandrie, C le centre du Soleil, S le pied du gnomon de Syène.
O est l'extrémité de l'ombre du gnomon d'Alexandrie.

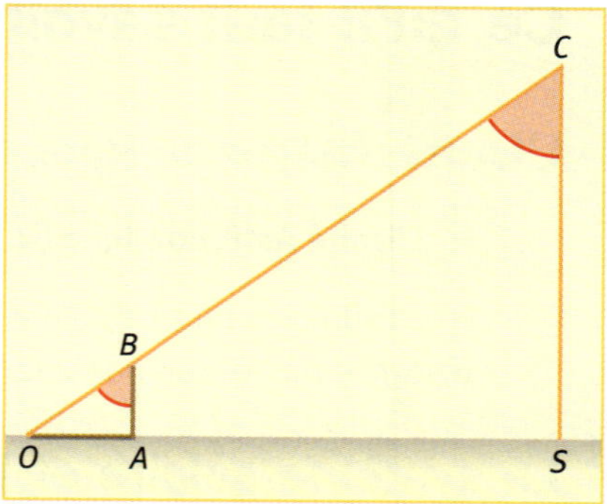

2. Le triangle ABO est rectangle en A.

On a donc $\tan(7°) = OA/AB$.

On obtient $OA = 0{,}123 \times 1{,}5 = 0{,}184$ m.

On conserve deux chiffres significatifs :

$L = OA = 0{,}18$ m.

3. Les angles $\widehat{OCS}$ et $\widehat{OBA}$ sont des angles correspondants égaux : ils ont un côté commun et deux côtés parallèles.
L'angle $\widehat{OCS}$ est donc égal à 7°.

On a par ailleurs : $\tan(\widehat{OCS}) = OS/SC$ et $OS = OA + AS$.

D'après le résultat de la question 2, OA est très petit devant AS, donc OS est pratiquement égal à AS : $OS = 800$ km.

On en déduit : $SC = OS/\tan(7°) = 6\,500$ km.

D'où $D = 6{,}5 \cdot 10^3$ km.

VÉRIFIEZ VOS CONNAISSANCES

Questions

1 Définir l'unité astronomique. Donner sa valeur en mètre avec 2 chiffres significatifs.

2 Définir l'année de lumière. Donner sa valeur en mètre avec deux chiffres significatifs.

3 Pourquoi la distance Terre-Soleil varie-t-elle légèrement au cours de l'année ?

QCM

4 La planète la plus grosse du système solaire est :

a. Jupiter ;

b. la Terre ;

c. Neptune.

5 La vitesse de la lumière est égale à :

a. $3 \cdot 10^5$ km · s^{-1} ;

b. $3 \cdot 10^8$ km · s^{-1} ;

c. $3 \cdot 10^8$ m · s^{-1}.

6 L'année de lumière est :

a. la distance moyenne Terre-Soleil ;

b. la distance parcourue par la lumière dans le vide pendant une année ;

c. la distance entre la Terre et l'étoile la plus lumineuse.

EXERCICES D'APPLICATION

La vitesse de la lumière

7 La seconde de lumière est la distance parcourue par la lumière pendant une seconde dans le vide, la minute de lumière celle parcourue en une minute dans les mêmes conditions.

1. Calculer la distance Terre-Soleil en secondes de lumière.

2. Exprimer le résultat en minutes de lumière.

8 Supposons que nous soyons capables de construire un vaisseau spatial dont la vitesse serait égale à la moitié de la vitesse de la lumière.

En combien d'années pourrait-il atteindre une étoile située à 60 A.L. ?

9 Pour mesurer la distance Terre-Lune, on utilise un laser à impulsions. Une impulsion lumineuse est émise de la Terre et se propage jusqu'à la Lune vers un réflecteur. Une partie du faisceau lumineux est alors renvoyée vers la station émettrice. La durée écoulée entre l'émission et la réception du signal est égale à 2,56 s. En déduire la distance entre la Terre et la Lune.

Conversions des unités de distance

10 Donner la correspondance entre les différentes unités de distance : par exemple 1 U.A. = $150 \cdot 10^6$ km.

	km	U.A.	A.L.
km	1		
U.A.	$150 \cdot 10^6$ km	1	
A.L.			1

EXERCICES DE SYNTHÈSE

11 ★ Distances

Compléter le tableau suivant : calculer la distance au système solaire de ces astres en A.L., en km, ou en U.A.

Étoile	Proxima du Centaure	Étoile Polaire	Galaxie d'Andromède	Nébuleuse du Crabe
Distance en milliards de km		$4{,}2 \cdot 10^6$		
Distance au Soleil (A.L.)	4,3			4 000
Distance au Soleil en U.A.			$1{,}4 \cdot 10^{11}$	

12 ★ Diamètre apparent

La distance Terre-Lune varie de 356 410 km à 406 740 km. Pour un corps en orbite autour de la Terre, l'apogée est le point de l'orbite le plus éloigné de la Terre et le périgée est le point le plus rapproché.

1. Calculer le diamètre apparent de la Lune lorsqu'elle est au périgée (diamètre de la Lune : 3 476 km).

2. Calculer le diamètre apparent de la Lune lorsqu'elle est à l'apogée.

13 ★★ Système solaire

Une minute de lumière est la distance parcourue par la lumière pendant une minute dans le vide ; une heure de lumière est la distance parcourue pendant une heure dans les mêmes conditions. Calculer la distance des planètes du système solaire au Soleil en minutes de lumière, ou en heures de lumière suivant l'unité la plus adaptée, en complétant le tableau ci-dessous.

Planètes	Mercure	Vénus	Mars	Jupiter	Saturne	Uranus	Neptune	Pluton
Distance en U.A.	0,39	0,72	1,52	5,2	9,56	19,22	30,1	39,6
h.L. ou min. L.								

EXERCICES

EXERCICES

14 ★★ Gnomons

La latitude de Paris est égale à 48° 50' Nord. Quelle serait la longueur de l'ombre d'un gnomon vertical de hauteur 2 m, le 21 juin à Paris ? Latitude d'Assouan : 23° 27' Nord. Revoir la fiche 13 sur la latitude et la longitude.

15 ★★ Échelles

On veut réaliser une maquette représentant les positions relatives des planètes par rapport au Soleil.

1. a. Essayer de faire un dessin à l'échelle exacte représentant le Soleil, la Terre et la Lune.

b. En utilisant les données du tableau doc. 11 du cours, déterminer à quelle distance du Soleil se trouverait la planète Pluton si la Terre était à 15 cm du Soleil.

2. Donner l'éloignement de toutes les planètes à cette échelle en respectant les proportions. Quel serait alors le diamètre du Soleil ?

16 ★★★ Mesure de la distance Terre-Soleil

Aristarque de Samos détermina la distance Terre-Soleil, connaissant la distance Terre-Lune, en mesurant l'angle $\theta = 87°$ au premier quartier de Lune. Avec les instruments de son époque, il a trouvé une distance Terre-Soleil égale à 18 ou 20 fois la distance Terre-Lune, au lieu de 400 fois.

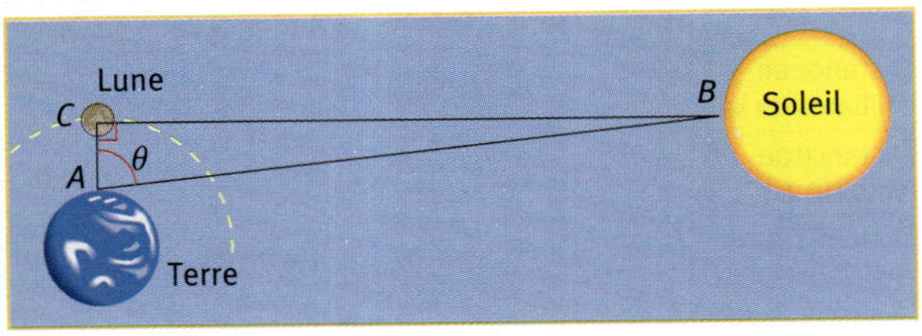

1. a. À partir de la distance Terre-Lune donnée dans le cours, calculer la distance Terre-Soleil selon la méthode d'Aristarque.

b. Calculer une autre estimation de la distance Terre-Soleil avec un angle $\theta = 88°$.

2. Des mesures précises donnent une valeur $\theta' = 89°51'$. Retrouver la distance Terre-Soleil et essayer d'expliquer d'où vient l'erreur d'Aristarque.

17 ★★★ Conjonction et opposition

On dit qu'une planète est en opposition si la Terre se trouve entre le Soleil et la planète. Inversement, une planète est en conjonction si le Soleil se trouve entre la Terre et la planète.

1. Représenter Jupiter en opposition et en conjonction.

2. En se servant du tableau doc. 11 du cours, calculer la plus grande distance et la plus petite distance qu'il peut y avoir entre la Terre et la planète Jupiter.

3. Calculer la durée de propagation moyenne d'un signal radio de vitesse c émis de la Terre, renvoyé par la planète Jupiter et reçu sur Terre.

18 ★★★ La parallaxe

La parallaxe annuelle p d'une étoile, est l'angle sous lequel on voit le segment Terre-Soleil depuis l'étoile. Elle s'exprime en secondes d'angle ("). La parallaxe est mesurée en visant l'étoile depuis deux positions de la Terre diamétralement opposées sur sa trajectoire autour du Soleil. L'intervalle de temps entre deux visées est donc égal à 6 mois.

Un angle de 1° peut être divisé en 60 minutes d'angle et la minute d'angle en 60 secondes d'angle.

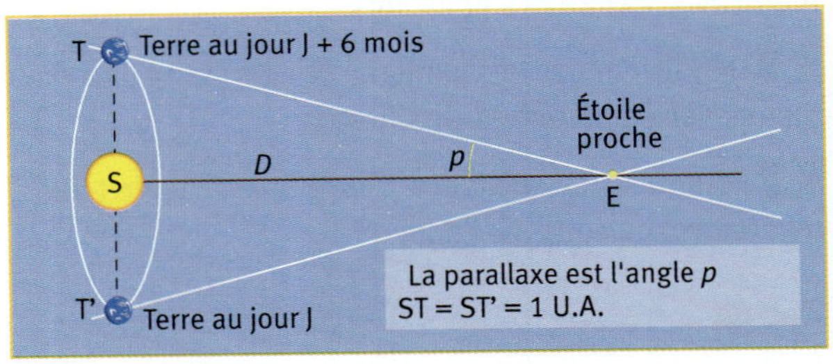

1. Calculer, en unités astronomiques, la distance entre le Soleil et une étoile dont la parallaxe est égale à 1 seconde d'angle.

2. Exprimer le résultat en années de lumière et en kilomètres.

3. En 1838, l'astronome Bessel trouva 0,3 seconde d'angle pour la parallaxe de l'étoile 61 Cygni. La valeur admise à l'heure actuelle est 0,293 seconde d'angle. Quelle est l'erreur faite par Bessel sur la distance Terre-61 Cygni, exprimée en km ?

MINI-TP

19 ★★★ Couchers de Soleil

L'activité nécessite de se trouver au bord de mer et de pouvoir observer le Soleil se couchant sur la mer. Se munir d'un chronomètre. S'allonger sur le sable au moment du crépuscule. Au moment précis où le Soleil disparaît à l'horizon, lancer le chronomètre et se mettre debout. Arrêter le chronomètre au moment où le Soleil disparaît à nouveau à l'horizon. Relever le temps t indiqué par le chronomètre.

1. Tracer 2 cercles de centre C et de rayon R représentant la Terre. Sur le premier, représenter l'observateur couché au point A et le dernier rayon de Soleil observé (les rayons du Soleil seront supposés parallèles). L'observateur se lève : ses yeux sont au point B. Pourquoi voit-il alors le Soleil ?

2. Sur le second cercle, faire figurer l'observateur debout AB et le dernier rayon de Soleil atteignant B. Exprimer l'angle dont la Terre a tourné pendant le temps t mesuré.

3. Un calcul donne une expression approchée du rayon de la Terre : $R = k \cdot AB/t^2$ où $k = 3{,}78 \cdot 10^8$ SI. Les longueurs et t étant exprimés en unités légales, quelle est l'unité de k ?

4. Connaissant le rayon de la Terre $R = 6\,400$ km, calculer le temps t que l'on devrait chronométrer avec cette méthode. Ce temps est-il suffisamment long pour être mesuré ?

Cette fourmi transporte un microprocesseur, comportant de minuscules composants. Comment mesurer les très petites longueurs ?

17

LES PETITES LONGUEURS

OBJECTIFS

- Réaliser des expériences permettant d'accéder à des valeurs de petites longueurs.
- Connaître les dimensions des objets observables à l'aide des différents microscopes.

L'observation et la **mesure** des petites longueurs n'ont pu se faire qu'assez tard dans l'histoire, à partir du XVIIe siècle avec l'invention du **microscope**. L'accès aux longueurs inférieures à 10^{-4} m nécessite des techniques souvent complexes, qui permettent maintenant de visualiser des objets à **l'échelle nanométrique**.

Activité expérimentale 1

Mesure de l'épaisseur d'un cheveu par diffraction de la lumière

Il est possible, grâce aux propriétés de la lumière, de mesurer simplement le diamètre d'un objet aussi fin qu'un cheveu. L'exploitation de l'expérience passe par la construction d'une courbe d'étalonnage, obtenue grâce à des fils de diamètres connus.

Matériel

– Laser, écran, fils de diamètres connus montés sur des caches de diapositives.
– Feuilles de papier millimétré et ruban adhésif.

Sécurité

Il ne faut jamais regarder directement la sortie d'un laser. Le faisceau laser est très intense et s'il pénètre dans l'œil, il peut endommager gravement la rétine et conduire à la cécité.

Manipulation

OBJECTIF : étudier la figure de diffraction créée par un fil fin.

- Disposer un écran sur une table et un laser dont le faisceau est perpendiculaire à cet écran. Allumer alors le laser.
- Un fil de diamètre *a* est tendu sur un cache de diapositive. Placer le fil dans le faisceau laser.
- La figure obtenue sur l'écran éloigné, situé à une distance *D* du fil, est appelée **figure de diffraction**. Lorsqu'elle rencontre un obstacle de très petite dimension, la lumière ne se propage plus en ligne droite comme dans le modèle du rayon lumineux* : on dit que la lumière est **diffractée** par l'obstacle. On cherche à mesurer la largeur *L* de la tache centrale de diffraction.

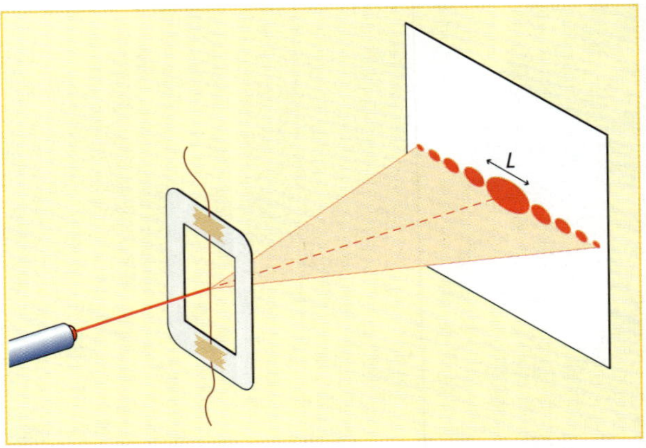

Doc. 1. Le montage expérimental.

Questions

1. Décrivez les modifications que subit la tache sur l'écran lorsque le fil est placé dans le faisceau laser. Mesurez la taille des différents segments lumineux et reproduisez la tache obtenue à l'échelle.

2. Dans le cadre du modèle du faisceau lumineux, qu'auriez-vous dû observer sur l'écran ?

3. Sachant que la largeur de la tache centrale est égale au double de celle des autres taches, comment pourriez-vous procéder pour mesurer avec précision la largeur *L* de la tache centrale de diffraction ?

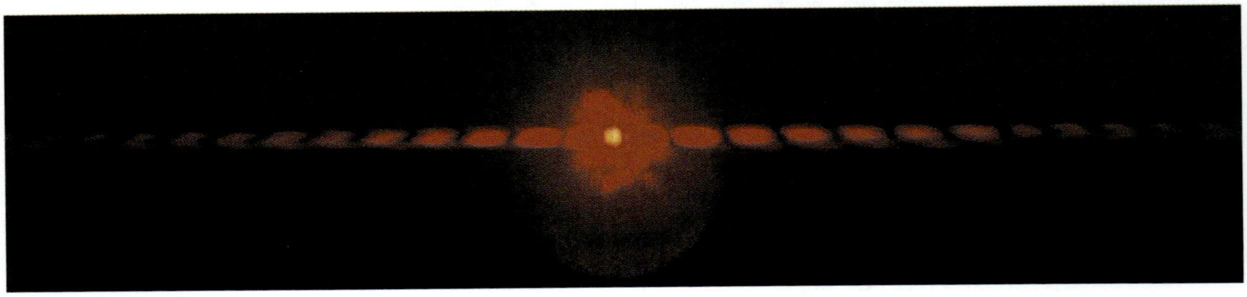

Doc. 2. La figure de diffraction d'un fil fin.

Proposer un protocole expérimental

OBJECTIF : se servir d'une courbe d'étalonnage pour mesurer une longueur.

- Sans modifier la distance D, refaire l'expérience avec un fil de diamètre a' différent de a. Remarquer la variation de la largeur L de la tache centrale.
- Mesurer la largeur L en utilisant plusieurs fils de diamètres a connus. Regrouper les résultats dans un tableau où figurent L et a en mm, ainsi que $1/a$ (➜ fiche 10).

Questions

4. Tracez la courbe représentant L en fonction de a, sur une feuille de papier millimétré ou à l'aide d'un logiciel tableur-grapheur sur ordinateur. Cette courbe a-t-elle une forme particulière ?

5. Commentez la forme de la courbe représentant L en fonction de $1/a$. On obtient ainsi ce qu'on appelle une courbe d'étalonnage.

6. Proposez alors un protocole expérimental pour mesurer l'épaisseur d'un cheveu de diamètre inconnu, en utilisant le phénomène de diffraction de la lumière. Évaluez la précision de cette méthode de mesure.

Activité expérimentale 2

Mesure de l'épaisseur d'un cheveu avec un microscope

L'invention du microscope au XVIIe siècle a ouvert l'accès au domaine des petites longueurs.

Matériel

– Microscope optique, caméra vidéo, écran de télévision ou d'ordinateur.
– Transparent sur lequel est photocopiée une feuille de papier millimétré, ruban adhésif.

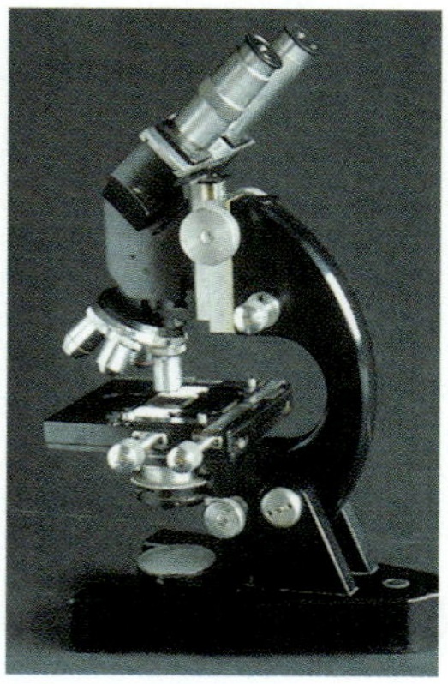

Doc. 3. Un microscope.

Manipulation

OBJECTIF : utiliser un microscope pour mesurer une petite longueur.

- Le microscope est utilisé couramment en SVT pour l'observation d'objets de petite taille. La fonction principale du microscope est en effet de grossir les objets, c'est-à-dire qu'ils paraîtront beaucoup plus grands pour l'observateur qu'ils ne sont en réalité.
- Disposer une caméra à la place de l'œil contre l'oculaire d'un microscope. La caméra vidéo est reliée à un poste de télévision ou à un ordinateur.
- Avec un ruban adhésif double face, tendre un cheveu sur la photocopie d'une feuille de papier millimétré sur un transparent. Une caméra est un système imageur*. Faire la mise au point en regardant l'écran.

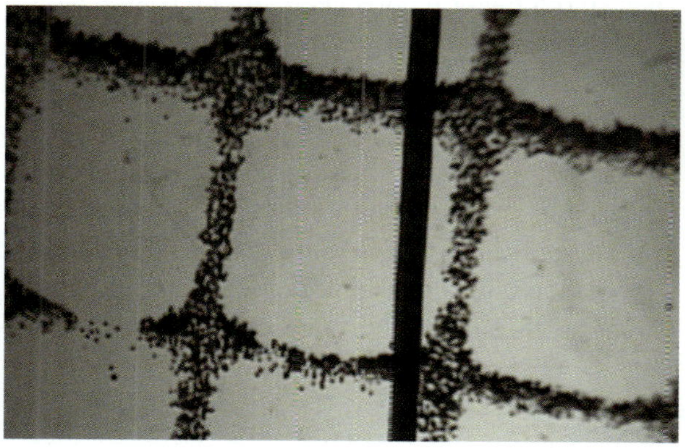

Doc. 4. Un cheveu et le quadrillage du papier millimétré observés à l'aide d'une caméra.

Questions

1. Repérez deux graduations, distantes de 1 mm sur la feuille de papier millimétré, et mesurez leur écartement à l'écran (ou à l'aide d'un logiciel de traitement d'image) sur l'image de la feuille.

2. Calculez alors le grandissement du dispositif optique, qui est le quotient de la taille de l'image d'un objet par celle de l'objet.

3. Mesurez le diamètre de l'image du cheveu et déduisez-en le diamètre du cheveu.

4. Si vous avez utilisé le même cheveu que celui de l'activité précédente, comparez les deux résultats.

Activité documentaire 3

L'expérience historique de Benjamin Franklin

Voici un texte extrait de l'article de R. Lehoucq, « La taille des molécules », paru dans la revue Pour la Science, *mai 1999. Une expérience simple permet d'estimer la longueur de molécules organiques aux propriétés particulières.*

Document

Une observation étonnante

« Mentionnons une observation due à Benjamin Franklin, le père du paratonnerre, qui visait à mettre en évidence l'existence d'un film monomoléculaire. En 1762, lors d'un voyage à Londres, Franklin avait remarqué qu'en versant une cuillère à café d'huile à la surface d'un étang, celle-ci s'étalait sur l'eau d'une surface d'un demi-acre environ (2 000 mètres carrés). La raison de cet étalement, qu'ignorait Franklin, est que l'huile possède une tête hydrophile [« qui aime l'eau »], qui pénètre dans l'eau, et une chaîne hydrophobe [« qui craint l'eau »], qui reste dans l'air : l'huile forme un film dont l'épaisseur est égale à la taille d'une molécule. [...]

À partir des observations de Franklin, on déduit que la taille d'une molécule d'huile est de 2,4 nanomètres. [...] La principale approximation réside dans la supposition que la couche formée est unique : en fait l'huile s'étale en plusieurs couches monomoléculaires superposées. Des expériences fondées sur le même principe permettent des mesures de la taille de molécules organiques variées. Ainsi, l'évaluation de la taille des molécules n'est qu'une question d'observations. »

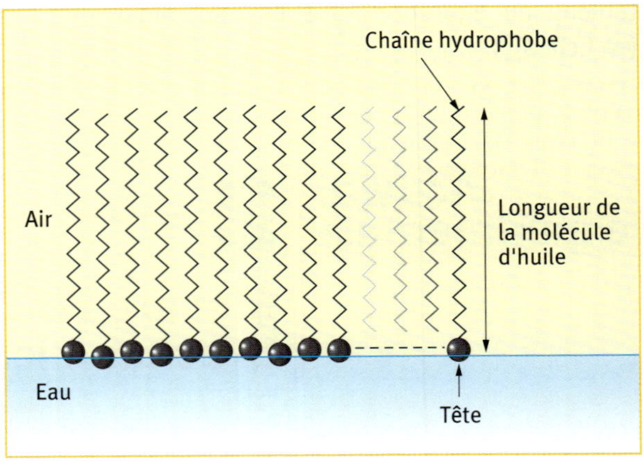

Doc. 5. La représentation schématique des molécules d'huile à la surface de l'eau.

Questions

1. Connaissant le volume d'huile déposé à la surface de l'eau, quel calcul faut-il faire pour déterminer la longueur des molécules d'huile ?

2. Expliquez alors pourquoi cette mesure est sous-estimée si plusieurs couches de molécules d'huile sont superposées.

Activité expérimentale 4

L'expérience de Franklin au laboratoire

Il est possible de reproduire au laboratoire l'expérience de Franklin, dont nous savons de nos jours interpréter les résultats. Exploitons la manipulation grâce à des mesures et estimons l'ordre de grandeur de la longueur d'une molécule d'acide stéarique.

Matériel

– Solution d'acide stéarique dissous dans de l'éther de pétrole, cristallisoir moyen, passoire, talc.
– Plaque de verre, feutre, feuilles de papier épais, balance de précision.

Sécurité

L'éther de pétrole est facilement inflammable. Lire la fiche 1.

Manipulation

OBJECTIF : reproduire l'expérience de Franklin au laboratoire.

• Pour réaliser cette expérience, remplacer l'huile par de l'acide stéarique qui possède les mêmes propriétés. Pour faciliter la dispersion du liquide à la surface de l'eau, utiliser une solution d'acide stéarique dissous dans un solvant très volatil tel que l'éther de pétrole, à raison de 100 mg d'acide stéarique par litre d'éther de pétrole.

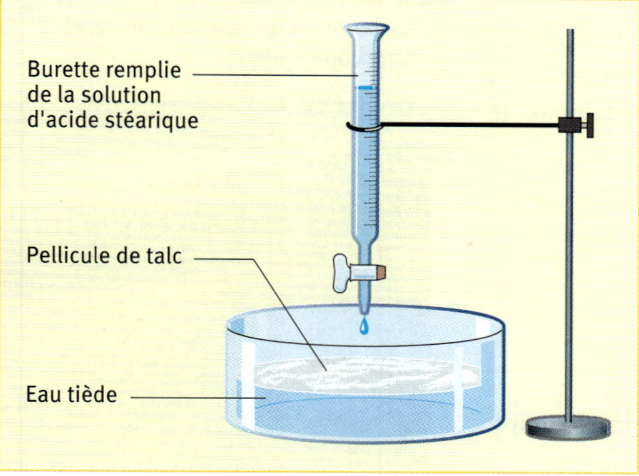

Doc. 6. Le schéma du dispositif expérimental.

• Remplir entièrement d'eau tiède un cristallisoir de 25 ou 30 cm de diamètre. Pour éviter le fractionnement de la pellicule d'acide stéarique, mettre du talc dans une passoire pour pouvoir en déposer une fine couche à la surface de l'eau.

Doc. 7. La goutte de la solution d'acide stéarique, déposée au centre du cristallisoir, s'est étalée à la surface de l'eau.

• Verser une goutte de la solution dans le cristallisoir : la solution repousse le talc. Le solvant s'évapore rapidement et l'acide stéarique restant forme une mince pellicule continue à la surface de l'eau.

• On suppose que les molécules d'acide stéarique se tiennent verticalement à la surface de l'eau, les unes contre les autres. L'épaisseur du film est alors proche de la longueur d'une molécule.

Questions

1. Pourquoi verse-t-on l'acide stéarique sur l'eau et non pas l'eau sur l'acide stéarique ? Pour répondre, faites l'expérience dans un bécher. Quel est le rôle du talc ?

2. Si la pellicule d'acide stéarique atteint les parois du récipient, peut-on affirmer qu'il n'y a qu'une seule couche de molécules à la surface de l'eau ?

3. Expliquez pourquoi on considère que les molécules d'acide stéarique se tiennent verticalement à la surface de l'eau.

Proposer un protocole expérimental

OBJECTIF : évaluer la taille d'une molécule.

• Pour mesurer la surface du film d'acide stéarique, poser une plaque de verre sur le cristallisoir et y dessiner les contours de la tache d'acide stéarique.

• Reporter précisément ces contours sur une feuille de papier épais et de masse connue. La masse volumique de l'acide stéarique est égale à 0,95 kg · L^{-1}.

Questions

4. Comment pourriez-vous mesurer avec une bonne précision, à l'aide de la verrerie usuelle, le volume de la goutte de solution d'acide stéarique versée ? Quelle est la concentration de la solution en acide stéarique ?

5. Mesurez précisément la surface du film d'acide stéarique. Déduisez-en alors une estimation de la longueur d'une molécule d'acide stéarique. Calculez la moyenne des résultats obtenus par tous les élèves de la classe. Concluez sur l'ordre de grandeur de la valeur obtenue.

6. Comment, en refaisant l'expérience, pourriez-vous vérifier la proportionnalité entre le volume versé et la surface de la tache ?

1. La mesure des petites longueurs

La mesure des **longueurs inférieures à 10^{-4} m** nécessite des méthodes complexes. Elles utilisent souvent la **lumière** pour sonder la matière.

Exemple ➡ Activité 1 : le phénomène de diffraction de la lumière permet de mesurer des diamètres inférieurs à 0,1 mm. La construction d'une courbe d'étalonnage montre que la largeur *L* de la tache centrale est inversement proportionnelle au diamètre du fil très fin interceptant le faisceau laser.

Exemple ➡ Activité 2 : le microscope grossit des objets placés très près de l'objectif. Couplé à une caméra, il permet la mesure de petites dimensions, à condition de disposer d'un objet de longueur connue pour étalonner le dispositif optique.

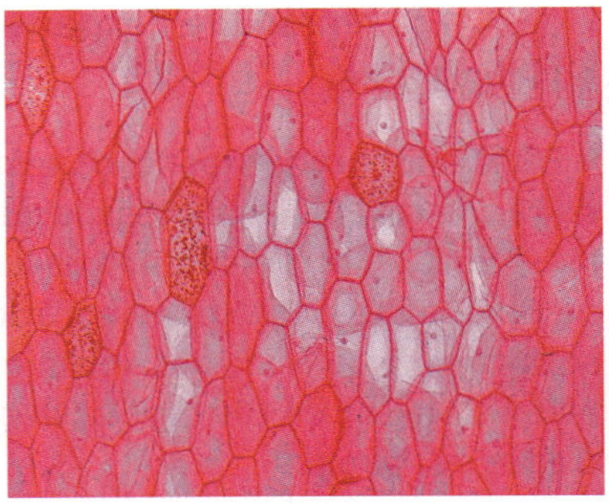

Doc. 8. Des cellules (400 µm environ) de l'épiderme d'un oignon, observées au microscope optique.

2. La microscopie

Développé en 1690 par le Hollandais Van Leeuwenhoek, le microscope optique permit de grandes avancées scientifiques en physique, en chimie et en biologie. C'est un microscope par exemple que le biologiste Louis Pasteur utilisa au XIXe siècle pour découvrir les micro-organismes responsables de la fermentation. Un **microscope optique courant** permet l'observation d'objets dont les **dimensions** sont de l'ordre de **10^{-5} m**. Des microscopes optiques plus perfectionnés permettent de visualiser des longueurs proches de 10^{-6} m.

Ernst Ruska obtint en 1931 les premières images prises à l'aide d'un **microscope électronique**. Cet appareil extraordinaire, qui utilise des faisceaux d'électrons à la place de la lumière, distingue des objets dont les dimensions sont de l'ordre de **10^{-6} à 10^{-8} m**. Plus récemment, le microscope à effet tunnel et le microscope à force atomique permettent d'obtenir des images en trois dimensions de la surface des matériaux et de distinguer des détails dont les dimensions sont inférieures à 1 nm, soit **10^{-9} m** : on parle alors de **nanosciences**.

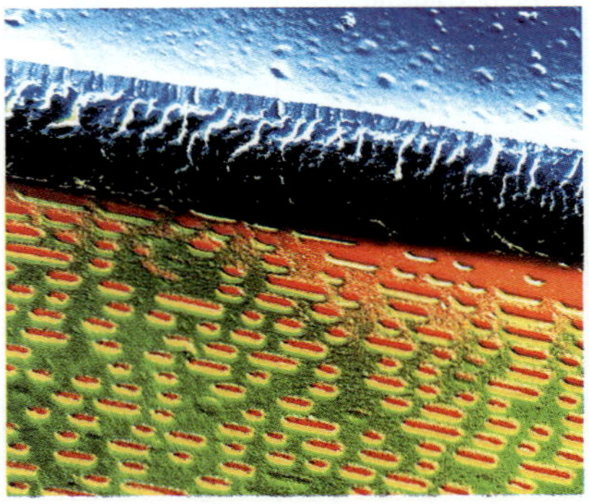

Doc. 9. La surface d'un disque compact, observée au microscope électronique.

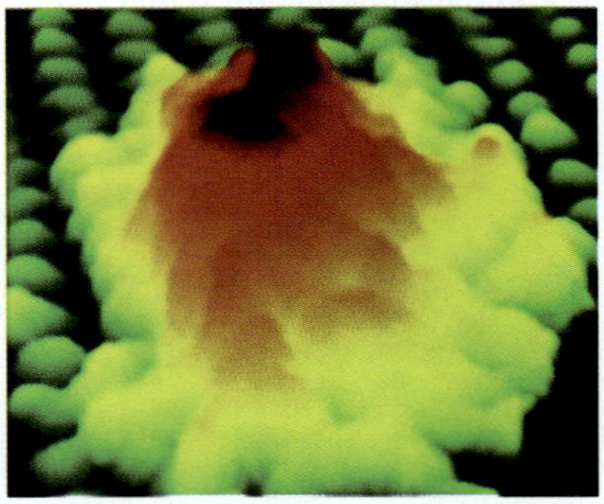

Doc. 10. Grâce au microscope à effet tunnel, on peut visualiser ces atomes d'or déposés sur une surface de graphite.

L'ESSENTIEL

Ce qu'il faut savoir faire

✔ Mettre en œuvre une technique de mesure de petites longueurs.

EXERCICE RÉSOLU

Mesurer des longueurs avec un microscope

Un microscope est constitué d'un objectif et d'un oculaire. L'oculaire est équipé d'un micromètre oculaire : c'est une plaque de verre comportant des graduations, et située sous l'oculaire.

Au moyen de ce microscope, on observe un micromètre objet : c'est une lame de microscope comportant des graduations fines. On met au point de manière à voir net le micromètre oculaire et le micromètre objet. Le document ci-contre montre ce que l'on observe. Les graduations les plus épaisses sont celles du micromètre objet et les plus fines sont celles du micromètre oculaire.

Sur le micromètre objet, deux graduations voisines, épaisses et longues, sont distantes de 0,1 mm ; deux graduations voisines, épaisses et courtes sont distantes de 0,01 mm.

Sur le micromètre oculaire, deux graduations voisines sont distantes de 0,01 cm.

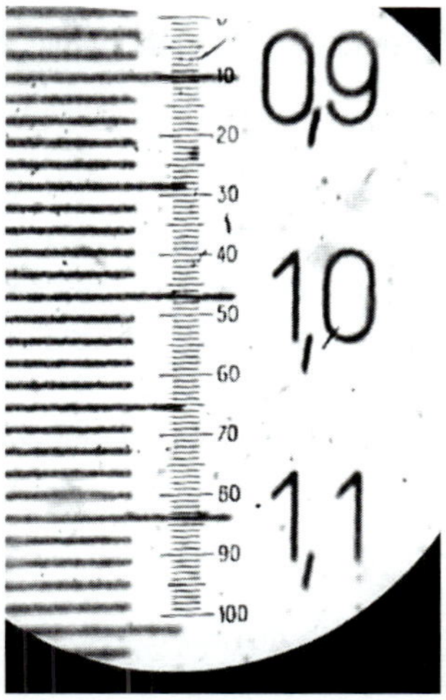

1. Observer le document ci-contre. Montrer qu'à une longueur de 0,1 mm sur le micromètre objet correspond une longueur de 3,7 mm sur le micromètre oculaire.

2. On enlève le micromètre objet et on le remplace par un objet de petites dimensions dont on veut mesurer la longueur l. On constate alors que cette longueur correspond à 53 divisions du micromètre oculaire. Peut-on en déduire la longueur l de l'objet ?

3. On observe un cheveu dont le diamètre est égal à 20 µm. On le dispose de manière à ce que ses bords soient parallèles aux graduations du micromètre oculaire. Combien de graduations du micromètre oculaire comptera-t-on d'un bord à l'autre du cheveu ?

CONSEILS

1. *Identifier les graduations épaisses, correspondant au micromètre objet, et les graduations fines, correspondant au micromètre oculaire.*
Repérer les graduations qui coïncident.

2. *Il faut appliquer la règle de trois.*

3. *On adopte ici la démarche inverse de la question précédente.*

SOLUTION

1. La graduation 0,9 du micromètre objet coïncide avec la graduation 10 du micromètre oculaire.
La graduation 1,1 du micromètre objet coïncide avec la graduation 84 du micromètre oculaire.
Entre la graduation 0,9 et la graduation 1,1 du micromètre objet, on compte une longueur égale à 0,2 mm.
Entre la graduation 10 et la graduation 84 du micromètre objet, on compte une longueur égale à $74 \times 0{,}01 = 0{,}74$ cm soit 7,4 mm.
À une longueur de 0,1 mm sur le micromètre objet, il correspond donc une longueur de $7{,}4/2 = 3{,}7$ mm sur le micromètre oculaire.

2. La longueur correspondant à 53 graduations du micromètre oculaire est égale à $0{,}1 \times 53 = 5{,}3$ mm. La longueur de l'objet sera alors :

$$l = 5{,}3 \times 0{,}1/3{,}7 = 0{,}14 \text{ mm, soit } l = 1{,}4 \cdot 10^{-4} \text{ m.}$$

3. Le diamètre du cheveu remplaçant le micromètre objet est égal à 0,02 mm. La longueur correspondante sur le micromètre oculaire est égale à $0{,}02 \times 3{,}7/0{,}1 = 0{,}74$ mm. Comme deux graduations voisines du micromètre oculaire sont distantes de 0,1 mm, on comptera 7,5 graduations du micromètre oculaire, ce qui est mesurable avec une bonne précision.

VÉRIFIEZ VOS CONNAISSANCES

Questions

1 Quelle est la mesure de sécurité à respecter lors de l'utilisation d'un laser ?

2 Quel est le plus petit objet observable à l'aide d'un microscope optique ?

3 Comment étalonner un microscope optique ?

QCM

4 Dans l'expérience de Franklin au laboratoire, on dépose à la surface de l'eau une solution d'acide stéarique dissous dans de l'éther de pétrole. La tache obtenue est due :

a. à l'éther de pétrole, l'acide stéarique tombe au fond de l'eau ;

b. à l'acide stéarique, l'éther de pétrole s'évapore.

5 À l'aide des microscopes les plus perfectionnés, comme le microscope à effet tunnel, on distingue des objets dont les dimensions les plus petites sont de l'ordre :

a. du picomètre ;
b. de 0,01 µm ;
c. de 0,1 nm ;
d. de 10^{-9} m.

EXERCICES D'APPLICATION

6 L'épaisseur D d'un cheveu est égale à 25 µm.

1. Donner sa valeur en nm, en mm et en m.

2. Peut-il être observé à l'aide d'un microscope optique courant de laboratoire ?

7 L'Angström est une unité de longueur non légale. 1 Angström correspond à 10^{-10} m. Le rayon de l'atome d'hydrogène est égal à 0,6 Angström. Exprimer ce rayon en m, mm, µm et nm.

8 On dispose d'une solution d'acide stéarique de concentration $c = 100\ \text{mg} \cdot \text{L}^{-1}$. On cherche à déterminer la masse d'acide contenue dans une goutte. Pour cela, on remplit une burette graduée avec la solution et on constate qu'il faut verser 25 gouttes pour obtenir un volume égal à 1 cm^3.

1. Déterminer le volume d'une goutte.

2. Déterminer la masse d'acide stéarique contenue dans une goutte.

EXERCICES DE SYNTHÈSE

9 ★ Miniaturisation électronique

Le transistor est un composant électronique très courant. Certaines « puces », comme les microprocesseurs d'ordinateur, peuvent en contenir un nombre gigantesque et la course à la miniaturisation est ouverte. En 1999, un transistor était gravé dans une couche de silicium de 0,18 µm d'épaisseur. Sachant que l'atome de silicium peut être considéré comme une sphère de rayon 0,11 nm et en supposant les atomes jointifs, évaluer l'ordre de grandeur du nombre d'atomes de silicium présents dans l'épaisseur de cette couche.

10 ★ Diffraction

On réalise le montage de diffraction de la lumière par un fil. On a mesuré la largeur des taches centrales de diffraction à l'aide de fils calibrés, tous situés à la même distance d'un écran. Le tableau suivant comporte les largeurs L des taches centrales en fonction des diamètres d des fils :

L (cm)	3,9	3,2	1,6	1,4	0,6	0,4
d (mm)	0,037	0,05	0,1	0,12	0,28	0,4

1. Construire la courbe d'étalonnage.

2. Comment évolue la largeur de la tache centrale de diffraction si le diamètre du fil diminue ?

3. On place un cheveu à la place des fils. On observe alors une figure de diffraction dont la largeur de la tache centrale est de 2,5 cm. Quelle est l'épaisseur du cheveu ?

4. On place ensuite dans le faisceau laser un cheveu dont le diamètre, mesuré par une autre méthode, est de 0,084 mm. Quelle est la largeur de la tache centrale ?

11 ★ Microscope

Un cheveu est collé sur une feuille de papier millimétré, parallèlement aux traits du papier. On place le papier sur la platine d'un microscope, dont l'oculaire (où l'on place l'œil) a été remplacé par une caméra reliée à un téléviseur. On mesure alors les dimensions de l'image sur l'écran. Les deux traits marquant 1 millimètre sont distants de 175 mm sur l'écran. Le cheveu a une largeur de 3,5 mm sur l'écran. Quel est le diamètre du cheveu ?

12 ★ Préparation d'une solution

On prépare 200 cm^3 d'une solution d'acide stéarique dissous dans de l'éther de pétrole. On veut obtenir une solution de concentration $0{,}100\ \text{g} \cdot \text{L}^{-1}$.

1. Calculer la masse d'acide qu'il faut dissoudre.

2. La balance électronique servant aux pesées est précise à 1 mg. Pourquoi ne peut-on pas préparer un volume de solution 10 fois plus faible ?

Vous avez déjà étudié au collège cette succession de bandes colorées appelée spectre. Que se passe-t-il lorsque la lumière blanche traverse ce prisme en verre ?

18

UN SYSTÈME DISPERSIF : LE PRISME

OBJECTIFS

- Savoir utiliser un prisme pour décomposer la lumière blanche.
- Savoir qu'à une radiation monochromatique est associée une longueur d'onde.
- Connaître et appliquer les lois de la réfraction.

La lumière blanche émise par le Soleil ou par une lampe à incandescence peut être décomposée ou **dispersée** en différentes **couleurs**. Un **prisme** est un objet de forme particulière, taillé dans un milieu **dispersif** comme le verre : il permet d'obtenir facilement un **spectre** lumineux.

ACTIVITÉS

Activité expérimentale 1

La dispersion de la lumière blanche

Nous allons commencer par un montage simple pour comprendre l'effet du prisme sur les différentes couleurs qui composent la lumière blanche.

Matériel

– Rétroprojecteur, prisme, feuilles de papier, écran.

Manipulation

OBJECTIF : comprendre la dispersion des couleurs constituant la lumière blanche.

- Mettre en marche le rétroprojecteur : la source lumineuse est alors une ampoule à incandescence. Disposer quatre feuilles de papier épais sur la vitre du rétroprojecteur, de façon à réaliser l'équivalent d'une fente de l'ordre de 5 mm de large et de 5 cm de long environ.
- Un rétroprojecteur est un **dispositif imageur**. Effectuer les réglages pour obtenir l'image de la fente sur un écran ou sur un mur.
- Placer ensuite un prisme juste après le dernier élément optique de l'appareil, comme sur le doc. 1. Le faire ensuite pivoter pour visualiser le spectre lumineux. Faire également varier la largeur et la longueur de la fente tout en observant le spectre.

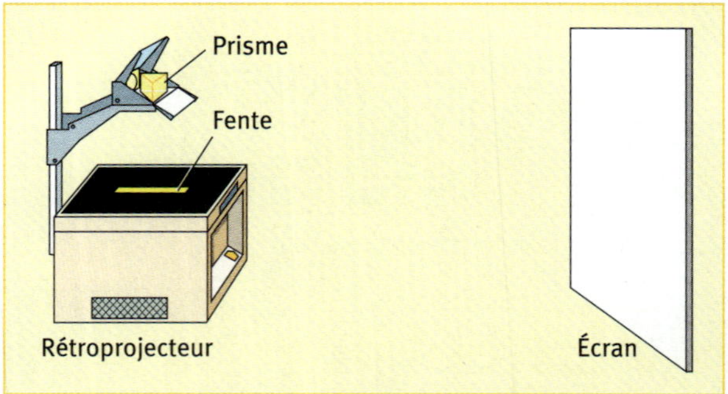

Doc. 1. Dispositif pour l'obtention du spectre.

Doc. 2. Le spectre de la lumière blanche.

Questions

1. Un rétroprojecteur comporte un objectif de projection : quel est son rôle ? À quoi sert le miroir ?
2. Quand le prisme est disposé correctement, voit-on toujours l'image de la fente ?
3. Donnez les noms des différentes couleurs obtenues sur l'écran en présence du prisme.
4. Quelle est la couleur la plus proche de la position qu'occupait l'image de la fente sans prisme ? Quelle est la couleur la plus déviée par le prisme ?

Activité expérimentale 2

Le montage avec un prisme

Nous allons construire un dispositif pour obtenir un spectre avec un prisme et une lentille, et montrer que la lumière blanche est composée d'un ensemble de lumières de différentes couleurs.

Matériel

– Prisme, lanterne, fente, lentille de projection, écran.

– Filtres colorés.

Proposer un protocole expérimental

OBJECTIF : réaliser un spectre lumineux avec un prisme.

Un prisme se manipule avec précaution. Il faut le prendre par ses faces triangulaires et non par ses faces rectangulaires. Il est souvent représenté dans les schémas par un triangle : on se place alors dans un plan parallèle à ses faces triangulaires pour dessiner le trajet des rayons lumineux.

Doc. 3. Prisme utilisé en optique.

Questions

1. Repérez sur le doc. 4 les éléments suivants : la lanterne et une lentille servant à condenser la lumière (le condenseur), la fente, l'écran, la lentille de projection et le prisme.

2. En vous appuyant sur l'activité 1, décrivez le protocole expérimental à suivre pour obtenir un spectre bien visible sur l'écran. Réalisez le montage et notez les réglages qui permettent d'après vous d'améliorer le spectre.

3. Faites un schéma du dispositif vu de dessus. Indiquez la face d'entrée de la lumière dans le prisme et la face de sortie. Reproduisez le spectre observé.

4. Reprenez le montage en intercalant un filtre coloré de bonne qualité sur le trajet de la lumière avant ou après le prisme : comment le spectre est-il modifié ? Expliquez pourquoi on affirme que la lumière blanche est composée de **radiations « monochromatiques »**.

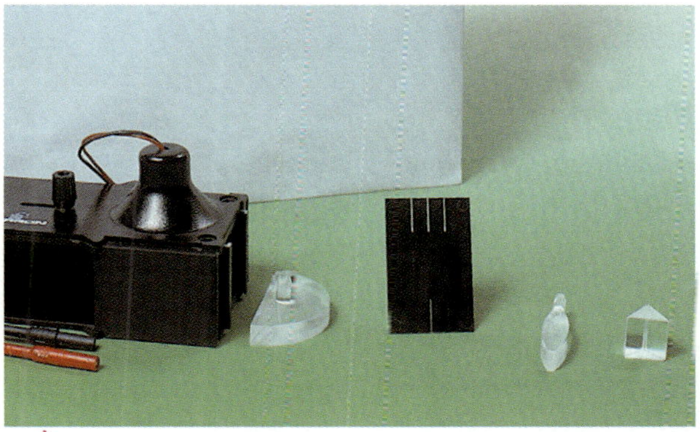

Doc. 4. Dispositif permettant la réalisation du spectre de la lumière blanche par un prisme.

ACTIVITÉS

Activité documentaire 3

La longueur d'onde d'une radiation monochromatique

La longueur d'onde permet de repérer une radiation monochromatique donnée sur les spectres obtenus.

Document

Depuis les travaux du physicien anglais Thomas Young vers 1800, on sait associer à chaque radiation monochromatique une longueur, appelée **longueur d'onde**. Elle est souvent notée par la lettre grecque lambda λ ; on l'exprime en nm (nanomètre) ou en µm (micromètre).

UNITÉS : 1 nm = 10^{-9} m ; 1 µm = 10^{-6} m.

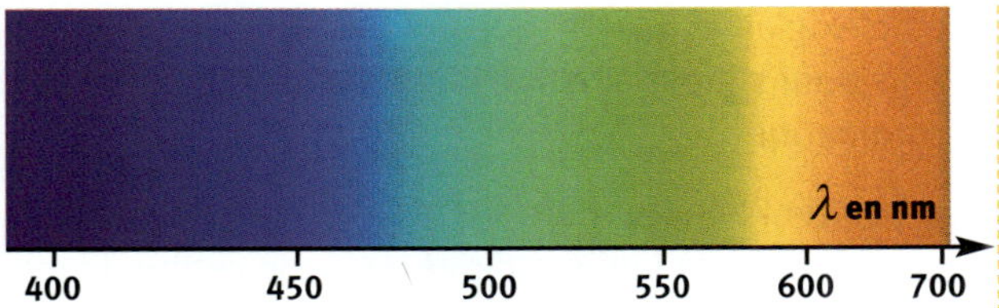

Doc. 5. Spectre visible de la lumière blanche réalisé à l'aide d'un prisme ; les longueurs d'onde sont exprimées en nm.

Questions

1. Quelles sont les valeurs des longueurs d'onde qui limitent le spectre visible de la lumière ?

2. Quel est approximativement le domaine de longueurs d'onde associé au vert ?

3. Classez par ordre de longueur d'onde décroissante les différentes couleurs de l'arc-en-ciel (dans le désordre : vert, rouge, bleu, violet, indigo, orange, jaune).

4. Donnez la couleur des radiations dont les longueurs d'onde sont égales à 480 nm et à 0,58 µm.

Activité expérimentale 4

La réfraction des rayons lumineux

Vous avez vu au collège que dans un milieu donné, la lumière se propage depuis sa source selon une ligne droite orientée : c'est le modèle du rayon lumineux.

Pour comprendre l'action du prisme, nous allons étudier comment ces rayons sont modifiés quand le milieu transparent dans lequel ils se propagent change brutalement.

Matériel

– Lanterne, cache muni d'une fente, hémicylindre en plexiglas, disque gradué, filtre coloré.

Manipulation 1

OBJECTIF : visualiser le phénomène de réfraction.

Le doc. 6 montre les modifications que subit un faisceau laser quand il traverse la surface d'un liquide. La lumière est diffusée dans l'air par de la fumée par exemple et dans l'eau par un colorant, ce qui permet de bien voir son trajet. Les rayons lumineux qui se dirigent vers la surface (ou **dioptre**) sont appelés **rayons incidents** : on dit qu'ils sont **réfractés** lorsqu'ils changent de milieu de propagation.

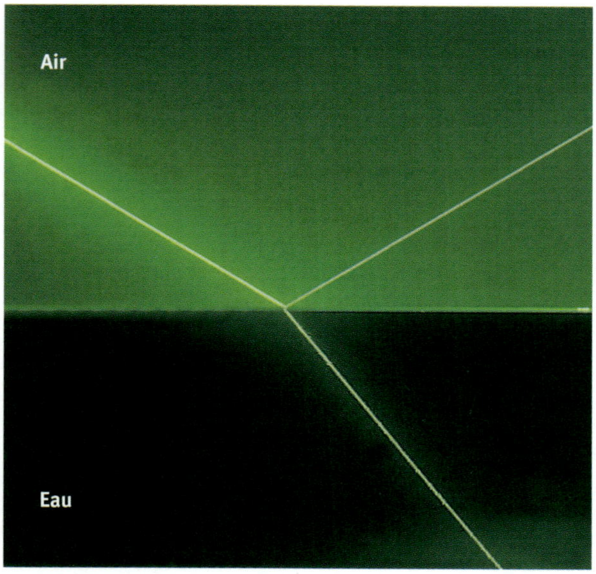

Doc. 6. Réfraction d'un faisceau laser à la surface de l'eau.

Questions

1. Comment le trajet des rayons incidents est-il modifié lorsqu'ils traversent la surface séparant l'eau de l'air ? La couleur du faisceau lumineux change-t-elle ?

2. Expliquez en quelques mots le phénomène de réfraction.

3. Outre le rayon réfracté, le rayon incident se sépare en un autre rayon : à quoi peut-il correspondre ?

Manipulation 2

OBJECTIF : mesurer les angles d'incidence et les angles de réfraction.

● Le rayon incident et le rayon réfracté sont repérés par les angles qu'ils font avec la perpendiculaire ou **normale** à la surface séparant les deux milieux transparents : ces angles sont respectivement appelés **angle d'incidence** et **angle de réfraction**. Ils sont notés i et r sur la figure (doc. 7).

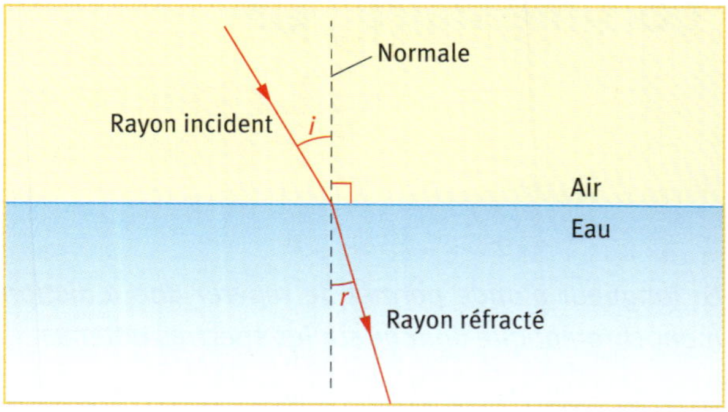

Doc. 7. L'angle d'incidence i et l'angle de réfraction r.

● Pour étudier la loi physique reliant l'angle de réfraction à l'angle d'incidence, vous disposez d'une lanterne, d'un cache muni d'une fente, d'un hémicylindre en plexiglas et d'un disque gradué. Nous nous limiterons pour simplifier à une radiation quasiment monochromatique.

● Éclairer l'hémicylindre sur la face rectangulaire avec une pinceau de lumière dirigé vers son centre. Placer un filtre coloré, jaune par exemple, pour se limiter à un domaine restreint de longueurs d'onde. Repérer l'angle d'incidence i et l'angle de réfraction r (doc. 8).

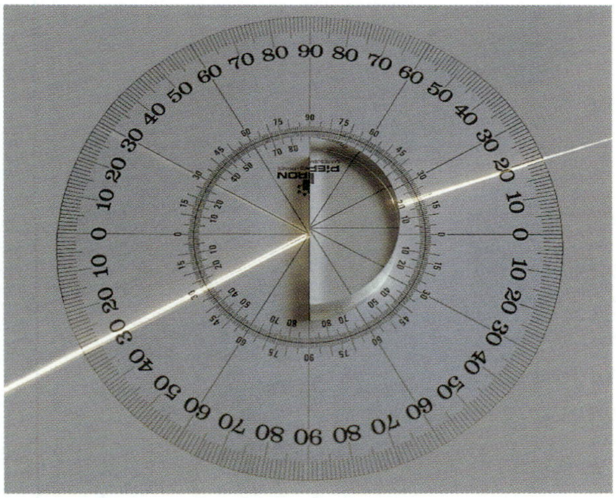

Doc. 8. Dispositif expérimental pour une étude quantitative de la réfraction.

Questions

4. Quelles sont les deux surfaces de séparation entre l'air et le plexiglas ? Repérez les normales à ces surfaces là où le faisceau les traverse.

5. À l'aide du disque gradué, donnez la valeur des angles d'incidence et de réfraction pour ces deux surfaces. Que vaut l'angle de réfraction quand l'angle d'incidence est nul ? Expliquez l'intérêt de la forme de l'hémicylindre.

6. Réalisez un tableau de mesures comportant l'angle de réfraction r pour différents angles d'incidence i.

7. Lorsque l'angle d'incidence est proche de 90°, le faisceau réfracté reste-t-il blanc si l'on enlève le filtre coloré ? Que se passe-t-il ?

Activité documentaire 5

La loi de la réfraction

L'angle de réfraction varie quand l'angle d'incidence change. Grâce au tableau de valeurs obtenu et aux hypothèses proposées par les savants, nous allons chercher la loi physique reliant ces deux angles.

Document

Les hypothèses des savants

De nombreux savants se sont intéressés au phénomène de réfraction des rayons lumineux. Ils ont cherché à déterminer la loi physique permettant de calculer l'angle de réfraction à partir de l'angle d'incidence. Voici leurs hypothèses.

Claude Ptolémée (physicien grec, IIe siècle après J.-C)

Il avait remarqué que si i_1 et i_2 sont deux angles d'incidence ($i_2 > i_1$) et r_1 et r_2 les angles de réfraction correspondants, alors le rapport r_2/r_1 est inférieur au rapport i_2/i_1.

Robert Grosseteste (maître des études à l'université d'Oxford, 1168-1253)

Il fut l'un des pionniers de la méthode expérimentale. Il pensait que l'angle de réfraction était égal à la moitié de l'angle d'incidence.

Johannes Kepler (physicien allemand, 1571-1630)

Il établit que tant que l'angle d'incidence restait faible, l'angle de réfraction était simplement proportionnel à l'angle d'incidence.

Doc. 9.

René Descartes (philosophe et savant français, 1596-1650)

La loi qu'il propose en 1637 fait intervenir les sinus des angles de réfraction et d'incidence : $\sin i = n \cdot \sin r$. n est un nombre caractérisant le milieu transparent que rencontre le rayon incident qui se propageait dans l'air.

Questions

1. Testez la validité des différentes hypothèses à l'aide de quelques valeurs issues du tableau de mesures des angles d'incidence et de réfraction.

2. Quelle courbe pourriez-vous tracer, avec un outil informatique tel qu'un tableur par exemple (➜ fiche 10), pour vérifier facilement la loi proposée par Descartes ?

1. Le prisme

Un prisme utilisé en optique est taillé dans un matériau transparent comme le verre ou le plexiglas. Sa forme est particulière : le doc. 10 montre qu'il comporte trois faces planes rectangulaires et deux faces planes triangulaires. En général, on représente le prisme par un triangle : on se place alors dans un plan parallèle à ses faces triangulaires.

Doc. 10. Un prisme.

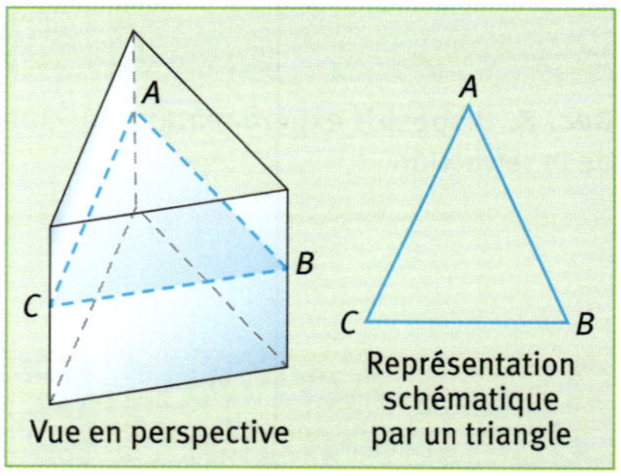

Doc. 11. Schéma du prisme

2. Dispersion de la lumière blanche par un prisme

La lumière blanche est composée d'un ensemble de lumières de couleurs différentes : les **radiations monochromatiques**.

Quand un pinceau de lumière blanche arrive sur une face rectangulaire du prisme, la lumière qui en émerge par l'autre face rectangulaire est étalée en différentes couleurs.

Un prisme dévie les rayons lumineux et disperse la lumière blanche, c'est-à-dire qu'il dévie différemment les **radiations monochromatiques** composant la lumière blanche.

Exemple ➜ **Doc. p. 219 :** le prisme a décomposé la lumière blanche en plusieurs couleurs.

La lumière rouge est moins déviée que la lumière violette. (➜ activité 1, question 4, p. 220).

3. SVT Longueur d'onde associée à une radiation monochromatique

À toute radiation monochromatique est associée une **longueur d'onde** précise. Une longueur d'onde lumineuse s'exprime souvent en nanomètre (nm) ou en micromètre (µm).

$$1 \text{ nm} = 10^{-9} \text{ m}$$
$$1 \text{ µm} = 10^{-6} \text{ m}$$

Un filtre de très bonne qualité permet de ne laisser passer que les radiations lumineuses dont les longueurs d'onde sont comprises dans un domaine très étroit. Si ce filtre est éclairé par de la lumière blanche, la lumière qui en sort est presque monochromatique : on dit également **quasi monochromatique**.

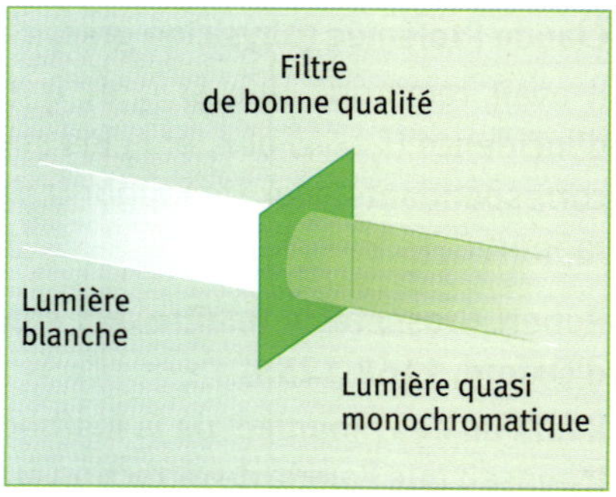

Doc. 12. La lumière quasi monochromatique.

4. SVT Le spectre de la lumière blanche

Le spectre de la lumière blanche s'étend du violet au rouge. Il peut être obtenu avec un dispositif appelé spectroscope à prisme.

Conventionnellement, on limite la partie visible du spectre à **700 nm** pour le rouge et à **400 nm** pour le violet.

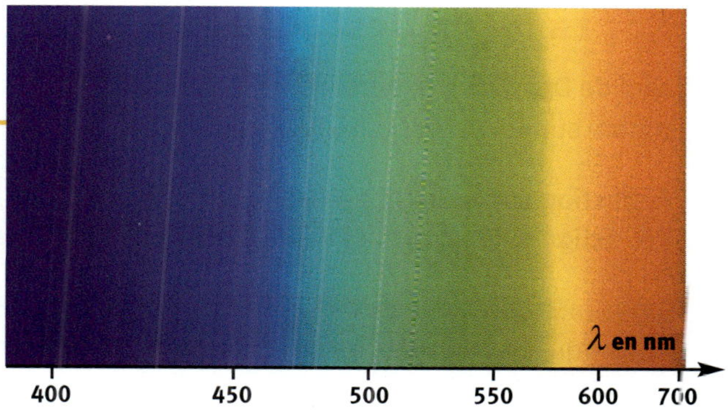

▲ **Doc. 13.** Spectre de la lumière blanche donné par un spectroscope à prisme.

Exemple ➡ Activité 3 : les différentes couleurs (celles de l'arc-en-ciel) formant la lumière blanche sont : rouge, orange, jaune, vert, bleu, indigo, violet, des longueurs d'onde les plus grandes jusqu'aux plus courtes question 3, p. 221.

Le spectre de la lumière blanche, comme celle du Soleil ou d'une ampoule électrique, se prolonge au-delà du rouge et du violet. Cette lumière contient des radiations ultraviolettes (en abrégé UV) et infrarouges (IR) qui ne sont pas visibles par l'œil humain. Cependant, ces radiations peuvent avoir des effets sensibles : bronzage ou brûlures de la peau (risque de cancer) et des yeux pour les UV ; chauffage pour les IR.

5. Les lois de la réfraction

5.1. Le phénomène de réfraction

La **réfraction** est le changement de direction que subit un rayon lumineux quand il traverse la surface séparant deux milieux transparents différents.

5.2. Ses lois qualitatives

Pour qu'il y ait réfraction, les rayons lumineux doivent traverser une surface séparant deux milieux transparents différents : le **dioptre**. Quand la surface est plane, le dioptre est dit **plan**.

Le rayon lumineux qui arrive sur la surface est appelé **rayon incident**. De l'autre côté de la surface, il donne un **rayon réfracté**.

Si l'on considère le **plan d'incidence** qui est le plan contenant le rayon incident et la perpendiculaire ou **normale** à la surface, le rayon réfracté appartient à ce plan.

L'angle entre la normale au point d'incidence et le rayon incident s'appelle l'**angle d'incidence**. L'**angle de réfraction** est l'angle entre cette même normale et le rayon réfracté (doc. 14).

Le rayon réfracté et le rayon incident sont situés de part et d'autre de la normale. En pratique, les dessins sont toujours réalisés dans le plan d'incidence.

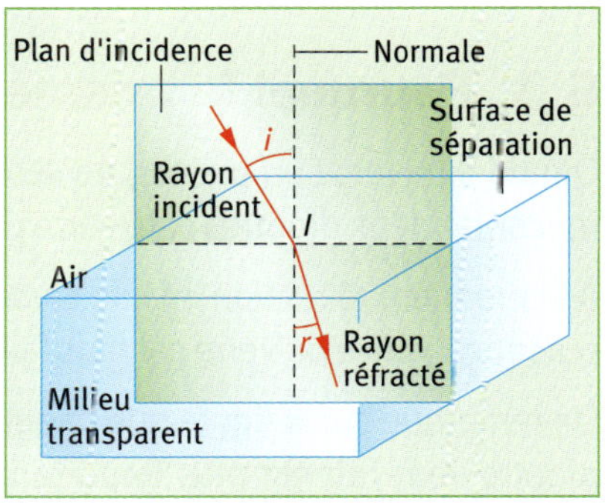

Doc. 14. Schéma dans le plan d'incidence pour l'étude de la réfraction.

COURS

5.3. La loi de Descartes (1637)

La **loi de Descartes** caractérise un milieu transparent par son **indice** n, nombre supérieur ou égal à 1, sans unité.

Réfraction sur le dioptre air/milieu d'indice n : $\sin i = n \cdot \sin r$.
Réfraction sur le dioptre milieu d'indice n/air : $n \cdot \sin i = \sin r$.

Quand un rayon arrive de l'air et se réfracte dans un milieu transparent quelconque, il se rapproche de la normale. Quand un rayon arrive d'un milieu transparent quelconque et se réfracte dans l'air, il s'éloigne de la normale.

6. L'indice d'un milieu

6.1. L'indice d'un milieu transparent dépend de la longueur d'onde

L'indice des milieux transparents tels que le verre, l'eau ou le plexiglas diminue quand la longueur d'onde augmente. Le doc. 15 montre cette évolution pour deux types de verres.

Exemple ➡ Activité 4 : les expériences avec l'hémicylindre ont mis en évidence la variation de l'indice en fonction de la longueur d'onde des radiations lumineuses question 7, p. 223.

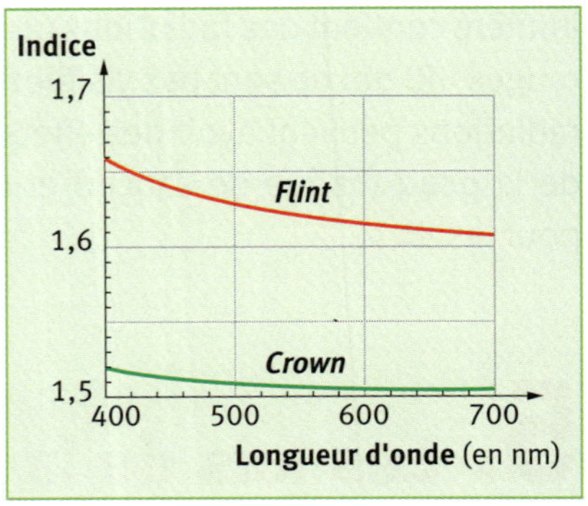

Doc. 15. Évolution de l'indice d'un cristal (« *flint* ») et d'un verre courant (« *crown* ») avec la longueur d'onde.

6.2. Valeur de quelques indices

Le **verre courant**, appelé ***crown*** en optique, est fabriqué à partir du sable (SiO_2), de la soude (NaOH), de la potasse (KOH) et de la chaux ($Ca(OH)_2$) comme matières premières. Son indice moyen est $n = 1,50$.

Le **cristal** ou ***flint*** est un verre qui contient du plomb. Son indice est $n = 1,60$ environ.

L'eau (H_2O) a un indice moyen de $n = 1,33$.

Le diamant (cristal contenant uniquement des atomes de carbone C) a pour indice $n = 2,40$ environ.

6.3. Pourquoi le prisme est-il dispersif ?

Quand il traverse un prisme, en verre par exemple, un rayon lumineux rencontre deux dioptres : air/verre puis verre/air (doc. 16).

À la première réfraction en I, le rayon violet est plus dévié que le rouge puisque l'indice du verre est plus faible pour le rouge que pour le violet.

On remarque sur la figure que l'angle d'incidence du rayon violet sur le dioptre verre/air est plus important que pour le rouge. Renforçant la dispersion due à l'indice, ceci va amplifier la déviation du rayon violet par rapport à celle du rayon rouge.

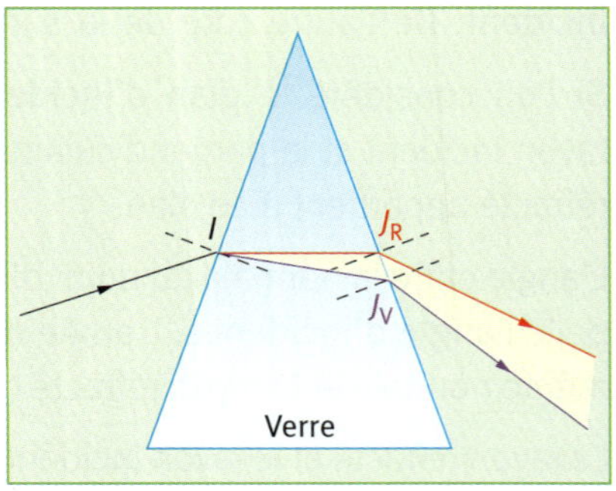

Doc. 16. Le rayon rouge et le rayon violet ne suivent pas le même chemin.

Un prisme disperse donc la lumière blanche pour deux raisons :
- l'indice du matériau dont il est fait dépend de la longueur d'onde ;
- sa forme amplifie la dispersion des rayons lumineux de longueurs d'onde différentes.

L'ESSENTIEL

Ce qu'il faut savoir

La longueur d'onde d'une radiation

✔ La lumière blanche est une lumière polychromatique. À une radiation monochromatique est associée une **longueur d'onde**. Le spectre visible de la lumière blanche s'étend de **400 nm** pour le violet à **700 nm** pour le rouge (1 nm = 10^{-9} m).

La réfraction

✔ Le phénomène de réfraction à la surface (ou **dioptre**) séparant deux milieux transparents se traduit par un changement de direction des rayons lumineux incidents. Un rayon perpendiculaire à la surface n'est pas dévié.

✔ Un milieu transparent est caractérisé par son **indice** $\boldsymbol{n}$. L'indice du verre ordinaire est approximativement égal à 1,5 et celui de l'eau à 1,33.

Les lois de la réfraction

✔ Le rayon réfracté appartient au **plan d'incidence**, qui est le plan contenant le rayon incident et la perpendiculaire (ou **normale**) à la surface au point d'incidence. Le rayon incident et le rayon réfracté se trouvent de part et d'autre de la normale au dioptre.

✔ **Loi de Descartes** : les angles d'incidence i et de réfraction r obéissent à la loi des sinus :
air/milieu d'indice n : $\mathbf{\sin} \boldsymbol{i} = \boldsymbol{n} \cdot \mathbf{\sin} \boldsymbol{r}$. Le rayon réfracté se rapproche de la normale : $r < i$.
milieu d'indice n/air : $\boldsymbol{n} \cdot \mathbf{\sin} \boldsymbol{i} = \mathbf{\sin} \boldsymbol{r}$. Le rayon réfracté s'éloigne de la normale : $r > i$.

La dispersion

✔ L'indice n d'un milieu transparent, comme le verre, dépend de la longueur d'onde λ des radiations lumineuses qui s'y propagent. Un prisme en verre disperse donc une lumière polychromatique selon les différentes radiations qui la composent.

Ce qu'il faut savoir faire

✔ Obtenir un spectre de la lumière blanche avec un prisme.

✔ Mesurer les angles d'incidence et de réfraction i et r et vérifier la loi de Descartes à l'aide d'un tableur ou d'une calculatrice.

COURS

EXERCICES

EXERCICE RÉSOLU

Déviation des rayons lumineux par un prisme

Un prisme est représenté dans le plan de figure par le triangle *ABC* rectangle en *C*. La valeur de l'angle au sommet $\hat{A}$ est 30,0°. Un rayon de lumière blanche arrive perpendiculairement en *I* sur la face *AC* du prisme. On note *J* l'intersection du prolongement de ce rayon et de la face *AB*.
Le prisme est fait de verre de type *flint*, pour lequel l'indice vaut 1,673 pour le violet et 1,609 pour le rouge.

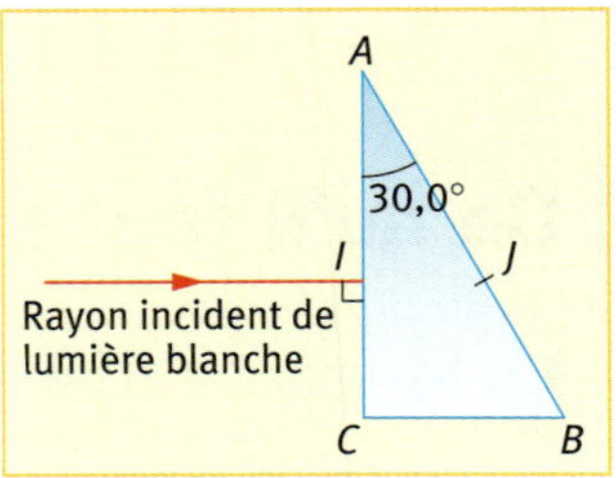

1. Reproduire le schéma et tracer le rayon lumineux rouge et le rayon lumineux violet dans le prisme.

2. Déterminer l'angle d'incidence *i* de ces rayons quand ils rencontrent l'autre face du prisme.

3. Calculer les angles de réfraction r_V et r_R des deux rayons.

4. La déviation d'un rayon lors de la réfraction est définie par l'angle que fait le rayon réfracté avec le prolongement du rayon incident. Calculer la déviation du rayon rouge D_R et celle du rayon violet D_V.

CONSEILS

1. *Étudier s'il y a réfraction des rayons lumineux ou non.*

2. *Dans le prisme, les rayons sont des segments de droite. Si on change l'inclinaison de AB, l'angle d'incidence i varie. La valeur de l'angle Â doit donc intervenir.*

3. *Identifier les deux milieux. Réaliser alors une figure approximative qui sert de support pour l'application de la loi de Descartes n · sin i = sin r. Déterminer si les rayons réfractés se rapprochent ou non de la normale. Utiliser les fonctions sin et arcsin (ou $\sin^{-1}$) de la calculatrice en mode Degrés. Vérifier que le rayon rouge est moins dévié que le rayon violet.*

4. *Attention : les angles sont mesurés à partir d'une même référence qui est la normale.*

SOLUTION

1. Il n'y a pas réfraction en *I* puisque le rayon est perpendiculaire au dioptre : les rayons rouge et violet atteignent donc la face *AB* au point *J*, dans le prolongement du rayon incident. Je trace le rayon *IJ* et je l'oriente dans le sens de propagation de la lumière.

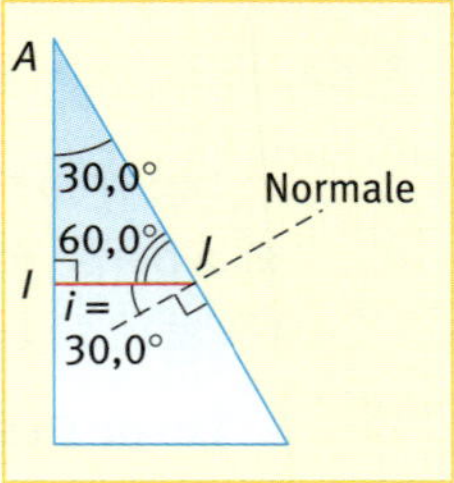

2. Le triangle *AIJ* est rectangle en *I*. Dans un triangle, la somme des angles est de plus égale à 180° donc $\widehat{AJI} = 60{,}0°$.
Calculons l'angle d'incidence *i* en *J* que fait le rayon incident avec la normale : $i + \widehat{AJI} = 90{,}0°$, donc $i = 90{,}0° - 60{,}0° = 30{,}0°$.

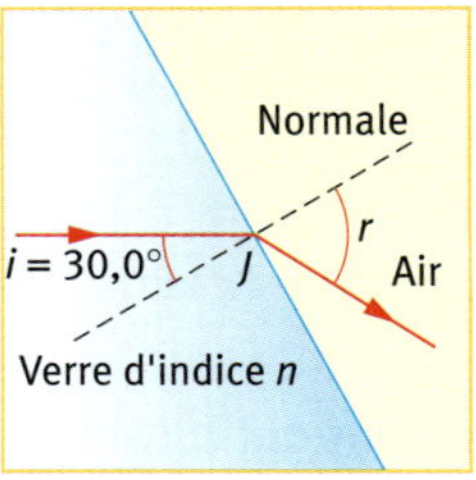

3. Le dessin est fait dans le plan d'incidence, les rayons réfractés qui appartiennent à ce plan seront donc également dans le plan de la figure.
Le rayon réfracté s'éloigne de la normale pour le dioptre verre/air. On note *r* l'angle de réfraction que l'on cherche à déterminer et l'on applique la loi de Descartes : $n \cdot \sin i = \sin r$ où *n* dépend de la longueur d'onde de la radiation.

Pour le rouge, $\sin r_R = 0{,}5 \times 1{,}609 = 0{,}804$. Donc $r_R = \arcsin(0{,}804) = 53{,}6°$.
Pour le violet, $\sin r_V = 0{,}5 \times 1{,}673 = 0{,}8365$. Donc $r_V = \arcsin(0{,}8365) = 56{,}8°$.

4. L'angle $\widehat{OJN}$ est égal à l'angle d'incidence (angles opposés par le sommet).
Donc $D_R = r_R - 30° = 53{,}6° - 30°$. $D_R = 23{,}6°$.
De même $D_V = r_V - 30° = 56{,}8° - 30°$. $D_V = 26{,}8°$.

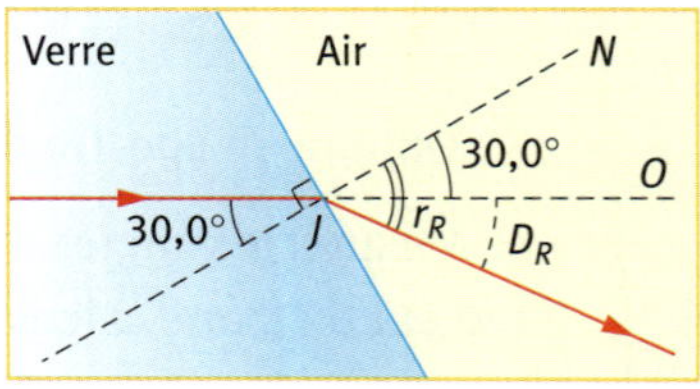

VÉRIFIEZ VOS CONNAISSANCES

Questions

1 Qu'est-ce que la réfraction ? Qu'est-ce qu'un dioptre ?

2 Définir le plan dans lequel se trouve le rayon réfracté.

3 Énoncer la loi de Descartes quand le rayon lumineux passe d'un milieu d'indice *n* à l'air.

4 Qu'est-ce que la dispersion par un prisme ?

5 Quelle grandeur physique associe-t-on à une radiation monochromatique ? Quelle est son unité ?

6 Quelles sont les différentes couleurs conventionnelles du spectre de la lumière blanche ?

QCM

7 Quand un rayon lumineux arrive obliquement sur un dioptre air/verre, le rayon réfracté :

a. se rapproche de la normale ;

b. s'éloigne de la normale ;

c. se trouve dans le prolongement du rayon incident.

8 L'indice d'un milieu transparent :

a. s'exprime en degré ;

b. s'exprime en $m \cdot s^{-1}$;

c. n'a pas d'unité.

9 Quand un rayon arrive perpendiculairement à la surface d'un dioptre séparant l'air d'un milieu transparent d'indice *n*, le rayon :

a. est toujours dévié ;

b. n'est jamais dévié.

c. Sa déviation dépend de l'indice du milieu.

10 Les longueurs d'onde des radiations visibles du spectre de la lumière blanche s'étendent de :

a. 400 μm à 700 μm ;

b. 400 nm à 700 nm.

11 Un prisme en verre dévie plus :

a. les radiations rouges que les radiations vertes ;

b. les radiations vertes que les radiations violettes ;

c. les radiations violettes que les radiations vertes.

EXERCICES D'APPLICATION

Réfraction d'un rayon lumineux

12 Un rayon lumineux arrive avec un angle d'incidence *i* de 30,0° à la surface de l'eau contenue dans un cristallisoir. Calculer l'angle de réfraction *r*. Comparer *r* à *i*. Le résultat est-il attendu ? On prendra 1,33 pour l'indice de l'eau.

13 Un rayon lumineux qui a pénétré dans un prisme en sort avec un angle de réfraction égal à 80,0°. Déterminer l'angle d'incidence du rayon lumineux sur le dioptre verre/air. On prendra 1,6 pour l'indice du verre.

14 À partir de la photographie, déterminer l'indice *n* du plexiglas dont est fait l'hémicylindre. ▶ Le rayon lumineux pénètre dans le plexiglas par la surface cylindrique et non par la surface plane.

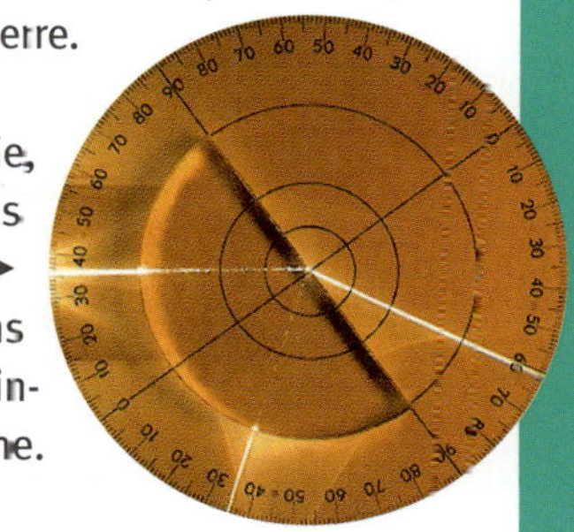

15 De la lumière blanche arrive sur un dioptre air/cristal avec un angle d'incidence *i* de 60,0°. Pour le violet, l'indice du cristal est $n_V = 1{,}662$ et pour le rouge il vaut $n_R = 1{,}608$

1. Déterminer l'angle de réfraction r_V pour la radiation violette et r_R pour la radiation rouge.

2. Déterminer l'angle de déviation D_R pour le rayon rouge et l'angle de déviation D_V pour le rayon violet (voir question 4, p. précédente). Quel est le rayon le plus dévié ?

Longueur d'onde de radiations lumineuses

16 On donne la courbe de la sensibilité de l'œil humain en fonction de la longueur d'onde. Les longueurs d'onde qui figurent sur l'axe des abscisses sont données sans unité. Quelle est cette unité ? Pour quelle couleur la sensibilité de l'œil est-elle maximale ?

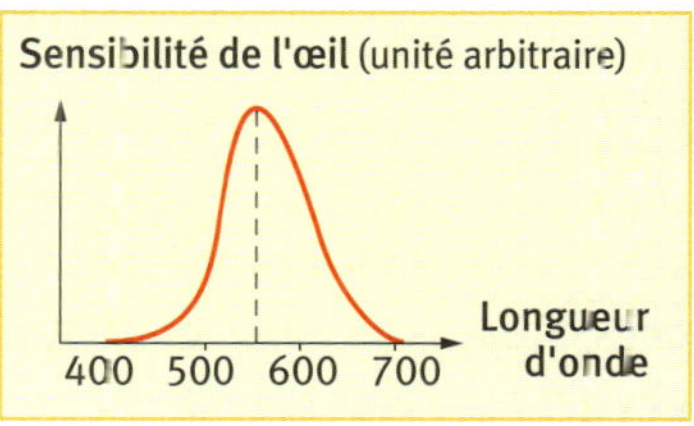

17 La longueur d'onde λ d'une radiation lumineuse est égale à 588 nm.

1. Quelle est la couleur de cette radiation ?

2. Exprimer sa longueur d'onde en μm.

18 La longueur d'onde λ d'une radiation lumineuse est égale à 0,4046 μm.

1. Quelle est la couleur de cette radiation ?

2. Exprimer sa longueur d'onde en nm.

EXERCICES

EXERCICES DE SYNTHÈSE

19 ★ Comparaison de l'indice de deux verres

Un rayon lumineux se propageant dans l'air arrive sur la surface d'un verre. Pour un même angle d'incidence, un verre 1 donne un angle de réfraction de 35° et un verre 2, de qualité différente, donne un angle de réfraction de 30°.

1. Faire un schéma qualitatif et indiquer sans effectuer de calcul si l'indice n_1 du verre 1 est plus grand ou plus petit que l'indice n_2 du verre 2.

2. Calculer le rapport $\frac{n_1}{n_2}$.

20 ★ Réfractomètre ▶

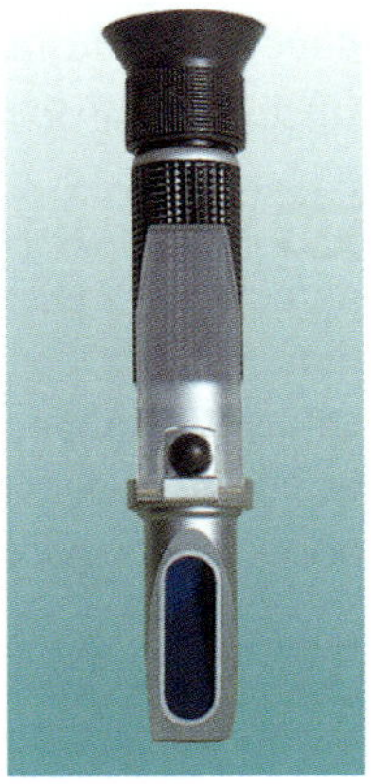

Ce réfractomètre est utilisé pour mesurer la concentration en sucre des boissons. L'appareil comporte un prisme et utilise la lumière du jour comme source lumineuse.

En se référant au nom de ce dispositif, préciser quel paramètre optique du liquide dépend de la concentration en sucre mesurée.

21 ★ Réfraction d'un faisceau de lumière conique

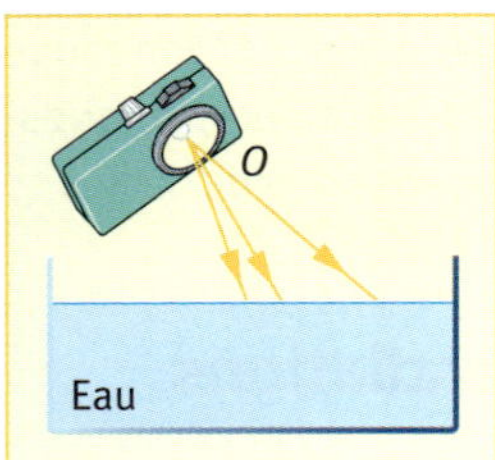

On modélise le faisceau de lumière émise par une lampe de poche par un cône lumineux de sommet O.

Ce faisceau arrive à la surface de l'eau contenue dans une cuve. On a représenté trois de ses rayons sur le schéma.

Dessiner les rayons réfractés en faisant apparaître l'évolution de l'angle de réfraction. Pour lequel de ces rayons cet angle est-il le plus grand ?

22 ★ Mirage dans un aquarium

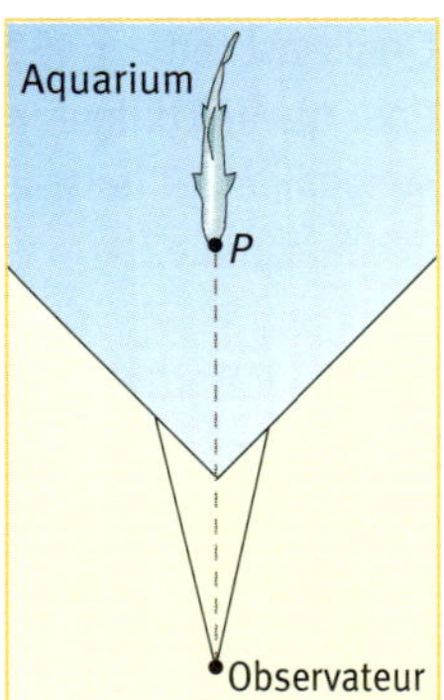

Quand on observe un aquarium en se trouvant plutôt vers un coin, certains poissons ou certaines plantes peuvent nous apparaître comme se plaçant à la fois derrière chacune des deux parois partant de ce coin. Sur la figure, on a schématisé la situation et fait figurer les deux directions dans lesquelles l'observateur voit l'œil P du poisson. Compléter le trajet des rayons lumineux partant de P et arrivant à l'œil de l'observateur. Montrer que les trajets de ces rayons sont compatibles avec la loi de Descartes.

23 ★ La pêche à l'arc

Dans un film Western, un homme armé d'un arc et de flèches longe les berges d'un fleuve. Il aperçoit un poisson dont il veut faire son repas. Comment doit-il effectuer sa visée pour espérer atteindre la cible ?

24 ★ Variation de l'indice en fonction de la longueur d'onde

On se référera au document 15 de ce chapitre donnant l'évolution de l'indice d'un verre *flint* et d'un verre *crown* en fonction de la longueur d'onde.

1. Pour le *flint*, comparer l'indice dans le rouge et l'indice dans le violet. L'évolution de l'indice avec la couleur est-elle la même pour le *crown* ?

2. Entre le *flint* et le *crown*, quel verre choisiriez-vous pour réaliser la dispersion de la lumière blanche ?

25 ★★ Influence d'une vitre sur le trajet de la lumière

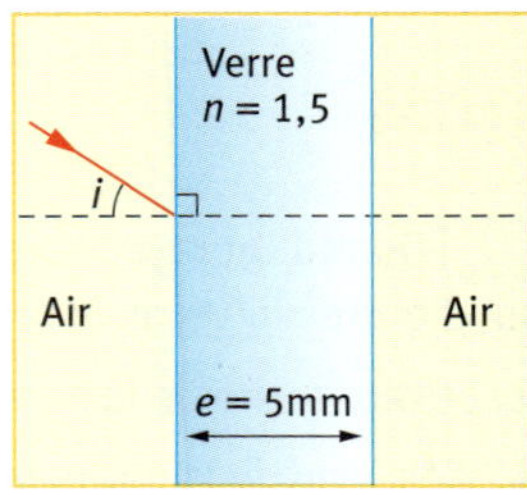

Un rayon lumineux monochromatique arrive sur une vitre faite de verre d'indice $n = 1,5$ et d'une certaine épaisseur e. L'angle d'incidence est $i = 30°$.

1. Calculer l'angle de réfraction du rayon dans le verre puis tracer ce rayon.

2. Calculer l'angle d'incidence de ce rayon sur le dioptre verre/air.

3. Avec quel angle de réfraction le rayon émerge-t-il de la vitre ? Tracer ce rayon émergent.

4. Comparer la direction du rayon qui arrive sur la vitre et celle de celui qui en sort. Cela dépend-il de la valeur de l'indice n ?

5. Le rayon lumineux incident est de couleur blanche. Comment seront les rayons des différentes couleurs à la sortie de la vitre ? Comparer l'effet d'un prisme et l'effet d'une vitre sur la lumière blanche.

26 ★★ Réfraction limite

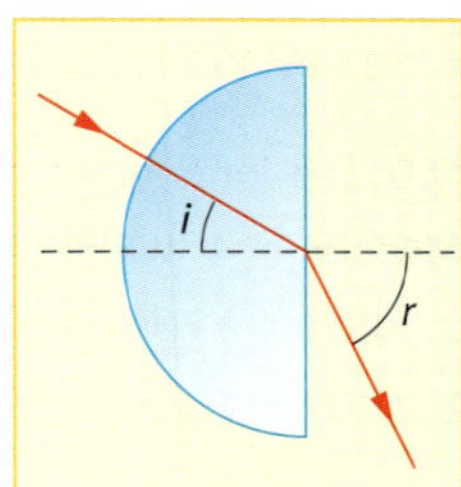

On reprend l'expérience de l'hémicylindre en faisant pénétrer le pinceau de lumière dans le plexiglas non pas par la surface plane, mais par la surface cylindrique. Le pinceau incident est radial, c'est-à-dire selon un rayon du cylindre. Il n'est pas dévié en entrant dans le plexiglas. Le faisceau arrive sur le dioptre plan plexiglas/air. On prendra 1,5 pour l'indice du plexiglas.

1. Calculer l'angle de réfraction r pour un angle d'incidence $i = 30°$.

2. Essayer de calculer l'angle de réfraction pour $i = 60°$. Peut-on y parvenir ? Pourquoi ?

3. Compléter le tableau suivant :

i	0°	20°	40°	41°	42°	43°	50°	80°
r								
Le rayon réfracté existe-t-il ?								

4. Quand le rayon réfracté n'existe pas, qu'advient-il de la lumière incidente ?

27 ★★ Disque flottant

Un disque opaque de diamètre $D = 10$ cm flotte, immobile, à la surface de l'eau d'un cristallisoir. La hauteur d'eau est $H = 20$ cm. L'indice de l'eau est $n = 1,33$.

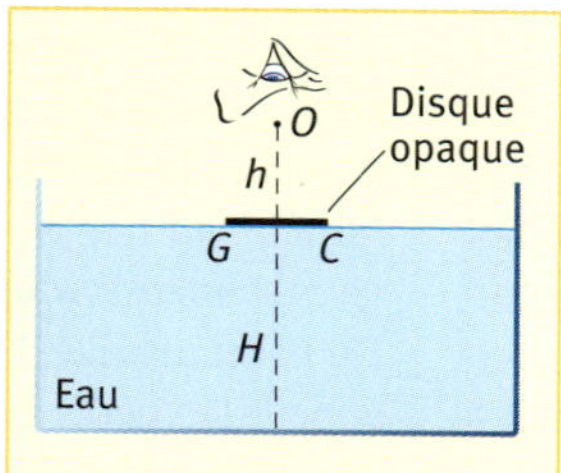

Un œil est placé en O à la verticale du centre du disque et à une distance $h = 10$ cm au-dessus de celui-ci.

1. Quelle est la forme de la partie du fond du cristallisoir qui sera masquée par le disque ?

2. Dans le plan de figure, tracer le rayon venant du fond qui arrive au point O, et qui passe par le bord gauche G du disque.

3. Calculer l'angle de réfraction r de ce rayon dans l'air ; en déduire l'angle d'incidence i dans l'eau.

4. Calculer le diamètre de la partie du fond invisible à partir du point O.

28 ★★ Exploitation de résultats expérimentaux

On donne les résultats des mesures effectuées lors de l'étude de la réfraction air/plexiglas.

Angle d'incidence i en degrés	0	10°	20°	30°	45°	60°	80°	90°
Angle de réfraction r en degrés	0	7°	13,5°	19,5°	28,5°	35,5°	41,5°	42,5°

Tracer la courbe représentative de $\sin i$ en fonction de $\sin r$. Déterminer la valeur de l'indice n du plexiglas.

29 ★★ Projecteur dans un bassin

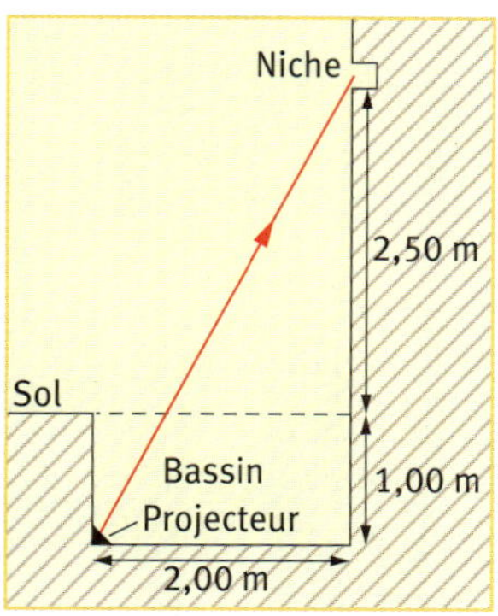

Au pied d'un mur vertical se trouve un bassin parallélépipédique profond d'un mètre et large de deux mètres. Sur le fond du bassin, on installe un projecteur destiné à éclairer une petite niche située dans le mur à deux mètres cinquante au-dessus du niveau du sol. Le bassin étant vide d'eau, on règle la position du projecteur pour qu'il éclaire la niche.

On assimilera le faisceau de lumière émis par le projecteur à un mince pinceau de lumière parallèle.

On emplit alors, jusqu'au ras du sol, le bassin avec de l'eau dont l'indice n est égal à 1,33.

1. Pourquoi la niche ne sera-t-elle plus éclairée par la lumière du projecteur ?

2. Calculer l'angle d'incidence i de la lumière du projecteur sur le dioptre eau/air. Calculer l'angle de réfraction r correspondant.

3. Déterminer le point du mur qui sera illuminé par la lumière du projecteur.

30 ★★★ Prisme en émergence rasante

Un prisme possède un angle au sommet de 60° et l'indice de son verre est $n = 1,51$. Un rayon lumineux sort en J de ce prisme en émergence rasante, c'est-à-dire que l'angle de réfraction r' en ce point est pratiquement égal à 90°.

1. Déterminer l'angle d'incidence i' en J.

2. Calculer l'angle de réfraction r en I point d'entrée du rayon.

3. Calculer l'angle d'incidence i en I.

4. Que vaudrait l'angle d'émergence r' pour un angle d'incidence i proche de 90° ?

MINI-TP

31 ★★ L'expérience d'Archimède

Laissons Archimède (–287, –212) décrire cette expérience : *« Si tu poses un objet au fond d'un vase et si tu éloignes le vase jusqu'à ce que l'objet ne se voie plus, tu le verras réapparaître à cette distance dès que tu le rempliras d'eau. »*

Pour reproduire plus simplement cette expérience, prendre un récipient aux parois opaques, contenant en son centre un petit objet lourd et coloré. Regarder l'objet d'une distance approximativement égale aux dimensions du récipient. Se baisser ensuite jusqu'à ce que le bord du récipient cache l'objet. Verser alors de l'eau dans le récipient **sans bouger la tête**, pour observer l'effet décrit par Archimède. Mesurer la hauteur d'eau minimale.

1. Quand l'objet devient visible, la lumière partant de l'un de ses points P peut-elle aller en ligne droite jusqu'à votre œil ?

2. Où se produit le changement de direction de propagation de la lumière ?

3. Faire un schéma à l'échelle représentant la position de votre œil, le récipient et l'objet. Tracer le trajet des rayons lumineux partant du sommet de l'objet avec et sans eau.

4. Que voit-on pendant l'ajout de l'eau si l'on regarde à la verticale de l'objet ?

L'expérience historique de Newton

Depuis 1664, Isaac Newton (1642-1727) note dans des carnets ses lectures, ses expériences et ses idées. Nous savons ainsi qu'il étudie la* Géométrie *de Descartes et les travaux de Kepler, et réfléchit au problème de la lumière et des couleurs.

« À cette époque, on sait depuis longtemps qu'un prisme de verre donne des couleurs à un rayon de soleil qui le traverse. L'explication repose sur les très vieilles idées d'Aristote : la lumière est blanche et les couleurs naissent progressivement de son affaiblissement dans le prisme. Un rayon blanc traversant le prisme se colore de rouge du côté de l'arête et de bleu du côté de la base car les épaisseurs traversées sont différentes. Newton réfléchit à tout cela et il raconte : *"Au début de l'année 1666, je me procurai un prisme de verre pour réaliser la célèbre expérience des couleurs. Ayant à cet effet obscurci ma chambre et fait un petit trou dans les volets, pour laisser entrer une quantité convenable de rayons de soleil, je plaçai mon prisme contre ce trou, pour réfracter les rayons sur le mur opposé. Ce fut d'abord très plaisant de contempler les couleurs vives et intenses ainsi produites."*

De fil en aiguille, Newton arrive bientôt à ce qu'il appelle l'expérience cruciale : à l'aide d'un trou dans une planchette, il isole la partie bleue de la tache produite par le prisme et il envoie cette lumière bleue sur un second prisme. Elle est déviée certes mais pas étalée.

Cette fois Newton en est sûr, la lumière blanche du Soleil est un mélange de lumière de toutes les couleurs et le prisme dévie différemment ces diverses lumières. Dès lors, il multiplie les expériences montrant en particulier que l'on peut refaire de la lumière blanche en mélangeant des lumières de couleur ! »

D'après *Newton et la mécanique céleste* de Jean-Pierre Maury aux éditions Gallimard.

QUESTIONS

1. Identifier trois étapes caractéristiques de la démarche scientifique suivie par Newton pour l'étude de la dispersion des couleurs.

2. La décomposition de la lumière solaire par un prisme est-elle une découverte de Newton ?

3. Qu'est-ce qui fait l'originalité des travaux de Newton à ce sujet ?

4. On dispose, entre autres choses, de deux prismes identiques. Proposer un montage qui permette de réaliser la décomposition et la recomposition des couleurs, comme l'indique le dernier paragraphe du document.

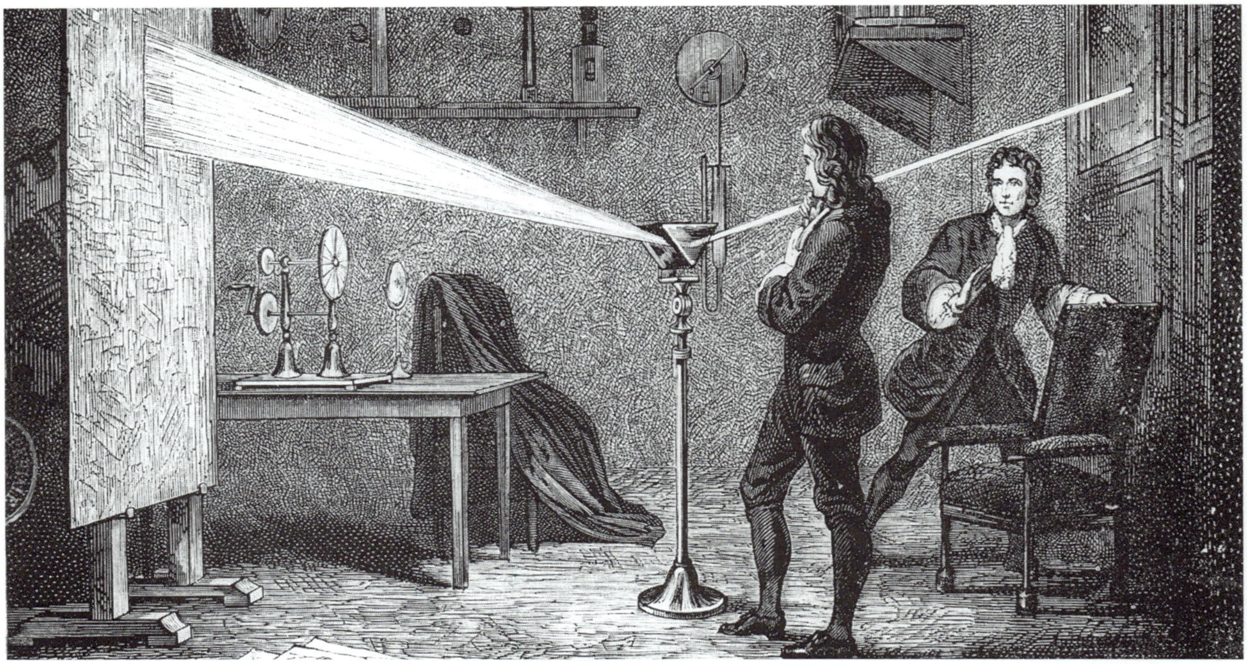

Gravure du XIXe siècle représentant l'expérience où Newton décompose la lumière solaire à l'aide d'un prisme (1666).

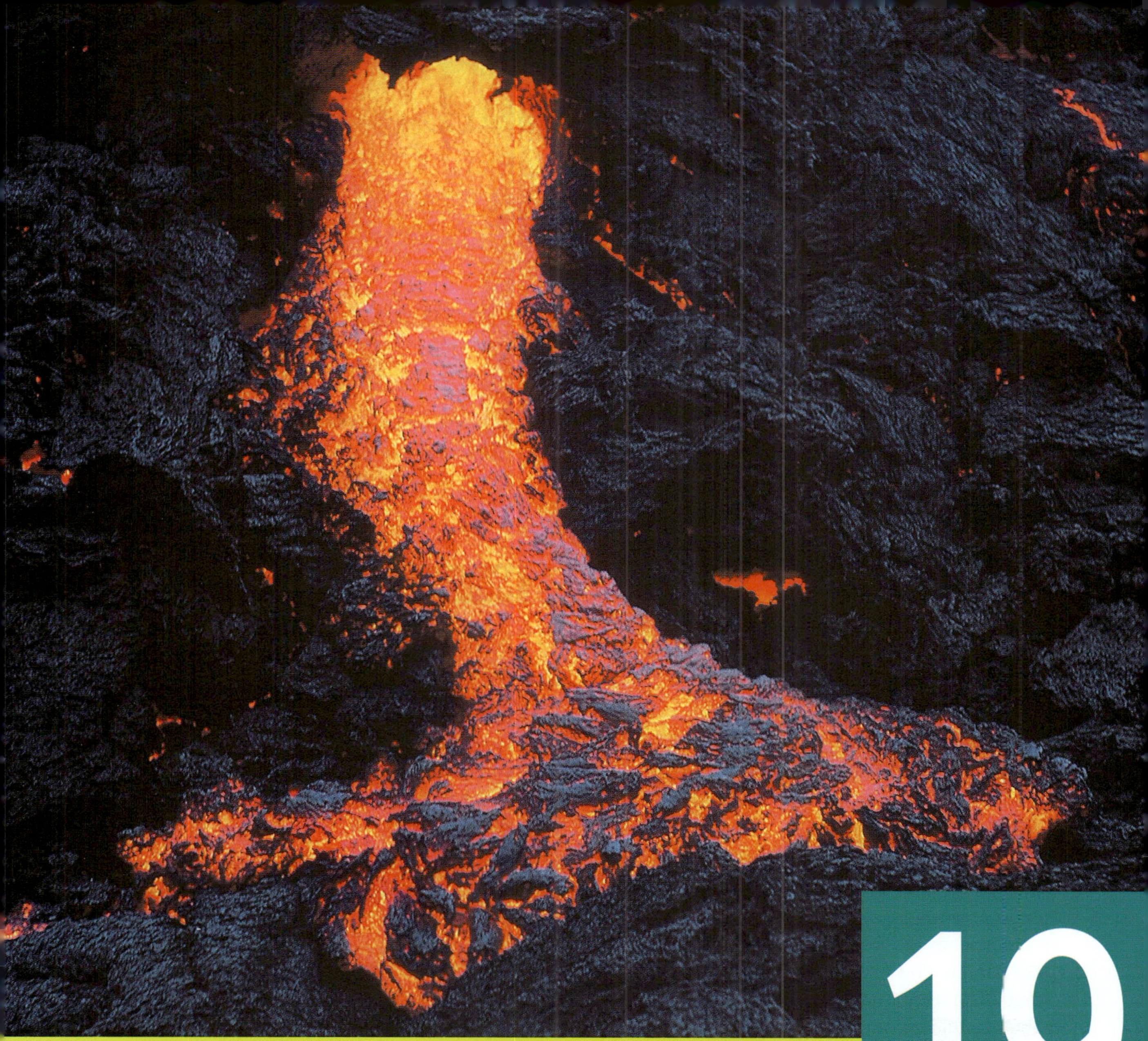

La couleur de la lave incandescente renseigne le vulcanologue sur sa température. Comment caractériser le rayonnement émis par un corps chaud ?

19

LES SPECTRES D'ÉMISSION ET D'ABSORPTION

OBJECTIFS

- Savoir comment évolue le spectre d'émission d'un corps incandescent avec sa température.
- Distinguer un spectre d'émission et un spectre d'absorption.
- Repérer dans un spectre de raies une radiation caractéristique d'une entité chimique.

Un système **dispersif**, comme un réseau, permet d'obtenir des spectres de la lumière rayonnée par un corps porté à l'incandescence ou par un gaz chaud. Ces **spectres** informent sur la **température** de ces corps ou sur les **entités chimiques** qui les constituent.

Activité expérimentale 1

Spectre d'émission des corps chauds

Un réseau comme un prisme disperse la lumière et permet de réaliser un spectre. Nous allons l'utiliser pour étudier la lumière émise par le filament d'une lampe à incandescence, quand sa température varie.

Matériel

– Lanterne, fente, lentille(s), prisme, réseau (ou prisme à vision directe), écran.
– Lampe à incandescence, générateur, résistance variable (rhéostat*), ampèremètre, interrupteur.

Manipulation 1

OBJECTIF : obtenir le spectre de la lumière blanche avec un réseau.

- Jusqu'à la fin du XIXe siècle, les spectres lumineux étaient obtenus essentiellement à l'aide de prismes. Le premier réseau de qualité n'a été fabriqué qu'en 1882 par H.A. Rowland, en traçant des traits parallèles et équidistants sur une plaque de verre à l'aide d'un diamant. Aujourd'hui, on fabrique des réseaux bon marché en reproduisant sur une diapositive un grand nombre de traits noirs fins et parallèles.
- En utilisant les connaissances du chapitre précédent, projeter sur l'écran le spectre de la lumière blanche émise par la lampe.
- Remplacer le prisme par le réseau. Chercher l'orientation du réseau qui permet d'obtenir le spectre le plus lumineux et le plus net possible sur l'écran.

Doc. 1. Le spectre de la lumière blanche, obtenu avec un réseau.

Questions

1. Avec le réseau, combien y a-t-il de spectres sur l'écran ?

2. Décrivez ce que vous observez sur l'écran.

3. Le réseau dévie-t-il davantage le rouge que le violet ? Comparez au spectre obtenu à l'aide d'un prisme.

Manipulation 2

OBJECTIF : suivre l'évolution du spectre avec la température.

- Réaliser le montage électrique (doc. 2). Positionner le curseur *C* de la résistance variable sur le point *B*. Fermer l'interrupteur et déplacer le curseur vers le point *A* jusqu'à ce que la lumière soit éblouissante. Noter la couleur du filament de la lampe sans le réseau.
- Répéter les mêmes opérations en regardant la lampe à travers le réseau (ou le prisme à vision directe).

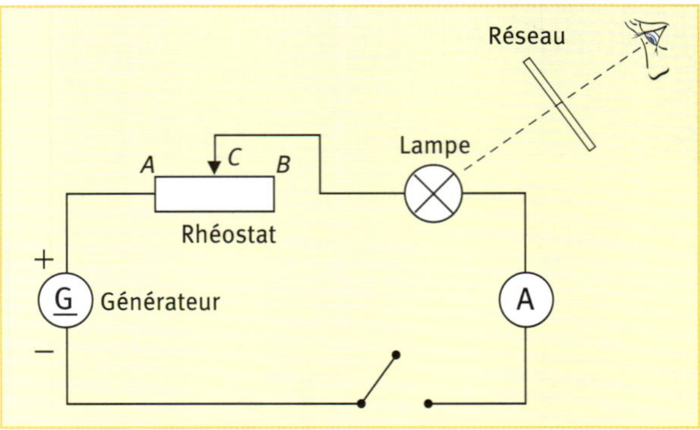

Doc. 2. Le dispositif permettant d'étudier l'évolution du spectre avec la température du filament.

Questions

4. Quel est le rôle de la résistance variable dans le circuit d'alimentation de l'ampoule ?

5. À l'aide de vos connaissances du collège, indiquez l'évolution de la température du filament de l'ampoule lorsque l'intensité du courant augmente.

6. Décrivez l'évolution du spectre observé à travers le réseau lorsque la température du filament augmente : quelles radiations apparaissent progressivement ?

Activité documentaire 2

La couleur d'un corps fortement chauffé

Refroidies, les laves volcaniques donnent des roches aux couleurs généralement foncées. Quand la lave s'écoule du volcan, sa température est très élevée (plus de 1 000 °C) et sa couleur est totalement différente. Ce rayonnement est indépendant de la nature du corps chauffé.

Document

Relation entre la couleur et la température d'un corps chauffé

Doc. 3.a. Soufflage d'une pièce en verre.

Doc. 3.b. Refroidissement du verre.

Doc. 4. Une coulée d'acier.

Le visiteur d'une cristallerie peut constater l'évolution de la couleur d'une pâte de verre, d'abord soufflée quand elle sort du four vers 1 000 °C, puis refroidie (doc. 3). À ce stade, il est impossible de prévoir la couleur définitive de la pièce de verre. En effet, la couleur d'un objet porté à haute température ne dépend pas de sa nature, mais uniquement de sa température.

L'acier est un alliage contenant essentiellement du fer et du carbone. D'abord fondu dans un haut fourneau, il sort sous forme liquide d'un convertisseur à une température de 1 600 °C environ. L'ouvrier sidérurgiste peut évaluer avec une bonne précision la température de l'acier à la sortie du convertisseur, uniquement grâce à sa couleur.

Questions

1. Pourquoi le souffleur a-t-il besoin que le verre soit à température élevée ?

2. Comparez la couleur de la coulée d'acier, celle du verre en train d'être soufflé et celle du verre refroidi. La couleur semble-t-elle dépendre du corps considéré ?

3. Comment évolue la couleur d'un corps quand sa température s'élève fortement ?

ACTIVITÉS

Activité expérimentale 3

Spectre d'émission d'un gaz excité

Le chimiste allemand Robert Bunsen est célèbre pour avoir mis au point, vers le milieu du XIXe siècle, le bec de gaz qui porte son nom. Il introduisit divers composés chimiques dans la flamme pour constater que sa couleur changeait selon la nature du composé. Sur les conseils du physicien Gustav Kirchhoff, il réalisa les spectres des différentes lumières émises par la flamme et observa que ces spectres n'étaient pas continus.

Matériel

– Diverses lampes spectrales (mercure, sodium, etc.), une fente pour l'ensemble de la classe, un réseau ou un prisme à vision directe par élève ou groupe d'élèves.

Manipulation

OBJECTIF : observer les spectres de diverses lampes spectrales.

- Brancher l'une des lampes spectrales et la placer derrière une fente verticale. Observer celle-ci à travers un réseau. Faire tourner le réseau et rechercher la position permettant d'obtenir un spectre de qualité. Recommencer la manipulation pour d'autres lampes.
- Le spectre de la lumière émise par ces lampes n'est pas continu, à l'inverse de celui d'une lampe à incandescence (activité 1). Lorsque l'interrupteur est fermé, un flux d'électrons traverse l'intérieur de la lampe entre deux électrodes. Ces électrons entrent en collision avec les atomes de l'élément chimique utilisé (mercure, sodium, etc.), qui émettent alors la lumière observée. Le spectre que l'on visualise est appelé spectre d'émission.

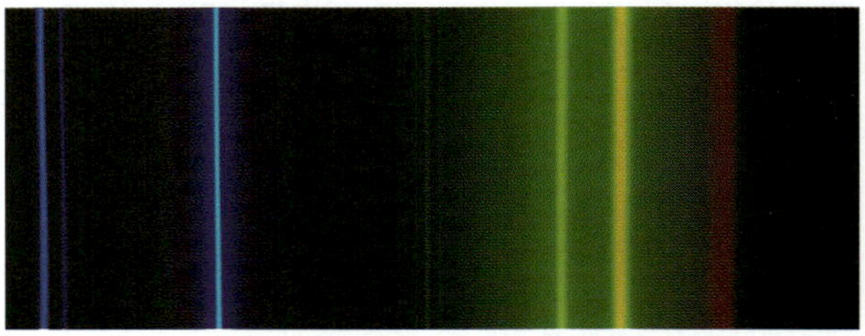

Doc. 5. Spectre d'émission de la vapeur atomique du mercure.

Doc. 6. Spectre d'émission du néon.

Questions

1. Pourquoi décrit-on ces spectres comme des spectres de raies ?

2. Les spectres d'émission dépendent-ils de l'élément chimique utilisé ?

3. En utilisant vos connaissances du chapitre précédent, donnez les longueurs d'onde approximatives des raies observées.

Activité documentaire 4

Les spectres d'absorption

La lumière peut être modifiée par le milieu qu'elle traverse. Un gaz chaud peut ainsi absorber certaines radiations monochromatiques lorsqu'il est éclairé par de la lumière blanche.

Document 1

Le spectre d'absorption du sodium

À l'aide d'un réseau et d'une lentille, le spectre de la lumière blanche fournie par une puissante lampe à incandescence est projeté sur un écran. Sur le trajet de la lumière, on interpose la flamme d'un bec Bunsen où l'on place un morceau de chlorure de sodium (doc. 7). Le doc. 9. représente ce que l'on observe sur l'écran quand la lampe est éteinte (a), puis allumée (b).

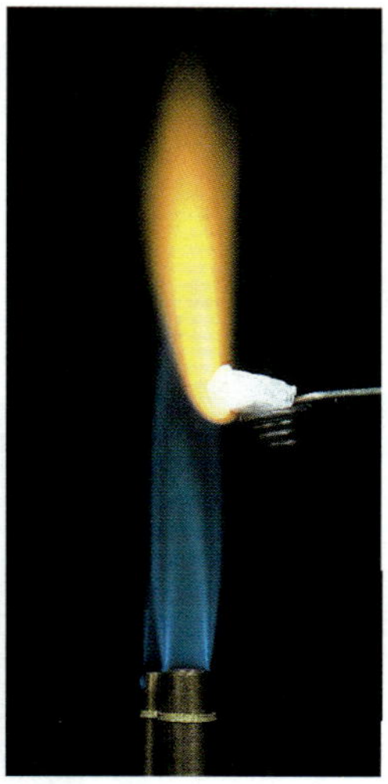

Doc. 7. Du chlorure de sodium placé dans une flamme la colore en jaune-orange. ▶

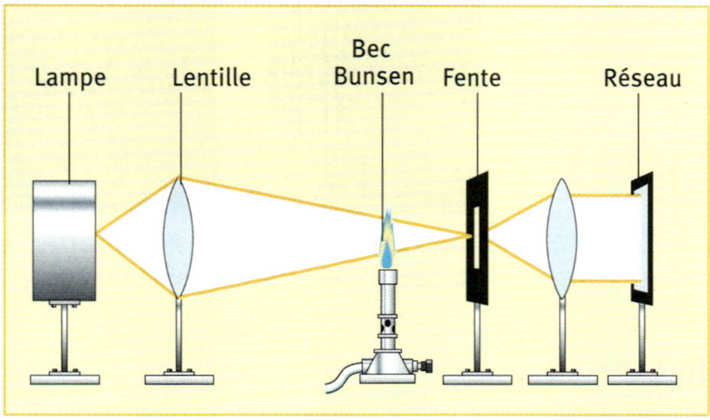

Doc. 8. Dispositif expérimental pour observer les spectres d'émission et d'absorption du sodium.

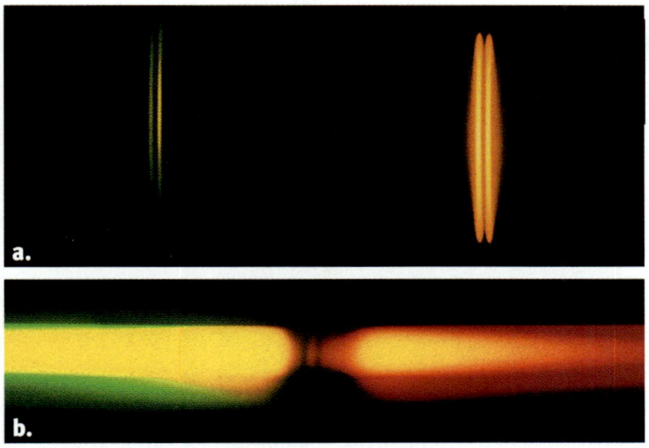

Doc. 9. Le spectre d'émission du sodium (a) et une partie de son spectre d'absorption (b). La dominante rouge est due à la pellicule.

Questions

1. Comparez le spectre donné par la flamme colorée par le chlorure de sodium (doc. 9. a) à la photographie de cette flamme (doc. 7).

2. Comment vérifier sur l'écran que les raies sombres du spectre d'absorption du sodium et celles de son spectre d'émission ont les mêmes longueurs d'onde ? Pourquoi parle-t-on de spectre d'absorption ?

3. En conclusion, connaissant les longueurs d'onde présentes dans le spectre d'émission d'un élément chimique, peut-on l'identifier à l'aide de son spectre d'absorption ?

Document 2

Le spectre d'absorption du permanganate de potassium

Le doc. 10 a été obtenu grâce au dispositif du chapitre 18 (activité 1), permettant d'obtenir un spectre sur un écran à l'aide d'un rétroprojecteur. La source lumineuse est l'ampoule à incandescence de l'appareil.

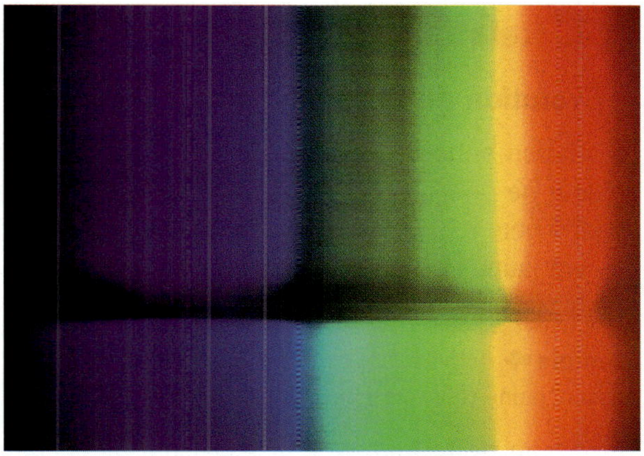

Doc. 10. La photographie des spectres obtenus.

Une boîte de Petri contenant une solution de permanganate de potassium ($KMnO_4$) est disposée sur la fente du dispositif. La boîte recouvre la fente sur les deux tiers environ de sa longueur (Doc. 11).

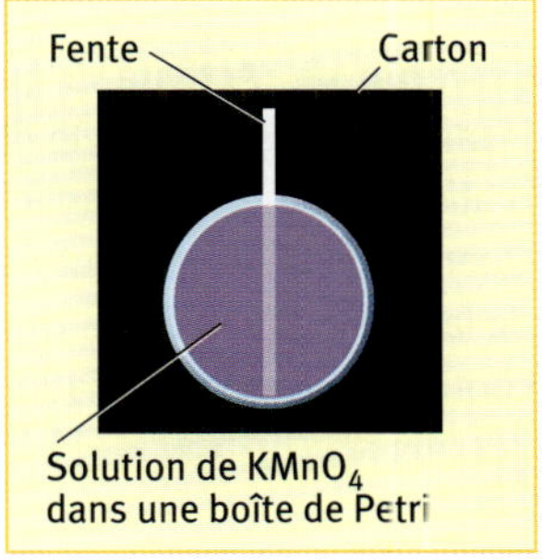

Doc. 11. La boîte de Petri est posée sur le verre du rétroprojecteur. ▶

Questions

4. Pourquoi observe-t-on deux spectres sur l'écran ?

5. L'un des deux spectres est le spectre d'absorption de la solution de permanganate de potassium. Décrivez ce spectre et comparez-le au spectre d'absorption du sodium. Pourquoi parle-t-on de spectre de bandes ?

6. Comment pouvez-vous expliquer la couleur de la solution à partir de son spectre d'absorption ?

ACTIVITÉS

1. SVT Spectre d'émission continu d'origine thermique

1.1. Description

Fortement chauffé, un corps solide, liquide ou gazeux (sous haute pression), émet un rayonnement dont le spectre est continu.

Exemple ➡ **Activité 1 :** le spectre de la lumière émise par un filament métallique porté à haute température est un spectre d'émission continu.

Doc. 12. Une barre de fer chauffée à l'aide d'un bec Mecker paraît orange.

1.2. Relation couleur-température

Évolution de la couleur et du spectre

La relation entre la température d'un corps fortement chauffé et sa couleur ne dépend pas de la composition du corps. Ainsi, un corps chauffé vers 850 °C est rouge cerise (➡ activité 2). Vers 1 100 °C, il devient jaune et si on élève encore sa température, il paraît blanc. Le filament d'une lampe à incandescence est ainsi à 2 700 °C environ.

Exemple ➡ **Activité 2 :** la coulée d'acier et le verre en train d'être soufflé apparaissent jaune clair vers 1 000 °C, 1 500 °C question 2, p. 235.

Le spectre de la lumière émise par un corps chauffé détermine sa couleur. Ce spectre évolue donc avec la température. Quand la **température augmente**, des radiations de longueurs d'onde décroissantes apparaissent progressivement : **le rayonnement se déplace vers le violet.**

Exemple ➡ **Activité 1 :** quand la température du filament d'une lampe à incandescence s'élève, le filament est d'abord rouge : le spectre ne contient pratiquement pas de radiations de longueurs d'onde inférieures à 600 nm. Quand le filament devient jaune, le jaune et le vert apparaissent dans le spectre de la lumière qu'il émet. Quand il paraît blanc, le spectre de la lumière visible contient toutes les radiations de longueurs d'onde comprises entre 400 et 700 nm question 6, p. 234.

Loi de Wien

En déplaçant un photorécepteur* le long d'un spectre lumineux projeté sur un écran, un fin pinceau coloré éclaire la partie sensible du détecteur. Il est ainsi possible de mesurer avec précision la répartition de l'intensité lumineuse en fonction de la longueur d'onde. La courbe d'émission lumineuse (doc. 13) présente un **maximum** pour une **longueur d'onde** λ_m qui **dépend de la température.** Un corps chauffé émet beaucoup plus de lumière pour des longueurs d'onde voisines de λ_m que pour les autres longueurs d'onde.

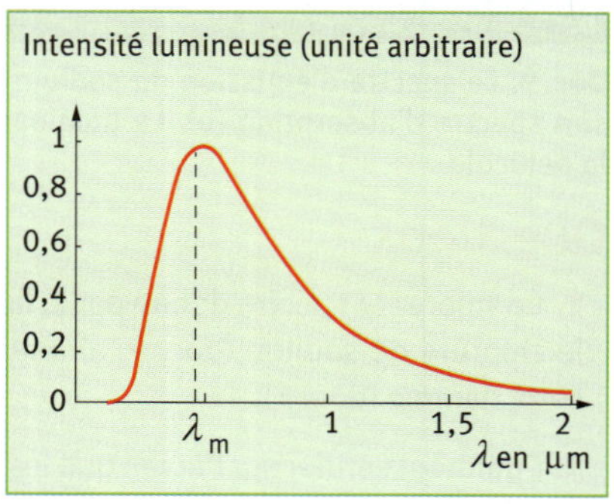

Doc. 13. L'intensité du rayonnement émis par un corps porté à haute température (6 000 °C) en fonction de la longueur d'onde.

La loi de Wien relie cette longueur d'onde λ_m à la température T du corps : $\lambda_m \cdot T = A$ où A est une constante qui vaut 2 900 µm · K.

La longueur d'onde λ_m doit être exprimée en µm et la température T en kelvin (une unité de température, de symbole K). Pour passer de la température θ exprimée en degrés Celsius à la température T exprimée en kelvin, il faut appliquer la relation : T (en K) = θ (en °C) + 273. La longueur d'onde λ_m **diminue** quand la **température** T du corps **augmente**.

Exemple ➡ L'étude du spectre de la lumière solaire montre que le maximum d'émission se trouve à la longueur d'onde λ_m = 0,460 µm. La loi de Wien permet de déterminer la température des gaz à la surface du Soleil : $T = 2{,}9 \cdot 10^3/0{,}460 = 6\,300$ K, soit environ 6 000 °C (doc. 13).

2. SVT Spectre de raies d'émission

Un gaz chaud à basse pression émet de la lumière dont le spectre n'est pas continu. Ce spectre est constitué de raies colorées, c'est-à-dire de radiations monochromatiques discontinues.

Exemple ➡ Activité 4 : un morceau de chlorure de sodium placé dans une flamme émet une lumière jaune-orangé, dont le spectre est constitué de raies jaunes et vertes principalement question 1, p. 237.

L'émission lumineuse est due aux collisions entre les atomes ou les molécules du gaz chaud, ou entre ceux-ci et les électrons d'une décharge électrique, lorsque le gaz est placé entre deux électrodes sous forte tension. On dit que le gaz est **excité** (➡ activité 3).

Le spectre de raies d'émission **caractérise l'entité chimique** présente dans le gaz chauffé. Des tables répertorient les longueurs d'onde de la lumière émise par un élément donné. L'analyse du spectre d'émission d'un gaz excité peut ainsi permettre de déterminer sa composition, en comparant ce spectre aux spectres d'émission de différents éléments.

Exemple ➡ Activité 3 : les spectres de raies d'émission du mercure et du néon sont caractéristiques de ces éléments chimiques question 2, p. 236.

Doc. 14. Le spectre d'émission de l'hydrogène comporte des raies caractéristiques de l'élément.

3. SVT Spectres d'absorption

3.1. Spectre de raies d'absorption

Un gaz à basse pression est éclairé par une source de rayonnement continu. Si l'on observe le spectre de la lumière émergeant du gaz, on constate que certaines radiations sont absorbées par le milieu : on parle de **spectre de raies d'absorption**. Il comporte des raies noires

COURS

dont les longueurs d'onde sont identiques à celles présentes dans le spectre d'émission du même gaz. Une **entité chimique** (atome, ion ou molécule) ne peut donc **absorber** que les **radiations qu'elle est capable d'émettre.** Le gaz doit être éclairé par de la lumière contenant toutes les radiations visibles, c'est-à-dire par de la lumière blanche.

Exemple ➡ Activité 4 : le chlorure de sodium vaporisé par la flamme absorbe les mêmes radiations jaunes que celles figurant dans son spectre d'émission question 3, p. 237.

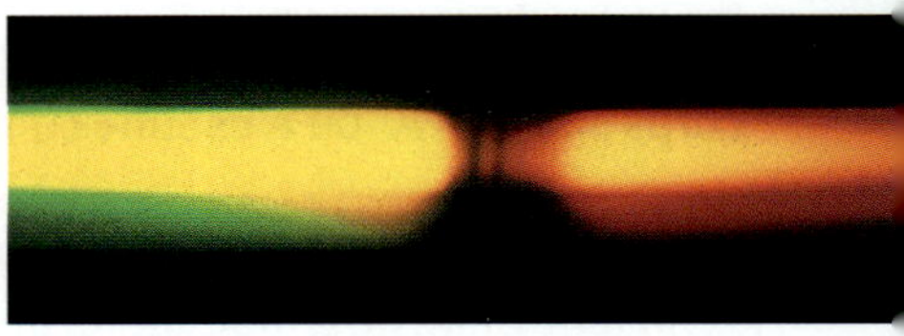

Doc. 15. Le spectre de raies d'absorption du sodium comporte deux raies noires dans le jaune (à 589,0 nm et 589,6 nm), caractéristiques de l'élément.

3.2. Spectre de bandes d'absorption

Le spectre d'absorption d'une solution colorée présente des bandes noires que l'on nomme **bandes d'absorption.** La solution absorbe des radiations dont les longueurs d'onde forment différents intervalles, caractéristiques du composé chimique. La couleur de la solution résulte de la présence des radiations qui ne sont pas absorbées.

Exemple ➡ Activité 4 : une solution de permanganate de potassium, éclairée par une source de lumière blanche, présente un spectre d'absorption qui comporte plusieurs bandes noires question 5, p. 237.

Doc. 16. Le spectre de bandes d'absorption du permanganate de potassium ($KMnO_4$).

L'ESSENTIEL

Ce qu'il faut savoir

Spectre d'émission continu d'origine thermique

✔ Fortement chauffés, un solide, un liquide ou un gaz sous haute pression émettent un rayonnement continu. Plus la température est élevée, plus le **spectre d'émission** s'enrichit en violet.

Spectre de raies d'émission

✔ Un gaz excité (chauffé) sous faible pression émet un **spectre de raies.** Chaque entité chimique composant le gaz a un spectre de raies caractéristique, ce qui permet de l'identifier.

Spectres d'absorption

✔ Un gaz chauffé sous faible pression peut présenter un **spectre de raies d'absorption** quand il est éclairé par un rayonnement continu, comme la lumière blanche.

✔ Les radiations absorbées sont identiques aux radiations émises : une entité chimique ne peut absorber que les radiations qu'elle est capable d'émettre. Le spectre d'absorption d'une entité chimique en est donc aussi la signature.

✔ Un corps coloré et éclairé par une source de lumière blanche présente un **spectre de bandes d'absorption.** La couleur du corps est due à la présence des radiations non absorbées. Les spectres d'absorption sont caractéristiques des espèces présentes.

VÉRIFIEZ VOS CONNAISSANCES

Questions

1 Quelles sont les conditions pour que le spectre de la lumière émise par un corps soit continu ?

2 Comment peut-on distinguer un spectre de raies d'émission et le spectre d'absorption correspondant ?

3 Quelle est l'allure du spectre d'absorption d'une solution colorée ? Comment l'obtenir ?

QCM

4 Le spectre d'émission d'un solide fortement chauffé est :

a. un spectre continu ;

b. un spectre de raies.

5 Si on chauffe plus fortement un solide,

a. son spectre ne changera pas ;

b. son spectre s'enrichira en radiations violettes ;

c. son spectre s'enrichira en radiations rouges.

6 Pour obtenir le spectre de raies d'émission d'une entité chimique,

a. il suffit qu'elle soit gazeuse ;

b. il faut qu'elle soit gazeuse et chaude ;

c. il faut qu'elle soit gazeuse, chaude et sous faible pression.

EXERCICES D'APPLICATION

Spectres d'émission

7 Quelle est la longueur d'onde pour laquelle le filament d'une ampoule chauffé à 3 000 K émet le maximum de lumière (utiliser la loi de Wien) ? Quelle est la nature de la radiation correspondante ?

8 On donne les photographies de deux barres de fer, fortement chauffées à des températures différentes. Quelle barre est à la température la plus élevée ?

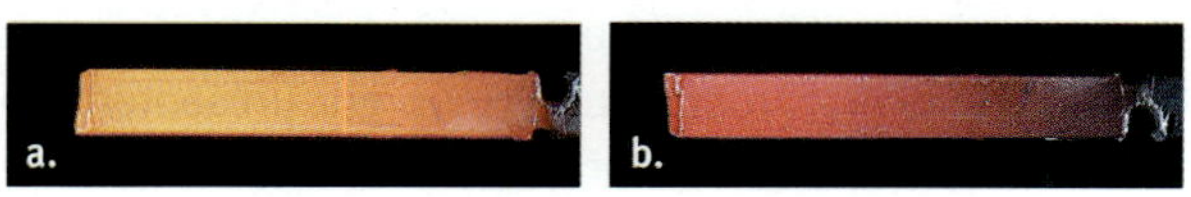

9 Colorier dans chaque cas (le rouge est à droite) l'allure du spectre de la lumière émise par la source : a. filament d'une ampoule porté à 3 000 °C ; b. lampe à vapeur de mercure (radiations de longueurs d'onde (en nm) : 404,6 ; 435,8 ; 546,0 ; 579,0).

Identifier une entité chimique

10 On donne une reproduction du spectre d'émission de l'hydrogène atomique et le spectre d'absorption d'un gaz inconnu. Ce gaz contient-il de l'hydrogène ?

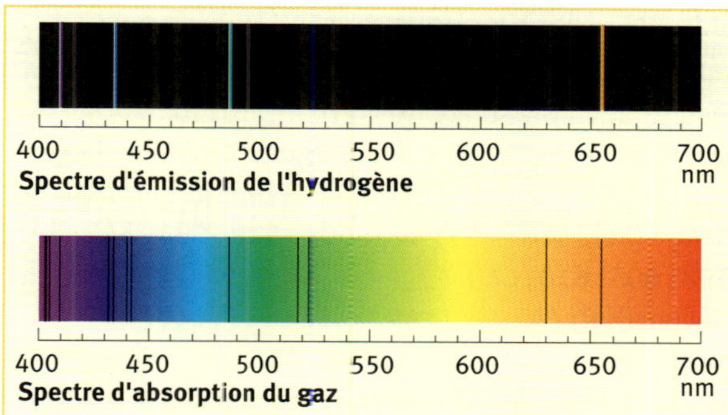

EXERCICES DE SYNTHÈSE

11 ★ **Découverte d'un nouvel élément chimique**

Dans une scène du film *Les Palmes de Monsieur Schütz*, Gustave Bémont présente à Pierre et Marie Curie un spectroscope de son invention. Par jeu, il propose à ces derniers de reconnaître n'importe quel élément uniquement en regardant son spectre d'émission. Quelques éléments sont identifiés, jusqu'au moment où il est impossible d'associer un élément chimique connu au spectre ci-dessous. Nous sommes en 1898.

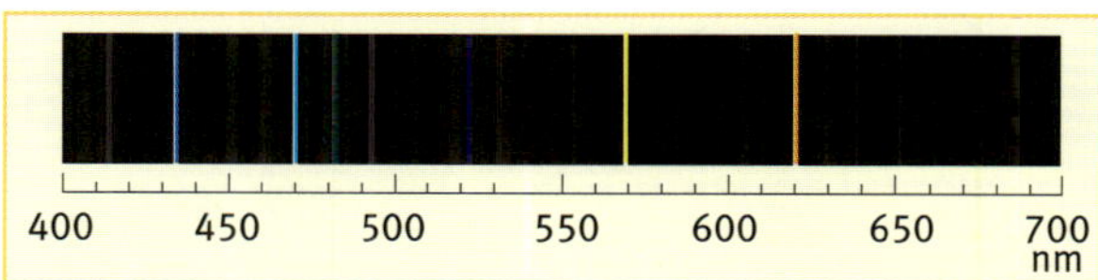

1. Quelle est la découverte qui a rendu les époux Curie mondialement célèbres ?

2. Quelles sont les longueurs d'onde (en nm) des raies d'émission de cet élément ?

12 ★ **Filament de tungstène**

La température de fusion du tungstène est de 3 400 °C.

1. Quelle est la température de fusion du tungstène en kelvin ?

2. a. Les lampes à incandescence ordinaires fonctionnent vers 2 900 K. Pour quelle longueur d'onde ces lampes émettent-elles le maximum de lumière ?
b. Une telle lampe rayonne-t-elle plus dans la partie visible du spectre ou bien dans l'infrarouge (longueurs d'onde supérieures à celles du rouge) ?
3. Pourquoi utilise-t-on un filament en tungstène ?

13 ★ Analyse du gaz d'une ampoule

Une ampoule contient un gaz noble. Pour déterminer sa nature, on observe son spectre d'émission.

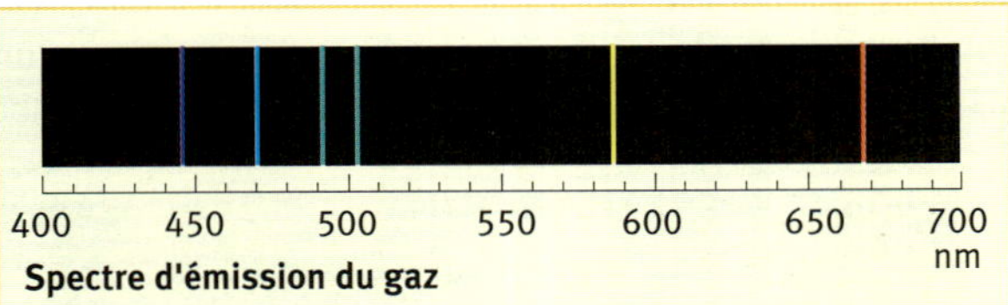

On dispose également des longueurs d'onde (en nm) des principales raies d'émission de trois gaz nobles.
Xénon (Xe) : 418 ; 433 ; 446 ; 508 ; 529 ; 534 ; 542 ; 547 ; 598 ; 605 ; 610 ; 660.
Hélium (He) : 447 ; 471 ; 492 ; 501 ; 587 ; 668.
Néon (Ne) : 439 ; 443 ; 585 ; 597 ; 618 ; 640 ; 660.
Le gaz contenu dans l'ampoule est-il l'un de ces trois gaz ? Lequel ?

14 ★★ Sélection d'une radiation monochromatique

Les principales raies d'émission de la vapeur atomique de cadmium sont caractérisées par les longueurs d'onde suivantes (exprimées en nm) : 441 ; 480, 508 ; 533 ; 538 et 643. On dispose d'une lampe au cadmium et des trois filtres utilisés couramment en photographie (jaune, magenta et cyan), pour lesquels on donne la proportion de lumière transmise en fonction de la longueur d'onde.

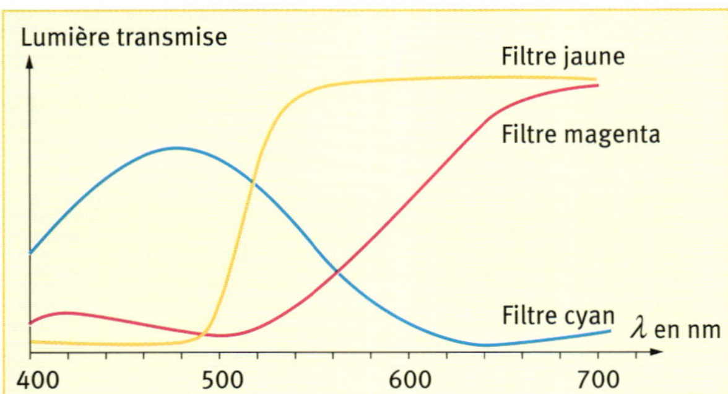

1. a. Dessiner les raies du spectre d'émission du cadmium en prenant comme échelle 2 cm pour 100 nm.
b. Quelle est la longueur d'onde de la radiation rouge dans le spectre d'émission du cadmium ?
2. À l'aide de cette lampe et de l'un des trois filtres, on désire obtenir de la lumière rouge monochromatique. Quel filtre va-t-on utiliser ? Quelle sera la longueur d'onde de la radiation rouge obtenue ?

15 ★★ Lumière quasi monochromatique

On dispose d'une lampe à vapeur de mercure. Le doc. ci-dessous montre les principales raies de son spectre d'émission.

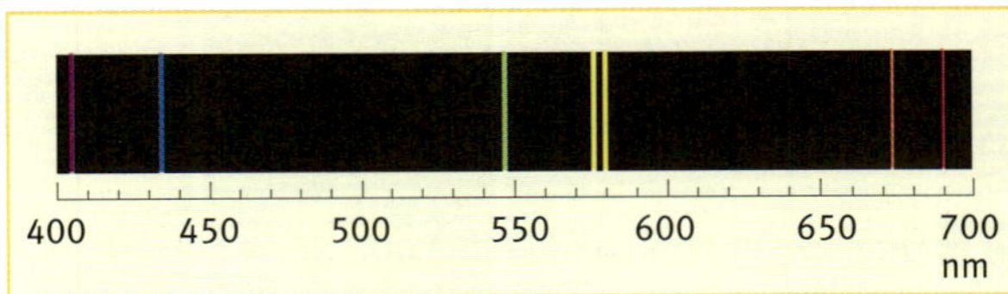

On dispose également d'un filtre en gélatine colorée vert foncé. On donne la courbe représentant la lumière transmise par ce filtre en fonction de la longueur d'onde de la radiation qui le traverse.

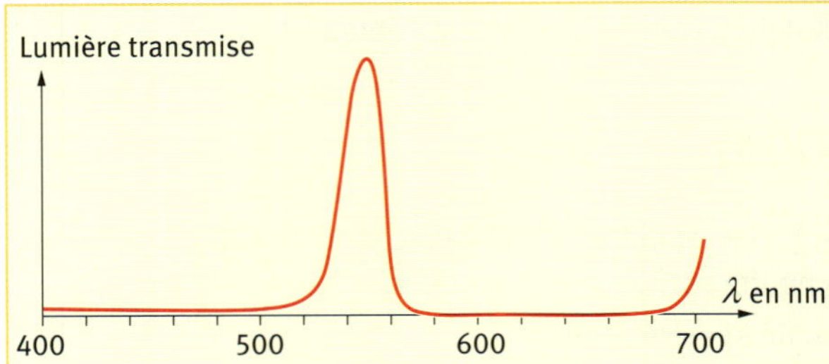

1. Donner les longueurs d'onde des différentes raies.
2. À l'aide de la lampe et du filtre, peut-on obtenir une lumière pratiquement monochromatique ?
3. Quelle sera la longueur d'onde de la radiation ainsi isolée ? Quelle sera sa couleur ?

MINI-TP

16 ★ Spectre de différentes lampes

Se procurer un CD et un petit carré de tissu découpé dans un bas ou un voile très fin. Observer différentes sources de lumière à travers ce tissu ou par réflexion sur la face inférieure du CD : Diode ÉlectroLuminescente (lampe témoin d'appareil électronique), lampe d'éclairage public, ampoule de lampe de poche, tube dit « au néon », lampe à économie d'énergie, etc.
Attention, ne pas regarder directement le Soleil : observer son reflet sur une surface métallique arrondie comme le dos d'une petite cuillère ou un coin de carrosserie de voiture par exemple.
1. Dans quelles directions la lumière est-elle dispersée par le tissu ?
2. Repérer parmi les différents rayonnements ceux qui paraissent monochromatiques, ceux qui présentent un spectre de raies et ceux dont le spectre est continu.

Les différents détecteurs embarqués par le télescope Hubble (ici en réparation à l'intérieur de la navette spatiale américaine) permettent d'obtenir des spectres de la lumière émise par les étoiles. Quelles informations apportent ces spectres stellaires ?

20

APPLICATION À L'ASTROPHYSIQUE

OBJECTIFS

- Appliquer ses connaissances sur les spectres lumineux.
- Savoir que le spectre de la lumière émise par une étoile est un spectre de raies d'absorption.
- Savoir que l'étude d'un tel spectre permet de connaître la composition chimique de l'enveloppe d'une étoile.

Jusqu'au XIXe siècle, les **astronomes** observaient les étoiles à l'œil nu ou à travers des lunettes et des télescopes. Les physiciens comprirent alors qu'un **spectre lumineux** renseigne sur l'objet qui émet cette lumière. L'étude des spectres stellaires permet ainsi de déterminer la **composition chimique** de l'**enveloppe des étoiles**.

ACTIVITÉS

Activité documentaire 1

Les spectres stellaires

La loi de Wien établit une relation entre la température d'un objet et son spectre d'émission d'origine thermique (chapitre 19). Ainsi, la couleur d'une étoile nous renseigne sur sa température. Les spectres stellaires, comme celui du Soleil, présentent également des raies d'absorption.

Document 1

Étoiles chaudes et froides

Cette photographie de la galaxie NGC 1232 (doc. 1) a été obtenue au moyen d'un télescope très performant. Cette galaxie est distante de la Terre de 100 millions d'années de lumière. Près de son centre, la galaxie est peuplée d'étoiles où la couleur rouge domine. Ses bras spiralés comportent des étoiles plutôt blanches ou bleues.

Doc. 1. La galaxie NGC 1232.

Questions

1. La couleur des étoiles permet de distinguer les plus chaudes des plus froides. Pourquoi ?

2. En vous appuyant de façon qualitative sur la loi de Wien, comparez la température du Soleil (6 000 K environ) à la température d'une étoile bleue, d'une étoile blanche et d'une étoile rouge.

Document 2

Le spectre d'absorption du Soleil

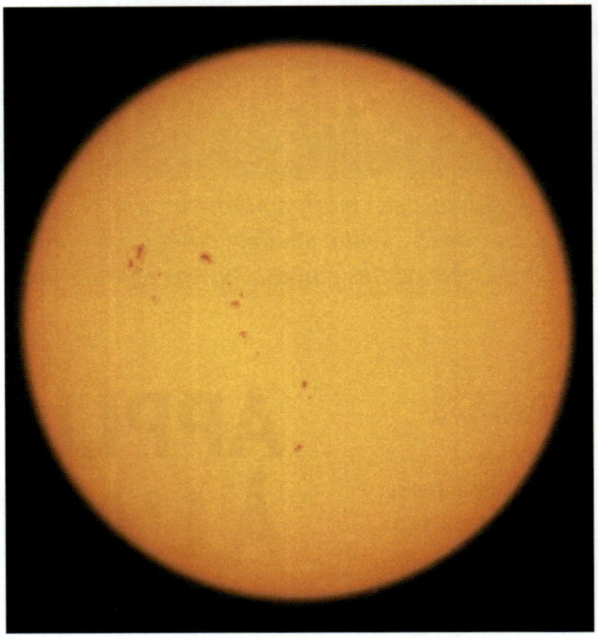

Doc. 2. Le Soleil est une sphère incandescente.

Le doc. 2 représente le Soleil observé à travers un filtre spécial atténuant sa luminosité, semblable à celui qui fut utilisé lors de l'éclipse du 11 août 1999. C'est une immense boule de gaz de 700 000 km de rayon, qui nous apparaît jaune à travers le filtre. La partie qui nous éclaire est appelée **photosphère**. C'est une mince pellicule gazeuse de quelques centaines de kilomètres d'épaisseur, à la surface du Soleil. Sa température moyenne est de 6 000 K environ (doc. 3) : le spectre de la lumière solaire est donc un spectre d'émission d'origine thermique. La température du cœur du Soleil est estimée à 15 millions de degrés. C'est une véritable fournaise, entretenue par des réactions nucléaires qui transforment l'hydrogène en hélium.

Si l'on place un prisme derrière une fente éclairée par le Soleil, on obtient le spectre continu de la lumière solaire, comme l'avait observé Newton au XVIIe siècle.

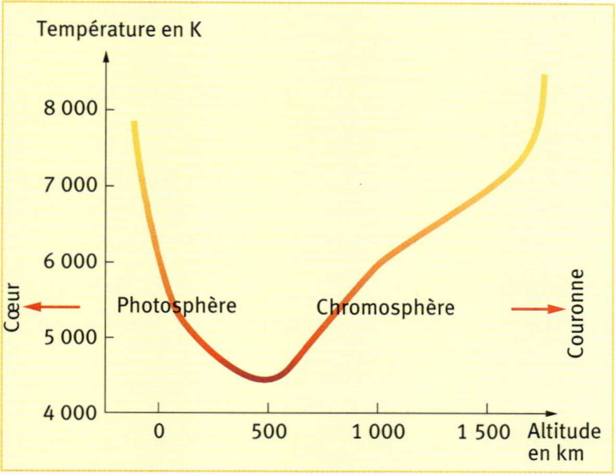

Doc. 3. La température dans la photosphère et la chromosphère. L'origine de l'axe des abscisses est arbitraire.

En fait, ce spectre contient un grand nombre de raies d'absorption, qui nous renseignent sur la composition des couches superficielles du Soleil.

Vers 1802, le physicien anglais William Wollaston remarqua ainsi quelques raies noires dans le spectre apparemment continu de la lumière solaire. Dès 1811, le physicien allemand Joseph Fraunhofer s'intéressa de plus près à ce phénomène et découvrit près de 500 raies d'absorption qui portent son nom (doc. 4). Aujourd'hui, on en dénombre plusieurs milliers, que l'on sait identifier en leur associant une entité chimique.

C'est dans la partie plus froide de la photosphère, à la limite de la chromosphère (doc. 3) que l'absorption a lieu. La pression du gaz qui compose cette zone est environ dix fois plus faible que la pression atmosphérique terrestre.

Questions

3. La température à la surface de la photosphère est-elle égale à la température interne du Soleil ?

4. Quelle est la région du Soleil qui émet de la lumière blanche ?

5. Comment peut-on identifier les raies d'absorption ? Que peut-on en déduire sur la composition de la photosphère ?

6. Repérez sur le spectre la raie d'absorption dans le jaune (notée D par Fraunhofer). Comparez au doc. 9.b. du chap. 19.

ACTIVITÉS

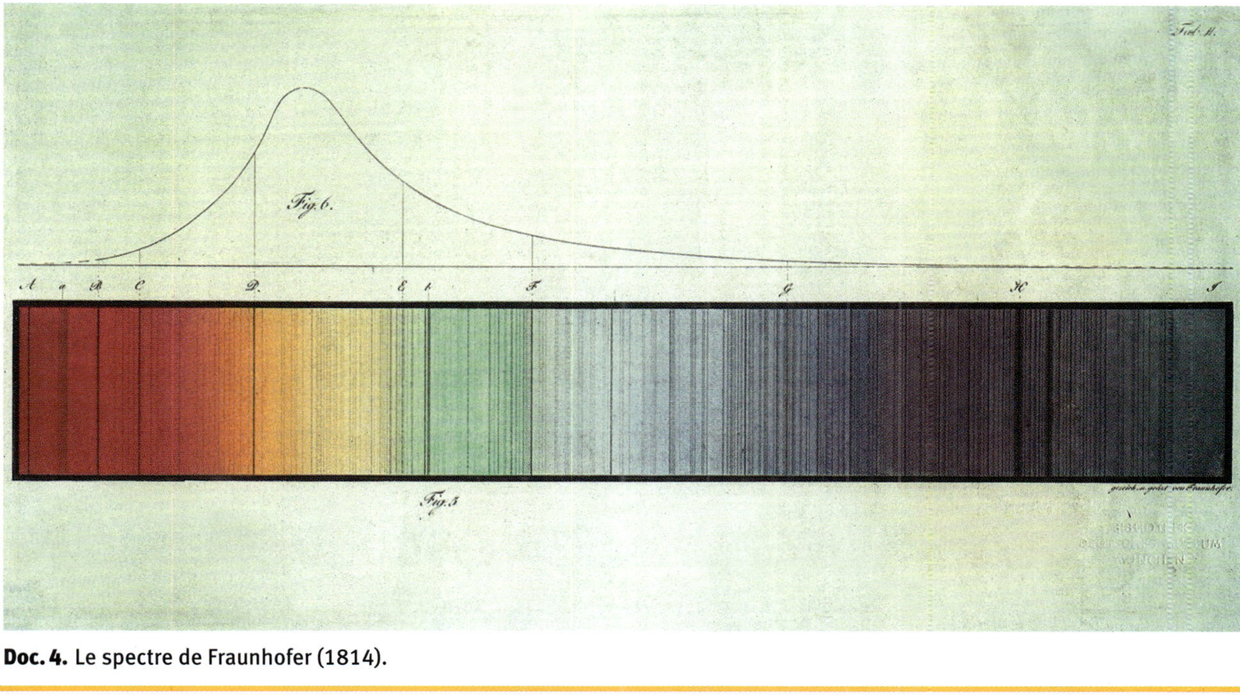

Doc. 4. Le spectre de Fraunhofer (1814).

Activité documentaire 2

Les classes spectrales

Les astronomes imitèrent rapidement Fraunhofer: ils équipèrent leurs lunettes et leurs télescopes d'un système dispersif comme le prisme, ou plus tard le réseau. Quand ils pointèrent leurs instruments vers les étoiles, c'est une très grande diversité de spectres qu'ils observèrent. Ils remarquèrent que ces spectres pouvaient être répartis en sept classes.

Document

Les spectres des 7 principales classes d'étoiles

Les étoiles sont répertoriées en 7 classes principales, désignées par des lettres : O, B, A, F, G, K et M. Ces classes comportent elles-mêmes 10 subdivisions numérotées de 0 à 9. Cette classification est fondée sur l'aspect du spectre d'absorption des étoiles dans le **domaine visible.**

Le doc. 5 montre les spectres d'étoiles de ces différentes classes (O 6, B 0, B 2, etc.). Ils sont encadrés par un spectre de référence (celui du fer) dont les longueurs d'onde sont connues, afin de pouvoir identifier celles des raies sombres observées. On donne les longueurs d'onde (en nm) de quelques raies d'absorption de l'hydrogène et de l'hélium.

H	656,3	486,1	434,0	410,2	397,1	389,0
He	382,0	400,9	402,6	414,4	438,8	447,1

Questions

1. En quelle unité les longueurs d'onde sont-elles données en bas du doc. 5 ?

2. Où se situe le violet ? À quelle couleur correspond l'autre extrémité des spectres ?

3. Repérez les raies d'absorption de l'hydrogène dans le spectre d'une étoile appartenant à la classe O. Ces raies apparaissent-elles dans toutes les classes d'étoiles ?

4. Recherchez quelques raies d'absorption de l'hélium dans le spectre d'une étoile appartenant à la classe B.

5. Le spectre du Soleil est celui d'une étoile appartenant à la classe G. Nous savons que toutes les étoiles contiennent de l'hélium. Les raies d'absorption de cet élément sont-elles présentes dans le spectre de la classe G ? Comment l'expliquer ?

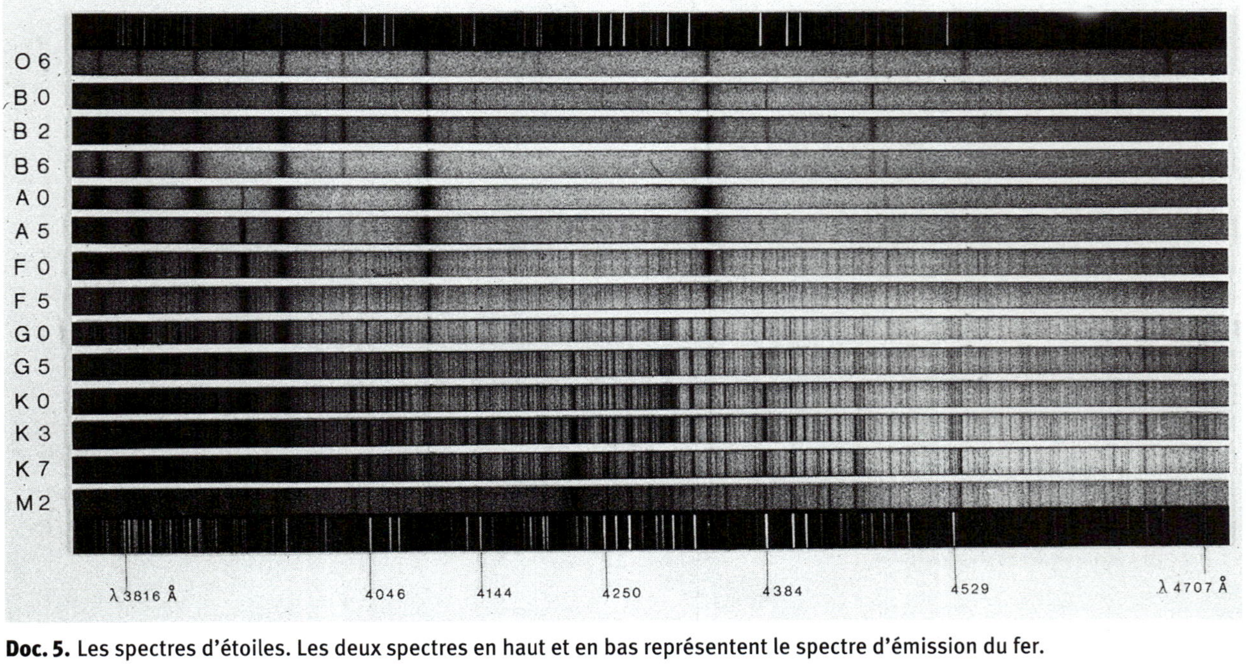

Doc. 5. Les spectres d'étoiles. Les deux spectres en haut et en bas représentent le spectre d'émission du fer.

1. SVT Les spectres stellaires

1.1. Émission de lumière

Le Soleil est une boule de gaz de rayon égal à 700 000 km (110 fois celui de la Terre). Son cœur est extrêmement chaud, mais nous ne voyons que la **photosphère**, qui est une couche de gaz chaud (6000 K environ), dense et opaque, épaisse de quelques centaines de kilomètres. Elle est responsable du spectre d'émission continu d'origine thermique du Soleil (➡ activité 1, question 4). La lumière émise éclaire tout le système solaire.

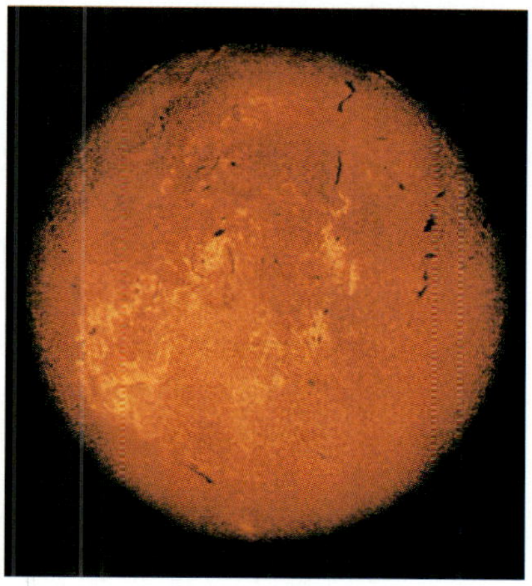

Doc. 6. Le Soleil.

Toutes les étoiles possèdent une **photosphère**. La couleur et la température apparente d'une étoile, reliées par la loi de Wien (chapitre 19), sont celles de sa photosphère. Les étoiles bleues sont les plus chaudes et les étoiles rouges les plus froides.

Exemple ➡ Activité 1 : la couleur des étoiles de la galaxie NGC 1232 nous renseigne sur leur température, car l'émission de lumière est d'origine thermique. Une étoile jaune est approximativement à la température du Soleil, soit 6 000 K environ, alors qu'une étoile bleue est plus chaude, une étoile blanche un peu plus chaude et une étoile rouge plus froide questions 1 et 2, p. 244

1.2. Le spectre de raies d'absorption

Le spectre du Soleil

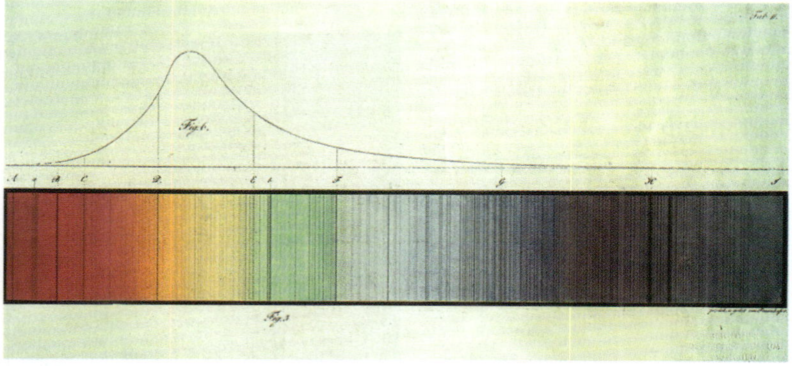

Doc. 7. Le spectre de la lumière solaire ou spectre de Fraunhofer.

En observant des spectres de la lumière solaire, J. Fraunhofer met en évidence dès 1811 de très nombreuses raies sombres dans le spectre solaire. Il faudra attendre plusieurs années pour que R. Bunsen et G. Kirchhoff interprètent ce phénomène vers 1850. Connaissant les raies des spectres d'émission de certains éléments comme le sodium et le calcium, ils constatent la présence de ces raies caractéristiques parmi les raies sombres du spectre solaire.

Bien qu'il nous semble continu si on l'observe sans matériel de précision, le spectre de la lumière du Soleil (ou **spectre de Fraunhofer**) contient des **raies d'absorption**. Ces milliers de raies appartiennent chacune aux spectres des différents éléments chimiques connus. Le Soleil est composé d'hydrogène (à 79 %), d'hélium (à 20 %) et d'éléments plus lourds comme le carbone, l'azote, le calcium, le fer, etc., en très faibles proportions.

L'absorption

À la périphérie de la photosphère solaire, la température tombe à 4 000 K (➡ activité 2, doc. 3). Dans cette partie, les conditions de température et de pression sont réunies pour qu'un phénomène d'absorption ait lieu. C'est le début de la chromosphère, d'une épaisseur de 2 500 km environ, qui se prolonge ensuite par la couronne solaire. La température augmente depuis la photosphère pour atteindre un million de kelvin, parfois plus, dans la couronne. La chromosphère et la couronne sont considérées comme formant **l'atmosphère** du Soleil.

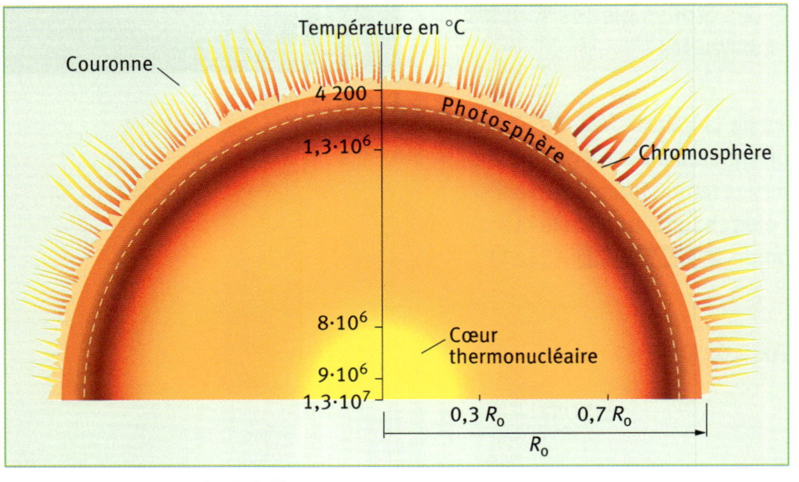

Doc. 8. La structure du Soleil (d'après J.-C. Pecker).

C'est dans la partie la plus froide d'une étoile en général, entre la photosphère et l'atmosphère, que certaines radiations sont **absorbées** par les **éléments chimiques présents** (➡ activité 1, questions 5 et 6, activité 2, question 5).

2. La nucléosynthèse

Les étoiles se forment à partir des gaz interstellaires, qui sont composés essentiellement d'hydrogène, bien qu'ils contiennent la plupart des éléments chimiques. Ces éléments ont été formés par réactions nucléaires dans le cœur d'autres étoiles : c'est la **nucléosynthèse**. Ils sont libérés dans l'espace lorsque l'étoile termine son existence (parfois par une explosion). Le Soleil fournit de l'énergie en transformant de l'hydrogène en hélium.

Doc. 9. Dans la nébuleuse d'Orion qui se trouve dans la constellation du même nom, des étoiles sont en train de se former.

3. SVT Température et spectre

Les spectres stellaires sont très variés, mais peuvent être répertoriés en 7 classes suivant les raies d'absorption observées.
À chaque classe correspond un intervalle de température. La photosphère et l'atmosphère d'une étoile contiennent en effet beaucoup d'éléments chimiques. Pour que des atomes ou des molécules à l'état gazeux absorbent une radiation, il faut que la température du gaz ne soit pas trop élevée.

Exemple ➜ **Activité 2 :** la température des étoiles les plus chaudes dépasse 10 000 K. Ces étoiles sont bleues et leur spectre contient essentiellement des raies d'absorption de l'hydrogène et de l'hélium questions 3 et 4, p. 246. Les raies d'absorption des métaux sont totalement absentes.

Exemple ➜ **Activité 2 :** les étoiles les plus froides sont rouge-orange. Leur température est de l'ordre de 2 000 K à 3 500 K. Les raies d'absorption des métaux sont très importantes. Des bandes d'absorption révèlent la présence de molécules.

Le spectre d'absorption d'une étoile ne dépend donc pas uniquement des entités chimiques présentes. Les conditions de température et de pression de l'enveloppe des étoiles jouent un rôle important dans l'analyse de sa composition chimique.

Doc. 10. La constellation d'Orion. Les deux étoiles les plus brillantes sont Bételgeuse (rouge-orange, en haut à gauche) et Rigel (bleue, en bas à droite).

COURS

L'ESSENTIEL

Ce qu'il faut savoir

Spectre des étoiles

✔ Le spectre de raies d'absorption d'une étoile renseigne sur la composition de son enveloppe.

Photosphère des étoiles

✔ Toutes les étoiles possèdent une **photosphère.** C'est une couche gazeuse très dense et opaque, responsable du spectre d'émission continu d'origine thermique. La température et la couleur des étoiles sont celles de leur photosphère.

Les spectres de raies d'absorption des étoiles

✔ La zone plus froide de l'atmosphère des étoiles est responsable de la présence de raies d'absorption dans leur spectre.

✔ Les étoiles les plus chaudes sont bleues et leur spectre d'absorption ne contient que les raies de l'hydrogène et de l'hélium.

✔ Les étoiles les plus froides sont rouge-orange et leur spectre d'absorption présente de très nombreuses raies ainsi que des bandes.

EXERCICES

VÉRIFIEZ VOS CONNAISSANCES

Questions

1 D'où provient l'énergie du Soleil ?

2 Quel est le nom de la région d'une étoile qui lui donne sa couleur ?

3 Pourquoi y a-t-il des raies d'absorption dans le spectre de la lumière émise par une étoile ?

4 L'absence des raies caractéristiques d'un élément chimique dans le spectre d'absorption d'une étoile permet-elle d'affirmer l'absence de cet élément dans son enveloppe ?

QCM

5 La température d'une étoile bleue :

a. est supérieure à 1 million de kelvins ;

b. est supérieure à 10 000 K ;

c. est inférieure à 3 500 K.

6 Le spectre de Fraunhofer :

a. est le spectre de raies d'absorption du Soleil ;

b. est un spectre continu ;

c. est le spectre de raies d'émission du Soleil.

7 Le spectre du Soleil ne comporte pas les raies d'absorption de l'hélium parce que :

a. le Soleil ne contient pas d'hélium ;

b. les conditions ne sont pas remplies pour que le phénomène d'absorption ait lieu.

EXERCICES D'APPLICATION

Relier température et couleur

8 Antarès est une étoile très lumineuse. Elle est de couleur rouge-orange. Comparer la température d'Antarès à celle du Soleil (6 000 K environ).

9 Polaris est le nom de l'Étoile polaire. Au télescope, elle apparaît jaune-blanc. Véga est bleue. Comparer les températures de Polaris et de Véga.

10 L'analyse du spectre d'émission thermique d'une étoile a permis de déterminer que le maximum de lumière correspondait à une longueur d'onde $\lambda_m = 645$ nm.
1. Déterminer la température de cette étoile en kelvin. On rappelle la loi de Wien : $\lambda_m \cdot T = 2\,900\ \mu\text{m} \cdot \text{K}$.
2. Comparer sa température à celle du Soleil.
3. Cette étoile est visible à l'œil nu. Quelle sera sa couleur ?

Exploiter un spectre stellaire

11 Dans le spectre des étoiles les plus chaudes, c'est-à-dire de classe O ou B, les raies les plus intenses sont celles de l'hydrogène (activité 2 doc. 5, p. 246). Les raies de cet élément sont-elles visibles dans les spectres des autres classes ? Pourquoi ?

12 Dans le spectre solaire, Fraunhofer désigna par la lettre D la raie située à la longueur d'onde 589,3 nm et due à la présence de l'élément sodium. Cette raie D est-elle visible dans les spectres du doc. 5 de l'activité 2 p. 246 ?

13 L'élément fer présente deux raies caractéristiques, l'une à 527,0 nm et l'autre à 438,4 nm. Elles furent notées respectivement e et d par Fraunhofer.
1. Laquelle de ces deux raies appartient au domaine des longueurs d'onde des spectres du doc. 5 de l'activité 2 p. 246 ?
2. Identifier les spectres où cette raie caractéristique apparaît.
3. Cela signifie-t-il que les étoiles de ces classes contiennent du fer ?
4. Cela signifie-t-il que les étoiles des autres classes ne contiennent pas de fer ?
5. Le fer présente également une raie à 404,6 nm. Cette information confirme-t-elle la réponse à la question 2 ?

EXERCICES DE SYNTHÈSE

14 ★ Température et couleur

Voici les noms et les couleurs de quelques étoiles :

Soleil	Sirius	Bételgeuse	Rigel	Arcturus
Jaune	Blanche	Rouge-orange	Bleu-blanc	Orange

Voici des domaines de températures : 2 000 K-3 500 K ; 10 000 K-28 000 K ; 7 400 K-10 000 K ; 4 900 K-7 400 K ; 3 500 K-4 900 K.

En s'appuyant qualitativement sur la loi de Wien, associer un domaine de température à chacune des étoiles.

15 ★★ Enregistrement de spectres

Le document fournit les spectres S_1 et S_2 de deux étoiles et les enregistrements E_1 et E_2 de l'intensité de la lumière émise en fonction de la longueur d'onde, obtenus à l'aide d'un photodétecteur*.

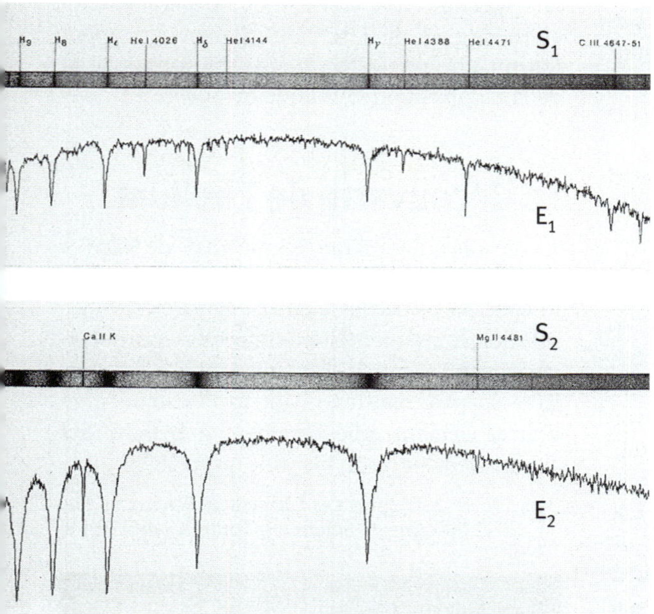

1. Expliquer la correspondance entre les spectres et leur enregistrement.

2. Les raies d'absorption du spectre S_1 correspondent essentiellement à celles de l'hydrogène et de l'hélium. Les valeurs des longueurs d'onde de ces raies sont indiquées en Angström (Å), 1 Å = 10^{-10} m. On donne les longueurs d'onde (en nm) de quelques raies de l'hydrogène : 656,3 ; 486,1 ; 434,0 ; 410,2 ; 397,1 ; 389,0 ; 383,6. Attribuer une longueur d'onde à chacune des cinq raies de l'hydrogène du spectre S_1, repérées par la lettre H suivie d'un indice.

3. Déterminer à l'aide de ces raies la longueur d'onde de la raie K du spectre S_2 attribuée au calcium (Ca II K).

16 ★★ Détermination de la classe d'une étoile

Quand on étudie les spectres d'étoiles de la classe O à la classe M (activité 2 doc. 5, p. 246), une nouvelle raie apparaît nettement à partir de la classe A. Elle est située entre les deux raies de l'hydrogène de longueurs d'onde égales à 397,1 nm et 389,0 nm. Elle fut baptisée K par Fraunhofer.

1. En utilisant ces deux raies de l'hydrogène, déterminer la longueur d'onde de la raie K.

2. L'élément calcium possède une raie caractéristique de longueur d'onde égale à 393,4 nm. La raie K révèle-t-elle la présence de calcium ?

17 ★★ Identification d'une raie dans un spectre

Le calcium atomique présente une raie d'absorption caractéristique à 422,7 nm.

1. Identifier cette raie dans le spectre de la classe F (activité 2 doc. 5, p. 246). Montrer qu'elle permet de distinguer la classe A de la classe F.

2. Retrouve-t-on cette raie dans le spectre du Soleil qui est une étoile de type G ?

MINI-TP

18 Constellation d'Orion

La constellation d'Orion est l'une des constellations les plus facilement repérables dans le ciel d'hiver (doc. 10). Il faut s'éloigner de la pollution lumineuse et chimique des villes et la chercher vers le Sud.

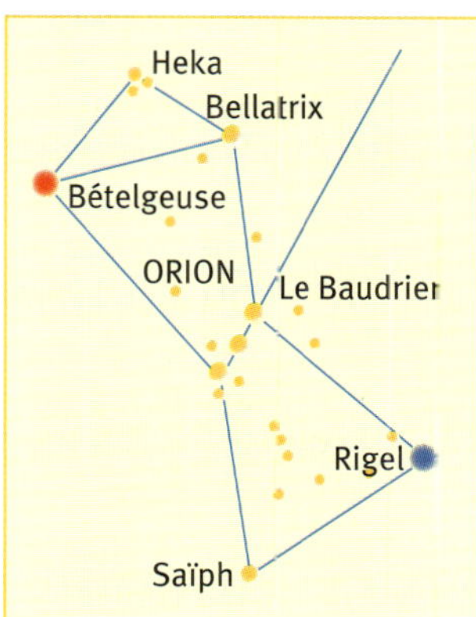

1. Identifier ses deux étoiles les plus brillantes : Bételgeuse est rouge dans le coin supérieur gauche et Rigel est bleue dans le coin inférieur droit.

2. Comparer la température de ces étoiles.

EXERCICES

Les débuts de l'astrophysique

En 1835, Auguste Comte affirmait dans son cours de philosophie : « Nous ne saurons jamais étudier par aucun moyen la composition chimique des étoiles. » Moins de trente ans plus tard, deux savants lui donnaient tort.

▲ Doc. 1. Un portrait du physicien J. Fraunhofer devant un spectroscope.

Le spectre du Soleil

« En 1814, à l'aide d'un spectroscope de son invention, le Munichois Joseph Fraunhofer décompose la lumière solaire et repère dans le spectre des raies sombres qu'il désigne par des lettres. Pendant les quarante années qui suivent, les physiciens vont s'interroger sur la nature de ces raies et sur leurs causes.

En 1859, Robert Bunsen et Gustav Kirchhoff, enseignant l'un la chimie et l'autre la physique à l'université d'Heidelberg (Allemagne), s'intéressent au spectre de Fraunhofer. En effet, à l'époque, ils sont en mesure d'identifier le sodium, le lithium et le potassium à partir des spectres émis par leurs flammes. Dans ce but, Bunsen a d'ailleurs mis au point un bec de gaz qui porte son nom.

Ils savent pertinemment que la longueur d'onde de la raie sombre baptisée raie D du spectre de la lumière solaire est la même que celle de la raie d'émission jaune du sodium. Kirchhoff décide d'étudier ce phénomène en laboratoire. Première étape : il obtient le spectre d'émission d'une flamme contenant du sodium et observe la raie jaune du sodium à 589 nm. Seconde étape : il fait traverser cette flamme par un faisceau de lumière blanche de faible intensité ; il observe alors le spectre continu, peu intense, de cette lumière blanche sur lequel se détache, plus brillante, la raie jaune du sodium. Troisième étape : il augmente l'intensité du faisceau de lumière blanche. Il s'attendait à ce que la raie jaune du sodium se fonde peu à peu dans le spectre continu, de plus en plus lumineux, jusqu'à ne plus apparaître. Il n'en fut rien : il constata que là où se situait la raie d'émission jaune du sodium apparaissait peu à peu une raie sombre, la raie D de Fraunhofer. Il venait d'observer ce que l'on appelle le renversement d'une raie spectrale. Les explorations expérimentales et théoriques de Kirchhoff allaient également fournir une preuve de la structure physique et de la composition chimique du Soleil. »

QUESTIONS

1. En quoi l'expérience de Kirchhoff reproduit-elle le phénomène d'absorption qui a lieu à la limite de la photosphère solaire ?

2. Décrire le renversement d'une raie spectrale.

3. Pourquoi fallait-il attendre une éclipse pour observer le spectre d'émission de la couronne solaire ?

4. Pourquoi a-t-on donné le nom d'hélium au nouvel élément découvert en 1868 ?

La découverte de l'hélium

« En 1868, il y eut une éclipse totale de Soleil. À cette occasion, le Français Jules Janssen et l'Anglais Joseph Lockyer découvraient dans le spectre d'émission de la couronne solaire une raie jaune qui ne correspondait à aucun des éléments connus à l'époque. Ils venaient de mettre en évidence l'existence d'un nouvel élément, que l'on baptisa hélium. Sur Terre, l'élément ne fut identifié qu'en 1895. »

D'après *Les Cahiers de Science et Vie*, « 1000 Ans de Science », Tome X, août 1999.

Doc. 2. L'éclipse de Soleil du 11 août 1999.

Le Soleil couchant est photographié toutes les cinq minutes depuis le dôme du télescope W. Herschel (îles Canaries). La Terre tourne autour de l'axe polaire : comment expliquer le mouvement du Soleil observé depuis notre planète ?

21

LA RELATIVITÉ DU MOUVEMENT

OBJECTIFS

- Savoir que le mouvement dépend du solide de référence utilisé pour l'observation.
- Comprendre la notion de référentiel.

Le mouvement d'un corps n'est pas le même pour tous les observateurs. Pour décrire la **trajectoire*** d'un mobile, il est nécessaire de préciser le **solide de référence** par rapport auquel le mouvement est étudié. La **vitesse** du déplacement fournit également des renseignements importants.

ACTIVITÉS

Activité documentaire 1

La relativité du mouvement

Il est facile de constater, à travers des exemples de la vie quotidienne, que la description du mouvement d'un mobile dépend de l'observateur.

Document 1

Un bus en mouvement

Un bus roule lentement dans une ville. Alain (*A*) est assis dans le bus, Brigitte (*B*) marche dans l'allée vers l'arrière du bus pour faire des signes à Claude (*C*), qui est sur le bord de la route. Brigitte marche pour rester à la hauteur de Claude.

Doc. 1. *B* tente de communiquer avec *C* alors que le bus vient de démarrer.

Questions

1. Construisez un tableau permettant de répondre aux questions : « X est-il en mouvement par rapport à Y ? » où X représente : *A*, *B*, *C*, le bus, la roue du bus, la route ; Y représente : *A*, *B*, *C*, le bus, la route.

2. Dans le tableau, pour un même objet X, les réponses sont-elles toutes identiques ? Pourquoi ?

3. En tenant compte de ces éléments, dans quelle condition peut-on dire qu'un corps est en mouvement ?

Document 2

Un vélo en mouvement

- Pour préciser le mouvement d'un corps, il faut le décrire par rapport à un **solide de référence** (dans le doc. 1, Alain peut ainsi décrire les mouvements par rapport au solide « bus », Claude par rapport à la Terre). La trajectoire décrite par l'objet étudié change avec le solide de référence choisi.
- Le mouvement d'un objet peut être complexe et difficile à décrire complètement. En fait, nous analyserons toujours le mouvement d'un de ses points.
- Une lampe rouge est fixée sur la valve d'une roue de vélo. La lampe est suffisamment petite pour qu'on puisse la considérer comme ponctuelle. On observe le mouvement de la lampe quand la bicyclette roule.

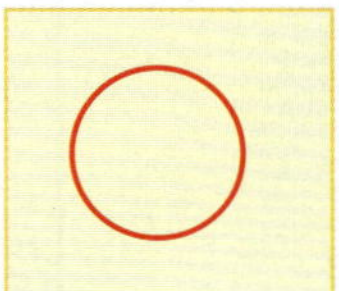

Doc. 2. Un cercle.

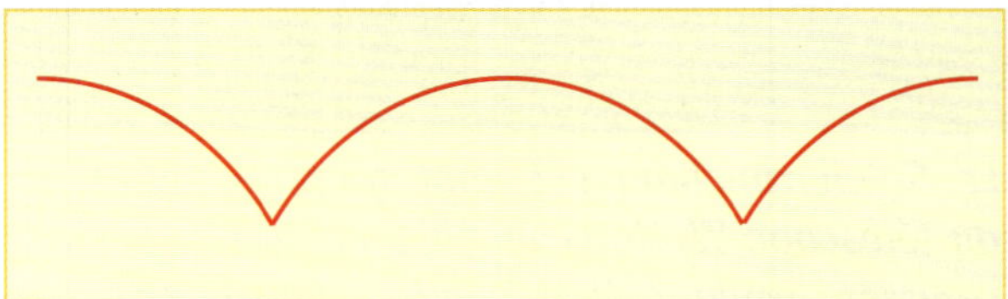

Doc. 3. Une cycloïde.

Questions

4. Choisissez parmi les courbes des doc. 2 et 3 la trajectoire* décrite par la lampe si on la regarde :
   a. en courant parallèlement au vélo, à la même vitesse que celui-ci ;
   b. en restant immobile sur le trottoir, en regardant passer le vélo.

5. Quel est le solide de référence dans chaque cas ? Comment peut-on décrire son propre mouvement ?

6. Imaginez un dispositif expérimental pour obtenir la courbe du doc. 3 en observant le vélo. Vous disposez du matériel suivant : caméra vidéo ou appareil photo.

7. Définissez précisément la trajectoire d'un point.

Activité expérimentale 2

Le mouvement de la pointe d'un stylo par rapport à deux feuilles

Voici une manipulation qui permet d'enregistrer simultanément le mouvement d'un corps par rapport à deux solides de référence différents. Nous exploiterons ensuite l'enregistrement réalisé.

Matériel

– Un stylo-bille, une planche sur laquelle sera fixée une feuille de papier (notée feuille 1) ; une seconde feuille, autocopiante ou doublée de papier carbone (notée feuille 2) ;
– Un chronomètre ou une montre avec trotteuse ou affichage des secondes. (Le chronomètre et la montre sont facultatifs.)

Manipulation

OBJECTIF : obtenir le mouvement d'un point par rapport à deux solides de référence.

- Poser la feuille mobile 2 sur la feuille 1 fixée à la planche.
- Tracer alors un trait court avec le stylo-bille sur la feuille 2, tout en la tirant. Noter éventuellement la durée de l'expérience. Nous appellerons $A_1A'_1$ le tracé laissé sur la feuille 1 et $A_2A'_2$ le tracé obtenu sur la feuille 2.
- Faire plusieurs fois l'expérience, en variant les tracés, la direction et la vitesse du déplacement de la feuille 2. Changer à chaque fois le nom de la lettre désignant la pointe du stylo (*B*, *C*, etc.).
- Vous avez appris au collège que la vitesse moyenne* d'un point est le quotient de la distance parcourue par la durée du mouvement de ce point.
- Dans nos expériences, la vitesse moyenne d'un point par rapport à une feuille est le quotient de la longueur du tracé laissée sur cette feuille, par la durée du déplacement de la pointe du stylo. V_1 est la vitesse de la pointe par rapport à la feuille 1 et V_2 celle mesurée par rapport à la feuille 2.

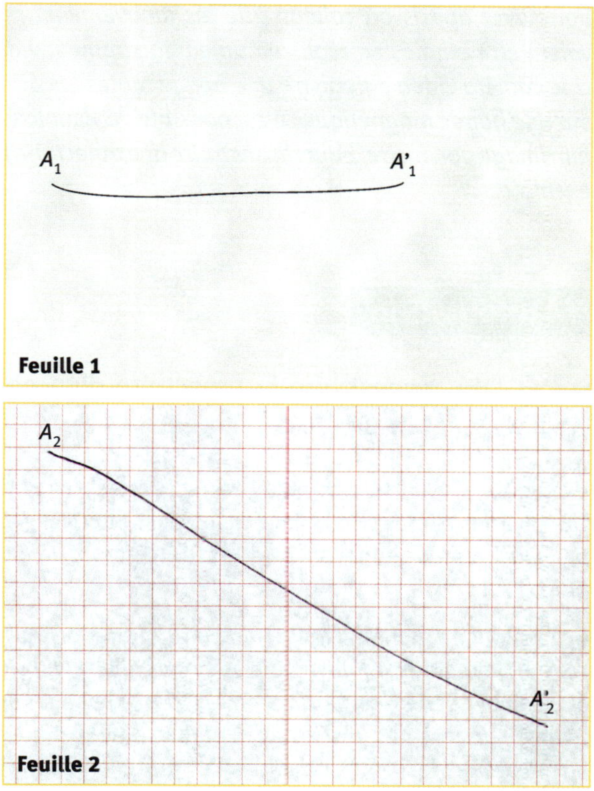

Doc. 4. La trajectoire d'un point par rapport à chacune des feuilles.

Questions

1. Que représentent les tracés laissés par la bille du stylo ? Sont-ils identiques (forme, longueur) ? Pourquoi ?

2. Rédigez une phrase expliquant comment vous ferez pour mesurer les longueurs des deux tracés d'une même expérience. Vérifiez que ces longueurs sont différentes.

3. Que peut-on dire de la durée des tracés sur les deux feuilles ?

4. Construisez une tableau donnant, par rapport aux feuilles 1 et 2 : le nom du point considéré, la longueur des trajectoires parcourues, la durée de l'expérience et la vitesse moyenne.

5. Comparez ce tableau à celui obtenu dans l'activité 1. Quels personnages peut-on faire correspondre à la feuille 1, à la feuille 2 et à la pointe du stylo ?

ACTIVITÉS

Activité expérimentale 3

Lâcher d'une balle

Vous avez appris au collège que les mouvements pouvaient être étudiés en réalisant un enregistrement vidéo. Une caméra vidéo enregistre une image toutes les 40 ms sur une bande magnétique : il est possible de visualiser le film image par image, pour reconstruire une trajectoire par exemple.

Manipulation

OBJECTIF : reconstruire la trajectoire d'un point en changeant de solide de référence.

- Le doc. 5 montre cinq images successives d'un film vidéo. Un cycliste roulant à vitesse constante lâche une balle de tennis jaune en ouvrant simplement la main qui la tient.
- Décalquer soigneusement, sur une feuille de papier calque, le rectangle noir visible sur la première image du film, ainsi que le centre de la balle. Mettre le calque sur l'image suivante en respectant l'emplacement du cadre et décalquer le centre de la balle. Répéter l'opération pour les autres images.
- Sur une autre feuille, décalquer la barre horizontale et la fourche du vélo, ainsi que le centre de la balle de la première image. Passer à la deuxième image : positionner le calque en superposant la barre et la fourche du calque avec celles de l'image, puis relever la position du centre de la balle. Continuer ainsi pour les images suivantes.

Questions

1. Quelle est la trajectoire d'un point du cadre du vélo par rapport au mur ?
2. Quelle est la trajectoire du centre de la balle par rapport au mur ?
3. Quelle est la trajectoire du centre de la balle par rapport au cadre du vélo ?
4. Pourquoi les deux trajectoires du centre de la balle sont-elles différentes ?

Doc. 5. Les positions du cycliste, du vélo et de la balle à cinq instants successifs. ▶

Activité expérimentale 4

La rétrogradation de Mars

Deux corps sont en rotation autour d'un même centre fixe. Nous allons construire la trajectoire de l'un par rapport à l'autre pris comme solide de référence. Nous exploiterons ensuite ce résultat pour interpréter une observation faite depuis l'Antiquité : la trajectoire particulière de la planète Mars.

Matériel

– Un crayon, une règle, une équerre ou un compas, une feuille de papier calque.

Manipulation

OBJECTIF : étudier un mouvement circulaire.

- Deux points T et M décrivent des trajectoires circulaires de même centre S, fixe par rapport à une feuille de papier F pris comme solide de référence. L'activité consiste à construire le mouvement de M par rapport à une autre feuille de papier F' (papier calque). T est fixe par rapport à cette nouvelle feuille, dont les bords restent parallèles à ceux de la feuille F.

- Reproduire les trajectoires circulaires de T et M du doc. 6 sur une feuille de papier F. Tracer sur la feuille de papier calque F' deux droites perpendiculaires passant par le centre (**noté T'**) de la feuille.

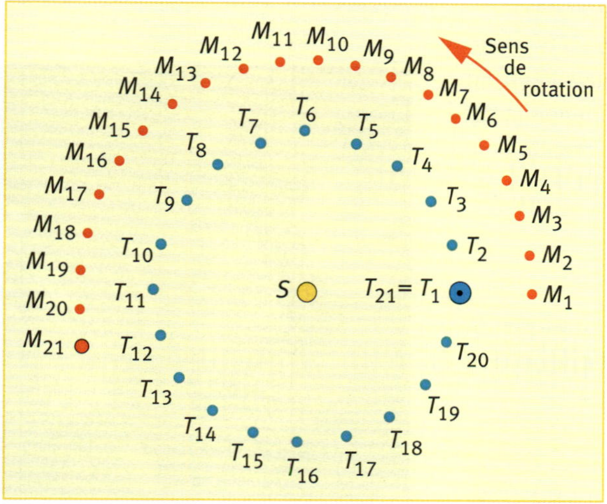

Doc. 6. Par rapport à la feuille F, S est fixe ; M et T décrivent des trajectoires circulaires.

- Placer T' sur la première position T_1 de T. Tourner le calque pour que les droites soient parallèles aux bords du cadre du doc. 6. Reporter la première position M_1 de M sur F'.

- Déplacer le calque pour que T' et T_2 se superposent. Le faire pivoter pour que les droites perpendiculaires et les bords du cadre se correspondent comme précédemment. Reporter la position M_2 de M. Répéter l'opération pour les positions successives de T et M. Joindre les points ainsi reportés par une courbe continue.

- En observant le ciel, les Grecs avaient remarqué la présence d'« astres errants », c'est-à-dire se déplaçant de manière complexe parmi les étoiles : ce sont les planètes. Nous savons que les planètes tournent autour du Soleil en décrivant des trajectoires elliptiques, certaines quasi circulaires. Supposons que T soit le centre de la Terre, M le centre de la planète Mars et S le centre du Soleil. Les positions successives de T et M par rapport à la feuille F sont les positions des planètes Terre et Mars par rapport au Soleil en divers instants de l'année terrestre.

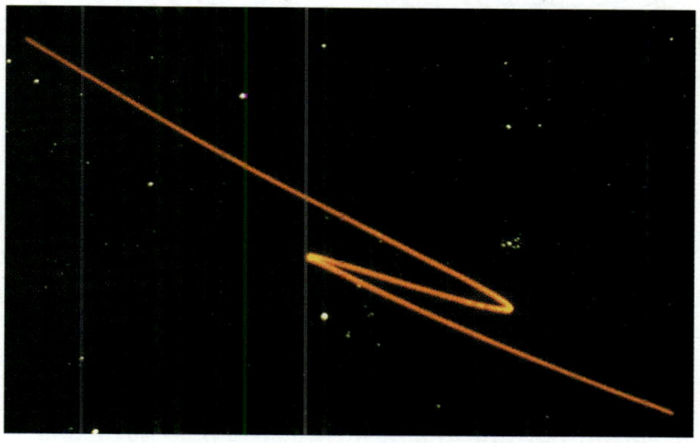

Doc. 7. La trajectoire de Mars telle qu'on peut la voir dans le ciel terrestre.

Questions

1. Que représente la courbe que vous avez tracée sur F' ?

2. Le doc. 7 montre les positions successives de Mars, à différents instants de l'année terrestre. Interprétez la forme de cette trajectoire à partir de la construction que vous avez effectuée. Expliquez le terme « rétrogradation » décrivant la trajectoire obtenue.

3. Si les planètes étaient en orbite autour de la Terre comme on l'a longtemps cru, quelle serait la trajectoire de Mars observée depuis la Terre ?

ACTIVITÉS

1. Définition du système étudié

Pour étudier un mouvement, il est nécessaire de préciser le système considéré, c'est-à-dire le corps ou le point choisi.

Exemple ➡ **Activité 1 :** Alain, le bus ou la roue du bus sont des systèmes.

Lorsque le système est étendu, l'étude de son mouvement peut être complexe. Nous nous limiterons en seconde au mouvement d'un point.

Exemple ➡ Le système étudié (un atome ou un électron) est suffisamment petit pour qu'on puisse l'assimiler à un point.

Exemple ➡ Le système est étendu voire très grand, mais très éloigné : le considérer comme un point suffit à décrire son mouvement. C'est le cas des étoiles observées depuis la Terre.

Exemple ➡ Le système ne peut pas être réduit à un point : on étudiera alors le mouvement d'un point particulier du système. Le mouvement global d'une boule de billard ou d'une balle peut être décrit en ne considérant que son centre.

Doc. 8. Brigitte reste immobile par rapport à la Terre tant qu'elle reste à la même hauteur que Claude.

2. Définition du référentiel d'étude

2.1. Relativité du mouvement

Toute description du mouvement d'un corps doit être faite par rapport à un **solide de référence.** Le mouvement d'un système est **relatif** au solide de référence choisi, c'est-à-dire qu'il en dépend.

Exemple ➡ **Activité 1 :** si le solide de référence est le bord de la route (c'est-à-dire la Terre), Alain et tous les points du bus sont en mouvement. En revanche, tant que Brigitte reste à la hauteur de Claude, elle est immobile par rapport à la Terre (doc. 8). Si le solide de référence est le bus, Brigitte et le bord de la route sont en mouvement.

2.2. Définition d'un référentiel

Pour que la description du mouvement soit précise, il faut indiquer la position du point considéré et l'instant ou **date** à laquelle il occupe cette position. Cela impose de définir un **référentiel d'étude**.

Un référentiel est constitué :
- d'un solide de référence par rapport auquel on repère les positions du système ;
- d'une horloge permettant un repérage des dates.

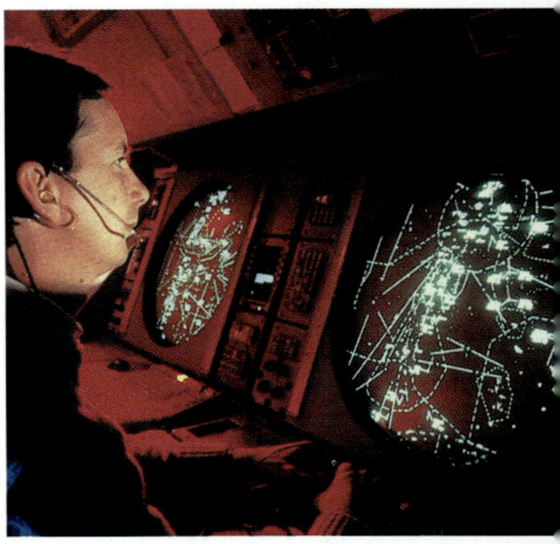
Doc. 9. Ce contrôleur aérien a besoin de connaître la position qu'occupent les avions à une date donnée.

3. Exemples de référentiels

3.1. Les référentiels terrestres

Les référentiels terrestres sont construits à partir de n'importe quel solide de référence lié à la Terre (fixe par rapport à la Terre). Ce sont des référentiels adaptés à l'étude des mouvements sur Terre.

Lors des expériences réalisées en travaux pratiques, le référentiel est le référentiel du laboratoire : le solide de référence est constitué par les murs et le plancher de la salle, ou par tous les objets fixes par rapport à la salle, comme par exemple une caméra vidéo posée sur le sol. Il y a une infinité de référentiels terrestres possibles, autant que de solides fixes par rapport à la Terre.

3.2. Le référentiel géocentrique

Pour décrire le plus simplement possible les mouvements des satellites de la Terre, comme la Lune ou les satellites artificiels, les astronomes utilisent un référentiel particulier, **le référentiel géocentrique**.

La position relative de certaines étoiles de la voûte céleste ne varie pas. On les appelle « **étoiles fixes** ». Imaginons une boîte que l'on découpe pour n'en garder qu'un coin. Supposons que le sommet du coin coïncide avec le centre de la Terre et une des arêtes avec l'axe de rotation terrestre. Les deux autres arêtes de la boîte sont dirigées vers des étoiles fixes. Cette boîte représente le référentiel géocentrique.

La Terre n'est pas immobile par rapport au référentiel géocentrique : elle tourne autour d'une des arêtes de la boîte, celle qui coïncide avec son axe de rotation. La trajectoire d'un point de la surface de la Terre dans le référentiel géocentrique est un cercle qui porte le nom de **parallèle** (➡ fiche 13). Le référentiel géocentrique n'est pas adapté à la description des mouvements sur Terre.

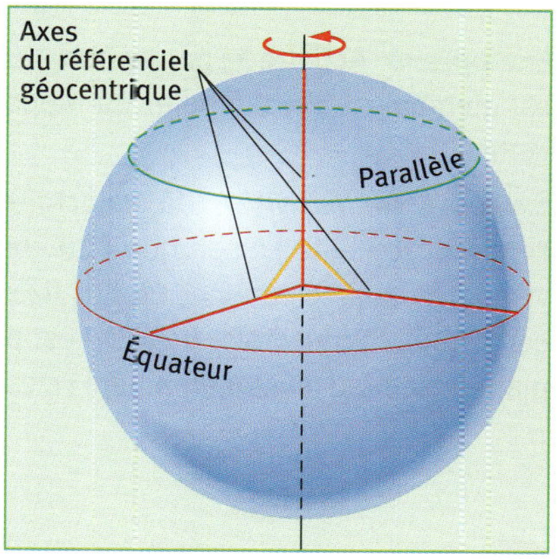

Doc. 10. Le référentiel géocentrique.

3.3. Le référentiel héliocentrique

Nous savons aujourd'hui que la Terre et les planètes voisines tournent autour du Soleil. Dans un référentiel terrestre, le mouvement des planètes du système solaire est complexe (➡ activité 4). Les astronomes utilisent donc un autre référentiel, par rapport auquel le centre du Soleil est fixe : **le référentiel héliocentrique**.

Prenons la même boîte que ci-dessus et supposons que le sommet du coin coïncide avec le centre du Soleil. Une des arêtes est perpendiculaire au plan de l'écliptique, c'est-à-dire au plan dans lequel se trouve la trajectoire du centre de la Terre (➡ chap. 16). Les deux autres arêtes de la boîte sont dirigées vers des étoiles fixes. Cette boîte représente le référentiel héliocentrique. Dans ce référentiel, le centre de chaque planète décrit une orbite elliptique autour du Soleil.

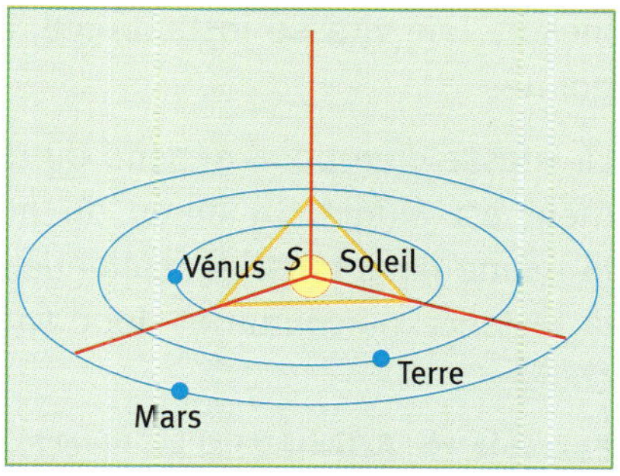

Doc. 11. Le référentiel héliocentrique.

4. Trajectoire d'un point

Dans un référentiel donné, la trajectoire d'un point est l'ensemble des positions successives occupées par ce point au cours du mouvement.

Nous pouvons choisir n'importe quel référentiel pour décrire un mouvement : la trajectoire du point considéré doit y être la plus simple possible. Dans la pratique, nous utiliserons :

– un référentiel terrestre pour décrire tous les mouvements sur Terre ou dans son voisinage immédiat (expériences faites en classe ou lancement d'un projectile par exemple) ;

– le référentiel géocentrique pour étudier les satellites de la Terre (par exemple le mouvement de la Lune) ;

– le référentiel héliocentrique pour étudier le mouvement du centre de chaque planète dans le système solaire.

La trajectoire d'un point dépend du référentiel d'étude.

Exemple ➡ Activité 3 : par rapport au mur, la trajectoire du centre de la balle est un morceau de parabole. Par rapport au cadre du vélo, c'est un segment vertical.

Exemple ➡ Activité 4 : la trajectoire de Mars dans le référentiel héliocentrique est une ellipse que l'on considère circulaire. Vue de la Terre en visant toujours les mêmes étoiles fixes (c'est-à-dire dans le référentiel géocentrique), la trajectoire de Mars est plus complexe. À certains moments la planète semble revenir en arrière : c'est la rétrogradation de Mars.

Doc. 12. Les phares des voitures permettent de visualiser leur trajectoire dans un référentiel terrestre.

5. Vitesse d'un point

5.1. Vitesse moyenne et vitesse instantanée

Vous avez appris au collège que la **vitesse moyenne*** d'un mobile est égale au quotient de la distance parcourue par le mobile le long de sa trajectoire par la durée du déplacement. Un compteur de vitesse mesure une **vitesse instantanée**, c'est-à-dire la vitesse à un instant donné.

La vitesse d'un point dépend du référentiel dans lequel son mouvement est étudié. La durée du mouvement d'un point donné est la même dans tous les référentiels, mais la trajectoire de ce point, la distance parcourue et donc sa vitesse dépendent du référentiel choisi.

Exemple ➡ Activité 2 : si les trajectoires décrites par la pointe du stylo par rapport aux deux feuilles sont différentes, la durée du déplacement est par contre la même question 3, p. 255. Les distances parcourues sont différentes d'une feuille à l'autre. Les vitesses moyennes dépendent donc de la feuille choisie comme solide de référence.

5.2. Exemples

Mouvement rectiligne

Un point A est animé d'un mouvement rectiligne dans un certain référentiel si la trajectoire de ce point est un segment de droite dans ce référentiel. Notons A_1, A_2, A_3, etc. les positions successives de A. Supposons qu'il s'écoule une durée τ entre deux positions. Si τ est petite, on peut approcher la valeur de la vitesse instantanée au point A_i par la vitesse moyenne de A entre deux points encadrant le point A_i considéré.

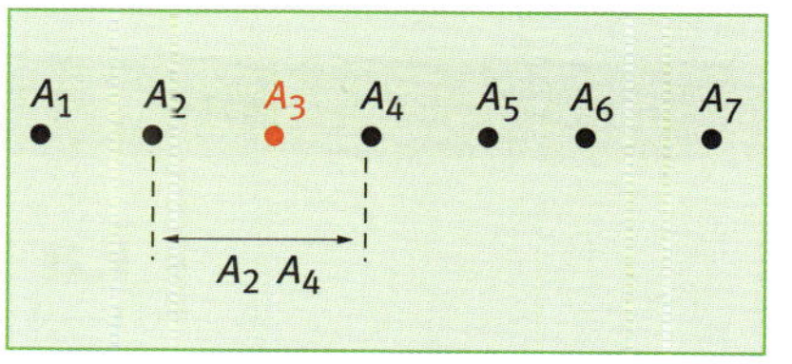

Doc. 13. Un mouvement rectiligne.

Exemple ➜ Quand le point A est en A_3, sa vitesse instantanée peut être évaluée à v (en A_3) $= A_2A_4/2\tau$.

Si la vitesse de A ne varie pas au cours d'un mouvement rectiligne, A est animé d'un **mouvement rectiligne uniforme***.

Mouvement circulaire

Un point A est animé d'un mouvement circulaire dans un certain référentiel si la trajectoire de ce point est un arc de cercle dans ce référentiel. La direction du mouvement change entre deux positions successives de A. Pour modéliser cette propriété, on utilise un vecteur, le **vecteur vitesse**. Il est représenté par une flèche orientée dans le sens du mouvement. Quand la valeur de la vitesse ne change pas au cours du mouvement, le point est animé d'un **mouvement circulaire uniforme**.

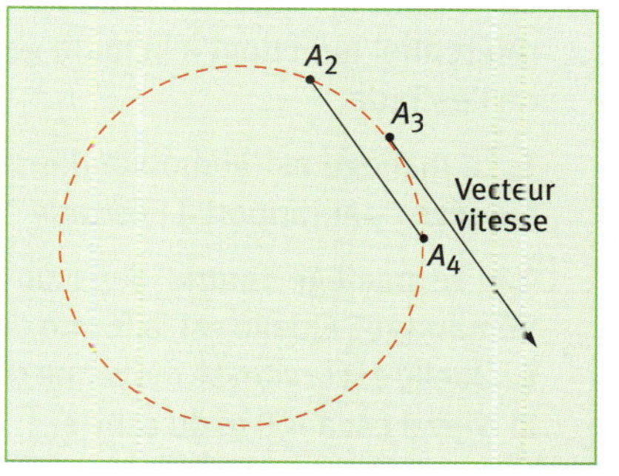

Doc. 14. Le vecteur vitesse du point A en A_3 est porté par la tangente au cercle en ce point.

Exemple ➜ Le vecteur vitesse de A au point A_3 sera représenté par une flèche partant de A_3 et **tangente** au cercle. La longueur de la flèche sera proportionnelle au rapport $A_2A_4/2\tau$, qui est la **valeur approximative de la vitesse instantanée** de A au point A_3.

COURS

L'ESSENTIEL

Ce qu'il faut savoir

Référentiel

✔ Le mouvement d'un corps est défini par rapport à un **référentiel**, constitué d'un solide de référence et d'une horloge. On repère ainsi la position d'un point de ce corps dans ce référentiel à une date donnée. La vitesse dépend du référentiel d'étude.

Trajectoire et vitesse

✔ La trajectoire est la courbe qui passe par l'ensemble des positions du point considéré au cours du mouvement. Elle dépend du référentiel choisi : le mouvement est **relatif** au référentiel.

✔ La vitesse moyenne est le quotient de la distance parcourue au cours du mouvement par la durée du déplacement. La vitesse instantanée d'un mobile en un point A_i peut être approchée par la vitesse moyenne entre deux points encadrant le point considéré.

EXERCICE RÉSOLU

La fête foraine

Nicolas monte sur un manège de fête foraine. Il choisit un cheval de bois, s'assoit et attend. Le manège démarre et se met à tourner. Il met 20 s pour faire un tour et son rayon R est de 6,0 m. Au bout d'une minute, le forain met en marche le dispositif qui permet aux chevaux de monter et de descendre le long d'un axe vertical.
Le manège est fixé à une estrade carrée, qui sert de solide de référence pour définir un référentiel terrestre. Nicolas porte une boîte qui définit un second solide de référence. Il s'arrange pour que le référentiel qu'il tient à la main garde ses côtés parallèles aux côtés de l'estrade.

1. Le manège est immobile dans un référentiel terrestre: quel est le mouvement de Nicolas par rapport au manège? par rapport à l'estrade?

2.a. Le manège tourne dans un référentiel terrestre: sa vitesse est-elle constante pendant la phase de démarrage? Quelle est la forme de la trajectoire de Nicolas par rapport au manège et par rapport à l'estrade?
b. Quelle est la vitesse moyenne d'un point situé à la périphérie du manège? Même question pour Nicolas dont le cheval est à 4,0 m du centre.

3.a. Quand le cheval monte et descend, quel est le mouvement de Nicolas par rapport au manège?
b. Proposer un dispositif permettant d'enregistrer la trajectoire de Nicolas dans le référentiel du manège.

CONSEILS

1. *Penser toujours à préciser le système considéré et à indiquer clairement par rapport à quel référentiel le mouvement est étudié.*

2.a. *Un système a toujours une trajectoire, mais cette trajectoire peut être réduite à un point quand la vitesse du système est nulle dans le référentiel choisi.*

b. *Faire d'abord un calcul littéral avant l'application numérique.*
Rechercher la grandeur qui possède le moins de chiffres significatifs parmi les données servant au calcul: le résultat ne doit pas en avoir plus.

3.a. *Plusieurs mouvements peuvent avoir lieu en même temps pour le même système.*

b. *L'appareil utilisé pour faire la chronophotographie doit être fixe dans le référentiel choisi.*

SOLUTION

1. Étudions le système constitué par Nicolas sur son cheval de bois. Tant que le manège est arrêté, Nicolas est immobile par rapport au manège (dans le référentiel du manège). Il est aussi immobile par rapport à l'estrade (dans un référentiel terrestre).

2.a. La vitesse du manège dans un référentiel terrestre n'est pas constante au démarrage: elle croît en partant de zéro jusqu'à une constante.
Le cheval sur lequel est Nicolas est solidaire du manège et tourne donc avec lui: la vitesse de Nicolas est nulle par rapport au manège. Sa trajectoire est réduite à un point dans ce référentiel. Par rapport à l'estrade, la trajectoire de Nicolas est un cercle centré sur l'axe du manège.

b. Un point de la périphérie du manège décrit un cercle dans un référentiel terrestre. Il parcourt un périmètre de longueur $d = 2\pi R$ en 1 tour.
Sa vitesse moyenne est donc: $V = 2\pi R/$durée d'un tour.
A.N. $V = 2\pi \times 6/20 = 1{,}9\ \text{m}\cdot\text{s}^{-1}$ (deux chiffres significatifs).
De même pour Nicolas: $V' = 2\pi \times 4/20 = 1{,}3\ \text{m}\cdot\text{s}^{-1}$.

3.a. Nicolas monte et descend maintenant par rapport au manège. Par rapport à l'estrade, le mouvement de Nicolas est plus complexe: il tourne avec le manège tout en montant et descendant avec le cheval de bois.

b. Pour enregistrer les trajectoires, on peut avoir recours à la chronophotographie ou à la vidéo. Pour enregistrer la trajectoire dans le référentiel du manège, l'appareil doit être disposé sur le manège.

VÉRIFIEZ VOS CONNAISSANCES

Questions

1 Donner des exemples de référentiels en précisant le solide de référence.

2 Pourquoi ne peut-on pas parler du « mouvement d'un système » sans donner aucune autre précision ?

3 Donner des exemples de mouvement qu'il est plus simple d'étudier dans un référentiel terrestre, dans le référentiel géocentrique et dans le référentiel héliocentrique.

4 Quelle est la trajectoire d'un point fixe de la salle de classe dans un référentiel terrestre ? dans le référentiel géocentrique ?

5 Comment calcule-t-on la vitesse moyenne d'un point en mouvement dans un référentiel ?

6 Pourquoi la vitesse dépend-elle du référentiel choisi ?

QCM

7 Dans un référentiel terrestre, le solide de référence du référentiel géocentrique est-il :

a. immobile ?

b. en mouvement ?

8 Pour décrire le plus simplement possible le mouvement de la Lune, il faut utiliser :

a. un référentiel terrestre ;

b. le référentiel géocentrique.

9 Pour décrire le plus simplement possible le mouvement des planètes, il faut utiliser :

a. un référentiel terrestre ;

b. le référentiel géocentrique ;

c. le référentiel héliocentrique.

10 Un système qui parcourt 200 km en 2 h 30 min a une vitesse moyenne :

a. inférieure à 100 km/h ;

b. supérieure à 100 km/h.

EXERCICES D'APPLICATION

Référentiel d'étude

11 Une voiture circule à 80 km/h sur une route de campagne.

1. Préciser dans quel référentiel on se place pour l'affirmer.

2. Préciser dans quel(s) référentiel(s) : un siège de la voiture est immobile ; un siège de la voiture est en mouvement ; une roue de la voiture est immobile ; une roue de la voiture est en mouvement ; un arbre sur le bord de la route est immobile ; un arbre sur le bord de la route est en mouvement.

12 Dans quel référentiel peut-on dire que : la Terre est immobile ; la Terre tourne autour de l'axe de ses pôles ; le centre de la Terre tourne autour du Soleil ?

Trajectoires et vitesses

13 Deux enfants A et B s'amusent sur un manège. Ils sont assis sur des chevaux de bois diamétralement opposés. Le manège tourne. Préciser pour chaque question le référentiel d'étude.

1. Quel est le mouvement de A par rapport à B ?

2. Quel est le mouvement de A par rapport au manège ?

3. Quel est le mouvement de A par rapport à un spectateur immobile par rapport au sol ?

14 Une caméra vidéo est fixée sur un manège. Elle vise un cheval de bois qui est fixe par rapport au manège. Les arbres qui entourent le manège sont aussi visibles. Le manège tourne et on déclenche la caméra à distance.

1. Pourquoi sait-on, en regardant le film, que le manège tournait ?

2. Quel est le mouvement du cheval de bois par rapport au manège ?

3. Un spectateur est assis à côté des arbres. Le voit-on bouger sur le film ?

Changer d'unités

15 Convertir en $m \cdot s^{-1}$, en $km \cdot s^{-1}$ ou en $km \cdot h^{-1}$ les vitesses suivantes :

– vitesse limite de circulation automobile en ville 50 km/h ; sur route de campagne 90 km/h ; sur route à 4 voies 110 km/h ; sur autoroute 130 km/h.

– Vitesse moyenne du son dans l'air : 330 $m \cdot s^{-1}$. Vitesse de la lumière dans le vide : 300 000 $km \cdot s^{-1}$.

– Vitesse moyenne du centre de la Terre sur son orbite autour du Soleil : 30 $km \cdot s^{-1}$. Vitesse moyenne de la Lune sur son orbite autour de la Terre : 1,0 $km \cdot s^{-1}$.

EXERCICES

EXERCICES DE SYNTHÈSE

16 ★ Voyage aérien

Un avion exécute le voyage aller et retour entre Paris et Pékin, en suivant exactement la même route à chaque fois, et avec la même vitesse mesurée dans le référentiel géocentrique. En faisant abstraction des vents, le voyage aura-t-il la même durée à l'aller et au retour ? Pourquoi ?

17 ★ Tapis roulants

Dans une station de métro, des tapis roulants horizontaux transportent les voyageurs. Deux tapis roulants A et B, parallèles, vont dans le même sens avec la même vitesse par rapport au sol. Deux passagers M et N montent en même temps, M sur le tapis A et N sur le tapis B. Ils ne marchent pas sur les tapis.

Expliquer ce que verra M s'il regarde N et s'il regarde les murs.

18 ★ Passe de rugby

Lors d'un match de rugby, un joueur passe le ballon à un coéquipier en le lui lançant avec la main vers l'arrière.

1. Comparer la vitesse du ballon et celle de la main du joueur à l'instant précis où le ballon quitte la main.

2. Ce résultat dépend-il du référentiel choisi ?

19 ★★ Mouvement d'une fronde

Un homme met en mouvement une fronde constituée d'une pierre maintenue par un lien en tissu. Il fait tourner la pierre (1re partie du mouvement), puis lâche une des extrémités du lien, qui cesse de tourner. La pierre n'est alors plus solidaire du lien (2e partie du mouvement).

1. Lors de la première partie du mouvement, la pierre est-elle en mouvement par rapport au lien ? par rapport au sol ? La pierre a-t-elle une vitesse supérieure, inférieure ou égale à celle de l'extrémité du fil tenue en main ?

2. Mêmes questions pour la deuxième partie du mouvement.

20 ★★ Trapèzes

Deux trapézistes se balancent sur des trapèzes qui ont exactement la même longueur. Leurs mouvements sont circulaires par rapport à un référentiel terrestre. Ils ont démarré au même moment et doivent se rencontrer pour échanger leurs trapèzes. Quel est le mouvement d'un des deux trapézistes par rapport à l'autre ?

MINI-TP

21 ★ Une mouche sur une horloge

La trotteuse d'une horloge de gare met 60 s pour faire un tour. Une mouche marche le long de cette aiguille de 45 cm de long, à raison de 1 mm par seconde en moyenne, du centre de l'horloge vers le bord. On cherche à décrire le mouvement de la mouche.

Sur une feuille de papier quadrillé, tracer un cercle de 4,5 cm de rayon représentant le cadran de l'horloge (placer le centre à l'intersection de deux lignes du quadrillage). Faire figurer les nombres correspondant aux heures à l'aide d'un rapporteur (12, 1, 2, 3...).

Dans une feuille de papier, découper un rectangle de 5 cm de long sur 5 mm de large. Placer un point *O* à 5 mm d'une extrémité et tracer un trait rouge passant par ce point.

À l'aide d'une punaise passant par *O*, fixer le rectangle au centre du cercle figurant le cadran, le trait rouge sur 12. La mouche est alors en *O*. Faire tourner le trait rouge sur 1. Il s'est écoulé 5 s et la mouche est à 5 mm de *O*. Faire un trou en ce point à l'aide d'un compas. Continuer ainsi à faire pivoter le trait rouge et à marquer les positions de la mouche pendant un tour.

1. À quoi correspond le trait rouge ? La mouche atteint-elle le bord de l'horloge ?

2. Joindre les trous laissés sur la feuille. À quoi correspond la courbe ainsi tracée ?

3. Comparer cette courbe avec la trajectoire de la valve d'une roue de vélo en mouvement, observée dans un référentiel terrestre : est-ce aussi une cycloïde ?

Par son action, le joueur change la trajectoire et la vitesse de la balle.
Comment peut-on modifier le mouvement d'un objet ?

22

OBJECTIFS

- Connaître la notion de force.
- Savoir reconnaître les effets d'une force sur un mouvement.
- Énoncer le principe d'inertie.

FORCES ET PRINCIPE D'INERTIE

Quand on exerce une **action** sur un corps, son **mouvement** est **modifié**. Une action peut être modélisée par une **force** dont l'effet dépend de la masse du système. Le **principe d'inertie** permet de prévoir le mouvement d'un corps lorsque les forces exercées sur le système se compensent.

ACTIVITÉS

Activité documentaire 1

Les effets d'une force sur la trajectoire d'un corps

Vous avez appris au collège qu'une action était modélisée par une force. Dans un référentiel terrestre, le référentiel de la classe, nous allons étudier le mouvement d'une bille qui roule sur une plaque, puis l'influence d'une force d'origine magnétique sur ce mouvement.*

Document 1

Le mouvement d'une bille sur une plaque

On pose une bille sur une plaque horizontale, puis on lui donne une impulsion afin de la faire rouler. Pour étudier son mouvement, il est possible de réaliser une chronophotographie* avec un appareil fixe par rapport au laboratoire (doc. 1.a), de numériser cette photo sur ordinateur et d'utiliser un logiciel informatique pour repérer les positions successives du centre de la bille au cours de son mouvement (doc. 1.b). On peut également filmer l'expérience avec une caméra vidéo, numériser le film et l'exploiter avec un logiciel adéquat (➡ fiche 11). Il s'écoule 0,1 s entre chaque position du centre de la bille. La distance entre les positions extrêmes est égale à 36 cm.

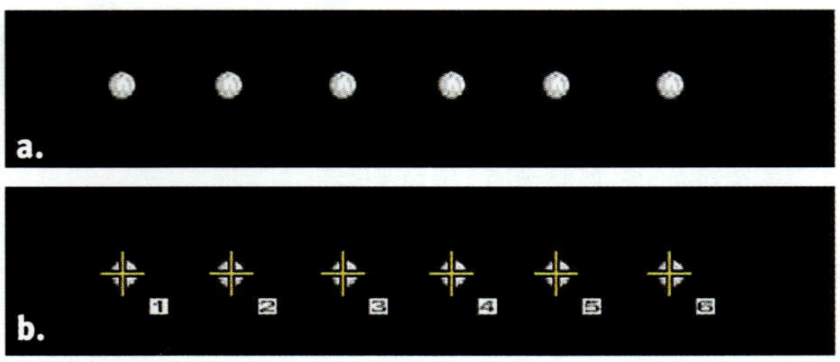

Doc. 1. a et b. La chronophotographie numérisée de la bille en mouvement après le lancement (a) ; les positions du centre de la bille repérées grâce à un logiciel informatique (b).

Questions

1. Avant que l'on donne une impulsion à la bille, son centre est-il immobile ou en mouvement ? Faut-il préciser le référentiel d'étude ?

2. Décrivez la trajectoire* du centre de la bille après le lancement. Faut-il préciser le référentiel d'étude ?

3. Calculez la vitesse du centre de la bille aux différents instants de la trajectoire ou réalisez ce calcul sur ordinateur. Identifiez le mouvement du centre de la bille.

4. Si la plaque était infiniment longue, ce mouvement pourrait-il durer éternellement ? Pourquoi ?

Document 2

L'influence d'un aimant sur la trajectoire

Le doc. 1 nous a montré que l'action* de donner une impulsion à une bille la mettait en mouvement. On peut aussi modifier le mouvement d'une bille en acier qui roule, grâce à un aimant placé à proximité (doc. 2).

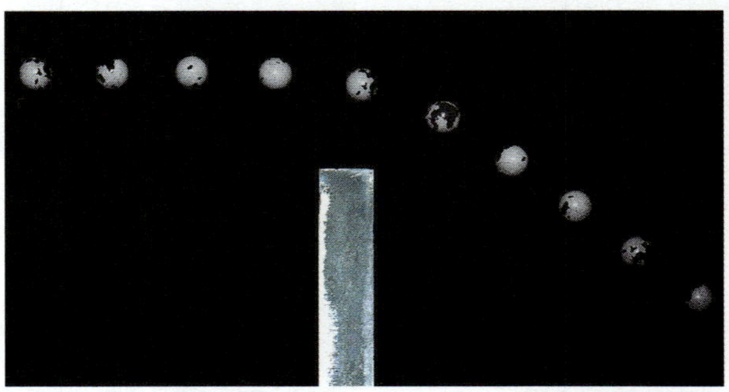

Doc. 2. La chronophotographie de la trajectoire de la bille quand elle passe près de l'aimant.

Questions

5. Que peut-on dire du mouvement du centre de la bille (trajectoire, vitesse) quand elle passe au voisinage de l'aimant ?

6. Connaissez-vous d'autres cas où un mobile voit son mouvement modifié sans qu'il y ait eu contact avec un autre objet ?

7. Par quelle grandeur physique pouvez-vous modéliser l'action subie par la bille (aidez-vous des connaissances acquises au collège) ? Comment définir cette grandeur ?

Activité documentaire 2

L'action de la Terre et d'un support

Nous allons étudier le mouvement d'une bille quand on la laisse tomber au voisinage de la Terre. Nous déterminerons par la suite les forces mises en jeu quand une bille repose sur un support.*

Document 1

Le mouvement d'une bille qui tombe

Si on pose une bille sur une plaque et que la plaque s'abaisse brusquement, cela revient à lâcher la bille en écartant simplement les doigts, sans lui communiquer de vitesse (doc. 3).

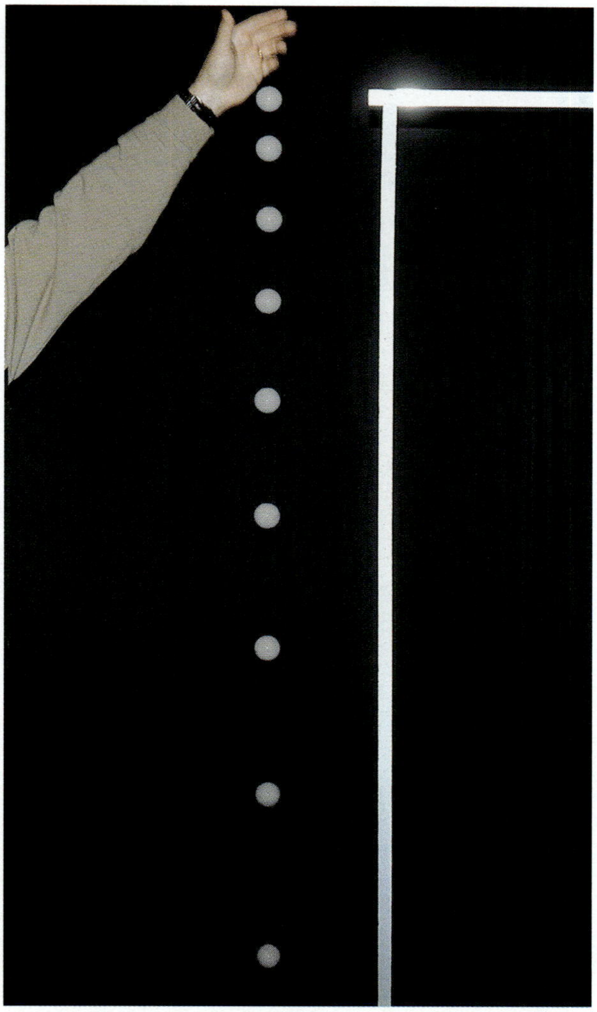

Doc. 3. Chronophotographie du mouvement d'une bille qui tombe sans vitesse initiale.

Questions

1. Décrivez la trajectoire* de la bille, en précisant le référentiel. Que pouvez-vous dire de sa vitesse ?

2. La force subie par la bille est-elle une action de contact ou une action à distance ? Quel est son nom ?

3. Cette force s'exerce-t-elle sur la bille tout au long de son mouvement ? Justifiez votre réponse.

4. Quelle est la direction de cette force ? Représentez-la sur un schéma en prenant comme point d'application le centre de la bille.

Document 2

Le principe d'inertie

Une bille est posée sur une plaque : elle reste immobile tant qu'elle ne subit pas une nouvelle force.

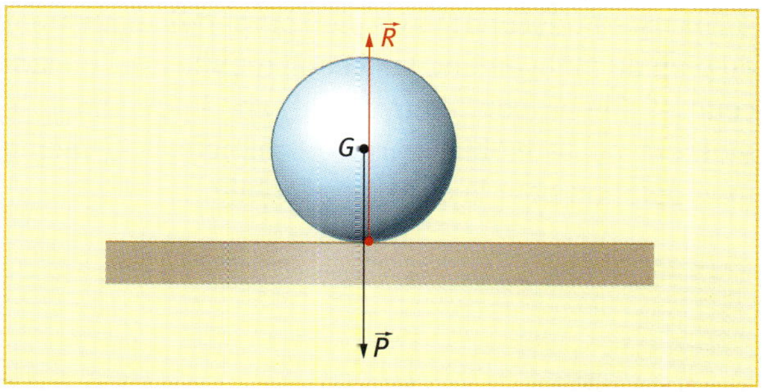

Doc. 4. Les forces exercées sur la bille.

Quand on lui donne une impulsion, son centre décrit un mouvement rectiligne uniforme* qui durerait indéfiniment s'il n'y avait aucun frottement ou obstacle.

Questions

5. La force exercée par la plaque sur la bille correspond-elle à une action de contact ou à distance ?

6. En négligeant les frottements, donnez les caractéristiques de la force exercée par la plaque sur la bille.

7. Quand le centre de la bille est immobile ou en mouvement rectiligne uniforme sur la plaque, les forces appliquées se compensent. Quelles sont ces forces si les frottements sont négligés ?

8. Quel est le mouvement d'un objet soumis à des forces qui se compensent ?

ACTIVITÉS

Activité expérimentale **3**

L'influence de la masse d'un solide sur son mouvement

Nous avons vu que la trajectoire ou la vitesse d'un corps sont modifiées si ce corps subit une force. Les corps réagissent-ils tous de manière identique pour une même force appliquée ?

Matériel

– Deux mobiles autoporteurs de masses différentes.
– Banc à coussin d'air, lanceur à ressort (du type lanceur de flipper).
– Caméscope et micro-ordinateur.
– Logiciel d'analyse du mouvement permettant d'exploiter des films vidéo.

Manipulation

OBJECTIF : étudier le mouvement de deux objets de masses différentes.

- Fixer le caméscope sur un pied perpendiculairement au plan du mouvement. Lancer un mobile avec un lanceur et filmer son mouvement en enregistrant le moment où le mobile part. Recommencer la même manipulation pour le deuxième mobile.

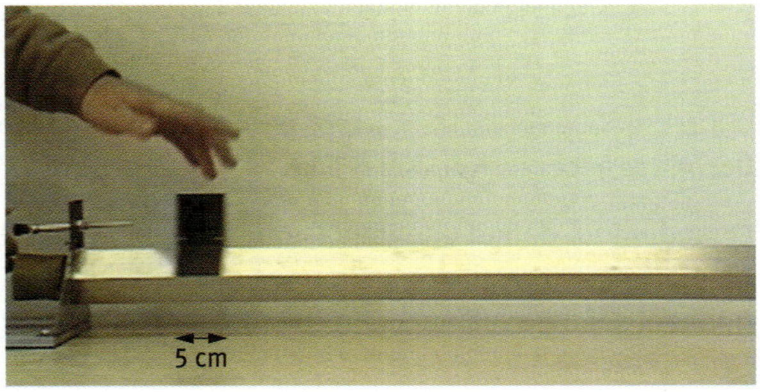

Doc. 5.a. La position du mobile noir à la date t_1.

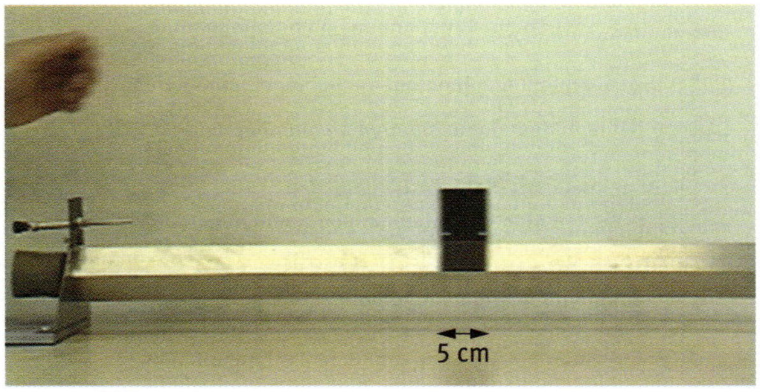

Doc. 5.b. La position du mobile noir à la date t_2.

- Numériser sur ordinateur les deux mouvements et faire défiler le film image par image. Vérifier que le mouvement rectiligne est uniforme. Sélectionner deux positions pour chaque mobile aux mêmes dates (doc. 5 et 6).
- Un banc à coussin d'air minimise les frottements subis par le mobile. Le lanceur à ressort permet de lancer les deux mobiles en exerçant la même force.
- La masse du mobile noir est plus petite que celle du rouge. La position des deux mobiles est enregistrée aux dates t_1 et t_2. Entre les deux positions, il s'écoule une durée $t_2 - t_1$ égale à 0,64 s.

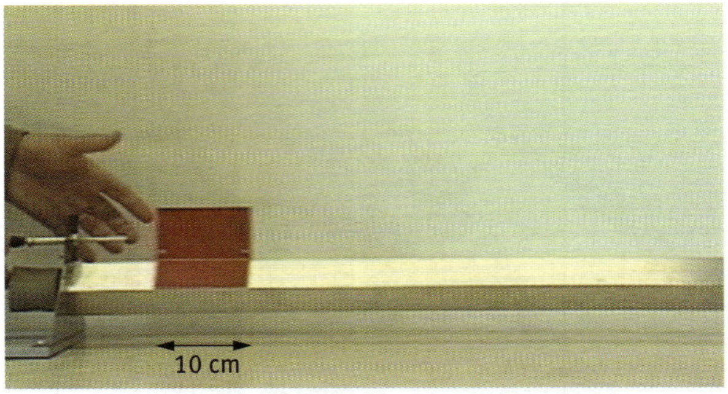

Doc. 6.a. La position du mobile rouge à la date t_1.

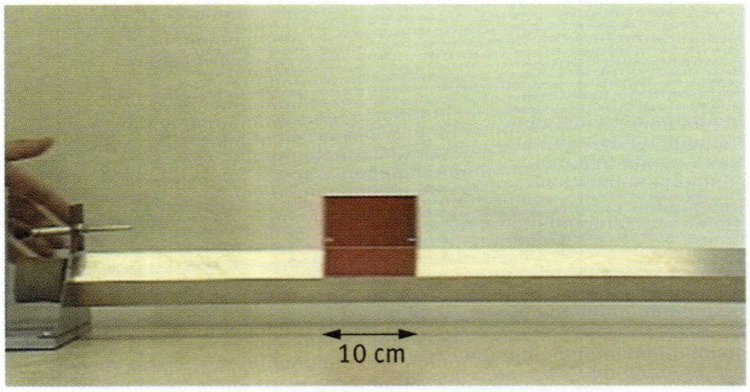

Doc. 6.b. La position du mobile rouge à la date t_2.

Questions

1. Comparez les distances parcourues par le mobile noir et le mobile rouge entre les deux dates.
2. Quel mobile a la vitesse la plus importante ?
3. Quelle est l'influence de la masse d'un solide sur son mouvement ?
4. Trouvez des exemples de la vie courante illustrant cette conclusion.

1. Notions d'action et de force

1.1. Actions de contact

Quand un solide est posé sur une table, il subit une action exercée par la table. Cette action empêche le solide de tomber sur le sol.

Si la table est recouverte d'une couche de sable, le solide laisse une empreinte. On en déduit que le solide exerce une action sur la table (même si cette action est parfois sans effet visible). On dit qu'il existe une interaction entre le solide et la table. L'action de la table sur le solide et celle du solide sur la table n'existent que si les deux systèmes sont en contact. Ce sont des actions de contact.

Une action de **contact** n'existe que lorsque les systèmes sont en contact.

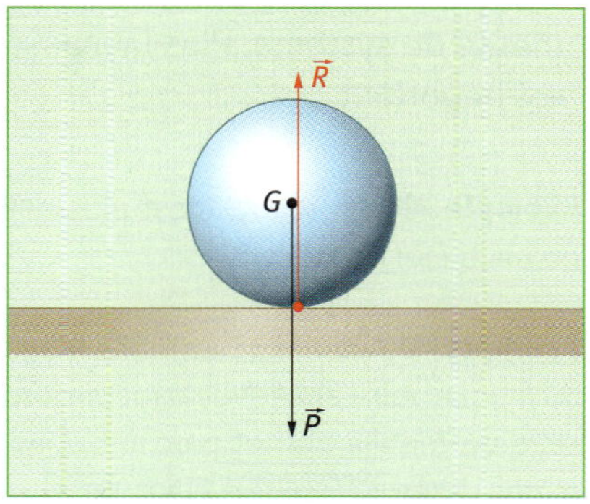

Doc. 7. La bille subit son propre poids et l'action exercée par la table.

1.2. Actions à distance

Les actions à distance d'un système sur un autre ne nécessitent pas de contact entre les deux corps.

Exemple ➡ Activité 1 : l'action d'un aimant sur un objet en acier est une action à distance.

Exemple ➡ Activité 2 : l'action de la Terre sur un objet est une action à distance, c'est le poids de l'objet question 2, p. 267.

2. Effets d'une force

2.1. Effet dynamique d'une force

Dans un référentiel terrestre, une action peut mettre un système en mouvement ou modifier son mouvement. Chaque action est modélisée par une **force**.

Une force peut modifier :
- la trajectoire* d'un système ;
- sa vitesse (valeur, direction, sens) ;
- sa trajectoire et sa vitesse.

Exemple ➡ Activité 1 : quand on donne une impulsion à la bille, on exerce une force qui modifie sa vitesse puisqu'elle passe d'une valeur nulle à une valeur non nulle.

Exemple ➡ Activité 1 : la trajectoire de la bille passant à proximité d'un aimant est modifiée question 5, p. 266.

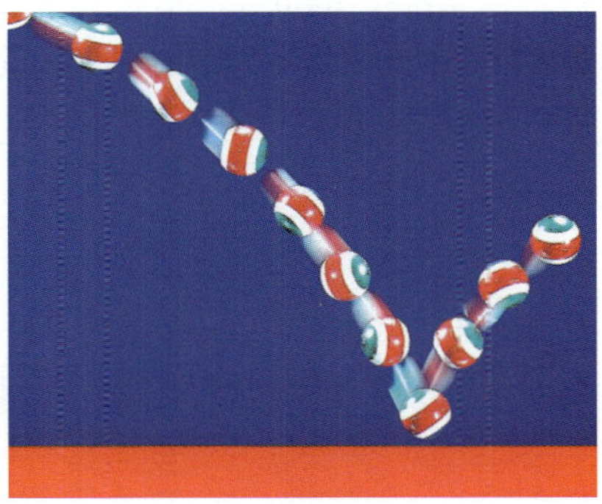

Doc. 8. Vitesse et trajectoire sont modifiées lors du rebond de la balle.

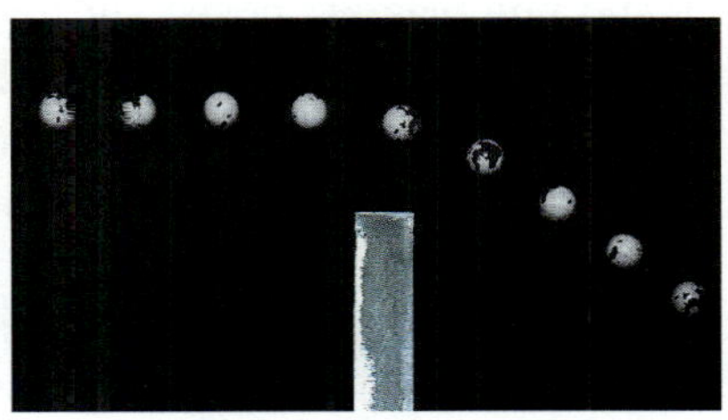

Doc. 9. L'aimant modifie la trajectoire de la bille en acier.

2.2. Influence de la masse d'un système

Si on fait agir la même force sur des systèmes différents, l'effet n'est pas toujours le même.

L'effet d'une force sur le mouvement d'un système dépend de la masse du système. Plus la masse est faible, plus l'effet de la force est important.

Exemple ➡ Au rugby, il est plus difficile de plaquer un joueur de 120 kg qu'un joueur de 80 kg.

Exemple ➡ **Activité 3 :** le mobile rouge a une masse plus importante que celle du mobile noir. Lancé avec la même force, il acquiert une vitesse plus faible que celle du mobile noir et parcourt donc une plus courte distance pendant la même durée **questions 2 et 3, p. 268**.

2.3. Le vecteur force

La force subie par un système de la part d'un autre est représentée par un segment fléché appelé vecteur. Les caractéristiques du vecteur force sont :
– son point d'application ;
– sa direction et son sens ;
– sa valeur qui s'exprime en newton (unité : N).

Pour représenter le vecteur force, il faut d'abord placer le point d'application de la force. Dans le cas d'une force de contact, c'est le point de contact. Pour le poids*, c'est un point particulier du corps : le centre de gravité. Après avoir repéré la direction et le sens de la force, on trace une flèche dont la longueur est proportionnelle à la valeur de la force en choisissant une échelle adaptée.

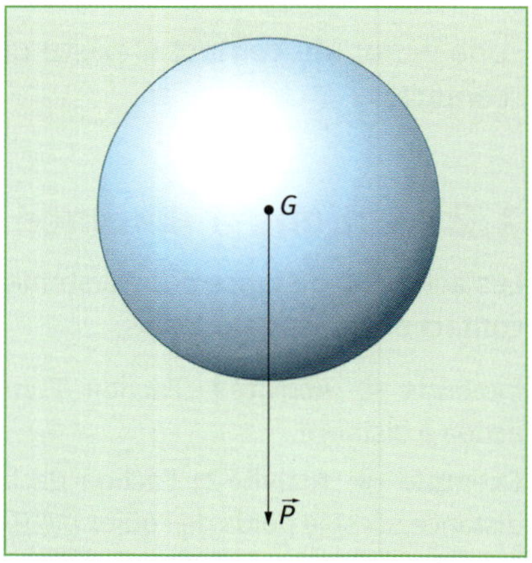

Doc. 10. L'action de la Terre sur la bille est représentée par une flèche, dont l'origine est le centre de gravité *G*.

3. Le principe d'inertie

3.1. Action de plusieurs forces sur un système

Quand une bille est posée sur une table, son poids tend à la faire tomber, alors que l'action de la table l'en empêche. Soumise à ces deux forces, la bille reste au niveau de la table (➡ activité 2). Les forces qui s'exercent sur l'objet se compensent : leurs effets s'annulent.

Dans un référentiel terrestre, cette situation correspond à deux cas :
– l'immobilité, c'est-à-dire une vitesse nulle dans ce référentiel ;
– un mouvement rectiligne uniforme* (vitesse constante en valeur, sens et direction).

3.2. Énoncé

Nous avons vu que dans un référentiel terrestre, une bille soumise à des forces qui se compensent reste immobile ou conserve une vitesse constante. Cette observation vérifie le principe d'inertie :

Un système persévère en son état de repos ou de mouvement rectiligne uniforme si les forces qui s'exercent sur lui se compensent.

C'est un principe, c'est-à-dire qu'il résulte de l'observation mais ne se démontre pas. Le principe d'inertie s'énonce également :

Lorsque les forces appliquées à un système se compensent, la vitesse du système est constante en valeur, direction et sens ou nulle.

REMARQUE
On considérera que le principe d'inertie s'applique dans un référentiel terrestre et le référentiel géocentrique.

3.3. Conséquence du principe d'inertie

Pour un observateur terrestre, on déduit du principe d'inertie que :
– quand un solide est immobile ou animé d'un mouvement rectiligne uniforme, la somme des forces appliquées au système est nulle ;
– quand un solide est animé d'un mouvement qui n'est pas rectiligne uniforme, les forces appliquées ne se compensent pas.

Dans un référentiel terrestre, si le système n'est soumis qu'à une seule force, ou à plusieurs forces qui ne se compensent pas, alors sa vitesse varie : il a un mouvement rectiligne à vitesse non constante (➜ activité 2 question 1 p. 267) ou un mouvement non rectiligne. Dans ce dernier cas, la direction du mouvement change à chaque instant (➜ activité 1, doc. 2).

COURS

L'ESSENTIEL

Ce qu'il faut savoir

Effets d'une force sur un mouvement

✔ Le mouvement d'un corps, c'est-à-dire sa trajectoire et sa vitesse dans un référentiel donné, peut être modifié si ce système subit une action, représentée par une force.

✔ L'effet d'une force appliquée sur un corps dépend de sa masse.

Le principe d'inertie

✔ Un système persévère en son état de repos ou de mouvement rectiligne uniforme si les forces qui s'exercent sur lui se compensent.

✔ Il est équivalent de dire : « un corps est soumis à des forces qui se compensent » et « un corps n'est soumis à aucune force ».

À revoir : la fiche 11.

EXERCICES

EXERCICE RÉSOLU

Étudier le mouvement d'une bille

Le mouvement du centre de deux billes est représenté ci-contre. La durée entre deux positions est de 20 ms.

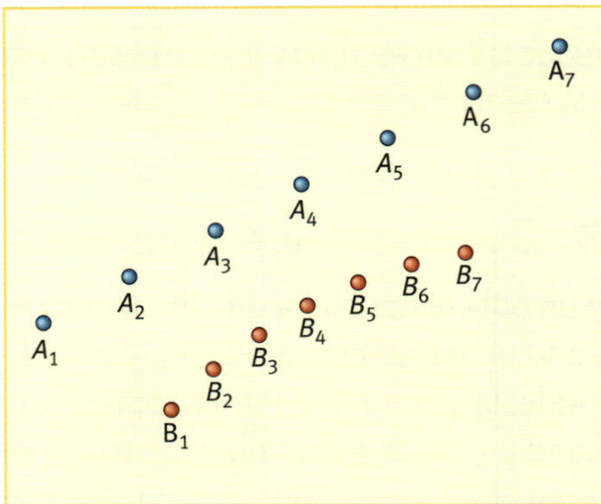

1. On admet que la vitesse moyenne sur A_1–A_3 correspond à la vitesse de passage à la date t_2 ; de même la vitesse moyenne sur A_2–A_4 correspond à la vitesse de passage à la date t_3, etc. Calculer les vitesses de passage aux dates t_2 à t_6 en $m \cdot s^{-1}$. Présenter vos résultats dans un tableau.

2. Pour chaque bille, tracer la représentation graphique de la fonction $v(t)$ en portant en abscisse la date et en ordonnée la vitesse. Que peut-on dire des différents points de $v(t)$?

3.a. Que prendra-t-on comme vitesse pour chacune des billes ?

b. Décrire chaque mouvement. Les forces se compensent-elles ?

c. Représenter le vecteur vitesse de chaque bille aux dates t_2 et t_6.

CONSEILS / **SOLUTION**

1. *Il n'est pas possible de calculer la vitesse instantanée correspondant au premier et au dernier point de chaque trajectoire.*

1. La vitesse instantanée à la date t_2 est la vitesse moyenne sur A_1A_3 soit :

$$v_2 = A_1A_3/(t_3 - t_1)$$

On procède de la même façon pour les autres vitesses instantanées.

Date (ms)	t_2 : 20	t_3 : 40	t_4 : 60	t_5 : 80	t_6 : 100
Vitesse de A ($m \cdot s^{-1}$)	0,50	0,50	0,49	0,49	0,50
Vitesse de B ($m \cdot s^{-1}$)	0,30	0,30	0,30	0,30	0,30

2. *Tracer la droite idéale correspondant à la fonction mathématique (➡ fiche 10).*

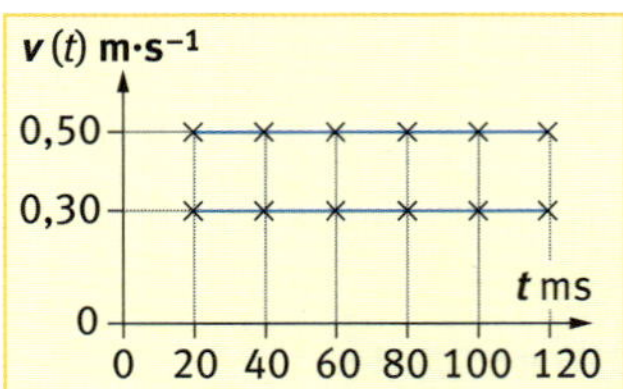

2. Les points représentant les vitesses de A et B sont alignés sur une droite parallèle à l'axe des dates.
Les droites représentant $v(t)$ correspondent à des fonctions de la forme $v(t)$ = constante.

3. a. Mouvement de A : $V_A = 0{,}50\ m \cdot s^{-1}$. Mouvement de B : $V_B = 0{,}30\ m \cdot s^{-1}$.

3. b. *Indiquer par rapport à quel référentiel le mouvement est étudié.*

b. Dans le référentiel du laboratoire, A est animé d'un mouvement rectiligne uniforme. Les forces agissant sur la bille de centre A se compensent.
Dans le référentiel du laboratoire, B est animé d'un mouvement uniforme mais pas rectiligne. Les forces agissant sur la bille de centre B ne se compensent pas.

c. *La tangente à la courbe est parallèle à la corde encadrant le point de la tangente.*

c. Échelle de représentation des vitesses : 1,5 cm pour $0{,}50\ m \cdot s^{-1}$.
La flèche représentant le vecteur vitesse en A_2 est tangente à la trajectoire en A_2 (donc parallèle à la trajectoire rectiligne), dirigée vers A_3 et de longueur 1,5 cm. On trace la même flèche au point correspondant à la date t_6.
La flèche représentant le vecteur vitesse en B_2 est tangente à la trajectoire en B_2 (donc parallèle au segment B_1B_3), dirigée vers B_3 et de longueur 0,9 cm. On trace la même flèche au point correspondant à la date t_6.

VÉRIFIEZ VOS CONNAISSANCES

Questions

1 Quelles sont les forces exercées sur un corps posé sur une table ?

2 Quelles sont les forces exercées sur un système en mouvement rectiligne uniforme sur une table ?

3 Que peut-on dire des forces exercées sur un corps immobile ou en mouvement rectiligne uniforme ?

4 Comment peut-on modifier la vitesse et/ou la trajectoire d'un solide ?

QCM

5 Quand on lance avec la même force deux objets de masses différentes sur une table lisse horizontale :

a. ils ont la même vitesse ;

b. ils ont la même trajectoire.

6 Un palet lancé sur une piste de glace horizontale a obligatoirement :

a. un mouvement rectiligne uniforme tant qu'il ne rencontre pas d'obstacle ;

b. Une trajectoire courbe.

7 Un hélicoptère immobile dans le ciel :

a. a un poids nul ;

b. est soumis à des forces qui se compensent.

EXERCICES D'APPLICATION

Mouvements sur un plan horizontal

8 On lance une boule sur une table horizontale. Les frottements sont négligeables. Au départ, elle a une vitesse de 50 cm · s^{-1}. Quelle sera la vitesse de la boule 2 s plus tard et 4 s plus tard ?

9 Le curling est un jeu écossais, datant du XVIe siècle, qui se joue sur une patinoire. Il s'agit d'atteindre une cible circulaire peinte sur la glace avec un palet de pierre que l'on fait glisser. La glace est balayée devant le palet pour en faciliter le glissement en tentant d'éliminer les frottements. Deux situations sont envisagées.

1. Dans la situation 1, le joueur pousse le palet devant lui, suivant une trajectoire rectiligne. Le palet passe ainsi d'une vitesse nulle à une vitesse de lancement V. Dans un référentiel terrestre :

a. le mouvement du palet est-il rectiligne uniforme ?

b. le palet est-il soumis à des forces qui se compensent ? Pourquoi ?

2. Dans la situation 2, le joueur lâche le palet qui poursuit alors sa trajectoire sur la glace. Le mouvement du palet est alors rectiligne uniforme dans le même référentiel que précédemment. Dans ce référentiel :

a. le palet est-il soumis à des forces qui se compensent ?

b. Dans le cas où les frottements sur la glace ne seraient plus négligeables, que deviendrait le mouvement du palet ? Pourquoi ?

10 On lance un palet sur une table horizontale sans frottements. Au début de l'enregistrement, le palet est lâché et possède une vitesse de 1,2 m · s^{-1}. On enregistre le mouvement grâce à un appareil photographique qui prend une photo toutes les 20 ms. Reconstituer la trajectoire du centre du palet pendant une durée de 100 ms (justifier votre construction).

Analyse de forces

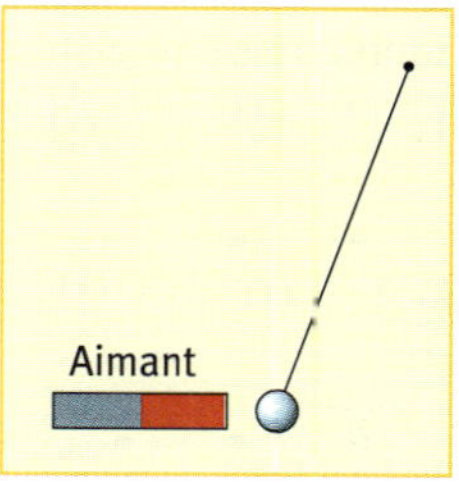

11 On considère une bille en acier suspendue à un fil à côté d'un aimant. La bille est immobile dans le référentiel du laboratoire.

1. Faire le bilan des actions subies par la bille en acier.

2. Parmi les actions précédentes, lesquelles sont des actions à distance ? de contact ?

12 Dans les exemples suivants, on considère le mouvement, dans un référentiel terrestre, d'un objet ou d'un personnage supposé indéformable. D'après chaque description du mouvement, dire si l'objet ou le personnage est soumis ou non à un ensemble de forces qui se compensent.

a. Un skieur descend une piste rectiligne, sa vitesse augmente de 2 m · s^{-1} toutes les secondes.

b. Une fusée décolle verticalement.

c. Un skieur remonte une piste sur un téléski qui le tracte en ligne droite à vitesse constante.

d. Une voiture prend un virage à la vitesse de 50 km · h^{-1}.

e. Un palet de hockey sur glace décrit une trajectoire rectiligne à vitesse constante.

EXERCICES

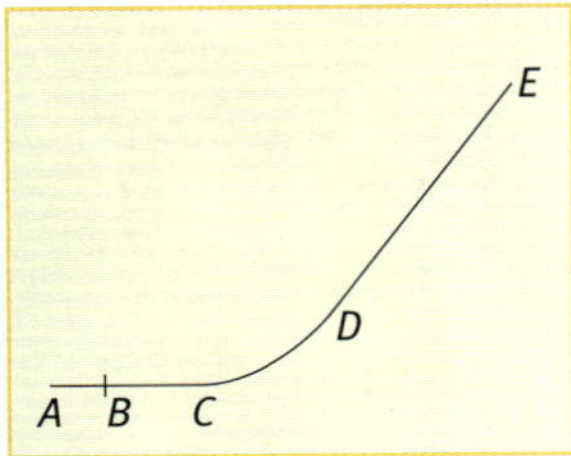

13 Un ancien jeu de foire consistait à lancer un chariot sur une piste possédant une partie horizontale *AC*, une partie courbe *CD*, et enfin une partie rectiligne inclinée vers le haut *DE*. Le gagnant était le joueur qui parvenait à atteindre l'extrémité supérieure de la piste. Le chariot était accéléré du point *A* au point *B*, sur une portion de piste horizontale.
On néglige tous les frottements. L'étude est réalisée dans le référentiel terrestre de la piste.

1. Que peut-on dire des forces agissant sur le chariot entre *A* et *B* ?

2. Quelles sont les forces agissant sur le chariot entre *B* et *C* ? Quel est le mouvement du chariot sur cette partie ?

3. Que peut-on dire des forces agissant sur le chariot entre *C* et *D* ? entre *D* et *E* ? Justifier votre réponse.

EXERCICES DE SYNTHÈSE

14 ★ Étude de mouvements

La table à coussin d'air est un dispositif de laboratoire qui permet d'enregistrer des mouvements pour lesquels les frottements sont réduits au minimum. Les positions du centre du mobile sont repérées régulièrement à différents instants. Trois enregistrements de trajectoires ont été obtenus.

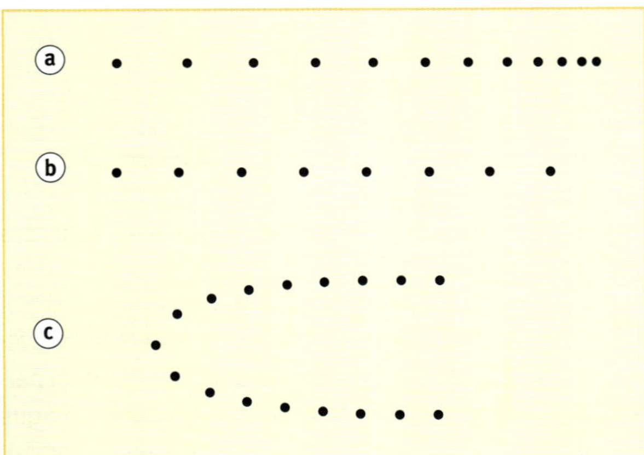

1. Caractériser brièvement le mouvement de chaque trajectoire.

2. Que peut-on dire des forces agissant sur chaque mobile pendant le mouvement ?

15 ★ Mouvement d'un point d'un solide

Un appareil photographique a permis d'enregistrer le mouvement d'un triangle de carton lancé sur une surface plane horizontale sans frottements.

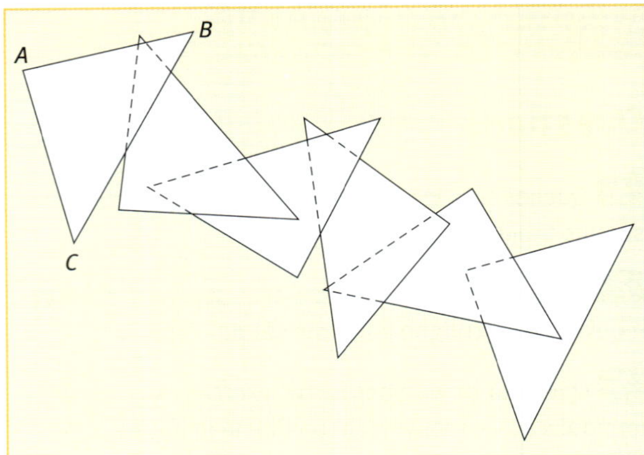

1. Pour chaque position du triangle, placer le point de concours des médianes.

2. Quelle est la nature du mouvement de ce point dans un référentiel terrestre ?

16 ★★ Mouvement circulaire

Le mobile d'une table à coussin d'air horizontale est relié par une ficelle à un point fixe de la table. L'enregistrement du mouvement du centre du mobile est présenté sur le schéma ci-contre.

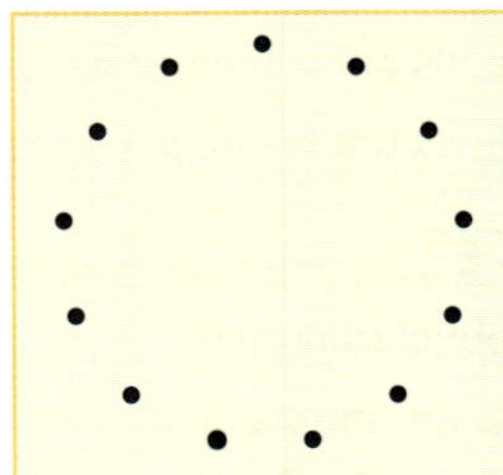

1. Décrire le mouvement du centre du mobile dans le référentiel du laboratoire.

2. Faire l'inventaire des forces qui s'appliquent sur le mobile. Certaines forces se compensent. Lesquelles ?

17 ★★ Mouvement de la Terre

Le principe d'inertie est vérifié dans le référentiel héliocentrique (voir chapitre 21).

1. Quelle est la nature du mouvement du centre de la Terre dans ce référentiel ?

2. Les forces s'exerçant sur la Terre se compensent-elles ?

MINI-TP

18 ★ Lancer de glaçon

Prendre un glaçon bien régulier dans le congélateur et attendre qu'il fonde un peu. Le lancer sur une table en verre, en marbre ou recouverte d'une matière lisse. Peut-on le lancer de manière à ce que son centre décrive une trajectoire courbe ? Expliquer pourquoi.

Un des points du système « vélo-cycliste » soumis à son poids décrit une parabole. Comment expliquer ce mouvement ?

23

LA GRAVITATION UNIVERSELLE

OBJECTIFS

- Connaître l'interaction gravitationnelle.
- Utiliser la relation entre le poids et la masse d'un corps.
- Prévoir le mouvement d'un projectile au voisinage de la Terre.
- Expliquer le mouvement de la Lune.

L'**attraction gravitationnelle** s'applique à tous les corps possédant une masse. Elle permet d'expliquer le mouvement des satellites autour des planètes, comme celui de la Lune autour de la Terre, mais aussi la chute des corps sur la Terre, due à leur **poids**.

ACTIVITÉS

Activité expérimentale 1

Influence de la vitesse initiale sur la chute d'un corps

Tout corps au voisinage immédiat de la Terre subit l'attraction de la pesanteur terrestre. Cette action est répartie dans tout le volume du corps : c'est le poids* du corps. Nous allons étudier cette force et les mouvements qu'elle provoque.*

Matériel

– Bille en acier, électro-aimant (éventuellement), règle graduée, rigole horizontale.
– Caméscope et micro-ordinateur, logiciel d'analyse du mouvement permettant d'exploiter des films vidéo.

Manipulation 1

OBJECTIF : étudier le mouvement de chute d'une bille lâchée avec ou sans vitesse initiale horizontale.

- Fixer le caméscope sur un pied perpendiculairement au plan du mouvement. Commencer l'enregistrement puis lâcher la bille ou couper l'alimentation de l'électro-aimant qui la retenait. Numériser le film pour pouvoir l'exploiter avec un logiciel d'analyse du mouvement (doc. 1.a) (➡ fiche 11).

- Recommencer la manipulation précédente dans le cas où la bille roule sur une rigole horizontale avant de tomber (doc. 1.b). La bille a un déplacement suivant l'axe des abscisses (vitesse horizontale) et suivant l'axe des ordonnées (vitesse verticale). Le logiciel d'analyse du mouvement permet d'étudier les variations en fonction du temps de la coordonnée horizontale du centre de la bille, notée *x*, et de sa coordonnée verticale, notée *y* (doc. 2).

- On n'étudie que la partie du mouvement où la bille n'a plus de contact ni avec l'électro-aimant, ni avec la rigole. Les forces* exercées par l'air sur la bille sont négligées.

Doc. 1. Le logiciel permet de repérer les coordonnées des positions successives du centre de la bille quand elle tombe sans (a) ou avec une vitesse initiale (b).

t (s)	*x*	*y*
0	0,00	0,00
0,05	$2{,}30 \cdot 10^{-2}$	$4{,}50 \cdot 10^{-2}$
0,1	$3{,}60.10^{-2}$	$1{,}07 \cdot 10^{-1}$
0,15	$4{,}90.10^{-2}$	$1{,}96 \cdot 10^{-1}$
0,2	$6{,}70.10^{-2}$	$3{,}07 \cdot 10^{-1}$
0,25	$8{,}50.10^{-2}$	$4{,}40 \cdot 10^{-1}$
0,3	$9{,}80.10^{-2}$	$6{,}05 \cdot 10^{-1}$
0,35	$1{,}12 \cdot 10^{-1}$	$7{,}96 \cdot 10^{-1}$
0,4	$1{,}29 \cdot 10^{-1}$	1,01
0,45	$1{,}43 \cdot 10^{-1}$	1,24

Doc. 2. Le tableau des coordonnées *x* et *y* des positions du centre de la bille en fonction du temps *t*.

Questions

1. Quelles sont les forces exercées sur la bille après avoir été lâchée ou après qu'elle a quitté la rigole ?

2. La vitesse du centre de la bille est-elle constante (précisez le référentiel) ? Les forces se compensent-elles ?

3. En utilisant la méthode développée au chapitre 21 (p. 261), calculez les vitesses horizontales et verticales du centre de la bille aux différentes dates pour l'expérience b. Que remarquez-vous ?

4. Les vitesses sont-elles différentes ? Comparez les deux expériences.

5. Quelle est la direction du poids ? En utilisant le principe d'inertie, expliquez les effets du poids de la bille sur son mouvement. Pourquoi ne modifie-t-il pas la vitesse horizontale ?

Manipulation 2

OBJECTIF : comparer le mouvement d'une balle dans différents référentiels.

Un cycliste en mouvement rectiligne uniforme* lâche une balle en ouvrant simplement la main. Enregistrer, avec une caméra fixe, le mouvement du centre de la balle et numériser le film (doc. 3).

Doc. 3. Les positions successives du centre de la balle au cours de sa chute, dans le référentiel lié au sol. La largeur du but de hand-ball est de 3,12 mètres.

Questions

6. Dans le référentiel lié au sol, le mouvement de la balle est-il comparable à celui de la bille de la manipulation 1 ?

7. Le principe d'inertie est-il vérifié pour la balle dans le référentiel terrestre ?

8. En considérant maintenant le référentiel de la bicyclette, répondez aux questions précédentes.

ACTIVITÉS

Activité expérimentale 2

Influence de la masse sur la chute d'un corps au voisinage de la Terre

Au voisinage de la Terre, tous les corps n'ont pas le même poids. Il suffit d'essayer de soulever deux objets de masses différentes pour comprendre que le poids dépend de la masse.

Matériel

– Long tube en verre dans lequel on peut faire le vide, bille métallique, boule en polystyrène blanc, plume d'oiseau, pompe à vide.

Manipulation

OBJECTIF : étudier l'influence de la masse sur la chute des corps

Doc. 4. L'expérience du tube de Newton. Tube dans lequel on a fait le vide (a), tube contenant de l'air (b). ▶

● Introduire une bille métallique, une boule en polystyrène blanc et une plume d'oiseau dans un tube en verre. Faire le vide dans le tube à l'aide d'une pompe à vide. Placer les trois objets à une des extrémités du tube et le retourner brutalement. Les trois objets tombent en même temps (doc 4. a). Le poids* est la seule force qui s'exerce sur les objets. On dit qu'ils sont en « chute libre ».

● Remplir le tube d'air et recommencer l'expérience. La bille métallique tombe plus vite que la boule en polystyrène et que la plume. Cette dernière tombe lentement avec un mouvement non rectiligne (doc 4. b).

Questions

1. La masse d'un corps intervient-elle dans le mouvement de chute libre (trajectoire, vitesse) ?

2. Dans un tube contenant de l'air, quelle est la force supplémentaire qui s'exerce sur les objets ?

3. Proposez une expérience pour déterminer si la force supplémentaire dépend de la masse du corps.

Activité documentaire 3

Le mouvement de la Lune

Après Galilée, Newton étudia la chute des corps et il voulut savoir pourquoi la Lune ne tombait pas sur la Terre. Était-elle « fixée » sur quelque chose comme l'avait dit Aristote ? Il proposa une explication qui se révéla juste.

Document

Mouvement circulaire uniforme de la Lune autour de la Terre

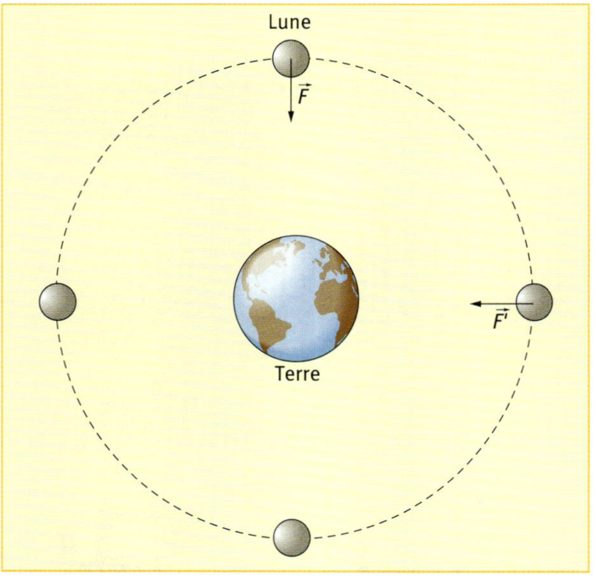

Doc. 5. Différentes positions de la Lune dans le référentiel géocentrique.

La Lune subit de la part de la Terre une force d'action à distance qui est de même nature que le poids que subissent les objets au voisinage de la Terre. La direction de cette force passe par le centre de la Terre. Et pourtant, la Lune tourne autour de la Terre sans tomber.

Dans le référentiel géocentrique, la trajectoire* du centre de la Lune peut être considérée comme un cercle dont le centre est confondu avec le centre de la Terre. Si on néglige l'influence des autres astres, on peut admettre que la Lune n'est soumise qu'à l'attraction de la Terre. Le vecteur vitesse change de direction à chaque instant du mouvement, mais sa valeur reste constante.

Questions

1. Que pouvez-vous dire de la trajectoire du centre de la Lune ? de la direction de son vecteur vitesse ? La valeur de la vitesse varie-t-elle au cours du mouvement ?

2. En appliquant le principe d'inertie, déterminez quel serait le mouvement du centre de la Lune si, brutalement, l'action de la Terre sur la Lune disparaissait.

3. Quel est l'effet de la force subie par la Lune sur son mouvement ? Comparez la direction de la force subie par la Lune et celle de la vitesse du centre de la Lune.

4. Par analogie avec les résultats de l'activité 1, interprétez pourquoi la valeur de la vitesse du centre de la Lune ne varie pas.

Activité documentaire 4

Mouvements de satellites et d'objets célestes

La force exercée par la Terre sur n'importe quel objet, (une bille, la Lune ou des satellites, par exemple) est nommée force gravitationnelle. Cette force dépend de la distance qui sépare l'objet du centre de la Terre.*
Pour étudier les mouvements de satellites ou d'objets célestes qui s'approcheraient de la Terre, on utilise des logiciels de simulation, en indiquant l'expression de la force gravitationnelle et en faisant varier les conditions initiales du mouvement : altitude et vitesse initiales.

Document 1

Lancement d'un satellite depuis la Terre

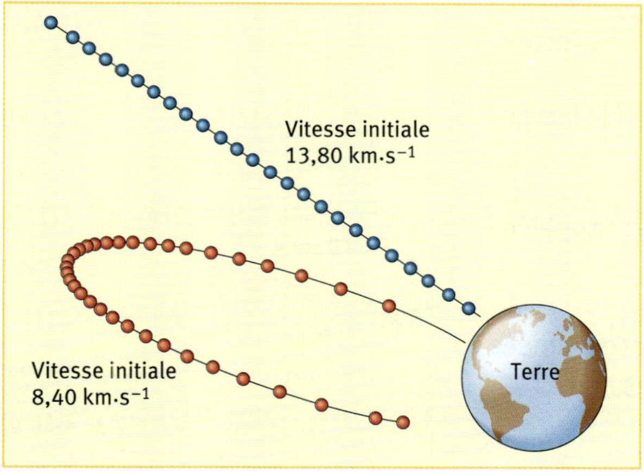

Doc. 6. Lancement d'un objet depuis la Terre avec des vitesses initiales différentes.

Le doc. 6 présente deux simulations de lancement d'un satellite depuis la surface de la Terre avec des vitesses initiales presque verticales égales à 8,4 $km \cdot s^{-1}$ (a) et 13,8 $km \cdot s^{-1}$ (b). L'altitude initiale est nulle.

Questions

1. Pourquoi doit-on s'attendre à ce que la trajectoire dépende de la vitesse initiale ?

2. Commentez les valeurs des vitesses initiales après les avoir converties en $km \cdot h^{-1}$. Pensez-vous qu'il soit facile de communiquer de telles vitesses à un projectile ?

3. À l'aide d'un logiciel de simulation, déterminez quelle doit être la vitesse verticale minimale d'une sonde pour qu'elle puisse échapper à l'attraction terrestre.

Document 2

Influence de la vitesse initiale sur le mouvement d'un satellite

À l'heure actuelle, les satellites ne sont pas lancés directement depuis la Terre car on ne sait pas encore leur donner une vitesse initiale suffisante. On utilise des fusées à plusieurs étages, qui permettent de placer le satellite en altitude avec une vitesse initiale perpendiculaire à la droite passant par le satellite et le centre de la Terre.

Le doc. 7 montre les résultats de simulations de trajectoires d'un projectile lancé à une altitude h avec différentes vitesses initiales V_0 : 7 $km \cdot s^{-1}$ (a), 10 $km \cdot s^{-1}$ (b) et 11,2 $km \cdot s^{-1}$ (c).

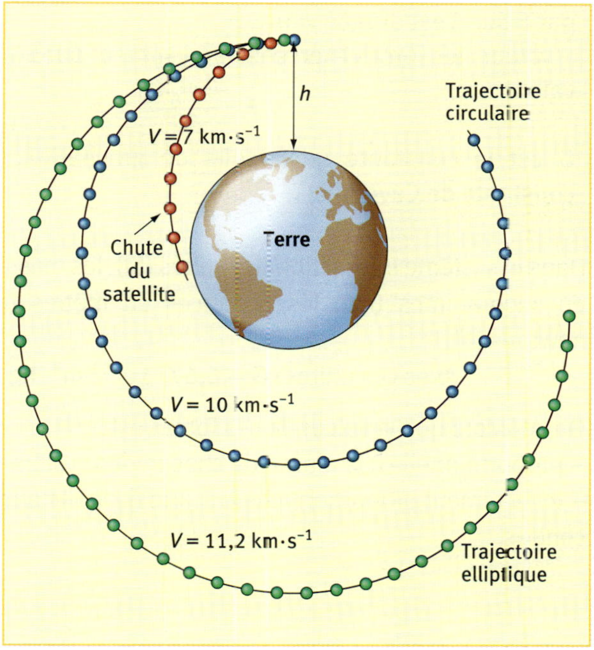

Doc. 7. Lancement d'un satellite à partir d'une altitude h avec différentes vitesses initiales.

Questions

4. Décrivez les mouvements simulés dans chaque cas.

5. Le satellite reste-t-il en orbite quelle que soit la valeur de V_0 ?

6. Peut-on obtenir une trajectoire circulaire pour des valeurs différentes de V_0 ?

ACTIVITÉS

COURS

1. L'attraction gravitationnelle

Au XVIIe siècle, Isaac Newton affirme que tous les corps ayant une masse sont en interaction sur Terre et dans l'espace : c'est l'**attraction gravitationnelle,** appelée aussi gravitation universelle.

À l'échelle de l'Univers, on peut considérer que tous les corps sont de petite taille.

Soient deux corps de petite taille, assimilables à des points *A* et *B* et de masse m_A et m_B. Une distance *AB* les sépare. Ces deux corps s'attirent mutuellement : *A* exerce une force* d'attraction sur *B* et *B* exerce une force d'attraction sur *A*.

Les caractéristiques des forces d'attraction gravitationnelle sont les suivantes.
– Direction : la direction de la droite *AB* ;
– sens : la force exercée par *A* sur *B* est dirigée vers *A*, celle exercée par *B* sur *A* est dirigée vers *B* ;
– valeur : les forces exercées par *A* sur *B* et par *B* sur *A* ont la même valeur :

$$F = \frac{G m_A m_B}{AB^2}$$

G est la constante universelle de gravitation, encore appelée constante de Cavendish.

Dans le système international d'unités (SI), les masses sont exprimées en kilogrammes (kg), les distances en mètres (m), les forces en newtons (N).

Avec ces unités : $\mathbf{G = 6{,}67 \cdot 10^{-11}\ m^3 \cdot kg^{-1} \cdot s^{-2}}$.

On constate que la valeur de ces forces est :
– proportionnelle à la masse de chacun des systèmes ;
– inversement proportionnelle au carré de la distance qui sépare leurs centres.

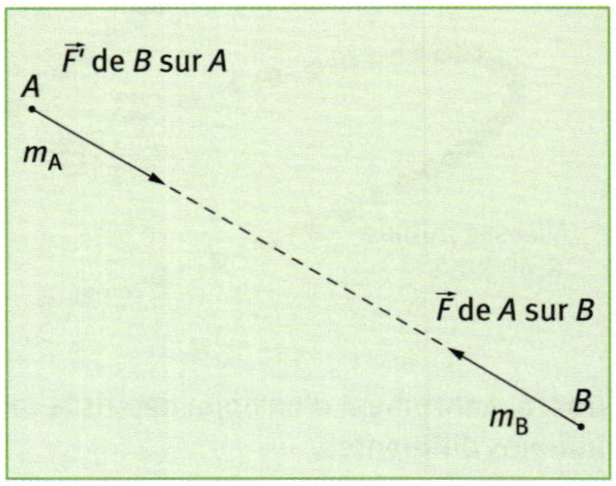

Doc. 8. Représentation des forces d'attraction gravitationnelle entre deux corps ponctuels.

2. Forces d'attraction gravitationnelle entre deux corps

2.1. Corps à répartition sphérique de masse

Un corps à répartition sphérique de masse est un corps sphérique dont la matière est répartie uniformément ou en couches sphériques autour de son centre. En première approximation, les étoiles, le Soleil, la Terre et les autres planètes peuvent être considérés comme des corps à répartition sphérique de masse.

Soit *C* un corps à répartition sphérique de masse. La force de gravitation exercée par *C* sur un corps de petite taille *B* est la même que celle créée par un corps de petite taille, de même masse que *C* et placé au centre de *C*.

2.2. Attraction gravitationnelle entre la Terre et un corps de petite taille

Soit un corps de petite taille, de masse m_{corps}, placé à une distance r ($r > R_{Terre}$) du centre de la Terre de masse M_{Terre}. Les forces s'exerçant entre la Terre et le corps sont attractives et de sens opposés. Leurs directions passent par le centre de la Terre et le corps.

Si on considère que la Terre est un corps à répartition sphérique de masse, la valeur *F* des forces d'attraction gravitationnelle entre la Terre et le corps s'écrit :

$$F = \frac{GM_{Terre}m_{corps}}{r^2} \quad \text{avec } M_{Terre} = 5{,}98 \cdot 10^{24} \text{ kg.}$$

On exprime souvent la valeur de ces forces de la manière suivante :

$$F = G\, M_{Terre}\, m_{corps}/(R_{Terre} + z)^2$$

avec z l'altitude à laquelle se trouve le corps et R_{Terre} le rayon de la Terre, égal à 6 380 km.

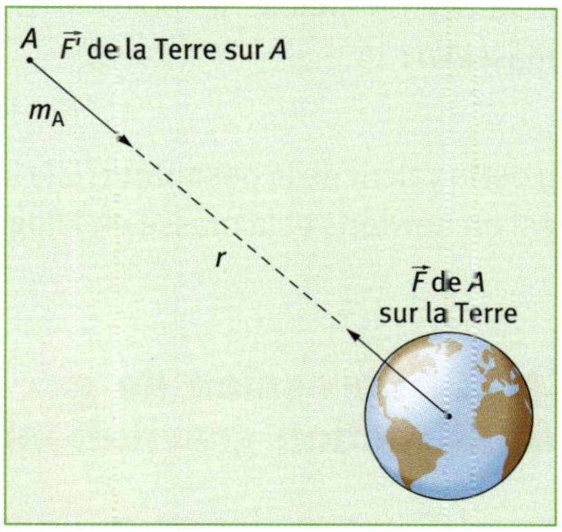

Doc. 9. Représentation des forces d'attraction gravitationnelle entre la Terre et un corps de petite taille.

2.3. Attraction gravitationnelle entre deux corps à répartition sphérique de masse

Soit *F* la valeur de la force d'attraction gravitationnelle entre deux corps à répartition sphérique de masse, de centres *A* et *B* et de masses M_A et M_B. Cela revient à considérer les forces d'attraction entre deux points *A* et *B* de masses M_A et M_B (comme la Terre et la Lune). Ces forces attractives ont donc pour direction la droite *AB* et ont même valeur :

$$F = G\, M_A M_B/d^2 \quad \text{avec } d = AB$$

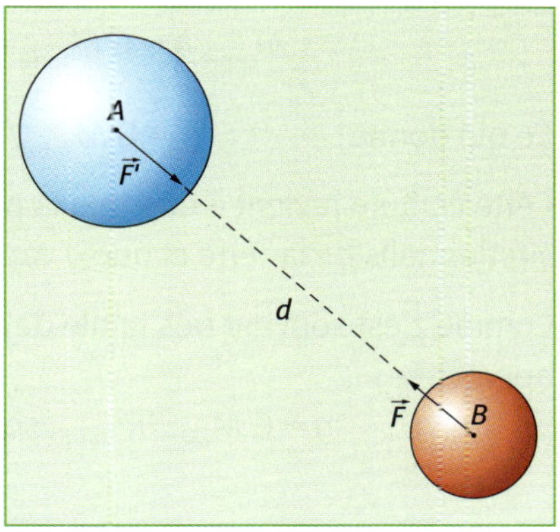

Doc. 10. Représentation des forces d'attraction gravitationnelle entre deux corps à répartition sphérique de masse.

COURS

3. Poids d'un objet

3.1. Définition

Le **poids d'un objet** est la force qu'il subit au voisinage immédiat de la Terre.

En seconde, nous admettrons que **le poids d'un objet est simplement la force d'attraction gravitationnelle exercée par la Terre sur l'objet.**

– Direction du poids : on considère qu'il est dirigé suivant une droite passant par le centre de la Terre et le centre du corps. En un point de la surface terrestre, la direction du poids est la **verticale** en ce point.

– Sens du poids : le poids est la force d'attraction de la Terre sur l'objet. Il est dirigé **vers le centre de la Terre**.

– Valeur du poids : le poids P d'un corps est proportionnel à sa masse m :

$$P = m \cdot g$$

g est la valeur de la **pesanteur**. Elle s'exprime en $N \cdot kg^{-1}$ quand le poids est en newtons et la masse en kilogrammes.

Doc. 11. Isaac Newton (1642–1727) a donné en 1687 une loi générale expliquant à la fois le mouvement des planètes et l'existence du poids.

3.2. Expression de *g* et attraction gravitationnelle

Le poids est égal à la force d'attraction de la Terre sur l'objet :

$$P = F_{Terre/objet}.$$

Si z est l'altitude à laquelle se trouve le corps et R_{Terre} le rayon de la Terre, l'égalité des forces s'écrit :

$$m_{objet}\, g = G\, M_{Terre}\, m_{objet}/(R_{Terre} + z)^2.$$

Ce qui donne : $\boldsymbol{g = G\, M_{Terre}/(R_{Terre} + z)^2}$.

Cette écriture revient à dire que la pesanteur est due à l'attraction gravitationnelle de la Terre et que g varie avec l'altitude z.

Comme z est souvent très faible devant R_{Terre}, on admet comme valeur approchée :

$$g = G\, M_{Terre}/R^2_{Terre}, \text{ soit : } \boldsymbol{g = 9{,}80\ N \cdot kg^{-1}}.$$

3.3. Le poids dépend de la position sur la Terre

La verticale en un lieu est la direction du poids, qui passe par le centre de la Terre. Pour deux points peu éloignés, ces directions paraissent parallèles, mais elles ne le sont pas.

Le poids dépend de l'altitude. Plus un corps s'élève, plus son poids est faible, alors que sa masse reste constante. Le poids d'un corps est plus faible à l'équateur qu'aux pôles. En effet, la Terre n'est pas exactement sphérique, elle est légèrement aplatie aux pôles. Les pôles sont donc moins éloignés du centre de la Terre que les points de l'équateur.

Pour une altitude nulle,
– à l'équateur : $g = 9{,}79\ N \cdot kg^{-1}$;
– aux pôles : $g = 9{,}83\ N \cdot kg^{-1}$;
– à Paris : $g = 9{,}81\ N \cdot kg^{-1}$.

3.4. Poids d'un objet sur la Lune

On considère que la Lune est un corps à répartition sphérique de masse. La valeur de la force gravitationnelle exercée par la Lune sur un objet situé à sa surface est :

$$F = G\, m_{objet} M_{Lune}/R^2_{Lune} \quad \text{soit} \quad F = m_{objet} \cdot g_{Lune}$$

où g_{Lune} est la pesanteur à la surface de la Lune.

Le rayon de la Lune étant égal à $R_{Lune} = 1\,740$ km et la masse de la Lune à $M_L = 7{,}35 \cdot 10^{22}$ kg, la pesanteur sur la Lune est égale à :

$$\mathbf{g_{Lune} = 1{,}62\ N \cdot kg^{-1}}.$$

On a : $g_{Terre}/g_{Lune} = 9{,}80/1{,}62 = 6{,}04$.

Ainsi, le même objet pèse six fois moins lourd sur la Lune que sur la Terre.

Doc. 12. La pesanteur est plus faible sur la Lune que sur Terre.

4. Trajectoire d'un projectile au voisinage de la Terre

4.1. Forces exercées sur un projectile dans l'air

Un **projectile** est un corps lancé dans l'air au voisinage de la Terre.

Dans l'air, un corps est soumis à son poids et à la force exercée par l'air sur le projectile. Si on néglige les forces de frottements exercées par l'air sur le corps, le projectile retombe en **chute libre**.

En seconde, nous ne considérerons que des chutes libres.

Les forces agissant sur un projectile en chute libre ne se compensent pas. Au voisinage de la Terre, le projectile en chute libre n'est soumis qu'à son poids. Le principe d'inertie permet de conclure que le **mouvement du centre du projectile n'est pas rectiligne uniforme**.

Exemple ➡ Activité 1 : Les forces appliquées sur la bille en chute libre ne se compensent pas. La bille est soumise uniquement à son poids. Son mouvement n'est pas rectiligne uniforme **questions 1 et 2, p. 277**.

4.2. Influence de la vitesse de lancement

Les projectiles lancés depuis la Terre peuvent avoir deux types de trajectoires selon leur **vitesse initiale**.

Vitesse initiale nulle ou verticale

Le poids est la seule force exercée sur un corps en chute libre. La direction du poids est verticale. La trajectoire du corps reste donc verticale.

Si la **vitesse initiale** d'un corps en chute libre est nulle ou verticale, alors sa trajectoire est rectiligne et le mouvement n'est pas uniforme.

COURS

Vitesse initiale quelconque (non nulle et non verticale)

Une vitesse quelconque est composée d'une vitesse verticale et d'une vitesse horizontale (doc. 13).

Si la **vitesse initiale** d'un corps en chute libre n'est ni nulle ni verticale, alors sa trajectoire* est parabolique. La vitesse verticale varie, mais la vitesse horizontale reste constante car le poids est perpendiculaire à la vitesse horizontale à tout instant.

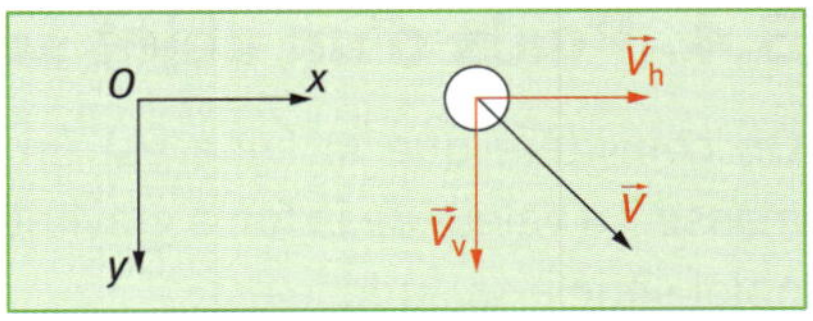

Doc. 13. On considère qu'une vitesse quelconque a une composante verticale V_v et une composante horizontale V_h.

Exemple ➜ Activité 1 : la bille lâchée sans vitesse initiale a un mouvement rectiligne. En revanche, quand la bille a une vitesse initiale horizontale, elle ne décrit pas une droite mais une parabole. En effet, le poids étant une force verticale, la vitesse verticale du centre de la bille augmente et la vitesse horizontale reste constante questions 3 et 5, p. 277. Dans le référentiel lié au sol, le mouvement de la balle lâchée par le cycliste est le même que celui de la bille qui tombe avec une vitesse initiale : c'est une parabole question 6, p. 277.

Exemple ➜ Au moment précis où le vélo quitte le sol (p. 275), il a une vitesse qui n'est ni verticale ni horizontale. Sa trajectoire est une parabole. La vitesse horizontale n'est pas modifiée.

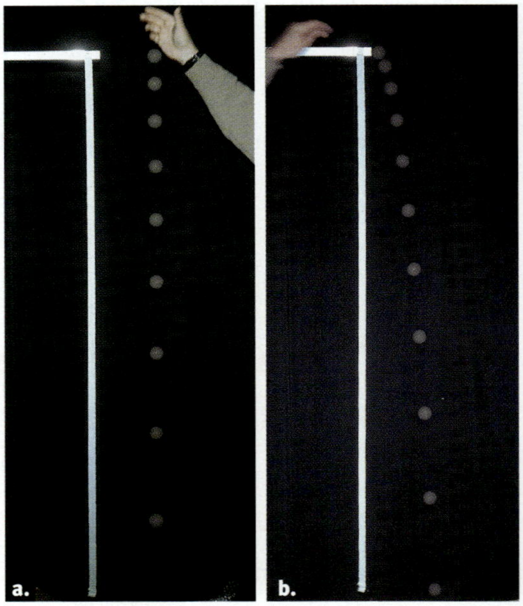

Doc. 14. Trajectoire d'une bille en chute libre sans vitesse initiale (a) et avec une vitesse initiale horizontale (b).

5. Mouvement de la Lune autour de la Terre

Dans un référentiel géocentrique, la trajectoire du centre de la Lune est une **ellipse quasi circulaire**. La valeur de sa vitesse peut être considérée comme constante au cours du mouvement, mais pas sa direction (➜ activité 3, question 1, p. 278). Le mouvement n'est pas rectiligne uniforme*. Le principe d'inertie permet de dire que la Lune est soumise à des forces qui ne se compensent pas.

La Lune peut être considérée comme un projectile en chute libre soumis à une force dirigée vers le centre de la Terre : la force d'attraction gravitationnelle (on néglige l'action du Soleil et des autres astres). Cependant la Lune ne tombe pas. En effet, sa vitesse initiale n'est ni nulle ni verticale. Sa valeur est suffisamment grande pour qu'elle ne retombe jamais sur la Terre et suffisamment petite pour qu'elle n'en s'éloigne pas. La Lune reste en orbite autour de la Terre.

Si à un instant *t*, la force gravitationnelle exercée par la Terre disparaissait brutalement, le mouvement du centre de la Lune deviendrait rectiligne uniforme (➜ activité 3, question 2, p. 278). Sa vitesse serait égale à celle qu'il avait à l'instant *t* et la distance entre la Lune et le centre de la Terre augmenterait.

Doc. 15. La Lune, satellite naturel de la Terre.

La force gravitationnelle exercée par la Terre tend donc à modifier la trajectoire à chaque instant, ce qui la rend courbe (➡ activité 3, question 3, p. 278). En revanche, cette force ne modifie pas la valeur de la vitesse. C'est toujours le cas quand les forces appliquées sont perpendiculaires à la direction de la vitesse du corps en mouvement.

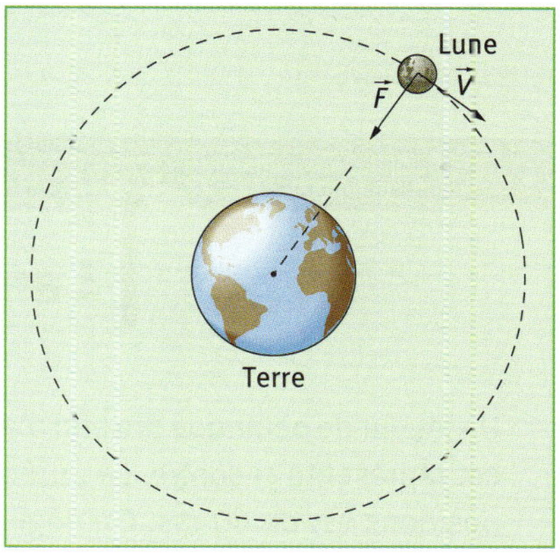

Doc. 16. La Lune reste en orbite autour de la Terre. ▶

L'ESSENTIEL

Ce qu'il faut savoir

La force d'attraction gravitationnelle

✔ Deux objets ponctuels A et B ou deux objets à répartition sphérique de masse, de centres A et B, de masses m_A et m_B, exercent l'un sur l'autre une force d'attraction gravitationnelle ayant pour caractéristiques :
– direction : la direction de la droite AB ;
– sens : la force exercée par A sur B est dirigée vers A, celle exercée par B sur A est dirigée vers B ;
– valeur : les forces exercées par A sur B et par B sur A ont la même valeur :

$$F = \frac{G m_A m_B}{AB^2}$$

avec G la constante universelle de gravitation : $6{,}67 \cdot 10^{-11}\ m^3 \cdot kg^{-1} \cdot s^{-2}$.

Le poids d'un objet

✔ Le poids d'un objet est égal à la force d'attraction gravitationnelle exercée par la Terre sur l'objet. Sa direction est la verticale du lieu.

✔ $P = m \cdot g$ avec g la valeur de la pesanteur égale en moyenne à $9{,}80\ N \cdot kg^{-1}$.

✔ La valeur du poids varie selon le lieu et l'altitude.

Mouvement d'un projectile

✔ Les forces agissant sur un corps en **chute libre** ne se compensent pas. Au voisinage de la Terre, le projectile n'est soumis qu'à son poids. Le mouvement de son centre n'est pas rectiligne uniforme. Sa trajectoire dépend de sa vitesse initiale.

✔ Si la vitesse initiale est nulle ou verticale, alors sa trajectoire est rectiligne.

✔ Si la vitesse initiale n'est ni nulle ni verticale, alors sa trajectoire est parabolique.

À revoir : la fiche 11.

COURS

EXERCICES

EXERCICE RÉSOLU

Lancer d'une boule de pétanque

Un joueur de pétanque tire afin d'atteindre une boule de masse $m = 700$ g. Le mouvement du centre de la boule est représenté ci-contre. La durée qui s'écoule entre deux positions est de 40 ms. On néglige l'action de l'air sur la boule.

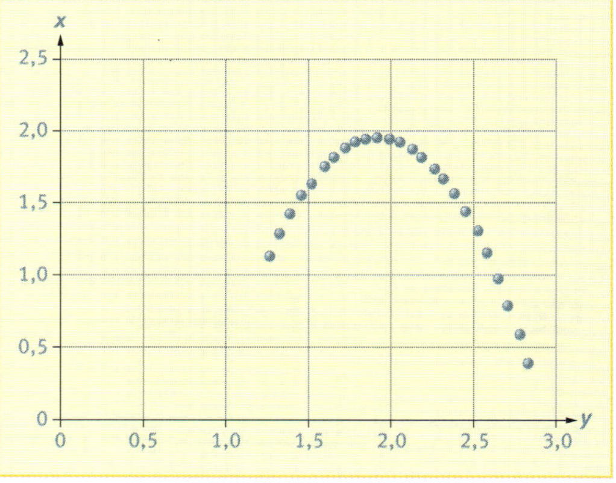

1. Donner l'expression de la valeur de la force gravitationnelle F exercée par la Terre sur la boule et calculer sa valeur quand la boule est à un mètre du sol.

2. Calculer le poids de la boule et comparer sa valeur à celle de la force d'attraction exercée par la Terre.

3. D'après l'allure de la trajectoire, que peut-on dire sur la vitesse de lancement de la boule et en particulier sur sa direction ?

4. Comparer cette direction avec celle du poids de la boule.

5. Le tireur peut-il atteindre son objectif s'il donne à la boule une autre vitesse initiale ?

Données : G = $6{,}67 \cdot 10^{-11}$ SI ; masse de la Terre $M_T = 6 \cdot 10^{24}$ kg ; rayon de la Terre $R_T = 6\,400$ km ; $g = 9{,}80$ N · Kg^{-1}.

CONSEILS

1. *Attention aux unités. Dans le système international, les masses sont en kilogrammes, les distances en mètres et les forces en newtons.*
1 km = 10^3 m ; 1 g = 10^{-3} kg.

3. *Quand la vitesse initiale du projectile est nulle ou verticale, sa trajectoire est rectiligne, sinon elle est parabolique.*

4. *La boule est soumise uniquement à son poids qui a une direction verticale.*

5. *La valeur, la direction et le sens de la vitesse déterminent la trajectoire.*

SOLUTION

1. Si m est la masse de la boule et d la distance de la boule au sol, la force d'attraction gravitationnelle a pour valeur :
$F = G\, m\, M_T/(R_T + d)^2$.
A.N. $F = 6{,}67 \cdot 10^{-11} \times 700 \cdot 10^{-3} \times 6 \cdot 10^{24}/(6\,400 \cdot 10^3 + 1)^2 = 6{,}84$ N.

2. Par définition, le poids P de la boule est égal à :

$$P = m \cdot g$$

avec g la valeur de la pesanteur.
A.N. $P = 700 \cdot 10^{-3} \times 9{,}8 = 6{,}86$ N.
P et F sont, en première approximation, égales. On peut dire que le poids est égal à la force d'attraction gravitationnelle exercée par la Terre sur la boule.

3. La boule n'a pas une trajectoire rectiligne, donc elle a une vitesse de lancement non nulle et non verticale. Comme la première partie de la trajectoire est dirigée vers le haut, la vitesse initiale de lancement a une direction oblique vers le haut.

4. La direction de la vitesse de lancement est différente de celle de la force exercée sur la boule : c'est pourquoi la trajectoire est courbe.

5. Il y a plusieurs trajectoires courbes possibles passant par la cible. Le tireur peut lancer la boule avec d'autres vitesses de lancement, en direction et en valeur. Cependant, la direction doit toujours être oblique et dirigée vers le haut. Il faut ensuite ajuster la valeur de cette vitesse pour atteindre l'objectif.

VÉRIFIEZ VOS CONNAISSANCES

Questions

1 Donner l'expression de la valeur de la force d'attraction gravitationnelle entre deux masses m_A et m_B, en précisant les unités de mesure des différentes grandeurs.

2 Quelle est la valeur de la constante de gravitation dans le système international ?

3 Qu'est-ce que le poids d'un corps ?

4 Qu'appelle-t-on la chute libre d'un corps ?

5 Les forces exercées sur un projectile dans l'air se compensent-elles ?

QCM

6 Un corps au voisinage de la Terre qui ne tombe pas :

a. n'est pas soumis à l'attraction gravitationnelle de la Terre ;

b. est soumis à une deuxième force qui compense la force gravitationnelle ;

c. est en orbite autour de la Terre.

7 La Lune subit l'attraction gravitationnelle :

a. de la Terre mais pas celle du Soleil ;

b. seulement de la Terre et du Soleil ;

c. de toutes les planètes et du Soleil.

8 Quand on lance un corps dans l'air :

a. il retombe toujours verticalement ;

b. sa trajectoire dépend de sa vitesse initiale ;

c. sa trajectoire est indépendante de sa masse.

9 Un satellite ne retombe pas sur la Terre parce que :

a. il n'est plus soumis à l'attraction gravitationnelle de la Terre ;

b. il est attiré par la Lune ;

c. il a été lancé avec une vitesse suffisante, adaptée en direction, sens et valeur.

10 Le poids d'un homme sur la Lune n'est pas le même que sur la Terre car :

a. il est très loin de la Terre ;

b. la masse et le rayon de la Lune sont différents de ceux de la Terre ;

c. la masse de l'homme a changé.

EXERCICES D'APPLICATION

Force gravitationnelle et poids

11 Une balle de ping-pong a une masse de 2,5 g.

1. Quel est son poids à Paris au niveau du sol ? $g_{Terre} = 9{,}80 \text{ N} \cdot \text{kg}^{-1}$.

2. Même question si la balle est sur la Lune. $g_{Lune} = 1{,}62 \text{ N} \cdot \text{kg}^{-1}$.

12 On admet que le poids d'un corps est égal à la force d'attraction gravitationnelle exercée par la Terre sur le corps. Un satellite artificiel de la Terre a une masse de 80 kg.

1. Quel est le poids du satellite au sol ?

2. Quel est le poids du satellite lorsqu'il est à 18 km d'altitude ?

Données : $g = 9{,}8 \text{ N} \cdot \text{kg}^{-1}$.

Masse de la Terre : $M_T = 5{,}98 \cdot 10^{24}$ kg.

Rayon de la Terre : $R_T = 6\,400$ km.

Constante de gravitation : $G = 6{,}67 \cdot 10^{-11}$ SI.

13 Avec son équipement, un astronaute sur la Lune a une masse de 130 kg.

1. Calculer le poids de l'astronaute sur Terre.

2. Calculer le poids de l'astronaute sur la Lune (on considère que le poids sur la Lune est égal à la force d'attraction gravitationnelle exercée par la Lune).

Données : $g = 9{,}8 \text{ N} \cdot \text{kg}^{-1}$.

Constante de gravitation : $G = 6{,}67 \cdot 10^{-11}$ SI.

Rayon de la Lune : $R_L = 1\,740$ km.

Masse de la Lune : $M_L = 7{,}35 \cdot 10^{22}$ kg.

14 La Terre a une masse de $5{,}98 \cdot 10^{21}$ tonnes, la Lune une masse égale à 1/83 de la masse de la Terre. La distance Terre-Lune varie entre 356 375 km et 406 720 km.

1. Exprimer la valeur de l'attraction gravitationnelle entre les deux astres.

2. Calculer la valeur des forces d'attraction gravitationnelle entre la Terre et la Lune quand la distance entre les deux astres :

a. est la plus petite ;

b. est la plus grande.

15 La Terre a une masse de $5{,}98 \cdot 10^{21}$ tonnes, le Soleil une masse de $1{,}97 \cdot 10^{30}$ kg. La distance Terre-Soleil varie entre 147,1 et 152,1 millions de kilomètres.

1. Exprimer la valeur de l'attraction gravitationnelle entre les deux astres.

2. Calculer la valeur des forces d'attraction gravitationnelle entre la Terre et le Soleil quand la distance entre les deux astres :

a. est la plus petite ;

b. est la plus grande.

EXERCICES

Étude de mouvements de chute

16 La chronophotographie ci-dessous représente les mouvements de deux balles qui tombent simultanément, l'une avec une vitesse initiale nulle, l'autre avec une vitesse initiale non nulle.

1. Montrer :

a. que la vitesse horizontale n'est pas modifiée au cours du mouvement ;

b. que les variations de vitesse verticale sont identiques.

2. Interpréter ces résultats en faisant intervenir l'action du poids.

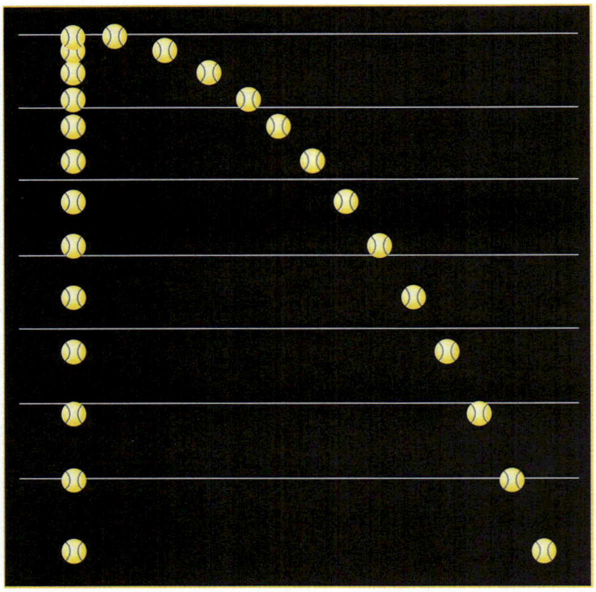

Mouvements de corps célestes

17 La station *Mir* est en orbite autour de la Terre et passe régulièrement au-dessus de la France.

1. Que peut-on dire de la vitesse d'un cosmonaute habitant la station *Mir* dans le référentiel géocentrique ?

2. Un cosmonaute effectue une réparation en dehors de la station. Il est accroché à la station et lâche malencontreusement son outil qui reste à côté de lui dans l'espace.

a. L'outil est-il immobile dans le référentiel de *Mir* ? Dans le référentiel géocentrique ?

b. Quelle trajectoire décrira cet outil dans le référentiel géocentrique ?

18 Un astéroïde s'approche d'une planète. Le schéma ci-dessous montre les mouvements éventuels de l'astéroïde sous l'effet de l'attraction gravitationnelle de la planète. Parmi ceux-ci, certains sont impossibles. Lesquels ? Argumenter votre réponse.

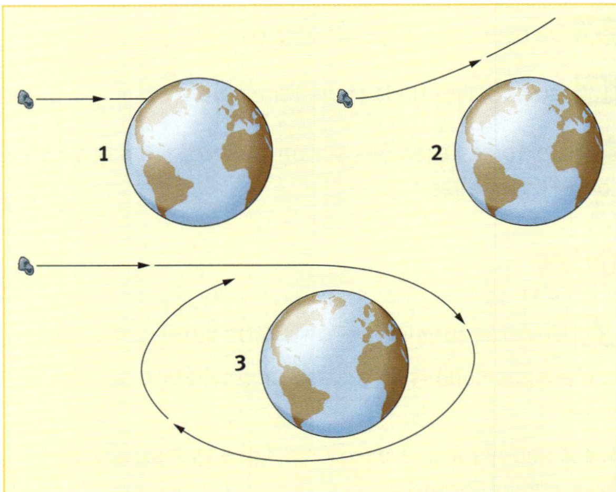

19 Un objet de masse m est accroché à un fil dont l'autre extrémité est fixe. L'objet tourne et le fil reste tendu. On étudie le mouvement du centre de l'objet dans un référentiel terrestre : il est circulaire uniforme. On néglige le poids de l'objet et les forces de frottement.

1. Quelles sont les forces qui s'appliquent sur l'objet ?

2. Quelle est la trajectoire du centre de l'objet ?

3. Quelle est la cause de ce mouvement ?

4. Comparer le mouvement de cet objet et celui du centre de la Lune autour de la Terre, dans le référentiel géocentrique.

EXERCICES DE SYNTHÈSE

20 ★ **Navette spatiale entre la Terre et la Lune**

On considère une navette spatiale se déplaçant de la Terre vers la Lune. On appelle d la distance du centre de la Terre à la navette, de masse 1 800 kg.

1. Exprimer la force d'attraction gravitationnelle exercée par la Terre sur la navette.

2. Exprimer la force d'attraction gravitationnelle exercée par la Lune sur la navette.

3. À quelle distance d_0 de la Terre les deux forces d'attraction précédentes auront-elles la même valeur ?

4. Les forces appliquées sur la navette se compensent-elles quand elle se trouve à la distance d_0 de la Terre ?

Données :

Masse de la Terre : $M_T = 5{,}98 \cdot 10^{21}$ tonnes ;
Masse de la Lune : 1/83 de la masse de la Terre ;
Distance Terre-Lune : $3{,}80 \cdot 10^5$ km.

21 ★ Cosmonaute en apesanteur

On considère un cosmonaute dans la station *Mir*. Il est en apesanteur, c'est-à-dire qu'il semble ne pas avoir de poids : il n'est pas plaqué contre une des parois de la station. Pourquoi ?

22 ★ Satellite artificiel

Dans le référentiel géocentrique, un satellite artificiel de masse m_S décrit une orbite circulaire de rayon r_S et de même centre que la Terre, de masse M_T et de rayon R_T.

1. Rappeler les caractéristiques du référentiel géocentrique.

2. Soit G la constante de gravitation ($G = 6{,}67 \cdot 10^{-11}$ SI). Exprimer en fonction de G, M_T, m_S, R_T et r_s, la valeur de la force d'attraction gravitationnelle exercée par la Terre sur le satellite au niveau du sol (F_0), puis au niveau de l'orbite du satellite (F_S).

3. Calculer l'altitude du satellite si $F_S = F_0/16$.

Donnée numérique : $R_T = 6\,370$ km.

23 ★ Alignement d'astres

Les centres du Soleil, de la Terre et de la Lune sont parfois alignés.

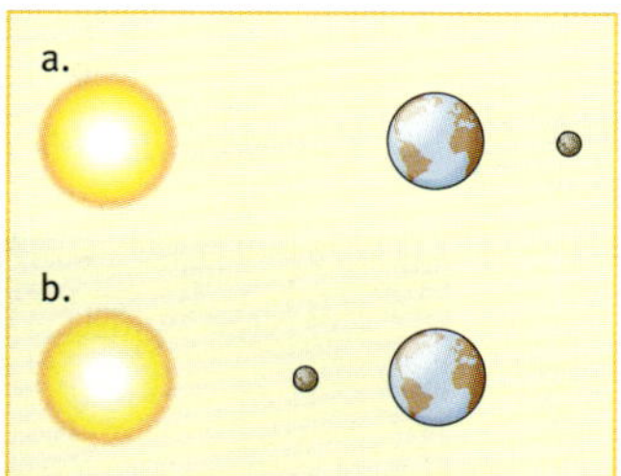

1. Calculer la valeur de la force d'attraction gravitationnelle exercée par le Soleil sur la Terre dans chacun des cas de la figure.

2. Calculer la valeur de la force d'attraction gravitationnelle exercée par le Soleil sur la Lune dans chacun des cas de la figure.

3. On considère qu'une force F_1 est négligeable par rapport à une force F_2 lorsque le rapport des valeurs est tel que $F_1/F_2 < 10^{-2}$.

La force d'attraction gravitationnelle du Soleil sur la Lune est-elle négligeable par rapport à celle de la Terre sur la Lune ?

Données :

Masse de la Terre : $M_T = 5{,}98 \cdot 10^{21}$ tonnes ;
Masse du Soleil : $M_S = 1{,}97 \cdot 10^{30}$ kg ;
Distance Terre-Soleil : 150 millions de kilomètres ;
Masse de la Lune : 1/83 de la masse de la Terre ;
Distance Terre-Lune : $3{,}80 \cdot 10^5$ km.

24 ★★ Tir à l'arc

1. Un tireur à l'arc vise une cible qui se trouve sur la même horizontale que sa flèche. Expliquer pourquoi il ne peut pas l'atteindre.

2. Au moment où la flèche part, la cible tombe en chute libre sans vitesse initiale. On néglige les frottements de l'air. Expliquer pourquoi la flèche pourrait alors toucher la cible avant qu'elle n'atteigne le sol.

25 ★★ Coup franc

Lors d'un coup franc, les bons joueurs de football savent lancer le ballon de manière à ce qu'il contourne le « mur » interposé entre eux et le but.

1. Le ballon peut-il passer au-dessus du mur en n'envisageant que l'action du poids sur le ballon ? Argumenter votre réponse.

2. Le ballon peut-il passer à côté du mur et rentrer dans le but en n'envisageant que l'action du poids sur le ballon ? Quelles sont alors les forces d'action à distance et celles de contact ?

26 ★★ Balle lancée par un cycliste

La chronophotographie de la trajectoire d'une balle lâchée par un cycliste pendant qu'il roule est représentée ci-dessous. La bicyclette a un mouvement rectiligne uniforme. Les clichés ont été pris toutes les 40 ms. La largeur du but de hand-ball est égale à 3,12 mètres.

1. Calculer la vitesse moyenne de la balle sur l'ensemble de la trajectoire.

2. Calculer la vitesse moyenne du déplacement horizontal entre les deux premières positions photographiées, puis entre les deux suivantes et enfin entre les positions 9 et 10. Conclure.

3. Même question pour la vitesse moyenne verticale.

DOCUMENTS

Collisions de corps célestes

Dans le passé, la Terre a été la cible de bombardements célestes. Cette activité est encore aujourd'hui importante dans tout le système solaire.

Doc. 1. La zone dévastée par l'explosion de la comète s'étend sur plus de 200 kilomètres carrés.

L'événement de Tunguska

« Le 30 juin 1908 à 7 h 17, en Sibérie dans la région isolée de Tunguska, une explosion assourdissante se fait entendre, accompagnée d'une lueur très vive. Deux cents kilomètres plus loin, un objet de forme irrégulière et allongée, d'un blanc intense, est remarqué. À 500 km, des bruits sourds se font entendre. À 1 000 km, des vibrations sismiques sont enregistrées. Plusieurs semaines après l'explosion, le ciel nocturne d'Europe et de Russie restera anormalement brillant. L'hypothèse d'une météorite tombée après s'être fragmentée est avancée. En 1921, l'expédition dirigée par le Russe Kulik, constate que les arbres ont été brûlés et abattus dans une zone de 30 km de rayon. Les observations successives ont permis de déduire que l'explosion a eu lieu à 6 ou 8 km d'altitude et qu'elle était équivalente en puissance à une bombe de 15 millions de tonnes de TNT, soit 1 000 fois la puissance de celle qui a dévasté Hiroshima en 1945. L'objet se déplaçait à une vitesse d'environ 30 $km \cdot s^{-1}$, soit 108 000 $km \cdot h^{-1}$. Plusieurs éléments plaident en faveur d'une collision avec une comète, plutôt qu'avec une météorite ou un astéroïde. Les risques de collision avec un astéroïde d'une dizaine de kilomètres de diamètre sont évalués à un tous les 60 millions d'années, ceux d'un impact d'un objet comme celui de Tunguska à un par siècle.

QUESTIONS

1. Pourquoi certains objets célestes peuvent-ils percuter des astres ?
2. Pourquoi l'objet de Tunguska a-t-il explosé en altitude ?
3. Quelle est la différence fondamentale entre la Terre et Jupiter ?
4. Quelles sont les particularités de la comète Shoemaker-Levy 9 ? Citer le nom d'autres comètes.
5. Le spectre d'émission de Jupiter a été modifié pendant l'impact. Pourquoi ?

La comète Shoemaker-Levy 9 percute Jupiter

En mars 1993, Carolyn et Gene Shoemaker découvrent avec David Levy une comète, composée d'une vingtaine de fragments, qui tourne autour de Jupiter et non pas du Soleil. La collision prévue entre Shoemaker-Levy 9 et Jupiter est observée de tous les points du globe. Pendant une semaine, entre le 16 juillet, date de la collision du premier fragment, et le 22 juillet, date de la dernière collision enregistrée, les télescopes du monde entier suivent en direct cet événement. Les instruments de la sonde spatiale *Galileo* sont les seuls à enregistrer les impacts au moment de la collision. Les fragments pénètrent à plus de 200 000 $km \cdot h^{-1}$ dans l'atmosphère de Jupiter. Au point d'impact, un monstrueux panache de gaz s'élève à plus de 1 000 km au-dessus de l'atmosphère. La collision entre la comète et Jupiter est une source de renseignements précieux sur la composition chimique des couches profondes de l'atmosphère de Jupiter et sur la structure interne de la planète. »

D'après Philippe Bendjoya, *Collisions dans le système solaire*, Belin, 1998.

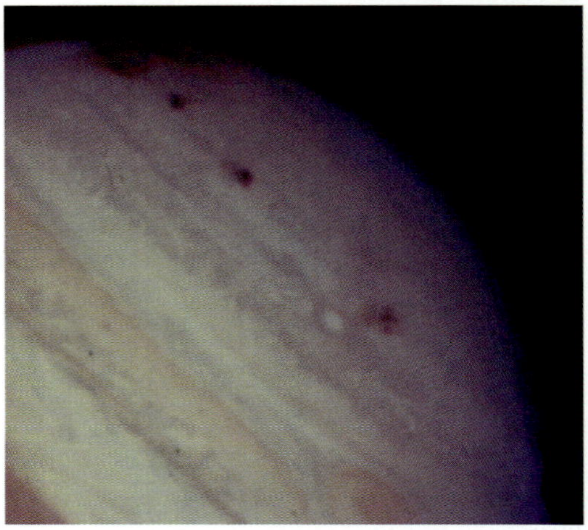

Doc. 2. Quelques sites d'impacts provoqués par la chute de la comète Shoemaker-Levy 9. Les sites d'impacts les plus importants sont aussi grands que la Terre.

Le cadran solaire est un dispositif très ancien, qui permet d'estimer l'heure solaire locale (ici un cadran solaire moderne au Futuroscope de Poitiers). Sur quels principes repose la mesure du temps ?

24

LE TEMPS

OBJECTIFS

- Savoir que les étalons de temps sont fondés sur des phénomènes périodiques.
- Connaître les définitions de la période et de la fréquence.
- Connaître différents modes de mesure du temps : les phénomènes astronomiques et les horloges.

La course du Soleil dans le ciel, la succession des **jours** et des **saisons**, les **phases de la Lune** sont des moyens de se repérer dans le temps. L'homme en a recherché d'autres. Il a inventé des **horloges** de plus en plus performantes. Toutes ces méthodes de mesure du temps reposent sur la définition d'un **étalon de durée** : un intervalle de temps qui sert de référence.

Activité expérimentale 1

Les mouvements de la Terre

L'étude d'une maquette représentant la Terre, la Lune et le Soleil va nous permettre d'interpréter l'alternance des jours et des saisons, ainsi que les phases de la Lune.

Matériel

– Maquette Terre-Soleil-Lune.

Manipulation

- Repérer sur le globe terrestre le pôle Nord, le pôle Sud, l'équateur, l'hémisphère nord, l'hémisphère sud.
- Distinguer le mouvement du centre de la Terre autour du Soleil – qui se fait dans le plan de l'écliptique – du mouvement de rotation de la Terre autour de son axe polaire (axe de rotation).
- Positionner le dispositif pour qu'il soit minuit à Paris. Puis placer la Lune dans différentes positions pour montrer qu'elle peut nous apparaître pleine (pleine lune), sous forme d'un croissant, ou encore n'être pas visible (nouvelle lune).
- Repérer les villes Paris, Tokyo et Sydney.

Doc. 1. Une maquette du système astronomique Terre-Lune-Soleil.

Questions

1. La maquette présentée est-elle à l'échelle ?
2. Paris, Tokyo et Sydney sont-elles éclairées en même temps par le Soleil ?
3. Quel est le mouvement de la Terre qui nous impose une alternance des jours et des nuits ?
4. Proposez une définition du jour et de l'année.
5. Sur la photo du doc. 1, à quel moment de la journée la France se trouve-t-elle ?
6. Sur cette même photo, quelle est la saison dans l'hémisphère nord ? Pourquoi ? Quelle est la saison dans l'hémisphère sud ?
7. Quelle sera la position de la Terre 6 mois plus tard ?

Activité expérimentale 2

Le pendule

En 1657, le physicien néerlandais Christiaan Huygens utilise les propriétés des oscillations du pendule pour construire la première horloge mécanique. Ces propriétés ont été découvertes en 1602 par le savant italien Galilée. En étudiant un pendule simple, vous allez les retrouver par vous-mêmes.

Matériel

– Bobine de fil, paire de ciseaux, masses différentes munies d'un crochet, support-statif avec tiges, chronomètre.

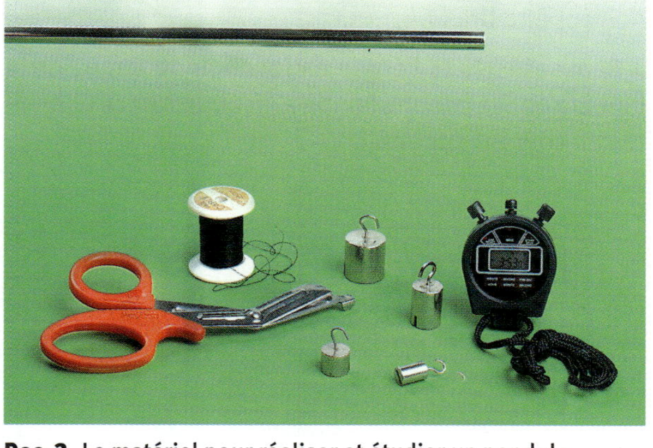

Doc. 2. Le matériel pour réaliser et étudier un pendule.

Manipulation 1

OBJECTIF : mesurer la période d'un pendule.

- Choisir une masse, couper un morceau de fil et réaliser un pendule.
- Faire osciller le pendule.

Questions

1. Quelle mesure peut-on effectuer sur ce pendule ?
2. Une fois le pendule lancé, son mouvement se reproduit-il toujours exactement de la même façon ?
3. On appelle « période » la durée d'une oscillation complète. Qu'est-ce qu'un phénomène périodique ?
4. Décrivez une oscillation complète.
5. Proposez des méthodes pour mesurer la période des oscillations (notée T) avec une bonne précision.

Manipulation 2

OBJECTIF : étudier les paramètres influant sur la période du pendule.

- Répéter les mesures de période en changeant successivement :
  - la masse ;
  - la longueur du fil ;
  - la façon de lancer le pendule.

Questions

6. Quels sont les paramètres qui agissent sur la période du pendule ?
7. Réalisez une série de mesures de la période T pour différentes valeurs de la longueur du pendule. Les oscillations doivent être de faible amplitude. On appellera L la longueur du pendule et on la mesurera entre l'extrémité supérieure du fil et le centre de la masse.
8. Proposez une méthode et un outil adapté pour vérifier que T est proportionnelle à $\sqrt{L}$ (➡ fiche 10).

ACTIVITÉS

Activité expérimentale **3**

Utilisation d'un oscilloscope

La période d'un pendule est simple à mesurer. En revanche, si on veut étudier un phénomène beaucoup plus rapide, il faut disposer d'outils adaptés. Parmi ceux-ci, on trouve l'oscilloscope.

Matériel

– Oscilloscope, générateur de tension alternative et continue 6 V-12 V.

– Lampe néon de la salle ou du tableau, petite lampe à incandescence, photorésistance, résistance de 4,7 kΩ.

Manipulation 1

OBJECTIF : mesurer la période d'une tension électrique alternative.

- Brancher aux bornes d'un oscilloscope un générateur de tension alternative 6 V (➜ fiche 12). Régler la sensibilité verticale et le balayage de façon à visualiser l'oscillogramme de la tension aux bornes du générateur.

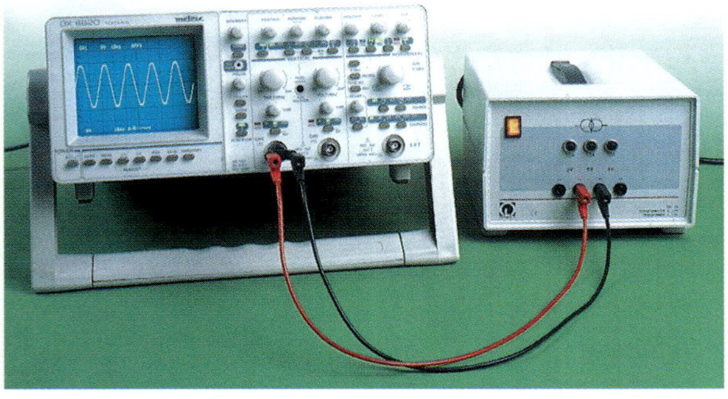

Doc. 3. Le montage et l'oscillogramme de la tension.

Questions

1. Comment peut-on qualifier le signal obtenu à l'écran ?
2. Réglez la valeur du balayage de façon à n'observer qu'une période complète du signal (doc. 4). Mesurez alors la valeur de cette période.

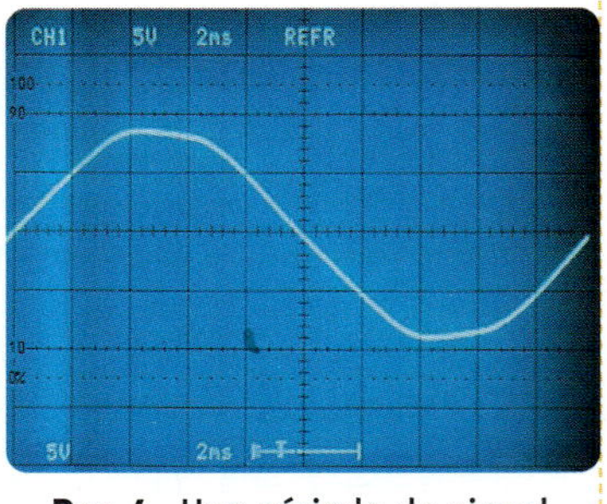

Doc. 4. Une période du signal (balayage 2 ms/DIV).

3. La fréquence du signal délivré par le générateur est celle du secteur, soit $f = 50$ hertz (Hz). Calculez $1/f$.
4. Comparez votre résultat à la période du signal que vous avez mesurée. Quelle est la relation entre f et T ?

Manipulation 2

OBJECTIF : mesurer la période d'un phénomène lumineux.

- Une photorésistance est un dipôle* dont la résistance varie en fonction de la manière dont il est éclairé. Plus la photorésistance est éclairée, plus sa résistance est faible.
- Réaliser le montage présenté sur le doc. 5 (➜ fiche 12). La tension visualisée sur l'écran de l'oscilloscope traduit les variations de l'intensité de la lumière reçue par la photorésistance.
- Avec ce dispositif, étudier en fonction du temps l'intensité de la lumière émise par un tube néon. (Pour réaliser ces mesures, tous les rideaux de la salle doivent être tirés.)
- Réaliser ensuite l'étude en fonction du temps de la lumière émise par une lampe à incandescence alimentée en courant alternatif.

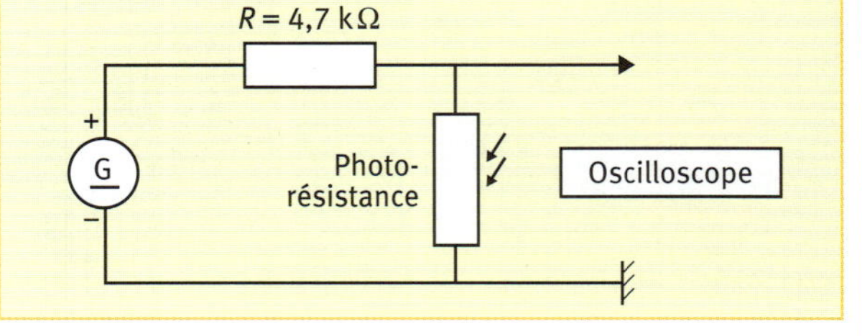

Doc. 5. Le schéma du montage.

Questions

5. Quelle information l'oscilloscope apporte-t-il sur les lumières émises par le tube néon et la lampe à incandescence ?
6. Calculez les périodes et les fréquences des signaux obtenus dans les deux cas.
7. Ce que révèlent les oscillogrammes est-il perçu par l'œil ?

1. Notion de temps

Le **temps** est une grandeur physique dont l'unité légale est la seconde (s).

Dans le chapitre 21 « La relativité du mouvement », par exemple, le temps nous a permis de décrire la succession des positions d'un point mobile dans un référentiel et de déterminer sa vitesse.

2. SVT Les bases astronomiques du temps

Pour mesurer le temps, l'homme s'est d'abord référé à des phénomènes astronomiques **périodiques**, c'est-à-dire qui se reproduisent identiques à eux-mêmes à intervalles réguliers : l'alternance du jour et de la nuit, les saisons, les phases de la Lune.

Ces phénomènes sont liés à la rotation de la Terre autour de son axe polaire, qui est incliné par rapport à l'écliptique, à son mouvement de révolution autour du Soleil et au mouvement de la Lune autour de la Terre.

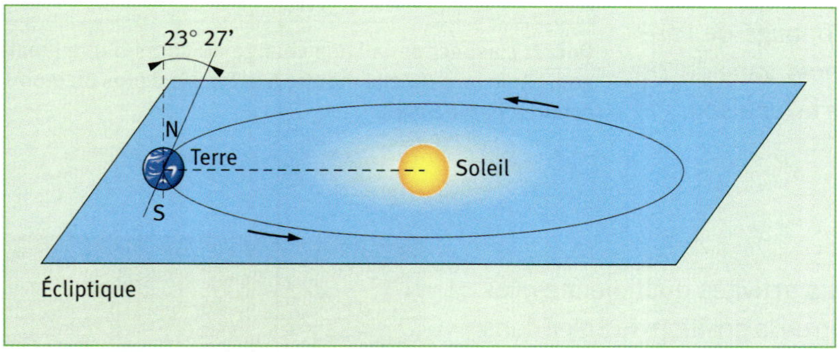

Doc. 6. Le mouvement de révolution de la Terre autour du Soleil. L'axe polaire de la Terre est incliné par rapport à l'écliptique.

2.1. Le jour

La succession des jours et des nuits est liée à la rotation de la Terre autour de son axe polaire. Les différents points de la Terre passent ainsi périodiquement dans la lumière du Soleil. Le **jour** peut être défini comme la durée mise par la Terre pour effectuer un tour complet autour de son axe (➜ activité 1 questions 3 et 4, p. 293).

1 jour (1 j ou 1 d) est égal à 24 heures (24 h).

2.2. SVT L'année

Une même saison nous revient au bout d'une durée appelée **année tropique**. Grâce, entre autres, au savant italien Galilée (1564-1642), nous savons que cette durée est approximativement celle que met la Terre pour boucler sa trajectoire autour du Soleil dans le référentiel héliocentrique (➡ activité 1 question 4, p. 293).

Une année tropique (1 a ou 1 a_{trop}) est égale à 365,242 19 jours.

L'alternance des saisons est due au fait que l'axe des pôles n'est pas perpendiculaire au plan de l'écliptique. Sur le doc. 6 par exemple, l'hémisphère nord reçoit plus d'énergie solaire que l'hémisphère sud. C'est l'été dans l'hémisphère nord et l'hiver dans l'hémisphère sud (➡ activité 1 question 6, p. 293). Six mois plus tard, ce sera le contraire.

2.3. La lunaison

La Lune tourne autour de la Terre. Suivant sa position par rapport à la Terre et au Soleil, elle nous apparaît différemment (doc. 7). Ce sont les différentes phases de la Lune, dont on trouve l'indication dans les calendriers.

On appelle **lunaison** (ou mois lunaire) la durée séparant deux nouvelles lunes successives. La durée moyenne d'une lunaison est de 29,530 589 j.

Très utilisée par les civilisations anciennes comme étalon de durée et comme référence de calendrier, la lunaison est pratiquement abandonnée de nos jours. Pourtant, elle est encore présente dans notre découpage de l'année en 12 mois. En effet, la durée d'un mois varie de 28 à 31 jours, encadrant les 29,530 jours de la lunaison.

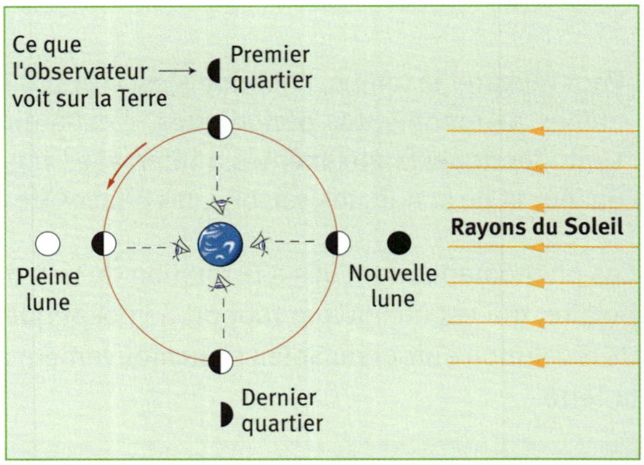

Doc. 7. L'aspect de la Lune change au cours d'une lunaison, car la face qu'elle montre à la Terre est plus ou moins éclairée par le Soleil.

2.4. L'heure

Pour connaître l'**heure** et ainsi régler leurs activités quotidiennes, les hommes ont d'abord considéré l'évolution de la position du Soleil dans le ciel. Ils déterminaient l'heure solaire locale en mesurant soit la longueur de l'ombre d'un gnomon (➡ chapitre 15, activité 1), soit la direction de l'ombre du style d'un **cadran solaire** (doc. p. 291).

La nuit, et les jours où les nuages cachaient le Soleil, ils utilisaient des sabliers ou des **clepsydres** (horloges à eau, doc. 8). Ce furent les premières horloges construites par l'homme qui ne s'appuient pas sur un phénomène astronomique.

La division du jour en 24 heures est une pratique très ancienne. 1 heure (1 h) comporte 60 minutes (60 min) et 1 minute comporte 60 secondes (60 s). Soit 1 h = 3 600 s et 1 j = 86 400 s.

Doc. 8. Reconstitution d'une clepsydre égyptienne. L'eau dans le récipient s'écoulait par un petit trou situé au fond. Le temps écoulé était mesuré à la surface, grâce aux marques intérieures.

3. D'autres phénomènes périodiques

3.1. Période d'un phénomène périodique

Les observations astronomiques ne sont pas toujours commodes ou ne permettent pas des mesures de temps précises. L'homme s'est donc efforcé d'élaborer des dispositifs plus performants. Pour cela, il a recherché d'autres phénomènes périodiques.

Un phénomène périodique est un phénomène qui se répète de la même manière à intervalles de temps réguliers. Sa **période** (notée T) est la plus petite durée au bout de laquelle il redevient identique à lui-même. L'unité légale pour exprimer une période est la **seconde.**

La période d'un phénomène périodique peut être utilisée comme **étalon de durée** : un intervalle de temps qui sert de référence pour la mesure du temps.

3.2. Fréquence

Lorsque le phénomène de référence est très rapide, on préfère le caractériser par sa **fréquence** f, plutôt que par sa période qui a une valeur très faible.

La **fréquence** est l'inverse de la période, soit :

$$f = \frac{1}{T}$$ T en seconde (s) ; f en **hertz (Hz)**

La fréquence correspond au nombre de périodes par seconde.

Lorsque la périodicité d'un phénomène n'est pas perceptible par l'œil, l'oscilloscope, ou bien un ordinateur avec une interface de mesure, permettent de mesurer la valeur de la période et d'en déduire la fréquence.

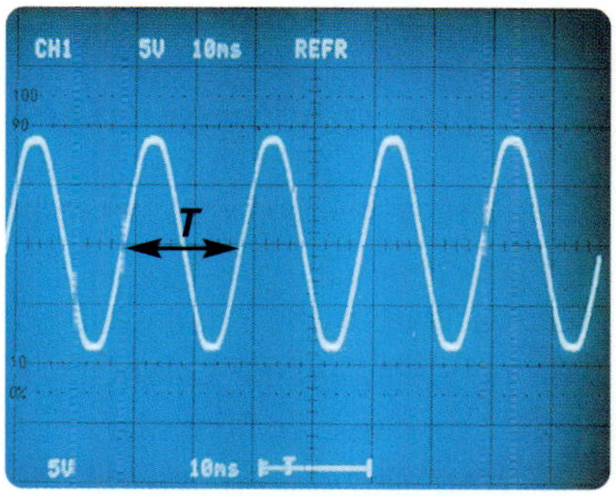

Doc. 9. L'oscillogramme d'une tension alternative variant très rapidement.

Exemple ➡ Activité 3 : sur le doc. 4, une période s'étend sur 10 divisions et la valeur du balayage est 2 ms/DIV. La période est donc égale à 20 ms question 2, p. 294. La valeur de la fréquence est : 1/(20 ms) = 50 Hz. C'est la fréquence de la tension alternative périodique délivrée par le secteur.

3.3. Le pendule

Vers 1602, Galilée découvre que les petites oscillations d'un pendule sont périodiques : l'amplitude du mouvement diminue au cours du temps, mais la durée d'un aller et retour de la masse (une oscillation complète) reste constante.

On peut choisir la période, c'est-à-dire la durée d'une oscillation, en réglant la longueur du pendule. La masse accrochée au bout du fil (lorsqu'elle est de petite dimension) n'a pas d'influence sur la période, de même que l'amplitude initiale lorsqu'elle est faible.

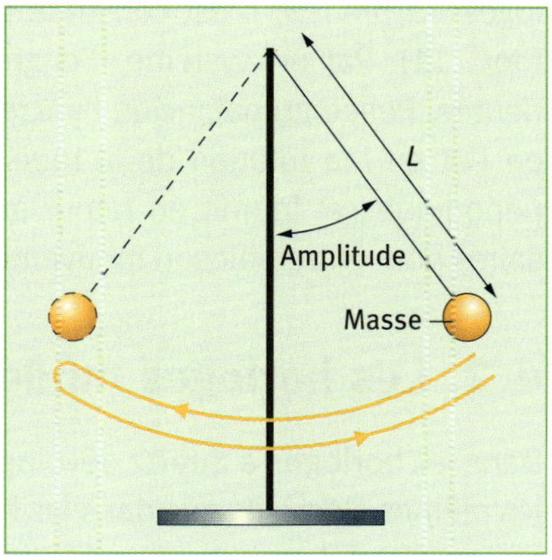

Doc. 10. La période des petites oscillations du pendule dépend de la longueur L, mais pas de l'amplitude ni de la masse (➡ activité 2 question 6, p. 293).

COURS

➡ **Activité 2 :** en utilisant un tableur ou un logiciel adapté (➡ fiche 10), on peut tracer T en fonction de $\sqrt{L}$, où L est la longueur du pendule question 8, p. 293. La courbe obtenue est une droite passant par l'origine. On en déduit que T est proportionnelle à $\sqrt{L}$.

L'amortissement des oscillations du pendule limite sa durée d'utilisation. Il faudra les entretenir si on veut utiliser la période du pendule comme étalon de durée.

4. Les horloges

La périodicité du pendule a trouvé son application dans la première horloge mécanique, inventée en 1657 par le physicien et astronome néerlandais Christiaan Huygens (1629-1695). Au cours des siècles suivants, la recherche d'une précision de plus en plus grande dans la mesure des durées, ou chronométrie, a conduit à la construction d'horloges de plus en plus performantes et fiables.

4.1. Les horloges mécaniques

Dans toutes les horloges mécaniques, on retrouve les mêmes éléments :

– un oscillateur (ou régulateur). Dans les grandes horloges, il s'agit d'un pendule, appelé **balancier**. L'oscillateur impose par sa période l'étalon de durée de l'horloge ;

– un dispositif d'entretien du mouvement de l'oscillateur. C'est le « poids » de l'horloge que l'on doit remonter de temps en temps. Accroché à un fil lui-même enroulé sur un tambour, il descend très lentement et sert à compenser l'amortissement du mouvement du pendule ;

– un mécanisme appelé **échappement**, qui relie le dispositif d'entretien du mouvement pendulaire au pendule lui-même. Dans les horloges « à poids », il est constitué d'une ancre et d'une roue dentée (doc. 11). Par un système d'engrenages, le poids entraîne la roue dentée. Reliée au balancier, l'ancre oscille, bloquant successivement en I et en J la rotation de la roue. Celle-ci tourne alors par à-coups périodiques et fournit en retour au balancier les impulsions nécessaires pour entretenir son mouvement.

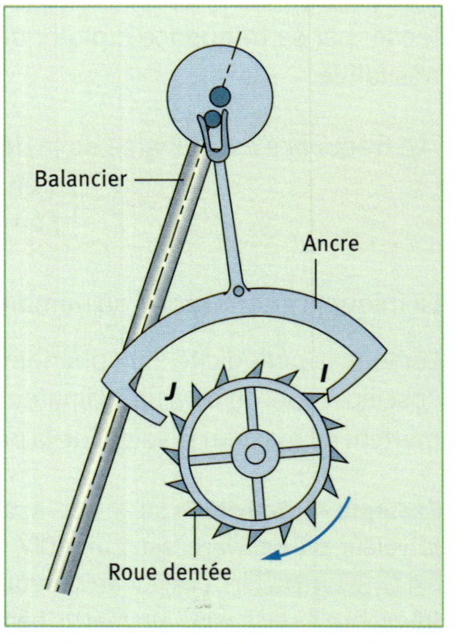

Doc 11 Le système d'échappement d'une horloge « à poids ».

4.2. Les horloges modernes

Dans les **horloges à quartz** développées à partir de 1930, on retrouve les mêmes éléments que dans les horloges mécaniques. Le régulateur est un cristal de quartz, qui vibre mécaniquement lorsqu'il est soumis à une tension électrique alternative. Une pile entretient les oscillations et un circuit électrique relie la pile à l'oscillateur, transformant la tension continue en une tension alternative.

Aujourd'hui, l'étalon international de temps est donné par des **horloges atomiques.** Apparues en 1954, celles-ci ont une précision implacable. Au bout de 15 millions d'années, le temps indiqué par deux d'entre elles ne différera au maximum que d'une seconde. L'oscillateur y est constitué par des atomes de césium.

L'ESSENTIEL

Ce qu'il faut savoir

Phénomènes périodiques

✔ Un **phénomène périodique** est un phénomène qui se reproduit identique à lui-même à intervalles réguliers. Pour mesurer le temps, il est nécessaire de rechercher un phénomène périodique dont la période permettra de définir un **étalon de durée.**

✔ On appelle **période** (notée T) la plus petite durée au bout de laquelle un phénomène périodique se reproduit identique à lui-même. La **fréquence** f est l'inverse de la période : $f = \frac{1}{T}$. Lorsque la période est mesurée en secondes, la fréquence est exprimée en **hertz (Hz).**

Phénomènes périodiques astronomiques

✔ Le **jour** est la durée mise par la Terre pour effectuer un tour complet autour de son axe de rotation. La durée du jour est égale à 24 heures.

✔ L'**année tropique** est la durée que met la Terre pour faire un tour complet sur son orbite autour du Soleil.

✔ La succession des différentes phases de la Lune est également un phénomène périodique qui a servi d'étalon de durée dans certains calendriers.

Les horloges

✔ Une horloge mécanique comporte trois organes essentiels : le **pendule** qui impose sa période comme étalon de durée ; un poids, dont la chute lente entretient les oscillations du pendule ; l'**échappement** qui joue le rôle d'intermédiaire entre le pendule et le poids.

Ce qu'il faut savoir faire

✔ Mettre en œuvre une technique de mesure de durée. Exprimer le résultat avec l'unité et un nombre de chiffres significatifs adéquats.

✔ Passer des années aux mois, aux jours, aux heures et réciproquement.

✔ Calculer la fréquence d'un phénomène périodique à partir de la période et réciproquement.

À revoir : les fiches 10 et 12.

COURS

EXERCICES

EXERCICE RÉSOLU

Convertir des durées en diverses unités

Dans le référentiel héliocentrique, la durée T que met la planète Mars pour parcourir la totalité de son orbite autour du Soleil est égale à 1,880 89 années tropiques.

1. Ce mouvement de Mars est-il périodique ?

2. Exprimer T en jours en justifiant le nombre de chiffres significatifs.

3. Donner la valeur en secondes de 0,001 jour. Peut-on exprimer T avec une précision meilleure que la minute ?

4. Exprimer T en années tropiques (a), jours (j), heures (h) et minutes (min).

5. La sonde *Viking 2* a été lancée de la Terre le 9 septembre 1975 pour une mission d'observation de Mars, autour de laquelle elle se mit en orbite le 7 août 1976. Sachant que 1976 est une année bissextile, déterminer la durée D de ce voyage en jours, puis en heures.

6. Une partie de la sonde était restée en orbite autour de Mars, alors qu'une autre partie s'était posée à la surface de cette planète. Les deux parties communiquaient entre elles à l'aide de signaux radio de fréquence égale à 880 MHz (M = méga = 10^6). Quelle est la période en nanosecondes de ces signaux ?

Donnée : 1 année tropique = 365, 242 19 jours.

CONSEILS	SOLUTION
1. *Penser au mouvement de la planète Terre.*	**1.** Les mouvements des planètes autour du Soleil sont périodiques. Le mouvement de Mars est donc périodique.
2. *Utiliser le nombre de jours dans une année tropique pour le calcul.* *Rechercher le nombre de chiffres significatifs des deux données utilisées et choisir le plus petit pour exprimer le résultat.*	**2.** $T = 1{,}880\,89 \times 365{,}242\,19 = 686{,}980$ j. On donne le résultat avec 6 chiffres significatifs, puisque T n'est donnée qu'avec 6 chiffres significatifs.
3. *Pour le calcul, utiliser le nombre de secondes dans un jour : 86 400. Si vous ne retenez pas ce chiffre, le retrouver en écrivant qu'il y a 24 heures dans 1 jour, 60 minutes dans 1 heure et 60 secondes dans 1 minute. Donc, il y a $24 \times 60 \times 60 = 86\,400$ secondes dans un jour.* *0,001 j correspond à la précision de la valeur de la période en jours calculée.*	**3.** Dans 0,001 j, il y a : $0{,}001 \times 86\,400 = 86{,}4$ s. Cette valeur est supérieure à une minute (60 s). Il est donc inutile d'exprimer T avec une précision supérieure à la minute.
4. *1,880 89 a = 1 a + 0,880 89 a. On a déjà le nombre d'années tropiques entières (1 a). Exprimer ce qui reste (0,880 89 a) en jours. On obtient alors le nombre entier de jours. Exprimer ce qui reste en heures, etc.*	**4.** $0{,}880\,89$ a $= 0{,}880\,89 \times 365{,}242\,19$ j $= 321{,}738$ j. $0{,}738$ j $= 0{,}738 \times 24$ h $= 17{,}712$ h. $0{,}712$ h $= 0{,}712 \times 60$ min $= 42{,}7$ min. Soit T = 1 a 321 j 17 h 42 min.
5. *Compter le nombre de jours séparant les deux dates. Attention ! en 1976, le mois de février a 29 jours.*	**5.** $D = (30 - 9) + 31 + 30 + 31 + 31 + 29 + 31 + 30 + 31 + 30 + 31 + 7 = 333$ j. $D = 333 \times 24 = 7\,992$ h.
6. *Utiliser la relation entre la période et la fréquence. Attention aux unités.*	**6.** $f = 880 \cdot 10^6$ Hz. La période est $T = 1/f$, soit $T = 1{,}14 \cdot 10^{-9}$ s $= 1{,}14$ ns.

VÉRIFIEZ VOS CONNAISSANCES

Questions

1 Citer trois phénomènes astronomiques périodiques.

2 Qu'est-ce qu'un jour et quelle est sa durée en heures ?

3 Qu'est-ce qu'une année tropique ?

4 Qu'est-ce qu'une lunaison ?

5 Qu'est-ce qu'un phénomène périodique ?

6 Définir la période d'un phénomène périodique.

7 Définir la fréquence d'un phénomène périodique.

8 Citer un appareil ancien de mesure de durée utilisant le Soleil.

9 Citer un appareil ancien de mesure des durées n'utilisant pas le Soleil.

10 À quoi sert le système d'échappement d'une horloge ?

QCM

11 L'alternance des jours et des nuits provient de :

a. la rotation de la Terre autour de son axe ;

b. la révolution de la Terre autour du Soleil ;

c. la rotation du Soleil autour de la Terre.

12 Dans les horloges à balancier, l'étalon de durée est donné par :

a. les oscillations périodiques du balancier ;

b. le poids de l'horloge.

13 L'horloge mécanique est une invention datant :

a. de l'antiquité romaine ;

b. du Moyen Âge ;

c. du XVIIe siècle.

14 On appelle étalon de durée :

a. une durée quelconque mais constante ;

b. une durée égale à un nombre entier de secondes ;

c. une durée que l'on peut mesurer.

EXERCICES D'APPLICATION

Calcul de périodes

15 La longueur L d'un pendule est égale à 50,0 cm.
La période du pendule est donnée par la relation $T = 2\pi\sqrt{\frac{L}{g}}$ (L en m, g en $N \cdot kg^{-1}$). g est l'intensité de la pesanteur. On prendra $g = 9{,}81\ N \cdot kg^{-1}$.
Calculer la période T du pendule.

16 Sur Mars, l'intensité de la pesanteur g est égale à $3{,}72\ N \cdot kg^{-1}$. Des projets de missions habitées vers cette planète sont à l'étude.

1. Calculer la période d'un pendule de longueur $L = 25{,}0$ cm sur la Terre, où l'intensité de la pesanteur est égale à $9{,}81\ N \cdot kg^{-1}$.

2. Calculer la période de ce même pendule transporté sur Mars.

Donnée : la valeur de la période T d'un pendule est donnée par la relation $T = 2\pi\sqrt{\frac{L}{g}}$ (L en m, g en $N \cdot kg^{-1}$).

17 Le physicien français Léon Foucault réalisa en 1851 un pendule gigantesque sous la coupole du Panthéon (Paris). Sa longueur, que l'on assimilera à celle de son fil, était de 67 m et sa masse de plusieurs kilogrammes.

1. Déterminer la période de ce pendule.

2. Quelle serait la période d'un pendule de longueur égale au quart de la longueur du pendule de Foucault ?

Donnée : la période T d'un pendule est donnée par la formule $T = 2\pi\sqrt{\frac{L}{g}}$ où g est l'intensité de la pesanteur. On prendra $g = 9{,}81\ N \cdot kg^{-1}$.

Unités de temps

18 Une lunaison est égale à 29,530 589 jours.
Exprimer la lunaison en jours, heures, minutes et secondes.

19 Une année est égale à 365,242 19 jours.
Exprimer cette durée en secondes.

20 Au cours de la mission *Apollo 11*, du 16 au 24 juillet 1969, des hommes marchèrent pour la première fois sur la Lune. Déclenché au début de la mission, le chronomètre de la salle de contrôle indiquait 703 115 s quand l'équipage revint sur Terre.

1. Calculer la durée de la mission en j, h, min, s.

2. Les dates indiquées sont-elles cohérentes avec ce résultat ?

21 La durée d'une révolution de la planète Jupiter dans son mouvement autour du Soleil est de 4 332,589 j.
1. Exprimer cette durée en années tropiques (a) et en jours.
2. Exprimer cette durée en a, j, h, min.
Donnée : une année tropique est égale à 365,242 19 jours.

La fréquence

22 La fréquence d'horloge d'un ordinateur est de 600 MHz.
Quelle est sa période en ns (nanoseconde) ?

23 Sur l'écran d'un oscilloscope, on observe le signal ci-contre.
Donner la période et la fréquence de ce signal, avec un nombre correct de chiffres significatifs.

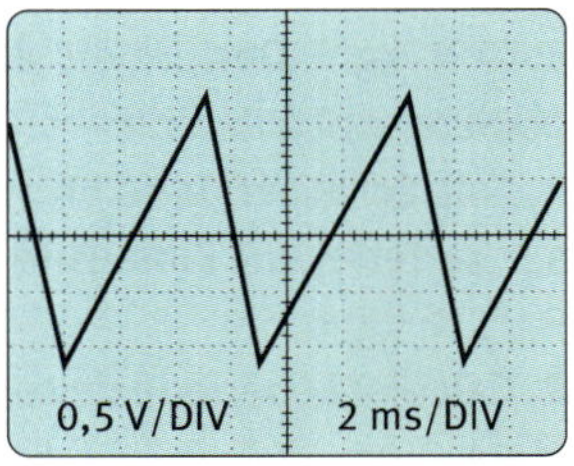

24 On a chronométré la durée de 15 oscillations d'un pendule et on a trouvé 12,3 secondes.
Donner la période et la fréquence du pendule avec un nombre correct de chiffres significatifs.

25 Le cardiofréquencemètre d'un sportif indique que son cœur bat à la vitesse de 52 pulsations par minute au repos et 162 pulsations par minute au cours d'un effort.
1. Déterminer, en Hz, les fréquences du rythme cardiaque du sportif au repos et au cours d'un effort.
2. Calculer les périodes associées.

26 Les ondes ultrasonores (ou ultrasons) sont parfois utilisées pour mesurer des distances. Un cristal de quartz peut produire de telles ondes si on l'alimente par une tension électrique périodique.
On alimente un quartz par une tension de fréquence 40,25 kHz.
Quelle est la période de cette tension ?

Phénomènes périodiques astronomiques

27 La durée d'une année tropique est égale à 365,242 19 jours.
Dans une année du calendrier, il y a 365 jours, sauf les années bissextiles qui sont celles qui sont divisibles par 4.
1. Combien de jours y a-t-il dans les 4 années complètes du calendrier allant de 1995 à 1999 ?
2. Quelle est la différence entre la durée de 4 années tropiques et celle de ces 4 années du calendrier ? Exprimer le résultat en jours, puis en heures, puis en minutes.

28 Sur un calendrier de l'année 1999, une pleine lune est indiquée pour le 30 mai sans autre précision.
À quelles dates – à un jour près – doit-on attendre l'apparition des 3 pleines lunes suivantes ? On considérera qu'une lunaison est approximativement égale à 29,5 jours. Les mois de mai et de juillet comptent 31 jours et le mois de juin en compte 30.

29 Pour la planète Mercure, une année (que l'on notera a_M) est égale à 87,969 jours (terrestres).
1. Définir ce qu'est une année pour la planète Mercure.
2. Quel est le nombre de révolutions accomplies par Mercure autour du Soleil pendant que la Terre parcourt la totalité de son orbite autour du Soleil ?
3. Exprimer a_M en j, h, min.
Donnée : 1 année tropique = 365,242 19 j.

EXERCICES DE SYNTHÈSE

30 ★ La lumière du Soleil
Calculer la durée que met la lumière pour parcourir les 150 millions de kilomètres qui séparent le Soleil de la Terre.
Donnée : la vitesse de la lumière est de 300 000 $km \cdot s^{-1}$.

31 ★ Trajet de la lumière d'un laser
La mesure de la durée du trajet aller-retour de la lumière d'un faisceau laser entre la Terre et la Lune a permis de montrer qu'en 10 ans, la Lune s'éloignait de la Terre de 35 cm.
Quelle est la variation de la durée du trajet du faisceau en 10 ans ? Que dire de la précision de l'horloge utilisée ?
Donnée : la vitesse de la lumière est de 300 000 $km \cdot s^{-1}$.

32 ★★ Le retour du printemps
Une année tropique est égale à 365,242 19 jours.
1. Exprimer l'année tropique en j, h, min, s.
2. Le calendrier 1999 indique que le début du printemps se situe dans l'hémisphère nord le 21 mars à 1 h 46 min.
À quelle date et à quelle heure a commencé le printemps 2000 ? (L'année 2000 est bissextile.)

33 ★★ L'éloignement de deux plaques lithosphériques
On réalise la mesure du déplacement de deux plaques lithosphériques par télémétrie laser : un faisceau laser est envoyé d'une station située sur l'une des plaques vers un dispositif réfléchissant situé sur l'autre plaque à une distance D = 5,0 km environ.
1. Quelle est la durée mise par la lumière du faisceau laser pour faire l'aller et retour ?
2. En fait, les mesures permettent de montrer que les deux plaques s'éloignent l'une de l'autre de 5 cm par an.

Calculer la variation de la durée de l'aller et retour si l'on effectue une nouvelle mesure un an après.

3. Commenter la précision de l'horloge qui permet d'effectuer cette mesure.

Donnée : la vitesse de la lumière est de 300 000 $km \cdot s^{-1}$.

34 ★★ La descente d'un poids d'horloge

Dans les horloges rudimentaires, une masse, accrochée à un fil enroulé autour de l'axe d'une aiguille, faisait tourner l'aiguille en tombant. La chute était régulée par le balancier grâce au système d'échappement.

1. Dessiner le fil enroulé sur l'axe et le poids.

2. Une horloge, dont l'axe fait 2 cm de diamètre, est munie d'un poids pouvant tomber d'une hauteur de 1,5 m. Ce poids fait faire à l'axe un tour par minute. Combien de temps cette horloge peut-elle fonctionner ?

3. Quelle sera sa durée de fonctionnement si, grâce à un système d'engrenage, cet axe ne fait plus qu'un tour par heure ?

Donnée : la circonférence d'un cercle de rayon R est égale à $2\pi R$.

35 ★★ Un pendule sur la Lune

On considère un pendule simple, constitué par une masse de 50 g accrochée à un fil de 20 cm de long.

1. Exprimer, puis calculer la période des oscillations de ce pendule.

2. Exprimer puis calculer la fréquence de ses oscillations.

3. On emporte le pendule simple sur la Lune, où la pesanteur est 6 fois plus petite que sur la Terre.

a. Quelle relation y a-t-il entre la période des oscillations sur la Lune (T') et celle des oscillations sur la Terre (T) ?

b. Calculer la période des oscillations sur la Lune.

Données : la valeur de la période T d'un pendule est donnée par la relation $T = 2\pi\sqrt{\frac{L}{g}}$ (L en m, g en $N \cdot kg^{-1}$). g est l'intensité de la pesanteur du lieu. Sur Terre, on prendra $g = 9{,}81\ N \cdot kg^{-1}$.

36 ★★ Variations de la période d'un balancier

On considère une horloge à balancier. Pour que l'horloge fonctionne correctement, la période des oscillations du balancier doit être de 2 s. Le balancier a une masse de 1 kg. Sa période est donnée par la formule $T = 2\pi\sqrt{\frac{L}{g}}$ (L en m, g en $N \cdot kg^{-1}$). g est l'intensité de la pesanteur. On prendra $g = 9{,}81\ N \cdot kg^{-1}$.

1. Quelle longueur faut-il donner au balancier pour que l'horloge fonctionne correctement ?

2. Pour régler l'horloge, on peut modifier la longueur du balancier en fonction du lieu.

a. Que se passe-t-il si on allonge de 2 cm le balancier de l'horloge qui fonctionnait correctement ?

b. Que se passe-t-il si on raccourcit de 2 cm le balancier de l'horloge qui fonctionnait correctement ?

37 ★★ Diviseurs de fréquences

Le quartz d'une montre produit un signal électrique périodique de fréquence $f = 32\,768$ Hz. On veut obtenir à partir de celui-ci un signal de période $T = 1$ s. Pour cela, on dispose de circuits, que l'on appelle circuits diviseurs de fréquences, qui transforment un signal périodique en diminuant sa fréquence de moitié.

Combien de fois faut-il diviser par 2 la fréquence du signal délivré par le quartz pour obtenir un signal de période égale à 1 s ?

38 ★★★ Satellites GPS

La constellation GPS est un ensemble de satellites artificiels utilisés pour le positionnement à la surface de la Terre. Un satellite de cette constellation décrit dans le référentiel géocentrique une trajectoire circulaire de rayon $R = 26\,400$ km et dont le centre est confondu avec celui de la Terre. La vitesse du satellite est constante et vaut 3,900 $km \cdot s^{-1}$.

1. Dessiner la trajectoire du satellite.

2. Calculer la longueur de cette trajectoire.

3. Définir et calculer la période du mouvement du satellite sur sa trajectoire.

4. Le satellite dispose d'une horloge qui fournit un « top » toutes les 10 microsecondes. Quelle est la distance parcourue par le satellite entre deux tops ?

Donnée : la circonférence d'un cercle de rayon R est égale à $2\pi R$.

MINI-TP

39 Réalisation d'une clepsydre

Prendre une bouteille d'eau minérale en plastique vide. Percer un petit trou à 1 ou 2 cm au-dessus du fond. Choisir un outil tel que le bord du trou soit le plus lisse et le plus régulier possible.

Remplir d'eau. Disposer la bouteille verticalement sur le bord d'un lavabo ou d'un évier pour éviter l'inondation et laisser l'eau s'écouler. À l'aide d'un feutre approprié, noter régulièrement le niveau de l'eau en choisissant un intervalle de temps en fonction de la vitesse d'écoulement.

1. Pourquoi le bouchon de la bouteille doit-il être enlevé ?

2. Les traits repérant le niveau de l'eau à intervalles réguliers sont-ils équidistants ?

3. Les résultats sont-ils reproductibles ?

4. Essayer de réaliser une clepsydre graduée de 20 secondes en 20 secondes et qui fonctionne pendant 4 minutes.

DOCUMENTS

L'établissement de notre calendrier

Notre calendrier actuel a pour origine le calendrier romain. Fondé sur l'année tropique, sa construction a exigé quelques ajustements au cours des siècles.

Sur ce tableau, l'un des membres de la commission réunie par le pape Grégoire XIII désigne les 10 jours de décalage du calendrier julien par rapport à l'année tropique.

Au début de leur histoire, les Romains basèrent leur calendrier sur les lunaisons. Leur année comptait 355 jours, ce qui n'était pas du tout en accord avec le Soleil. Pour éviter un décalage avec le cycle des saisons, ils choisirent d'ajouter à leur année un mois tous les deux ans. Ce mois avait une longueur variable, fixée par un collège de dignitaires religieux. Mais ceux-ci finirent par donner à ce nouveau mois une durée qui n'avait pour but que de favoriser leurs amis politiques.

QUESTIONS

1. Qui est à l'origine du calendrier julien ? du calendrier grégorien ?

2. Quel calendrier utilise-t-on universellement aujourd'hui ? En connaissez-vous d'autres ?

3. Dans une année tropique, il y a 365,242 19 jours. Comment expliquer le décalage de 4 jours existant entre l'année tropique et l'année du calendrier au moment du concile de Nicée, alors qu'il n'y en a pas à l'époque de Jules César ?

Le calendrier julien

Jules César mit fin au désordre vers l'an – 45. Sur les conseils de l'astronome grec Sosigène d'Alexandrie, il décida d'accorder le mieux possible l'année du calendrier sur l'année tropique, qui dure approximativement 365,25 j. Son calendrier prit le nom de calendrier julien et fut imposé à tout l'empire. L'année y comportait 365 jours, auxquels on ajoutait 1 jour tous les quatre ans (les années bissextiles). Lentement, au fil des siècles, ce calendrier se décala par rapport au cycle des saisons.

En l'an 325 de notre ère, le concile de Nicée fixa la date de Pâques au premier dimanche qui suit la première pleine lune de printemps. Cette année-là, l'équinoxe de printemps tomba le 21 mars, avec quatre jours d'avance sur le calendrier julien. Les ecclésiastiques attribuèrent ce décalage à une erreur de Sosigène. Il fixèrent donc la date de Pâques au 21 mars. Cependant, quelque 400 ans plus tard, on s'aperçut de la dérive du calendrier julien par rapport au Soleil. La date de Pâques menaçait de se retrouver en plein été.

Le calendrier grégorien

En 1582, le pape Grégoire XIII estima que la situation ne pouvait plus durer. Il réunit une commission de savants chargée d'étudier la question. Celle-ci décida d'apporter au calendrier julien la modification suivante : les années bissextiles auraient lieu tous les 4 ans, sauf lors des années séculaires (qui se terminent par 00) qui ne seraient bissextiles que si elles étaient divisibles par 400. Pour rattraper l'avance que le calendrier julien avait prise sur le Soleil, ils décidèrent également de supprimer 10 jours de l'année 1582. Ainsi, le jeudi 4 octobre 1582 fut directement suivi du vendredi 15 octobre.

Ce nouveau calendrier fut appelé calendrier grégorien. La différence entre la durée moyenne de l'année du calendrier grégorien et l'année tropique n'est plus que de 25 secondes, ce qui représente 3 jours en 10 000 ans.

Une photo satellite de l'ouragan Andrew, au-dessus du golfe du Mexique. La pression de l'air au centre de la tache rouge est très basse : qu'est-ce que la pression d'un gaz ?

25

LA PRESSION D'UN GAZ

OBJECTIFS

- Caractériser l'état microscopique et l'état macroscopique d'un gaz.
- Définir la pression d'un gaz et savoir la mesurer.
- Connaître les grandeurs macroscopiques dont dépend la pression d'un gaz.

Les **molécules** d'un **gaz** sont en perpétuelle **agitation**. Elles heurtent constamment les parois du récipient qui les contient. La **force** qui en résulte permet de définir une **grandeur physique macroscopique** essentielle : la **pression**.

Activité expérimentale 1

Mouvement brownien et chaos moléculaire

Le microscope permet d'observer le mouvement brownien, manifestation spectaculaire du chaos moléculaire des gaz. On explique ainsi le mélange de deux gaz.

Matériel

– Deux flacons, bouteille de dioxyde d'azote.
– Microscope, boîte transparente, dispositif d'éclairage latéral, dispositif de production de fumée.

Sécurité

Le professeur fait la manipulation 1 sous la hotte.

Manipulation 1

OBJECTIF : observer le mélange de deux gaz.

Certains gaz sont colorés. Remplir un flacon de dioxyde d'azote (NO_2), gaz de couleur rouge orangé. Prendre un flacon rempli d'air et le renverser au-dessus du flacon de dioxyde d'azote, en retirant les bouchons.

Doc. 1. Les flacons remplis d'air et de dioxyde d'azote.

Doc. 2. Les deux flacons au bout de quelques minutes.

Questions

1. Que constate-t-on au bout de quelques minutes ?
2. En utilisant vos connaissances du collège sur le modèle moléculaire d'un gaz, proposez une explication du phénomène observé.

Manipulation 2

OBJECTIF : observer le mouvement brownien.

- Introduire de la fumée dans une petite boîte transparente. La fumée est constituée de particules solides en suspension dans l'air.
- La boîte étant éclairée transversalement par un faisceau laser ou par le système d'éclairage du microscope s'il est suffisamment intense, observer son contenu à l'aide d'un microscope, éventuellement grâce à une caméra vidéo reliée à un téléviseur.

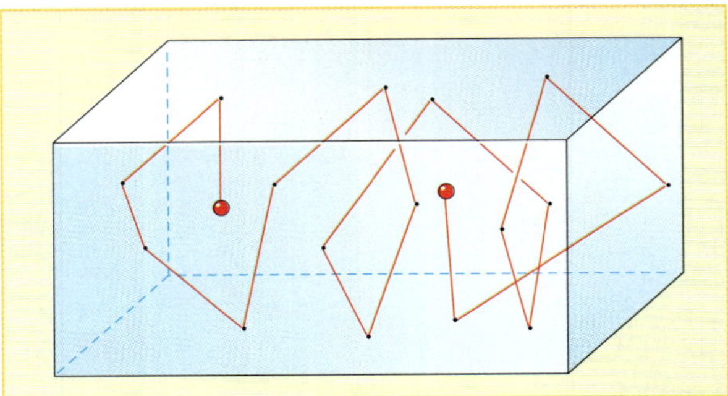

Doc. 3. Le mouvement désordonné d'une particule de fumée.

- Le mouvement désordonné que l'on observe, ou **« mouvement brownien »**, porte le nom du savant qui le découvrit, le botaniste écossais Robert Brown. Il remarqua ce phénomène en 1827 pour les liquides, en étudiant à l'aide d'un microscope l'agitation de grains de pollen à la surface de l'eau.

Questions

3. Décrivez le mouvement d'une particule de fumée. Peut-on le prévoir ? Vous semble-t-il dû aux chocs avec d'autres particules de fumée ?
4. Donnez un ordre de grandeur de la taille des particules solides de fumée, observables à l'aide d'un microscope optique courant.
5. Quelle peut être l'origine du mouvement des particules de fumée ? Essayez d'établir un lien entre ce « mouvement brownien » et l'interprétation moléculaire du phénomène observé au cours de la manipulation 1.

Activité expérimentale 2

Du chaos moléculaire à la force pressante

Le mouvement désordonné des molécules de gaz permet d'expliquer l'origine de la force pressante que l'on ressent avec une pompe à vélo par exemple.

Matériel

– Balance, petites billes métalliques.
– Pompe à vélo.

Manipulation 1

OBJECTIF : simuler l'origine de la force pressante.

Laisser tomber des petites billes métalliques sur le plateau d'une balance (doc. 4). Répéter l'expérience en effectuant le lâcher de différentes hauteurs.

Doc. 4. La plaque subit une force due aux impacts des billes.

Questions

1. Les billes s'accumulent-elles sur la plaque ? Qu'indique la balance ?

2. Quelle peut être l'origine de l'action subie par la plaque ?

3. Comment évolue cette action lorsque la hauteur du lâcher augmente ?

Manipulation 2

OBJECTIF : mettre en évidence la force pressante d'un gaz.

Obturer une pompe à vélo avec le doigt et enfoncer lentement le piston.

Questions

4. Qu'y a-t-il à l'intérieur de la pompe ?

5. Quel est l'effet ressenti sur le doigt ? sur la main qui tient le piston ?

6. Voyez-vous une analogie avec la manipulation précédente ? Expliquez l'origine de la force pressante exercée sur le doigt et sur le piston. Est-ce une force de contact ?

ACTIVITÉS

Activité expérimentale 3

Caractéristiques de la force pressante

La force pressante exercée par un gaz sur une paroi est due aux molécules du gaz en mouvement incessant, qui viennent heurter la surface considérée. Cette force a une direction particulière.

Matériel

– Ballon de baudruche, cloche à vide.
– Sphère de Pascal, dispositif pour faire de la fumée.

Manipulation 1

OBJECTIF : savoir que la force pressante varie avec le nombre de molécules du gaz considéré.

Fermer l'extrémité d'un ballon de baudruche non gonflé. Placer ce ballon sous une cloche à vide.

Actionner la pompe à vide : elle aspire progressivement l'air contenu dans la cloche. On obtient ainsi ce que l'on appelle un vide plus ou moins « poussé », selon la quantité de molécules restantes à l'intérieur de l'enceinte. Les chocs des molécules d'un gaz sur une paroi se raréfient quand le nombre de molécules frappant cette paroi diminue.

Doc. 5.a. Le ballon avant que la pompe à vide soit actionnée.

Doc. 5.b. Le ballon se gonfle quand on fait le vide sous la cloche.

Questions

1. Qu'y a-t-il à l'intérieur du ballon ? Existe-t-il une différence entre ce gaz et l'air présent à l'extérieur du ballon avant que la pompe soit actionnée ? Comparez les forces pressantes agissant des deux côtés de la membrane élastique du ballon.

2. Comment évolue la force pressante exercée sur la membrane par l'air contenu dans la cloche, lorsque celui-ci se raréfie ? Expliquez alors pourquoi le ballon se gonfle progressivement.

3. Interprétez ce qui se passe quand on gonfle un ballon à l'aide d'une pompe à vélo. Pourquoi devient-il dur lorsque son volume ne varie plus ?

Manipulation 2

OBJECTIF : étudier la direction de la force pressante.

Une « sphère de Pascal » est une sphère à paroi fine percée de trous, reliée à un corps de seringue.

Injecter de la fumée dans une sphère de Pascal, puis appuyer sur le piston de la seringue.

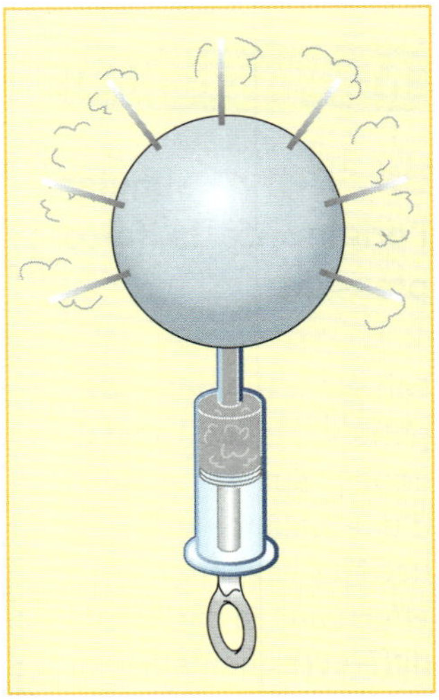

Doc. 6. Les jets de fumée ont une direction remarquable par rapport à la sphère.

Question

4. Quelle est la direction des jets de fumée sortant de la sphère de Pascal ? Que pouvez-vous en déduire plus généralement sur la direction des forces pressantes ?

Activité expérimentale 4

Mesure de la pression d'un gaz

Du fait des propriétés particulières de la force pressante, il est possible de caractériser l'action d'un gaz sur une paroi par un nombre, la pression.

Matériel

– Capteur de pression, seringue reliée à un manomètre ou à un capteur de pression.

Manipulation 1

OBJECTIF : utiliser un capteur de pression.

La force pressante exercée par un gaz sur une paroi est orthogonale à la paroi. De plus, elle est proportionnelle à la valeur S de l'aire considérée. On peut donc caractériser la force pressante de valeur F, exercée par un gaz sur une surface S, par un nombre, la pression P définie par : $P = F/S$.

L'unité de pression est le pascal (symbole : Pa). Un gaz à la pression $P = 1$ Pa exerce donc une force pressante $F = 1$ N sur une surface $S = 1$ m^2. Une unité courante non légale de pression est le bar : 1 bar correspond à 10^5 Pa. La pression moyenne de l'air atmosphérique qui nous entoure est environ égale à 1 bar, soit 10^5 Pa ou encore 1 000 hPa (mille hectopascals).

La pression peut être mesurée à l'aide d'un manomètre (doc. 7.a). Un capteur est un dispositif qui permet de mesurer une grandeur physique, en fournissant un signal (généralement électrique) qui dépend de la grandeur considérée. La tension de sortie d'un capteur de pression (doc. 7.b) peut être lue, grâce à un dispositif électronique, sur l'écran d'une calculatrice ou d'un ordinateur. Un facteur multiplicatif convertit cette tension en une valeur de pression.

Relier un capteur de pression à l'air atmosphérique. Faire pivoter le capteur dans toutes les directions.

Questions

1. Lorsque le capteur pivote, la valeur qu'il indique change-t-elle ?

2. La valeur de la force pressante sur une petite paroi, comme celle du capteur, dépend-elle de l'orientation de la paroi ?

Manipulation 2

OBJECTIF : établir une relation entre la pression d'un gaz et son volume (loi de Boyle-Mariotte).

Relier une seringue contenant de l'air à un manomètre ou à un capteur de pression (doc. 7.a et b). Déplacer le piston de la seringue en notant les valeurs indiquées pour la pression et en mesurant les valeurs correspondantes du volume d'air.

De nombreux manomètres, comme par exemple ceux qui se trouvent dans les stations-service pour mesurer la pression des pneumatiques, sont des manomètres appelés **différentiels** : ils indiquent la différence entre la pression du gaz avec lequel ils sont en contact et la pression de l'air atmosphérique (10^5 Pa). Quand ils indiquent 0, la pression du gaz est en fait égale à 10^5 Pa.

Questions

3. À l'aide de vos mesures, représentez la valeur P de la pression du gaz en fonction du volume V. Calculez pour chaque volume mesuré le produit $P \cdot V$.

4. On constate que, pour une plage assez étendue de valeurs du volume V, le produit $P \cdot V$ possède une propriété remarquable. Laquelle ? Ce résultat porte le nom de loi de Boyle-Mariotte.

5. Donnez quelques arguments pour interpréter le fait que, en dehors de la plage de valeurs du volume V évoquée ci-dessus, cette propriété n'est pas vérifiée.

ACTIVITÉS

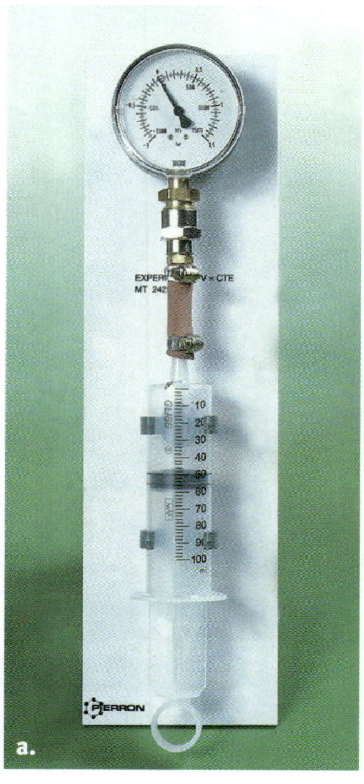

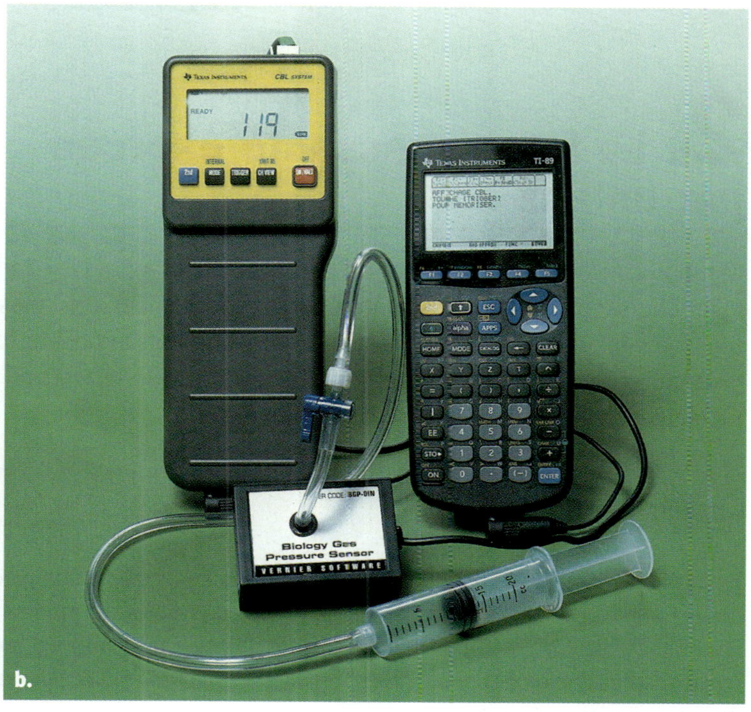

Doc. 7.a. Une seringue contenant de l'air est reliée à un manomètre différentiel.

Doc. 7.b. La seringue est reliée à un capteur de pression.

COURS

1. Le chaos moléculaire

En observant de petites particules solides, dont le rayon est de l'ordre de 10^{-5} m question 4, p. 306, en suspension dans un gaz, on constate qu'elles sont animées d'un mouvement désordonné et imprévisible. C'est le « **mouvement brownien** ».

Exemple ➡ Activité 1 : les particules solides de fumée dans l'air ambiant sont animées d'un mouvement brownien.

Le mouvement brownien a été interprété par les physiciens comme le résultat des très nombreux chocs subis par les particules solides de la part des molécules du gaz environnant : comme ces molécules s'agitent en tous sens, elles font bouger les particules solides de manière désordonnée. L'étude détaillée du mouvement brownien a été essentielle pour confirmer l'hypothèse de l'existence des atomes et des molécules, au début du XXe siècle.

Les molécules d'un gaz sont caractérisées par une **agitation incessante**, appelée « **chaos moléculaire** ». La vitesse d'une molécule donnée change très souvent et de manière imprévisible, à cause des chocs qu'elle subit de la part des autres molécules. Le mouvement brownien d'une particule solide est donc une manifestation du « chaos moléculaire » du gaz.

Exemple ➡ Activité 1 : lorsque deux gaz, comme l'air et le dioxyde d'azote, sont mis en contact, les différentes molécules finissent par se mélanger entre elles à cause de leurs mouvements désordonnés question 5, p. 306.

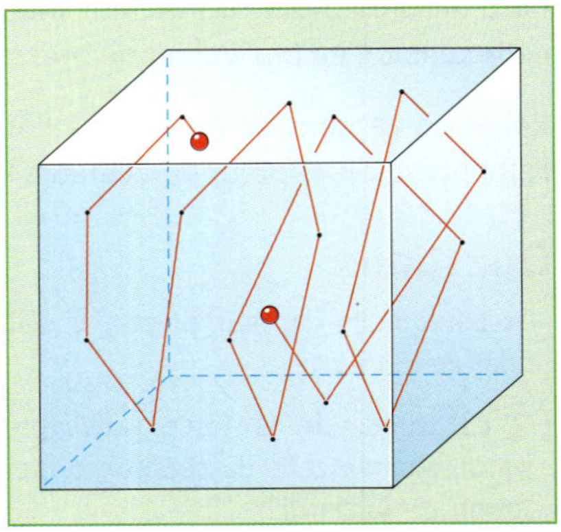

Doc. 8. Le mouvement chaotique d'une particule de gaz.

2. La force pressante exercée par un gaz

Les molécules d'un gaz frappent les parois du récipient qui le contient et rebondissent. L'effet de ces innombrables chocs microscopiques est une force exercée par le gaz sur les parois, que l'on appellera **force pressante**. Cette force est d'autant plus **grande** que la **vitesse** des molécules, leur **nombre** et leur **masse** sont élevés.

La force pressante est une grandeur macroscopique : elle est mesurable à l'échelle humaine.

Exemple ➡ Activité 2 : quand on lâche des billes au-dessus d'une plaque, celle-ci subit une force qui croît avec la vitesse des billes au moment du choc question 3, p. 307. De la même manière, la force pressante (grandeur macroscopique) exercée par un gaz est liée aux vitesses des molécules du gaz (grandeurs microscopiques).

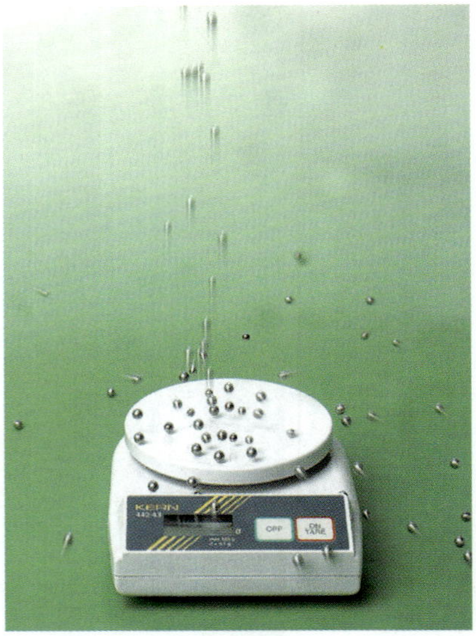

Doc. 9. Les billes exercent une force sur la plaque, ce que détecte la balance en indiquant une masse.

La force pressante exercée par un gaz est dirigée perpendiculairement aux parois du récipient. Son intensité ne dépend pas de l'orientation de la paroi.

Exemple ➡ Activité 3 : dans l'expérience de la sphère de Pascal, les jets de fumée s'échappent selon les rayons de la sphère : leur direction, qui est identique à celle de la force pressante, est perpendiculaire à la surface de la sphère question 4, p. 308.

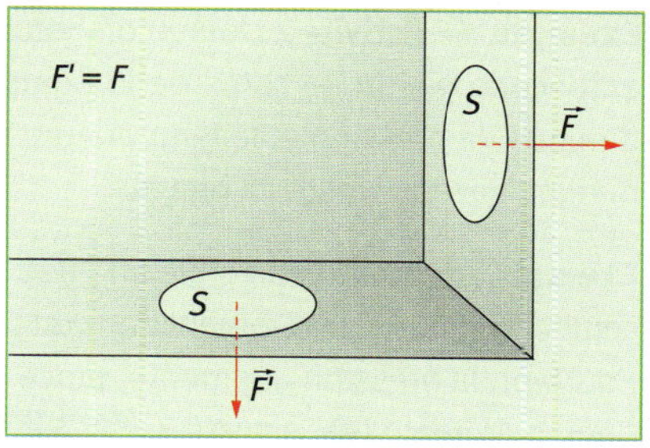

Doc. 10. La direction de la force pressante.

3. La pression d'un gaz

3.1. Définition et unités

Supposons qu'un gaz exerce une force pressante de valeur F sur une portion de paroi d'aire S. La pression P exercée par le gaz est alors définie par le rapport : $P = F/S$.

Il ne faut pas confondre pression et force pressante : ces deux grandeurs physiques sont reliées mais différentes. Elles n'ont pas la même unité. L'unité de pression est le **pascal (Pa)**. 1 Pa correspond à une force pressante de 1 N s'exerçant sur une aire de 1 m^2.

Les météorologues utilisent souvent l'hectopascal (1 hPa = 100 Pa). Le **bar** est une unité non légale fréquemment utilisée : 1 bar = 10^5 Pa.

UNITÉ
Certaines pressions sont exprimées en mm de mercure, unité non légale.
Une pression de 760 mm de mercure correspond à $1{,}013 \cdot 10^5$ Pa

3.2. SVT La pression atmosphérique

La **pression atmosphérique,** que les météorologues évoquent au cours des bulletins de prévision du temps, est la pression de l'air qui nous entoure. Sa valeur moyenne est proche de 10^5 Pa, soit mille hectopascals ou 1 bar.

La pression atmosphérique varie peu jusqu'à des altitudes de l'ordre de la centaine de mètres, mais change sensiblement pour des différences d'altitude de l'ordre du millier de mètres. Elle dépend également de l'endroit où elle est mesurée sur la surface de la Terre. Les différences de pression d'un point à un autre de la surface terrestre constituent l'une des causes de formation des vents.

Doc. 11. Ce baromètre est un manomètre absolu (§ 3.4), qui mesure la pression atmosphérique de 950 hPa à 1070 hPa.

3.3. Pression et état macroscopique d'un gaz

L'état macroscopique d'un gaz est caractérisé par **quatre grandeurs** physiques : le **volume** V du gaz, sa **pression** P, sa **température** T et la **quantité de matière** qu'il représente, c'est-à-dire le nombre n de moles de gaz. On constate que ces quatre grandeurs macroscopiques sont reliées entre elles. Ainsi, la pression P du gaz dépend de trois grandeurs : V, n et T.

COURS

Exemple ➡ **Activité 2 :** lorsqu'on obture l'orifice d'une pompe à vélo et qu'on enfonce le piston, le corps de la pompe s'échauffe : lorsque le volume d'air diminue, la pression et la température augmentent, tandis que la quantité de matière gazeuse reste inchangée.

Exemple ➡ quand on gonfle un pneu à température constante, le volume de celui-ci augmente légèrement dans un premier temps. Il reste ensuite constant. Pourtant, la pression augmente, parce que la quantité d'air contenue dans le pneu augmente (➡ activité 3, question 3, p. 308).

3.4. Mesure de la pression d'un gaz

Les manomètres

Un manomètre est un appareil permettant de mesurer la pression d'un gaz.

Dans les manomètres à déformation, les plus courants, une capsule se déforme élastiquement sous l'action des forces pressantes du gaz dont on veut mesurer la pression d'un côté, et de l'air qui l'entoure de l'autre. La déformation de la capsule entraîne le déplacement d'une aiguille sur un cadran, permettant de lire la valeur de la pression.

La plupart de ces appareils sont des manomètres **différentiels**. Ils indiquent une valeur nulle quand la pression du gaz dans la capsule manométrique est égale à celle de l'air atmosphérique. La pression du gaz est alors égale à 10^5 Pa environ. Si un manomètre différentiel indique 5 bars, soit $5 \cdot 10^5$ Pa, la pression du gaz est en fait égale à 6 bars, soit $6 \cdot 10^5$ Pa.

Les manomètres à déformation, qui doivent être étalonnés avant utilisation, peuvent mesurer des pressions de plusieurs centaines de bars.

Il faut choisir un manomètre adapté à la pression que l'on veut mesurer. Plus la gamme de mesure est étendue, moins le manomètre est précis.

Exemple ➡ Les manomètres utilisés dans les stations de gonflage de pneumatiques de voiture sont différentiels. Si un constructeur d'automobiles précise que les pneumatiques doivent être gonflés à la pression de 2,1 bars, il s'agit en fait de la pression que devra indiquer le manomètre. La véritable pression du gaz est égale à 3,1 bars.

Doc. 12. Quand ce manomètre différentiel indique 0, la pression mesurée est en fait égale à la pression atmosphérique. Il est gradué de – 1 000 hPa à + 3 000 hPa, ou encore de – 1 bar à + 3 bars, soit pour la pression du gaz de 0 à 4 bars.

Les capteurs de pression

Un **capteur de pression** est un dispositif qui permet de mesurer la pression d'un gaz, en fournissant un signal (généralement électrique) qui dépend de la valeur de la pression.

Ces instruments doivent être étalonnés. Certains sont différentiels, d'autres **absolus**, c'est-à-dire qu'ils indiquent alors la vraie valeur de la pression.

4. La loi de Boyle-Mariotte

Il est possible d'étudier les variations de la pression P d'un gaz en fonction de son volume V, tout en maintenant constantes la quantité de gaz (le nombre n de moles) et sa température T. On établit ainsi la **loi de Boyle-Mariotte** :

À température et quantité de matière fixées, le produit $P \cdot V$ est pratiquement constant.

Cette loi a été découverte au XVIIe siècle indépendamment par l'Anglais Robert Boyle et le Français Edme Mariotte.

L'ESSENTIEL

COURS

Ce qu'il faut savoir

La force pressante

✔ Les molécules d'un gaz sont animées d'un mouvement désordonné : c'est le **chaos moléculaire.**

✔ Au cours de leur mouvement, les molécules heurtent les parois du récipient qui les contient. L'effet résultant de ces chocs est une force macroscopique : la **force pressante.**

✔ La force pressante dépend de la vitesse des molécules de gaz et est perpendiculaire à la paroi du récipient.

La pression

✔ La **pression** P d'un gaz est une grandeur macroscopique définie par : $P = F/S$, où F est la valeur de la force pressante s'exerçant sur une surface S. Son unité est le pascal (Pa).

✔ La pression d'un gaz dépend de sa température, de son volume et de sa quantité de matière. Elle se mesure au moyen de **manomètres** ou de **capteurs de pression** adaptés.

La loi de Boyle-Mariotte

✔ À température et quantité de matière fixées, le produit $P \cdot V$ est pratiquement constant.

Ce qu'il faut savoir faire

✔ Savoir utiliser un manomètre adapté. S'informer pour savoir s'il est différentiel ou absolu.

EXERCICES

VÉRIFIEZ VOS CONNAISSANCES

Questions

1 Qu'est-ce que le mouvement brownien ?

2 Décrire le mouvement des molécules d'un gaz.

3 D'où provient la force pressante exercée par un gaz sur une paroi ?

4 Définir la pression d'un gaz. De quelles grandeurs physiques macroscopiques dépend-elle ?

5 Avec quels appareils peut-on mesurer la pression d'un gaz ?

6 Énoncer la loi de Boyle-Mariotte.

QCM

7 Le mouvement brownien est le mouvement :
a. désordonné des molécules de gaz ;
b. désordonné des particules de fumée ;
c. ordonné des particules de fumée.

8 La pression est :
a. une force ;
b. une force divisée par une surface.

9 Quand, à température constante, le volume d'une quantité donnée de gaz augmente :
a. sa pression reste constante ;
b. sa pression diminue ;
c. sa pression augmente.

EXERCICES D'APPLICATION

Force pressante et pression

10 On considère une vitre d'aire 1,0 m^2, en contact avec l'air au niveau du sol à la pression de $1{,}0 \cdot 10^5$ Pa.
1. Quelle est la valeur de la force qui s'exerce sur une surface d'aire $S = 1{,}0$ cm^2 d'une des faces de la vitre ?
2. Calculer la force pressante exercée par l'atmosphère sur une des faces de la vitre horizontale. Quelle est la masse du solide qui exercerait la même force ?

11 La pression atmosphérique au sol est de l'ordre de $1{,}0 \cdot 10^5$ Pa.
1. Quelle est la force exercée par l'atmosphère sur un champ rectangulaire qui mesure 50 m sur 100 m ?
2.a. Quelle est la force exercée par l'atmosphère sur une des faces d'une porte de 2,00 m^2 ?
b. Si la différence de pression entre les deux faces de la porte vaut $1{,}0 \cdot 10^3$ Pa, quelle est la force résultante sur la porte ? Pensez-vous être capable de l'ouvrir manuellement ?

Mesure de pression

12 Le cadran d'un manomètre différentiel à capsule comporte 20 graduations, de 0 à 10 bars. La capsule contient le gaz dont on veut mesurer la pression. Elle est entourée par l'air atmosphérique.
1. Quelle est la pression du gaz si l'aiguille du manomètre indique 0 ?
2. Quelle est la pression du gaz si l'aiguille du manomètre indique 12 ?

Loi de Mariotte

13 Une certaine quantité de gaz occupe un volume V_1 de 5,0 m^3 à la pression $P_1 = 0{,}75 \cdot 10^5$ Pa et à la température T. L'enceinte contenant le gaz est réduite à un volume $V_2 = 1{,}5$ m^3, la température étant maintenue constante. Combien vaut alors la pression P_2 du gaz ?

EXERCICES DE SYNTHÈSE

14 ★ **Capteur de pression**
La notice d'un capteur de pression fournit les indications suivantes :
– relier le capteur au récipient contenant le gaz dont on veut mesurer la pression P ;
– le capteur est absolu ;
– la tension fournie par le capteur s'écrit $u = k \cdot P$ et $u = 1{,}235$ V pour $P = 1000$ hPa ;
– la pression mesurable est comprise entre 0 et 2000 hPa.
Quelle est la pression mesurée si $u = 0{,}890$ V ?

15 ★ **Détente d'un gaz**
Une bouteille de dioxygène de volume $V = 100$ cm^3 est maintenue à la température T. Le gaz contenu dans la bouteille est initialement à la pression P égale à $3 \cdot 10^5$ Pa. On relie la bouteille à un réservoir initialement vide de gaz à la température T. La pression finale est $P_0 = 10^5$ Pa. Quel doit être le volume du réservoir ?

16 ★ Gaz sous forte pression

Une bouteille d'acier de volume $V = 30$ L, dont le fond est un disque plat de rayon $R = 20$ cm, contient un gaz sous la pression $P = 5$ bars.

1.a. Quelle est la valeur de la force pressante exercée par le gaz sur le fond de la bouteille ?

b. Proposer un dispositif pour mesurer la pression du gaz.

2. Quel serait le volume V' occupé par la même quantité de gaz, à la même température, si la pression était égale à $P' = 2$ bars ?

17 ★★ Tour Eiffel

On admettra que la pression atmosphérique P varie avec l'altitude h selon la relation $P = P_0 - \rho g h$, si h n'excède pas quelques centaines de mètres, où g est l'intensité du champ de pesanteur : $g = 9{,}81\ \text{N} \cdot \text{kg}^{-1}$. P_0 représente la pression atmosphérique au sol : $P_0 = 101\,325$ Pa. ρ est la masse volumique de l'air : $\rho = 1{,}3\ \text{g} \cdot \text{L}^{-1}$.

Quelle est la pression atmosphérique au sommet de la Tour Eiffel, dont la hauteur est $h = 300$ m ?

18 ★★ Flacons

Trois flacons de volumes $V_1 = 5$ L, $V_2 = 2$ L et $V_3 = 1$ L sont reliés, comme l'indique le schéma, par l'intermédiaire de tuyaux de volume négligeable, munis de robinets.

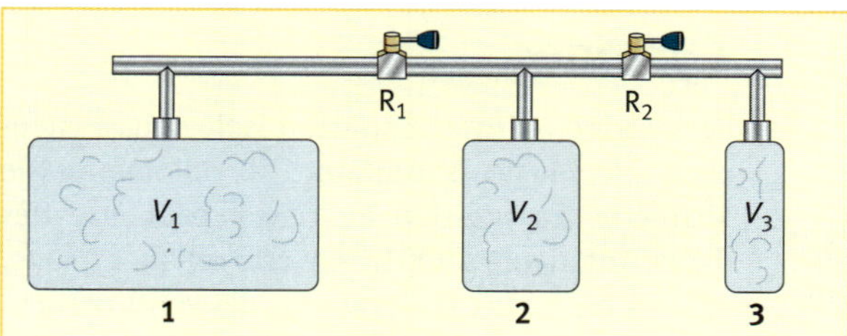

Au départ, les robinets R_1 et R_2 sont fermés. Seul le flacon de volume V_1 contient un gaz sous la pression $P_1 = 2 \cdot 10^5$ Pa, les deux autres flacons étant vides. La température du gaz est supposée constante pendant l'expérience.

1. On ouvre le robinet R_1. Quelle est la pression finale dans le flacon de volume V_1 ?

2. On ouvre ensuite le robinet R_2. Quelle est la pression finale dans le flacon de volume V_3 ?

19 ★★★ Plongée sous-marine

Le volume d'une bouteille d'air utilisée pour la plongée sous-marine est égal à $V_0 = 15$ L. La pression de l'air qu'elle contient est égale à $P_0 = 200$ bars.

Le volume des poumons est supposé invariable. On considère que, lors d'une plongée, un être humain inhale 1 L d'air à chaque inspiration, à raison de 17 inspirations par minute. La pression de l'air dans les poumons est égale à celle du milieu environnant. La pression de l'eau est égale à 2 bars à une profondeur de 10 m et à 4 bars à une profondeur de 30 m.

La bouteille est munie d'un détendeur, qui permet d'abaisser la pression de l'air à l'intérieur de la bouteille jusqu'à celle des poumons du plongeur. L'air vérifie la loi de Boyle-Mariotte dans ces conditions.

Calculer l'autonomie en air du plongeur à une profondeur de 10 m, puis à une profondeur de 30 m.

20 ★★★ Les hémisphères de Magdebourg

En 1654, une expérience importante fut menée à Magdebourg par Otto von Guericke. Il utilisa deux hémisphères qu'il accola de manière à ce que le joint soit étanche, puis il fit le vide dans la sphère ainsi réalisée. Il fallut 8 chevaux tirant sur chaque hémisphère (soit 16 au total) pour les décoller (voir doc. ci-dessous).

Les deux hémisphères forment une sphère de rayon $R = 40$ cm quand ils sont joints.

1. Pourquoi les deux hémisphères restent-ils accolés ?

2. Pour les séparer, il faut exercer sur chaque hémisphère une force de valeur F voisine de $5 \cdot 10^4$ N. Cette force F s'oppose à la résultante des forces pressantes sur chaque hémisphère. On néglige la pression de l'air enfermé dans la sphère. Calculer l'aire de la surface plane sur laquelle de l'air à la pression atmosphérique exercerait une force de même valeur. S'identifie-t-elle à la surface de l'hémisphère de rayon R ($2\pi R^2$) ou à celle d'un disque de rayon R (πR^2) ? La pression atmosphérique vaut $P_0 = 10^5$ Pa.

Gravure illustrant l'expérience des hémisphères de Magdebourg (Allemagne).

Les phénomènes atmosphériques

Pour caractériser le temps qu'il fait et prévoir le temps qu'il fera, les météorologistes mesurent et analysent certaines grandeurs physiques. Parmi celles-ci, la pression a une grande importance.

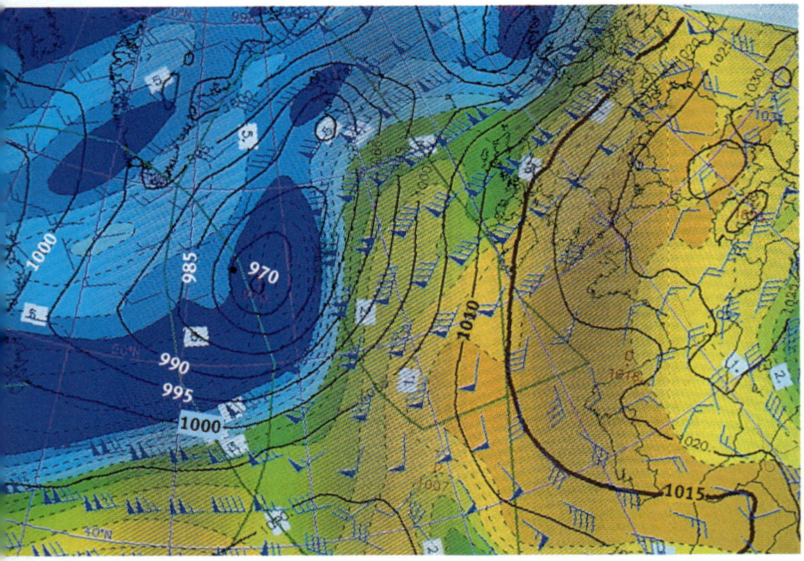

▲ **Doc. 1.** Une carte météo avec des isobares.

La pression atmosphérique

« La pression atmosphérique dépend de l'altitude. Pour comparer entre elles les pressions atmosphériques, qui peuvent être mesurées, suivant les endroits, à des altitudes différentes, on calcule une pression fictive qui est celle que l'on mesurerait au niveau de la mer : c'est la pression réduite. Les météorologistes expriment les pressions en hectopascals (hPa). La pression atmosphérique moyenne est ainsi égale à 1013 hPa. La pression atmosphérique est mesurée avec des manomètres particuliers nommés baromètres.

Lignes isobares

L'isobare est une ligne reliant les points de la surface terrestre ayant, à un instant donné, la même pression réduite au niveau de la mer.

Anticyclones et dépressions

Les anticyclones et les dépressions sont dus aux variations de la pression atmosphérique suivant le lieu. Un anticyclone est une zone de hautes pressions : la pression réduite y est supérieure à la pression atmosphérique moyenne. Plus on s'approche du centre de l'anticyclone, plus la pression augmente. Dans l'hémisphère nord, les vents tournent dans le sens des aiguilles d'une montre autour des anticyclones ; c'est le contraire dans l'hémisphère sud. Les anticyclones sont en général synonymes de beau temps. Une dépression est une zone de basses pressions (inférieures à 1 013 hPa en moyenne). Plus on s'approche de son centre, plus la pression diminue. Le sens des vents est inversé par rapport à un anticyclone.

Cyclones

Le cyclone est une dépression isolée quasi circulaire, de plusieurs centaines de kilomètres de diamètre. La pression au centre peut être très faible, inférieure à 900 hPa : c'est l'œil du cyclone, où l'air est calme. En revanche, des vents particulièrement violents (plus de 120 km/h) soufflent autour de l'œil. Les cyclones, encore appelés ouragans ou typhons, sont désignés par des prénoms (doc. p. 305). »

D'après http://www.meteo.fr/comprendre/index.html

Doc. 2. Une image satellite de nuages au-dessus de l'Atlantique nord.

QUESTIONS

1. Rechercher les isobares sur le doc. 1. Où se trouve la dépression ?
2. Quelle est l'origine des vents ? Pourquoi tournent-ils ?
3. Identifier le sens de rotation des vents sur le doc. 2, sachant que ces formations nuageuses ont été créées par une dépression.
4. À l'aide d'un baromètre, comment peut-on prédire si le temps va s'améliorer ou se dégrader ?

Ces montgolfières s'élèvent dans le ciel grâce à un brûleur qui chauffe l'air contenu dans l'enveloppe : sa température augmente et le ballon monte. Comment relier les variations de la pression, de la température et du volume d'une quantité donnée de gaz ?

26

OBJECTIFS

- Savoir que la température est la grandeur physique macroscopique mesurant l'agitation thermique.
- Connaître et appliquer l'équation d'état des gaz parfaits.
- Connaître la notion de volume molaire.

ÉQUATION D'ÉTAT DES GAZ PARFAITS

La **pression**, la **température** et le **volume** d'une quantité donnée de gaz sont des **grandeurs macroscopiques** qui ne sont pas indépendantes. L'équation d'état des gaz parfaits est une relation simple qui décrit les **variations** de ces grandeurs les unes par rapport aux autres.

Activité expérimentale 1

La température

Une expérience difficile à mettre en œuvre permet d'observer que la vitesse des particules de fumée animées d'un mouvement brownien augmente quand la température augmente. La température est une mesure du chaos moléculaire des particules d'un gaz. La notion intuitive que nous en avons grâce au toucher n'est pas fiable.

Matériel

– Pompe à vélo.
– Objets en métal et en matière plastique, capteur de température, thermomètre, deux cristallisoirs.

Manipulation 1

OBJECTIF : comprendre la notion de température.

- Obturer une pompe à vélo avec le doigt et enfoncer plusieurs fois le piston rapidement.

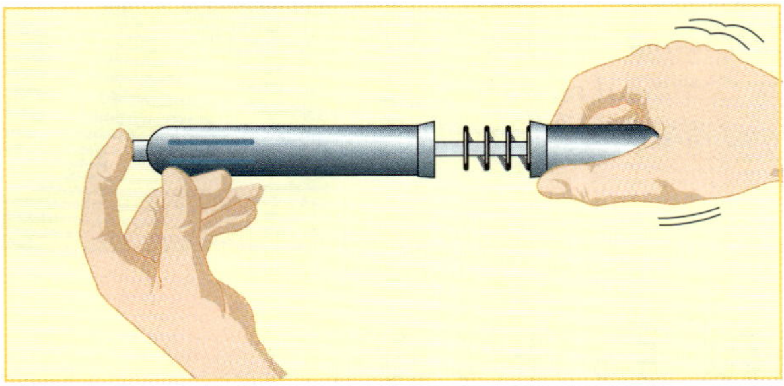

Doc. 1. L'air contenu à l'intérieur du corps de la pompe à vélo est comprimé lorsqu'on enfonce le piston.

Questions

1. Que ressentez-vous en touchant alors la pompe à vélo ? Cela évolue-t-il si on répète l'opération ?

2. Comment varie le mouvement chaotique des particules de gaz quand la pression augmente ? Quel est le lien entre la température du gaz et l'agitation (on parle **d'agitation thermique**) des particules qui le composent ?

Manipulation 2

OBJECTIF : étudier la température d'un corps grâce au toucher.

- Un objet en métal et un objet en matière plastique sont côte à côte dans une pièce depuis un certain temps (doc. 2).

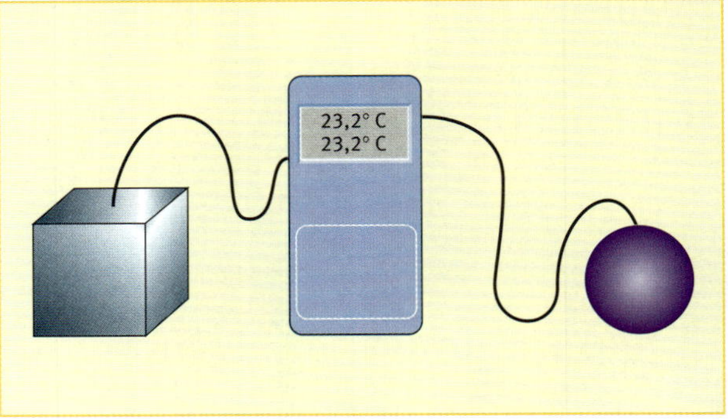

Doc. 2. Le dispositif expérimental.

- Toucher les deux objets simultanément, chacun avec une main. Mesurer leur température à l'aide d'un capteur adapté. Mesurer la température de l'air atmosphérique avec un thermomètre.
- Un cristallisoir contient de l'eau froide, un autre de l'eau chaude. Tremper une main dans l'eau froide, puis dans l'eau chaude, et de nouveau dans l'eau froide.

Questions

3. Quelle valeur affiche le capteur de température ? Pourquoi faut-il attendre un certain temps avant de faire la mesure ? Comparez la température des corps à la température de l'air de la pièce.

4. Les deux objets semblent-ils aussi chauds au toucher ? Est-il possible de mesurer ainsi une température ?

5. L'eau froide paraît-elle à la même température qu'initialement, après avoir plongé la main dans le cristallisoir rempli d'eau chaude ?

Activité expérimentale **2**

Pression, volume et température d'une quantité donnée de gaz

Nous allons montrer expérimentalement que la pression et le volume d'un gaz dépendent de sa température, et rechercher une relation simple entre ces grandeurs macroscopiques.

Matériel

– Cristallisoir, ballon en verre de 1 L, bouchon percé, capteur de température.

– Tube en verre avec un index liquide.

Manipulation

OBJECTIF : relier pression, volume et température d'une quantité donnée de gaz.

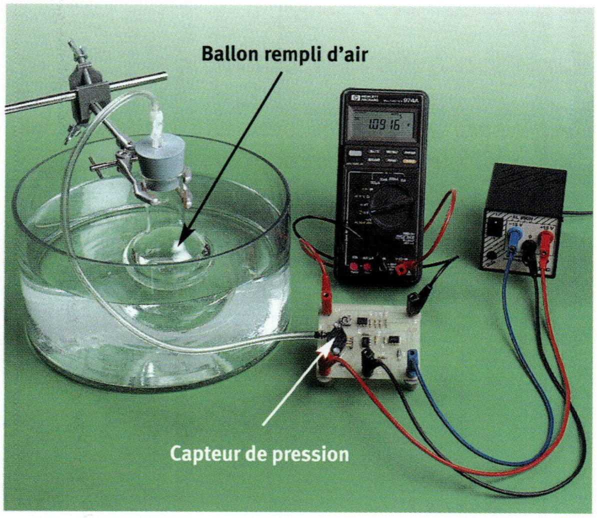

Doc. 3. Montage pour étudier la variation de la pression d'un gaz avec sa température.

- Relier le ballon en verre à un manomètre ou à un capteur de pression, puis le plonger dans un cristallisoir rempli d'eau. Relever l'indication du manomètre et ajouter de l'eau chaude dans le cristallisoir.

- Répéter l'expérience en reliant cette fois le ballon à un tube en verre comportant un index liquide, en contact avec l'air atmosphérique (doc. 4.). Quand l'index liquide est immobile, les forces pressantes qui s'exercent de chaque côté de l'index sont égales. Celui-ci doit toujours rester horizontal.

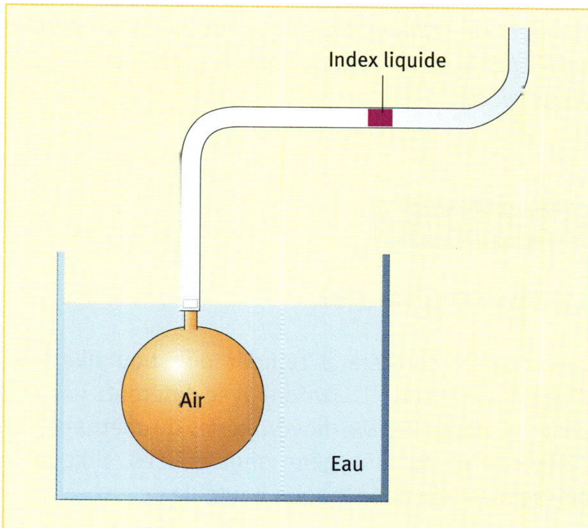

Doc. 4. Montage pour étudier la variation du volume d'un gaz avec sa température.

Questions

1. Deux des grandeurs physiques macroscopiques décrivant le gaz sont restées constantes lors de chaque manipulation. Lesquelles ?

2. Pour chaque expérience, quelle grandeur physique macroscopique caractérisant le gaz évolue lorsque la température augmente ?

3. Interprétez les variations observées en considérant le mouvement microscopique du gaz mis en évidence par le mouvement brownien (chap. 25).

4. Rappelez la loi de Boyle-Mariotte, qui relie la pression P et le volume V d'une quantité donnée de gaz à température constante.

5. On note T la température du gaz considéré. Choisissez parmi les propositions ci-dessous une relation simple qui soit compatible avec vos observations :

$$P \cdot T = aV$$
$$V \cdot T = bP$$
$$P \cdot V = cT$$

(a, b et c sont des constantes).

ACTIVITÉS

Activité documentaire 3

Loi d'Avogadro-Ampère

L'expérience que nous allons décrire peut être faite en classe en respectant les consignes de sécurité usuelles, mais elle nécessite une balance précise au centième de gramme. Nous donnons donc ses résultats expérimentaux, dont l'interprétation permet de vérifier la loi d'Avogadro-Ampère, établie au début du XIXe siècle.

Document 1

La pesée d'un gaz

L'expérience consiste à remplir une bouteille vide d'eau minérale (1,5 L environ) avec différents gaz et à peser la bouteille. Du dihydrogène, du méthane, de l'éthylène et du dioxygène sont utilisés. Soit m la masse mesurée pour chaque bouteille de gaz.

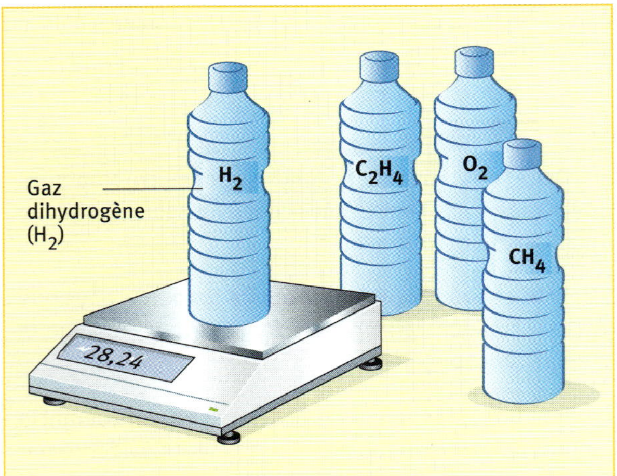

Doc. 5. La pesée des différents gaz.

Le volume mesuré des bouteilles est $V_1 = 1{,}52$ L.

Le tableau ci-dessous comporte les valeurs mesurées de m et les masses molaires M des gaz contenus dans les bouteilles.

Gaz	H_2	CH_4	C_2H_4	O_2
m **(g)**	28,24	29,03	29,74	29,97
M **(g·mol^{-1})**	2	16	28	32

Questions

1. Comment pourriez-vous procéder, à l'aide de la verrerie graduée du laboratoire, pour mesurer le volume intérieur total des bouteilles bouchées ?

2. Construisez un graphique représentant la masse mesurée m en fonction de la masse molaire de chaque gaz M. Tracez la droite passant par les différents points et calculez son ordonnée à l'origine m_B.

3. À quoi correspond la masse m_B ? Pour chaque gaz, que représente la masse $m_1 = m - m_B$?

4. Calculez le rapport m_1/M pour chaque gaz : que constatez-vous ? Que pouvez-vous dire du nombre de moles de gaz emprisonné dans la bouteille ?

Document 2

Variation avec le volume

L'expérience est répétée avec une petite bouteille d'eau minérale (volume mesuré : $V_2 = 0{,}533$ L).

Voici les résultats (m est la masse de la bouteille pleine de gaz, m_2 celle du gaz qu'elle contient) :

Gaz	H_2	CH_4	C_2H_4	O_2
m **(g)**	18,83	19,12	19,37	19,45
m_2 **(g)**	0,040	0,33	0,577	0,665
M **(g)**	2	16	28	32
Rapport $\frac{m_2}{M}$	0,020	0,021	0,021	0,021

Questions

5. Pour chaque gaz, calculez le rapport m_1/m_2 et comparez-le au rapport V_1/V_2.

6. En faisant la synthèse des résultats obtenus, commentez la loi proposée par A. Avogadro et A. Ampère : *« À température et pression données, des volumes de gaz égaux contiennent une même quantité de matière de gaz. »*

1. Température et agitation thermique

La **température** est une notion intuitive. On a su la mesurer dès le XVIIe siècle avant de comprendre sa signification physique, grâce à des thermomètres à liquide construits sur le principe qu'un liquide se dilate (c'est-à-dire que son volume augmente) quand sa température croît.

Le sens du toucher n'est pas fiable pour estimer une température (➡ activité 1 question 4, p. 318).

La température est aujourd'hui considérée comme une grandeur physique macroscopique directement liée à l'agitation des molécules, que l'on désigne par **agitation thermique**.

Plus la température d'un gaz est élevée, plus le mouvement des molécules qui le constituent est rapide et désordonné.

Exemple ➡ **Activité 1 :** quand l'air contenu dans le corps de pompe est comprimé, l'agitation des molécules qui le composent augmente. Cela se traduit par une augmentation de la température du mélange gazeux, et donc de la pompe en contact avec celui-ci question 2, p. 318.

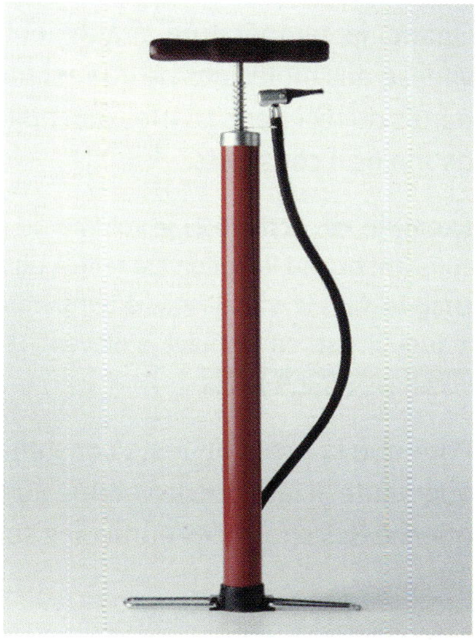

Doc. 6. Le corps de pompe s'échauffe lorsqu'on pousse le piston plusieurs fois en bouchant l'extrémité de la pompe.

2. Le modèle du gaz parfait

La relation entre la pression P, le volume V et la température T d'un gaz est en général complexe. Les physiciens ont proposé une loi simple pour relier P (en Pa), V (en m^3) et T pour un nombre de moles n de gaz :

$$P \cdot V = n \mathrm{R} T.$$

C'est **l'équation d'état des gaz parfaits**. La température T s'exprime en kelvin (0 °C = 273,15 K, chapitres 19 et 27). R est une constante, appelée **constante des gaz parfaits,** qui vaut :

$$\mathrm{R} = 8{,}314\ \mathrm{Pa \cdot m^3 \cdot K^{-1} \cdot mol^{-1}}\ \text{ou}\ \mathrm{J \cdot K^{-1} \cdot mol^{-1}}.$$

On appelle **gaz parfait** un gaz très raréfié, qui aurait une pression quasi nulle. L'équation d'état des gaz parfaits est donc d'autant mieux vérifiée que la pression du gaz considéré est faible. Par simplicité, nous utiliserons cette équation pour des gaz qui n'ont pas ces propriétés.

À pression et température ambiantes, l'air qui nous entoure peut être considéré comme un gaz parfait (➡ activité 2, question 5).

3. Interprétation microscopique

L'équation d'état des gaz parfaits permet de prévoir l'évolution des grandeurs macroscopiques caractérisant le gaz lorsque l'une d'elles change. Ces variations, qui ne sont donc pas indépendantes, sont dues à des phénomènes microscopiques.

Quand la température T augmente, l'agitation thermique croît. La vitesse des molécules de gaz est plus grande quand elles frappent les parois du récipient. La pression augmente donc, à volume V et nombre de moles n constants.

Exemple ➡ Activité 2 : le volume du gaz contenu à l'intérieur du ballon est constant quand le ballon est relié à un manomètre. Quand on ajoute de l'eau chaude dans le cristallisoir, la température du ballon et donc celle du gaz avec lequel il est en contact s'élèvent. La pression du gaz augmente alors **questions 1 et 2, p. 319**.

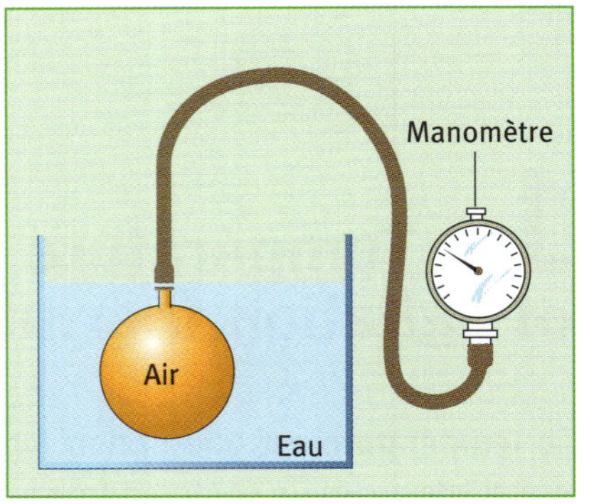

Doc. 7. La pression augmente lorsque le gaz s'échauffe à volume constant.

Pour que la pression reste constante (à n fixé) lorsque la température augmente, il faut que le volume augmente, de manière à ce que la fréquence des chocs des particules sur la paroi ne varie pas.

Exemple ➡ Activité 2 : lorsque le ballon est relié à un tube comportant un index liquide, la pression du gaz à l'intérieur du ballon est égale à la pression atmosphérique. Le liquide se déplace en effet pour équilibrer les forces pressantes qui s'exercent de chaque côté de l'index. Lorsque la température du gaz s'élève, son volume croît **questions 1 et 2, p. 319**.

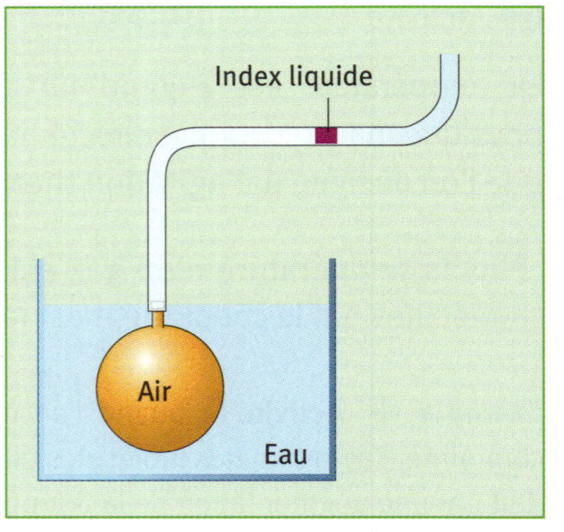

Doc. 8. L'index liquide se déplace vers la droite lorsque le gaz s'échauffe : le volume occupé par le gaz croît alors que sa pression reste constante.

Si on augmente n à température et volume constants, alors la pression croît car le nombre de chocs sur les parois augmente.

4. Définition de la température absolue

L'équation d'état des gaz parfaits permet de définir la **température absolue** ou **température kelvin**, exprimée en kelvin.

Cette grandeur physique est mesurable. Si on connaît la valeur $(P \cdot V)_0$ du produit $P \cdot V$ pour une température connue T_0, et si on connaît la valeur du produit $(P \cdot V)$ pour une température inconnue T, on aura :

$$\frac{T}{T_0} = \frac{(P \cdot V)}{(P \cdot V)_0}$$

La valeur minimale de la température absolue est égale à 0 K (ou – 273,15 °C). Cette température, nommée **zéro absolu**, correspond à une absence totale d'agitation thermique.

5. Volume molaire d'un gaz

Le **volume molaire** d'un gaz est le volume occupé par une mole de gaz. Pour un gaz parfait, le volume molaire ne dépend pas de la nature du gaz, mais uniquement de sa pression et de sa température. C'est la loi d'Avogadro-Ampère. On a $V_{molaire} = RT/P$.

Exemple ➡ Activité 3 : la masse des gaz contenus dans les bouteilles a été mesurée à température et volume constants. Le rapport m_1/M, où M est la masse molaire du gaz, ne dépend pas de la nature du gaz considéré : c'est le nombre de moles de gaz contenus dans la bouteille question 4, p. 320.

On définit les **conditions normales de température et de pression** (CNTP) par $P = 1{,}013 \cdot 10^5$ Pa et $T = 273{,}15$ K, ce qui correspond à la pression atmosphérique moyenne et à 0 °C. Dans ces conditions, le volume molaire est égal à $22{,}4 \cdot 10^{-3}$ m$^3 \cdot$ mol^{-1}, soit 22,4 L · mol^{-1}.

Exemple ➡ Activité 3 : le quotient du volume de la bouteille V_1 par le nombre de moles de gaz contenues dans la bouteille est supérieur à 22,4 L · mol^{-1}, les mesures n'ayant pas été faites à $T = 273{,}15$ K.

L'ESSENTIEL

Ce qu'il faut savoir

Température

✔ La **température** est la grandeur physique macroscopique reliée à l'agitation thermique.

Équation d'état des gaz parfaits

✔ Un **gaz parfait** est un gaz à très faible pression.

✔ La pression P, la température T, le volume V et le nombre de moles n d'un gaz parfait sont reliés par la relation : $P \cdot V = nRT$.

✔ La constante des gaz parfaits vaut R = 8,314 Pa · m$^3 \cdot$ K$^{-1} \cdot$ mol^{-1} ou J · K$^{-1} \cdot$ mol^{-1}.

Température absolue

✔ La **température absolue** est définie par l'équation d'état des gaz parfaits. Son unité est le kelvin. Sa valeur minimale est égale à 0 K (– 273,15 °C).

Volume molaire d'un gaz parfait

✔ Le **volume molaire** d'un gaz est le volume occupé par une mole de gaz. Pour un gaz parfait, il dépend de P et T, mais pas de la nature du gaz. Il vaut 22,4 L · mol^{-1} à 273,15 K et $1{,}013 \cdot 10^5$ Pa **(CNTP).**

EXERCICE RÉSOLU

Utiliser l'équation d'état des gaz parfaits

Un récipient indéformable fermé de volume *V* contient *n* moles de diazote N_2. Dans les conditions de température et de pression de l'exercice, l'équation d'état des gaz parfaits est vérifiée par les grandeurs décrivant ce gaz. La constante R des gaz parfaits vaut $R = 8{,}314\ Pa \cdot m^3 \cdot K^{-1} \cdot mol^{-1}$.

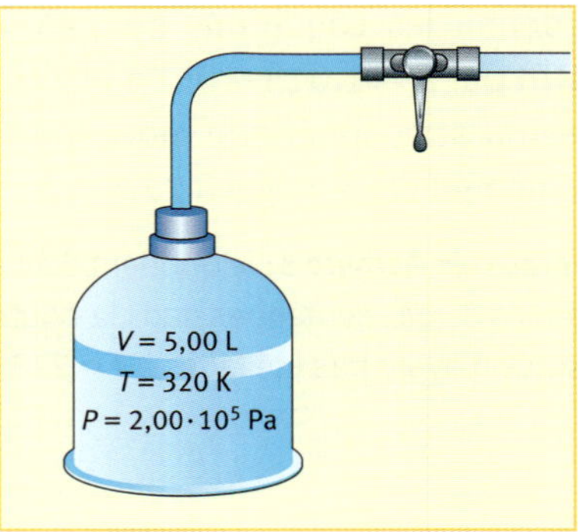

1.a. La pression du gaz est égale à $2{,}00 \cdot 10^5$ Pa et sa température à 320 K. Le gaz occupe un volume égal à 5,00 L. Calculer sa quantité de matière *n*.

b. En déduire le nombre *N* de molécules de diazote.

2. Quel serait le volume occupé par le gaz dans les conditions normales de température et de pression ?

3.a. Le récipient a été ouvert puis refermé : du gaz s'est échappé. La température finale est encore égale à 320 K, mais la pression a été divisée par 2. Calculer la quantité de matière restante.

b. Après avoir rappelé l'origine de la force pressante exercée par un gaz sur une paroi, donner une interprétation microscopique du résultat de la question précédente.

c. Le récipient étant fermé, on réduit alors son volume en poussant un piston. La température est maintenue constante. Comment va évoluer la pression du gaz ?

CONSEILS

1.a. *Attention aux unités lorsqu'on applique l'équation d'état des gaz parfaits.*

b. *La quantité de matière, exprimée en moles, est égale au nombre de molécules divisé par le nombre d'Avogadro ($N_A = 6{,}02 \cdot 10^{23}\ mol^{-1}$).*

3.a. *Identifier les variables qui sont restées constantes.*

b. *La pression résulte du choc des molécules de gaz sur les parois.*

SOLUTION

1.a. $n = P \cdot V/RT = 2 \cdot 10^5 \times 5 \cdot 10^{-3}/(8{,}314 \times 320) = 0{,}376$ mol.
$n = 0{,}376$ mol.

b. $N = n \cdot N_A = 0{,}376 \times 6{,}02 \cdot 10^{23} = 2{,}26 \cdot 10^{23}$.

2. Les CNTP sont $T = 273{,}15$ K et $P = 1{,}013 \cdot 10^5$ Pa,
donc $V = nRT/P = 0{,}376 \times 8{,}314 \times 273{,}15/1{,}013 \cdot 10^5$
soit $V = 8{,}43 \cdot 10^{-3}\ m^3$, soit $V = 8{,}43$ L.

3.a. Le récipient est indéformable, donc son volume est resté constant. La quantité de matière a diminué, la pression également. L'équation d'état des gaz parfaits donne directement $n = 0{,}376/2 = 0{,}188$. Donc $n = 0{,}188$ mol.

b. La baisse de pression résulte de la diminution des forces pressantes sur les parois. Volume et température étant restés constants, l'importance moindre des forces pressantes s'explique par la diminution de la quantité de matière contenue dans le récipient, du gaz s'étant échappé.

c. La température, qui mesure l'agitation thermique des molécules de gaz, est identique : la vitesse des molécules n'a donc pas changé. Le volume étant plus faible, la fréquence des chocs sur la paroi est cependant plus grande. Les forces pressantes sur les parois vont augmenter, ainsi que la pression.

VÉRIFIEZ VOS CONNAISSANCES

Questions

1 Peut-on augmenter la température d'une quantité donnée de gaz sans changer ses autres variables macroscopiques ?

2 Qu'est-ce qu'un gaz parfait ? L'air que vous respirez peut-il être considéré comme un gaz parfait ?

3 En quelle unité s'exprime la constante des gaz parfaits ?

4 Définir les conditions normales de température et de pression.

5 Qu'est-ce que le volume molaire d'un gaz ? De quoi dépend-il ?

QCM

6 Le volume molaire d'un gaz :

a. est constant ;

b. dépend de la température et de la pression du gaz.

7 Les masses molaires atomiques de l'azote et de l'hydrogène sont égales à 14 $g \cdot mol^{-1}$ et 1 $g \cdot mol^{-1}$ respectivement. Une masse de 17 g de gaz ammoniac (NH_3) occupe dans les CNTP :

a. un volume de 17 L ;

b. un volume de 22,4 L ;

c. un volume de 22,4 m^3.

8 Une bouteille contient du diazote à 273,15 K et sous une pression égale à 10 fois la pression des CNTP. Le volume molaire du diazote est :

a. 4,48 $L \cdot mol^{-1}$;

b. 224 $L \cdot mol^{-1}$;

c. 2,24 $L \cdot mol^{-1}$.

9 Un récipient fermé de volume V constant contient de l'air à 300 K. La pression de l'air est de l'ordre de 10^5 Pa. Pour doubler cette pression, il faut :

a. le refroidir à 150 K ;

b. le chauffer à 600 K ;

c. le chauffer à 302 K.

EXERCICES D'APPLICATION

Équation d'état des gaz parfaits

10 On maintient 4,0 moles de gaz à une température de 353 K et une pression de $2{,}0 \cdot 10^5$ Pa.
Quel est le volume occupé par le gaz ?

11 Un récipient de 20 L contient 1,7 mol de gaz. On désire que la pression du gaz soit égale à 150 kPa. Quelle doit être la température du gaz ?

12 Du gaz dihydrogène occupe un volume égal à 3 500 cm^3 à 323 K et sous une pression égale à 95,0 kPa. Quelle est sa quantité de matière ? Quel volume occupe ce gaz aux conditions normales de température et pression ?

13 Un récipient contient 32 kg de dioxygène. Calculer la quantité de matière de dioxygène, ainsi que le nombre de molécules de dioxygène contenu dans ce récipient. On rappelle la valeur du nombre d'Avogadro : $N_A = 6{,}02 \cdot 10^{23}$ molécules par mole.

Volume molaire

14 Calculer le volume molaire d'un gaz à une température de 450 K et sous une pression de $1{,}5 \cdot 10^5$ Pa. Dépend-il de la nature du gaz ? Le gaz est considéré comme parfait.

EXERCICES DE SYNTHÈSE

15 ★ **Gonflage d'un ballon**

Un élève gonfle un ballon avec de l'hélium. Après avoir fait entrer 0,25 mol de He dans le ballon à une température de 298 K, la pression dans le ballon est égale à 120 kPa. Que deviendra la pression dans le ballon lorsqu'il aura fait entrer 0,15 mol additionnelle à la même température ? On considère la variation du volume du ballon comme négligeable.

EXERCICES

EXERCICES

16 ★ Gaz dans un cylindre

Cinq moles de gaz sont enfermées dans un cylindre et occupent un volume de 300 mL. Si la température et la pression demeurent constantes, combien de moles de gaz faut-il ajouter pour que le volume triple ?

17 ★★ Pneu de vélo

Un pneu de vélo peut contenir 2,5 L d'air à une pression de 350 kPa et une température de 293 K.

On veut gonfler ce pneu avec une petite pompe manuelle. Le volume d'air que peut contenir le piston de la pompe à 101 kPa est d'environ 100 mL, à 293 K. Combien de coups de pompe seront nécessaires pour gonfler le pneu ?

18 ★★ Formation d'un gaz

Cet exercice est relié à l'activité 3 du chapitre 13 de chimie : « Bilan de matière ».

Un récipient de volume $V = 1$ L invariable contient de l'air à la pression atmosphérique $P_0 = 10^5$ Pa, à la température $T = 293$ K. Une transformation chimique se déroule dans le récipient ; il se forme un gaz G, la température restant constante. On mesure la pression quand elle a cessé d'augmenter.

1. Pourquoi la pression augmente-t-elle ?

2. La pression s'établit à $P = 1{,}3 \cdot 10^5$ Pa. On considère que le mélange de l'air et du gaz formé est un gaz parfait. Calculer la quantité de matière n de gaz G formé.

19 ★★ Mélange de deux gaz

Un récipient de volume $V_1 = 10$ L contient 1 mol d'un gaz A, sous la pression atmosphérique $P = 10^5$ Pa. Un deuxième récipient, de volume $V_2 = 20$ L, contient 2 mol d'un gaz B à la même température.

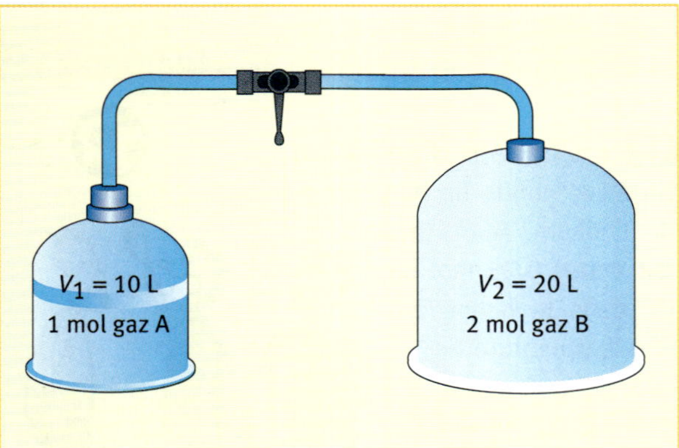

1. Calculer la température dans le premier récipient.

2. Calculer la pression dans le deuxième récipient.

3. Les deux récipients sont reliés par un tuyau de volume négligeable. On admet que le mélange des deux gaz se comporte comme un gaz parfait. La température du nouveau récipient est la même que celle des deux récipients non reliés. Calculer la pression finale.

20 ★★ Pompe

On désire augmenter la pression dans un récipient de volume $V = 5$ L, initialement rempli d'air à la pression atmosphérique $P_0 = 10^5$ Pa et à la température $T_0 = 295$ K.

On raccorde le récipient à une pompe. Celle-ci est constituée d'un cylindre de volume v, fermé par un piston.

La pompe aspire l'air ambiant, à la pression P_0 et à la température T_0.

On admet que le volume du corps de pompe est nul quand le piston est en contact avec le fond du récipient : tout l'air admis dans le corps de pompe est donc refoulé dans le récipient.

Tout se passe à la température T_0 constante. L'air est considéré comme un gaz parfait dans ces conditions.

1. Exprimer le volume V en m^3.

2. Calculer la quantité de matière d'air admis dans le corps de pompe à chaque coup de pompe, en fonction de v, P_0, T_0 et de la constante des gaz parfaits R.

3. Calculer la pression dans le récipient au bout de 100 coups de pompe. On prendra $v = 50$ cm^3.

MINI-TP

21 ★ À la cuisine

1. Gonfler un ballon de baudruche et le fermer hermétiquement. L'introduire dans le réfrigérateur et attendre un instant. Observer le ballon et expliquer ce qui se passe.

2. Ouvrir un pot de sauce tomate : interpréter le bruit que cela provoque. Pourquoi est-il difficile d'ouvrir certains pots de confiture si l'on ne fait pas entrer un peu d'air sous le bouchon ?

3. Faire chauffer de la sauce tomate au four à micro-ondes. Pour cela, il faut recouvrir le récipient d'un film plastique alimentaire. Observer le film plastique pendant la phase de chauffage, puis pendant la phase de refroidissement. Commenter.

(**Attention :** il ne faut jamais introduire d'objets métalliques dans un four à micro-ondes.)

Cette expérience permet de « geler » des atomes de césium à la température de $2{,}5 \cdot 10^{-6}$ K (à droite). Comment mesurer la température d'un corps ?

27

ÉTAT THERMIQUE ET TEMPÉRATURE

OBJECTIFS

- Comprendre la notion d'équilibre thermique.
- Connaître l'échelle Celsius de température.
- Connaître des exemples de propriétés physiques qui dépendent de l'état thermique d'un corps.
- Utiliser un thermomètre adapté à la mesure.

La température a été définie comme une **grandeur physique macroscopique** liée à l'**état thermique** d'un gaz. La mesure d'une température a été ramenée à la mesure de la **pression** ou du **volume** d'une quantité donnée de gaz parfait. Les températures peuvent être mesurées avec de nombreux **thermomètres**, en suivant un protocole précis.

Activité expérimentale 1

L'équilibre thermique

Un thermomètre indique ***sa propre température****. Mis en contact avec un autre système, il faut attendre qu'ils soient tous deux en équilibre thermique. Le thermomètre indiquera alors une température égale à celle du système.*

Matériel

– Deux thermomètres à liquide, plaque de polystyrène, chronomètre.

Manipulation 1

OBJECTIF : étudier l'évolution de l'indication d'un thermomètre en fonction du temps.

Plonger un thermomètre à liquide dans de l'eau tiède contenue dans un récipient et observer la variation du niveau du liquide coloré. Lorsqu'il ne varie plus, sortir le thermomètre du récipient et le suspendre. Noter alors la durée d'une diminution de température de 3 °C (doc. 1.a).

Creuser un trou dans une plaque de polystyrène, à la dimension du réservoir du thermomètre à liquide. Répéter l'expérience précédente en introduisant le réservoir du thermomètre dans le trou juste après l'avoir sorti du récipient (doc. 1.b).

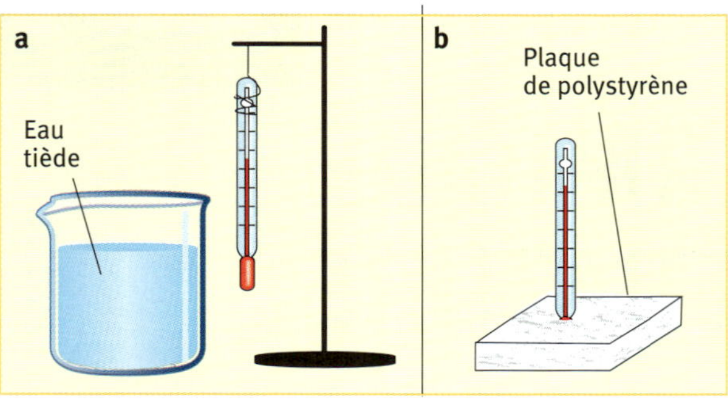

Doc. 1. Le dispositif expérimental.

Questions

1. Lorsque vous plongez le thermomètre dans le récipient, quelles sont les deux grandeurs macroscopiques qui varient pour le liquide du thermomètre ?

2. Quand l'indication du thermomètre ne varie plus, la température du liquide coloré et celle de l'eau contenue dans le récipient sont identiques. Peut-on donner la valeur de la température de l'eau tant que l'indication n'est pas constante ?

3. Après avoir été sorti du récipient (doc. 1.a), avec quel gaz le thermomètre est-il en contact ? À quoi correspond la température mesurée lorsque le niveau du liquide coloré ne varie plus ?

4. Comparez la durée correspondant à une baisse de l'indication du thermomètre de 3°C pour les deux expériences. On dit que le polystyrène forme une enceinte **calorifugée**. Expliquez le sens de ce mot. Connaissez-vous une utilisation du polystyrène qui exploite cette propriété ?

Manipulation 2

OBJECTIF : comprendre la notion d'équilibre thermique.

Creuser un nouveau trou dans la plaque de polystyrène, permettant d'y insérer les réservoirs de deux thermomètres à liquide identiques, au contact l'un de l'autre. Plonger un thermomètre dans de l'eau à température ambiante et l'autre dans de l'eau chaude. Attendre que les indications des deux thermomètres ne varient plus, puis introduire rapidement les deux réservoirs dans le trou.

Questions

5. Comment varient les indications des deux thermomètres ? Comparez avec l'expérience précédente.

6. Qu'indiquent les deux thermomètres au bout d'un moment ? Ceux-ci étant identiques, que pouvez-vous alors dire de l'agitation thermique qui anime les molécules des liquides contenus dans les deux réservoirs ?

7. Quand la température des thermomètres ne varie plus, on dit que les liquides qu'ils contiennent sont en **équilibre thermique**. Définissez l'équilibre thermique. Est-il instantané ?

Activité expérimentale 2

L'échelle Celsius de température

Les thermomètres courants indiquent la température en degrés Celsius. Une température θ en degré Celsius (°C) se déduit d'une température absolue T en kelvin (K) par la relation : $\theta = T - 273{,}15$. Nous allons tenter de vérifier cette relation. L'expérience pouvant être longue, un tableau de mesures est donné.

Matériel

– Plaque chauffante équipée d'un agitateur magnétique, grand bécher de 1 litre.
– Capteur de pression, thermomètre à affichage numérique ou capteur de température, statifs, noix et pinces.
– Petit récipient en aluminium muni d'un bouchon étanche percé de deux trous, eau et glace.

Manipulation

OBJECTIF : vérifier expérimentalement le lien entre la température exprimée en degrés Celsius et la température exprimée en kelvin.

- Le thermomètre ou le capteur de température indique des valeurs de la température θ en degrés Celsius (°C). Réaliser le montage du doc. 3.
- Remplir le bécher d'eau et de glace, et mettre en marche l'agitateur magnétique. Le récipient en aluminium, rempli d'air, doit être le plus immergé possible. Noter les valeurs de la pression et de la température quand toute la glace est fondue.
- Lancer le chauffage pendant un court instant. Noter les valeurs de la pression P et de la température θ lorsqu'elles ne varient plus.
- Obtenir ainsi plusieurs valeurs de la température et de la pression de l'air contenu dans le récipient en aluminium. Représenter graphiquement les variations de P en fonction de θ, à l'aide d'un logiciel adapté le cas échéant (➡ fiche 10).

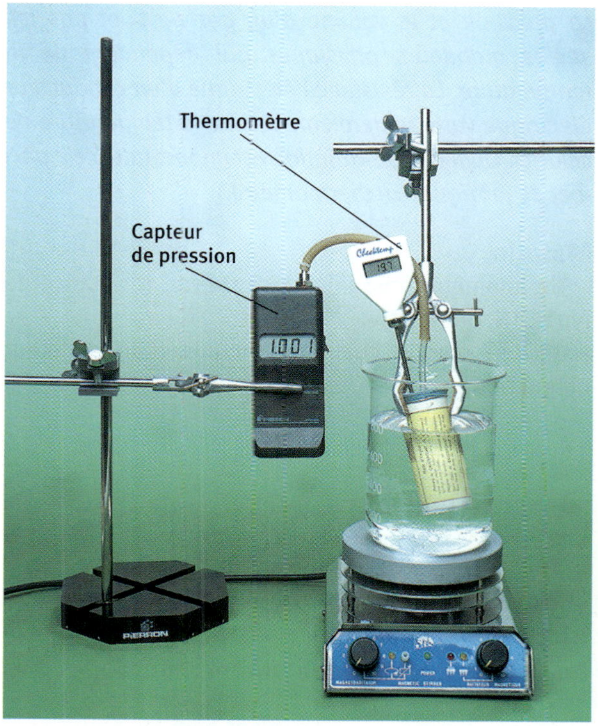

Doc. 3. Le dispositif expérimental.

Questions

1. Pourquoi faut-il attendre que la pression et la température se stabilisent après chaque phase de chauffage ? Pourquoi la pression du gaz augmente-t-elle lorsqu'on chauffe ?

2. Quelles sont les grandeurs macroscopiques caractérisant l'air contenu dans le récipient qui restent constantes au cours de l'expérience ?

3. Tracez, manuellement ou à l'aide du logiciel, la droite qui décrit au mieux les variations de P en fonction de θ.

4. En calculant l'équation de cette droite ou en la prolongeant jusqu'à l'axe des abscisses, extrapolez la valeur de la température θ qu'aurait le gaz à pression nulle. Quelle devrait être la valeur de la température absolue T correspondante ?

5. Avez-vous retrouvé la relation entre T et θ ? Sinon, essayez d'expliquer pourquoi.

θ (°C)	2,1	5	7,3	11	14	20	22,3	25	29	33	36	40	45	56	58
P (kPa)	90,8	93	94,1	95,6	96,7	99,3	99,5	100,4	102	103	105	106	107	109	110

Doc. 2. Tableau de mesures.

ACTIVITÉS

Activité expérimentale 3

Un thermomètre particulier

La pression et le volume d'un gaz ne sont pas les seules grandeurs physiques qui dépendent de la température. La résistance électrique d'un conducteur électrique varie généralement avec la température de celui-ci. Quand cette variation est importante, cela permet de fabriquer un thermomètre.

Matériel

– Thermomètre à liquide, vase Dewar, résistance de type CTN, ohmmètre.
– Bécher, plaque chauffante munie d'un agitateur magnétique.

Manipulation

OBJECTIF : constater qu'un composant électrique dont la résistance varie avec la température permet de fabriquer un thermomètre.

- Un vase Dewar est un récipient dont les parois sont calorifugées. Introduire un volume V_1 d'eau froide dans le vase Dewar.
- Plonger dans le liquide le thermomètre et la résistance enveloppée dans un film plastique. Noter la valeur du niveau du liquide du thermomètre et la valeur de la résistance, mesurée à l'ohmmètre.
- Ajouter de l'eau chaude dans le vase Dewar et agiter. Noter les nouvelles valeurs du niveau du liquide du thermomètre et de la résistance.

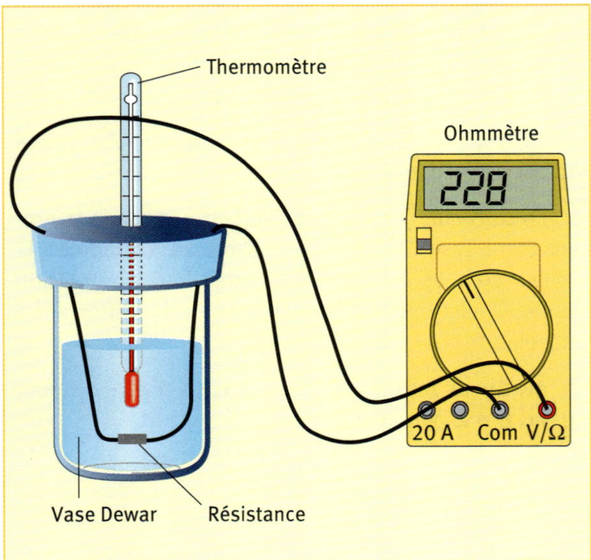

Doc. 4. Le schéma du montage.

Questions

1. Faut-il attendre avant de relever les valeurs du niveau du liquide du thermomètre et la valeur de la résistance ?
2. Lorsque ces valeurs ne varient plus, que pouvez-vous dire des températures de l'eau et de la résistance ? De celles du thermomètre et du liquide coloré qu'il contient ?
3. Ces valeurs dépendent-elles d'une autre grandeur physique que la température ?
4. Donnez alors la définition d'un thermomètre.

Proposer un protocole expérimental

OBJECTIF : étalonner un thermomètre à résistance.

- La loi qui régit les variations de la résistance R avec sa température θ est souvent complexe. Il est nécessaire d'étalonner le thermomètre à résistance, c'est-à-dire de trouver expérimentalement la loi de variation de R en fonction de θ.
- Cet étalonnage est réalisé sur une gamme de température. Le thermomètre ne pourra être utilisé que pour mesurer des températures appartenant à cette gamme.

Questions

5. Comment mesurer la température du composant ?
6. Proposez un protocole expérimental, en faisant un schéma de l'expérience à réaliser, pour étalonner le thermomètre à résistance.
7. Proposez un protocole expérimental pour mesurer une température inconnue avec ce thermomètre.

1. La température

1.1. Équilibre thermique de deux corps

Pour tous les corps, qu'ils soient gazeux, liquides ou solides, la température est une mesure de l'état thermique du corps, c'est-à-dire de l'agitation thermique de ses constituants. Quand deux corps sont mis en contact (on dit plus exactement en **contact thermique**), leur température commence par varier s'ils ne sont pas à la même température. La température du corps le plus chaud décroît, celle du plus froid augmente. Au bout d'un certain temps, les températures des deux corps sont égales. On dit alors qu'il y a **équilibre thermique** entre les deux corps.

Deux corps sont en équilibre thermique s'ils sont en contact thermique et si leurs températures sont égales.

Il faut une certaine durée avant que l'équilibre thermique s'installe.

Exemple ➡ **Activité 1 :** les températures qu'indiquent les deux thermomètres mis en contact dans la plaque de polystyrène varient lentement avant de devenir égales question 5, p. 328.

1.2. L'échelle Celsius de température

L'échelle Celsius de température se déduit de l'échelle absolue par la relation :

$$\theta = T - 273,15.$$

θ est la température Celsius, exprimée en degrés Celsius (°C) et T est la **température absolue**, exprimée en kelvin (K).

Les thermomètres courants indiquent la température en °C.

La valeur d'une différence de température en K est égale à sa valeur en °C.

2. Les thermomètres

2.1. Définition d'un thermomètre

Un thermomètre est un système, dont une grandeur physique macroscopique (et une seule) ne dépend que de la température. Cette grandeur physique est nommée **«grandeur thermométrique»**. Ses variations doivent être suffisamment fortes pour être mesurables.

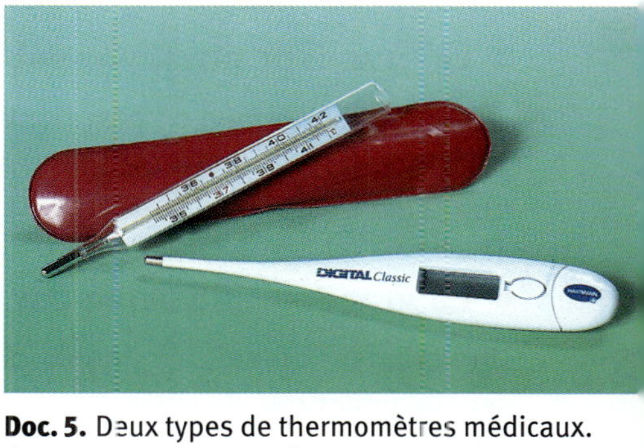

Doc. 5. Deux types de thermomètres médicaux. Ils mesurent des températures comprises entre 35 °C et 42 °C.

Si d'autres grandeurs physiques du système dépendent de la température, elles sont maintenues constantes.

Exemple ➡ Il existe deux types de thermomètres à gaz : les thermomètres à pression constante (la grandeur thermométrique est alors le volume du gaz) et les thermomètres à volume constant (la grandeur thermométrique est alors la pression du gaz).

Pour constituer un thermomètre, le dispositif doit être étalonné : il faut déterminer expérimentalement la loi de variation de la grandeur thermométrique avec la température. L'échelle de température (en °C la plupart du temps) est construite en plaçant le système en équilibre thermique avec des corps dont la température absolue (ou Celsius) est connue.

Un thermomètre est un corps dont une grandeur physique, la grandeur thermométrique, ne dépend que de la température. Un thermomètre doit être étalonné.

2.2. Utilisation d'un thermomètre

Pour mesurer la température d'un corps, il faut mettre un thermomètre en contact thermique avec ce corps et attendre que les deux systèmes soient en équilibre thermique. Leurs températures sont alors égales.

On mesure ensuite la valeur de la grandeur thermométrique qui ne dépend que de la température. Si on connaît la relation entre cette grandeur physique et la température, on obtient ainsi la température du thermomètre et donc celle du corps.

2.3. Exemples de grandeurs thermométriques et de thermomètres

La grandeur physique est le volume d'un gaz

Une quantité donnée de gaz, dont la pression est maintenue constante, possède un volume qui dépend de la température, et de la température seulement.

La grandeur physique est la pression d'un gaz

Une quantité donnée de gaz, dont le volume est maintenu constant, possède une pression qui dépend de la température, et de la température seulement.

La grandeur physique est le volume d'un liquide

Une quantité donnée de liquide possède un volume qui ne dépend sensiblement que de la température, et de la température seulement. Les thermomètres à dilatation de liquide sont très courants. On peut citer les thermomètres à alcool et les thermomètres à mercure.

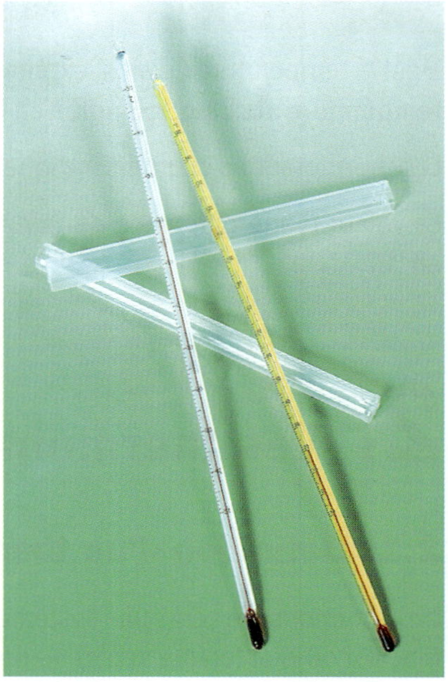

Doc. 6. Deux thermomètres à alcool. Leurs gammes de mesure diffèrent.

Exemple ➜ La température du corps humain a été longtemps mesurée avec des thermomètres médicaux à mercure, qui est un liquide. La vente de ces thermomètres est désormais interdite en France, car les vapeurs de mercure qui se dégagent si le thermomètre se casse sont nocives. Les thermomètres à affichage numérique qui sont désormais utilisés exploitent, par exemple, les variations des propriétés d'une diode avec la température (doc. 5).

Le volume d'un liquide dépend de la température suivant une loi : $V = V_0\,(1 + b\,\theta)$ où V_0 est le volume à 0 °C, θ la température Celsius et b le coefficient de dilatation volumique (en $°C^{-1}$).

Liquide	Éthanol	Mercure	Eau
b ($°C^{-1}$)	$1{,}12 \cdot 10^{-3}$	$0{,}182 \cdot 10^{-3}$	$0{,}207 \cdot 10^{-3}$

Doc. 7. Quelques coefficients de dilatation volumique de liquides.

La grandeur physique est la longueur ou le volume d'un solide

La capacité des solides à se dilater quand leur température augmente est mise à profit pour réaliser des thermomètres robustes mais assez peu sensibles, utilisés par exemple pour réaliser des thermostats.

La longueur l d'une tige dépend de la température. On peut modéliser approximativement cette dépendance par la relation : $l = l_0\,(1 + a\,\theta)$, où θ est la température Celsius, l_0 est la longueur à 0 °C et a le coefficient de dilatation linéaire (en $°C^{-1}$).

Le volume d'un solide dépend de la température suivant la relation approximative $V = V_0\,(1 + b\,\theta)$, où V_0 est le volume à 0 °C et b est le coefficient de dilatation volumique.

Matériau	Aluminium	Verre	Acier
a ($°C^{-1}$)	$2{,}41 \cdot 10^{-5}$	$8{,}3 \cdot 10^{-6}$	$1{,}27 \cdot 10^{-5}$

Doc. 8. Coefficients de dilatation linéaire de certains matériaux solides.

Autres grandeurs physiques

Un composant dénommé « résistance électrique » possède une résistance qui dépend de la nature du matériau qui le constitue et de la température (➜ activité 3).

Exemple ➜ Entre 0 °C et 650 °C, la résistance R d'un fil de platine pur varie en fonction de la température Celsius θ suivant une loi du type : $R(\theta) = R(0) \cdot (1 + A\theta + B\theta^2)$ où $R(0)$ est la valeur de la résistance mesurée à 0 °C. Les coefficients A et B dépendent du montage du fil. Le constructeur d'un thermomètre à résistance de platine l'étalonnera avec précision.

Exemple ➜ La variation de la résistance d'une CTN avec la température est plus complexe. Nous l'avons étalonné dans un domaine étroit de température (➜ activité 3).

Exemple ➜ Les composants électriques ou électroniques dont une grandeur physique dépend de la température (comme la résistance) sont utilisés pour fabriquer des **capteurs de température**. Ces capteurs fournissent une tension qui est fonction de la température du composant.

Doc. 9. Un capteur de température, relié à une calculatrice par une interface.

Nous avons vu au chapitre 19 que le spectre continu de la lumière émise par un corps chaud dépend de la température. La puissance rayonnée est maximale pour une longueur d'onde λ_m, qui dépend de la température du corps chaud suivant la loi de Wien : $\lambda_m \cdot T = 2\,900\ \mu m \cdot K$, avec λ en µm et T en K. On peut ainsi déterminer la température de la photosphère des étoiles (chapitre 20).

3. Gamme de températures accessibles par un thermomètre

Un thermomètre ne permet de mesurer des températures que dans une gamme donnée.

Exemple ➡ Un thermomètre à dilatation de solide ne peut être utilisé à une température à laquelle le solide pourrait fondre.

Exemple ➡ Un thermomètre à dilatation de liquide ne peut être utilisé à une température à laquelle le liquide pourrait congeler ou bouillir.

	θ_{fusion} (°C)	$\theta_{ébullition}$ (°C)
Alcool	−34	+ 78
Toluène	−95	+ 111
Mercure	−39	+ 356
Pentane	−130	+ 36

Doc. 10. Températures d'ébullition* et de fusion* de différents corps.

L'ESSENTIEL

Ce qu'il faut savoir

Équilibre thermique

✔ La **température** est la grandeur physique macroscopique relative à l'état thermique des corps, solides, liquides ou gazeux.

✔ Quand deux corps sont en **équilibre thermique,** ils ont la même température.

Thermomètre

✔ Un **thermomètre** est un corps dont une grandeur physique ne dépend que de la température (les autres grandeurs étant maintenues constantes).

✔ Pour utiliser un thermomètre, il faut qu'il soit en équilibre thermique avec le corps dont on veut mesurer la température.

✔ La **température Celsius** θ se déduit de la **température absolue** T par la relation : $\theta = T - 273{,}15$. La température Celsius s'exprime en °C.

✔ Les propriétés physiques qui permettent de renseigner sur l'état thermique d'un corps, et donc de mesurer sa température, sont par exemple :
- la dilatation des liquides et des solides ;
- la variation de résistance électrique ;
- le spectre continu du rayonnement émis.

✔ Un thermomètre donné possède une gamme de mesures limitée.

Ce qu'il faut savoir faire

✔ Mettre en place un protocole expérimental pour mesurer la température d'un corps avec un thermomètre dont la gamme de températures est adaptée.

EXERCICES

EXERCICE RÉSOLU

Un thermomètre à dilatation de liquide

On veut construire un thermomètre à dilatation de liquide indiquant des températures comprises entre 0 °C et 200 °C. Le thermomètre est constitué d'un réservoir relié à un tube fin. On envisage *a priori* d'utiliser de l'éthanol, du toluène ou du mercure. On ne tient compte que des variations du volume du liquide, en ignorant les variations du volume de l'enveloppe de verre.

1. Consulter le tableau du doc. 10. Quel liquide choisir ?

2. Le volume V du liquide varie avec la température Celsius θ selon la loi $V = V_0 (1 + a\,\theta)$ avec $a = 1{,}56 \cdot 10^{-4}$ °C^{-1}. Le volume V_0 du liquide à $\theta = 0$ °C est égal au volume du réservoir. Le volume v du tube est égal à 25 mm^3. À 200 °C, le liquide remplit tout le tube. Calculer V_0.

3. Le tube a une section de surface S constante et une longueur $l = 25$ cm. Calculer S. Montrer que la hauteur x du liquide dans le tube est reliée à la température θ par la loi $x = (aV_0 \cdot \theta)/S$.

4. Quelle est la sensibilité s de l'appareil, c'est-à-dire le déplacement du liquide dans la tige pour 1 °C ?

5. Calculer la masse de mercure nécessaire à la réalisation du thermomètre, sachant qu'à 0 °C la masse volumique du liquide est $\rho_0 = 13{,}6$ g · cm^{-3}.

CONSEILS	SOLUTION
1. *Il ne faut pas que le corps puisse se solidifier ou bouillir.*	**1.** Il s'agit du mercure qui seul reste liquide entre les deux températures extrêmes de la gamme recherchée.
2. *Utiliser la loi $V = V_0\,(1 + a\theta)$ en cherchant la relation, à 200 °C, entre V, V_0 et v.*	**2.** À 200 °C, le mercure remplit le réservoir et le tube. Son volume est donc égal à $V_0 + v$. Il est également égal à V_0 (1 + 200a), du fait de la dilatation. On a donc : $V_0 + v = V_0\,(1 + 200a)$. Simplifions : $v = V_0 \cdot 200a$ d'où $V_0 = v/200a = 25/(200 \times 1{,}56 \cdot 10^{-4}) = 801$ mm^3. $V_0 = 8{,}01 \cdot 10^{-1}$ cm^3.
3. *Le volume d'un cylindre de hauteur x et de section S est égal à $S \cdot x$. Relier $V_0\,(1 + a\theta)$ à S et x.*	**3.** On a $S \cdot l = v$ soit $S = v/l = 25/250 = 0{,}1$ mm^2. $S = 0{,}1$ mm^2. On écrit de nouveau que le volume total du liquide, $V_0 + S \cdot x$, est égal à $V_0\,(1 + a\,\theta)$. En simplifiant : $S \cdot x = V_0 \cdot a\,\theta$ soit $x = (a\,V_0 \cdot \theta)/S$
4. *Exprimer mathématiquement la définition de s.*	**4.** Si θ varie de 1 °C, x varie de $(a\,V_0)/S$ soit $s = (a\,V_0)/S = (1{,}56 \cdot 10^{-4} \times 801)/0{,}1$. $s = 1{,}25$ mm · °C^{-1}.
5. *Revoir la définition de la masse volumique. Quel est le volume occupé par le mercure du thermomètre à 0 °C ?*	**5.** Par définition, la masse volumique est égale au rapport de la masse d'un échantillon du corps par le volume qu'il occupe. $\rho_0 = m/V_0$ d'où $m = \rho_0 \cdot V_0 = 13{,}6 \times 0{,}8$. $m = 10{,}9$ g.

VÉRIFIEZ VOS CONNAISSANCES

Questions

1 Quelle est la grandeur physique qui mesure l'état thermique d'un corps ?

2 Qu'est-ce que l'équilibre thermique de deux corps ?

3 Qu'est-ce qu'une grandeur thermométrique ?

4 Comment utilise-t-on un thermomètre ?

5 Définir l'échelle Celsius de température.

6 Citer quelques thermomètres et leur grandeur thermométrique.

QCM

7 Quand on met deux corps en contact thermique, l'équilibre thermique s'installe :

a. instantanément ;

b. au bout d'un certain temps.

8 Dans un thermomètre, on peut dire des grandeurs physiques qui varient avec la température :

a. qu'il n'y en a qu'une, les autres sont maintenues constantes ;

b. qu'il y en a plusieurs.

9 Une température θ en °C se déduit d'une température T absolue en K par la relation :

a. $T = 273{,}15 + \theta$;

b. $\theta = T + 273{,}15$.

EXERCICES D'APPLICATION

Échelle absolue et échelle Celsius

10 La température d'ébullition de l'eau est égale à 373,15 K sous une pression de $1{,}013 \cdot 10^5$ Pa. Quelle est sa valeur en °C ?

11 Le plomb fond à 327,4 °C. Donner la valeur de cette température en K.

Équilibre thermique

12 Peut-on dire en hiver que l'air d'une pièce chauffée se trouvant d'un côté d'une vitre de fenêtre est en équilibre thermique avec l'air extérieur ?
Si le chauffage de la pièce est coupé, que se passera-t-il ?

13 La température du corps humain est égale à 37 °C en moyenne. On touche avec la main un objet dont la température est voisine de 15 °C. Y a-t-il équilibre thermique ?

Dilatation des solides

14 Une règle en acier a été graduée à la température de 20 °C. Est-elle juste à 0 °C ?

15 Un bloc d'acier de masse m porte une étiquette indiquant la masse volumique ρ à 20 °C.
1, Que se passe-t-il si la température du bloc augmente ?
2. Pourquoi faut-il préciser la température quand on indique la masse volumique ?

16 La longueur d'un pont suspendu est égale à 1 500 m à 0 °C. Il est supporté par des poutrelles en acier, dont le coefficient de dilatation linéaire est $a = 1{,}27 \cdot 10^{-5}$ °C^{-1}.
1. Calculer la longueur du pont si la température est égale à $\theta_1 = -15{,}0$ °C et à $\theta_2 = 35{,}0$ °C.
2. À la construction du pont, une précaution a dû être prise lors de l'assemblage des poutrelles. Laquelle ?

17 Un thermomètre à bilame est constitué de deux lames soudées de métaux différents qui, chauffées à une extrémité par exemple, s'incurvent sous l'effet d'une différence de dilatation. On considère le dispositif suivant, où le bilame est attaché à un socle fixe en bas et à un piston mobile en haut. Reliée au piston, une soupape peut obturer la canalisation du gaz.

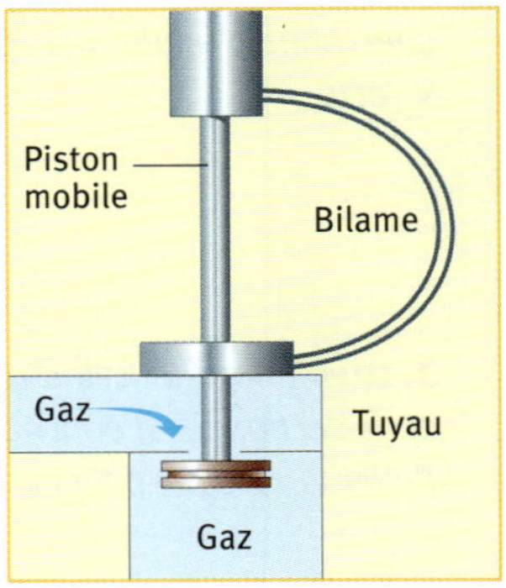

Dire ce qui se passe quand la partie courbe du bilame est chauffée ou non.

Dilatation des liquides

18 Dans un thermomètre à dilatation de liquide, le volume apparent V du liquide dépend de la température Celsius θ par la relation $V = V_0(1 + a\,\theta)$, où a est le coefficient de dilatation apparente du liquide dans le verre.
1. Que représente V_0 ?

2. Exprimer a en fonction de V_0 et du volume apparent correspondant à 100 °C, noté V_{100}. Quelle est l'unité de a ?
3. Sachant que a = 1/6400 SI et que V_0 = 96 mm^3, calculer le volume du liquide limité par les températures 0 °C et 100 °C, lorsque la température mesurée est 100 °C.

EXERCICES DE SYNTHÈSE

19 ★ Un réservoir d'essence trop rempli

Monsieur Durand remplit complètement le réservoir de carburant en acier de son automobile avec de l'essence à θ = 12 °C. Le volume du réservoir est égal à 63 L. Il gare aussitôt après sa voiture dans son garage, où la température est égale à 18 °C. Le coefficient de dilatation volumique de l'essence est $b_e = 0{,}950 \cdot 10^{-3}$ °C^{-1}, celui de l'acier est $b_a = 36{,}0 \cdot 10^{-6}$ °C^{-1}.

1. Pourquoi peut-on négliger la variation de volume du réservoir devant celle de l'essence ?
2. Quel volume d'essence risque de couler du réservoir ?
3. La fuite va-t-elle être instantanée ?

20 ★ Thermomètre à résistance de métal

La résistance d'un composant métallique varie avec la température selon la relation : $R = 100 + 0{,}55\,\theta$ pour -50 °C $\leq \theta \leq 50$ °C. R s'exprime en ohm.

1. Calculer la valeur de R pour θ = 0 °C et θ = 40 °C.
2. Tracer la courbe qui représente les variations de R en fonction de θ.
3. Quelle est la variation de température qui correspond à une variation de résistance de 1 Ω ?

21 ★★ Thermomètre à barre métallique

Une barre métallique a pour longueur l_0 = 12 cm quand elle est plongée dans la glace fondante (0 °C) et pour longueur l_{100} = 14 cm quand elle est en contact avec de la vapeur d'eau bouillante (100 °C) à la pression de 10^5 Pa.

1. Quel est le phénomène physique utilisé pour repérer la température ?
2. La longueur de la barre l varie avec la température θ selon la relation : $l = l_0\,(1 + a\theta)$.
a. Exprimer l_{100} en fonction de l_0 et a.
b. En déduire l'expression de a en fonction de l_0 et l_{100}.
c. Calculer a. Quelle est la température de la barre si l = 12,5 cm ?

22 ★★★ Un thermomètre à mesure de durées

Un pendule est constitué d'une tige mince de masse négligeable, munie d'une sphère de masse m fixée à une extrémité. L'autre extrémité est fixée de manière à ne pas entraver les oscillations du pendule. À 20 °C, la période des oscillations du pendule est égale à 1 s.

Le pendule est introduit dans une enceinte contenant un gaz dont la température peut varier. On suppose que le pendule est en équilibre thermique avec le gaz. *La résolution de cet exercice nécessite de revenir sur le chapitre 24.*

1. La période des oscillations sera-t-elle identique à 40 °C ?
2. Proposer un protocole expérimental pour étalonner ce thermomètre particulier.

23 ★★★ Échelle Fahrenheit et échelle Celsius

On gradue un thermomètre à mercure en notant 0 °C le niveau de liquide quand le thermomètre est en équilibre thermique dans la glace fondante, et 100 °C quand l'équilibre thermique est réalisé dans la vapeur surnageant au-dessus de l'eau en ébullition sous la pression normale. La tige est divisée en 100 parties égales entre 0 °C et 100 °C. L'échelle Fahrenheit de température est obtenue en notant 32 °F pour 0 °C et 212 °F pour 100 °C. La tige des thermomètres Fahrenheit est divisée en 180 parties égales entre 32 °F et 212 °F.

1. La température du corps humain est 37 °C. Que vaut-elle dans l'échelle Fahrenheit ?
2. À quelle température les deux thermomètres donnent-ils la même indication ?

24 ★★★ Étalonnage d'un thermomètre

1. Le volume du réservoir d'un thermomètre à mercure plongé dans la glace fondante, est V_0 = 90 mm^3. Sachant que la masse volumique du mercure à cette température est égale à 13,6 g · cm^{-3}, calculer la masse de mercure que le réservoir contient.
2. En utilisant une masse de mercure m = 1,225 g, on constate qu'à 0 °C le mercure affleure à la division 5. Quel est le volume v_0 d'une division de la tige à cette température ? La graduation zéro de la tige est notée dès la sortie du réservoir.

25 ★★★ Pyromètre optique

Un pyromètre optique à disparition de filament est destiné à mesurer à distance la température d'objets incandescents. Sa partie optique peut être comparée à celle d'une caméra simple. À l'intérieur de l'appareil se trouve une petite lampe à incandescence, alimentée par une pile à travers un circuit qui permet de modifier l'intensité du courant électrique qui traverse la lampe. En regardant dans l'appareil, l'utilisateur voit le filament qui se superpose à l'image* de l'objet visé.

1. Comment varie la température dans le filament lorsque l'intensité du courant électrique augmente ? L'appareil indique la température du filament en mesurant le courant qui le traverse.
2. Comment le filament apparaît-il sur ce fond quand il est plus froid que l'objet ? plus chaud que l'objet ? quand il est à la même température ?
3. Justifier le nom donné à cet appareil.

Celsius et Fahrenheit

On a su mesurer la température avant de la comprendre. Dans les pays anglo-saxons, on utilise l'échelle Fahrenheit au lieu de l'échelle Celsius.

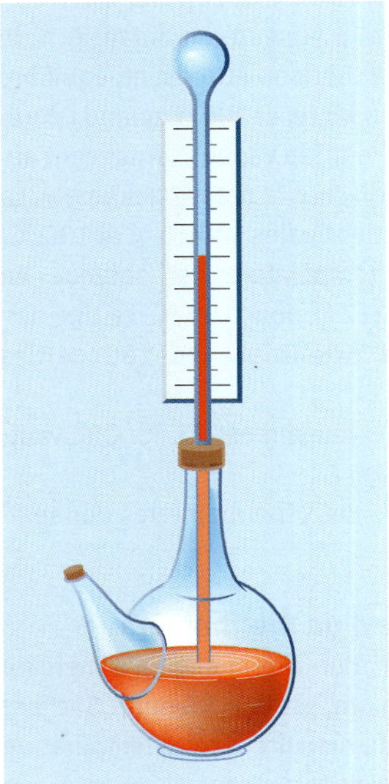

« Galilée semble être le premier à avoir inventé (vers 1592) un dispositif pour indiquer le "degré d'échauffement" : un flacon muni d'un col fin et long. Il le renversait et plongeait l'extrémité du col dans un bol d'eau. Lorsqu'on chauffait ou refroidissait le flacon, l'air qu'il enfermait se dilatait ou se contractait et le liquide descendait ou montait dans le col.

En 1631, un médecin français J. Rey, inversa le dispositif de Galilée, en remplissant l'ampoule avec de l'eau et en laissant l'air dans la tige. Dans cette configuration, qui ressemble au thermomètre d'aujourd'hui, c'est la dilatation du liquide qui indiquait son degré d'échauffement.

On a constaté que certains phénomènes surviennent à des températures fixes. En 1694, C. Renaldini utilisa le point d'ébullition* et le point de congélation de l'eau sous la pression normale pour définir deux points bien espacés sur le thermomètre.

L'échelle qui est encore employée aujourd'hui est associée à Anders Celsius (1742). On affecte le nombre 0 au point de congélation et le nombre 100 au point d'ébullition de l'eau et on partage cet intervalle en 100 parties égales. Cette échelle était connue sous le nom d'*échelle centigrade* de température. Son nom a été changé en 1954 pour devenir l'*échelle Celsius*.

Dans les pays anglo-saxons, on utilise une échelle, conçue en 1717 par le physicien allemand et fabricant d'instrument Daniel Fahrenheit. Il affecta 0 à la température la plus faible qu'il pouvait atteindre, celle d'un mélange d'eau, de glace et de sel. Il mit le point supérieur à la température du corps humain, qu'il fixa à 96. Il divisa la « distance » entre ces points en 96 « degrés ». La température de congélation de l'eau est égale à 32 °F, sa température d'ébullition à 212 °F.

La relation entre température T_F en degrés Fahrenheit et température θ en °C est :

$$T_F = 32 + (9/5)\,\theta \quad \text{ou} \quad \theta = (5/9)\,(T_F - 32).$$ »

D'après Eugène Hecht, ***Physique***, De Boeck Université.

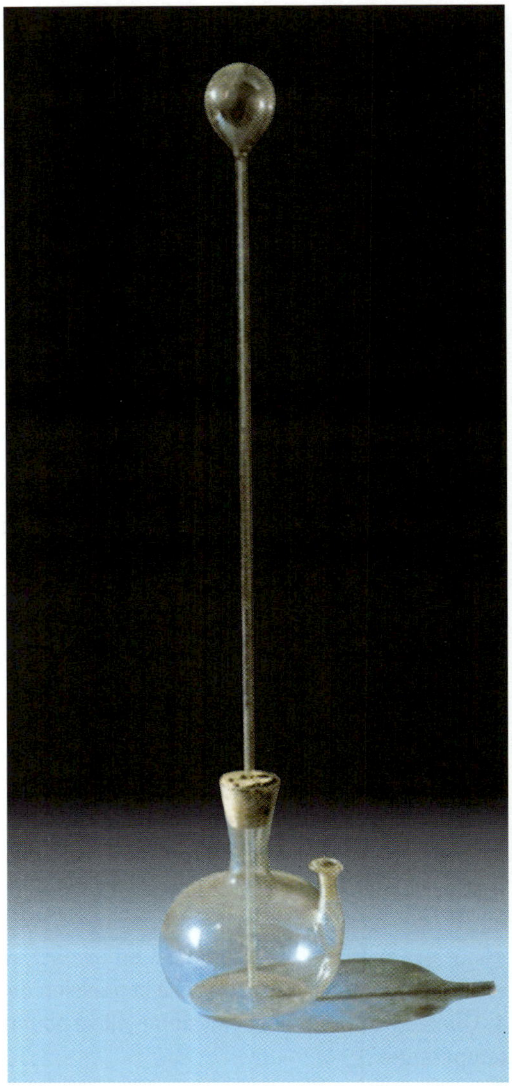

Le thermoscope de Galilée.

QUESTIONS

1. Expliquer le fonctionnement du thermoscope de Galilée. Faire une interprétation microscopique.
2. Expliquer le fonctionnement du thermomètre de J. Rey.
3. Quels sont les points de référence de température cités dans le texte ?
4. Comment gradue-t-on un thermomètre dans l'échelle Celsius ?
5. Quelle est la température du corps humain en °C ? en °F ?

THÈME

Un capteur de température

Un capteur est un instrument de mesure qui convertit une grandeur physique en un signal électrique (une tension ou une intensité).
Dans le cas d'un capteur de température, l'objectif est d'obtenir une tension U proportionnelle à la température θ (en degrés Celsius), par exemple de la forme :

$$U = 10^{-3}\ \theta.$$

Ainsi, une valeur de température peut être lue directement sur l'afficheur d'un voltmètre, réglé sur le calibre mV.

1 Caractéristiques d'une diode au silicium

Réaliser le montage (a) correspondant au schéma ci-dessous en utilisant un générateur de tension et une résistance de 1kΩ.

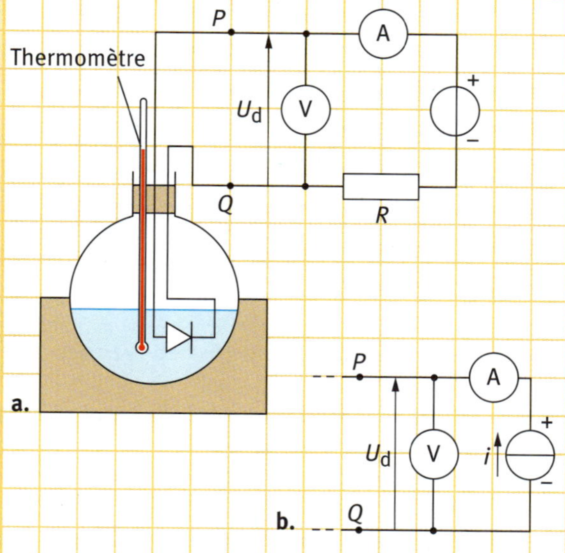

Envelopper une diode au silicium dans un film plastique.
Introduire la diode dans un ballon rempli d'eau et placer l'ensemble dans un chauffe-ballon avec éventuellement un agitateur.

1. U_d = f(I)

Relever les valeurs de la tension U_d en fonction de l'intensité I du courant qui traverse la diode. On veillera à ne pas dépasser 10 mA pour ne pas détériorer la diode.
Recommencer la manipulation et tracer la fonction $U_d = f(I)$ pour différentes températures de l'eau.

2. U_d = f(θ)

Brancher entre les points P et Q un générateur de courant (schéma b) et fixer l'intensité à 4 mA.
Verser de l'eau glacée dans le ballon et mettre en marche le chauffe-ballon.
Relever les valeurs de la tension U_d aux bornes de la diode en fonction de la température lue sur le thermomètre placé au voisinage de la diode.
Tracer la courbe $U_d = f(\theta)$ et vérifier que son équation est du type $U_d = U_0 - a \cdot 10^{-3}\ \theta$.
Déterminer la valeur de U_0 et de a.

En réalisant le montage ci-dessus, vous pourrez dans un premier temps observer qu'à intensité constante, la tension U_d aux bornes de la diode dépend de la température. Puis, la deuxième partie de la manipulation permettra de déterminer la relation entre la température et la tension aux bornes de la diode, c'est-à-dire les valeurs numériques de U_0 et de a qui figurent dans l'équation : $\boldsymbol{U_d = U_0 - a \cdot 10^{-3}\ \theta}$.

› **Citer d'autres utilisations possibles des diodes.**

THÈME

2 Le potentiomètre

Réaliser le montage correspondant au schéma ci-contre en utilisant des résistances de 10 kΩ et 5,6 kΩ.
Mesurer les tensions U_S aux bornes de R_2, puis U_e aux bornes de $R_1 + R_2$.
Comparer les rapports U_S/U_e et $R_2/(R_1+R_2)$.
Intervertir les résistances et recommencer les mesures de tensions.
Remplacer les deux résistances par un potentiomètre de 10kΩ.
Mesurer la tension U_S pour différentes positions du curseur.

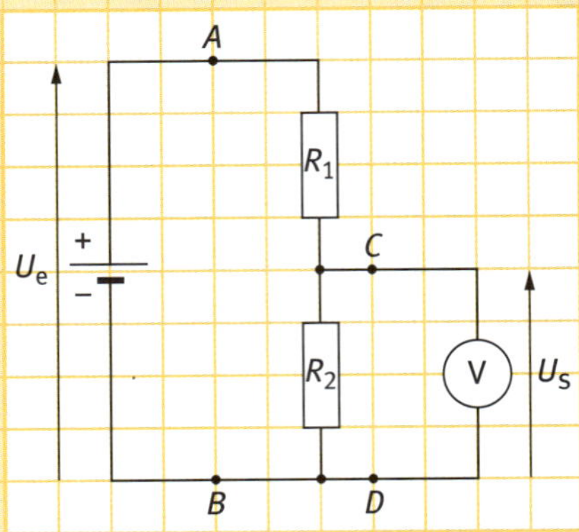

En suivant ce protocole, vous pourrez réaliser un diviseur de tension à l'aide de deux résistances. Puis en remplaçant les deux résistances par un potentiomètre, vous obtiendrez un montage potentiométrique.

› Quel est le principe d'un potentiomètre ?

› Quel est l'avantage d'un montage potentiométrique par rapport à un montage diviseur de tension ?

3 Mise en forme de la tension

Montage soustracteur

Réaliser le montage correspondant au schéma ci-dessous en utilisant un amplificateur opérationnel, une alimentation symétrique – 15 V / 0 / + 15 V, un générateur de tension continue, une pile de 4,5 V, des résistances de 10 kΩ et un potentiomètre de 10 kΩ.

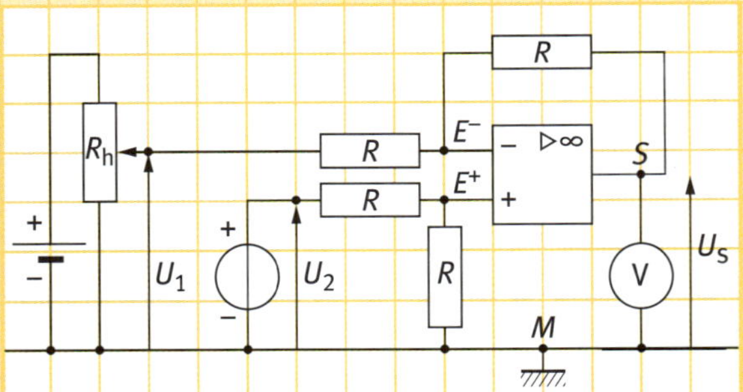

Fixer la valeur de U_2. À l'aide du potentiomètre, faire varier U_1 et mesurer U_S. Vérifier que $U_S = U_2 - U_1$.
Remplacer le générateur de tension continue U_2 par la diode aux bornes de laquelle est branché le générateur de courant (doc. 1, schéma b).
Régler convenablement le potentiomètre afin d'obtenir une tension de sortie de la forme : $U_S = -a \cdot 10^{-3}\,\theta$.
Faire le schéma de ce montage.

Montage inverseur

Réaliser le montage correspondant au schéma ci-dessous en utilisant une alimentation symétrique – 15 V / 0 / + 15 V, un générateur de tension continue, des résistances de 10 kΩ (R_1) et 5,6 kΩ (R_2).

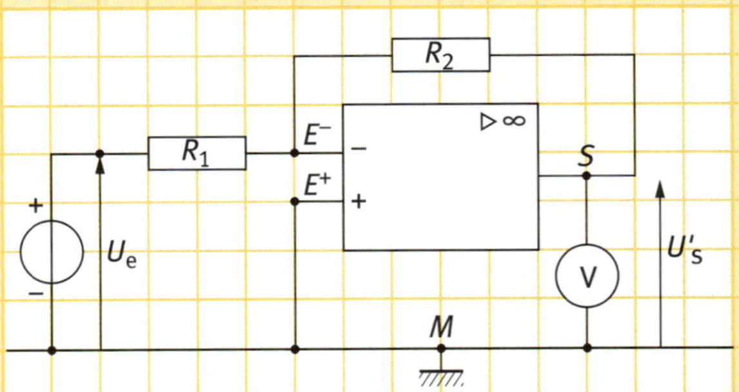

Mesurer les différentes tensions et vérifier que $U'_S = (-R_2/R_1)\,U_e$.
Remplacer R_2 par un potentiomètre de 10 kΩ pour pouvoir faire varier la valeur de la résistance.
Remplacer le générateur de tension continue par le montage précédent avec $U_e = U_S$.
Régler convenablement le potentiomètre afin d'obtenir une tension de sortie : $U'_S = 10^{-3}\,\theta$.
Faire le schéma de ce montage.

En suivant ce protocole, vous réaliserez un montage permettant de soustraire deux tensions. Le deuxième montage sera utilisé pour modifier la valeur et le signe de la tension.

› Dans le montage inverseur, quel est l'intérêt de remplacer R_2 par un potentiomètre ?

› Peut-on réaliser d'autres opérations à l'aide d'un amplificateur opérationnel ? Rechercher d'autres applications des amplificateurs opérationnels.

4 Réalisation d'un capteur de température

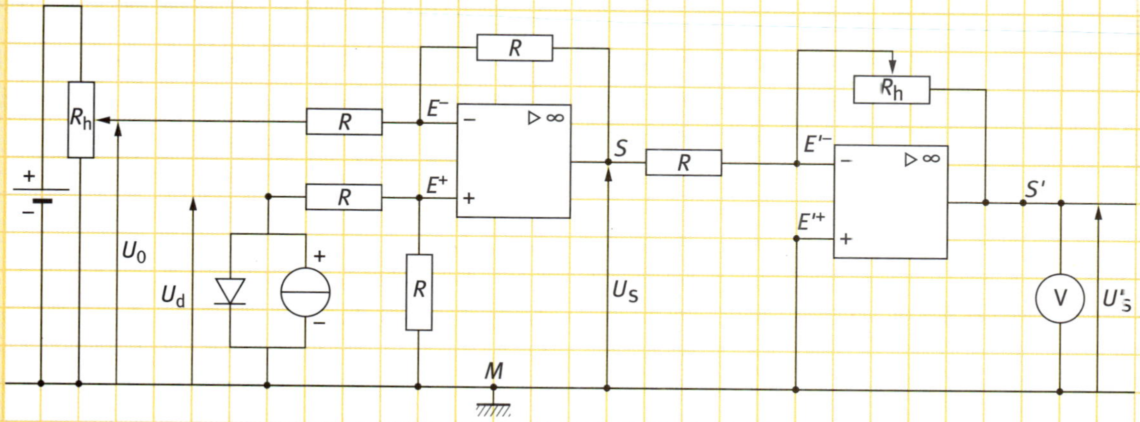

Réaliser le montage correspondant au schéma ci-dessus en utilisant une alimentation symétrique − 15 V / 0 / + 15 V, cinq résistances de 10 kΩ et deux potentiomètres de 10 kΩ.

Étalonnage de l'appareil

Effectuer les réglages des deux potentiomètres de manière à obtenir $U'_S = 10^{-3}\,\theta$ pour deux valeurs de température connues. Ainsi, il sera possible de lire directement la valeur de la température sur un voltmètre en utilisant le calibre mV.

Mesures

Placer de la glace dans le ballon et y introduire la diode enveloppée dans un film plastique.
Alimenter la diode avec une intensité constante.
Faire chauffer la glace jusqu'à ce qu'elle soit totalement fondue tout en relevant la température.
Tracer la courbe de la température de l'eau contenue dans le ballon en fonction du temps.

En suivant ce protocole, vous réaliserez un capteur qui vous permettra de suivre l'évolution de la température du mélange eau-glace.

› Pourquoi faut-il que l'intensité du courant circulant dans la diode soit constante ? À quoi servent les deux montages utilisant des amplificateurs opérationnels ?

› Rechercher les différents types de thermomètres utilisés dans la vie courante ou dans l'industrie. Préciser leurs caractéristiques (gamme de mesure, précision, temps de réponse...).

D'autres pistes

› 1. Citer d'autres types de capteurs et leurs applications.

› 2. Qu'appelle-t-on un circuit intégré ? À quand remonte son invention ?

› 3. Quelles sont les différentes étapes de l'histoire de l'électronique ?

› 4. Les chercheurs peuvent maintenant concevoir des microcapteurs ; qu'appelle-t-on les nanotechnologies ?

Où trouver des renseignements ?

Livre

S. Clément, *Petit manuel d'électronique,* Nathan, collection 128, 1997.

Sites Internet

http://www.iut-bethune.univ-artois.fr/~tredez/doc/aopch1/aopch1.html
http://www.cybersciences.com
Faire une recherche sur Internet, en français, avec comme mots-clés : diode, potentiomètre, amplificateur opérationnel, capteur, circuit intégré, nanotechnologie.

THÈME

THÈME

Phénomènes optiques dans l'atmosphère

La lumière qui nous parvient du Soleil doit traverser l'atmosphère qui nous entoure. Sur son chemin, elle peut traverser des gouttes de pluie, une nappe d'air chaud ou d'air froid, rencontrer de fines particules ou bien encore des cristaux de glace. Cela donne parfois des arcs-en-ciel ou des mirages.

1 Courbure du rayon lumineux

Dans un milieu transparent qui n'est pas homogène, la lumière ne se propage plus en ligne droite. Cela peut se produire brutalement quand elle rencontre un dioptre air/verre par exemple ou de façon plus douce (on dit continue) quand l'indice du milieu varie.

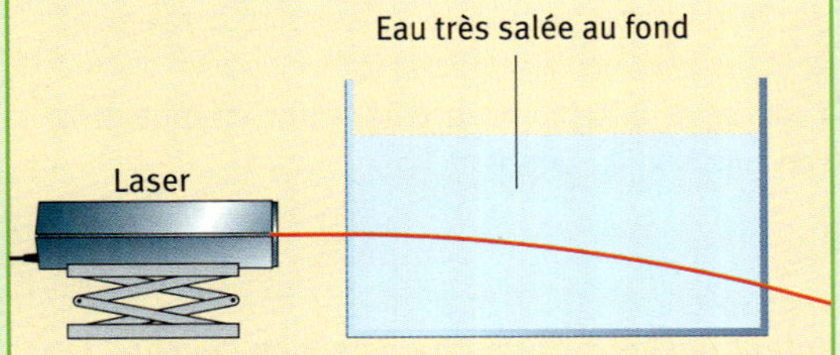

Faisceau laser dans de l'eau salée où la concentration en sel est nettement plus importante au fond de la cuve. Quelques gouttes de lait ont été ajoutées dans l'eau.

› Rechercher comment évolue l'indice optique en fonction de la concentration en sel de la solution. Le rayon lumineux se courbe-t-il vers les régions où l'indice est le plus élevé ou le plus faible ?

2 Le mirage

En été, quand le Soleil tape sur le sol, celui-ci peut atteindre des températures supérieures à 50 °C. Cependant, plus on s'éloigne du sol, plus l'air est frais. Dans de telles conditions, on peut observer un phénomène appelé mirage qui est dû à la courbure des rayons lumineux.

› Quelle peut être la cause de la courbure du rayon lumineux (voir aussi doc. 1) ? Pourquoi l'indice de l'air varie-t-il ?

Le mirage donne l'illusion de l'eau au milieu du désert.

3 Diffusion de la lumière blanche

En suivant ce protocole, vous pourrez constater la diffusion de la lumière blanche par les microparticules de matière grasse et protéiques du lait en suspension dans l'eau.

› Quel est le rôle du lait ? Quelles sont les radiations de la lumière les plus diffusées et celles qui le sont le moins ? Cette expérience permet-elle d'expliquer le bleu du ciel ?

– Prendre un carton de la taille d'un verre de rétroprojecteur. Découper un trou dont le diamètre est égal à la moitié de celui d'un bécher d'un litre.
– Emplir le bécher d'eau aux trois quarts.
– Poser le carton sur le verre du rétroprojecteur puis le bécher sur le carton en le centrant sur le trou.
– Projeter l'image du trou sur un mur blanc ou un écran.
– Ajouter du lait goutte à goutte en agitant fortement à chaque fois.
– Suivre l'évolution de la couleur de l'image sur l'écran. Quand elle est orange sombre, arrêter l'ajout de lait.
– Observer le bécher perpendiculairement aux rayons lumineux.

4 Le coucher de Soleil

Un coucher de Soleil, en été, est souvent un spectacle agréable à regarder. Le disque jaune descend lentement, rougit, puis disparaît.

› Comment expliquer le rougeoiement du Soleil couchant en considérant la diffusion de la lumière blanche (voir doc. 3)? Après les violentes éruptions du volcan Pinatubo (Philippines) en juin 1991, les couchers de soleil sur toute la Terre étaient particulièrement spectaculaires : pourquoi ?

Coucher de Soleil sur les montagnes Tucson (Arizona, États-Unis).

5 Arc-en-ciel

L'observation d'un arc-en-ciel nécessite la présence de gouttes de pluie de 1 à 2 mm de diamètre et un Soleil plutôt bas sur l'horizon. L'explication de ce phénomène n'est pas simple. En effet, l'une de ses causes est l'accumulation de lumière à la sortie de la goutte d'eau, dans une direction bien précise, qui est par exemple de 42,5 ° pour la couleur rouge.

› Que se passe-t-il au niveau des dioptres air/eau et eau/air? L'eau est-elle un milieu dispersif?

Arc-en-ciel sur les chutes d'Iguaçu (Brésil).

THÈME

D'autres pistes

› 1. Dans certaines conditions, il est possible de voir la Corse depuis le continent : c'est un mirage inversé. Expliquer ce phénomène.

› 2. Pourquoi le Soleil couchant apparaît-il ovale ?

› 3. Réaliser une imitation d'arc-en-ciel avec un jet d'eau et le commenter.

› 4. Pourquoi les nuages sont-ils blancs, gris ou noirs ?

› 5. Qu'appelle-t-on une aberration atmosphérique en astronomie ?

› 6. Pourquoi les étoiles scintillent-elles ?

› 7. Pourquoi peut-on observer un rayon vert au moment précis où le Soleil couchant disparaît ?

› 8. Quelle est l'origine des halos que l'on observe parfois autour du Soleil ?

Où trouver des renseignements ?

CD-Rom ou DVD

Encyclopædia Universalis, version 5, animations en particulier sur l'arc-en-ciel.

Sites Internet

http://www.canigou.univ-mrs.fr

http://astro.geoman.net/fr/astro/dossiers/8/rayon-vert.html

et ... 8/arc-en-ciel.html

et ... 8/halos.html

Livre

F. Suagher et J.-P. Parisot, *Jeux de Lumière*, Cêtre, 1995.

THÈME

Le système solaire

Il y a cinq siècles, les savants essayaient d'expliquer simplement le mouvement apparent des planètes dans le ciel. Depuis, les connaissances en astronomie se sont développées, et aujourd'hui les chercheurs se demandent si la vie existe ailleurs que sur la Terre.

1 Planètes telluriques ou géantes

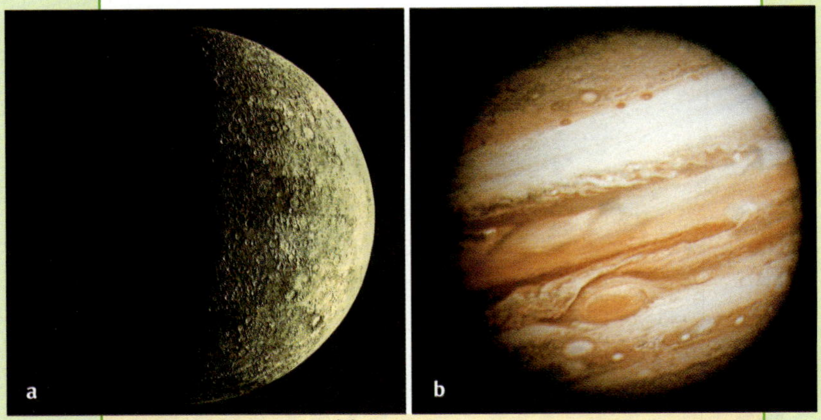

Mercure (a) et Jupiter (b).

Mercure est une planète tellurique, la plus proche du Soleil. La température de sa surface est de 430 °C le jour et de −173 °C la nuit. Jupiter est une planète géante du système solaire. En décembre 1995, la sonde *Galileo* a permis de confirmer que les éléments les plus abondants de l'atmosphère jovienne sont l'hydrogène et l'hélium.

› Retrouver les caractéristiques qui différencient les planètes telluriques des planètes géantes. Expliquer en quoi Pluton est une planète atypique.

2 Les lois de Kepler

– Rechercher la période de révolution T de Mercure, Vénus, Mars, Jupiter et Saturne.
– Leurs orbites sont assimilées à des cercles de rayons a. Chercher les valeurs de a pour ces planètes et la Terre.
– Calculer T^2/a^3.

Ce calcul vous permettra de mettre en évidence la troisième loi de Kepler. Les travaux de Johannes Kepler, astronome allemand (1571-1630), s'appuyèrent sur les mesures astronomiques très précises de l'astronome danois Tycho Brahé (1546-1601).

› Quelles sont les lois de Kepler ?

3 Le système héliocentrique de Copernic

Lorsqu'on observe le ciel, les étoiles apparaissent comme des petites lumières accrochées sur une sphère tournant autour de la Terre. Cette idée d'une Terre fixe au centre de l'Univers s'imposa donc naturellement aux astronomes de l'Antiquité. Les noms d'Aristote et de Ptolémée restent attachés à cette théorie dite géocentrique, qui ne fut pas remise en question jusqu'en 1543. En effet, cette année-là, Nicolas Copernic (1473–1543), chanoine et astronome d'origine polonaise, publie *De Revolutionibus orbium caelestium* ; pour lui, c'est le Soleil qui est immobile.

› Pourquoi a-t-il fallu attendre longtemps pour que le modèle héliocentrique de Copernic s'impose ? Actuellement, quelles sont les limites connues de ce modèle ?

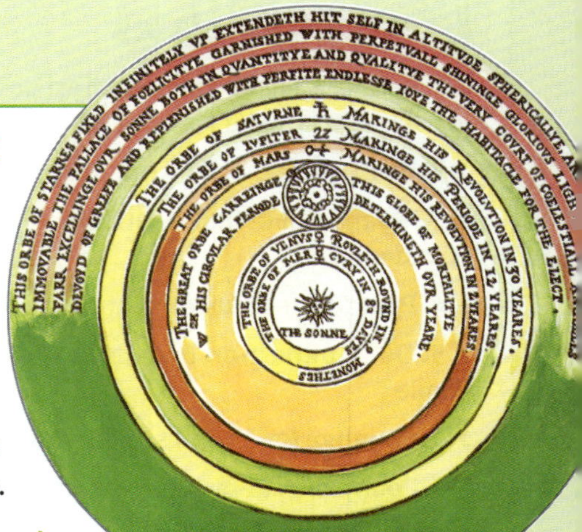

Représentation du modèle de Copernic d'après Thomas Diggers (1576). ▲

4 L'observation des planètes

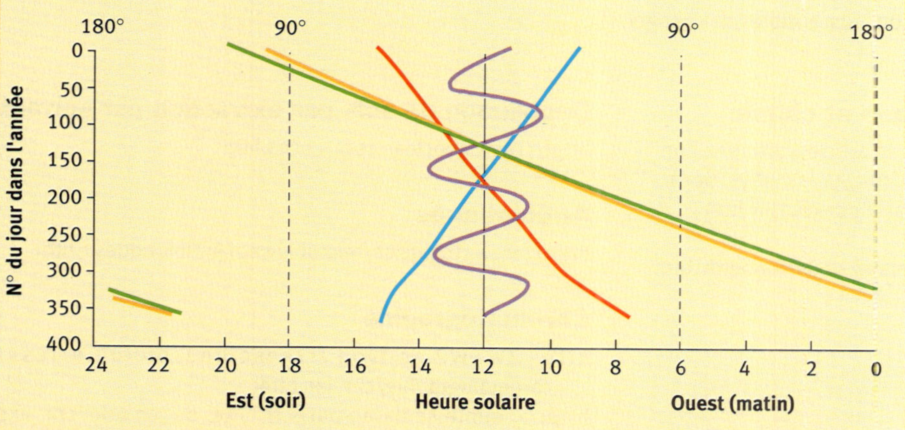

Heure solaire de passage des différentes planètes dans le plan méridien d'un lieu quelconque, au cours de l'année 2000. (D'après J.-P. Caussil, *B.U.P.*, n° 820, p. 31, 2000.)

L'observation d'une planète ne peut se faire que la nuit, éventuellement à l'aurore ou au crépuscule, quand la luminosité du ciel n'est pas trop importante.

Considérons le cas de Vénus au 310ᵉ jour de l'année (début du mois de novembre). La planète passe dans le plan méridien à 14 h 30 min, c'est-à-dire 2 h 30 min après le Soleil (quel que soit le jour de l'année, le Soleil est dans le plan méridien du lieu à midi, heure solaire). Vénus se couche donc 2 h 30 min après le Soleil. Ainsi, on pourra l'observer le soir en regardant le ciel là où se trouvait le Soleil avant de disparaître. Jupiter à la même date passe dans le plan méridien à 1 h 30 min. Comme à cette heure il fait nuit, la planète sera facilement visible. On pourra la chercher dans le ciel deux ou trois heures plus tôt car elle sera déjà levée, ou bien encore deux ou trois heures plus tard, avant qu'elle ne soit couchée.

> **Qu'est-ce qu'un plan méridien ? Qu'est-ce que le plan de l'écliptique ? Dans quelle région du ciel faut-il chercher les planètes ? Qu'est-ce qui distingue les planètes inférieures des planètes supérieures ?**

THÈME

D'autres pistes

› **1. Rechercher des informations sur la mission *Apollo 11*. Comment s'est-elle déroulée ?**

› **2. Quand les planètes du système solaire, ainsi que leurs satellites, furent-elles découvertes ? Par quels moyens ?**

› **3. Comment recherche-t-on la présence d'eau et de traces de vie sur la planète Mars ?**

› **4. Rechercher les différences entre les systèmes de Copernic, Brahé, Ptolémée et Aristarque.**

› **5. Pourquoi Galilée a-t-il été jugé et condamné ?**

› **6. Existe-t-il d'autres systèmes planétaires que le système solaire ? Comment les recherche-t-on ?**

› **7. Comment les planètes se sont-elles formées ?**

› **8. Où se situe la limite du système solaire ?**

› **9. D'où viennent les comètes ?**

Où trouver des renseignements ?

Livres et revues

Le Grand Atlas Universalis de l'espace, Encyclopædia universalis, 1987.
Th. Encrenaz, *Les Planètes géantes*, Belin, 1996.
La revue mensuelle *Ciel et espace*.
« Galilée », *Les Génies de la Science ; Pour la Science*, n° 1, novembre 1999.
« Les Terres célestes », *Pour la Science*, Hors série n° 23, avril 1999.

CD-Rom

Balade à ciel Ouvert, Ciel et Espace.
Encyclopédie Kleio, Larousse.
Atlas du système solaire, Alsyd.

Sites Internet

http://systeme.solaire.free.fr
http://www.uhp.u-nancy.fr/~riess/9planetes/systeme_solaire/
http://photojournal.jpl.nasa.gov
Faire une recherche sur Internet avec comme mots-clés : comète, étoile, le nom des planètes, etc. (voir fiche 9).

SITES INTERNET

Attention, les adresses des sites sont susceptibles de changer.

Sites généraux de physique et chimie

http://www.unil.ch/sc/pages/bazar/articles/artindex.htm
http://www.ac-poitiers.fr/pedago/coll_lyc/sc_phys/Docs/
http://www.cite-sciences.fr/francais/indexFLASH.htm
http://www.palais-decouverte.fr/
http://www.pourlascience.com/rendez-vous/framerdv.htm
http://sfp.in2p3.fr/popphysics/
http://perso.infonie.fr/jf_noblet/

CHIMIE

Sites généraux de chimie

http://chimie.scola.ac-paris.fr/
http://www.rocler.qc.ca/pdubreui/chimie.htm
http://cegep-baie-comeau.qc.ca/chimie/page6.html
http://www.ac-toulouse.fr/sc_phy/document.html
http://cegep-baie-comeau.qc.ca/chimie/page10.html

Dictionnaire de chimie

http://www.sciences-en-ligne.com/Frames_Dictionary.asp

Expériences amusantes

http://www.univ-pau.fr/~darrigan/chimie/
http://www.schoolnet.ca/general/mondechimie/f/pages.html

Biographies de chimistes

http://www.chm.ulaval.ca/gchimistes/gchimistesset.html
http://chimie.scola.ac-paris.fr/Site_de_chimie/hist_chi/Hist_sommaire.htm

Arômes alimentaires

http://www.fontarome.com/

Données industrielles, économiques, géographiques sur les produits chimiques

http://www.sfc.fr/Donnees/acc.htm

Sécurité au laboratoire de chimie

http://www.ulb.ac.be/project/semper/Belgique/Index.html
http://www.ac-toulouse.fr/svt/secacc.htm

Arômes et parfums

http://www.fragonard.com/html/mag1savoir.htm
http://www.fragonard.com/html/mag2savoir.htm
http://www.fragonard.com/html/mag3savoir.htm
http://www2.ac-nice.fr/ecole/arbre/supdos/parfum/

Dépollution de sols par extraction par solvant

http://www.geoclean.com/solvis.htm

Antibiotiques

http://www.rtsq.qc.ca/microbioweb/Antibiotiques1.htm

Chromatographie

http://www2.ac-lyon.fr/enseigne/biologie/ress/chromatographie/chr_lac.html
http://chimie.scola.ac-paris.fr/Site_de_chimie/chi_exp/chromato/meth_chromato_animation.htm

Atome

http://www.unil.ch/sc/pages/bazar/articles/phys/electricite/atome.htm

Éléments chimiques

http://mendeleiev.cyberscol.qc.ca/carrefour/Familles/Accueil.html
http://mendeleiev.cyberscol.qc.ca/carrefour/historique.html
http://ccweb.in2p3.fr/sc_in2p3/conf_lycee/abondance/somm.html

Tableau périodique

http://www.cegep-st-laurent.qc.ca/depar/chimie/default.htm
http://le-village.ifrance.com/okapi/fra4.htm
http://www.ping.be/~ping6998/tab-per/tab-per.htm

Molécules

http://www.ac-orleans-tours.fr/svt/theme3/mol1.htm
http://www.cnam.fr/instituts/evariste/10_cours/alcanes/alcane.htm

Quantité de matière

http://www.cdrummond.qc.ca/cegep/scnature/Chimie/Mole/Mole.htm

Concentration

http://www.qmnet.com/jduchamp/module3.htm

Stœchiométrie, transformations chimiques

http://www.qmnet.com/jduchamp/module3.htm
http://www.cdrummond.qc.ca/cegep/scnature/Chimie/stoechio /stoechio.htm
http://chimie.scola.ac-paris.fr/sitedechimie/intro_chimie/intro/r_chim.htm
http://perso.wanadoo.fr/daniel.villafruela/phychim4/chimie/chim405.htm
http://www.ac-clermont.fr/pedago/physique/air.htm

PHYSIQUE

Observatoire de Paris

http://www.obspm.fr/

Astronomie

http://www.malexism.com/copernic/
http://www.unil.ch/sc/pages/bazar/articles/phys/matiere/4_matiere.htm
http://graffiti.u-bordeaux.fr/MAPBX/roussel/astro.french.html
http://www.iap.fr/saf/accueil.html
http://www.astrosurf.com/
http://www2.ac-nice.fr/clea/CleaWeb.html
http://hebergement.ac-poitiers.fr/l-jonzac/site_eleves/
http://www.bnf.fr/web-bnf/expos/ciel/index2.htm
http://pages.infinit.net/petepete/

Système solaire

http://www.uhp.u-nancy.fr/~riess/9planetes/
http://perso.club-internet.fr/jmledoux/aspace/astro.html
http://liftoff.msfc.nasa.gov/academy/space/solarsystem/solarsystemjava.html

Unité Astronomique

http://perso.infonie.fr/coacolo/astro/doc41.htm

Année de Lumière

http://perso.infonie.fr/coacolo/astro/doc42.htm

Parallaxe et parsec

http://perso.infonie.fr/coacolo/astro/doc43.htm

Éclipses

http://www-physique.u-strasbg.fr/~astro/francais/generalite_f.html
http://perso.club-internet.fr/mzumelzu/
http://www.multimania.com/letillois/
http://www.multimania.com/cosmos57/francais/eclipse.html

Spectres d'émission

http://perso.infonie.fr/jf_noblet/spectres/index.htm

Ce que nous apprend la lumière

http://www2.ac-nice.fr/clea/C2.html

Phénomènes atmosphériques

http://members.tripod.com/~Regenbogen2/mirage/ls_b.htm

Phénomènes optiques dans l'atmosphère et météorologie

http://www.meteo.org/phenomen.htm

Histoire du concept de gravitation

http://elbereth.obspm.fr/~charnoz/gravitation.html

Galilée

http://www.infoscience.fr/histoire/portrait/galilee.html
http://bib1.ulb.ac.be/coursmath/bio/galilee.htm
http://www.geocities.com/Athens/Rhodes/1487/galile.html
http://le-village.ifrance.com/eole/Galileehtm/La_vie_de_galilee.htm

Newton

http://perso.wanadoo.fr/matt95/GRAVIintro.htm

Site de la NASA

http://samadhi.jpl.nasa.gov/

Cadrans solaires

http://cadrans_solaires.scg.ulaval.ca/

Calendriers

http://www.bdl.fr/Granpub/calendriers.html

Mouvement brownien

http://www.geocities.com/piratord/browni/Difus.html

Loi de Mariotte et plongée sous-marine

http://www.aquanaute.com/plongezloisir/theorie/physique/mariotte.htm

Gaz

http://www.geocities.com/CapeCanaveral/9305/gaz.htm

Comprendre la météo

http://www.meteo.fr/comprendre/index.html
http://www.educnet.education.fr/meteo/

Fabriquer un thermomètre

http://www.chambery.grenoble.iufm.fr/home/physique/thermometre/presentation

FICHE TECHNIQUE 1

La sécurité au laboratoire de chimie

Manipuler dans un laboratoire de chimie nécessite de respecter des règles de sécurité.

Consignes de base

✔ Ranger son sac sous la paillasse. Travailler sur une paillasse propre et bien dégagée.

✔ Manipuler debout au-dessus de la paillasse.

✔ Pour toute manipulation, porter une blouse en coton et des lunettes de protection (éventuellement sur les lunettes correctives). Ne pas porter de lentilles de contact.

✔ Attacher les cheveux longs en arrière.

✔ En cas d'utilisation de produit corrosif ou toxique, porter des gants.

✔ En cas d'utilisation de produit inflammable, éloigner toute source de chaleur (chauffe-ballon, plaque chauffante, flamme...).

La manipulation de produits chimiques

✔ Avant d'utiliser un produit chimique, lire l'étiquette et respecter les consignes de sécurité indiquées par les pictogrammes et les codes R et S (➡ fiche 2).

✔ Ne prélever aucun solide avec les doigts ; utiliser une spatule. Ne jamais pipeter de réactif avec la bouche ; toujours utiliser une pipette munie d'une poire, d'une propipette ou d'un pipeteur. Toujours reboucher un flacon après usage.

✔ Ne jamais essayer de reconnaître un composé à son odeur.

✔ En fin de manipulation, ne pas jeter les solutions dans l'évier mais utiliser les bacs de récupération. Bien se laver les mains avec du savon.

Conduite à tenir en cas de problème

✔ Appeler immédiatement le professeur dans tous les cas.

✔ En cas de projection dans l'œil ou sur la peau, rincer abondamment à l'eau.

Les consignes de sécurité d'une étiquette de produit chimique

La manipulation des produits chimiques n'est pas sans danger. Les étiquettes des flacons renseignent sur la conduite à tenir lors de leur utilisation.

Les pictogrammes de danger

C
Corrosif

E
Explosif

F
Inflammable

N
Dangereux pour l'environnement

O
*Comburant**

T
Toxique

Xi
Irritant

Xn
Nocif

* Comburant : substance qui favorise l'inflammation de matières combustibles.

Phrases de risques et conseils de prudence

Les pictogrammes de danger sont souvent accompagnés de codes, constitués des lettres R et S suivies d'un nombre. La lettre R indique la nature du risque et la lettre S les consignes de sécurité. Le tableau ci-dessous indique le sens de quelques-unes de ces indications.

Phrases de risques R

- R : 9. Peut exploser en mélange avec des matières combustibles.
- R : 10. Inflammable.
- R : 11. Facilement inflammable.
- R : 15. Au contact de l'eau, dégage des gaz extrêmement inflammables.
- R : 20. Nocif par inhalation.
- R : 21. Nocif par contact avec la peau.
- R : 22. Nocif en cas d'ingestion.
- R : 34. Provoque des brûlures.
- R : 35. Provoque de graves brûlures.
- R : 36. Irritant pour les yeux.
- R : 37. Irritant pour les voies respiratoires.
- R : 40. Possibilités d'effets irréversibles.

Conseils de prudence S

- S : 7. Conserver le récipient bien fermé.
- S : 9. Conserver le récipient dans un endroit bien ventilé.
- S : 16. Conserver à l'écart de toute flamme. Ne pas fumer.
- S : 22. Ne pas respirer les poussières.
- S : 23. Ne pas respirer les gaz/vapeurs/fumées/aérosols.
- S : 24. Éviter le contact avec la peau.
- S : 25. Éviter le contact avec les yeux.
- S : 26. En cas de contact avec les yeux, laver immédiatement et abondamment avec de l'eau et consulter un spécialiste.
- S : 29. Ne pas jeter les résidus à l'égout.
- S : 30. Ne jamais verser l'eau dans ce produit.
- S : 36. Porter un vêtement de protection approprié.
- S : 37. Porter des gants appropriés.

La verrerie

▶ La verrerie de stockage ou d'usage intermédiaire

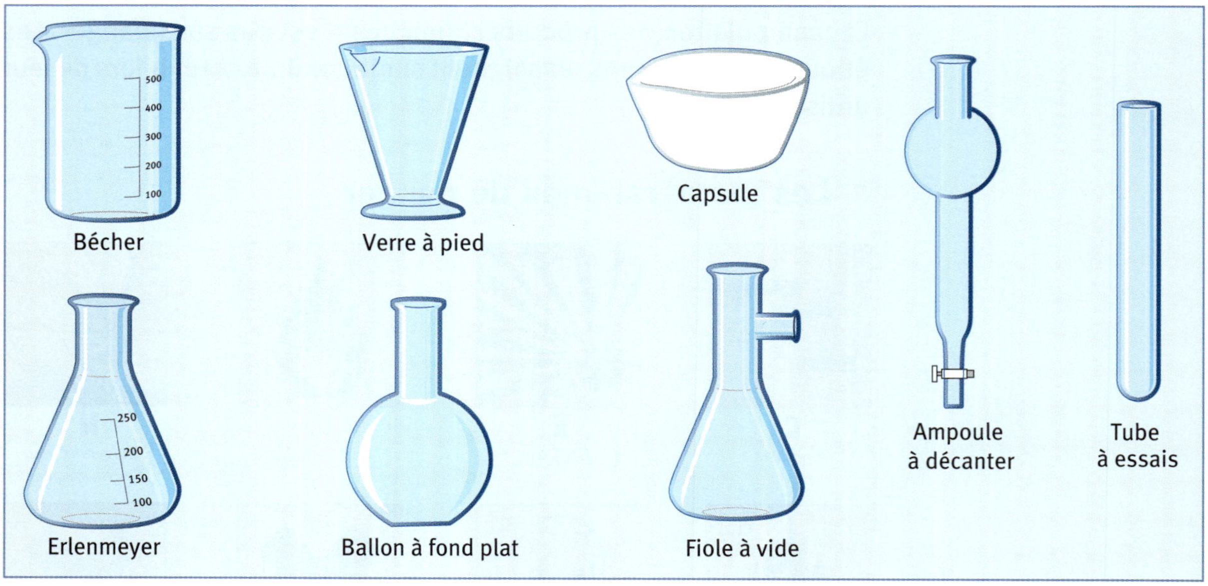

▶ La verrerie de prélèvement

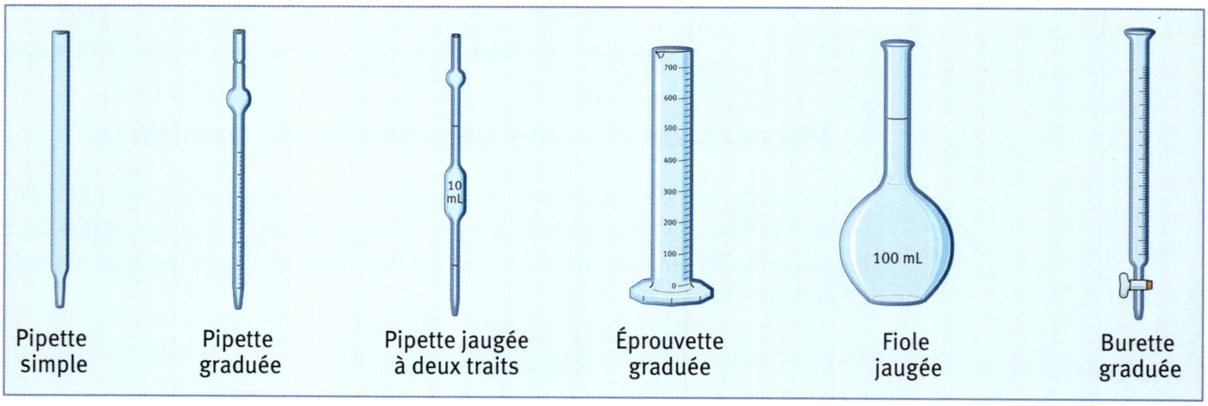

▶ La verrerie pour la réalisation d'une synthèse ou d'une hydrodistillation

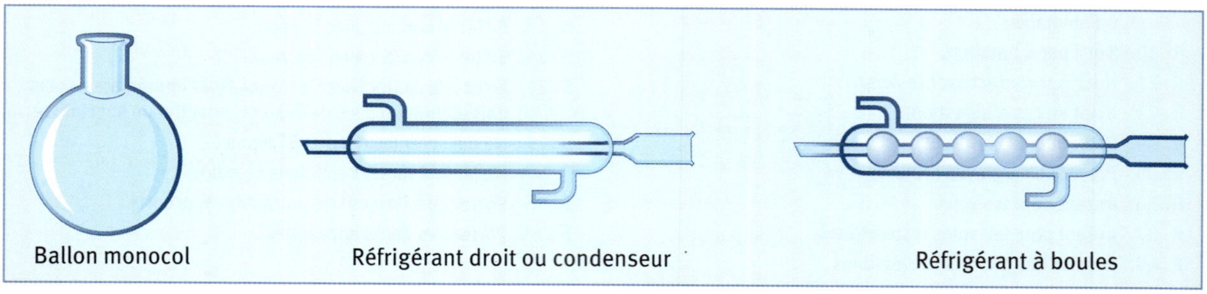

Utiliser une ampoule à décanter

▶ **1.** Placer l'ampoule à décanter sur son support, robinet fermé. Disposer un bécher sous l'ampoule.

▶ **2.** Introduire la solution contenant la substance à extraire, puis le solvant extracteur, par le haut de l'ampoule à décanter (schéma 1).

▶ **3.** Boucher l'ampoule et la retirer du support. La renverser en prenant soin de bien tenir le bouchon d'une main et de l'autre le robinet.

▶ **4.** Agiter énergiquement en ouvrant le robinet de temps en temps afin d'éviter des problèmes de surpression dans l'ampoule (schémas 2 et 3).

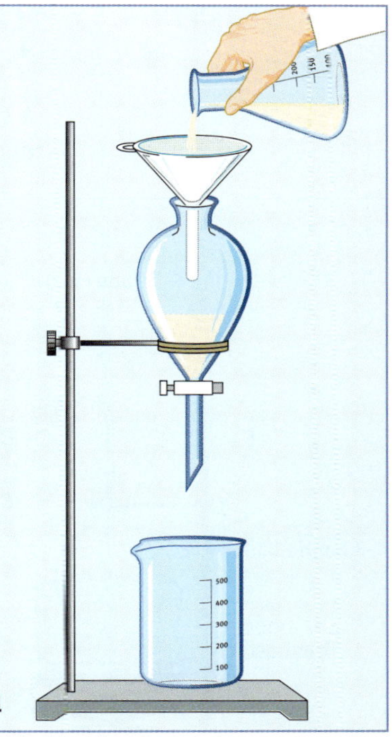
1

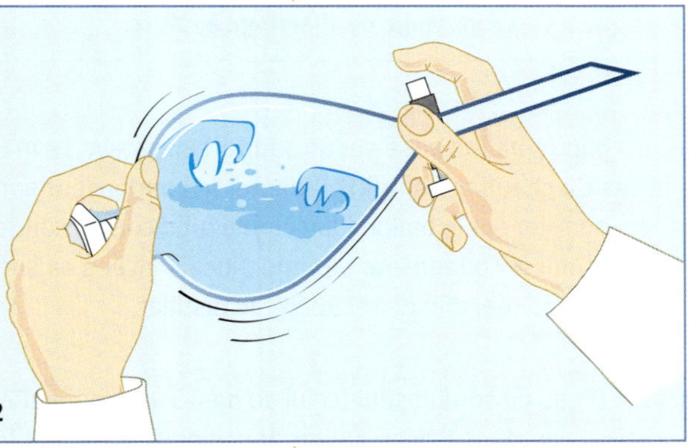
2

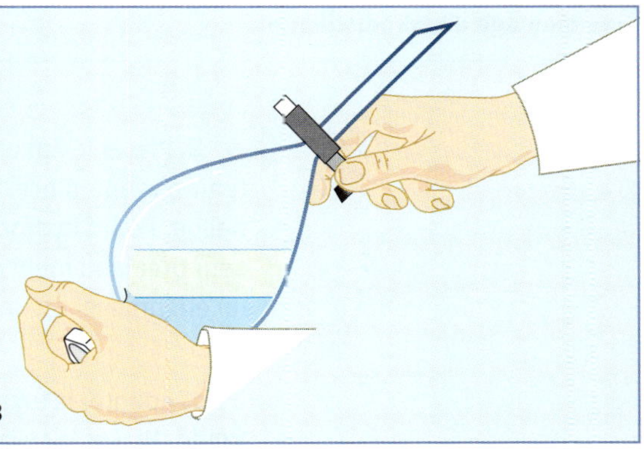
3

▶ **5.** Vérifier que le robinet est fermé puis replacer l'ampoule sur son support. Enlever le bouchon et laisser reposer le mélange pendant quelques minutes. Les deux liquides non miscibles se séparent progressivement, jusqu'à ce qu'on observe deux phases bien distinctes.

▶ **6.** Ouvrir le robinet pour laisser le liquide le plus dense s'écouler. Le refermer lorsque la surface de séparation des deux liquides a atteint le robinet.

Réaliser une hydrodistillation ou un chauffage à reflux

▶ **1.** Déposer le ballon monocol sur un valet et y introduire le mélange à distiller ou à chauffer. Ajouter quelques grains de pierre ponce, afin d'assurer une agitation douce pendant l'ébullition.

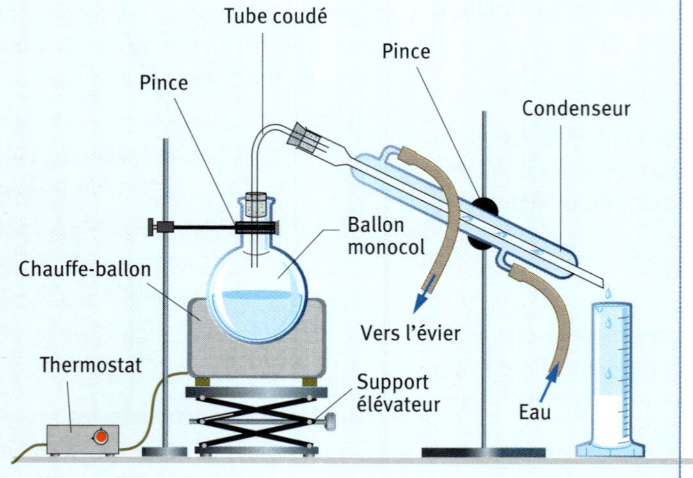

Le montage d'hydrodistillation.

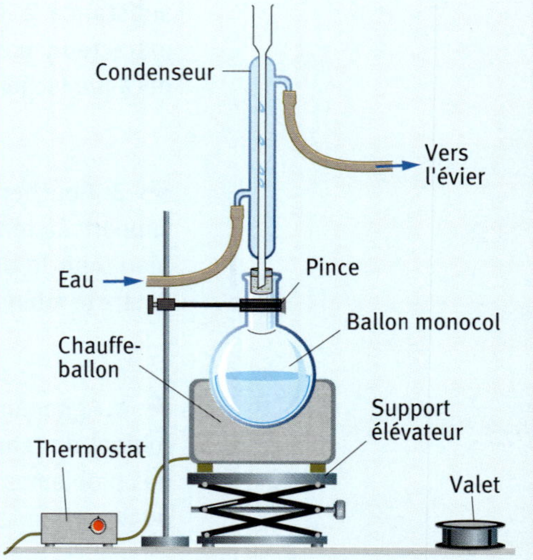

Le montage de chauffage à reflux.

▶ **2.** Placer le ballon dans un chauffe-ballon posé sur un support élévateur. Le maintenir par une pince. Dans le cas du chauffage à reflux, adapter le condenseur sur le ballon. Pour l'hydrodistillation, adapter sur le ballon l'ensemble tube coudé/condenseur préalablement monté. Maintenir le condenseur par une pince. Placer à sa sortie un erlenmeyer ou une éprouvette graduée, afin de récupérer le distillat.

▶ **3.** Adapter le tuyau d'arrivée d'eau du condenseur (celui du bas) à un robinet d'eau froide. Placer le tuyau de sortie d'eau dans l'évier. Ouvrir doucement le robinet jusqu'à obtenir un débit suffisant.

▶ **4.** Vérifier le bon équilibre du montage.

▶ **5.** Mettre le chauffe-ballon en marche et agir sur le thermostat afin d'assurer une ébullition douce. Durant la distillation, vérifier régulièrement que le condenseur est alimenté en eau froide.

▶ **6.** Lorsque l'hydrodistillation ou la synthèse est terminée, éteindre le chauffe-ballon et le descendre grâce au support élévateur. Couper ensuite l'alimentation d'eau.

Réaliser une filtration sur büchner

Une filtration simple sur papier est longue à réaliser. Une filtration sur büchner est plus rapide, car elle s'effectue sous pression réduite.

▶ Principe du montage

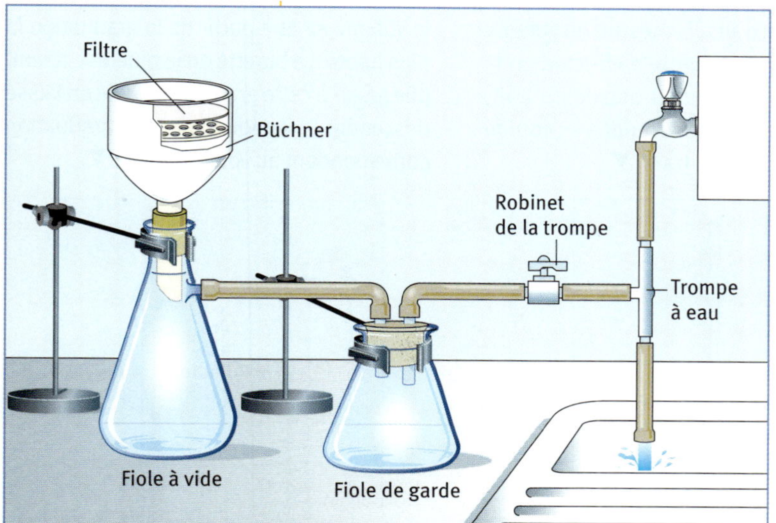

Le dispositif de filtration büchner.

✔ La trompe à eau est branchée sur un robinet d'eau froide, qui doit être grand ouvert pendant toute la durée de l'opération.

L'eau qui s'écoule à grande vitesse crée un appel d'air. La pression à l'intérieur de la fiole à vide et de la fiole de garde est alors plus basse qu'à l'extérieur.

Lorsque le mélange solide/liquide à séparer est versé dans le büchner, le liquide est aspiré et s'écoule dans la fiole à vide.

✔ La fiole de garde est un élément de sécurité, elle évite les retours d'eau dans la fiole à vide.

✔ Le robinet fixé sur la trompe à eau permet de suspendre l'aspiration. Il est ouvert quand il est parallèle au tuyau, fermé lorsqu'il est perpendiculaire.

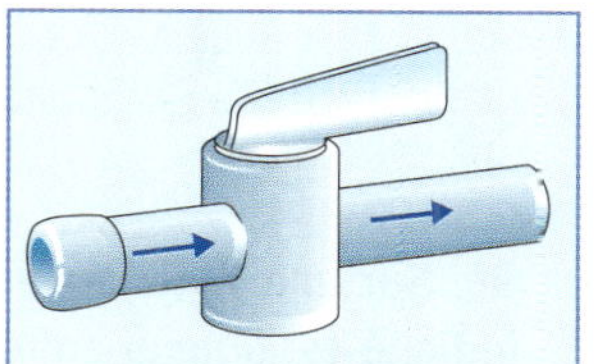

Robinet ouvert

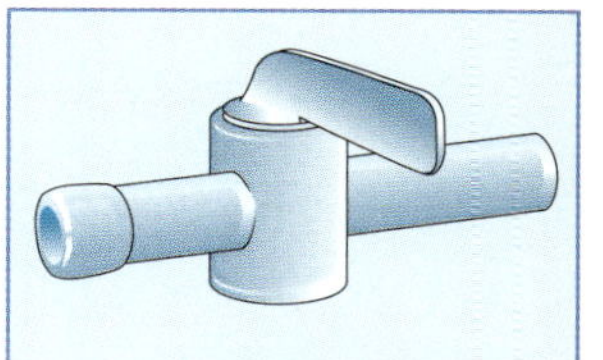

Robinet fermé

▶ Marche à suivre

1. Vérifier que le robinet de la trompe à eau est fermé et ouvrir à fond le robinet d'eau.

2. Placer un filtre dans le büchner. Ouvrir le robinet de la trompe à eau et verser sur le filtre quelques gouttes du solvant présent dans le mélange à séparer.

3. Verser le mélange dans le büchner.

4. Lorsque la filtration est terminée, fermer d'abord le robinet de la trompe à eau, puis ensuite le robinet d'eau.

Mesurer un volume

Pour mesurer un volume précisément, on emploie une pipette jaugée ou, pour les dilutions, une fiole jaugée. Si l'on ne dispose pas de pipette jaugée correspondant au volume désiré, on utilise une burette ou une pipette graduées.

▶ Lorsqu'on utilise une pipette jaugée à deux traits, la mesure du volume indiqué sur la pipette s'effectue en la remplissant jusqu'au deuxième trait, puis en laissant descendre le liquide jusqu'au premier trait. ▼

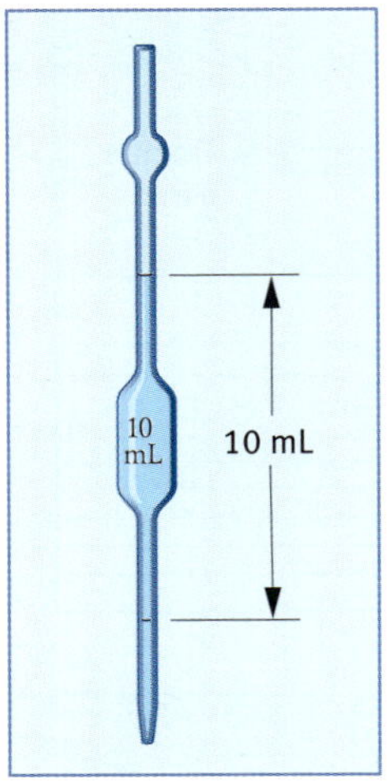

▶ Sur une fiole jaugée, le volume indiqué est obtenu en remplissant la fiole juqu'au trait de jauge. ▼

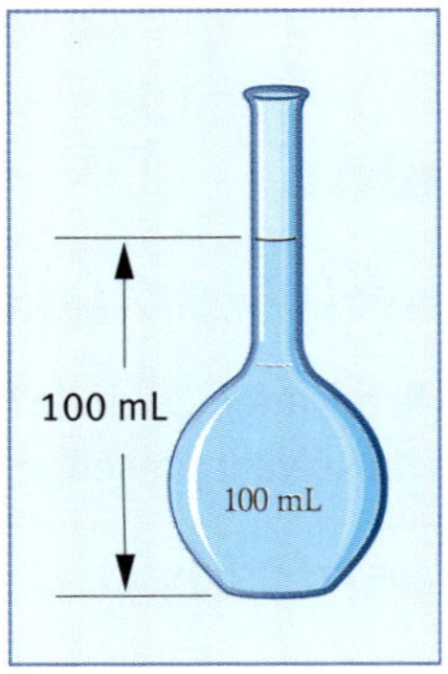

▶ Sur une burette ou une pipette graduée, le volume se lit à partir de la graduation la plus haute. La burette ou la pipette est remplie jusqu'à cette graduation, puis on laisse descendre le liquide jusqu'à la graduation correspondant au volume voulu. ▼

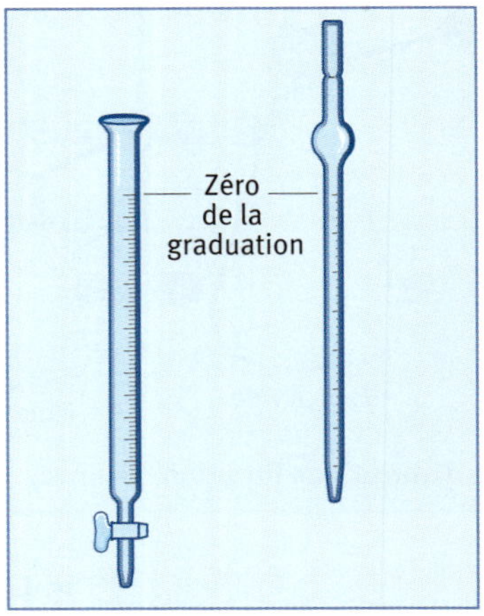

▶ Dans tous ces récipients étroits, le liquide remonte sur les parois en formant un ménisque. Pour mesurer correctement un volume, il faut placer l'œil en face du trait de jauge ou de la graduation et ajuster le bas du ménisque sur ce trait. ▼

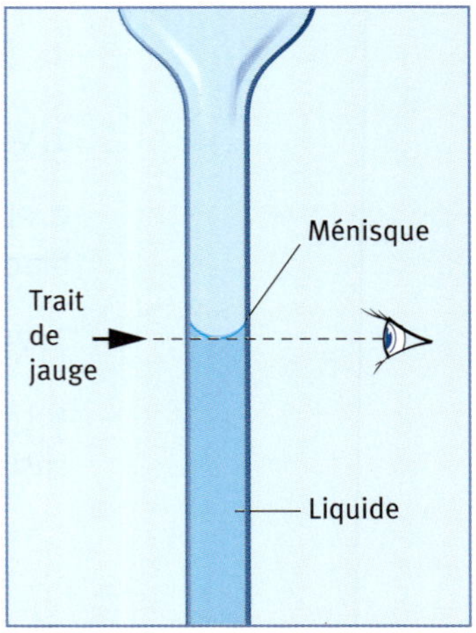

Histogrammes et diagrammes circulaires
Utilisation du tableur Excel

Les données chiffrées peuvent être analysées rapidement si elles sont presentées sous forme de diagramme circulaire ou d'histogramme. Un tableur comme Excel permet de réaliser facilement ce type de représentation.

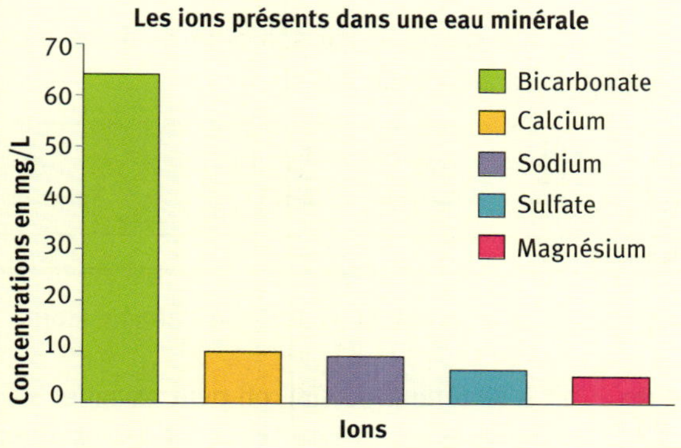

Un histogramme est constitué de rectangles verticaux dont les hauteurs sont proportionnelles aux valeurs qu'ils représentent.

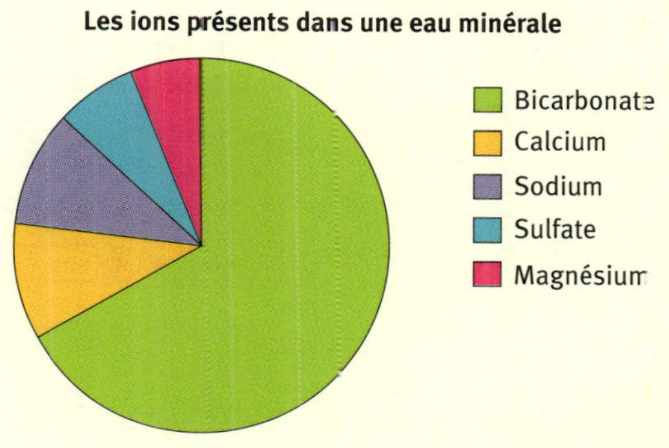

Dans un diagramme circulaire, les données sont représentées par des secteurs angulaires d'angles proportionnels à leurs valeurs.

	A	B
1	Calcium	9,9
2	Magnésium	6,1
3	Sodium	9,4
4	Bicarbonate	65,3
5	Sulfate	6,9
6		

On souhaite par exemple construire une représentation de données de concentrations d'ions dans une eau minérale (en $mg \cdot L^{-1}$).

▶ **1.** Dans les colonnes A et B d'une feuille Excel, reporter les noms des ions et leur concentration (sans unité).

▶ **2.** Les données sont d'abord triées par concentrations décroissantes. Pour cela, sélectionner le tableau avec la souris. Dans le menu « Données » choisir « Trier ». Sur la boîte de dialogue qui apparaît, choisir un tri selon les données de la colonne B et par ordre décroissant. Cliquer sur OK.

▶ **3.** Sélectionner à nouveau le tableau. Dans le menu « Insertion » (Ins.), choisir « Graphique », puis cliquer sur le tableau. Suivre alors étape par étape les indications à l'écran. À chaque fois que vous avez répondu aux demandes d'une boîte de dialogue, cliquer sur « Suivant » pour continuer. Il vous faut :

– choisir le type de graphique voulu ;

– indiquer la façon dont vous voulez le présenter : saisir le titre ; pour un diagramme circulaire, demander une série de données en colonne ; pour un histogramme, saisir le nom des axes des abscisses et des ordonnées et demander une série de données en ligne.

▶ **4.** Le tableur construit alors le graphique sur la même feuille ou sur une feuille à part selon ce que vous avez choisi. Vous pouvez l'imprimer et/ou l'enregistrer.

FICHE TECHNIQUE 9

La recherche documentaire sur Internet

Internet, vaste réseau informatique international, regroupe sous forme de textes, d'images ou d'animations vidéo, une quantité énorme d'informations. Pour trouver celles dont on a besoin, il faut apprendre à chercher dans ce vaste réseau reliant une multitude de sites conçus par des entreprises, des organismes, des institutions... ou de simples particuliers.

▶ **1.** Pour accéder directement à un site connu, saisir son adresse dans le cadre « adresse ». Attention : ne pas utiliser de caractères accentués.

Taper ensuite « Entrée ». La page du site correspondant à l'adresse s'affiche alors.

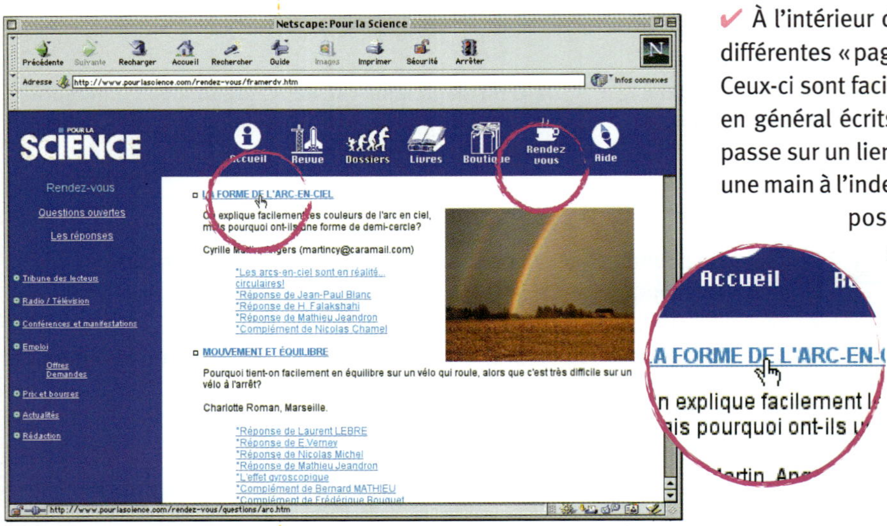

✔ À l'intérieur du site, on peut naviguer sur les différentes « pages » en cliquant sur les « liens ». Ceux-ci sont facilement reconnaissables : ils sont en général écrits en bleu et soulignés. Quand il passe sur un lien, le pointeur de la souris devient une main à l'index tendu. La plupart des sites proposent également des liens vers d'autres sites pour trouver plus d'informations sur un sujet donné.

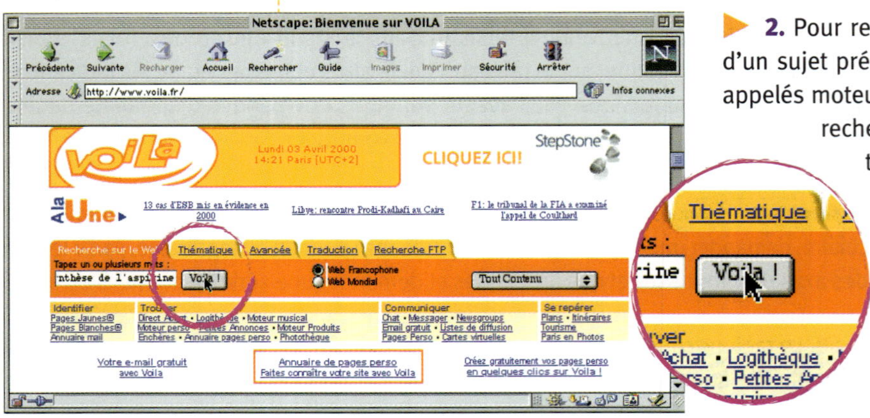

▶ **2.** Pour rechercher un site inconnu traitant d'un sujet précis, il existe des sites spécialisés appelés moteurs de recherche (ici, le moteur de recherche *Voila*). La recherche s'y effectue par mots-clés. Consulter l'aide du site pour connaître la syntaxe à adopter pour une recherche efficace utilisant plusieurs mots-clés.

✔ Lancer la recherche.

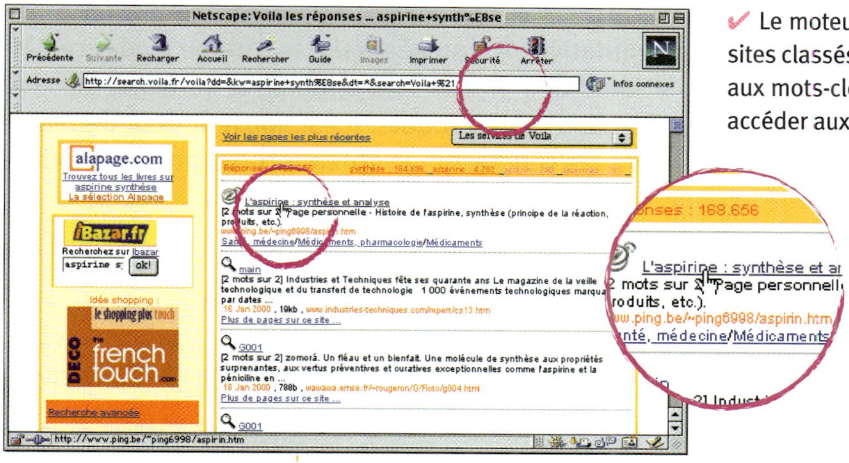

✔ Le moteur de recherche propose une liste de sites classés par ordre de pertinence par rapport aux mots-clés choisis. Cliquer sur les liens pour accéder aux sites en question.

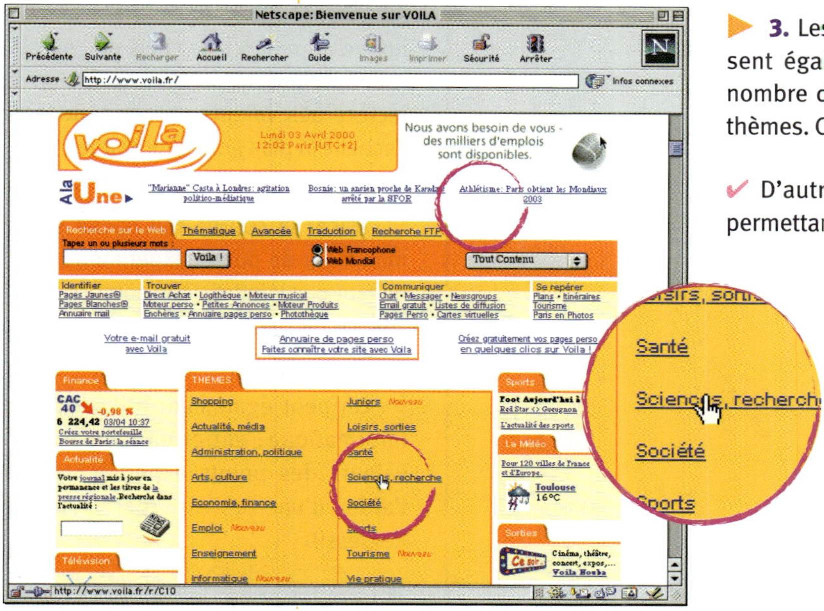

▶ **3.** Les sites de moteur de recherche proposent également des annuaires où un certain nombre de sites sélectionnés sont classés par thèmes. Choisir une rubrique et cliquer dessus.

✔ D'autres listes s'affichent successivement, permettant d'affiner peu à peu son choix.

▶ **4.** Lorsque l'on a trouvé une information sur Internet, il faut essayer de déterminer si elle est fiable. Des informations fournies par des sites d'organismes de recherche, de revues spécialisées, de musées, d'académies notamment, sont en général plus fiables que celles issues de pages provenant de particuliers. Elles sont en outre actualisées plus régulièrement.

▶ Quelques moteurs de recherche et annuaires :

http://fr.yahoo.com
http://www.voila.fr
http://www.altavista.fr
http://www.excite.fr
http://www.lycos.fr
http://www.nomade.fr

Tracé et exploitation de courbes

Une expérience quantitative vise en général à mettre en évidence l'influence de la variation d'une grandeur *x*, appelée la variable, sur une autre grandeur *y*, fonction de la variable. Il est souvent utile de représenter graphiquement les couples (*x*; *y*) obtenus, pour pouvoir modéliser le phénomène physique étudié.

Tracé d'une courbe expérimentale

✔ Pour qu'un graphe soit lisible et compréhensible par tous, il faut toujours faire figurer :
– le titre du graphe ;
– une légende pour chaque axe, indiquant la grandeur correspondante ;
– l'unité des grandeurs représentées ;
– l'échelle utilisée (qui correspond à la norme du repère). Le choix de l'échelle est important : la meilleure précision de lecture des valeurs est obtenue avec l'échelle la plus grande possible.

✔ Tracer la courbe qui passe par le maximum de points expérimentaux. Il ne faut pas joindre deux points successifs par un segment de droite.

✔ On peut également utiliser l'outil informatique : entrer en mémoire les valeurs des points expérimentaux à l'aide d'un tableur (par exemple Regressi).

◄ Faire tracer par le logiciel la courbe passant par le maximum de points.

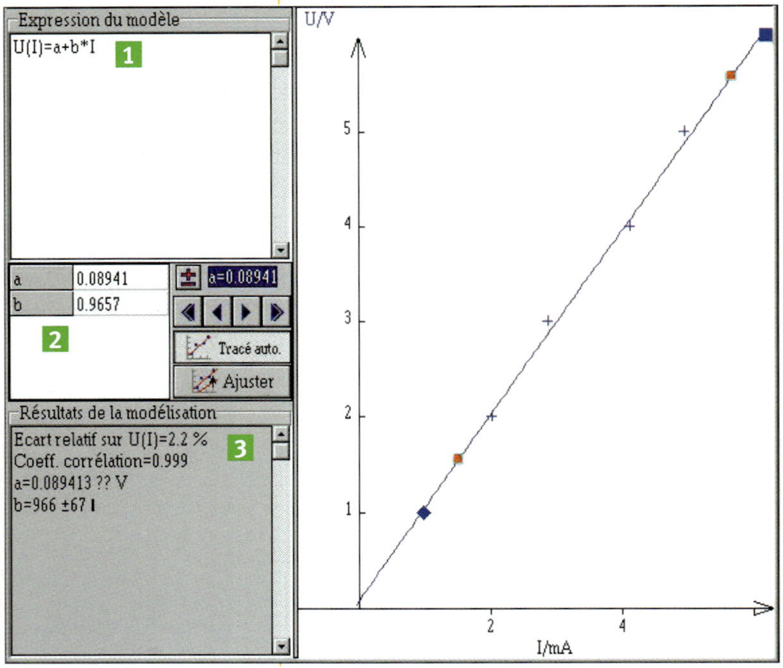

Vérification de la loi d'Ohm

Modélisation

✔ La modélisation consiste à chercher la fonction mathématique la plus simple et la plus adaptée à la description des résultats expérimentaux. C'est la mise en équation du phénomène.

✔ La modélisation est une opération souvent complexe, qui se simplifie lorsque la courbe expérimentale obtenue s'approche d'une droite. C'est alors une fonction affine qui décrit au mieux les variations de *y* en fonction de *x*. L'équation mathématique d'une fonction affine est $y = a + bx$, où a et b sont des constantes.

a représente l'ordonnée à l'origine de la droite, si l'origine du repère a pour coordonnées (0 ; 0).

b représente le coefficient directeur de la droite ;

Si a = 0, la droite passe par l'origine : on dit alors qu'il y a **proportionnalité** entre les deux grandeurs. La constante b est le coefficient de proportionnalité. Dans ce cas, la fonction est **linéaire.**

✔ Exemple

Considérons le cas où la courbe expérimentale semble s'approcher de la représentation d'une fonction du type : $y = k/x$, où k est une constante. Pour le vérifier et déterminer cette constante, on trace y en fonction de $1/x$, de manière à se ramener à la droite d'équation $y = k\,(1/x)$. Si la plupart des points de coordonnées $(1/x ; y)$ sont alignés, la loi $y = k/x$ est vérifiée. Il est alors possible de déterminer k, qui représente le coefficient directeur de la droite obtenue.

► Détermination de l'équation d'une droite

✔ À l'aide d'un tableur

Le logiciel Regressi permet de tracer une courbe d'après des points expérimentaux, saisis au clavier ou directement transférés dans la mémoire de l'ordinateur à l'aide d'une interface. La courbe étant tracée, choisir la fonction **modéliser,** puis **modèle prédéfini** ou **modèle DOS** pour définir soi-même une fonction mathématique **1**.

Si on choisit de modéliser la courbe obtenue par une droite d'équation $y = a + bx$, le tableur calcule les valeurs des coefficients a et b **2**. Pour n'importe quel type de fonction, le logiciel calcule les valeurs des coefficients les plus adaptées et donne l'écart relatif **3** (en %) entre la courbe représentative de la fonction choisie et la courbe expérimentale.

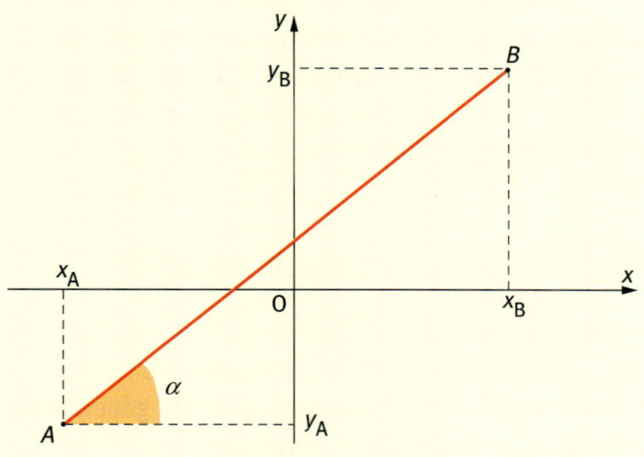

Détermination de l'équation d'une droite

✔ Manuellement

Tracer à la règle une droite moyenne passant par le maximum de points expérimentaux. Choisir deux points *A* et *B* sur cette droite (prendre les deux points les plus éloignés pour plus de précision).

Les coordonnées des points A et B permettent de calculer le coefficient directeur b :

$$b = (y_B - y_A) / (x_B - x_A) = \tan(\alpha)$$

Pour déterminer l'ordonnée à l'origine, prolonger la droite si nécessaire : son intersection avec l'axe des ordonnées donne directement l'ordonnée à l'origine a = $y(0)$. On obtient alors l'équation de la droite qui décrit la variation de la grandeur mesurée y par rapport à l'autre grandeur x : $y = a + bx$.

Étudier le mouvement d'un point d'un corps avec l'ordinateur

▶ Principe

✔ L'écran d'un ordinateur est divisé en pixels : ce sont des petits rectangles qui peuvent être colorés. La position d'un pixel sur l'écran est repérable par ses coordonnées. Par exemple, le 200e pixel depuis le bas et le 352e depuis la gauche.

✔ Les logiciels qui étudient le mouvement des objets permettent, grâce à la souris de l'ordinateur, de pointer le pixel correspondant à la position de l'objet sur l'écran et de noter ses coordonnées. Il est nécessaire d'établir une échelle, pour faire correspondre les coordonnées du pixel à celles qu'occupe le point considéré en réalité. Le rapport entre une distance connue sur la photographie et la distance correspondante en pixels donne le facteur d'échelle.

Exemple : La distance entre les poteaux verticaux du but de hand-ball est égale à 3,12 m.

▶ Étude d'une chronophotographie numérisée

✔ Réaliser une photographie unique avec un long temps de pose. Le sujet est éclairé à l'aide d'un flash qui se déclenche plusieurs fois. Il s'écoule la même durée T entre deux éclairs du flash. L'appareil photo détermine le référentiel d'étude.

✔ Numériser ensuite la photographie. Elle est ainsi transformée en fichier informatique, ce qui permet de visualiser l'image sur l'écran de l'ordinateur.

✔ Au moyen du logiciel d'étude du mouvement, pointer les positions successives d'un point de l'objet étudié. Il s'écoule une durée T entre chaque position : on obtient donc un fichier donnant les coordonnées du point considéré toutes les T secondes.

▶ Étude d'un enregistrement vidéo numérisé

✔ Filmer le mouvement avec une caméra vidéo (qui détermine le référentiel d'étude). Numériser le film. Le logiciel permet de faire défiler l'enregistrement image par image, et de pointer les positions successives du point. Il s'écoule généralement 40 ms entre chaque image d'un film vidéo (25 images sont enregistrées en 1 seconde).

FICHE TECHNIQUE 12

Utilisation de l'oscilloscope

1. Mettre l'appareil sous tension avec l'interrupteur a.

2. Régler la luminosité de la trace à l'aide de b pour qu'elle soit suffisante, et son épaisseur, qui doit être minimale, à l'aide de c.

3. Appliquer la tension étudiée à la voie 1 de l'oscilloscope.

4. Sélectionner CH 1 d. Le signal de la voie 1 sera le seul visible à l'écran.

5. Positionner le sélecteur e sur GND (pour « ground »). Une tension nulle est envoyée à l'oscilloscope. On observe une trace horizontale, laissée par le spot qui se déplace sous l'effet de la base de temps.

6. Régler le zéro de référence à l'aide de la commande de cadrage vertical f : la trace horizontale doit coïncider avec l'axe horizontal médian.

7. Amener le sélecteur e sur la position DC. Le signal s'affiche sans modification. Pour mesurer une période, amener le sélecteur e sur la position AC : seule la partie du signal qui dépend du temps s'affiche.

8. Choisir une sensibilité verticale g pour que le signal occupe tout l'écran.

9. Sélectionner une valeur adéquate de la base de temps h, après avoir vérifié que l'éventuelle commande de calibrage (VAR) soit en butée (i position 1). Procéder de manière à ce qu'une période entière du signal occupe tout l'écran.

Latitude et Longitude

Latitude d'un lieu

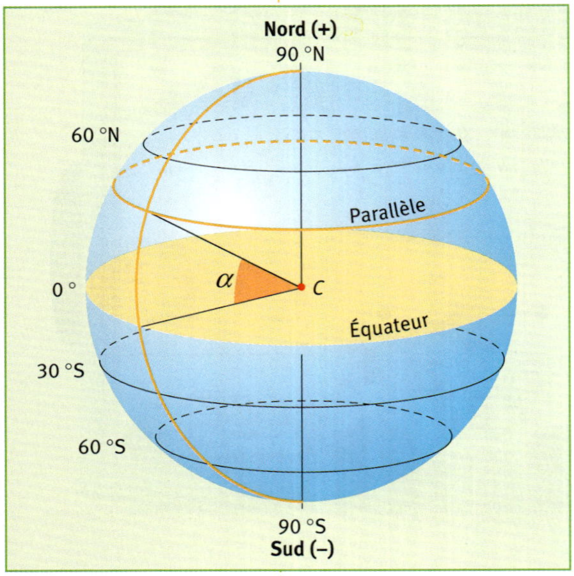

✔ La latitude d'un lieu donné est l'angle formé par la verticale en ce lieu et le plan de l'équateur (α sur le schéma).

✔ La latitude s'exprime en degrés d'angle. L'équateur correspond à une latitude de 0°, et le pôle nord géographique de 90°. Les points de l'hémisphère nord ont une latitude positive. Ceux de l'hémisphère sud ont une latitude négative : le pôle sud a ainsi pour latitude – 90°.

✔ Un parallèle est le lieu des points de même latitude. Le sextant permet de mesurer la latitude d'un lieu, même si de nos jours les satellites calculent latitude et longitude avec une grande précision.

✔ Il est possible d'exprimer la latitude sans signe, en précisant l'hémisphère auquel appartient le lieu considéré : latitude Nord, latitude Sud. Par exemple :

40° de latitude Nord correspond à la latitude 40° ;
40° de latitude Sud correspond à la latitude – 40°.

Longitude d'un lieu

✔ La longitude d'un lieu donné est l'angle formé par le méridien passant par ce lieu et le méridien d'origine, qui est le méridien passant par la ville anglaise de Greenwich (l'angle β sur le schéma). Un méridien est un demi-cercle de la surface de la Terre passant par les pôles.

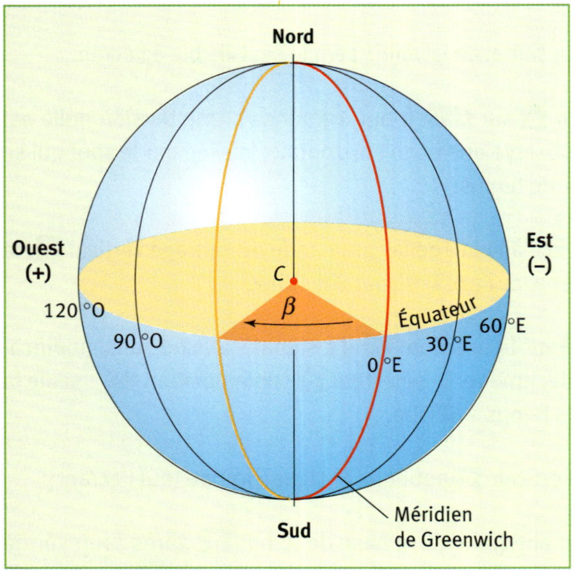

✔ Les points à l'ouest de Greenwich ont une longitude positive, comprise entre 0° et 180°. Les points à l'est de Greenwich ont une longitude négative, comprise entre 0° et – 180°.

✔ Diamétralement opposée au méridien de Greenwich se trouve la ligne de changement de date. Elle correspond à 180° de longitude Ouest, ou à – 180° de longitude Est. Tous les points d'un même méridien ont la même longitude.

✔ On peut aussi exprimer la longitude sans signe, en précisant si le lieu considéré est à l'Ouest ou à l'Est de Greenwich. Par exemple :

80° de longitude Ouest correspond à la longitude 80° ;
80° de longitude Est correspond à la longitude – 80°.

RÉPONSES AUX EXERCICES

CHIMIE

Chapitre 1

3 b.

4 **1. Graisses** – À l'état naturel : gras de jambon ; suif ; saindoux ; graisse de baleine ; laitages. – À l'état synthétique : beurre allégé ; margarine ; huile de moteur.
Colorants – À l'état naturel : thé ; betterave ; indigo ; garance. – À l'état synthétique : teinture pour cheveux ; peinture acrylique ; peinture de carrosserie automobile ; colorants alimentaires.
Arômes – À l'état naturel : jasmin ; citron ; lavande ; vanille. – À l'état synthétique : parfums de synthèse ; bonbons ; boissons ; pâtisseries industrielles.
Sucres – À l'état naturel : miel ; canne à sucre ; betterave à sucre ; fruits. – À l'état synthétique : édulcorants de synthèse, comme l'aspartame.
Engrais – À l'état naturel : cendre ; fumier ; crottin ; guano ; lisier. – À l'état synthétique : engrais liquides ou en bâtonnets du commerce ; engrais utilisés par l'agriculture.
Pesticides – À l'état naturel : pyrèthre.
– À l'état synthétique : DDT ; mort-aux-rats (raticide) ; insecticides, fongicides.
Fibres textiles – À l'état naturel : coton ; lin ; laine ; jute ; chanvre.
– À l'état synthétique : Nylon ; Tergal ; Lycra ; polyester ; polyamide ; polypropylène ; Kevlar.
Acides – À l'état naturel : orange ; pamplemousse ; ananas ; vinaigre. – À l'état synthétique : aspirine ; sodas ; certains produits d'entretien.
Bases – À l'état naturel : terre calcaire ; potasse. – À l'état synthétique : Destop ; Monsieur Propre ; Ajax ; eau de javel.
2. Non. **3.** Les matières plastiques.

Chapitre 2

6 a. **7** b. **8** b.

11 **1.** Les températures d'ébullition et de fusion, la densité. **2.** L'éthoxyéthane.

15 **1.** d(eau) = 1.
2. L'huile de citron constituera la phase supérieure et l'eau la phase inférieure.

17 **1.** Température d'ébullition : 111 °C. Densité : 0,87. **2.** Le toluène est inflammable et nocif. **3.** Il doit travailler sous hotte avec gants et lunettes.

22 **1.a.** Le benzaldéhyde est soluble dans l'éther diéthylique. **b.** Le benzaldéhyde est insoluble dans l'eau. **c.** Le sirop d'orgeat n'est pas miscible avec l'éther diéthylique.
2. L'éther diéthylique.

Chapitre 3

6 a. **7** a. **8** b. **9** a.

13 **1.** L'acide benzoïque est solide. **2.** La masse maximale d'acide benzoïque que l'on peut dissoudre dans un litre d'eau est de 2,4 g.
3. Il va rester du solide non dissous.
4. La solution sera saturée.

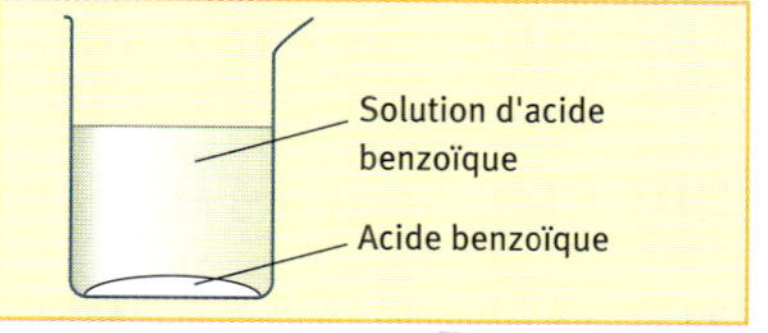

5. L'éthanol.

15 **1.** 5 constituants.
2. Cette eau de toilette est un mélange de plusieurs arômes.
3. a. Pour pouvoir comparer les deux chromatogrammes et identifier éventuellement des espèces chimiques, les deux chromatographies doivent avoir été réalisées dans les mêmes conditions : même éluant, même type de plaque. **b.** Le citral et le linalol. **c.** L'eau de toilette Y présente deux taches à la même hauteur que les taches du citral et du linalol. On pourrait aussi mesurer les R_f du citral et du linalol et voir que deux des taches du chromatogramme n° 1 ont les mêmes R_f.

22 Si on laisse éluer sur 6 cm (H = 6 cm), par exemple, la position des taches est montré sur le schéma ci-contre :

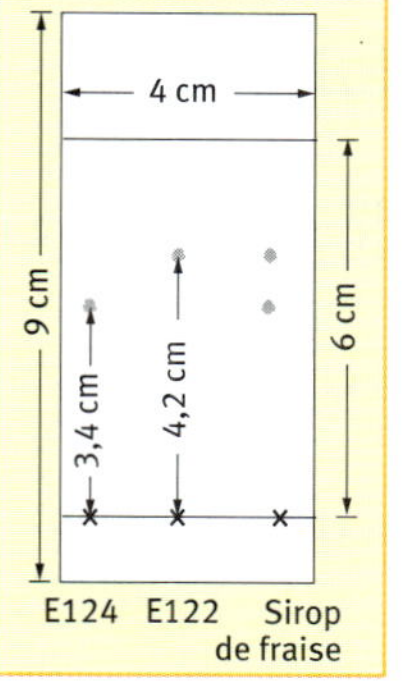

Chapitre 4

5 b. **6** b. **7** a.

8 La différence est dans la position du réfrigérant. Dans le montage à reflux, il est vertical. Les vapeurs condensées retombent dans le ballon. Dans le montage d'hydrodistillation, les vapeurs condensées sont récupérées dans un autre récipient.

13 **1.** a. Refroidissement ; b. relargage ; c. chauffage à reflux. **2.** c. ; a. ; b.

14 **1.** Para-aminophénol + anhydride acétique ⟶ paracétamol + acide acétique.
2. Les réactifs sont le para-aminophénol et l'anhydride acétique. Les produits sont le paracétamol et l'acide acétique.
3. Port de gants, de lunettes et travail sous hotte.

16 **1.**

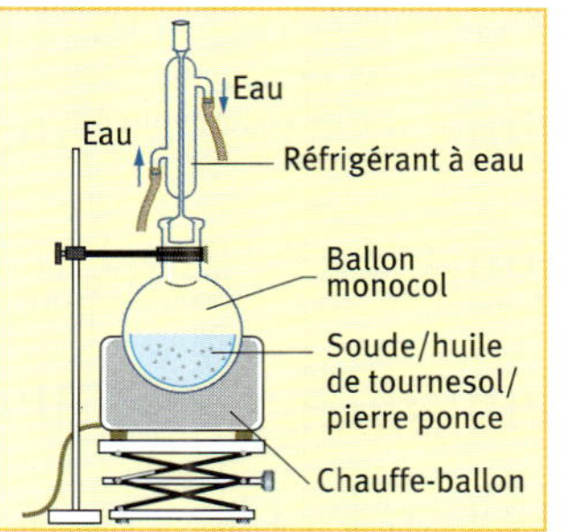

2. La réaction n'a pas lieu si on ne chauffe pas.
3. Synthèse : « *Dans un ballon, introduire [...] durant 15 à 20 minutes.* » Extraction : « *le verser dans une solution d'eau salée [...] récupérer le savon.* »
4. Pour extraire le savon du mélange, on exécute l'opération inverse d'une dissolution : on rend le savon solide. Il n'y a alors plus qu'à réaliser une filtration pour le séparer.
5. Schéma ▶

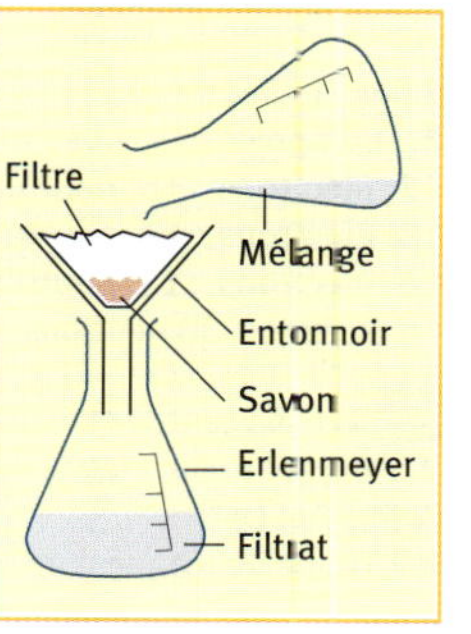

Chapitre 5

5 a. **6** c. **7** c. **8** a. **9** c.

14 **1.** $q_{\text{électrons}} = 26 \cdot (-\,e) = -\,4{,}2 \cdot 10^{-18}$ C.
2. $q_{\text{noyau}} = +\,4{,}2 \cdot 10^{-18}$ C, car l'atome est électriquement neutre. Nombre de protons : $4{,}2 \cdot 10^{-18}/1{,}6 \cdot 10^{-19} = 26$.
3. $Z = 26$. **4.** $A = 56$. **5.** $^{56}_{26}Fe$.

17 **1.** $m_{e^-} = 8{,}35 \cdot 10^{-31}$ kg.
$N_{\text{électrons}} = 10^{-3}/8{,}35 \cdot 10^{-31} \approx 1{,}2 \cdot 10^{27}$.
2. Il y aurait 1,2 million de fois plus d'électrons dans 1 g d'électrons que d'étoiles dans l'Univers.

19 $m_{Au} \approx 3{,}30 \cdot 10^{-25}$ kg.

21 $m_{Ar} \approx A \cdot m_n = 6{,}68 \cdot 10^{-26}$ kg.

22 **1.** $Z = \dfrac{q}{e} = 50$.
2. 70 neutrons.
3. 50 électrons.
4. $m_{Sn} \approx A \cdot m_p \approx 2{,}00 \cdot 10^{-25}$ kg.
5. $N_{Sn} = \dfrac{m}{m_{Sn}} \approx 1{,}0 \cdot 10^{23}$.

25 **1.** $V_H = 6{,}20 \cdot 10^5\ \text{pm}^3 = 6{,}20 \cdot 10^{-31}\ \text{m}^3$.
2. $m_H \approx m_p = 1{,}67 \cdot 10^{-27}$ kg.
3. $\rho_H = \dfrac{m_H}{V_H} = 2{,}69 \cdot 10^3\ \text{kg} \cdot \text{m}^{-3}$.
4. $r_{\text{noyau}} = 5{,}29 \cdot 10^{-16}$ m.
5. $V_{\text{noyau}} = 6{,}20 \cdot 10^{-46}\ \text{m}^3$.
$\rho_{\text{noyau}} = 2{,}69 \cdot 10^{18}\ \text{kg} \cdot \text{m}^{-3}$.

Chapitre 6

10 a. b. c. d. **11** f. **12** c.

18 Corps purs simples : Cu ; S ; O_2 ; Co. Corps purs composés : SO_2 ; $CaCO_3$; HCl ; CO ; eau. Mélanges : lait ; vin ; laiton ; acier ; bronze.

20 **1.** 13 protons, 14 neutrons, 13 électrons.
2. 13 protons, 14 neutrons, 10 électrons.
3. $q_{\text{ion}} = 13 \cdot (+\,e) + 10 \cdot (-\,e) = +\,3\,e$. La notation de cet ion est Al^{3+}.

22 **1.** Na^+, Cl^-. **2.** Cu^{2+}, S^{2-}. **3.** Fe^{2+}, O^{2-}.

24 **1.** $FeCl_2$; chlorure de fer II.
2. KCl ; chlorure de potassium.
3. MgO ; oxyde de magnésium.
4. FeS sulfure de fer II.

26 **1.** $^{32}_{16}S$: 16 protons, 16 électrons, 16 neutrons.
$^{33}_{16}S$: 16 protons, 16 électrons, 17 neutrons.
$^{34}_{16}S$: 16 protons, 16 électrons, 18 neutrons.
$^{36}_{16}S$: 16 protons, 16 électrons, 20 neutrons.
2. Ion sulfure.
3. Compositions possibles : 16 protons, 18 électrons, 16 neutrons – 16 protons, 18 électrons, 17 neutrons – 16 protons, 18 électrons, 18 neutrons – 16 protons, 18 électrons, 20 neutrons.

28 **1.** L'oxygène O et le magnésium Mg.
2. L'oxygène et le magnésium.
3. Mg^{2+} et O^{2-}.
4. L'oxyde de magnésium MgO.

31 **1.** $^{56}_{26}Fe$. **2.** 58 atomes de $^{54}_{26}Fe$; 918 atomes de $^{56}_{26}Fe$; 21 atomes de $^{57}_{26}Fe$; 3 atomes de $^{58}_{26}Fe$.
3. $m \approx [(58 \times 54) + (918 \times 56) + (21 \times 57) + (3 \times 58)] \times 1{,}67 \cdot 10^{-27} = 9{,}34 \cdot 10^{-23}$ kg.
4. Ions fer II et fer III.
5. Pour l'ion fer II : 26 protons, 24 électrons, 28 neutrons – 26 protons, 24 électrons, 30 neutrons – 26 protons, 24 électrons, 31 neutrons – 26 protons, 24 électrons, 32 neutrons.
Pour l'ion fer III : 26 protons, 23 électrons, 28 neutrons – 26 protons, 23 électrons, 30 neutrons – 26 protons, 23 électrons, 31 neutrons – 26 protons, 23 électrons, 32 neutrons.

36 **1.** Antalgique : qui combat la douleur ; antipyrétique : qui lutte contre la fièvre.
2. Dans l'aspirine : carbone, hydrogène, oxygène. Dans le paracétamol : carbone, hydrogène, oxygène, azote.
3.

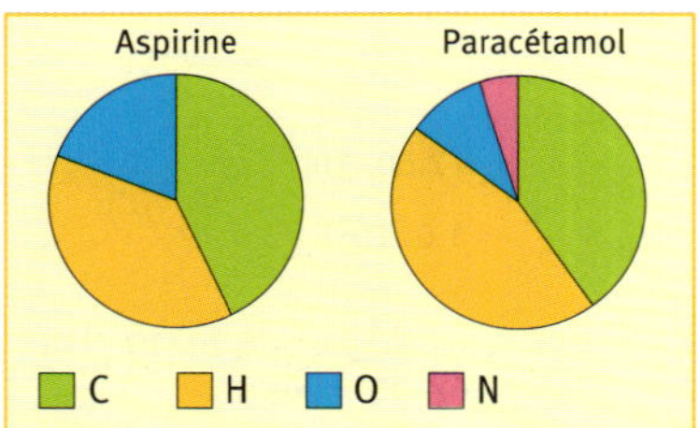

Les deux molécules comportent des pourcentages différents des éléments qu'elles ont en commun. Dans l'aspirine, il n'y a pas l'élément azote.

Chapitre 7

8 b. **9** b. **10** c. **11** c.

12 $^{4}_{2}He$: $(K)^2$; $^{9}_{4}Be$: $(K)^2(L)^2$; $^{14}_{7}N$: $(K)^2(L)^5$; $^{24}_{12}Mg$: $(K)^2(L)^8(M)^2$.

15 **1.** 10 électrons. **2.** $(K)^2\ (L)^8$.
3. Il a 8 électrons dans sa couche externe.

20 Le gaz choisi ne doit pas réagir avec le café. Il doit donc être le plus inerte possible. Il faut choisir l'hélium (gaz noble).

22 **a.** Li^+ ; **b.** Cl^-.

28 **1.** Le magnésium et le chlore.
2. Cl : $(K)^2(L)^8(M)^7$; Mg : $(K)^2(L)^8(M)^2$.
3. Cl^- et Mg^{2+}. **4.** $MgCl_2$.

Chapitre 8

8 c. **9** a. **10** b. **11** c.

14 **1.**

Acétylène	C_2H_2	
Élément	H	C
Structure électronique	$(K)^1$	$(K)^2(L)^4$
Nombre d'électrons externes	1	4
Nombre de liaisons	1	4
Nombre de doublets non liants	0	0

Représentation de Lewis : H—C≡C—H
2. CH≡CH

16 **1.** H—$\overline{S}$—H **2.**

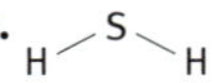

3. La molécule a une forme coudée.

21 Formules développées :

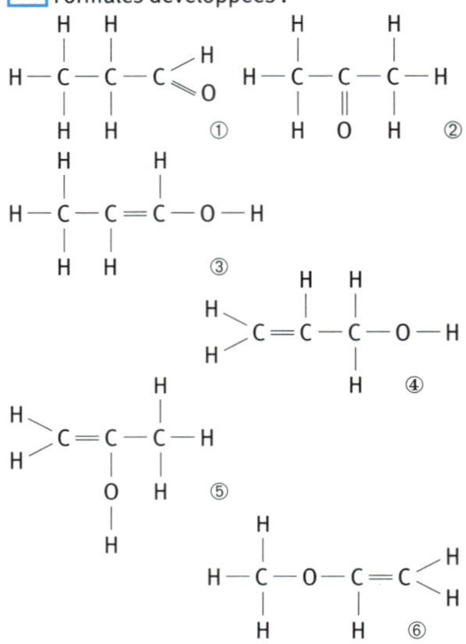

Formules semi-développées :

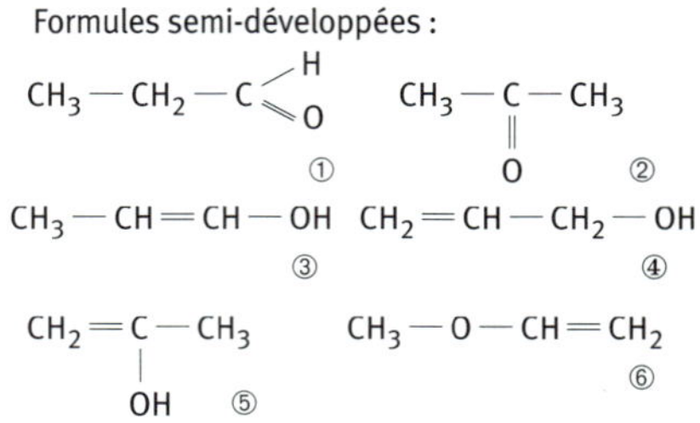

27 **1.**

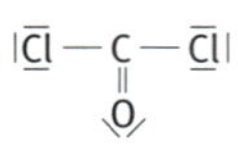

2. Le modèle de Gillespie éloigne au maximum les 3 liaisons. La répartition dans l'espace est donc celle où les angles entre les liaisons sont de l'ordre de 120°.
3. La liaison C═O a un effet plus répulsif que les liaisons C—Cl.
Donc $\widehat{ClCCl} < 120°$ et $\widehat{OCCl} > 120°$.

Chapitre 9

5 c. **6** a. **7** a.

8 **1.** Rb. **2.** La famille des alcalins.
3. Le lithium Li ; le sodium Na ; le potassium K ; le césium Cs. **4.** 1 électron.

15 **1.** La colonne II. **2.** 2 électrons. **3.** Ca^{2+}.

19 **1.** 2 liaisons covalentes.
2. 1 liaison covalente. **3.** H_2S.
4. H_2O et H_2Te car l'oxygène et le tellure appartiennent à la même famille que le soufre.

23 **1.** O^{2-}. **2.** L'ion étain IV Sn^{4+}.
3. La famille du carbone.
4. Oui. Comme le carbone, l'étain peut gagner ou perdre 4 électrons.
5. Oui. ⟨O═Sn═O⟩

Chapitre 10

9 a. et c. **10** b. **11** c.

13 **1.** $N = 3 \cdot 10^{21}$ atomes.
2. $N = 6.10^{21}$ atomes.

15 **1.**

Dihydrogène	H_2	2,0
Diiode	I_2	253,8
Dioxyde de carbone	CO_2	44,0
Tétrafluorure d'uranium	UF_4	314,0
Sulfate de cuivre	$CuSO_4$	159,6
Saccharose	$C_{12}H_{22}O_{11}$	342,0
Phosphate de calcium	$Ca_3(PO_4)_2$	310,3
Paracétamol	$C_8H_9O_2N$	151,0

2.

H_2	$4{,}6 \cdot 10^{-4}$ g
I_2	$5{,}8 \cdot 10^{-2}$ g
CO_2	$1{,}0 \cdot 10^{-2}$ g
UF_4	$7{,}2 \cdot 10^{-2}$ g
$CuSO_4$	$3{,}7 \cdot 10^{-2}$ g
$C_{12}H_{22}O_{11}$	$7{,}9 \cdot 10^{-2}$ g
$Ca_3(PO_4)_2$	$7{,}1 \cdot 10^{-2}$ g
$C_8H_9O_2N$	$3{,}5 \cdot 10^{-2}$ g

18 $V = n \cdot V_m = 7{,}4$ L.

20 **1.** $V(O_2) = 90 \times 1/5 = 18\ m^3 = 18 \cdot 10^3$ L.
$V(N_2) = 90 \times 4/5 = 72\ m^3 = 72 \cdot 10^3$ L.
2. $n(O_2) = \dfrac{V(O_2)}{V_m} = 75 \cdot 10^1$ mol.
$n(N_2) = \dfrac{V(N_2)}{V_m} = 30 \cdot 10^2$ mol.
3. $m(O_2) = n(O_2) \cdot M(O_2) = 24 \cdot 10^3\ g = 24$ kg.
$m(N_2) = n(N_2) \cdot M(N_2) = 84 \cdot 10^3\ g = 84$ kg.

23 $M(C_{27}H_{46}O) = 386{,}0\ g \cdot mol^{-1}$. Le taux de cholestérol de Sylvain est de $4{,}05\ g \cdot L^{-1}$. Il est malade car son taux dépasse $2{,}20\ g \cdot L^{-1}$.

26 **1.** $m = \rho \cdot V = 2{,}1$ g. **2.** $V = 72$ L.

30 **1.** $\rho = \dfrac{m}{V} = \dfrac{M}{V_m}$, donc $V_m = \dfrac{M}{\rho}$.

2. a. $M(H_2O) = 18{,}0\ g \cdot mol^{-1}$; $M(C_2H_6O) = 46{,}0\ g \cdot mol^{-1}$; $M(C_6H_{12}) = 84{,}0\ g \cdot mol^{-1}$.

b. $n = \dfrac{V}{V_m}$ et $V = n \cdot V_m$. Attention aux unités.

H_2O	$18 \cdot 10^{-3}$	54,0	3,0
		3,6	0,20
C_2H_6O	$58 \cdot 10^{-3}$	12,0	0,21
		12	0,20
C_3H_6O	$73 \cdot 10^{-3}$	19,0	0,26
		15	0,20
C_6H_{12}	$11 \cdot 10^{-2}$	7,0	$6,4 \cdot 10^{-2}$
		22	0,20

Chapitre 11

8 b. **9** a. **10** b. **11** a.

14 **1.** Matériel : capsule ou sabot, balance, spatule, fiole jaugée de 2 L, entonnoir, pipette. Peser 250 g de fructose, que l'on introduit dans la fiole jaugée avec un entonnoir. Ajouter environ 1 L d'eau dans la fiole, en prenant bien soin de rincer l'entonnoir. Boucher la fiole et agiter. Ajouter à nouveau de l'eau pour arriver en dessous du trait de jauge. Boucher et agiter. Compléter jusqu'au trait de jauge à l'aide d'une pipette.
2. $C = 0,7\ mol \cdot L^{-1}$.

15 Avec la pipette jaugée, prélever 25 mL de solution mère et les verser dans la fiole jaugée de 250 mL. Ajouter de l'eau jusqu'à remplir la fiole à moitié. Boucher et agiter. Ajouter à nouveau de l'eau pour arriver en dessous du trait de jauge. Boucher et agiter. Compléter jusqu'au trait de jauge à l'aide d'une pipette.

18 $C' = 0,1C$.

24 **1.** $s(\text{glucose}) = 3,9\ mol \cdot L^{-1}$.
$s(CO_2) = 0,038\ mol \cdot L^{-1}$.
2. $m(CO_2) = 40,5$ g.

28 **1.** Sans eau.
2. a. $m = C \cdot V \cdot M = 16$ g.
b. Matériel : capsule ou sabot, balance, spatule, fiole jaugée de 500 mL, entonnoir, pipette. Pour le protocole, voir l'activité 2.
3. $C = 0,13\ mol \cdot L^{-1}$.
4. a. $V = 10$ mL. **b.** Matériel : pipette jaugée de 10 mL et fiole jaugée de 100 mL. Pour le protocole, voir l'activité 3.

30 La nouvelle concentration molaire est égale à $3C$.

Chapitre 12

6 b. **7** b. **8** c. **9** a.

10 **1.**

E.I. (T, P)	Transformation chimique	E.F. (T, P)
Fer (s) Dioxygène (g)	→	Rouille (s) Dioxygène (g)

(T et P ambiantes.)
2. Les réactifs sont le fer et le dioxygène. Le produit formé est la rouille.

12 **1.** Les espèces n'étant pas chargées électriquement, on utilise uniquement la loi de conservation des éléments chimiques.
2. a. $C_3H_8 + 5\,O_2 \rightarrow 3\,CO_2 + 4\,H_2O$.
b. $2\,NO + O_2 \rightarrow 2\,NO_2$.
c. $2\,Al + 3\,H_2O \rightarrow 3\,H_2 + Al_2O_3$.
d. $2\,NaOH \rightarrow 2\,Na + O_2 + H_2$.
e. $SiCl_4 + 2\,H_2 \rightarrow Si + 4\,HCl$.
f. $4\,Fe(OH)_2 + O_2 + 2\,H_2O \rightarrow 4\,Fe(OH)_3$.

16 C_2H_6O.

21 **1.** $Fe^{2+}\,(aq) + 2\,OH^-\,(aq) \rightarrow Fe(OH)_2\,(s)$.
2.

E.I. (T, P)	Transformation chimique	E.F. (T, P)
Fe (s) H^+ (aq)	→	Fe (s) Fe^{2+} (aq) H_2 (g)

3. Les réactifs sont : Fe (s) et H^+ (aq). Les produits sont : Fe^{2+} (aq) et H_2 (g).
4. $Fe\,(s) + 2\,H^+\,(aq) \rightarrow Fe^{2+}\,(aq) + H_2\,(g)$.
5. Le fer est attaqué par l'acide.

Chapitre 13

7 a. **8** c.

9 **1.** Voir tableau 1 ci-dessous.
2. $x_{max} = 0,5$ mol. **3.** L'oxyde de fer.
4. • $n(Fe_2O_3) = 0,5 - x_{max} = 0$ mol ;
• $n(C) = 1,7 - 3x_{max} = 0,2$ mol ;
• $n(CO) = 3x_{max} = 1,5$ mol ;
• $n(Fe) = 2x_{max} = 1,0$ mol.

12 **1.** Voir tableau 2 ci-dessous.
2. $2x_{max} = 2,4$ mol, soit $x_{max} = 1,2$ mol.
3. $n(Al)_i - 4x_{max} = 0$, soit $n(Al)_i = 4,8$ mol.
$n(O_2)_i - 3x_{max} = 0$, soit $n(O_2)_i = 3,6$ mol.

17 **1.** $n(Mg) = m(Mg)/M(Mg) = 8,2 \cdot 10^{-2}$ mol.
2. $x_{max} = 4,1 \cdot 10^{-2}$ mol.
$n(O_2)_{consommé} = x_{max} = 4,1 \cdot 10^{-2}$ mol.
$n(MgO)_f = 2x_{max} = 8,2 \cdot 10^{-2}$ mol.
3. $m(MgO)_f = 3,3$ g.
4. $V(O_2)_{consommé} = n(O_2) \cdot V_m = 0,98$ L.

TABLEAU 1

Équation chimique		Fe_2O_3 +	$3\,C$ →	$3\,CO$ +	$2\,Fe$
État du système	Avancement	Quantités de matière (en mol)			
État initial	0	0,5	1,7	0	0
En cours de transformation	x	$0,5 - x$	$1,7 - 3x$	$3x$	$2x$

TABLEAU 2

Équation chimique		$4\,Al$ +	$3\,O_2$ →	$2\,Al_2O_3$
État du système	Avancement	Quantités de matière (en mol)		
État initial	0	$n(Al)_i$	$n(O_2)_i$	0
En cours de transformation	x	$n(Al)_i - 4x$	$n(O_2)_i - 3x$	$2x$

PHYSIQUE

Chapitre 14

2 b. **3** b.

5 **1.** 1 mm. **2.** Un grain de semoule.

7 3 km.

10 Oui.

Chapitre 15

6 a. **7** b. **8** b. **9** b.

10 **1.** 0,210 m et 0,297 m.
2. $S = 624\ cm^2 = 0,0624\ m^2 = 6,24\ dm^2$.

13 Hauteur : 10 m.

14 Diamètre apparent :
$1,7° = 1°43' = 0,03$ rad.

19 Vitesse du son :
$V = 2D/T = 1200/4 = 3 \cdot 10^2\ m \cdot s^{-1}$.

23 Profondeur du sous-marin : 150 m et profondeur de l'eau : 240 m.

Chapitre 16

4 a. **5** a et c. **6** b.

9 384 000 km.

10 1 km = $6,67 \cdot 10^{-9}$ m = $1,06 \cdot 10^{-13}$ m.
1 U.A. = $1,6 \cdot 10^{-5}$ A.L.
1 A.L. = $9,46 \cdot 10^{12}$ km = $6,3 \cdot 10^{4}$ U.A.

12 **1.** 0,5588°. **2.** 0,4896°.

16 **1. a.** AB = $7,2 \cdot 10^{6}$ km.
b. AB = $11 \cdot 10^{6}$ km.
2. AB = $145,0 \cdot 10^{6}$ km. Mesures pas assez précises.

Chapitre 17

4 b. **5** d.

6 **1.** 25 000 nm ; $25 \cdot 10^{-3}$ mm ; $25 \cdot 10^{-6}$ m. **2.** Oui.

8 **1.** 0,04 cm^3. **2.** 0,004 mg.

9 Environ 10^3 atomes.

Chapitre 18

7 a. **8** c. **9** b. **10** b. **11** c.

15 **1.** Sin r_V = sin 60°/1,662 soit r_V = 31,4° ; sin r_R= sin 60°/1,608 soit r_R = 32,6°.
2. D_V = 60° – 31,4° = 28,6° ; D_R = 60° – 32,6° = 27,4°. Le violet est le plus dévié.

17 **1.** Jaune. **2.** 0,588 µm.

19 **1.** Plus le rayon réfracté se rapproche de la normale, plus l'indice est élevé. Donc $n_2 > n_1$.
2. 0,87.

24 **1.** Pour le *crown* comme pour le *flint*, *n* diminue quand la longueur d'onde augmente.
2. L'indice du flint varie beaucoup plus que celui du *crown*. On choisira donc le *flint* pour sa plus grande dispersion.

29 **1.** À cause de la réfraction sur le dioptre eau/air.
2. i = 29,7° et r = 41,3°.
3. 1,60 m au-dessus du sol.

Chapitre 19

4 a. **5** b. **6** c.

7 λ_m = 2900/3000 = 0,96 µm. Dans l'infrarouge.

10 Oui, ce gaz contient de l'hydrogène identifiable par ses 4 raies d'émission.

12 **1.** 3673 K.
2. a. 1 µm soit 1000 nm. **b.** Infrarouge.
3. Température de fusion élevée.

Chapitre 20

5 b. **6** a. **7** b.

8 La température d'Antarès est inférieure à celle du Soleil.

11 Oui, ces raies sont visibles dans les autres spectres. Les conditions sont réalisées pour que l'absorption de ces radiations ait lieu dans l'atmosphère des étoiles.

16 Soit *AB* la distance sur le papier entre les deux raies de l'hydrogène, et *AC* la distance entre la raie à 389 nm et la raie K de longueur d'onde λ. (λ – 389)/(397,1 – 389) = *AC*/*AB* = 6,5 (mm)/11,5 (mm) soit λ = 393,5 nm (le dernier chiffre significatif n'est pas précis).
2. Oui.

Chapitre 21

7 b. **8** b. **9** c. **10** a.

12 La Terre est immobile dans un référentiel terrestre ; elle tourne autour de l'axe des pôles dans le référentiel géocentrique. Le centre de la Terre tourne autour du Soleil dans le référentiel héliocentrique.

14 **1.** Les arbres défilent derrière le cheval.
2. Le cheval de bois est immobile par rapport au manège.
3. Oui : le spectateur est en mouvement par rapport à la caméra et au manège car il est immobile par rapport au sol.

17 M voit N rester à sa hauteur (il est immobile par rapport à lui). Il le voit bouger par rapport aux murs. Les murs bougent par rapport à M.

19 **1.** La pierre est immobile par rapport au lien, en mouvement par rapport au sol. Elle a une vitesse supérieure à celle de l'extrémité du fil tenue en main dans un référentiel terrestre.
2. La pierre est en mouvement par rapport au lien, par rapport au sol. Elle a une vitesse supérieure à celle de l'extrémité du fil dans un référentiel terrestre.

Chapitre 22

5 b. **6** a. **7** b.

8 50 cm · s^{-1}.

11 **1.** Poids de la bille, tension du fil, force de l'aimant.
2. Actions à distance : poids de la bille et force exercée par l'aimant. Action de contact : tension du fil.

14 **1. a.** Mouvement rectiligne. **b.** Mouvement rectiligne uniforme. **c.** Trajectoire courbe.
2. Les forces se compensent uniquement dans le cas b.

Chapitre 23

6 b ou c. **7** c. **8** b. **9** c. **10** b.

13 **1.** $P_{Terre} = 1{,}3 \cdot 10^3$ N. **2.** $P_{Lune} = 2{,}1 \cdot 10^2$ N.

15 **1.** $F = G\, M_{Terre} \cdot M_{Soleil}/d^2_{Terre–Soleil}$.
2.a. $F_{max} = 3{,}70 \cdot 10^{22}$ N. **b.** $F_{min} = 3{,}46 \cdot 10^{22}$ N.

18 Cas 1 : impossible, car la force gravitationnelle qui attire l'astéroïde est dirigée vers le centre de la Terre ; sa trajectoire doit être courbée vers le centre de la Terre.
Cas 2 : impossible, car la force gravitationnelle de la Terre attire l'astéroïde, elle ne le repousse pas.
Cas 3 : possible.

23 **1.** $F_{S/T} = 3{,}56 \cdot 10^{22}$ N.
2. Cas a : $F_{S/L} = 4{,}26 \cdot 10^{20}$ N.
Cas b : $F_{S/L} = 4{,}31 \cdot 10^{20}$ N.
3. $F_{S/L} / F_{T/L} = M_S d^2_{TL} / [(D_{TS} - d_{TL})^2 M_T]$. Soit, en première approximation : $M_S d^2_{TL} / M_T D^2_{TS}$.
A.N. $F_{S/L} / F_{T/L} = 2$. La force gravitationnelle du Soleil sur la Lune n'est pas négligeable par rapport à celle de la Terre sur la Lune.

Chapitre 24

11 a. **12** a. **13** c. **14** a.

16 **1.** 1,00 s. **2.** 1,63 s.

27 **1.** 1461 j.
2. 0,031 24 j = 0,749 8 h = 44,99 min.

32 **1.** 365 j 5 h 48 min 45 s.
2. Le 20 mars à 7 h 34 min.

33 **1.** 33 µs environ. **2.** 0,3 ns.
3. La précision de l'horloge doit être au moins égale à 0,1 ns.

38 **1.** La trajectoire est un cercle.
2. 1,658 7 · 10^5 km.
3. La période *T* est la durée que met le satellite pour faire un tour complet. T = 1,658 7 · 10^5/3,900 = 4,253 · 10^4 s = 11 h 48 min 51 s
4. 39 · 10^{-6} km = 39 mm.

Chapitre 25

7 b. **8** b. **9** b.

10 **1.** $F = P \cdot S$ = 10 N. **2.** 9,8 · 10^2 tonnes.

12 **1.** $P = P_{atmosphérique}$ = 1,0 bar environ.
2. P_{lue} = (12/20) × 10 = 6,0 bars. P_{gaz} = 7,0 bars environ.

14 720 hPa.

Chapitre 26

6 b. **7** b. **8** c. **9** b.

10 58 L.

12 0,124 mol. 2,78 L.

14 25 L, indépendant de la nature du gaz.

Chapitre 27

7 b. **8** a. **9** a.

11 600,5 K.

12 Non, car la température de l'air intérieur est différente de celle de l'air extérieur. Si le chauffage est coupé, un équilibre thermique s'établit.

15 **1.** Son volume *V* augmente mais *m* reste constant.
2. $\rho = m/V$, la masse volumique diminue donc quand la température augmente.

18 **1.** V_0 représente le volume apparent du liquide à la température de 0 °C.
2. a = $(V_{100} - V_0)/(100\, V_0)$, en °C^{-1}.
3. 1,5 mm^3.

22 **1.** Non, car la longueur de la tige *l* croît avec la température, donc la période des oscillations *T* aussi : $T = 2\pi\sqrt{\frac{l}{g}}$.
2. Mesurer la période *T* pour différentes températures θ du gaz, mesurées avec un thermomètre. Tracer la courbe représentant *T* en fonction de θ. Cette courbe d'étalonnage permettra de connaître θ en mesurant *T*.

Index

A

action à distance, 269
action de contact, 269
agitation thermique, 321
alcalins, 117
ampoule à décanter, 26
année de lumière, 204
année tropique, 296
antibiotique, 52
arômes, 16, 25, 52, 53
attraction gravitationnelle, 280
avancement, 164
axe polaire, 295

B

bar, 311
bilan de matière, 168

C

cadran solaire, 296
caractéristiques physiques, 39
chaos moléculaire, 310
charge électrique, 76
charge élémentaire, 65
chauffage à reflux, 54
chiffres significatifs, 194
chimie industrielle, 53
chromatographie, 37, 54
chromosphère, 248
classes stellaires, 249
classification périodique, 116, 128
clepsydre, 296
coefficient de dilatation linéaire, 333
coefficient de dilatation volumique, 333
colorants, 16, 25, 52
composé ionique, 77
concentration molaire, 140
conditions expérimentales, 54
conditions normales de température et de pression, 323
constante d'Avogadro, 127
constante de gravitation, 280
corps à répartition sphérique de masse, 280
corps composé, 78
corps simple, 78
couches électroniques, 89
courbe d'étalonnage, 216
couronne solaire, 248

D

décantation, 26
densité, 26, 40
diamètre apparent, 193
diffraction, 216
dilution, 141
dioptre, 225
dispersion, 224
doublet liant, 103
doublet non liant, 103

E

échappement, 298
échelle des longueurs, 185
échelle de teinte, 142
édulcorants, 16
électron, 64
élément chimique, 77
entité chimique, 77
enveloppe, 249
équilibre thermique, 331
espèces chimiques, 16
essence, 25
étalon de durée, 297
état d'un système chimique, 151
extraction, 25, 39, 52

F

famille d'éléments, 116
filtration, 26
force, 269
force pressante, 310
formule développée, 103
formule semi-développée, 103
fréquence, 297

G

galaxie, 206
gaz nobles, 91, 118
gaz parfait, 321
gnomon, 193
grandeurs microscopiques, 310
grandeur thermométrique, 331

H

halogènes, 118
heure, 296
horloge, 298
huile essentielle, 27
hydrodistillation, 27, 54

I

identification d'une espèce chimique, 37
indice de réfraction, 41, 54, 226
infrarouge, 225
ion monoatomique, 75, 90, 118, 128
isomère, 104
isotopes, 75, 128

J

jour, 295

L

liaison covalente, 102, 119
loi de Boyle-Mariotte, 313
loi de Descartes, 226
loi de Wien, 238
longueur d'onde, 224
lunaison, 296

M

manomètre, 312
masse molaire, 128
masse volumique, 26, 40
mélange stœchiométrique, 166
métaux, 116
méthode de la parallaxe, 194
méthode de la visée, 193
microscope, 216
miscibilité, 26
modèle de Gillespie, 106
modèle moléculaire, 105
mole, 130
molécule, 89, 102
mouvement brownien, 310
mouvement circulaire, 261
mouvement rectiligne, 261

N

nanosciences, 216
neutrons, 65
nombre de nucléons *A*, 66, 75, 128
nombres stœchiométriques, 154, 164
normale, 225
notation scientifique, 194
noyau atomique, 64
nucléons, 65
nucléosynthèse, 248
numéro atomique *Z*, 66, 75, 76

O

orbite, 205
ordre de grandeur, 184

P

pascal, 311
pendule, 297
période, 297
phases liquides, 26
phases de la Lune, 295
phénomène périodique, 295
photorécepteur, 238
photosphère, 247
plan de l'écliptique, 205, 295
plan de l'équateur, 206
poids, 281
pôles, 205
polymères, 16
pression, 311
principe d'inertie, 270
prisme, 224
produit, 152
projectile, 283
protons, 65

Q

quantité de matière, 127

R

radiation monochromatique, 224
rapport frontal, 38
rayon atomique, 64
réactif, 152
réactif limitant, 166
réaction chimique, 153
référentiel, 258
référentiel géocentrique, 259
référentiel héliocentrique, 259
référentiels terrestres, 259
réfraction, 225
règles du duet et de l'octet, 92, 102
relativité du mouvement, 258
représentation de Cram, 105
représentation de Lewis, 103

S

saison, 295
savon, 52
sécurité, 25, 55
séparation d'espèces chimiques, 37
solide de référence, 258
solubilité, 41
soluté, 41, 140
solution, 140
solvant, 25, 140
sonar, 194
spectre, 225
spectre d'absorption, 239
spectre de Fraunhofer, 248
spectre d'émission, 238
spectroscope, 225
structure électronique, 89, 116
substances chimiques, 16
synthèse chimique, 52, 53
système, 258
système chimique, 151, 166
système solaire, 205

T

température absolue, 322
température Celsius, 331
température d'ébullition, 25, 40, 55
température de fusion, 40, 55
temps, 295
trajectoire, 260
transformation chimique, 53, 78, 150, 151, 164

U

ultraviolet, 225
unité astronomique, 204
univers, 206

V

vitesse, 260
vitesse de la lumière, 204
voie lactée, 206
volume molaire, 129, 323

Crédits photographiques

P. 10 (g) : B. Elsdale/Image Bank ; (d) A. Pasieka/SPL/Cosmos • P. 11 : Moschetti/Rea • P. 13 : G. Baden/Zefa/Hoa Qui • P. 18 (g) : A. Compost/Bios ; (d) : Animals Animals/Sunset • P. 19 : Richer/Hoa Qui • P. 20 (g) : Office de Tourisme, d'animation et de promotion, Grasse ; (d) : Vioujard/Gamma • P. 33 : Charron/Jerrican • P. 47 : Elf Atochem • P. 52 (h) : M. Cooper/All Sport/Vandystadt • P. 53 (h) : Elf Atochem ; (b) : J.-F. Chapuis/Studio 117 • P. 60 (doc 1) : L. Girard/Explorer • P. 61 : P. Dumas/CEMES/CNRS/Eurelios • P. 62 : Science Museum/Science Society Pic Lib, Londres • P. 64 : Fisher/Gettyone Stone • P. 71 et 78 : N. Bariand • P. 84 (h) : Henry/Rea ; (b) : Digital Vision • P. 85 : V. Streano/Corbis-Sygma • P. 86 (g) : J.-F. Chapuis/Studio 117 • P. 87 : Popperfoto/Cosmos • P. 88 (h) et 92 (h) : J.-F. Chapuis/Studio 117 • P. 89 : US National Archives/SPL/Cosmos • P. 90 : Emportes/Jerrican • P. 92 (b) : M. Claye/Jacana • P. 97 : M. Clements/Adventure AEF/Image Bank • P. 98 : Cristalleries de Baccarat • p. 100 (d) : Daudier/Jerrican • P. 102 : Corbis-Sygma/Bettmann • P. 105 (h) : Alix/Phanie • P. 111 : NOAO/SPL/Cosmos • P. 115 (b) : Itar-Tass ; (h) : Agence Ria-Novosti • P. 117 : J.-F. Chapuis/Studio 117 • P. 118 (b) : SAF • P. 123 : C. Valentin/Hoa Qui • P. 127 : SPL/Cosmos • P. 135 : V. Burger/Phanie • P. 140 (h) : R. Megna/Fundamental Photos/Science Source/Explorer • P. 147 : Charron/Jerrican • P. 151 (b) : SNCF-CAV-Sylvain Cambon • P. 159 : B. Decout/Rea • P. 172 (g) : J. Baker/Photobank/Sunset • P. 174 (g) : P. Moulu/Sunset ; (d) : J.-L. Charmet • P. 176 (h) : Jean Vertut ; (b) : Science Museum/Science & Society Pic Lib, Londres • P. 177 (h) : H. Amiard/Top ; (b) : G. Dagli Orti • P. 178 (g) : D. Nunuk/SPL/Cosmos ; (d) Novastock/Photo Researchers/Cosmos • P. 179 : Image Bank • P. 181 : D. Scharf/SPL/Cosmos • P. 183 (doc 1) : Quest/SPL/Cosmos ; (doc 2) : CNRI ; (doc 3) : CNES dist. Spot Image/Explorer ; (doc 4) : Microworks/Phototake/CNRI ; (doc 5) : X. Richer/Hoa Qui ; (doc 6) : Digital vision ; (doc 7) : Photo Library/Rapho ; (doc 8) : P. Dumas/CEMES/Eurelios ; (doc 9) : Anne et Jacques Six • P. 185 : Digital Vision • P. 188 : Matin de Lausanne/Sygma • P. 189 : M. Garnier/Hoa Qui • P. 199 : BNF • P. 200 (h) : AKG ; (b) : M. Shirao/APB/Ciel et Espace • P. 202 : M. Chapelet • P. 206 : J. Baum & N. Heubest/SPL/Cosmos • P. 207 : Digital Vision • P. 211 : A. Syred/SPL/Cosmos • P. 213 (g) : M. Fuet ; (d) : J.-M. Parisi • P. 216 (doc 8) : S. Moulds/SPL/Cosmos ; (doc 9) : Dr J. Burgess/SPL/Cosmos ; (doc 10) : Ph. Plailly/Eurelios • P. 217 : J.-M. Parisi • P. 219 : D. Parker/SPL/Cosmos • P. 222 : J.-F. Chapuis/Studio 117 • P. 223 : Roger-Viollet • P. 229 : J.-F. Chapuis/Studio 117 • P. 232 : J.-L. Charmet • P. 233 : Krafft/Hoa Qui • P. 235 (doc 3. a.) : Bessard/Rea ; (doc 3. b.) : Leynse/Rea ; (doc 4) : Serrailler/Rapho • P. 237 (doc 7) : J.-M. Labat ; (doc 9. a. et b.) : M. Chapelet • P. 239 : M. Chapelet • P. 240 (doc 15) : M. Chapelet • P. 243 : Nasa/SPL/Cosmos • P. 244 (doc 1) : Eso/Ciel et Espace ; (doc 2) : Digital Vision • P. 245 et 247 (doc 7) : Deutsches Museum, München • P. 246 et 251 : Observatoire Midi-Pyrénées et Observatoire de Strasbourg • P. 247 : Digital Vision • P. 248 : Digital Vision • P. 249 : L. Dodd/SPL/Cosmos • P. 252 (doc 1) : Deutsches Museum, München/AKG ; (doc 2) : F. Espenak/Ciel et Espace • P. 253 : D. Parker/SPL/Cosmos • P. 256 : D. Lavric et C. Witzmann • P. 257 : GPR-CLEA • P. 258 : M. Mac Vay/Gettyone Stone • P. 260 : C. Aurness/West Light/Cosmos • P. 264 : G. Vandystadt/Vandystadt • P. 265 : M. Hans/DPPI • P. 268 : J.-M. Parisi et J.-P. Stella • P. 269 (doc 8) : Globus Bros/The Stock Market • P. 273 : B. Asset/Vandystadt • P. 275 : Raphaël Delalot • P. 277 (doc 3) et 289 : D. Lavric et C. Witzmann • P. 277 (doc 4) : J.-M. Labat • P. 282 : AKG Paris • P. 283 : NASA/Ciel et Espace • P. 284 : Digital Vision • P. 288 : NASA/Ciel et Espace • P. 290 (doc. 1) : PLS ; (doc 2) : NASA/STSci • P. 291 : M. Vimenet/Futuroscope • P. 296 : G. Dagli Orti • P. 304 : Scala • P. 305 : NASA/SPL/Cosmos • P. 315 : Boyer-Viollet • P. 316 (doc 1) : C. Munoz-Yagüe/Météo France/Eurelios ; (doc 2) : University of Dundee/SPL/Cosmos • P. 317 : P. Slaughter/The Image Bank • P. 321 : PhotoDisc • P. 327 : Ph. Plailly/Eurelios • P. 338 : Istituto e Museo dell'historia della Scienza-Firenze • P. 342 (d) : T. Buxton/SPL/Cosmos • P. 343 (h) : K. Kent/SPL/Cosmos ; (b) : A. Parana/The Image Bank • P. 344 (doc 1. a.) : NASA/O. Dasava/Ciel et Espace ; (doc 1. b.) : NASA/Ciel et Espace ; (doc 3) : The Granger Collection, New York • P. 360 : D. Lavric et C. Witzmann • P. 361 : J.-F. Chapuis/Studio 117.

Photos non référencées : Christophe Michel/Paxal Image

Iconographie

Marie-France Naslednikov

Schémas

Laurent Blondel/Corédoc

Illustrations

Finzo

Nous remercions Mme Marie-Pierre Caby, professeur au collège Hélène-Boucher (Paris, 20e), Mme Pierrette Max, professeur au lycée Waroquaux (Tomblaine), M. Guillaume Jany, professeur au lycée Saint-Nicolas (Paris, 15e), M. Maurice Mashaal, journaliste scientifique, M. Jean-Pierre Stella, professeur au lycée Henri-Loritz (Nancy), M. Gilbert Breton, préparateur au lycée Henri-Loritz (Nancy), ainsi que M. Larbi (Mourad) Bouldjennet, préparateur au lycée Racine (Paris, 8e), pour leur collaboration.
Nous remercions également M. Pierre Mathis, Proviseur du lycée Henri-Loritz (Nancy), pour son accueil lors de la réalisation des photos d'expérience, ainsi que la société Pierron (Sarreguemines) pour l'aide matérielle qu'elle nous a apportée.
Nous remercions enfin Mme N. Ginestet et M. J.-M. Carquillat, qui nous ont aimablement fourni des documents tirés de l'*Atlas de Spectres Stellaires* (N. Ginestet, J.-M. Carquillat, M. Jaschek *et al.*, Observatoire Midi-Pyrénées et Observatoire de Strasbourg, Centre régional de documentation pédagogique de Toulouse, 1992).

Imprimé en France par I.M.E. - 25110 Baume-les-Dames
N° d'imprimeur : 15238 - N° d'édition : 002682-06
Dépôt légal : août 2001